中文社会科学引文索引(CSSCI)来源集刊

边疆考古研究

RESEARCH OF CHINA'S FRONTIER ARCHAEOLOGY

第25辑

教育部人文社会科学重点研究基地
吉林大学边疆考古研究中心
边疆考古与中国文化认同协同创新中心
编

科学出版社
北京

内 容 简 介

《边疆考古研究》是教育部人文社会科学重点研究基地吉林大学边疆考古研究中心编辑的学术集刊。本辑收录考古调查发掘报告、研究论文等26篇，内容涉及中国边疆及毗邻地区的古代人类、古代文化与环境。

本书可供文物考古研究机构及高校考古、历史专业学生参考阅读。

图书在版编目（CIP）数据

边疆考古研究. 第25辑 / 教育部人文社会科学重点研究基地吉林大学边疆考古研究中心边疆考古与中国文化认同协同创新中心编. —北京：科学出版社，2019.8

ISBN 978-7-03-062076-7

Ⅰ. ①边… Ⅱ. ①教… Ⅲ. ①边疆考古－研究－中国－文集 Ⅳ. ①K872-53

中国版本图书馆CIP数据核字（2019）第181920号

责任编辑：赵 越 吕 志 / 责任校对：邹慧卿
责任印制：肖 兴 / 封面设计：陈 敬

科学出版社 出版
北京东黄城根北街16号
邮政编码：100717
http://www.sciencep.com

中国科学院印刷厂 印刷

科学出版社发行 各地新华书店经销

*

2019年8月第 一 版 开本：787×1092 1/16
2019年8月第一次印刷 印张：27 1/2 插页：4
字数：620 000

定价：168.00 元

（如有印装质量问题，我社负责调换）

《边疆考古研究》编辑委员会

目　　录

考古与科技

国家社科基金重大项目专栏

考古新发现

2015年辽宁省阜新蒙古族自治县塔尺营子遗址试掘报告*

滕铭予[1]　吉　迪（Gideon SHELACH-LAVI）[2]
苏军强[3]　Ido WACHTEL[2]　Ahiad OVADIA[2]　Ofer MARDER[4]
涂栋栋[2]　Roi SHAVIT[4]

（1. 吉林大学，长春，130012；2. 耶路撒冷希伯来大学，耶路撒冷，91000；
3. 辽宁省文物考古研究所，沈阳，110003；4. 本·古里安大学，贝尔谢巴，84001）

自2012年起，吉林大学和辽宁省文物考古研究所合作开展了“中国东北地区农业与定居的起源”项目，在阜新查海遗址的东部地区进行了区域性田野考古调查[1]。2015年，为了进一步了解阜新地区新石器时代不同阶段古代居民的经济生活，在前期进行的区域性田野考古调查工作的基础上，选择了贾家沟西遗址（田野调查时遗址编号为12D56）和塔尺营子遗址（田野调查时遗址编号为12D16）进行了试掘。本文是塔尺营子遗址的试掘报告。

一、遗 址 概 况

塔尺营子遗址位于辽宁省阜新蒙古族自治县沙拉镇塔尺营子村东北500米的坡地上（图一），于全国第二次文物普查时发现，在“中国东北地区农业与定居的起源”项目工作的第一年度即2012年时对该遗址进行了复查。遗址位于调查区的南部边缘，现地表为向南的缓坡，全部是农田，西北部被冲沟切断，南侧有长深高速公路通过，遗

* 该项目得到了国家地理学会（National Geographic Society，no. 8614-09）和以色列科学基金（Israel Science Foundation，no. 502/11、728/17），以及以色列希伯来大学曼德尔·斯考琳研究中心（The Mandel Scholion Research Center，the Hebrew University）的资助。

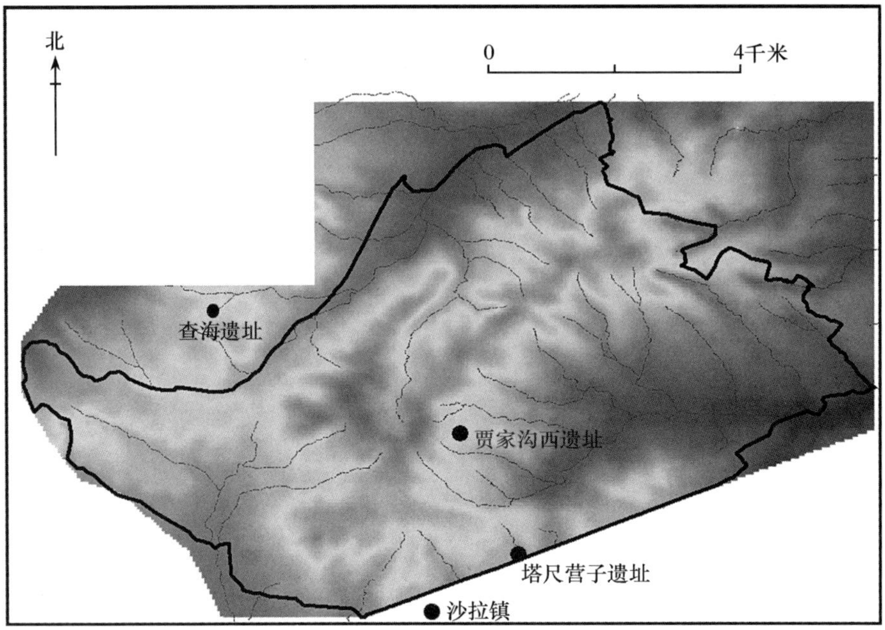

图一　塔尺营子遗址位置示意图

址的南部可能已被高速公路破坏。调查时在遗址南部还可见到一条由东北向西南、基本与高速公路平行的人工沟渠，在沟壁上有清晰的文化层，可看到没有被移动过的近于完整的陶器。不过当2015年回到这里进行试掘时，这条沟渠已被填平，地表上看不到任何与沟渠有关的迹象。

2012年田野调查时在塔尺营子遗址做了6个采集点，采集点编号为12D4095～12D4100，遗址面积约为18300平方米。位于遗址西部的采集点12D4095和12D4097，面积共3780平方米，是陶片分布最密集的区域（图二，1；表一）。

表一　2012年塔尺营子遗址各采集点的数据

采集点	兴隆洼陶片数量/片	其他时期的陶片数量/片	采集点面积/m^2
12D4095	43	0	1752.075
12D4096	5	辽代前后1	1002.139
12D4097	36	0	2030.615
12D4098	14	高台山1 辽代前后3	4451.615
12D4099	17	0	2751.882
12D4100	4	高台山4 辽代前后1	6278.1

2015年在对塔尺营子遗址进行试掘前，我们在遗址范围内进行了较田野调查时更加密集的系统性采集，随机划定了65个直径为3米的圆圈，其中有35个圆圈内没有发现

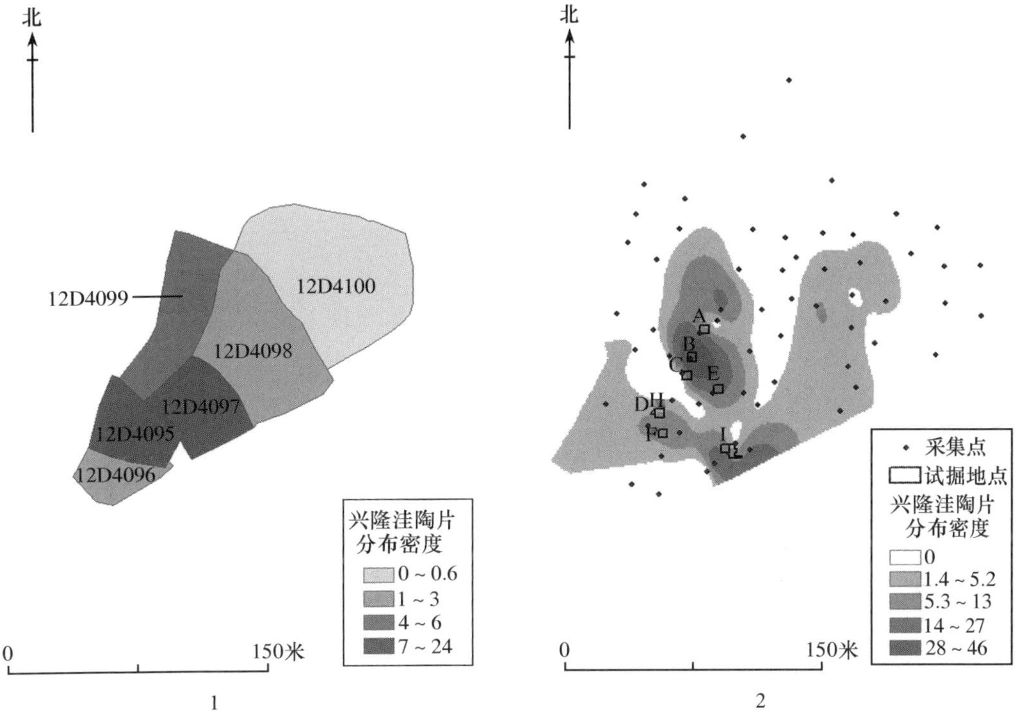

图二　塔尺营子遗址采集点分布图

1. 2012年调查时在塔尺营子遗址划分的采集点

2. 2015年在塔尺营子遗址进行系统性采集时采集点的分布和试掘地点的位置

人工遗物，其余30个圆圈内的人工遗物全部采集。共采集到178片陶片，全部属于兴隆洼文化，其在不同位置分布的密集程度和分布范围也与田野调查的结果相符（图二，2）。

为了实现试掘的目的，根据地表陶片分布的情况，共选择了8个地点（编号为A～F、H、I）以小探方的形式进行试掘（图二，2）。

二、发掘方法

发掘方法与在贾家沟西遗址的方法基本相同[2]。只是在塔尺营子遗址选择了多个地点进行试掘，因此首先在每个地点先划定5米×5米的范围，将此范围内的耕土层清理干净后，再选择继续向下发掘的区域（详见下文）。

发掘出的土全部过筛。靠近地表的层位，使用孔径为5毫米的筛子，如果遇到遗物密集的情况，则使用孔径为2毫米的筛子。除了耕土层以外，在所有层位都采集用于浮选的土样，另外在那些包含有较多炭的地方、靠近陶器的地方和陶器内部、靠近石磨盘的地方，以及灶的周围，也要采集用于浮选的土样。浮选之后的物质经过湿筛，以发现非常细小的人工遗物。

从在这些试掘地点的整体情况看，在坡度较大的遗址北部覆盖在文化层上的土壤较薄，而随着坡度的降低，到了遗址的西部和南部，覆盖在文化层上的土壤则越来越厚，从而更好地保护了地下的文化遗存。

三、各地点发掘经过与基本情况

1. A 地点和 B 地点

在 A 地点和 B 地点，清理完耕土层后，在其北部都发现了文化层，非常接近地表并且被犁耕所破坏。在 A 地点一直发掘到基岩，在 B 地点的东南角 1 米 ×1 米的范围内向下发掘了 20 厘米即到基岩。在这两个地点都发掘到一些陶片，但是没有发现任何遗迹现象。

2. C 地点

在耕土层中发现了 10 片兴隆洼文化的陶片。在探方的西南角布 1 米 ×1.5 米的探沟向下进行发掘。在这个范围内，上部的土为灰色，发现了 11 片兴隆洼文化的陶片，还有一些小的炭粒，但是并没有发现明显的文化层。在发掘到距地表 60 厘米左右的地方就是基岩，没有再向下进行发掘。

3. E 地点

在耕土层中发现了 11 片兴隆洼文化的陶片，由于时间关系，没有向下进行发掘。

4. F 地点

在耕土层中发现了 49 片兴隆洼文化的陶片和少量石器。在西南角布 1 米 ×1.5 米的探沟向下进行发掘，在耕土层向下约 40 厘米的地层中发现了 80 片兴隆洼文化的陶片和一些石片，未发现有遗迹现象，在此之下则没有发现任何人工遗物，为了确认是否已到生土层，又继续向下发掘了 1 米左右，所有的土均用孔径 2 毫米的细筛过筛，没有发现任何人工遗物。

5. D 地点和 H 地点

遗址的西北角被自然冲沟所破坏，近年来土地的所有者不断将冲沟扩大，并在冲沟内种植农作物。通过清理冲沟的剖面，可见到被破坏的遗迹和文化层。从耕土层以下约 60 厘米深为颜色较深的灰黑色土或褐色土，在剖面上可以清楚地看到有陶片和石器。在其周边的浅色生土中，看不到有陶片和其他人工制品。深色土层的底部很平，看上去似乎是一个挖在生土上的房址的居住面或者是灰坑的底部。在剖面上可以看到这个遗迹的南部边缘由上向下形成两个台阶（图三；图版一，1）。

由于通过冲沟的剖面可以知道在这里分布了人工遗迹，能够观察到文化层的堆积情况，也可以清楚地知道采集到的人工遗物是来自哪一个层位，因此选择在冲沟边缘

1

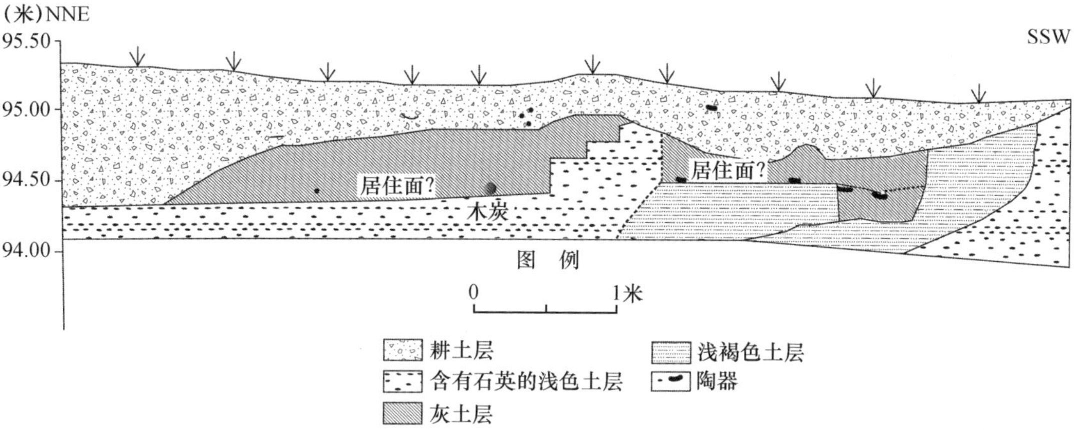

2

图三 H地点

1. H地点西侧的冲沟 2. H地点西侧冲沟剖面

进行布方。H地点紧临冲沟边缘，D地点在H地点东部，与H地点间隔0.5米（图四）。

H地点的西部即为冲沟边缘，H地点分成a～e五个小的发掘区，以每次5厘米的深度向下进行发掘，直到生土层不再发现任何人工遗物为止。

在H地点的东部，发掘中观察到人工遗迹中还可以分为不同的亚层。尽管在这个遗迹的底部没有发现明显的居住面，不过根据土层的颜色和密度，可以将耕土层以下分为5层，即5个单位，编号分别为H801～H805（图五；图版一，2）。H801，厚26厘米，略带黑色的深褐色，包含丰富的陶片、石片和木炭。在这一层的底部几乎没有发现人工遗物。H802，厚10～28厘米，浅灰色，发现少量的人工遗物。H803，厚15～30厘米，深灰色，包含大量的大块陶片，有些陶片可以复原成陶器的局部，还有石器、石杵的碎片和牛科动物的牙齿。H804，厚10～15厘米，褐色，有少量的陶片。H805，厚10～15厘米，灰色，其下部即为致密的红色生土。在H805中发现了大片的

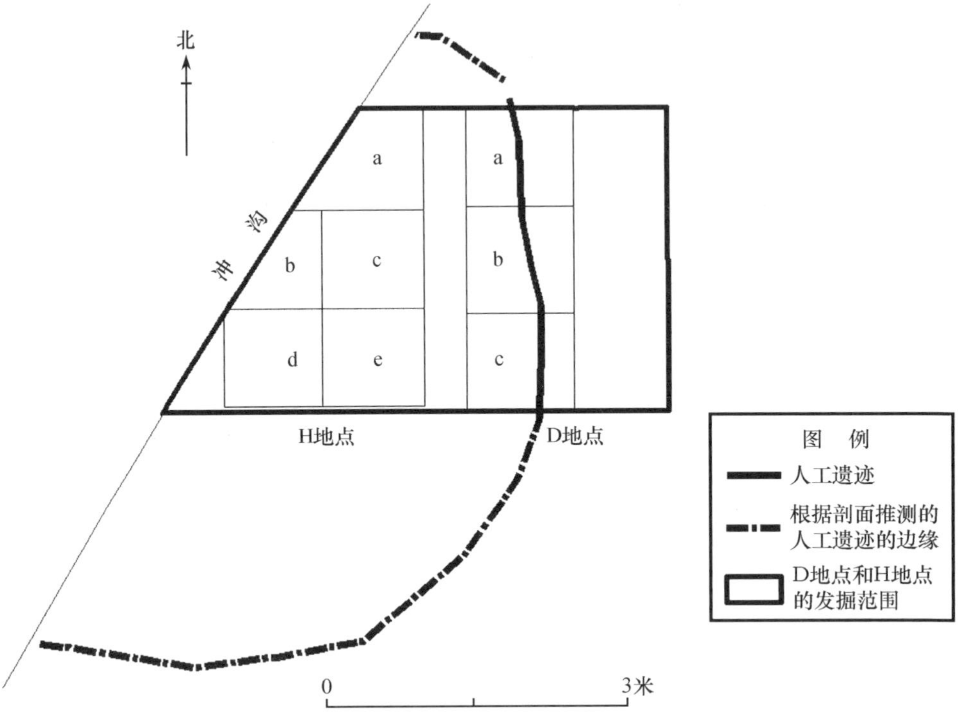

图四　D 地点、H 地点的发掘范围和发掘区

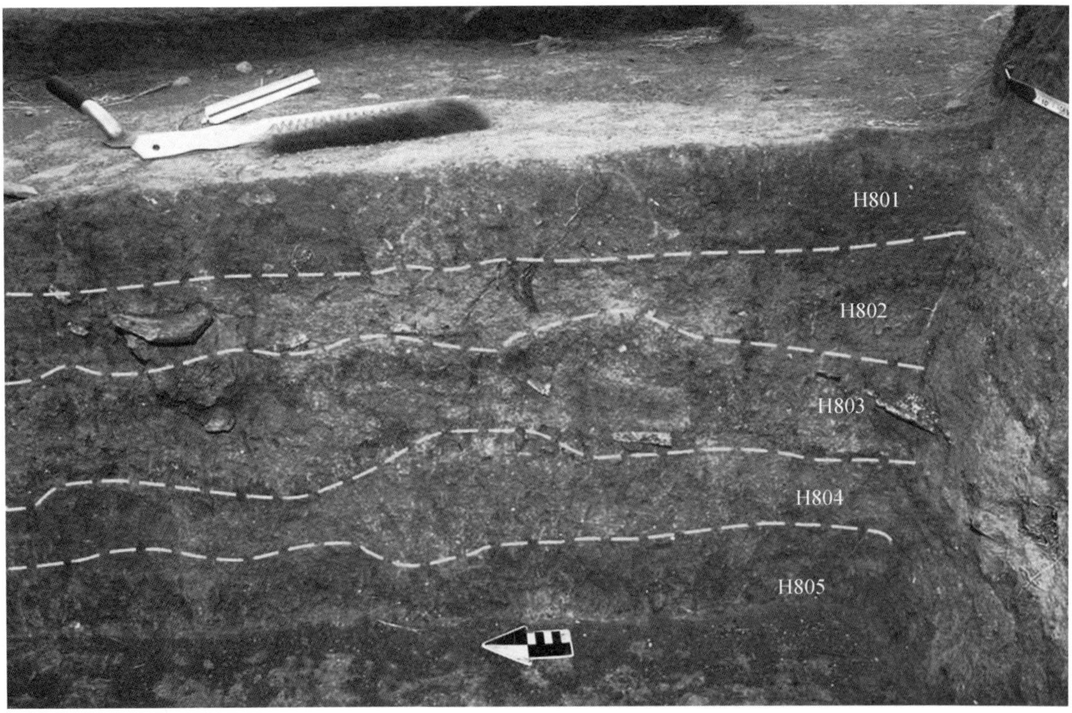

图五　H 地点东部剖面

器物口沿，以及石片、木炭和小块的动物骨头。H地点各单位的数据见表二。在H地点发现的所有陶片均属于兴隆洼文化（图六；图版二，1）。

图六 H地点发现的陶片

1. 8084 2. 8085 3. 8104 4. 8151

表二 H地点各单位的数据

单位	标本袋编号	陶片数量	石制品
H801	8001，8005，8008，8009，8010，8011，8013，8017b，8019，8024，8025，8030，8032，8037，8040，8042，8047，8049，8053，8055，8061，8062，8064，8066，8067，8073，8074	373	468
H802	8077，8078	73	64
H803	8083，8084，8085，8087，8090，8099，8102，8103，8104，8109	124	45
H804	8112，8113，8119，8123，8124，8129，8131	86	61
H805	8135，8137，8151，8153	38	7

D 地点与西部的 H 地点相连，南北长 2.5、东西宽 1.5 米。发掘后可以看到 H 地点的地层延续到这里。在耕土层以下又向下发掘了 30 厘米，并没有到达文化层的底部，由于时间关系没有继续向下发掘。

6. I 地点

I 地点位于遗址的东南缘，地表为向东、向南的缓坡。在此前进行的田野调查和地表采集中（包括区域性的田野调查和发掘前在这里进行的密集的系统性采集），可知分布在这里的陶片密度非常高。在进行区域性田野调查时，这里有一条现代的人工沟渠，在沟渠的剖面上可以看到文化层和人工遗物。当 2015 年回到这里进行试掘时，这条沟渠已被填平。

首先在这里划出 5 米 ×5 米的范围，将表层的耕土清理干净后，并没有观察到存在着类似黑土圈的遗迹现象，然后在东南角划定一个 1.5 米 ×1 米的探沟进行发掘。在这个探沟中发现了明显的房址边缘。后根据房址边缘的走向在探沟的北、南和东部进行了扩方，发掘面积共计 34 平方米。在发掘区内房址的边缘都清晰可见，其西北角被一条现代沟打破，房址的西北部、东南角和西南角以及近 2/3 的面积被揭露（图七）。

I 地点的地层如下（图八）。

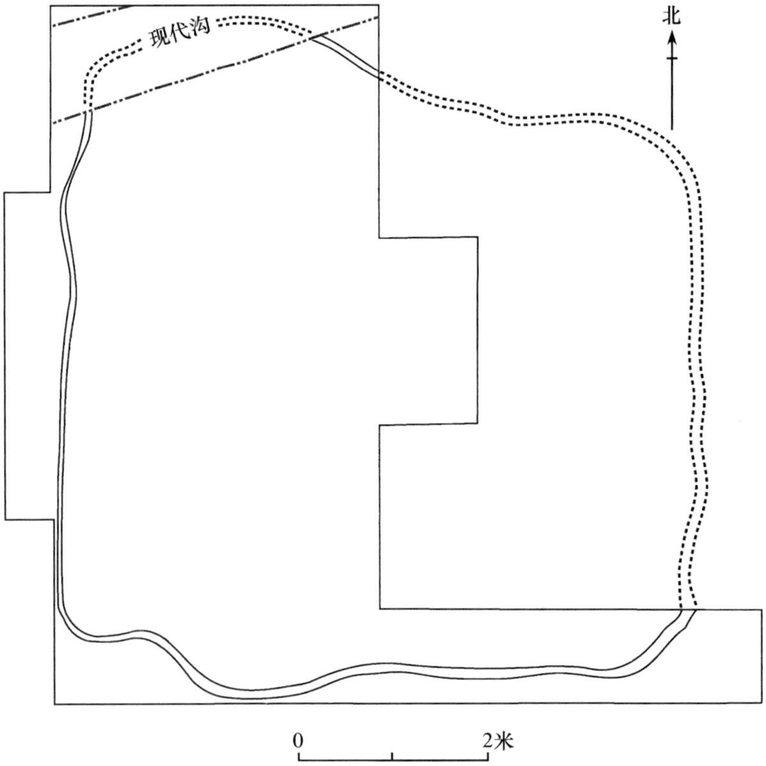

图七　I 地点发掘范围及房址轮廓

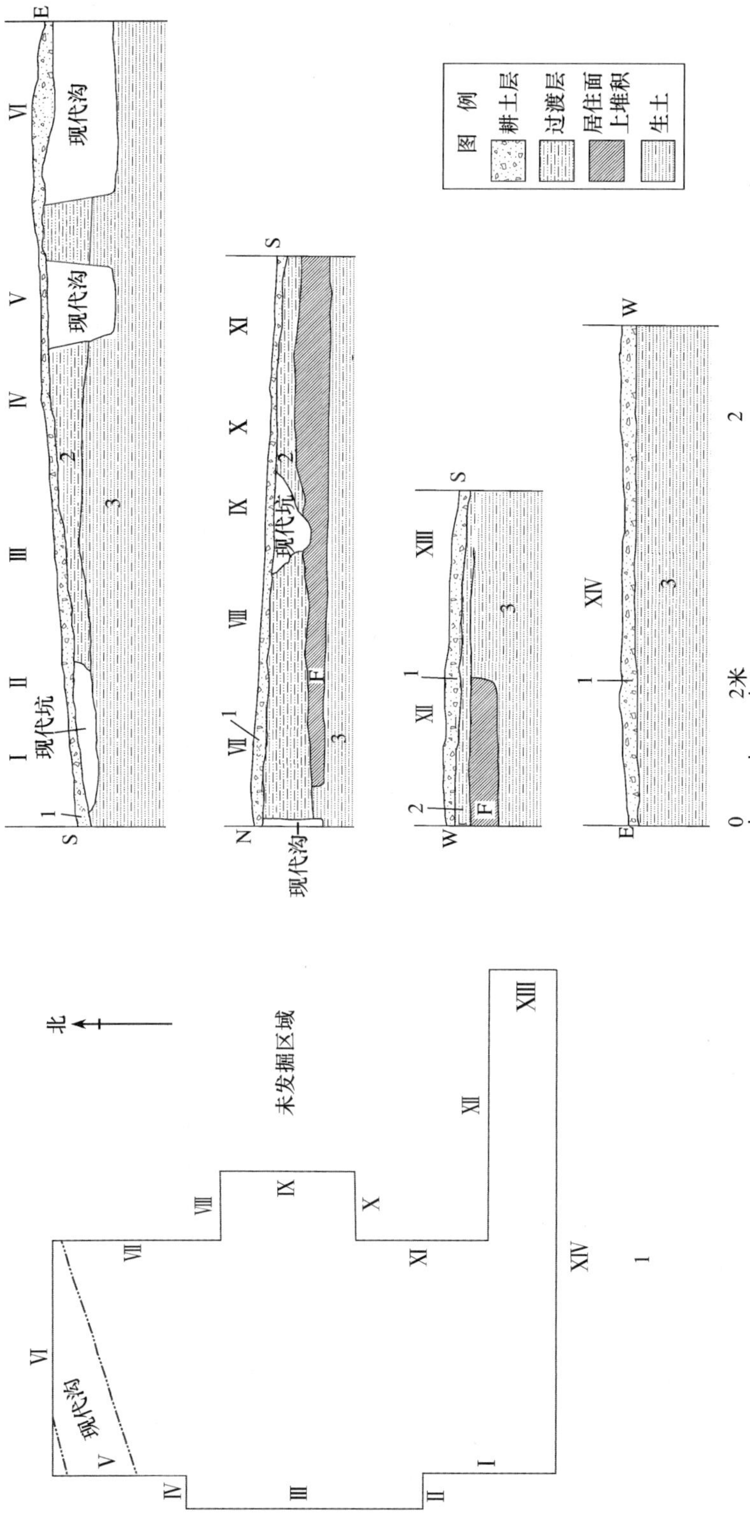

图八 I地点

1. I地点发掘区剖面编号（I～XIV） 2. I地点发掘区剖面（与左图各壁编号相对应）

第 1 层：耕土层（犁耕层）。深约 20 厘米。灰色，其中可见植物的根系，质地较疏松，可以与下面的地层清楚的划开。

第 2 层：过渡层。浅红色，质地细密，其构成较耕土层复杂，也有少量的植物根系，还包含炭粒，但很少有人工遗物。这一层的厚度约 35 厘米，北部较深，南部较浅。

第 3 层：房址居住面上的堆积。厚度 10 ~ 30 厘米，包含许多灰土、人工遗物（陶片、石器等），代表了这一区域人类活动最主要的阶段。这一层的底部很薄但是很硬，应该是房子的居住面，上面还放置着很多完整的陶器和石器，很可能是保存了房子被废弃时的状态。某些局部的居住面下还有厚 5 ~ 20 厘米的黑色灰烬层，其中也发现了大量的人工制品。

第 4 层：生土层。为了确认在房址下是否还有文化层，分别在西壁附近、发掘区的中部和灶的东部各发掘了一个探沟，探沟的发掘深度在 50 厘米左右。房址以下为浅褐色土，没有发现任何遗迹和人工制品，应为生土。

各层位包含的单位见表三。

表三　I 地点各层位所包含的单位

层位	单位编号
耕土层	I900，I901，I905，I909，I910，I921，I923，I925，I927，I929（现代沟），I930，I932，I933，I936，I937，I944
过渡层	I902，I906，I907，I915，I917，I926，I934，I938，I940
房址居住面上的堆积	I903，I904，I908，I911，I912，I913，I914，I916，I918，I919，I920，I922，I924，I928，I931，I935，I939，I941，I942，I943，I945，I946，I947，I948，I949A ~ D

在耕土层发现的陶片几乎都属于兴隆洼文化，仅有个别属于晚期或现代的人工制品。

在过渡层，仅有少量的遗物，以下是属于这一层的各个单位出土的陶片数量（前面为标本袋编号，括号中为陶片数量）：9007（1），9010（2），9015（6），9025（1），9027（8），9034（1），9037（3），9058（5），9117（2），9126（11），9127（9），9134（35），9136（4），9141（2），共计 90 片陶片。除了 9027 发现了 2 片高台山文化的陶片以外，其余均属于兴隆洼文化。这 2 片高台山文化的陶片可能是由于农耕或现代沟的扰动而进入到这一层中，另外，在发掘过程中，发现了一些小的遗物，如石片、小块的陶片，会通过一些啮齿动物的洞而进入这一层。

房址居住面上的堆积中包含了丰富的人工遗物，另外，还发现了许多黑色的斑块和散乱的灰烬，以及大量坚硬的红烧土块，表明这里曾经发生过严重的火灾，很可能这个房子被焚毁，或者是在废弃后很快就被烧毁。有些地方可以见到大块的木炭，从痕迹观察很可能是建造房屋墙壁和屋顶的木结构被烧毁后形成的（图九；图版二，2）。

1　　2

图九　房址居住面

1. 在 I928 和 I931 可以见到橘红色的红烧土和黑色的灰烬

2. 在 I935 可以清楚见到烧毁的木头痕迹

四、房　址

在塔尺营子遗址发掘中最重要的发现是在 I 地点揭露了一个长方形的半地穴房址，房子的轮廓清楚，由于时间有限只发掘了房址的西半部和南壁。根据已发掘部分，可以计算出房址南北长约 7 米，东西宽约 6 米。该房址的大小和形状与在附近的查海遗址发现的房址相同（图一〇）。

1. 门道

房址的南部有向外凸起的半圆形，与查海遗址发现的 F26、F34、F36、F46 非常相似[3]，可能是房子的入口或门道。

2. 柱子洞

在清理居住面的过程中，发现了几个呈黑色的圆形或近似圆形的洞。其中一个位于房址的南部，直径约 10 厘米，在洞中发现被烧毁的木柱痕迹，其轮廓清晰可见，周围也分布着一些红烧土，可以确认是柱子洞（单位编号为 9299，见图一〇、图一一；图版三，1）。沿房址的西壁还分布了三个类似的圆洞，据其位置观察可能是柱子洞，不过在发掘中没有发现确切的证据。其余的圆洞也都经过仔细的发掘，没有发现能够确认是柱子洞的遗存，因此这些圆形或近似圆形的洞不排除是啮齿类动物活动的结果（请参见报告中介绍灶的部分）。

3. 灶

在发掘区域的东部边缘，基本上位于房址居住面的中部，发现了大量的红烧土、

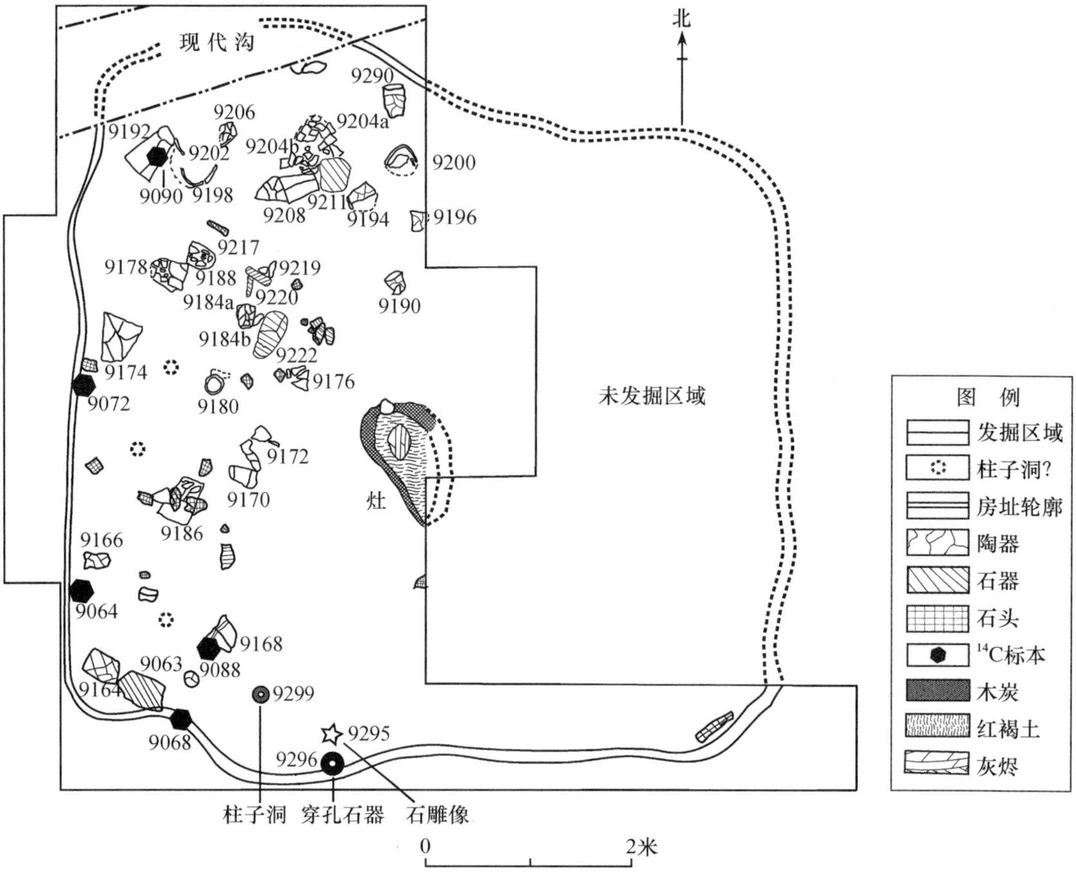

图一〇　I 地点发现的房址平面图

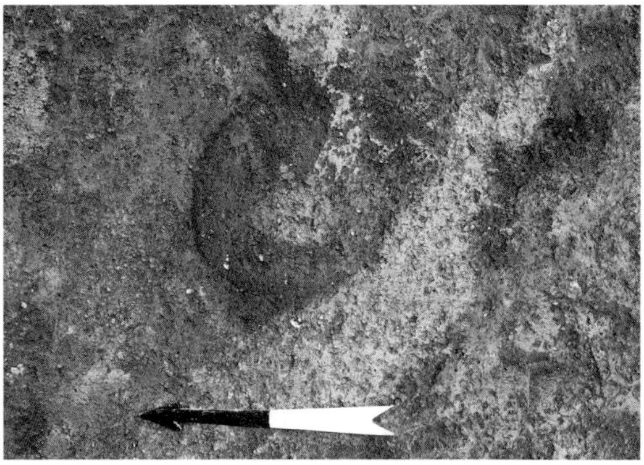

图一一　柱子洞（单位编号 9299）

灰烬和白色硬土块，据此判断这里应该是房子的灶。灶的表面稍低于居住面（距地表 90.65 厘米），周围是非常硬的橙色红烧土和木炭，灶底为发白和橙色的红烧土，灶膛里有约 15 厘米厚的灰烬和红烧土层（图一二；图版三，2）。在中部可见一个长径约 30 厘米的椭圆形区域，堆满灰烬。从灶的剖面可以看到灶膛较宽，底微凹，但是不清楚灶膛是否有壁和其他结构（图一三）。从灶膛内采集到了一些陶片，其中有非常厚的平底陶器的底部，很可能是用于构筑灶底。

1　2　3

图一二　位于不同高度上的灶

1. 距地表 90.65 厘米　2. 距地表 90.55 厘米　3. 距地表 90.50 厘米

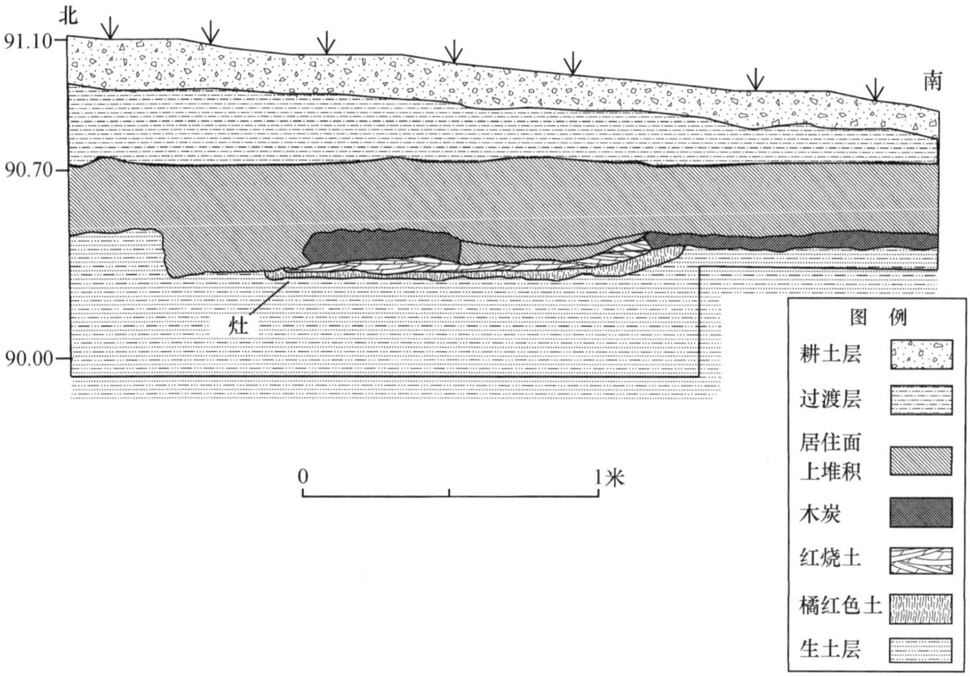

图一三　灶的剖面图

4. 居住面上人工遗物的分布

从图一〇可以看到居住面上分布着大量完整的陶器和石器。另外，由于在发掘过程中通过全站仪记录了一些人工遗物的位置，因此除了通过房址的平面图可以看到那些可复原的完整器物的分布状态，还可以利用GIS中的核密度估计方法对房址中发掘到的其他遗物如陶器和陶片，石器和石片的分布状态进行分析，可以建立所有陶器和陶片、石器和石片的分布密度图[4]（图一四、图一五；图版四）。

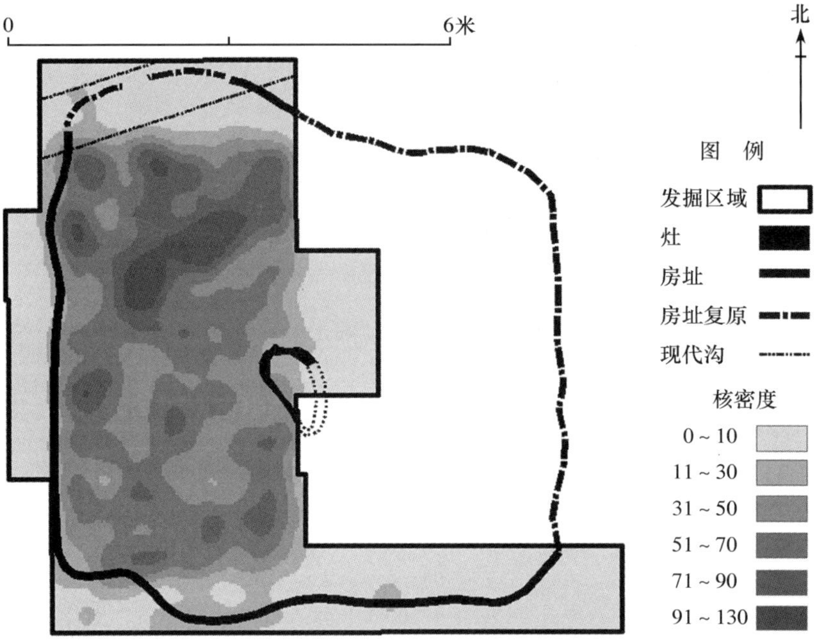

图一四　房址居住面上陶片分布的核密度图

通过对图一〇的观察，可以看到在靠近房址北壁和西壁处，分布了多件可复原的陶器，主要是大小不一的筒形罐，从发现时的状态看，这些陶器原来都是直立放置在居住面上，可能是由于突然的外力如房屋坍塌而导致破碎。在灶的西北侧约1米处，放置了大型的石磨盘和石磨棒，在房址的西南角，也发现了石磨盘。石磨盘的表面由于长时间使用而向下凹，从而形成向下的曲面。在房址的北部、中部和南部，都可见到一些石器。在房址的东南角有一块长方形的板状石头，具体用途不明。与已发掘的房址西北部发现了大量陶器和石器形成对比，在已发掘的房址东南部基本不见人工遗物，另外在灶的东北侧和西南侧，以及灶的南侧已发掘范围内，也没有发现人工遗物。通过图一四可知陶片分布的密集区域亦在房址的北部和西侧，与可复原陶器集中分布的范围相同。图一五则表现出石片在房址的北部和西部也有比较集中的分布。综上，可以推测房址的北部主要放置陶器，以筒形罐为主，其中较大型者可能用于储存，较小

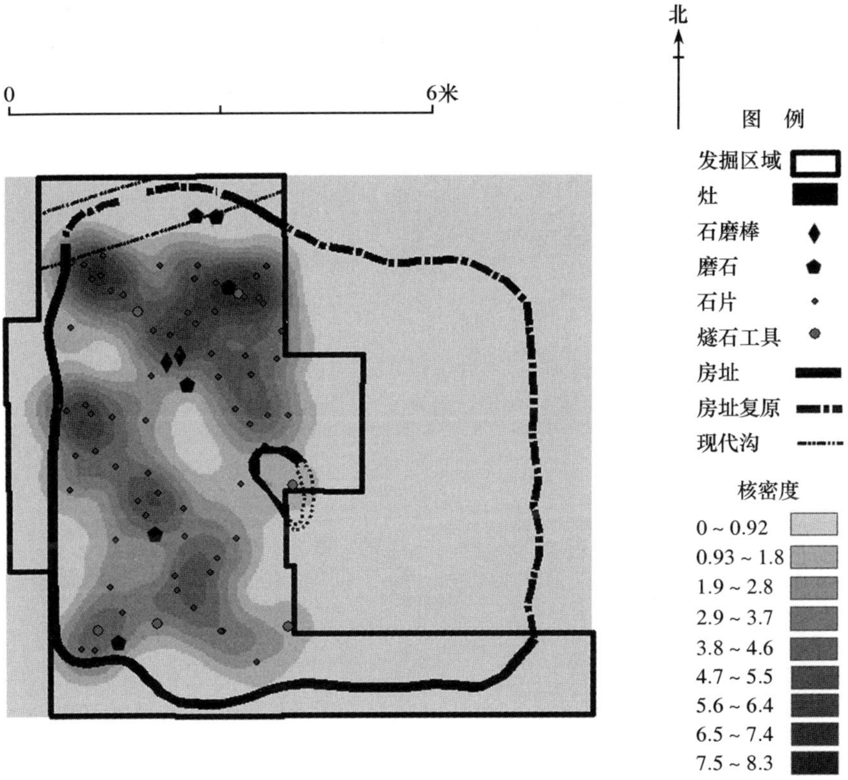

图一五 房址居住面上石制品分布的核密度图

者则可能用于盛放食物。房址的西部放置陶器的同时也有较多的石器，在距离灶约1米的西侧放置了石磨盘和磨棒，应该是利于在灶的附近加工食物。灶的周围有一定的空白区域，可能是便于在灶的周边进行与烹饪有关的活动。灶的南部一直到南壁，以及房址的东南角，都没有发现陶器和石器等人工遗物，这些地区很可能是居住者日常活动或晚间休息的区域。而房址内发现了大量在石器生产过程或改造过程中产生的石片，很可能说明制作石器或者对石器进行改造、加工等活动是在房址内进行的。

5. 在居住面以下集中分布的遗物

在房址的居住面以下，还发现了两个集中分布人工遗物的地点。

第一个地点，在房址西部靠近石磨盘（器物编号9222）处，在移走居住面上的陶器和大型石器以后（图一六；图版五，1），发现一件磨制石斧（器物编号9223）被置于石磨盘之下（图一七；图版五，2），在居住面以下5厘米的深处，还摆放着5件磨制石斧和1件石铲形器（图一八；图版六，1）。

第二个地点，位于房址南壁凸出的半圆形处，靠近南壁边缘。该地点的地层关系较为复杂，在90.50米深的地方（在居住面下约20厘米）发现了一个浅灰色的长方形

图一六　居住面上石磨盘（器物编号 9222）周围的遗物分布状况

图一七　放置在大型石磨盘下面的磨制石斧（器物编号 9223）

图一八　在居住面以下发现的 5 件磨制石斧（器物编号 9221：1～5）

石雕制品（图一九，2；图版六，3），其一面雕似人脸纹和其他纹饰（器物编号 9295）。在这个石雕制品南侧约 15 厘米、同样深度的地方，发现了一个大型的穿孔石器（器物编号 9296）（图一九，1；图版六，2）。在穿孔石器的下方，深 90.41 米处，有两个石球放在一个被打破的大型陶器上（图二〇；图版七，1）。

1　　2

图一九　第二地点发现的器物

1. 房址南侧居住面以下的遗物出土状态　2. 石雕像（器物编号 9295）

图二〇　在穿孔石器下面的 2 个石球放置在一个被打破的大型陶器（器物编号 9299）上

由于在这个地点发现的遗物尤其是长方形石雕制品所具有的特殊性，我们非常仔细地对这个区域的层位关系和在附近发现的陶片等进行了检查，以确认这些器物是否由于扰动而混入的晚于兴隆洼文化时期的遗存。在发掘房址的西南部时，可以看到房址的边缘清晰，内侧和外侧的土色截然不同，房址的南壁西端向外凸出的半圆形内，有几处清晰的黑色灰烬和红烧土块（图二一；图版七，2），在发现石雕像后，将这一区域仔细地向下发掘到90.50米的深度，黑色灰烬和红烧土块一直都有分布，而且没有超出房址的南部边缘，即在发现石雕像的区域没有发现晚期扰动或被晚期遗迹打破的迹象。另外，在发现长方形石雕像和穿孔石器附近（包括在这一地点较高的深度）的标本袋编号分别为9077（深90.85米），9080（深90.73～90.65米），9087（深90.73～90.72米），9239（深90.68～90.58米），9284（深90.58～90.49米）和9299（为在两个石球下面发现的陶片，深90.41米），其中发现于两个石球之下的陶片（器物编号9299）大部分可以拼合（详见下文的陶器描述）。所有陶片均为典型的兴隆洼文化的器物，未见晚期陶片，这也从另一个角度说明这个地点并没有受到晚期遗存的扰动。

图二一　发掘区西南角的居住面

以上两个地点发现的人工遗物其性质应该与放置在居住面上的陶器和石器不同，后者表现了这些器物在房子中被使用时的位置和状态，而在这两个地点集中放置这些遗物很可能是出于其他的原因。

五、遗　　物

在房址上的堆积、居住面，以及居住面以下，发现大量的可复原陶器，在房址和遗址的其他地点都发现大量的石器和石片，下面分类介绍。

1. 陶器

发现于居住面上的陶器大部分都可以复原，共复原陶器22件，绝大部分为筒形罐，还有2件小杯。由以色列希伯来大学考古系实验室Keren Nebenhaus对陶器进行三维扫描并绘图[5]。

筒形罐

9200（图二二，1），夹砂灰褐陶，敞口，圆唇，斜直腹，平底。口径26.5、底径16.8、高38.5厘米。器表为三段式纹饰，口沿下饰两周竖向之字纹带，宽4.8厘米；其下为一周附加堆纹，饰两道弦纹，每隔6～8厘米由一面的弦纹向右下交叉，宽2厘米；附加堆纹下至底部饰十二周不规整的竖向之字纹。

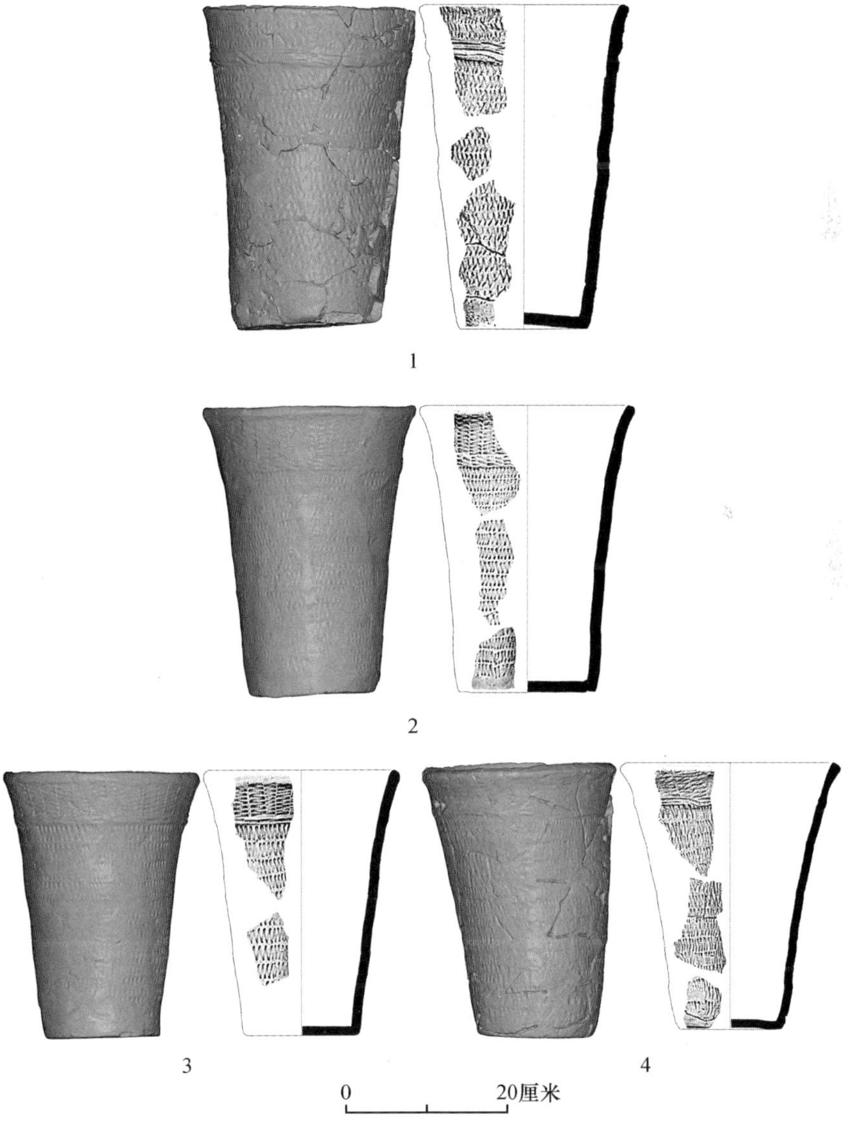

图二二　塔尺营子遗址出土筒形罐（一）

1. 9200　2. 9174　3. 9178　4. 9168

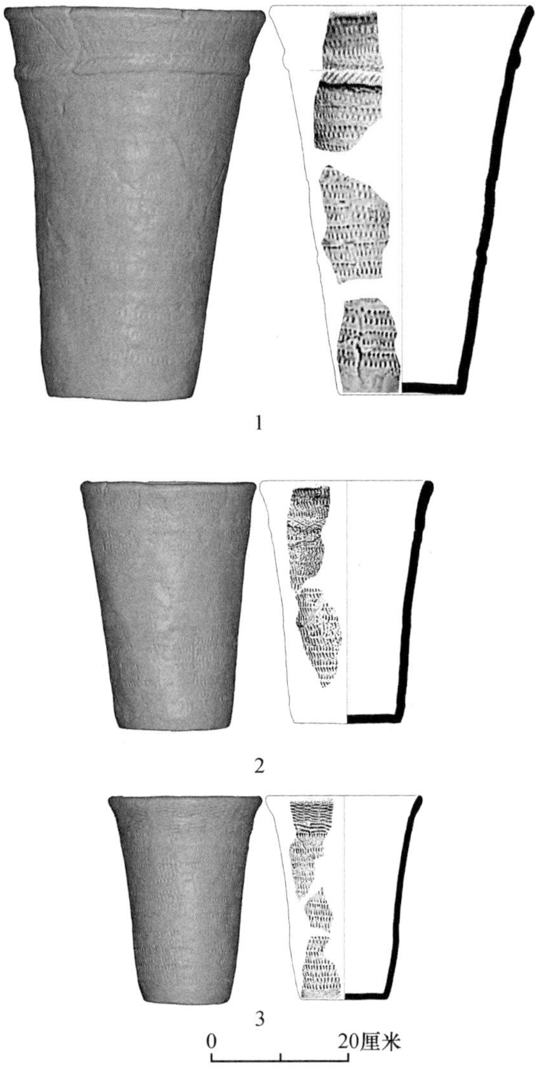

图二三　塔尺营子遗址出土筒形罐（二）
1. 9198　2. 9192　3. 9172

9174（图二二，2），夹砂灰褐陶，敞口，尖圆厚唇，斜直腹，平底。口径26.4、底径15.5、高36.5厘米。器表为三段式纹饰，口沿下饰规整横向之字纹带，宽5厘米；其下为一周较薄的附加堆纹，宽2厘米，上饰三道弦纹，每隔5厘米左右弦纹上下交叉；附加堆纹下至底部饰十二周规整的竖向之字纹。

9178（图二二，3），夹砂灰褐陶，大敞口，尖圆唇，斜直腹，平底。口径24.5、底径12.5、高33厘米。器表为三段式纹饰，口沿下饰规整横向之字纹，宽4.3厘米；附加堆纹较薄，宽1.2厘米，饰一道呈波浪状弦纹；附加堆纹下到底部饰十周规整的竖向之字纹。

9168（图二二，4），夹砂灰褐陶，敞口，方厚唇，斜直腹，平底。口径26.5、底径14.8、高35厘米。器表为三段式纹饰，口沿下饰横向之字纹带，宽4厘米；其下为一周较薄的附加堆纹，饰两道弦纹，间或有交叉，宽1厘米；附加堆纹下至底部饰十周不规整的竖向之字纹。

9198（图二三，1），夹砂灰褐陶，敞口，圆唇，斜直腹，平底。口径37、底径20.2、高55厘米。器表为三段式纹饰，口沿下饰三周竖向之字纹带，最下面一周部分被附加堆纹叠压，宽4.5 ~ 7.8厘米；其下为一周附加堆纹，半周饰向右上向左下的斜纹，半周饰由左上向右下的斜纹，宽2.5厘米；附加堆纹下至底部饰十周不规整的竖向之字纹。

9192（图二三，2），夹砂灰褐陶，敞口，圆唇，斜直腹，平底。口径26、底径16、高35.5厘米。器表为三段式纹饰，口沿下饰两周较规整的竖向之字纹带，宽4.2厘米；其下为一周附加堆纹，宽1.2厘米，上饰细线交叉纹；附加堆纹下至底部饰十周较规整的竖向之字纹。

9172（图二三，3），夹砂灰褐陶，敞口，尖圆唇，斜直腹，平底。口径22.5、底径12、高29.8厘米。器表为三段式纹饰，口沿下饰较规整横向之字纹带，宽2.5厘米；其下饰三周弦纹，每隔4厘米左右上下弦纹交叉，弦纹带宽1.8厘米；弦纹带下至底部饰九周规整的竖向之字纹。

9164（图二四，1），夹砂灰褐陶，敞口，尖圆厚唇，斜直腹，平底。口径22.2、底径12.5、高30.7厘米。器表为三段式纹饰，口沿下饰较规整的横向之字纹带，宽3.4～4.2厘米；其下饰两周弦纹，间或有交叉，弦纹带宽1厘米；弦纹带下至底部饰九周较规整的竖向之字纹。

9204a（图二四，2），夹砂灰褐陶，敞口，尖圆厚唇，斜直腹，平底。口径22.8、底径14、高31.2厘米。器表为三段式纹饰，口沿下饰较规整的横向之字纹带，宽3厘米；其下为一周较深的附加堆纹，宽1.5厘米，上饰两道弦纹，间有上下弦纹交叉形成扁目纹；附加堆纹下至底部饰十二周较规整的竖向之字纹。

9204b（图二四，3），夹砂灰褐陶，敞口，方圆厚唇，斜直腹，平底。口径21.4、底径12.2、高28厘米。器表为三段式纹饰，口沿下饰一周竖向之字纹带，宽2.8厘米，之字纹间距或宽或窄；其下为一周附加堆纹，宽1.5厘米，饰两道弦纹，间有上下弦纹交叉；附加堆纹下至底部饰八周较规整的竖向之字纹。

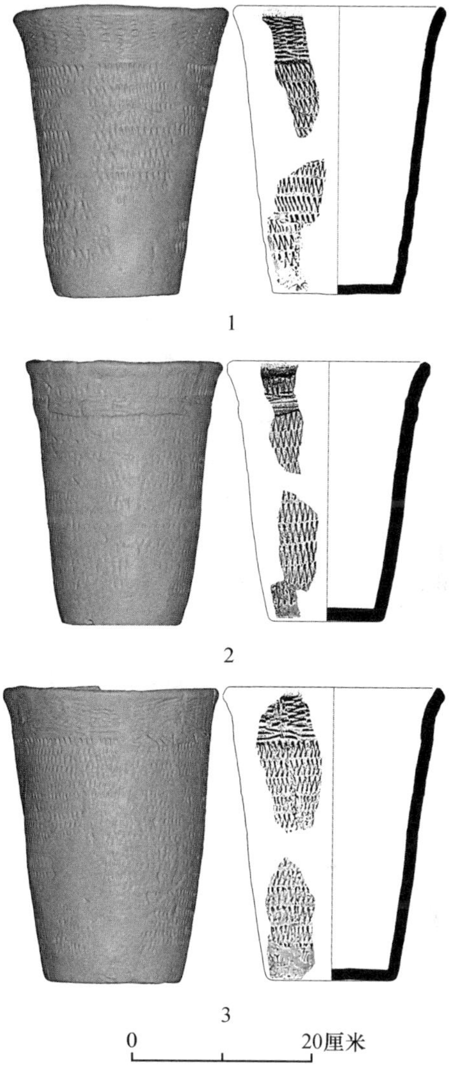

图二四　塔尺营子遗址出土筒形罐（三）
1. 9164　2. 9204a　3. 9204b

9299（图二五，1），残。夹砂灰褐陶，喇叭口，方圆唇，斜直腹，下腹及底部残。口径23.8、残高27.5厘米。器表为三段式纹饰，口沿下的纹饰带宽4厘米左右，为十组由弦纹组成的长方形，长4.5～6.5厘米，宽1～1.5厘米，长方形的上下或中间有横向弦纹；其下为较薄的一周附加堆纹，宽1.8厘米左右，经抹平，所饰纹饰不清；腹部残留九周不甚规整的竖向之字纹。

9170（图二五，2），夹砂灰褐陶，敞口，方圆唇，斜直腹，平底。口径17、底径9.8、高22.5厘米。器表为三段式纹饰，口沿下隐约可见被后抹过的横向之字纹，宽1.3厘米；其下为一周较薄的附加堆纹，宽1.5厘米，可见有被抹过的弦纹；附加堆纹下至底部饰六周竖向之字纹，亦被抹平。

9290（图二五，3），夹砂灰褐陶，敞口，圆唇，斜直腹，平底。口径20.5、底径11、

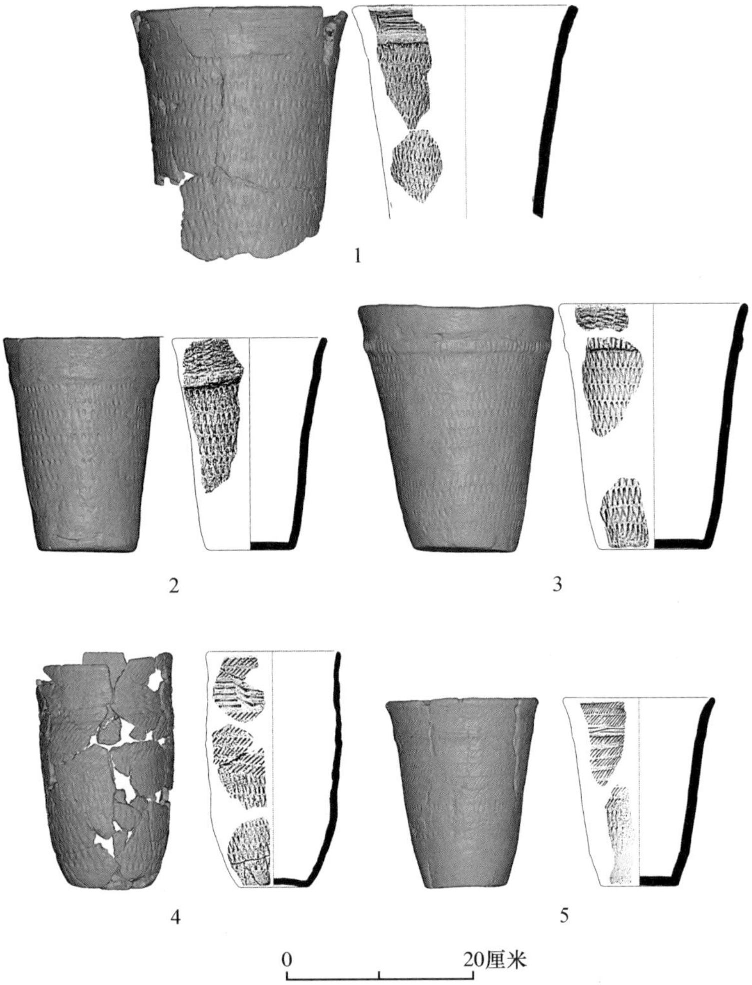

图二五　塔尺营子遗址出土筒形罐（四）

1. 9299　2. 9170　3. 9290　4. 9188　5. 9206

高 26.2 厘米。器表为三段式纹饰，口沿下饰较规整横向之字纹带，宽 2 厘米；其下为一周附加堆纹，宽 1.8 厘米，饰竖向棱纹；附加堆纹下至底部饰十周规整的竖向之字纹。

9188（图二五，4），夹砂灰褐陶，直口，尖唇，颈部微束，直腹，近底部稍向内收，平底。口径 15、底径 10.1、高 15.8 厘米。器表纹饰由下及下可分为四组，口沿下饰两周由右上向左下的斜纹，宽 2.8 厘米；其下的纹饰带由十组纹饰组成，每组由 4 ~ 5 条横纹组成，每组纹饰的右端由上及下分别有三条斜向其右侧另一组纹饰的斜向弦纹，宽 3.5 厘米；腹部分为上下，上部纹饰与口沿下的斜纹相同，共四周，宽约 4 厘米，下部为五周规整的竖向之字纹。

9206（图二五，5），夹砂灰褐陶，敞口，方圆唇，斜直腹，平底。口径 15.8、底径 8.8、高 20 厘米。器表由上及下分为四部分，口沿下饰两周由右上向左下的斜纹，宽 3.5 厘米；其下为一周较隐约突起的附加堆纹，上饰两周弦纹，间或有交叉，宽 1 厘米；其下为五周由右上向左下的斜纹，与口沿下纹饰同，宽7厘米；下腹部饰三周竖向之字纹，多被抹平。

9184b（图二六，2），残。夹砂灰褐陶，直口，尖圆唇，直腹，平底。底径9.4、高18.8厘米。器表为三段式纹饰，口沿下饰细线刻划的横向之字纹，宽2厘米；其下有附加堆纹，上饰交叉纹，宽2厘米；腹部饰细线刻划的不规整横向之字纹。

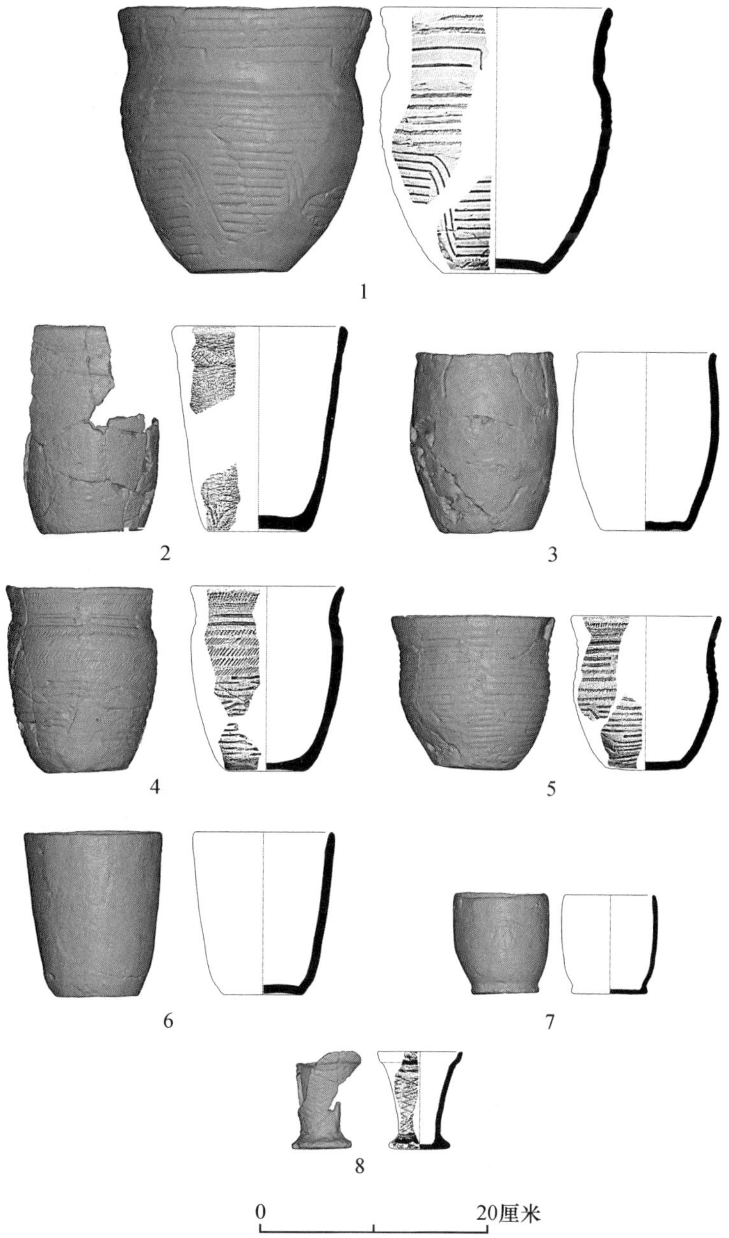

图二六　塔尺营子遗址出土陶器

1、4、5. 束颈罐（9194、9176、9166） 2、3、6. 筒形罐（9184b、9184a、9190） 7、8. 杯（9186、9202）

9184a（图二六，3），夹砂灰褐陶，小侈口，尖圆唇，弧腹，近底部内收，平底。口径12、底径8、高16厘米。通体素面。

9190（图二六，6），夹砂灰褐陶，直口，尖圆唇，直腹，平底。口径12.1、底径7.5、高14.4厘米。通体素面。

束颈罐

9194（图二六，1），夹砂灰褐陶，喇叭口，尖唇，束项，有肩，弧腹，平底。口径20.5、底径8.5、高22.7厘米。口沿下饰两周宽弦纹，内填两排小麻点纹，其下饰两周窄弦纹；肩部以下饰六周宽弦纹，内填小麻点纹，与口沿下所饰宽弦纹相同；腹部纹饰为分六个单元，纹饰基本相同，均为十二道由上及下宽度渐窄的横向弦纹，最上面的三道在其右端接有拐向右下方的微弧的弦纹。

9176（图二六，4），夹砂灰褐陶，小侈口，尖圆唇，颈部微束，肩部以下斜腹，平底。口径13.2、底径7.8、高16厘米。器表纹饰由上及下可分为五组，口沿下饰两周弦纹，内填三行小而细密的坑点纹，宽2厘米；其下饰两周间断的弦纹，宽1.2厘米；其下为一周弦纹，与口沿下纹饰相同，内填三周细密的坑点纹，宽约0.5厘米；其下为四周由右上向左下的斜纹，宽3.6厘米；下腹部为4道左右横弦纹，长短不一，参差不齐，部分横弦纹的右端有向右下的斜向纹，部分在左端有向左上的斜纹。

9166（图二六，5），夹砂灰褐陶，小侈口，尖圆唇，颈部微束，弧腹，近底部稍向内收，平底。口径14.5、底径7.3、高14.2厘米。器表纹饰由下及可分为四组，口沿下饰两周弦纹，内填两行小而细密的坑点纹，宽2.8厘米；其下饰四周弦纹，间或有由左上向右下的斜向纹，宽约2.2厘米；其下为四周弦纹，与口沿下纹饰相同，内填两周弦纹组成，每组位于第一行或第二行的横弦纹多在右端有向右下的斜线。

杯

9186（图二六，7），夹砂灰褐陶，直口，尖圆唇，弧腹，近底部内收，饼状底。口径8.5、底径6.2、高9厘米。通体素面。

9202（图二六，8），杯残。夹砂灰黑陶，口部残，似杯形口，斜腹，近底部内收，饼底。底径5.2、残高8.6厘米。口沿下可见弦纹，腹部饰细线刻划的之字纹；饼足素面。

由于已发现的兴隆洼文化遗址较少叠压或打破关系，其陶器种类单一，造型简单，给兴隆洼文化的分期带来一定的困难[6]。有学者通过对兴隆洼文化陶器上最常见的交叉纹和之字纹进行研究，提出可以根据纹饰的组合与变化对兴隆洼文化进行分期。首先以交叉纹和之字纹为标准，将兴隆洼文化分为早晚两期，即单纯饰交叉纹的陶器群早于饰之字纹或之字纹与交叉纹共生的陶器群，进而根据之字纹的饰纹方式，将晚期分为早晚两段，即早段陶器主要饰“竖压横带”之字纹，晚段陶器开始出现“横压竖带”之字纹[7]。此后虽有研究者提出兴隆洼文化分期的“三期说”[8]“四期说”[9]等不同分期方案，但其中关于不同时期纹饰的变化，均认为“竖压横带”之字纹早于“横压竖带”之字纹，即在兴隆洼文化的晚期开始出现“横压竖带”之字纹。塔尺营子遗址发现的陶器中，筒形罐9164、9168、9170、9172、9174、9178、9184b、9204b，小杯9202等多件器物上都出现了"横压竖带"之字纹，表明塔尺营子遗址的兴隆洼文化陶器中"横压竖带"之字纹的使用已较为普遍，因此塔尺营子遗址的兴隆洼变化遗存当处于兴隆洼文化的晚期阶段。

2. 石器

共出土石制品1005件，其中包括了874件打制石器和131件磨制石器。

打制石器包括了石核类、石片类、工具类和废品类，数量最多的是断块和碎屑等废品。石料主要是石英，燧石－流纹岩次之。

石核类中可辨别出的主要是细石叶石核，另外还包括了少量以石片、石核修整石片或工具为原型进行剥片的石核。其中细石叶石核3件，以2件燧石质的细石核为例，其中一件为锥形（4010-2），尺寸为30毫米 ×24毫米 ×17毫米（图二七，1），另一件为铅笔头形（9002-1），尺寸为27毫米 ×8毫米 ×7毫米（图二七，2）。两个石核的剥片面上都有规整且平行的脊，台面角为90°，台面上没有片疤，没有迹象表明为了剥离细石叶，石核台面被修理过。

石片类包括了初级石片（背部石皮的面积占比超过50%）、完整石片、破裂石片、石叶、细石叶、石核修整石片、尾端内凹的石片和雕刻器削片等。其中细石叶的数量是最多的，完整石片次之。值得注意的是整体上石片类的石料主要是石英，燧石－流纹岩次之，但单就细石叶而言，燧石－流纹岩是主要的石料来源。111件细石叶中，98件石料为燧石－流纹岩。通过对98件燧石－流纹岩质细石叶的观察和测量，形态窄而薄（92%的细石叶宽度为4～7毫米，93%的细石叶厚度为1～1.5毫米），规整笔直，从近端至远端宽度几乎没有发生变化。石片角多接近90°。两侧边平行并且背面有平行的脊，没有迹象表明窄小的台面被修理过，但大多仍具有明显的打击泡。种种迹象表明这些细石叶可能是由压制法产生的（图二七，3～11）。

工具类以加工细石叶为主，还有少量的加工石叶、加工石片和雕刻器等。加工细石叶的石料主要是燧石－流纹岩。依据形态与加工方向的不同，可分为三类。第一类，利用横向截断的细石叶的部分进行加工，表面形态为长方形，两侧边平行，背部有脊，横截面为三角形，加工方式是由腹面向背面对一条侧边进行加工（图二七，12～15）。此类工具的宽度多在4～5毫米，厚度多在1～1.5毫米。第二类远端进行加工，类似"尖状器"，加工方式既有向背面的，也有向腹面的（图二七，16、17）。第三类，表面形态为长方形，带有尖状或较钝的远端，横截面为梯形，加工方式多样，有的对一条或两条侧边进行加工，有的在远端进行横向加工（图二七，18、19）。

磨制石器共有129件，包括了可辨出类别的成型磨制石器82件以及47件在磨制时期生产过程中产生的石片和废品，以及2件不明用途的其他石制品。原料有页岩、花岗岩、石英、砂岩以及一些优质的外来石料，以前三种石料为主。

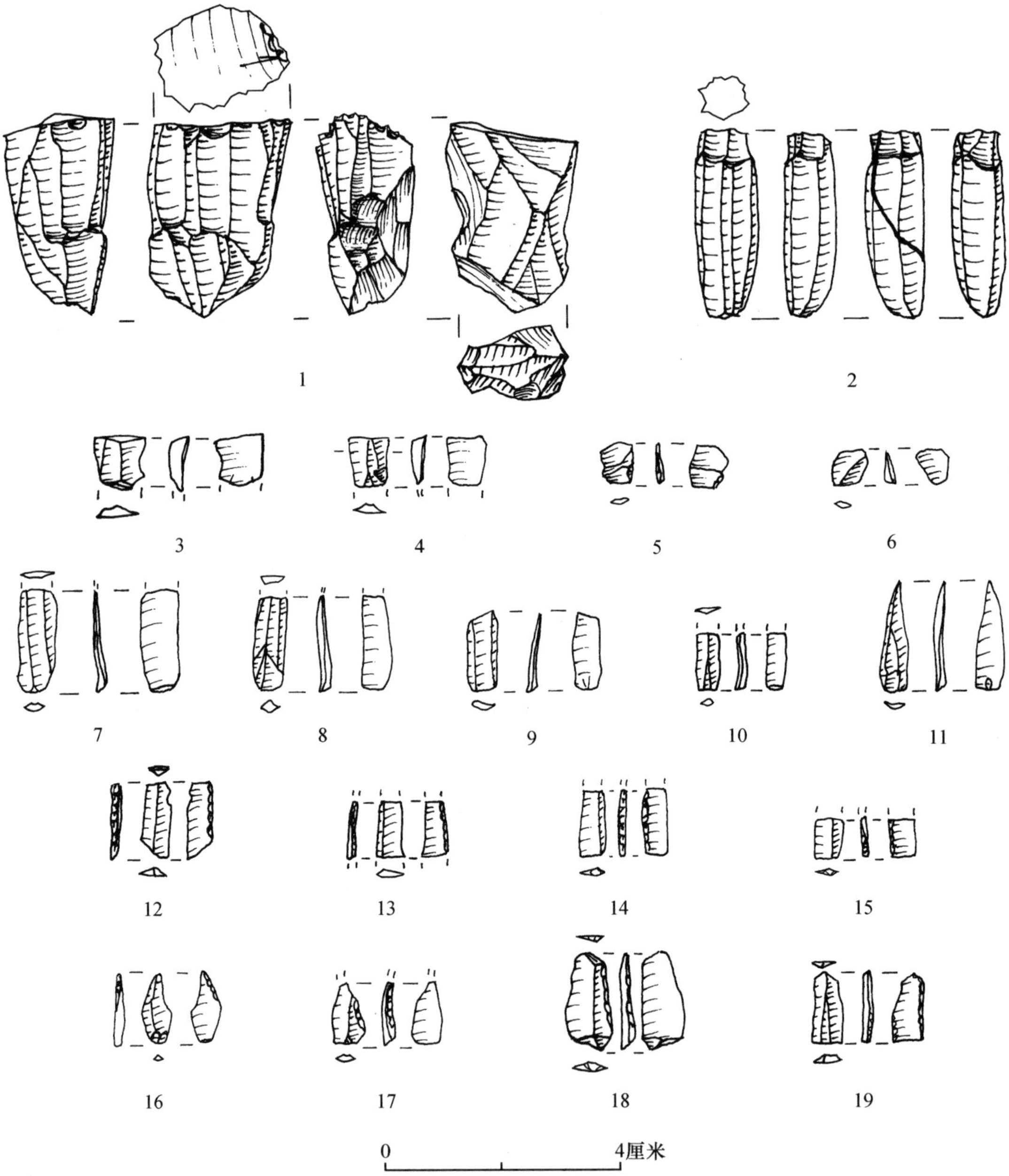

图二七　塔尺营子遗址出土石器

1、2. 细石叶石核（4010-2、9002-1） 3～11. 燧石－流纹岩质细石叶（8060-8、9306-1、8060、9300-1、8111-6、9263-1、9313-8、8027-5、8115-6） 12～15. 第一类加工细石叶（6003-1、8044-3、8075-3、8017 b-7） 16、17. 第二类加工细石叶（4021-1、9142-2） 18、19. 第二类加工细石叶（9123-1、8028-7）

成型的磨制石器包括了五类：磨石、穿孔石器、石斧和石锛、石铲形器以及敲砸器。其中磨石的数量最多，共有34件，原料以花岗岩为主。磨石可分为磨盘和磨棒两类，被发现时，往往磨盘在下，磨棒在上。典型标本如磨盘9222-1，花岗岩质，平面近似长方形，工作面内凹，长45.8、宽24.3、最厚处6厘米（图二八）。磨棒9219-1，花岗岩质，长26.2、宽7.8、厚7厘米，一端有明显打击的痕迹，推测也可能作为敲砸器使用（图二九，1）。磨棒9220-1，花岗岩质，长23.7、宽5.9、厚5.3厘米，一端也能观察到敲砸的痕迹，推测也可能作为敲砸器使用（图二九，2）。

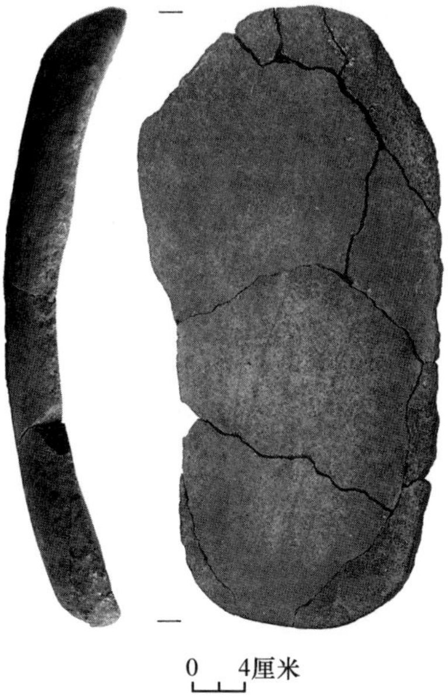

图二八 塔尺营子遗址出土石磨盘

穿孔石器1件，9296-1，花岗岩质，平面近似圆形，长21.6、宽18.6、厚5厘米，钻孔位于中部，为两面钻孔。器体边缘有崩裂的片疤，推测可能作为砍砸器使用（图三〇）。

石斧和石锛共有12件，其中石锛只有1件。原料主要是外来的优质石料，也有个别选用了本地的页岩和花岗岩。大多都通体磨光，平面呈梯形。典型标本如石斧9221-6，完整，长9、宽6、厚2.1厘米，弧形刃，通体磨光，平面呈梯形（图三一，1）。石斧9221-2，残，长6.4、宽7.6、厚2.2厘米，弧形刃，通体磨光（图三一，2）。石斧9223-1，长7.7、宽5.6、厚2.1厘米，通体磨光，平面呈梯形，刃部微凸，顶端有敲砸的片疤，两侧边有内凹的片疤，推测是为了方便捆柄特意敲击而成（图三一，3）。这里要特别指出在塔尺营子遗址I发掘区房址居住面上发现的可拼合石片与石斧－敲砸器。此件器物长5.9、宽6.9、厚2.3厘米，磨光，两面有数个片疤，一条

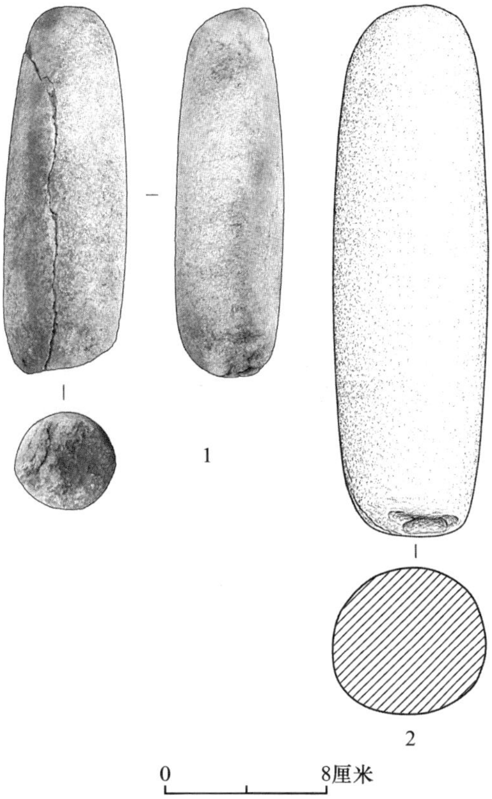

图二九 塔尺营子遗址出土石磨棒
1. 9219-1 2. 9220-1

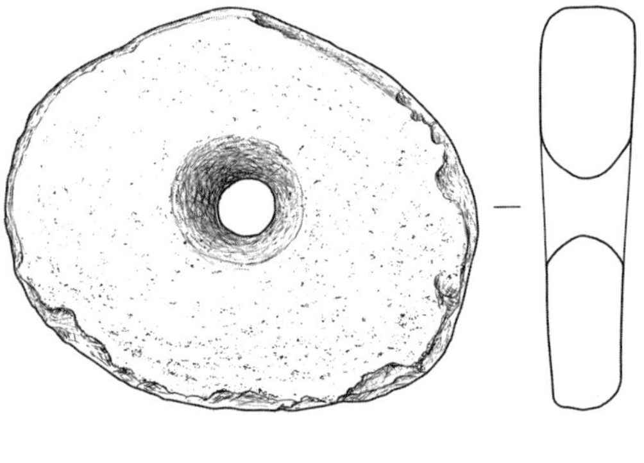

0　　8厘米

图三〇　塔尺营子遗址出土穿孔石器

侧边上布满了小片疤，推测应是先作为石斧使用，后将其一条侧边做敲斫用（图三二，1）。可与两件背面磨光的石片相拼合（图三二，2，3）。两件石片与石斧-敲斫器并不是在居住面的同一位置发现的，推测在房址内进行的经济行为应该有了功能分区。

石铲形器共有14件，原料全部为页岩。多两面加工制作而成，与查海遗址发现的石铲形器形状相似：柄部狭窄，

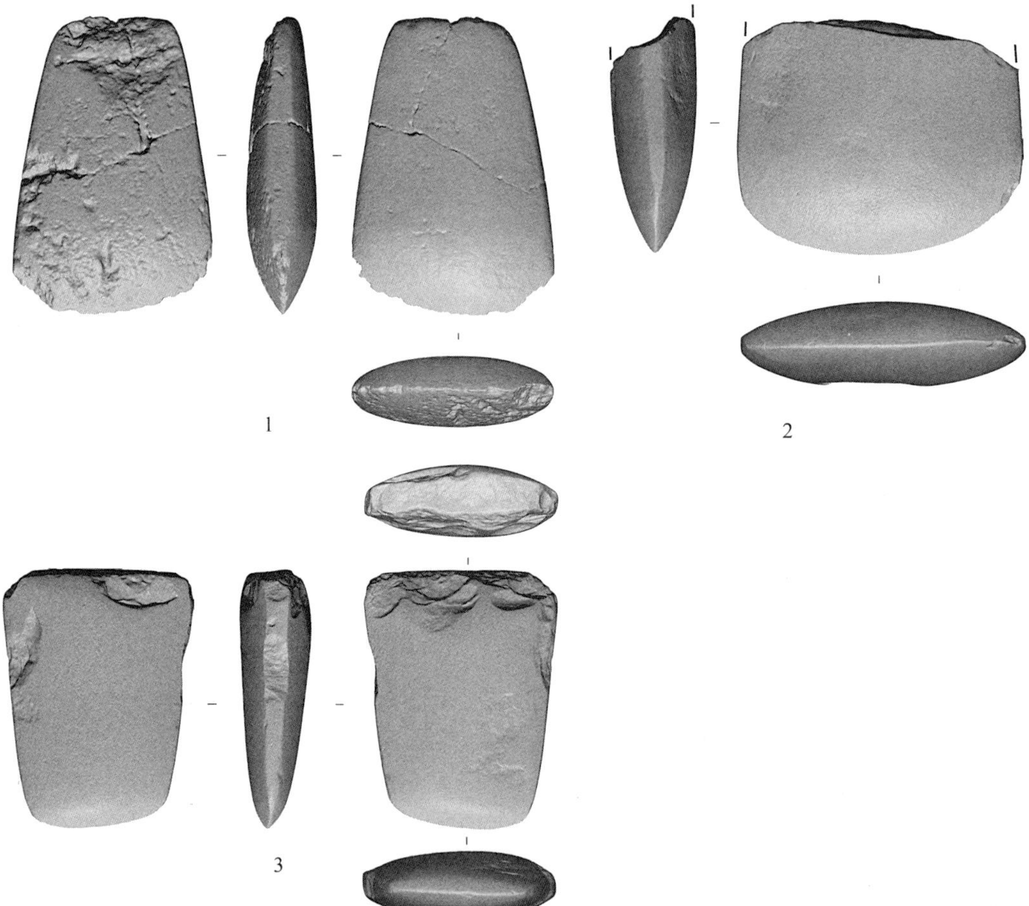

0　　4厘米

图三一　塔尺营子遗址出土石器

1. 9221-6　2. 9221-2　3. 9223-1

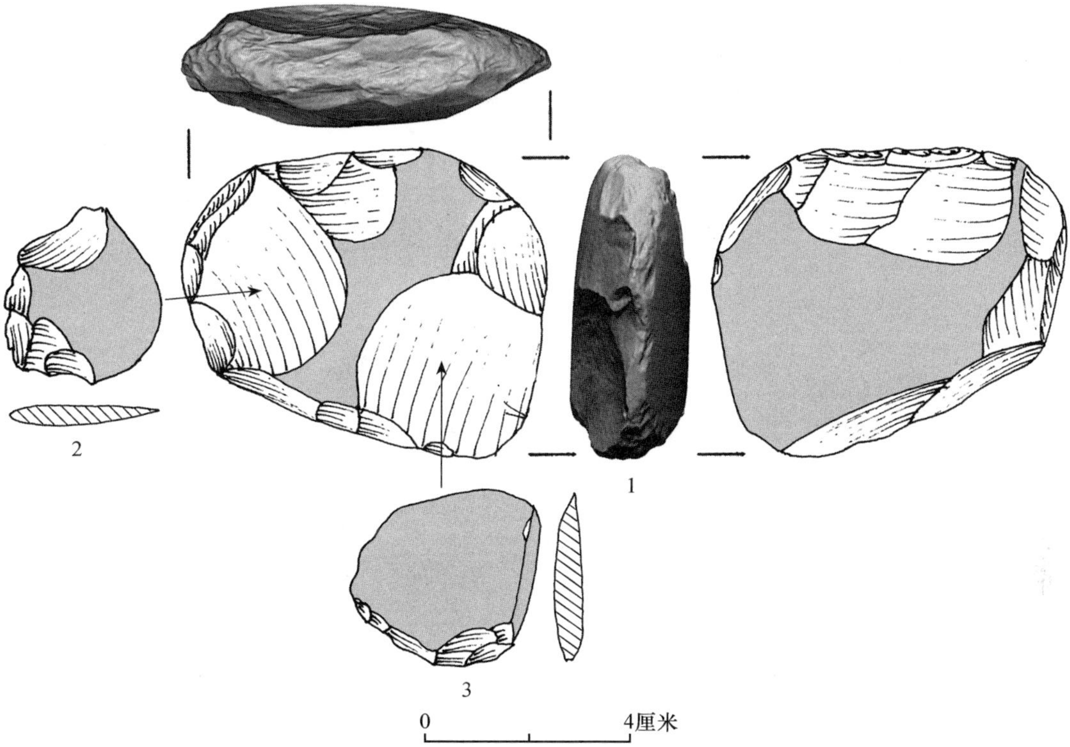

图三二　塔尺营子遗址出土可拼合石器

1. 9244-1　2. 9097-1　3. 9221-5

连接了一个较宽的身部，一端有一条从左侧延续到右侧的弯曲的工作刃缘，有些在柄部与身部存在束腰，有些则没有。典型标本如 9251-1，长 15、宽 16.7、厚 1.2 厘米，柄部窄，身部宽，有束腰，但肩部不明显，两个束腰的间距为 9.8 厘米，圆弧刃，工作刃缘长 9.6 厘米（图三三，4）；9258-1，残，柄部缺失，有明显的肩部，长 10.7、宽 22.1 厘米，圆弧刃，工作刃缘长 10.7 厘米（图三三，5）。在石铲形器的制作与维护过程中，产生了不同类型的剥片（图三三，1 ~ 3）。在早期的整形阶段，较大的且带有石皮的石片被剥落。在工具的使用过程中，各种修理行为一直会被实施，包括再整形和再加工等，会产生一些相对较小，且带部分损坏的工作刃缘或柄部特征的石片和碎屑。

敲砸器共有 20 件，其中形状呈圆柱状的石锤 1 件，余下的 19 件形状不规则，但可在一条或多条侧边上观察到敲砸的痕迹。原料主要是石英。

除上述工具以外，塔尺营子遗址还出土了 2 件其他石制品。

9295，石雕像，灰色燧石质，呈长方体，左下角破损。长 9.2、宽 5.17、厚 3.05 厘米。在一面有刻划纹饰，可清晰地观察到纹饰由三部分组成。居中的是一个完整的人面纹，眉眼鼻口清晰可见，口部两侧可能是抽象化的四肢，四肢两侧各有两排共计 5 个倒三角形组合纹饰，上排 2 个倒三角，下排 3 个倒三角；眉的两侧各有三条倾斜的“S”形纹；人面纹的下方有 6 排共计 51 个倒三角组合纹饰，其中第 1、3、5 排各有 8

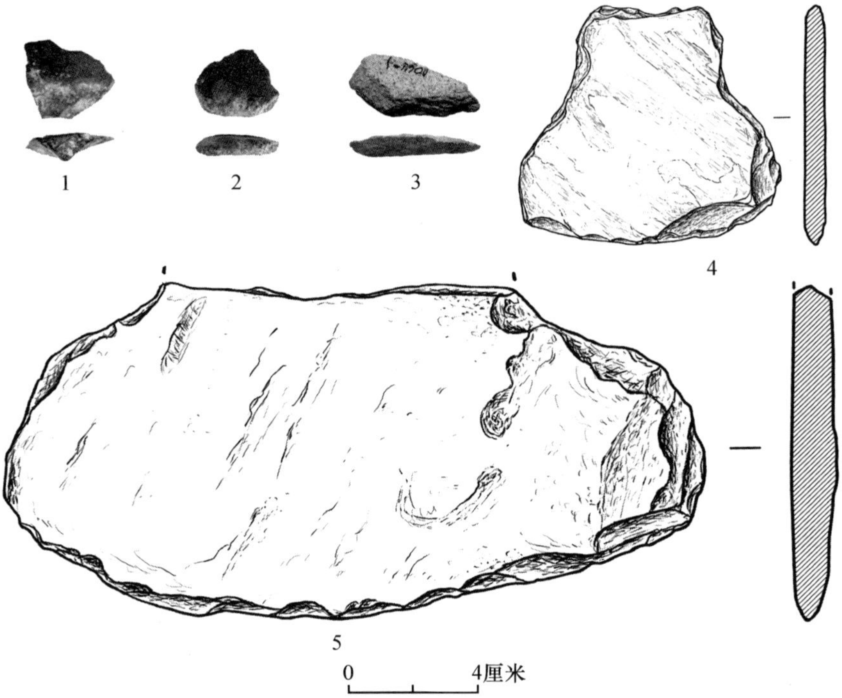

图三三　塔尺营子遗址出土石器

1～3. 制作石铲过程中产生的剥片（8018-1、8060-3、1064-1）　4、5. 石铲形器（9251-1、9258-1）

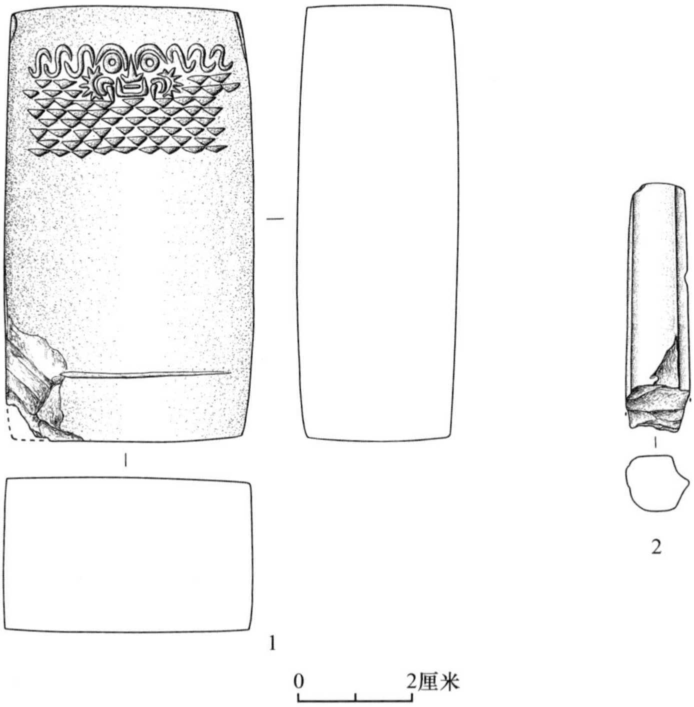

图三四　塔尺营子遗址出土的其他石制品

1. 9295　2. 9285

个倒三角，第2、4、6排各有9个倒三角（图三四，1）。

9285，残，青绿色燧石质，近似长方体，两侧边有浅凹槽，长3.82、宽1.2、厚1厘米（图三四，2）。

六、^{14}C测年数据

在塔尺营子遗址的H地点和I地点各采集了5个木炭标本进行了^{14}C测年。测年由北京大学考古文博学院科技考古实验室进行。所测数据见表四和图三四[10]。

表四 塔尺营子遗址^{14}C年代数据*

实验室编号	标本编号**	^{14}C年代/BP	校正年代/BC	
			1σ（68.2%）	Lab2σ（95.4%）o
BA150635	8052	6465±40	5478BC（14.3%）5462BC 5447BC（53.9%）5379BC	5490BC（95.4%）5338BC
BA150636	8126	6500±30	5510BC（51.8%）5466BC 5434BC（3.5%）5427BC 5404BC（13.0%）5386BC	5524BC（61.0%）5460BC 5451BC（34.4%）5376BC
BA150637	8133	6480±25	5482BC（30.8%）5466BC 5438BC（11.3%）5425BC 5406BC（26.1%）5384BC	5486BC（95.4%）5374BC
BA150638	8139	6500±25	5507BC（2.4%）5502BC 5492BC（54.8%）5466BC 5404BC（11.0%）5388BC	5518BC（68.4%）5462BC 5446BC（27.0%）5380BC
BA150639	8140	6465±25	5478BC（17.1%）5464BC 5443BC（20.5%）5422BC 5408BC（30.7%）5382BC	5480BC（95.4%）5374BC
BA150640	9064	6500±25	5507BC（2.4%）5502BC 5492BC（54.8%）5466BC 5404BC（11.0%）5388BC	5518BC（68.4%）5462BC 5446BC（27.0%）5380BC
BA150641	9068	6480±25	5482BC（30.8%）5466BC 5438BC（11.3%）5425BC 5406BC（26.1%）5384BC	5486BC（95.4%）5374BC
BA150642	9072	6720±25	5658BC（68.2%）5622BC	5702BC（2.0%）5689BC 5674BC（87.5%）5613BC 5588BC（5.9%）5567BC
BA150643	9088	6535±25	5512BC（68.2%）5478BC	5540BC（95.4%）5472BC
BA150644	9090	6505±30	5512BC（61.3%）5467BC 5400BC（6.9%）5390BC	5530BC（69.1%）5462BC 5450BC（26.3%）5378BC

* 所用^{14}C半衰期为5568年，距今为距1950年的年代。树轮校正曲线使用IntCal13[11]，所用程序为OxCal v4. 2. 4[12]。

** 标本编号首位数字为8的是在H地点采集的标本，首位数字为9的是在I地点采集的标本。

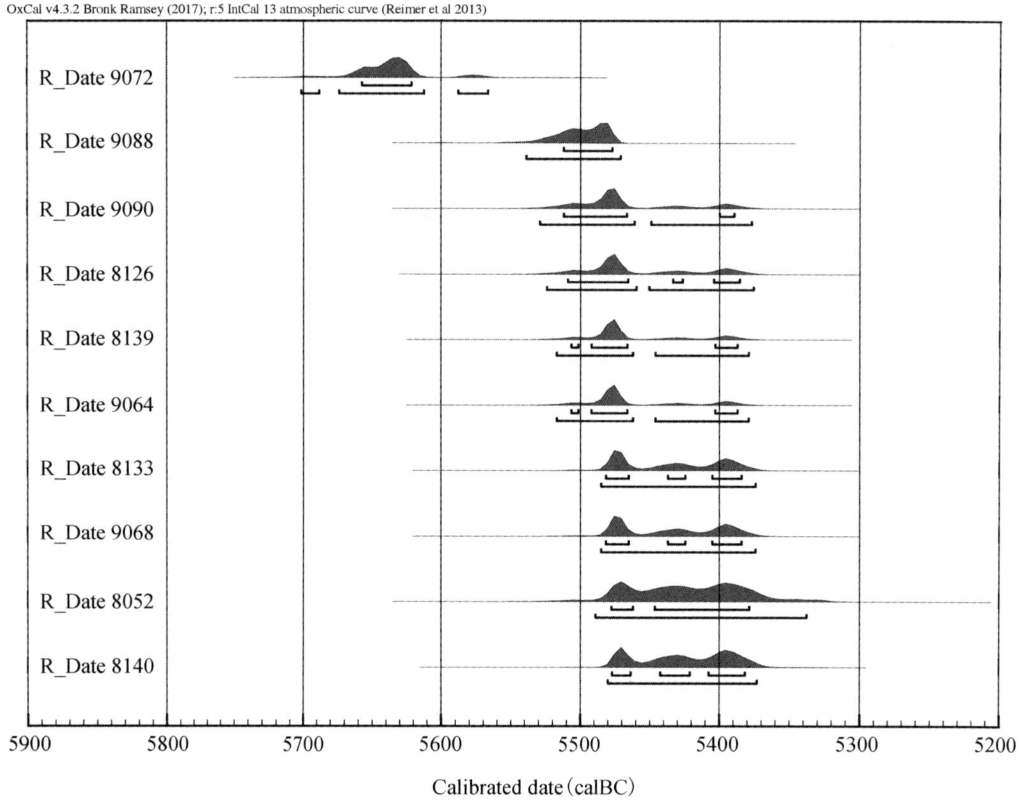

图三五　塔尺营子遗址 ^{14}C 年代分布

从表四、图三五可以看，塔尺营子遗址经校正后的年代若以正负一个标准差计算，除了在I地点采集的标本9072的年代稍早，在公元前5500年前后，其余的标本尽管分别采自H地点和I地点，但年代集中，基本分布在公元前5500～前5400年，这种情况表明塔尺营子遗址兴隆洼文化的延续时间并不是很长，而I地点用于测年的木炭标本均采自房址居住面或居住面上的堆积内，表明房址的使用时间和废弃后形成堆积的时间都比较集中，应该是可以代表塔尺营子遗址兴隆洼文化遗址的真实年代。

兴隆洼文化的 ^{14}C 年代数据，到目前为止已发表的共有19个，其中兴隆洼遗址10个，兴隆沟遗址2个，白音长汗遗址2个，查海遗址5个。除兴隆洼遗址实验室编号为ZK-1389者为兽骨外，其余全部为木炭。兴隆洼文化 ^{14}C 年代数据见表五和图三六。

从表五和图三六可以看到，已测得的兴隆洼文化的年代数据若以正负一个标准差计算，除了实验室编号为ZK-1389的兽骨年代偏晚以外，其余数据中有4个年代可以到公元前6000年前后，有14个数据年代集中在公元前5850～前5200年。这里有必要对查海遗址的BA93001进行说明，该数据没有正式发表，只是在查海遗址发掘报告第七章第四节“查海聚落遗址碳十四测定”中有以下的表述，“第一次，中国社会科

表五　兴隆洼文化 ^{14}C 数据表

实验室编号	样品	样品原编号	^{14}C 年代 /BP	树轮校正后年代 /BC		遗址
				1σ（68.2%）	2σ（95.4%）	
ZK-1389	兽骨	84MAX Ⅰ F101（3）	5500 ± 170	4532BC（56.8%）4225BC 4205BC（5.7%）4163BC 4130BC（2.2%）4112BC 4101BC（3.5%）4073BC	4710BC（95.4%）3974BC	兴隆洼
ZK-1390	木炭	84MAX Ⅰ T214 F119（2）	6700 ± 205	5838BC（68.2%）5472BC	6016BC（94.9%）5294BC 5248BC（0.5%）5230BC	兴隆洼
ZK-1391	木炭	84MAX Ⅰ T214 F119（3）	7260 ± 115	6233BC（68.2%）6017BC	6394BC（92.9%）5973BC 5952BC（2.5%）5916BC	兴隆洼
ZK-1392	木炭	84MAX Ⅰ T214 F119（4）	7040 ± 95	6013BC（66.4%）5836BC 5822BC（1.8%）5814BC	6072BC（95.4%）5728BC	兴隆洼
ZK-1393	木炭	84MAX Ⅰ F121（2）	6770 ± 95	5748BC（62.3%）5612BC 5588BC（5.9%）5566BC	5874BC（0.9%）5860BC 5848BC（94.5%）5513BC	兴隆洼
ZK-2711	木炭	92MAX Ⅰ F1108（3）	6584 ± 105	5630BC（68.2%）5470BC	5706BC（95.2%）5354BC 5348BC（0.2%）5345BC	兴隆洼
ZK-2714	木炭	92MAX Ⅰ F194（2）	6416 ± 107	5486BC（68.2%）5300BC	5616BC（1.9%）5581BC 5575BC（92.5%）5206BC 5158BC（0.1%）5154BC 5146BC（0.3%）5138BC 5127BC（0.2%）5122BC 5093BC（0.4%）5081BC	兴隆洼
ZK-2715	木炭	92MAX Ⅰ F200（4）	6358 ± 128	5474BC（68.2%）5218BC	5558BC（95.4%）5011BC	兴隆洼
ZK-2716	木炭	92MAX Ⅰ T1524F205（2）	6562 ± 117	5624BC（59.3%）5465BC 5438BC（3.3%）5424BC 5406BC（5.6%）5384BC	5706BC（1.5%）5683BC 5676BC（93.9%）5316BC	兴隆洼

续表

实验室编号	样品	样品原编号	^{14}C 年代 /BP	树轮校正后年代 /BC		遗址
				1σ（68.2%）	2σ（95.4%）	
ZK-3070	木炭	84MAX Ⅰ F121（4）	6504 ± 48	5521BC（42.8%）5464BC 5443BC（10.3%）5422BC 5408BC（15.1%）5382BC	5558BC（95.4%）5364BC	兴隆洼
ZK-3156	木炭	2001MAX Ⅰ AF7（2）	6665 ± 46	5631BC（68.2%）5556BC	5662BC（95.4%）5510BC	兴隆沟
ZK-3157	木炭	2001MAX Ⅰ AF10（4）	6738 ± 46	5706BC（14.1%）5684BC 5676BC（54.1%）5622BC	5724BC（87.9%）5610BC 5591BC（7.5%）5564BC	兴隆沟
WB90-1	木炭	AF13	6590 ± 85	5616BC（17.2%）5582BC 5574BC（51.0%）5481BC	5662BC（86.8%）5458BC 5453BC（8.6%）5376BC	白音长汗
WB90-2	木炭	AF25	7040 ± 100	5826BC（3.7%）5811BC	6084BC（95.4%）5720BC	白音长汗
ZK2138	木炭	T1F1	6730 ± 95	5722BC（54.8%）5606BC 5595BC（13.4%）5560BC	5804BC（95.4%）5482BC	查海
BA93001			7360 ± 150	6374BC（68.2%）6086BC	6496BC（94.6%）5978BC 5946BC（0.8%）5922BC	查海
BA110725	炭块	93 查海 F26	6925 ± 35	5839BC（68.2%）5751BC	5886BC（95.4%）5731BC	查海
BA110726	炭块	93 查海 F32	6785 ± 35	5715BC（68.2%）5656BC	5728BC（95.4%）5633BC	查海
BA110727	炭块	93 查海 F32	6820 ± 40	5731BC（68.2%）5668BC	5770BC（95.4%）5636BC	查海

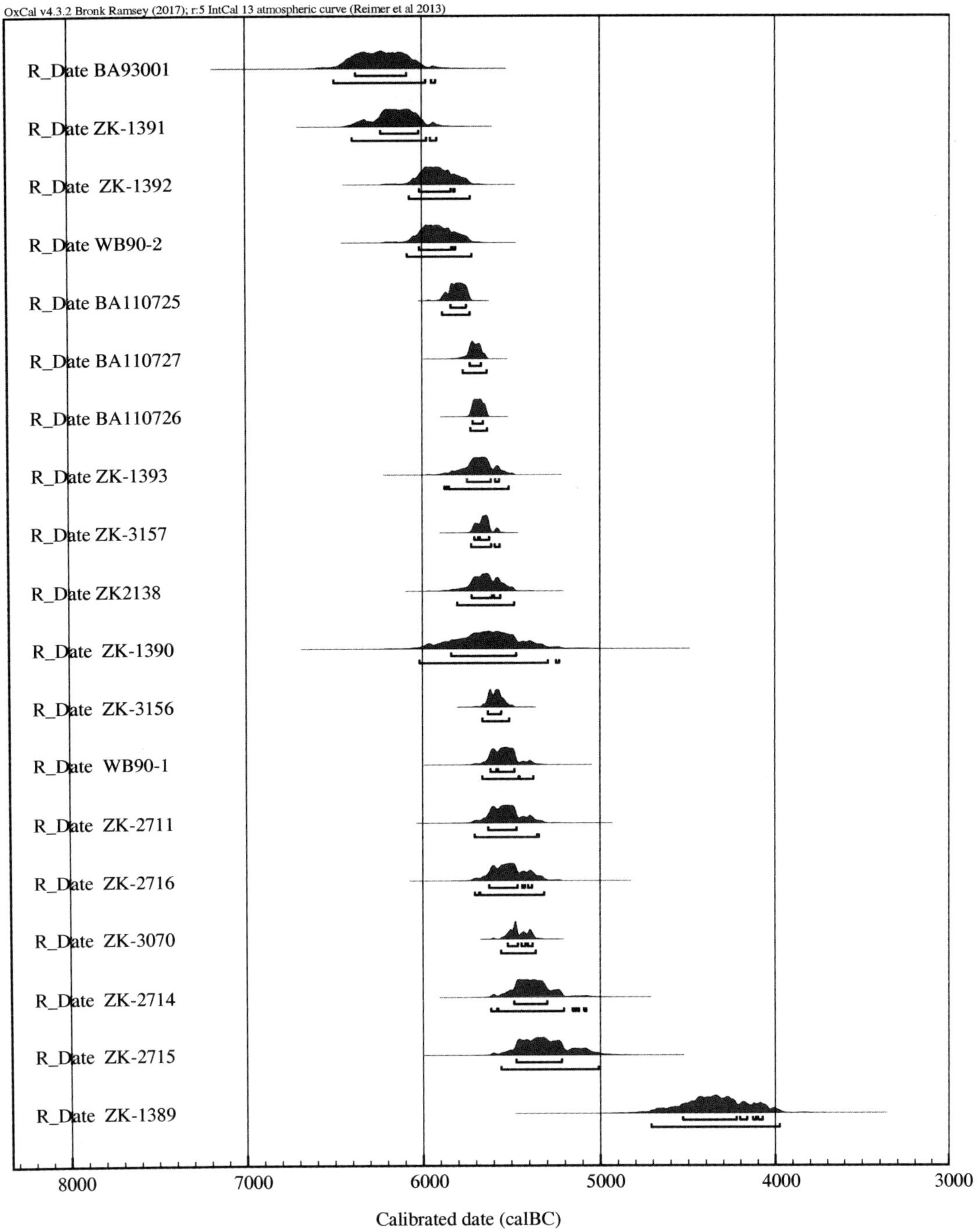

图三六 兴隆洼文化 ^{14}C 年代分布图

学院考古研究所技术室1987年对F1所采集木炭做了测定，确定了遗址的年代为距今6925年 ±95年（公元前4938年 ±95年）。经树轮校正为距今7600年（公元前5600年）。第二次，北京大学考古系年代测定报告书，编号93001。再次确定年代距今 7360 年 ±150 年（公元前 5367 年 ±95 年）”[13]。第一次由中国社会科学院考古研究所实验室进行测年的这件标本数据在《放射性碳素测定年代报告（一四）》中正式发表，实验室编号为 ZK-2138，同时有半衰期为 5730 和 5568 的两个数据，前者为距今 6925 年 ±95 年，后者为距今 6730 年 ±95 年[14]。第二次由北京大学考古系测定的标本 BA93001，报告没有对其出处、原始编号、半衰期等进行任何说明，也未明确与第一次测定的标本是否为同一件标本（从上述所引报告中的相关表述看，两次所测很可能是同一个标本）。由于半衰期的不同会带来测年数据的些许区别[15]，若使用半衰期 5730 的标准，测出的年代会有些偏早，因此笔者认为对标本 BA93001 的年代应持慎重态度。

若排除 BA93001 以后，兴隆洼文化其他的 ^{14}C 年代数据仍有三个可以到公元前 6000 年前后，其中 ZK1391 和 ZK1392 均采自兴隆洼遗址的 F119，在正负一个标准差的范围内，采自 F119 第 3 层的 ZK-1391 年代在公元前 6200 ~ 前 6000 年，采自 F119 第 4 层的 ZK1392 年代在公元前 6000 ~ 前 5800 年。两个标本出自同一个房址的不同层位，且后者从层位看要早于前者，但测年数据要晚于前者，将二者综合起来考虑其年代大体应在公元前 6000 年前后，这也应该是兴隆洼文化中年代最早的一个数据。其他数据除 WB90-2 的年代与 ZK1392 相当以外，余者均在公元前 5850 ~ 前 5200 年，应该是兴隆洼文化的兴盛时期。

塔尺营子遗址的 ^{14}C 测年数据基本分布在公元前 5500 ~ 前 5400 年，处于已知的兴隆洼文化年代的后半段，这也与对塔尺营子遗址所出陶器的分析相符。

七、其他检测结果

1. 器物表面残留物分析

中国科学院地理科学与资源研究所对在塔尺营子遗址试掘到的部分石磨盘、磨棒、筒形罐，以及一些陶片上的表层残留物进行了分析（附录一）。在石磨盘、磨棒的表层，以及在筒形罐的内壁和外壁，都提取到了小麦族和黍（糜子、黄米）的淀粉粒和植硅体。其中黍（糜子、黄米）的淀粉粒和植硅体虽然均被观察到，但可能由于蒸煮容易破坏淀粉，陶器或陶片表层残留物中黍淀粉粒出现的频率远远低于磨盘磨棒；相反，由于石制品上颖壳不宜保存，而蒸煮很难破坏植硅体，黍颖壳植硅体几乎均来自陶器或陶片表层的残留物，也反映了当时脱壳的不彻底，或者类似近现代北方一些地区，内稃与颖果同时食用。在石磨盘、磨棒的表层，以及在筒形罐的内壁和外壁，都提取到了粟的淀粉粒，但没有植硅体，这很可能是因为粟的植硅体比较薄，容易破碎，因此保存得不是很好。另外，在一件筒形罐的表层提取了较多的橡子的淀粉粒；在石磨盘、磨棒和陶器、陶片的残留物中，都提取到了属于竹亚科和芦苇一类生活在偏暖湿环境中的植物的植硅体，据此推测当时遗址周围可能有水域。

对器物表面残留物分析的结果表明，当时生活在塔尺营子遗址的兴隆洼文化居民已经利用磨盘、磨棒对粟、黍和小麦族进行脱壳或研磨，并蒸煮食用，对于橡子也有一定程度的加工和食用，同时对于生长在偏暖湿环境中的一些植物也有过某种目的的加工或利用。

2. 浮选结果分析

由英国伦敦大学院大学考古研究所对在塔尺营子遗址H地点采集的14袋土样、I地点采集的54袋土样，共68袋土样进行了浮选（附录二）。浮选结果中有大量的种子，其中包括少量粟的种子，还有一些水果和坚果的种子，如杏、山楂、莲子等。大多数的粟类谷物可以确定是普通的小米（*Panicum miliaceum*），体积较小，与现代已驯化的粟相比，更接近于野生黍（*Panicum miliaceum* subsp. *ruderale*），似乎代表着尚未完全驯化的谷物。

3. 树种分析

对在I地点房址居住面上采集的大块木炭进行了树种检测，经中国社会科学院考古研究所考古科技实验研究中心鉴定，全部都是蒙古栎（*Quercus mongolica*）（附录三）。

八、结　　语

在塔尺营子兴隆洼文化遗址共发掘40平方米左右，其中包括在I地点发现的一个房址和在H地点发现的一个遗迹。

H地点发现的遗迹因未能完成发掘而不能确认其性质，在I地点发现的房址则与查海遗址发现的房址非常相似。在房址居住面上发现的大量木炭表明，当时使用了大量的蒙古栎构建了屋顶或墙壁的支撑。在居住面上发现了22个完整的陶器，器形有大有小，高度从15厘米到近40厘米。陶器的烧制水平较高，使用的材料也很耐用。发现的石器种类比较多样化，其中有精致的石叶，显示出高度发展的石叶工业，还有不少于4个的石磨盘，以及双面磨制的石斧等。在塔尺营子遗址通过浮选和对陶器、石器上的淀粉、植硅体等进行分析，发现的植物种类与贾家沟西遗址相近。可以确定当时已经有处于早期驯化阶段的小米，同时还对橡子和一些种类的坚果、水果进行加工或利用。

根据在塔尺营子遗址采集到的10个木炭标本进行的^{14}C测年数据，塔尺营子遗址的年代基本在距今7500～7400年，属于兴隆洼文化的晚期阶段。

兴隆洼文化发现于20世纪80年代初期，首次在内蒙古敖汉旗兴隆洼遗址揭示出一种比赵宝沟、红山文化更早的新石器时代遗存，后因该遗址而命名为兴隆洼文化[16]。兴隆洼文化一经发现，便引起学术界的广泛关注，到目前为止，对于兴隆洼文化的研究不仅涉及年代、分期、类型等基础研究，也已经深入聚落、社会等更深的层次[17]。在塔尺营子遗址发掘的面积相对较小，在该遗址发现的兴隆洼文化遗存，并没有超出以往兴隆洼文化的发现，也未能对兴隆洼文化的面貌、分期等提供更新的资料，但是在对塔尺营子兴隆洼文化遗址进行发掘的过程中所获取的文化属性清楚、年代明确的人工遗存、植物或动物遗存，采集到的用于测定年代、浮选、残留物分析等各种标本，以及对各种遗存进行不同的检测与分析所得到的信息，使得我们可以进一步了解该地区的环境以及生活在这里的古代居民的经济状况，从而更好地理解从狩猎采集向农业定居生活的过渡，以及人类社会发展的一般进程，这才是项目组在此次发掘中所得到的最重要的收获。

附记：参加塔尺营子遗址试掘和整理工作的人员有吉林大学滕铭予、吉迪（Gideon SHELACH-LAVI，吉林大学匡亚明讲座教授），奥佛（Ofer MARDER，吉林大学客座教授），学生王震、王争、王欢、向明文；辽宁省文物考古研究所苏军强；阜新市文物管理办公室崔嵩；阜蒙县博物馆姚崇；以色列希伯来大学学生 Ido WACHTEL、Ahiad OVADIA、Hagit PRIGOJIN、Tiki STEINER、涂栋栋、Keren NEBENHAUS；美国匹兹堡大学学生刘西平；以色列本·古里安大学学生 Roi SHAVIT。

注　释

[1] “中国东北地区农业与定居的起源”项目在阜新地区进行的区域性田野调查请参见：

a. 滕铭予，吉迪（Gideon Shelach-Lavi），万雄飞，等．辽宁阜新地区区域性考古调查阶段性报告（2012–2013）[J]．北方文物，2014（3）：3–10.

b. Gideon Shelach-Lavi, Mingyu Teng, Yonatan Goldsmith, et al. Human adaptation and socioeonomic change in northeast China: Results of the Fuxin Regional Survey [J]. *Journal of Field Archaeology*, 2016, 41 (4): 467–485.

[2] 具体发掘方法请参照吉迪（Gideon Shelach-Lavi），滕铭予，苏军强，等．2015 年辽宁省阜蒙县贾家沟西遗址试掘报告 [A]．边疆考古研究 [C]．北京：科学出版社，2019.

[3] 辽宁省文物考古研究所．查海——新石器时代聚落遗址发掘报告（上册）[M]．北京：文物出版社，2012：227–233，300–305，313–323，384–405.

[4] 在对居住面上的陶片和石制品的分布密度进行分析时，没有使用简单的计算每平方米内的分布密度，而是使用了 GIS 中的核密度估计（kernel density estimation，简称 KDE）。KDE 是一种常用的空间分析工具，是在概率论中用来估计未知的密度函数，20 世纪 90 年代中期首次引入到考古学中（Baxter, M. J., Beardah, C. C. Graphical presentation of results from principal components analysis [J]. *BAR International Series*, 1995, 600: 63; Baxter, M. J., Beardah, C.

C., Wright, R. V. Some archaeological applications of kernel density estimates [J]. *Journal of Archaeological Science*, 1997, 24 (4): 347–354; Beardah, C. C., Baxter, M. J. Matlab routines for kernel density estimation and the graphical representation of archaeological data [J]. *Anelecta Prehistorica Leidensia*, 1995, 28.)。

[5] Karasik, A., Smilansky, U. 3D scanning technology as a standard archaeological tool for pottery analysis: practice and theory [J]. *Journal of Archaeological Science*, 2008, 35: 1148–1168.

[6] 赵宾福. 兴隆洼文化的类型、分期与聚落结构研究 [J]. 考古与文物，2006 (1): 25–31.

[7] 同 [6].

[8] 索秀芬，李少兵. 兴隆洼文化分期与年代 [J]. 文物，2011 (8): 47–54.

[9] 智朴. 兴隆洼文化陶器分期及相关问题研究 [D]. 辽宁大学硕士学位论文，2012.

[10] 北京大学考古文博学院科技考古实验室曾向项目组提供了两次 ^{14}C 年代数据报告，其中校正年代分别为距今和日历年代，考虑到已发表的该地区与兴隆洼文化有关的 ^{14}C 年代数据，其校正年代中大多为日历年代，为了便于比较，本文的校正年代采用了日历年代。

[11] Reimer, P. J., Bard, E., Bayliss, A., Beck, J. W. IntCal13 and Marine13 radiocarbon age calibration curves 0–50, 000 years cal BP [J]. *Radiocarbon*, 2013, 55: 1869–1887.

[12] Christopher Bronk Ramsey 2015, https://c14.arch.ox.ac.uk/oxcal/OxCal.html.

[13] 同 [3]: 654–655.

[14] 中国社会科学院考古研究所实验室. 放射性碳素测定年代报告 (一四) [J]. 考古, 1987(7): 635–659.

[15] ^{14}C 半衰期有 5730 年和 5568 年两种标准，两者计算所得的年代值相差 2.9%，即前者的年代通常会较后者年代晚 2.9%。前者为中国考古学长期采用的标准，而后者为国际通用标准，并且是国际树轮年代校正的基础。目前中国考古学界在进行 ^{14}C 年代测定并进行树轮校正时也通常使用 5568 年的半衰期。北京大学考古系实验室已发表的 ^{14}C 测年数据在 1992 年以前者半衰期均为 5730 年 [最后一次发表的 ^{14}C 测年数据见: ^{14}C 年代测定报告 (一〇) 文物，1996 (6): 91–95]。1993 年以后的数据由于没有集中发表而不清楚，在北京大学提供的塔尺营子遗址 ^{14}C 年代测定报告中则说明半衰期为 5568 年。关于 ^{14}C 半衰期的问题请参看: 仇士华. ^{14}C 测年与中国考古年代学研究 [M]. 北京: 中国社会科学出版社，2015: 3.

[16] 中国社会科学院考古研究所内蒙古工作队. 内蒙西敖汉旗兴隆洼遗址发掘简报 [J]. 考古，1985 (10): 865–874.

[17] 代表性的论著有:

a. 赵宾福. 兴隆洼文化的类型、分期与聚落结构研究 [J]. 考古与文物，2006 (1): 25–31.

b. 索秀芬，李少兵. 兴隆洼文化分期与年代 [J]. 文物，2011 (8): 47–54.

c. 邓聪，温雅棣. 兴隆洼文化聚落与玉器的社会意义 [A]. 东北亚古代聚落与城市考古国际学术研讨会论文集 [C]. 北京: 科学出版社，2014: 417–438.

Report of the 2015 Test Excavations at the Tachiyingzisite, Liaoning Province, Fumeng County

TENG Ming-yu　Gideon SHELACH-LAVI　SU Jun-qiang　Ido WACHTEL　Ahiad OVADIA　Ofer MARDER　TU Dong-dong　Roi SHAVIT

Since 2012 Jilin University in cooperation with the Liaoning's Institute of Archaeology and Cultural Relics initiated the archaeological project "The Rise of Agriculture and Sedentary Way of Life in Northeast China." In 2015, after two seasons of regional survey in the Fuxin area, we conducted excavations at the site of Tachiyingzi. The aim of the excavations was to better our understanding of the social and economic life of societies that existed in the Fuxin area during the early stages of the Neolithic period. In this paper we report the results of the excavations at the Tachiyingzisite. All together we excavated 51 square meters at eight different localities of this site. The most extensive excavations were carried out at area I where a well preserved house structure of the Xinglongwa period was exposed. The excavations of the Tachiyingzisite uncovered a large number of artifacts – including ceramic vessels, different types of stone tools and ornaments – as well as plant remains. We used various recovery techniques, such as flotation and residue analysis, to recover data relevant to our understanding of the economy of this site. This data is highly relevant to our understanding of the process of transition from mobile hunter-gatherer to sedentary agricultural societies in Northeast China.

附录一　辽西兴隆洼文化塔尺营子遗址出土石器陶器表层残留物微体遗存分析报告

马志坤[1]　陈秋荷[2, 3]　杨晓燕[4, 5]

（1. 西北大学文化遗产学院，文化遗产研究与保护技术教育部重点实验室，西安，710069；
2. 中国科学院地理科学与资源研究所，中国科学院陆地表层格局与模拟院重点实验室，北京，100101；3. 中国科学院大学，北京，100049；4. 中国科学院青藏高原研究所，中国科学院高寒生态重点实验室，北京，100101；5. 中国科学院青藏高原地球科学卓越创新中心，北京，100101）

兴隆洼文化是中国北方新石器时代文化类型，主要分布在内蒙古东部，辽宁西部的西辽河、大凌河流域，距今8000～7500年[1]。目前，对于兴隆洼文化时期的植物利用情况以浮选获得的植物大遗存证据为主，比如兴隆沟遗址浮选出具有驯化特征的炭化粟（*Setaria italica*）和黍（*Panicum milliaceum*）[2]，但其如何加工和食用，目前还缺乏直接证据。本次研究，对辽西地区兴隆洼文化塔尺营子遗址出土的石器及陶片表层残留物进行了微体植物遗存（植硅体和淀粉粒）分析，目的在于了解当时人类对植物性植物的加工和利用情况。

一、材料与方法

本次实验共采集了来自兴隆洼文化塔尺营子遗址的4件磨盘、1件磨棒和6件陶器的6个陶片的表层残留物样品进行分析。实验室处理过程中，先用6%H_2O_2去除残留物中的有机质，后用比重1.8g/cm^3的氯化铯重液提取淀粉，再用2.3g/cm^3的氯化锌重液浮选植硅体。

为了识别从残留物中提取的淀粉粒和植硅体，我们比对了从全国各地区收集的来自禾本科（Poaceae）、豆科（Leguminosae）、壳斗科（Fagaceae）等50多个属200多个种的淀粉粒形态数据，以及已发表的淀粉粒和植硅体相关论文图版[3~7]。

二、结　　果

只有2件陶片内壁提取到6颗淀粉粒，外壁及粘在外壁的沉积物中提取到10多颗淀粉粒；从磨盘和磨棒的表层残留物中总共才提取到9颗淀粉粒，但无论是陶片还是磨盘和磨棒，其表层残留物中的植硅体含量非常丰富（表一、表二）。

表一　石器、陶器表层残留物中提取到的淀粉概况

考古学文化	样品种类	样品名称	粟类植物	橡子	小麦族	无法鉴定	总计
兴隆洼文化塔尺营子遗址	陶片	H801-6TCKZ8040PT 内壁					
		H801-6TCKZ8040PT 外壁					
		946-9206-PTR1 内壁				1	1
		946-9206-PTR1 外壁			1		1
		Pottery-wide-wed803H801d-2 内壁					
		Pottery-wide-wed803H801d-2 外壁					
		946-9168-PTR3 内壁					
		946-9168-PTR3 外壁					
		946-9184-PTR2 表层沉积物		＞11			＞11
		946-9184-PTR2 外壁					
		946-9206-PTR2 外壁					
		946-9206-PTR2 内壁	5				5

续表

考古学文化	样品种类	样品名称	粟类植物	橡子	小麦族	无法鉴定	总计
兴隆洼文化 塔尺营子遗址	磨棒	AHIAD-946-9310st 使用面	1				1
		AHIAD-946-9310st 表层沉积物					
	磨盘	9100 塔尺营子 st 表层沉积物 1					
		9100 塔尺营子 st 使用面 1					
		9100 塔尺营子 st 表层沉积物 2	1				1
		9100 塔尺营子 st 使用面 2	1		2		3
		st940A92s6 非使用面 1	3				3
		st940A92s6 使用面 1					
		949B-92s2-st 使用面 1					
		949B-92s2-st 使用面 2					
		948-cs-9222 使用面	1				1
		948-cs-9222 非使用面					
	合计		12	>11	3	1	>27

（一）淀粉粒分析结果

一共提取到30颗左右的淀粉粒，其中，在编号为946-9184-PTR2陶片外壁黏附的文化层沉积物中提取到一团淀粉，由10多颗淀粉粒组成（图一，1），粒径最大在20微米左右，但多有残破，呈多面体，来自粟（*Setarica italica*）（小米，谷子）的可能性很大。除此之外，还发现2颗多面体淀粉粒脐点非常开放，且无通过脐点的裂隙（图一，2），具有黍（*Panicum milliaceum*）淀粉粒的典型特点。

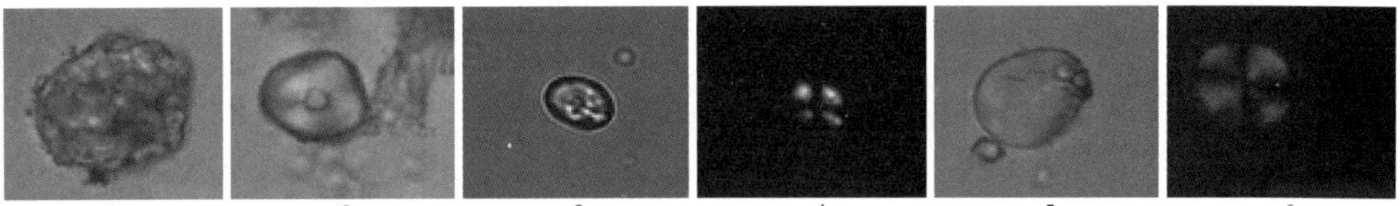

1　　2　　3　　4　　5　　6

图一　从石器和陶片表层残留物中提取到的典型淀粉粒

1. 粟（*Setaria italica*）　2. 黍（*Panicum miliaceum*）　3、4. 非偏光和偏光下橡子淀粉粒

5、6. 非偏光和偏光下小麦族（the Tribe Triticeae）的淀粉粒

多于11颗来自栎属（*Quercus*）果实，也就是橡子的淀粉粒，该类淀粉粒多具有卵圆形特征，在二维状态下呈圆角三角形，沿长轴方向有明显的裂隙（图一，3、4）。

观察到3颗来自小麦族（the Tribe Triticeae）的淀粉粒，呈双透镜形态，在偏光下具有中心亮，边缘稍暗的典型消光特征（图一，5、6）。

有1颗淀粉粒不能鉴定。

表二 石器和陶器表层残留物中获取的植硅体概况

考古学文化	样品名称	编号	哑铃形	多铃形	扇形	盾形	短鞍形	齿形	平滑棒形	刺棒形	方形	海绵骨针	帽形	尖形	导管形	黍	粟	无法鉴定	合计
兴隆洼文化塔尺营子遗址	陶片	H801-6TCKZ8040PT 内	2	2	4	2		2	38	164	55		3	14		2		1	289
		H801-6TCKZ8040PT 外	4		6	1		1	31	136	44		1	17	1	9		0	251
		Pottery-wide-wed803H801d-2 内	2		1				32	41	20		4	7		9		2	118
		Pottery-wide-wed803H801d-2 外	1		1	1		2	18	55	20		4	7		7	1		117
		946-9168-PTR3 内							1	1	1							2	5
		946-9168-PTR3 外			2	1			4	1	2					1			11
		946-9184-PTR2 表层沉积物	2		5	2			45	1	28	4	1	13				2	103
		946-9184-PTR2 外	1		3	1		3	21	2	16		4	11					62
		946-9206-PTR1 内							2	1	3		0	4					10
		946-9206-PTR1 外			1	1	1	2	15	2	12		1	7					42
		946-9206-PTR2 外			3		1		14		6	1	3	6				1	35
		946-9206-PTR2 内			1	1		1	10		6		0	1					20
	磨棒	AHIAD-946-9310st 使用面			1	1			7	1	2			3				1	16
		AHIAD-946-9310st 表层沉积物							8	1	4	1		1					15
	磨盘	9100 塔尺营子 st 表层沉积物 1			1			1	5		1			2				1	11
		9100 塔尺营子 st 使用面 1	1			2			7		6		3	3				1	23
		9100 塔尺营子 st 表层沉积物 2			3				7		1		2						13
		9100 塔尺营子 st 使用面 2									1								1

续表

考古学文化	样品名称	编号	哑铃形	多铃形	扇形	盾形	短鞍形	齿形	平滑棒形	刺棒形	方形	海绵骨针	帽形	尖形	导管形	黍	粟	无法鉴定	合计
兴隆洼文化塔尺营子遗址	磨盘	st940A92s6 非使用面 1							2										2
		st940A92s6 使用面 1			9	2			15		9			8					43
		949B-92s2-st 盘使用面	1	1	2			2	19	1	7			7		1			41
		949B-92s2-st 盘使用面 2 内	1		4	1		1	16	2	16		2	7					50
		948-cs-9222 使用面							9	1	4			3					17
		948-cs-9222 非使用面			1				6		2			2					11
		合计	15	3	48	16	2	15	332	410	266	6	28	123	1	29	1	11	1306

（二）植硅体分析结果

植硅体组合以刺棒形、方形、尖形为主，齿形、帽形、哑铃形和鞍形也发现较多。扇形中芦苇扇形即盾形占据一定比例，黍稃壳植硅体发现近30片（图二）。

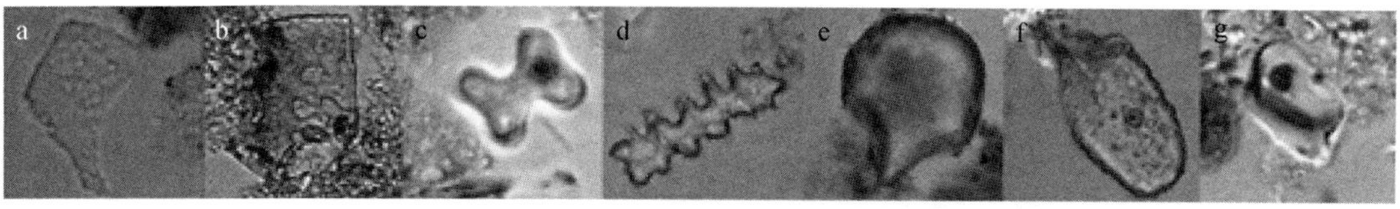

图二　从石器和陶片表层残留物中提取到的典型植硅体

a、b. 黍（*Panicum miliaceum*）稃壳上的植硅体　c. 哑铃形　d. 刺棒形　e. 扇形　f. 盾形　g. 帽形

三、讨论与结论

淀粉粒分析结果与植硅体分析结果既相互印证，也相互补充。残留物中既提取到粟类植物和小麦族（the Tribe Triticeae）植物的淀粉粒，也提取到黍亚科（Paniceae，包括粟类）、早熟禾亚科（Pooideae，包括小麦族）的植硅体；同时，植硅体证据也反映出那些不含有淀粉的竹亚科（Bambusoideae）植物，如芦苇（*Phragmites* sp.），存在于器物表层的残留物中。

黍（糜子、黄米）的淀粉粒和植硅体均被观察到。不同的是，可能由于蒸煮容易破坏淀粉，陶片残留物中黍淀粉粒出现的频率远远低于磨盘磨棒；相反，由于石制品上颖壳不宜保存，而蒸煮很难破坏植硅体，本次实验所获得的黍颖壳植硅体几乎均来自陶片残留物，也反映了当时脱粒的不彻底，或者类似近现代北方一些地区，内稃与颖果同时食用[8, 9]。

本次实验中发现了粟的淀粉粒，但仅发现1粒植硅体，这很可能是因为粟的植硅体比较薄，容易破碎，在考古遗址的保存不是很好。以往的研究也表明，粟的植硅体一直比较难以获得，比如在北京东胡林遗址，粟的淀粉粒和植物大遗存都有发现，但没有粟的植硅体[1, 10]；在福建沿海新石器中晚期的若干考古遗址也存在类似情况[11]。

植硅体中刺棒形、齿形与帽形等早熟禾亚科的代表植硅体类型占据相当的比例，属于早熟禾亚科的小麦族的淀粉粒也有发现，所以，塔尺营子遗址的居民对早熟禾本科（很可能是小麦族）有加工和利用。扇形和盾形植硅体来源于竹亚科（Bambusoideae）和芦苇（*Phragmites* sp.），方形植硅体多出现在偏暖湿的环境中，根据这些植硅体，推测遗址周围当时可能有水域，且分布有竹亚科的某些植物和芦苇。

塔尺营子器物表层微体植物遗存结果显示，粟、黍和小麦族某种或者几种植物被人类利用磨盘磨棒脱壳或者研磨，并蒸煮食用；但残留物中来自竹亚科的植硅体，可能表明磨盘磨棒的多功能性。

附记：塔尺营子遗址的植物微体遗存分析工作得到了国家自然科学基金（批准号：41807436，41371217和41771231）项目的资助。

注　释

［1］刘国祥. 西辽河流域新石器时代至早期青铜时代考古学文化概论［J］. 辽宁师范大学学报（社会科学版），2006，29（1）：113–122.

［2］赵志军. 中国古代农业的形成过程——浮选出土植物遗存证据［J］. 第四纪研究，2014，34：73–84.

［3］杨晓燕，孔昭宸，刘长江，等. 中国北方主要坚果类淀粉粒形态对比［J］. 第四纪研究，2009，29：153–158.

［4］杨晓燕，孔昭宸，刘长江，等. 中国北方现代粟、黍及其野生近缘种的淀粉粒形态数据分析［J］. 第四纪研究，2010，30：364–371.

［5］Lu, H. Y., Zhang J. P., Wu N. Q. et al. Phytoliths analysis for the discrimination of foxtail millet (*Setaria italica*) and common millet (*Panicum miliaceum*)［J］. *PLoS ONE*, 2009 (4): e4448.

［6］Yang, X. Y., Perry L. Identification of ancient starch grains from the Tribe Triticeae in the North China Plain［J］. *Journal of Archaeological Science*, 2013, 40: 3170–3177.

［7］王维维，马永超，李昭，等. 中国现代块根块茎类植物淀粉粒形态分析［J］. 第四纪研究，2018，38（6）：1409–1423.

［8］Liu, L., Ge W., Bestel S. et al. Plant exploitation of the last foragers at Shizitan in the Middle Yellow River Valley China: evidence from grinding stones［J］. *Journal of Archaeological Science*, 2011, 38: 3524–3532.

［9］Yang, X. Y., Ma Z. K., Li J., et al. Comparing subsistence strategies in different landscapes of North China 10,000 years ago［J］. *The Holocene*, 2015, 25: 1957–1964.

［10］Yang, X. Y., Wan Z. W., Perry L., et al. Early millet use in Northern China［J］. *Proceedings of the National Academy of Sciences of the United States of America*, 2012, 109: 3726–3730.

［11］Deng, Z. H., Hung H. C., Fan X. C, et al. The ancient dispersal of millets in southern China: New archaeological evidence［J］. *The Holocene*, 2017, 095968361771460.

附录二　辽宁阜新塔尺营子遗址浮选报告

Chris J. Stevens　Dorian Q. Fuller

（英国伦敦大学院大学考古研究所，伦敦，WC1H0AL）

英国伦敦大学院大学考古研究所对在辽宁阜蒙县塔尺营子遗址 H 地点采集的 14 袋样本、I 地点采集的 54 袋样本，共 68 袋样本进行了浮选。每袋样本包含 15 ~ 20 升土壤。塔尺营子遗址的植物组成与贾家沟西遗址相似[①]，最常见的遗骸是野生水果和坚果以及未驯化的种子。

发现了一些粟的种子。其中 16 种谷粒被鉴定为普通的稷（*Panicum miliaceum*）（图一）。它们很小，更接近野生型黍（*Panicum miliaceum* subsp. *ruderale*）而不是现代驯化的黍（Broomcorn）。这些谷物似乎属于尚未完全驯化的植物，但代表了从野生到驯化这一变化过程的早期阶段。属于谷子（*Setaria italica*）的谷物不太常见。只有一粒被鉴定出来，还有两粒狗尾草（*Setaria viridis*）和两粒野生或栽培的狗尾草属。还收集到了野生植物和杂草的其他种子，如藜属（*Chenopodium*）和滨藜属（*Atriplex*）的种子（表一；表二）。

图一　塔尺营子遗址浮选出的稷类谷物

① 见本辑《2015 年辽宁省阜蒙县贾家沟西遗址试掘报告》之附录《辽宁阜新贾家沟西遗址浮选报告》。

表一　塔尺营子遗址 H 地点浮选结果

物种	科 / 属 / 类	出土概率	种子数量
Juglans mandshurica (frgs)	胡桃楸	21.43	1
Chenopodium charred	藜属	14.29	4
Nelumbo nucifera	莲	14.29	80
Pyrus/Malus/Sorbus embryo/radicle	秋子梨	7.14	0
Armeniaca vulgaris/sibirica/mandshurica stone	杏 / 山杏 / 东北杏	35.71	9
Trifolieae type indet. (Fabaceae)	豆科（未鉴定的种）	7.14	1
Phellodendron amurense (seeds)	黄檗（种子）	21.43	1
Phellodendron amurense (fruit)	黄檗（果和）	7.14	0
Ampelopsis cf. *glandulosa*	蛇葡萄	14.29	1
Paniceae indet.	黍族	28.57	5
Panicum ruderale/miliaceum	野生稷 / 稷（黍）	42.86	5
Echinchloa sp.	稗属	7.14	1
Setaria italica	粱（粟）	21.43	2
Setaria viridis	狗尾草	14.29	1
Schoenoplectus type/*Eleocharis* etc	水葱属	7.14	1
Seeds indet.	种子（未鉴定的种）	14.29	0
Nut fragments	坚果碎片	14.29	4
Fruit/Nut fragments indet.	核 / 坚果碎片（未鉴定的种）	21.43	3
Large frg. fruit/tuber	大的果核碎片 / 块茎	14.29	1

表二　塔尺营子遗址 I 地点浮选结果

种类	科 / 属 / 类	出土概率	种子数量
Phellodendron amurense (seeds)	黄檗（种子）	5.56	1
Phellodendron amurens (fruit)	黄檗（果核）	5.56	3
Onagraceae/Boraginaceae. Small seeds indet.	柳叶菜科 / 紫草科（未鉴定的种）	5.56	1
Hyocyamus/Lycium/Physaliastrum	天仙子 / 枸杞 / 日本散血丹	7.41	0
Culm node (Poaceae)	秆节点（禾本科）	5.56	1
Paniceae indet.	黍族	7.41	0
Panicum ruderale/miliaceum	野生稷 / 稷（黍）	9.26	3
Cyperaceae small tuber	莎草科	5.56	1
Schoenoplectus type/*Eleocharis* etc	水葱属	5.56	3
Small seed indet.	小种子（未鉴定的种）	5.56	1
Small indet. termite pellets	小的未鉴定的颗粒	5.56	25
Seeds indet.	种子（未鉴定的种）	9.26	5

续表

种类	科 / 属 / 类	出土概率	种子数量
Nut fragments	坚果碎片	7.41	0
Fruit/Nut fragments indet.	核 / 坚果碎片（未鉴定的种）	18.52	46
Fruit stone frags	果核碎片	5.56	0
Tuber/root	块茎 / 根	3.70	0
Parenchyma	薄壁	12.96	0
Buds	树花苞	14.81	16

烧焦的核桃核（*Juglans mandshurica*）和杏（*Armeniaca* sp.）核的小碎片是最常见的烧焦残骸类型，分别存在于20和19个样本中。黄檗（*Phellodendron amurense*）的果实和种子的碎片也很常见，在10个样本中都有发现。只是这个物种的遗骸保存得不是很好，不似在贾家沟西遗址发现的同类物种那样具有代表性。

鉴定到的另一种可食用坚果是莲子（*Nelumbo nucifera*）。其他较不常见的植物包括瓷浆果 / 蛇葡萄或三裂蛇葡萄（*Ampelopsis glandulosa*/*A.delavayana*）和山楂（*Crataegus* cf. *pinnatifida*）。所有这些物种都可食用。

塔尺营子遗址的浮选工作得到了欧洲研究委员会（Comparative Pathways to Agriculture，ComPAg，323842）项目的资助。

附录三　辽宁阜新塔尺营子遗址兴隆洼文化时期木炭鉴定

王树芝

（中国社会科学院考古研究所，北京，100006）

塔尺营子遗址位于辽宁省阜新市蒙古族自治县，在2015年，吉林大学等单位对遗址进行了勘察，初步认为该遗址为一处兴隆洼文化时期的遗址。在试掘中，在塔尺营子遗址第Ⅰ发掘地点采集了少量木炭样品，目的是通过木炭分析，可以重建古植物种类，探讨古人与周围植被的相互关系。

一、研究方法

2015年采用随发现随取样的方法，在塔尺营子遗址第Ⅰ发掘地点3个单位采集了9份样品，将采集的木炭样品取大于2毫米的木炭碎块进行鉴定和分析，共获得可鉴定木炭碎块28块。将木炭样品放置在体式显微镜下观察，根据树种木材特征和现代炭化木材的构造特征进行树种的初步鉴定。然后将木炭放置在扫描电子显微镜下进行进一步鉴定和拍照。每个样品除了记录树种外，还记录某树种出现的块数，统计树种的出土概率和绝对数量[1]。

二、鉴定及统计结果

经鉴定，大于 2 毫米的 28 块木炭都为蒙古栎（*Quercus mongolica*），见表一。

表一　塔尺营子（TCYZ）木炭鉴定结果统计表

样品	样品块数	种属
I 951 9059CH		
1	1	蒙古栎（*Quercus mongolica*）
2	13	蒙古栎（*Quercus mongolica*）
I 941 9133CH		
1	6	蒙古栎（*Quercus mongolica*）
2	2	蒙古栎（*Quercus mongolica*）
3	1	蒙古栎（*Quercus mongolica*）
4	1	蒙古栎（*Quercus mongolica*）
5	1	蒙古栎（*Quercus mongolica*）
I 942 9149CH		
1	2	蒙古栎（*Quercus mongolica*）
2	1	蒙古栎（*Quercus mongolica*）

对鉴定结果进行统计分析，无论整个发掘地点还是各个小单位，蒙古栎的概率都为 100%。

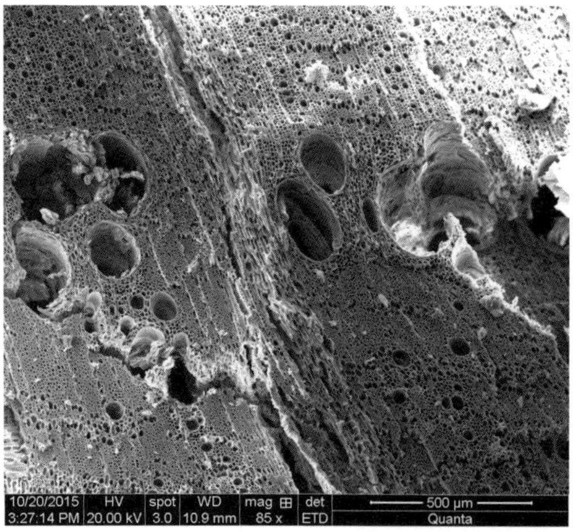

图一　蒙古栎横切面

蒙古栎的鉴定特征如下：

从横切面上看：生长轮甚明显；环孔材；宽度略均匀。早材管孔略大，连续排列成早材带，通常宽 1 ~ 2（稀 3）列管孔，导管横切面为卵圆形、稀圆形；具有侵填体。早材至晚材急变；晚材管孔甚小，单管孔，稀呈短径列复管孔，火焰状径列，宽多列管孔。轴向薄壁组织量多，主要为星散 - 聚合及离管带状，排列不规则，弦向断续相连；少数呈星散状；环管状偶见。木射线略密，分宽窄两类：窄木射线极细；宽木射线被许多窄木射线分隔（图一）。

从径切面上看：没有螺纹加厚。单穿孔；管间纹孔式互列，圆形及卵圆形。薄壁细胞端壁节状加厚不明显。射线组织同形。射线－导管间纹孔式为刻痕状及类似管间纹孔式（图二）。从弦切面上看：木射线非叠生，分宽窄两类：窄木射线通常单列（稀2列或成对）；宽木射线（全为复合射线）最宽处宽至许多细胞，高至许多细胞（图三）。

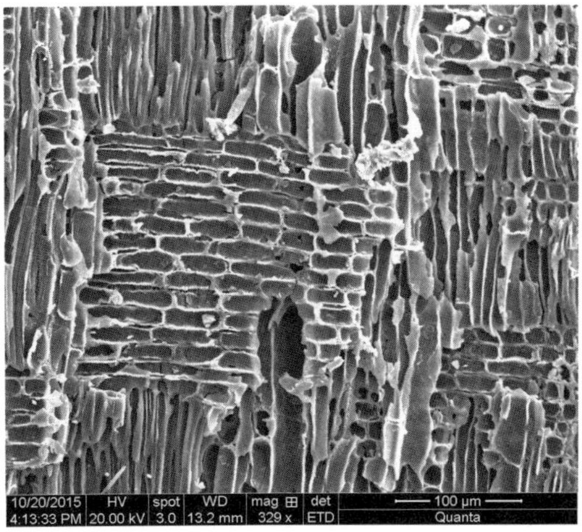

图二　蒙古栎径切面

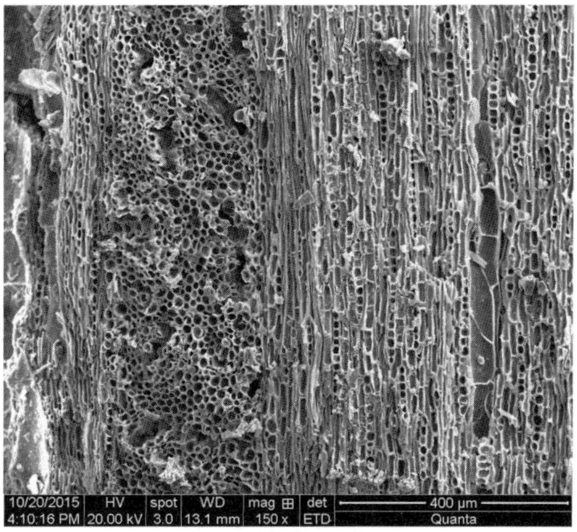

图三　蒙古栎弦切面

三、讨　论

1. 遗址周边分布有蒙古栎，在距今8000～7000年，栎林落叶阔叶林为华北地区地带性植被

木炭来自遗址文化层，是人类利用木材的遗存，与遗址具有同时性，所以考古遗址中出土的树种虽然是人类对植物进行选择利用的结果，但是这些树种仍然能够在一定程度上代表遗址周边的树种组成，特别是史前时期，遗址中出现的木材种类在某种程度上能够代表遗址周边的树种组成。罗德里格斯（Rodríguez）对遗址中出土木炭进行研究表明，由于过去与现代遗址周围植物群落有相同的分布和特征，考虑到现代植物资源分布，由此推测古代人类获得木本植物资源的距离可能在0～6千米，在遗址周围树木资源缺乏时，也可能到10～12千米半径范围内取材[2]。塔尺营子遗址木炭鉴定结果表明，无论整个发掘地点，还是各个小单位，蒙古栎的出土概率都为100%，遗址主要文化遗存属于兴隆洼文化时期，因此，遗址周边分布着蒙古栎，而且蒙古栎是主要的建群种。

与塔尺营子遗址地理位置较近同属于兴隆洼文化时期的查海新石器聚落遗[3]、兴隆沟遗址[4]出土的木炭研究都表明，以栎属为主。此外，年代相当的平谷上宅遗址[5]

的石磨盘、石磨棒上淀粉粒和孢粉分析，以及沈阳新乐遗址[6]下层的孢粉分析和叶痕分析，都有栎属存在。所以，在距今8000～7000年，栎林落叶阔叶林应为华北地区地带性植被。

2. 蒙古栎的利用

蒙古栎具有很高的燃烧热值，火力强大，燃烧持久，是重要的薪柴。树体高大，木材适合作屋架。蒙古栎木材坚韧，耐腐；供枕木、坑木、农具、家具等用。蒙古栎的栎果即通常所说的橡果在现代作为饲料，但是在采集时代曾经是古代人类的主要食物之一。栎属的橡实主要由胚、种皮和果皮三部分组成，外面被覆着由花序总苞发育而形成的坚硬的壳斗（也叫橡碗）。种子被薄薄的种皮所包裹，种皮颜色为棕褐色。种皮里面为种胚。整个种胚都是大型薄壁细胞组成，细胞里充满了大小不等的淀粉粒，是食用的主要部分。遗址中出土的木炭可能做薪柴或是建筑、坑柱、农具燃烧后的遗存，此外，古代人类有可能采集其果实食用。

注　释

[1] 赵志军. 植物考古学：理论、方法和实践［M］. 北京：科学出版社，2010.

[2] Rodríguez, M. F. Woody plant resources in the Southern Argentine Puna: Punta de la Peña 9 archaeological site［J］. *Journal of Archaeological Science*, 2004, 31: 1361–1372.

[3] 王育茜，吴文婉，辛岩，靳桂云，王海玉. 辽宁阜新查海遗址炭化植物遗存研究［J］. 北方文物，2012（4）.

[4] 王树芝，刘国祥，朱延平，赵志军. 内蒙古赤峰地区考古遗址出土木炭的初步分析——兼论不同文化时期的经济模式［A］. 第八届红山文化高峰论坛论文集［C］. 沈阳：辽宁大学出版社，2014：63–73.

[5] 杨晓燕，郁金城等. 北京平谷上宅遗址磨盘磨棒功能分析：来自植物淀粉粒的证据［J］. 中国科学D辑：地球科学，2009，39（9）.

[6] 刘牧灵. 新乐遗址的古植被和古气候［J］. 考古1988（9）.

2015 年辽宁省阜新蒙古族自治县贾家沟西遗址试掘报告*

吉迪（Gideon SHELACH-LAVI）[1]　滕铭予[2]　Yonaton GOLDSMITH[3]
苏军强[4]　Ofer MARDER[5]　涂栋栋[1]　Roi SHAVIT[5]
（1. 耶路撒冷希伯来大学，耶路撒冷，91000；2. 吉林大学，长春，130012；
3. 加州理工学院，帕萨迪纳，10-90；4 . 辽宁省文物考古研究所，沈阳，110003；
5. 本·古里安大学，贝尔谢巴，84001）

农业与定居生活方式的起源和发展不仅彻底改变了人类的生存策略、饮食方式和生活条件，而且加速了社会复杂化的进程。研究这一过程，对于理解世界范围内人类社会的发展具有非常重要的意义。作为世界上农业独立起源与发展的中心之一，中国尚不能建立从狩猎采集社会到农业社会的详细轨迹。自 2012 年起，吉林大学和辽宁省文物考古研究所合作开展了“中国东北地区农业与定居的起源”项目。项目组以查海遗址为基点，在其东部进行了两个季度的区域性田野考古调查工作，调查面积 为 104.46 平方千米，不仅初步勾勒出该地区从新石器时代早期至汉代的聚落形态变化，还采集到大量的细石器和早期陶片，为探讨该地区农业起源问题提供了丰富的资料[1]。

2015 年，为了更多地获取新石器时代早期阶段以及新石器时代不同发展阶段的人工遗存、植物或动物遗存，并通过对各种遗存进行不同的检测与分析，了解不同遗存的年代、该地区的环境以及生活在这里的古代居民的经济生活，项目组根据田野调查时所获得的地表遗存信息，选择了调查区内的贾家沟西遗址（田野调查时遗址编号为 12D56）和塔尺营子遗址（田野调查时遗址编号为 12D16）进行了试掘。本文是贾家沟西遗址的试掘报告。

一、遗址概况

贾家沟西遗址位于辽宁省阜新蒙古族自治县招速沟乡贾家沟村西北约 500 米的坡

---

* 该项目得到了国家地理学会（National Geographic Society，no. 8614-09）、以色列科学基金（Israel Science Foundation，no. 502/11、728/17），以及以色列希伯来大学曼德尔·斯考琳研究中心（The Mandel Scholion Research Center，the Hebrew University）的资助。

地上（图一），遗址所在地为调查区内东南部的丘陵地带，地表呈由东北向西南的缓坡，现为阶梯状的农田，遗址面积约为6280平方米。贾家沟西遗址是在“中国东北地区农业与定居的起源”项目的第一年进行区域性田野调查时发现的[2]，在这里做了12D4182和12D4183两个采集点，分别采集到34片和15片陶片。采集到的陶片均为夹粗砂的红褐陶，质地粗糙，烧成温度偏低，经过鉴定全部属于小河西文化[3]。在地表还采集到了大型石器（石锄和石磨棒等）和小型的打制石器等。

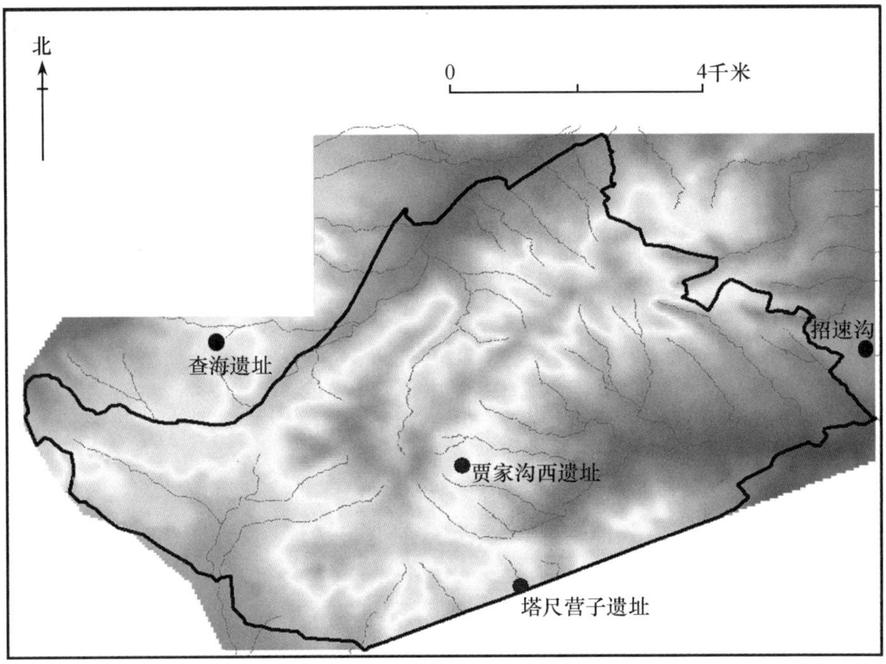

图一　贾家沟西遗址位置示意图

根据贾家沟西遗址地表遗物分布的状况，选择地表遗物分布密度高且可见灰土分布的地点进行了试掘。

二、发掘方法

发掘方法注重地层、遗物和各种信息的记录与复原。

首先将发掘区域地表的耕土清理干净，然后将发掘区划分为若干个1米×1米的方格，分别进行编号后进行发掘。发掘时如果发现方格内的土质、土色不同，则要进一步划分出不同的单位，并在平面图上记录每个单位的形状。如果没有观察到有明显的地层变化时（如土质、土色、包含物等方面的变化），则以5～10厘米深的水平层（spit）向下发掘，因此属于考古地层学意义上的同一个层位也可能包括含有不同的水平层。出自不同方格、不同单位、不同水平层的人工遗物、标本和土样等分别放入不同编号的标本袋中，除了用于判断人工遗存的文化属性，了解文化面貌外，还有一部

分标本或土样用于 ^{14}C 测年、浮选和残留物分析等。

在发掘过程中，使用全站仪（total station）测量每一个方格的三维坐标，其初始数据设定为X=1000米，Y=500米，Z=100米，此后基于GPS的坐标和海拔高度将此数据绑定在UTM系统中（407766/4670979 UTM 51N，海拔高度299米）。在发掘过程中，如果有大片的陶片、石器、炭样、土壤标本、有机物标本，以及一些特殊发现时，均使用全站仪记录这些发现的位置的三维坐标。其他的发现，如小块的陶片则放入标本袋中，同时也使用全站仪记录出土这些陶片单位的三维坐标。由此，可以掌握发掘到的人工遗物在发掘区域内的三维分布。

发掘出的土全部使用孔径为2毫米的筛子过筛。除了耕土层以外，在所有层位都采集用于浮选的土样，另外，在那些包含较多炭的地方，也都采集了用于浮选的土样。浮选之后的物质经过湿筛，可以发现许多非常细小的人工遗物，这些人工遗物如果不使用这样的方法进行筛选则很可能被漏掉。

三、发掘经过和基本情况

在贾家沟西遗址的试掘范围内共划分了10个1米×1米的方格，编号为a~h、k和l，其中g和h两个方格未进行发掘。为了观察层位堆积的情况，在发掘区中间保留了0.5米宽的隔梁（图二，1），直到发掘的最后一天将除隔梁北部外的中部与南部进行了清理，中部编号为m，南部则合并到l中（图二，2）。发掘面积共11.5平方米，最深发掘到0.6米。

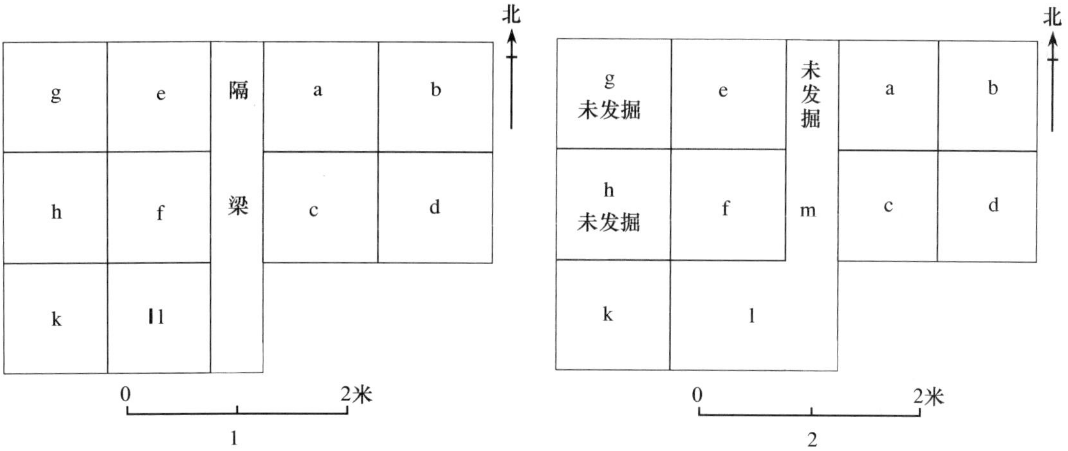

图二　贾家沟西遗址布方

1. 贾家沟西遗址发掘前编号　2. 贾家沟西遗址发掘后编号

发掘区的东部被现代农业活动和现代沟所破坏。

发掘区的上层为很薄的耕土层，厚度不足10厘米，其下为较厚的灰土层，厚10~20厘米，其中包含较多的人工遗物，有些地方还可以看到下凹的犁痕，但整体上该层并没有受到太大的破坏。在发掘区内揭露了一个直径约3.5米的圆形遗迹，在遗迹范围内堆积有包含人工遗物的深灰色土，在其中部和南部（方格c的西南角，方格f的东南角，方格m的南部，以及方格l的东北部），堆积较多的灰烬。圆形遗迹打破了褐色的硬土，褐色土最深为0.3米，其中没有发现任何人工遗物，应为生土（图三、图四）。

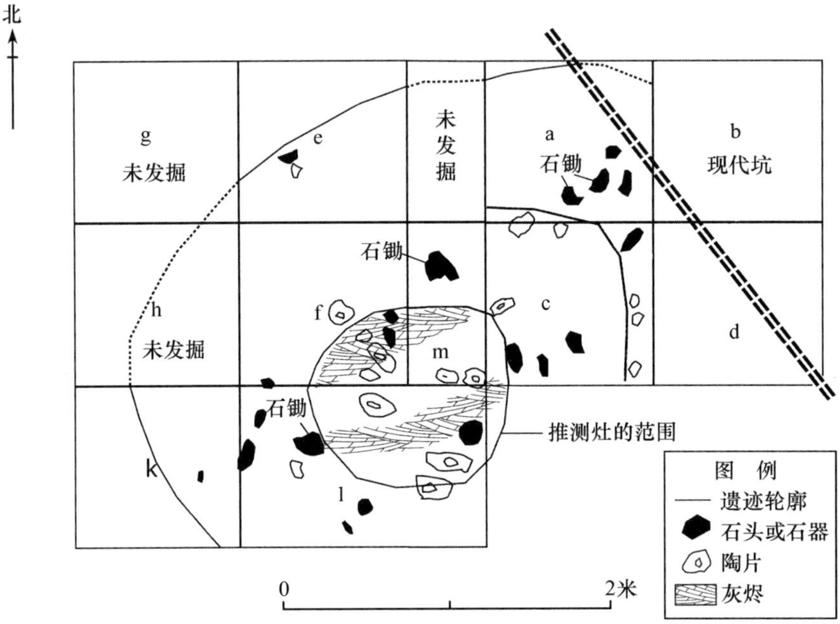

图三　贾家沟西遗址发掘区平面图以及遗迹、遗物分布图

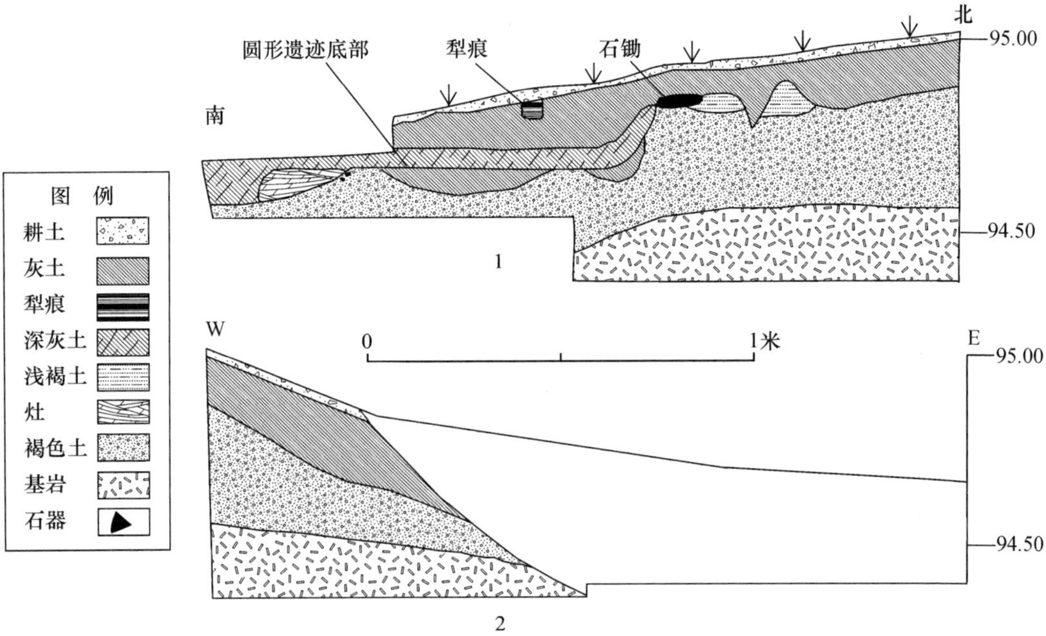

图四　贾家沟西遗址发掘区剖面图

1. 方格a和方格c的西壁　2. 方格a和方格b的北壁

四、遗 迹

在发掘区中部（图五方格c、f、m和l中深蓝色的部分）可以看到一个呈锅底状的圆形遗迹，直径约100、深15厘米，该区域是文化层堆积最厚的地方，堆满了黑色灰烬和炭块，并出土了大量的陶片、石片，这里很可能是当时人们用于生火的地方，相当于“灶”或“火塘”。围绕在中部圆形遗迹周围的区域（图五方格a、c、f、m和k中浅灰色、黄色和橘色部分），宽0.8～1米，表面平坦，文化层很薄，浅灰色土，厚5～10厘米，可能是当时的生活区。这个区域在方格c（方格c中的浅灰色部分）和剖面上是明显的，但在其他区域很难辨识。在这个区域的周边（图五方格a、e和k中红色的部分）则向上倾斜，宽0.5～1米，出土了一些大型石器，包括有4件石锄。

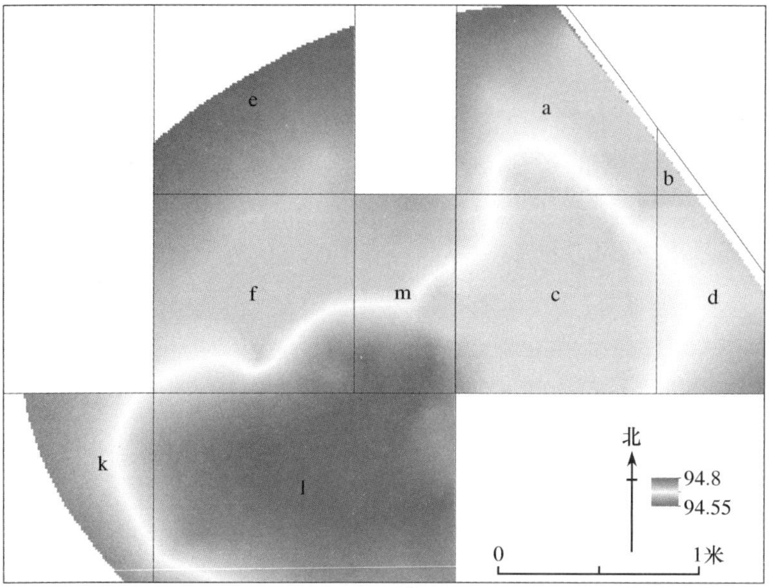

图五 贾家沟西遗址发掘区数字高程模型

已发现的最外围的遗迹，尽管现在还不能确认其边缘，可以观察到的形状也不规则，但是从其中分布了比较多的人工遗物，在中心区还存在类似“灶”或“火塘”的结构来看，这个遗迹很可能是一个建造在生土上的房屋（棚屋）建筑。而在“灶”或“火塘”的周围应该是该房屋居住者的生活区域，其周边向上倾斜的部分，很可能是这个房子的边缘或“墙壁”，那些较大的石器都发现于这个区域，包括4个石锄，它们可能是被回收并用作柱础。房子打破的褐色土中没有发现任何人工遗存，表明房子是建在生土上。在整个房子的堆积中没有发现任何与上部结构有关的遗存，因此其上部结构可能使用了并不是很坚固且容易被破坏的材料。由此推测，当时并没有对这个房屋投入太多的劳动力，很可能该建筑并不是一个可以长期居住的房屋。

五、遗　　物

1. 陶片

在贾家沟西遗址的发掘共获得328片陶片。其中有一片是来自地表的现代陶片，还有一片文化属性不明。其余的326片陶片质地粗糙、疏松，烧成温度低，器壁虽然较厚，多为9～12毫米，但是非常容易破碎。陶土中掺石英颗粒和小的黑色石头颗粒，陶胎多为红褐色，一些陶器残片的外表为红色，里面为深灰色，还有一些陶片的中部为灰色，两侧的表面均为浅红色。大部分陶片为素面，也有少量的陶片在口沿下有附加堆纹，上面饰斜向的按压纹（图六）。从陶片易碎但仍然发现了一些大块陶片，以及在发掘时发现了至少两个完整的陶器底部来看（图七），这些陶片应该是没有被移动过的原生堆积。

图六　贾家沟西遗址发掘的陶片

虽然没有发现可以复原的陶器，但是通过对陶片进行三维扫描[4]并使用以色列希伯来大学考古系实验室开发的程序对扫描获得的数据进行分析[5]，可以复原部分陶器的基本形制（图八、图九）。所有陶器均为敞口或口沿外斜、直壁或斜直壁、平底的筒形罐。大多数陶器的器形较小，可能只是用于烹煮、盛装食物或液体，没有发现用于储存的大型陶器。

从整体上看，在贾家沟西遗址发掘的陶片质地疏松，夹砂颗粒较大，除了有附

图七　在方格1发现的两个几乎完整的陶器底部

加堆纹和少量的押印纹以外，绝大多数为素面，器形以平底筒形罐为主。这些特点与目前被学术界称为小河西文化的陶器极为相似[6]，类似的遗存在白音长汗和查海遗址的早期地层中也有发现[7]，因此，可以认为在贾家沟西遗址发掘到的遗存属于小河西文化。

上述对发掘陶片的分析结果与2012年项目组在该遗址进行调查时采集到的陶片分析结果完全相同，均属于小河西文化，这不仅说明了调查方法的准确性，也表明这个遗址是仅有小河西文化遗存的单一遗址。

2. 石器

贾家沟西共出土石制品330件。其中包括打制石器228件，磨制石器102件。

打制石器的类别包括废品类、石片类、石核类与工具类，石料主要有燧石－流纹岩、玛瑙和石英等。打制石器中，断块和碎屑等废品类的数量最多。没有发现细石核，细石叶与石叶的数量也较少。细石叶与石叶背部有一至多条纵脊，台面没有经过修理。典型标本如1038-2，石叶，石英岩质，长3.4、宽1.2、厚0.7厘米，背部有一条纵脊，两侧边聚汇呈尖状（图一〇，1）。

磨制石器包括了成型的磨制石器和磨制石器制作过程中产生的石片和废品。成型的磨制石器共42件，以铲形器数量最多，有33件，另外还有少量的磨石、石锛和敲砸器。

石锛　3件，典型标本1002-2，外来优质石料，平面近似长方形，长5.2、宽2.6、厚1厘米，单面磨光成刃（图一〇，2）。

磨棒　2件，典型标本1071-1，花岗岩质，长6.7、宽4.7、厚2.9厘米，一端有敲砸的痕迹，推测也可能作为敲砸器使用（图一〇，3）。

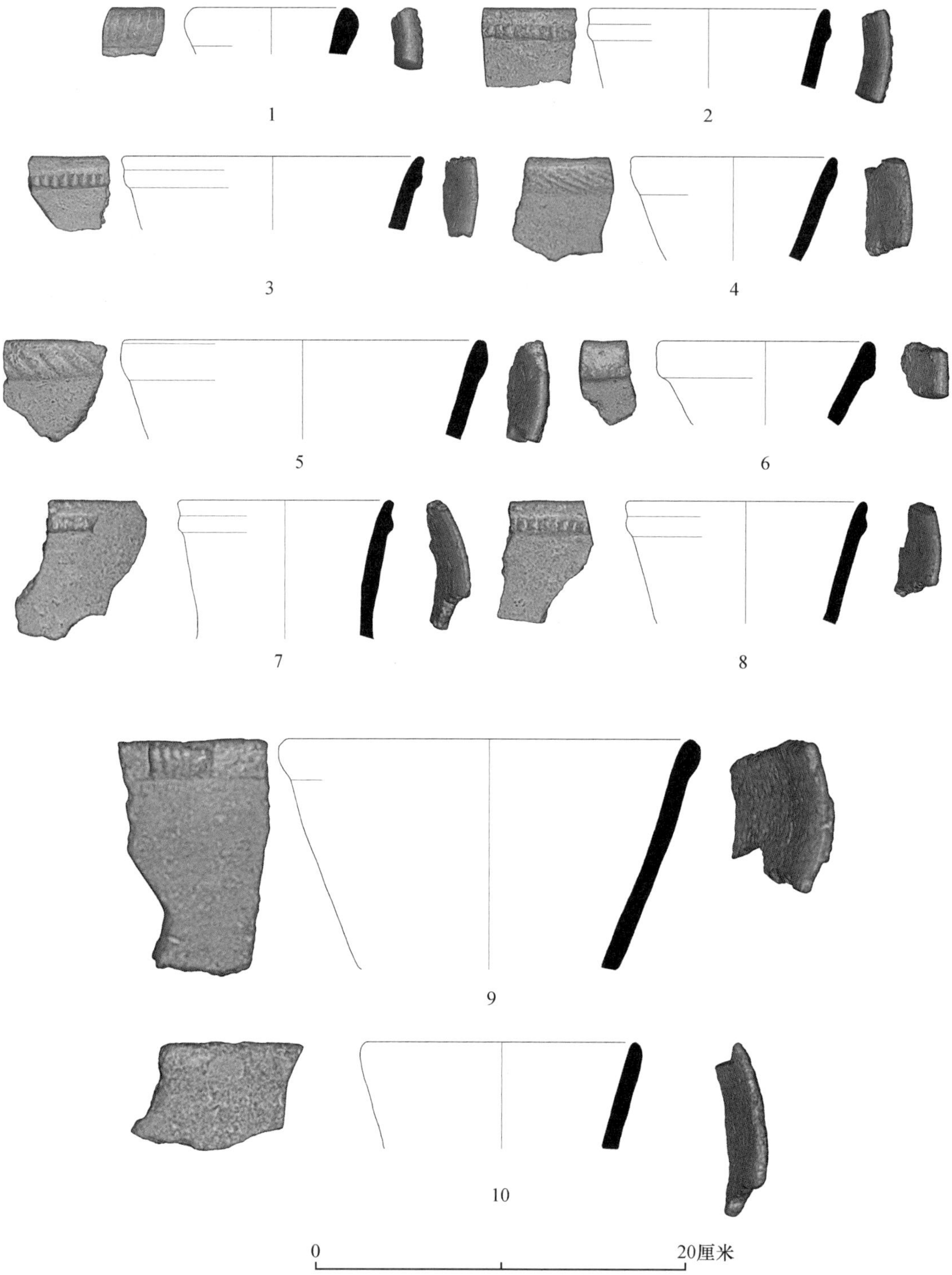

图八　贾家沟西遗址发掘的陶片

1. 1005　2. 1123. 2　3. 1066　4. 1092-1　5 .1123-3　6. 1043　7. 1143(2)-1　8. 1153B-A　9. 1137　10. 1143(2)-3

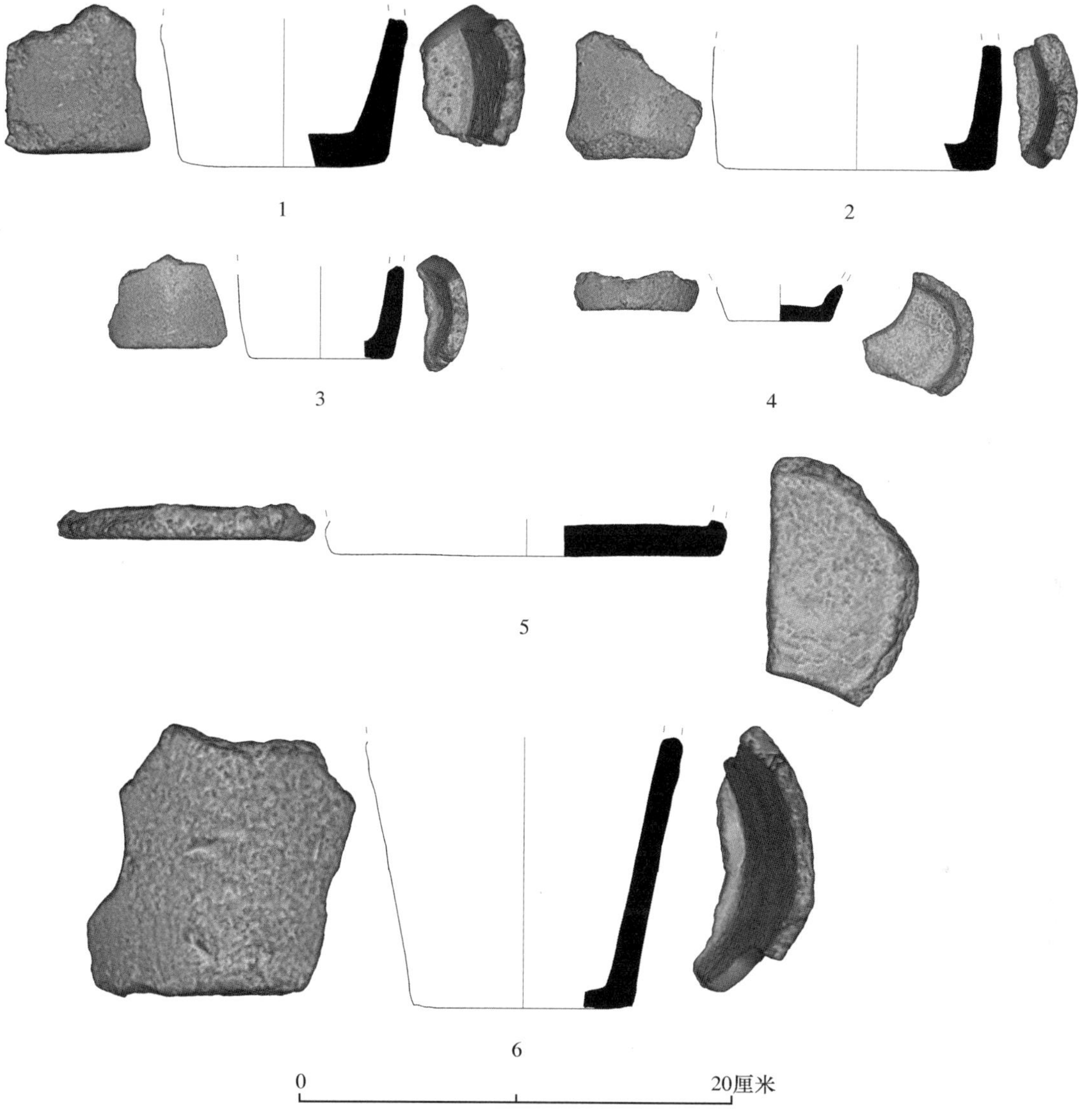

图九　贾家沟西遗址发掘的陶片

1. 1021　2. 1101　3. 1123-1　4. 1143（2）-2　5. 1153B-B　6. 1153A

磨盘　2件，典型标本1146-1，花岗岩质，平面近似圆形，直径8.8、厚3.1厘米，在一侧面上有凹痕，推测除了作磨石用，可能也作为石砧用（图一〇，5）。

敲斫器　2件，原料均是石英岩，1001-9，长6、宽5.1、最厚处为2.1厘米（图一〇，4）；1096-3，长7.2、宽5.9、厚4.5厘米（图一〇，6）。器物周边有敲击形成的小片疤，推测都是作为石锤使用的。

铲形器的原料均为页岩。典型标本如1027-1，长18.5、宽17、厚2.2厘米，一侧边残损，平面近似长方形，身部稍宽，但柄部到身部的宽度变化不明显，有束腰，但肩部不显，两束腰间距为10.2厘米，圆弧刃，工作刃缘长12.8厘米，两面加工而成

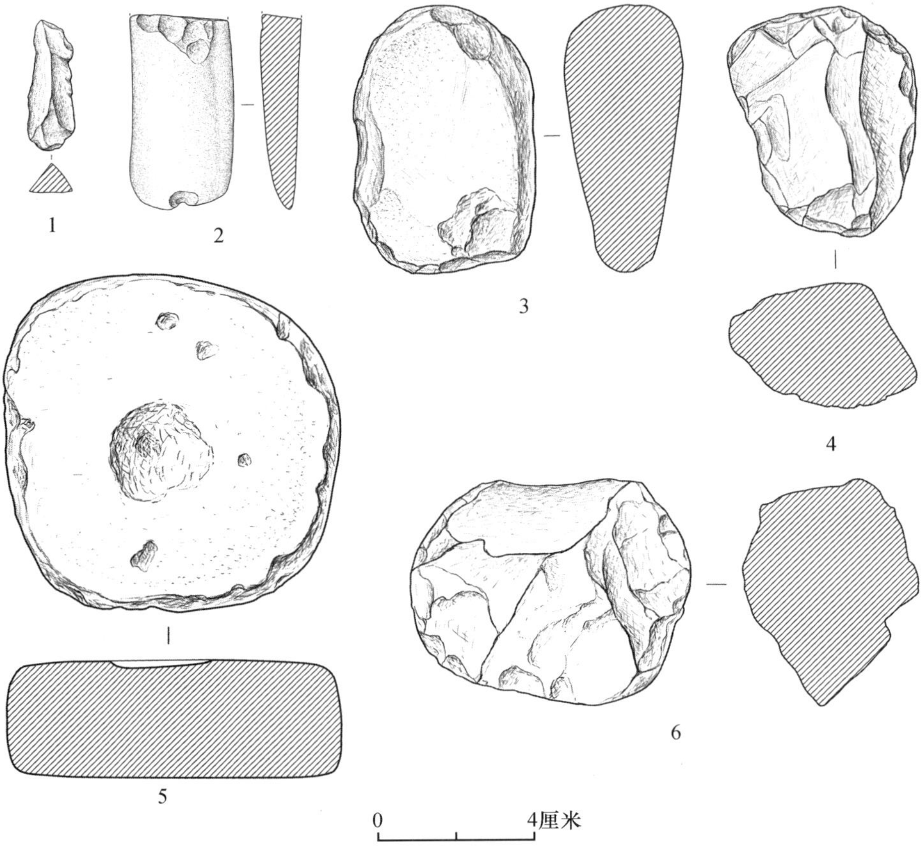

图一〇　贾家沟西遗址出土的石器

1. 石叶（1038-2）　2. 石锛（1002-2）　3. 磨棒（1071-1）

4、6. 敲斫器（1001-9、1096-3）　5. 磨盘（1146-1）

（图一一，1）；1157-1，长17.4、宽26.2、厚2.6厘米，柄部狭窄，圆身，较宽，柄部与身部间有明显的束腰，两束腰间距为12.8厘米，圆弧刃，工作刃缘长20.6厘米，两面加工而成，片疤明显（图一一，2）；1156-1，长12.6、宽25.4、厚2.2厘米，柄部窄，身部宽，肩部明显，两束腰间距为13.8厘米，圆弧刃，工作刃缘长7.5厘米，两面加工而成（图一一，3）。也有个别铲形器形状较为特殊，柄部与身部宽度变化不大，至工作刃缘处逐渐缩窄，1122-1，长10.6、宽15.1、厚2.6厘米，圆弧刃，刃部聚汇（图一一，4）。

磨制石器制作过程中产生的废品和石片主要是铲形器整形削片，在铲形器的制作与维护过程中，产生了不同类型的剥片。在早期的整形阶段，较大的且带有石皮的石片被剥落。在工具的使用过程中直至被废弃，各种修理行为会被实施，包括再整形和再加工等，会产生一些相对较小，且带部分损坏的工作刃缘或柄部特征的石片和碎屑。

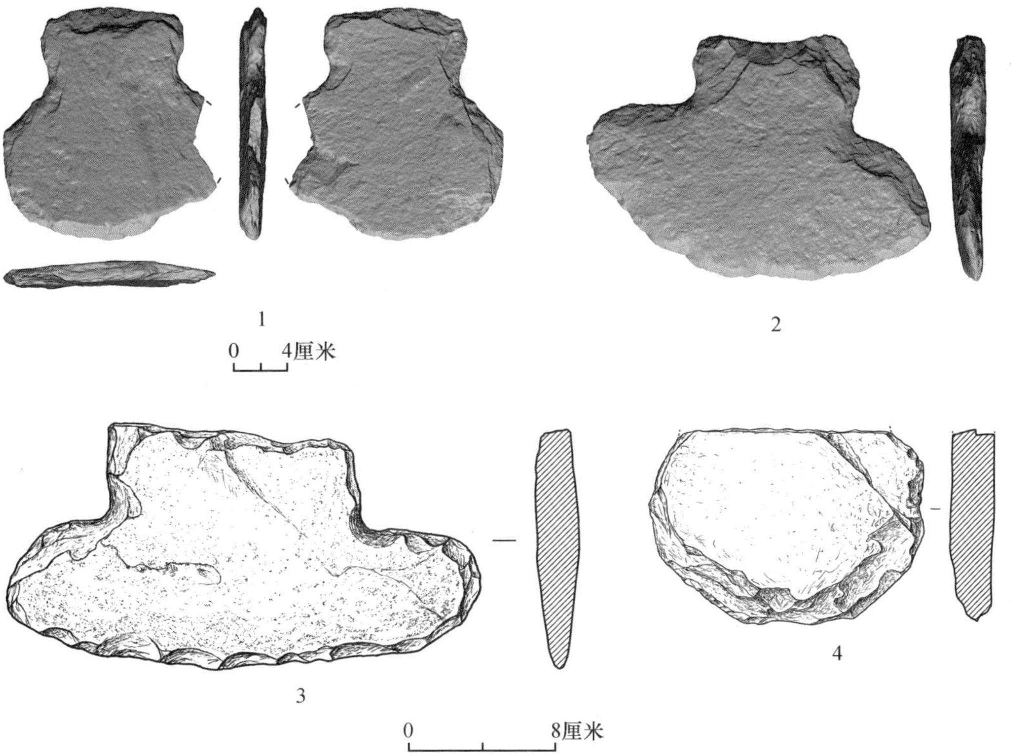

图一一 贾家沟西遗址出土的石铲形器

1. 1027-1 2. 1157-1 3. 1156-1 4. 1122-1

3. 遗物分布模式

为了评估所有人工遗物的空间分布状态，利用ArcGis中的核密度分析功能，对每一个单位（方格或方格中的一部分）和每一个5厘米的水平层（spit）中发现的所有不同类别的人工遗物赋予随机的三维数据，从而形成不同种类人工遗物分布密度的数字高程地图（图一二）。在这个分析中，剔除了在地表耕土和遗迹东北部现代堆积中发现的陶片。

通过上述方法绘制出的不同种类遗物的随机分布图，可以观察到在遗迹的不同区域，陶片和石器、石片的分布密度并不相同，因此可据此了解在遗迹内不同区域发生的不同类型的活动。如图一二所示，陶片和制作石器时打掉的石片在南部和西部浅灰色锅底状堆积周围的分布密度都比较高，具有相似的分布模式，如上文所述，我们推测这里应为灶或火塘。由于发掘时每个方格的面积为1平方米，即对发现的人工遗物赋值时都是在1平方米的范围内进行随机的赋值，因此并不能确认在灶或火塘周边人工遗物分布的细节，但是从这些人工遗物的分布状态仍然可以清楚地看出在这个遗迹中，大部分活动或者说至少与料理食物或者消耗食物有关的活动是在灶或火塘的周围

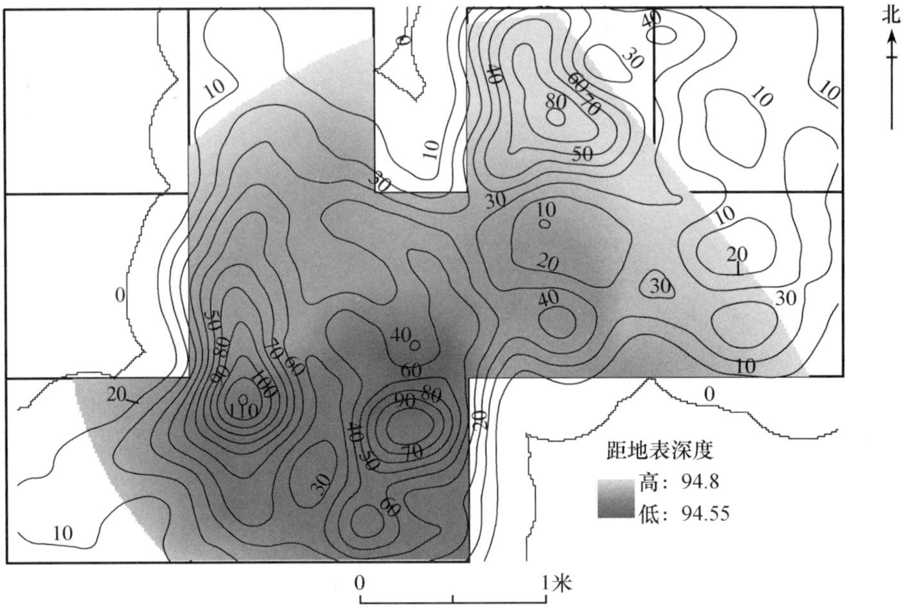

1

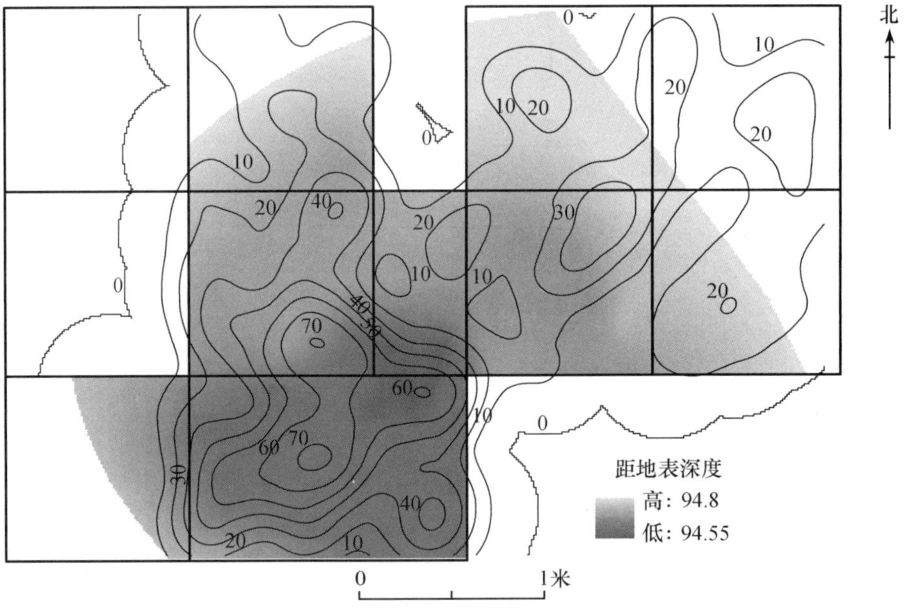

2

图一二　遗物分布密度的数字高程地图（等高线由每平方米发现的遗物密度赋值）

1. 陶片分布　2. 石制品分布

进行的。另外，在陶片的分布模式中，可以看出在东北部（方格 a）亦有较密集的分布，很可能这里是与日常生活活动有关或集中放置陶器的区域。只是由于发掘面积过小，现在看到的仍然是局部的现象，因此还难以对这些陶片分布相对密集区域的性质进行准确的判断。

六、^{14}C 测年数据

在贾家沟西遗址共采集了 7 个木炭标本进行了 ^{14}C 测年。在田野发掘采集炭样时，为了避免对标本产生任何污染，采集时用干净的手铲获取炭样后直接用锡纸包裹，然后放入干燥的塑料袋里保存。测年在北京大学考古文博学院科技考古实验室进行。所测数据见表一和图一三。

表一 贾家沟西 ^{14}C 年代数据 *

实验室编号	标本编号	^{14}C 年代（BP）	校正年代（BC）[8]	
			1σ（68.2%）	2σ（95.4%）
BA150629	1095	6975 ± 25	5896BC（60.1%）5834BC 5826BC（8.1%）5811BC	5974BC（6.4%）5951BC 5917BC（89.0%）5776BC
BA150632	1126	6950 ± 30	5878BC（68.2%）5786BC	5900BC（95.4%）5740BC
BA150630	1104	6910 ± 30	5832BC（3.7%）5828BC 5810BC（64.5%）5740BC	5872BC（1.9%）5862BC 5847BC（93.5%）5726BC
BA150631	1111	6895 ± 40	5832BC（2.7%）5828BC 5810BC（65.5%）5728BC	5882BC（95.4%）5712BC
BA150634	1149	6880 ± 30	5786BC（68.2%）5724BC	5840BC（95.4%）5712BC
BA150633	1127	6885 ± 35	5798BC（68.2%）5724BC	5872BC（1.0%）5861BC 5848BC（94.4%）5706BC
BA150628	1032	6850 ± 35	5760BC（58.3%）5702BC 5692BC（9.9%）5675BC	5833BC（0.7%）5828BC 5811BC（94.7%）5661BC

* 所用 ^{14}C 半衰期为 5568 年，距今为距 20 世纪 50 年的年代。树轮校正曲线使用 IntCal13 [9]，所用程序为 OxCal v4.2.4 [10]。

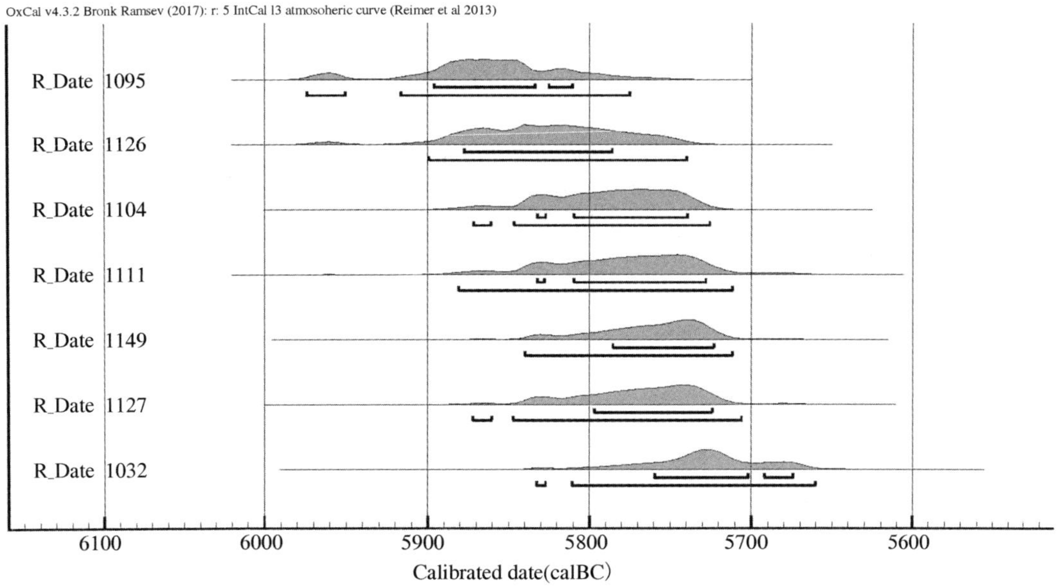

图一三 贾家沟西遗址 ^{14}C 年代数据分布

从表一和图一三可以看出，贾家沟西遗址7个测年标本经校正后的年代若以正负一个标准差计算，基本都分布在5900BC ~ 5700BC。由于7个标本中有6个采自南部和西部灶或火塘的锅底状堆积内（方格f和方格1），还有1个采自东北部陶片分布较为密集的堆积中（方格c），标本的采集深度贯穿整个文化层，因此可以推测这里的堆积应是在5900BC ~ 5700BC这一相对集中的时期内形成的，由于在该遗址没有发现任何晚期的遗存，表明遗址形成后基本没有受到后世的干扰，即该遗址属于单纯的小河西文化。

到目前为止，学术界尚没有关于小河西文化的^{14}C测年数据发表，现在对小河西文化年代的判定，多参考兴隆洼文化的年代进行推定，大都认为在公元前6200年之前，甚至有学者提出其年代最早可以到公元前7500年[11]。显然在贾家沟西遗址获取的^{14}C测年数据要晚于此前学术界所认定的小河西文化的年代，但是这是第一次在属于小河西文化的遗址进行系统的取样和检测，而且7个标本的年代都比较集中，基本没有离散值，因此这个结果可以视为贾家沟西遗址小河西文化遗存的真实年代，即大体在公元前6000年的初始，距今将近8000年。由于目前学术界未见对小河西文化的分期研究，不清楚贾家沟西遗址发现的小河西文化遗存处于小河西文化的哪一个发展阶段，所以我们也不能排除在其他遗址发现的小河西文化遗存的年代可能会早于贾家沟西遗址小河西文化遗存的年代。不过从贾家沟西遗址小河西文化遗存的测年数据看，应该可以明确一点，即学术界普遍认为晚于小河西文化的兴隆洼文化的起始年代，至少应该晚于贾家沟西遗址小河西文化遗存的年代，即晚于公元前5700年。这一点也与我们在塔尺营子遗址获得的标本进行^{14}C测年得到的结果相符（详见《2015年辽宁省阜新蒙古族自治县塔尺营子遗址试掘报告》）。

七、其他检测结果

1. 器物表面残留物分析

中国科学院地理科学与资源研究所对在贾家沟西遗址试掘到的1件石磨棒和3片陶片上的表层残留物进行了分析（附录一）。在石磨棒和陶片的表面残留物中，发现了一些具有黍（黄米、糜子）特征的淀粉粒，小麦族的淀粉粒也有发现，但未发现具有明显农作物特征的植硅体，仅观察到数量不少的黍亚科的典型植硅体类型。另外，还发现了橡子的淀粉粒。在植硅体中还发现了属于竹子（Bambusoideae）和芦苇（*Phragmites* sp.）等在暖湿环境下生长的植物的植硅体。

对器物表面残留物分析的结果表明，当时生活在贾家沟西遗址的小河西文化居民对早熟禾本科［很可能是小麦族（the Tribe Triticeae）］的植物有加工和利用，同时还有对橡子的加工和利用。另外，对于生长在偏暖湿环境中的一些植物也有过某种目的的加工或利用。

2. 浮选结果分析

由英国伦敦大学院大学考古研究所对在贾家沟西遗址采集的 19 袋土样进行了浮选（附录二）。浮选结果中，除了一些野草的种子外，多见果实、种子和坚果的碎片，有杏、山楂、芡实、核桃等。发现了两粒小野生型黍（*Panicum miliaceum* subsp. *ruderale*）和一粒未成熟的谷粒。还有一粒属于地肤类杂草的种子，这种植物也可能作为蔬菜食用。

八、结　　语

贾家沟西遗址发掘面积只有 11.5 平方米，但是获得了一些非常重要的信息。遗址的年代大体在 5900BC ~ 5700BC（距今 7850 ~ 7650 年），发现了一个很可能是临时性的居住址，与后来兴隆洼文化时期的房址相比，显然不如后者那样坚固，但是在房址中发现了大量的灰土，还有陶片和石器，这些现象表明该房址虽不能像兴隆洼文化的房址那样可以长期居住，但亦应是一个相对固定的居所。发现的陶片多为素面，少量在口沿处有附加堆纹。发现的约 330 件石器，包括了磨制和打制的石制工具以及石片。石制工具中近 80% 是铲形器，这些铲形器可能用于耕作土地。在贾家沟西遗址发现的植物种类包括野生水果、坚果和少量野生黍（*Panicum miliaceum* subsp. *ruderale*）等，从陶片和石磨棒提取的淀粉粒分析，可以确定有粟和一些其他种类的野草（tribe *Triticeae*），以及橡子（*Quercus*）。这些信息表明生活在贾家沟西遗址的居民很可能已开始有早期的对植物的栽培，当处于已经向农业和定居生活转变的初始阶段。

自 1990 年始，有学者提出了小河西文化的概念[12]，此后虽然对于小河西文化的命名、特征、性质等学术界多有争论，但小河西文化是辽西地区早于兴隆洼文化的一支独立的考古学文化，则基本成为学术界的共识。

目前发现的小河西文化遗址多分布于内蒙古东部地区，如位于敖汉旗境内的榆树山、西梁、大新井，以及林西县的白音长汗遗址等[13]，也有研究者认为在努鲁尔虎山以东的辽宁阜新查海遗址的早期阶段亦属于小河西文化[14]，并有学者据此将小河西文化进一步区分成两个不同的类型，即白音长汗类型和查海类型[15, 16]。

由于已发现的小河西文化遗址数量较少，尤其是在努鲁尔虎山以东目前仅在辽宁阜新地区发现一处，这种状况对于小河西文化的深入研究来说确实是一种缺憾。贾家沟西遗址发现的小河西文化遗存，虽然因发掘面积较小所获材料不是很丰富，但是仍然可以看到在这里发现的陶片和石器与在其他地点发现的小河西文化的同类器物非常相似，为努鲁尔虎山以东地区小河西文化的发现与研究提供了新的资料。同时贾家沟西遗址获取的系列 ^{14}C 测年数据，为确认小河西文化的年代提供了新的科学的认识。小河西文化的年代早于兴隆洼文化，而这一时期正是中国东北地区定居生活和农业起源与发展的一个重要阶段，我们在发掘过程中获取的有关年代、环境、生业等相关信息，都将有助于更好地理解定居和农业的起源及其在这一地区的发展进程，并进而可以与其他地区进行比较。

附记：参加贾家沟西遗址试掘和整理工作的人员有吉林大学滕铭予、吉迪（Gideon SHELACH-LAVI，吉林大学匡亚明讲座教授）、奥佛（Ofer MARDER，吉林大学客座教授）、学生向明文；辽宁省文物考古研究所苏军强；美国加州理工大学学生 Yonaton GOLDSMITH；以色列希伯来大学学生涂栋栋、Keren NEBENHAUS；以色列本·古里安大学学生 Roi SHAVIT。

注　释

[1] “中国东北地区农业与定居的起源”项目在阜新地区进行的区域性田野调查请参见：滕铭予，Gideon SHELACH，万雄飞，Ofer MARDER，Ido WACHTEL. 辽宁阜新地区区域性考古调查阶段性报告（2012～2013）[J]. 北方文物，2014（3）：3-10.

[2] Shelach-Lavi, G., Teng, M., Goldsmith, Y., et al. Human adaptation and socioeconomic change in northeast China: Results of the Fuxin Regional Survey [J]. *Journal of Field Archaeology*, 2016, 41 (4): 467-485.

[3] 滕铭予，Gideon SHELACH-LAVI，万雄飞，Ofer MARDER，Ido WACHTEL. 辽宁阜新地区区域性考古调查阶段性报告（2012～2013）[J]. 北方文物，2014（3）：3-10.

[4] 同[2].

[5] 小河西文化最早发现于内蒙古敖汉旗木头营子乡小河西村，其陶器均为夹砂红褐陶，制作粗糙，火候较低，很难复原，内蒙古的考古工作者认为其年代早于兴隆洼文化，称其为小河西文化。后在查海遗址的发掘中，发现了早于内蒙古境内兴隆洼文化的遗存，其陶器的陶质、颜色、形制等与小河西文化相近，辽宁的考古工作者将其称为查海——兴隆洼文化的早期阶段。本文采用小河西文化的称呼，意在表明其为目前发现的该地区最早的新石器时代文化。

[6] 由以色列希伯来大学考古系实验室 Keren Nebenhaus 对陶器进行三维扫描并绘图。

[7] Karasik, A., Smilansky, U. 3D scanning technology as a standard archaeological tool for pottery analysis: practice and theory [J]. *Journal of Archaeological Science*, 2008, 35 (5): 1148-1168.

[8] 杨虎，林秀贞. 内蒙古敖汉旗小河西遗址简述[J]. 北方文物，2009（2）：3-7.

[9] 赵宾福，杜战伟，薛振华. 小河西文化检析[J]. 中国国家博物馆馆刊，2014（1）：17-25.

[10] 索秀芬. 小河西文化初论[J]. 考古与文物，2005（1）：23-26.

[11] a. 索秀芬，郭治中. 白音长汗遗址小河西文化遗存[A]. 边疆考古研究（第1辑）[C]. 北京：科学出版社，2004：301-310.

b. 辽宁省文物考古研究所. 查海——新石器时代聚落遗址发掘报告（上册）[M]. 北京：文物出版社，2012.

[12] 北京大学考古文博学院科技考古实验室曾向项目组提供了两次 ^{14}C 年代数据报告，其中校正年代分别为距今和日历年代，考虑到已发表的该地区与小河西文化有关的兴隆洼文化的 ^{14}C 年代数据，其校正年代中大多为日历年代，为了便于比较，本文的校正年代采用了日历年代。

[13] Reimer, P. J., Baillie, M. G. L., Bard, E., Bayliss, A., Beck, J. W. IntCal13 and Marine13 radiocarbon age calibration curves, 0–50, 000 years cal BP[J]. *Radiocarbon*, 2013, 55:1869–1887.

[14] Christopher Bronk Ramsey 2015, https://c14.arch.ox.ac.uk/oxcal/OxCal.html.

[15] 杨虎. 敖汉旗榆树山、西梁遗址，中国考古学年鉴（1989 年）[M]. 北京：文物出版社，1990：131–132.

[16] 辽宁省文物考古研究所. 查海——新石器时代聚落遗址发掘报告（中）[M]. 北京：文物出版社，2012：675–676.

Report of the 2015 Test Excavations at the Jiajiagou West Site, Liaoning Province, Fumeng County

Gideon SHELACH-LAVI TENG Mingyu Yonaton GOLDSMITH
SU Junqiang Ofer MARDER TU Dongdong Roi SHAVIT

Since 2012 Jilin University in cooperation with the Liaoning's Institute of Archaeology and Cultural Relics initiated the archaeological project "The Rise of Agriculture and Sedentary Way of Life in Northeast China." In 2015, after two seasons of regional survey in the Fuxin area, we conducted excavations at the site of Jiajiagou west. In this paper we report the results of this excavation which exposed an area of 11.5 square meters. Artifacts collected at the site were identified as belonging to the Xiaohexi culture. Based on seven ^{14}C ages the site is dated between 5,900—5,700 BCE. This is the first time that a Xiaohexi site was systematically dated. The site was probably a small temporary site and we excavated an oval structure (house). The excavations of the Jiajiagou west site uncovered a large sample of potshards as well as 300 stone artifacts. Using such methods as flotation, residue and starch analysis, we identified the plant species that were utilized by the population of the site. Those plants included wild fruits, nuts and a small amount of wild millet. This data indicates that the community of the Jiajiagou west site was likely to cultivate the land around the site and thus they initiated the process of plant domestication and the transition to agriculture and sedentary way-of-life.

附录一　辽西小河西文化贾家沟西遗址出土石器陶器表层残留物微体遗存分析报告

马志坤[1]　陈秋荷[2, 3]　杨晓燕[4, 5]

（1. 西北大学文化遗产学院，文化遗产研究与保护技术教育部重点实验室，西安，710069；2. 中国科学院地理科学与资源研究所，中国科学院陆地表层格局与模拟院重点实验室，北京，100101；3. 中国科学院大学，北京，100049；4. 中国科学院青藏高原研究所，中国科学院高寒生态重点实验室，北京，100101；5. 中国科学院青藏高原地球科学卓越创新中心，北京，100101）

小河西文化是目前所知西辽河流域甚至整个东北地区年代最早的新石器时代考古学文化[1]。虽然发现的遗址数量少，但根据房屋形制、聚落布局、经济形态和出土器物组合等多方面特征，小河西文化被认为是兴隆洼文化的直接源头[2]。

一、材料与方法

本次实验对辽西地区属于小河西文化的贾家沟西遗址石器以及陶片表层残留物进行了植硅体和淀粉粒分析，目的在于了解当时人类对植物性植物的加工和利用情况。

本次实验样品包括了1件磨棒和3片来自两个陶器的陶片。采集磨棒使用面和非使用面、陶片内壁和外壁共8个表层残留物样品进行分析。实验室处理过程中，先用6%H_2O_2去除残留物中的有机质，后用比重1.8g/cm^3的氯化铯重液提取淀粉，再用2.3g/cm^3的氯化锌重液浮选植硅体。

为了识别从残留物中提取的淀粉粒和植硅体，我们比对了从全国各地区收集的来自禾本科（Poaceae）、豆科（Leguminosae）、壳斗科（Fagaceae）等50多个属200多个种的淀粉粒形态数据，以及已发表的淀粉粒和植硅体相关论文图版[3~7]。

二、结　　果

3件陶片上提取到868颗植硅体，但在所有样品上只提取到10颗淀粉粒。实验结果见表一和表二。

1. 淀粉粒分析结果

淀粉粒的获得非常有限，一共提取到10多颗淀粉粒，可分为3类。第一类以

表一　石器、陶器表层残留物中提取到的淀粉概况

考古学文化	样品种类	样品名称	粟类植物	橡子	小麦族	无法鉴定	总计
小河西文化贾家沟西遗址	陶片	12D56-1153m-A102mpt：1 内壁		1			1
		12D56-1153m-A102mpt：1 外壁					
		12D56-1153m-A102mpt：2 外壁	2				2
		12D56-1153m-A102mpt：2 内壁			1		1
		12D56-1153B-A102：2 内壁	1	2			3
		12D56-1153B-A102：2 外壁			1		1
	磨棒	12D56-A102m-1146st 使用面			1		1
		12D56-A102m-1146st 表层沉积物	1				1
	合计		4	3	3	0	10

多面体为主的粟类植物淀粉［主要为狗尾草（*Setaria viridis*）、粟（*Setaria italic*）、黍（*Panicum miliaceum*）及其野生近缘植物］，包含典型的黍的淀粉粒：脐点非常开放且无通过脐点的裂隙（图一，1、2）；第二类为栎属（*Quercus*）果实，也就是橡子的淀粉粒，该类淀粉粒多具有卵圆形特征，在二维状态下呈圆角三角形，沿长轴方向有明显的裂隙（图一，3、4）；第三类为小麦族的淀粉粒，呈双透镜形态（图一，5、6）。

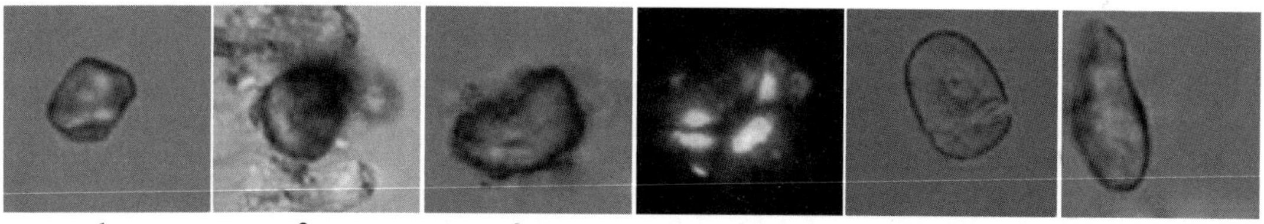

1　2　3　4　5　6

图一　从石器和陶片表层残留物中提取到的典型淀粉粒

1、2. 黍（*Panicum miliaceum*）的淀粉粒　3、4. 非偏光和偏光下橡子的淀粉粒

5、6. 小麦族（the Tribe Triticeae）的淀粉粒

2. 植硅体分析结果

植硅体组合以刺棒形、方形、尖形为主，其次是帽形、哑铃形和扇形，还有一定比例的齿形。扇形中芦苇扇形占据一定比例（图二），未发现具有鉴定特征的农作物类植硅体。

表二　石器和陶器表层残留物中获取的植硅体概况

考古学文化	样品名称	编号	哑铃形	多铃形	扇形	盾形	短鞍形	齿形	平滑棒形	刺棒形	方形	海绵骨针	帽形	尖形	导管形	黍	粟	无法鉴定	合计
小河西文化贾家沟西遗址	陶片	12D56-1153m-A102mpt（1内）			1			1	13	1	10		3	4				2	35
		12D56-1153m-A102mpt（1外）	1		1			1	3		4		0	4				1	15
		12D56-1153m-A102mpt（2外）	1	1	5	1	2		20	1	16		2	7				4	60
		12D56-1153m-A102mpt（2内）	6	1	4	1		2	98	6	43	1	6	43	1			4	216
		12D56-1153B-A102（2内）	8		5			2	84	2	46	1	4	20				4	176
		12D56-1153B-A102（2外）	1		4			1	31	2	24		2	13				2	80
	磨棒	12D56-A102m-1146st使用面	2		7	3		3	43	2	28	2	3	24				2	119
		12D56-A102m-1146st表层沉积物	8		7	3		2	68	4	47		7	20				1	167
	合计		27	2	34	8	2	12	360	18	218	4	27	135	1	0	0	20	868

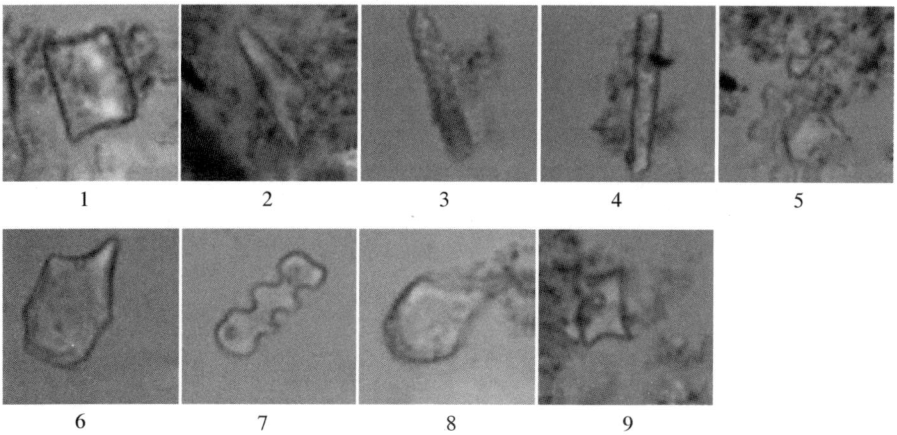

图二　从石器和陶片表层残留物中提取到的典型植硅体

1. 方形　2. 尖形　3. 刺棒形　4. 平滑棒形　5. 哑铃形　6. 盾形　7. 齿形　8. 扇形　9. 帽形

三、讨论与结论

这 4 个样品中，植硅体的获取率远高于淀粉，与此前我们对河北张家口与兴隆洼文化同期的四台遗址中获得的结果正好相反。

在残留物中，发现了若干具有黍（黄米、糜子）特征的淀粉粒，但未发现具有明显农作物特征的植硅体，仅观察到数量不少的哑铃形植硅体，该类植硅体是黍亚科的典型植硅体类型之一。粟、黍颖壳植硅体均为薄片状植硅体，脆弱易风化，在早期考古遗址的保存不是很好，一直比较难以获得，比如在北京东胡林遗址，粟的淀粉粒和植物大遗存都有发现[8, 9]，但是没有粟的植硅体，黍的植硅体也仅仅提取到 1 粒；在福建沿海新石器中晚期的若干遗址也存在类似情况[10]。

植硅体中刺棒形、齿形与帽形等早熟禾亚科（Pooideae）的代表植硅体类型占相当的比例，属于早熟禾亚科的小麦族的淀粉粒也有发现，所以，贾家沟西遗址的居民对早熟禾本科［很可能是小麦族（the Tribe Triticeae）］有加工和利用。扇形和盾形植硅体的发现，推测当时周围可能分布有竹子（Bambusoideae）和芦苇（*Phragmites* sp.），偏暖湿环境下的方形植硅体的大量存在，也反映了相类似的生存环境。至于竹子、芦苇等植硅体的存在，可能暗示了古人在小河西文化时代主要的经济类型处于采集狩猎阶段，采集回来可供利用的植物的种类非常可能是多样的，在利用磨棒和陶器等器物加工处理的过程中，没有彻底去除掉，保存了一部分残留。

贾家沟西遗址的植物微体遗存分析工作得到了国家自然科学基金（批准号：41807436，41371217 和 41771231）项目的资助。

注　释

［1］ 刘国祥．西辽河流域新石器时代至早期青铜时代考古学文化概论［J］．辽宁师范大学学报（社会科学版），2006，29（1）：113–122.

［2］ 徐光冀，朱延平．辽西区古文化（新石器至青铜时代）综论［A］．苏秉琦与当代中国考古学［C］，北京：科学出版社，2001.

［3］ 杨晓燕，孔昭宸，刘长江，等．中国北方主要坚果类淀粉粒形态对比［J］．第四纪研究，2009，29：153–158.

［4］ 杨晓燕，孔昭宸，刘长江，等．中国北方现代粟、黍及其野生近缘种的淀粉粒形态数据分析［J］．第四纪研究，2010，30：364–371.

［5］ Lu, H. Y., Zhang J. P., Wu N. Q. et al. Phytoliths analysis for the discrimination of foxtail millet (*Setaria italica*) and common millet (*Panicum miliaceum*)［J］. *PLoS ONE*, 2009 (4): e4448.

［6］ Yang, X. Y., Perry L. Identification of ancient starch grains from the Tribe Triticeae in the North China Plain［J］. *Journal of Archaeological Science*, 2013, 40: 3170–3177.

［7］ 王维维，马永超，李昭，等．中国现代块根块茎类植物淀粉粒形态分析［J］．第四纪研究，2018，38（6）：1409–1423.

［8］ Yang, X. Y., Wan Z. W., Perry L., et al. Early millet use in Northern China［J］. *Proceedings of the National Academy of Sciences of the United States of America*, 2012, 109: 3726–3730.

［9］ 赵志军．中国古代农业的形成过程——浮选出土植物遗存证据［J］．第四纪研究，2014，34：73–84.

［10］ Deng, Z. H., Hung H. C., Fan X. C, et al. The ancient dispersal of millets in southern China: New archaeological evidence［J］. *The Holocene*, 2017, 095968361771460.

附录二　辽宁阜新贾家沟西遗址浮选报告

Chris J. Stevens　Dorian Q. Fuller

（伦敦大学院大学考古研究所，伦敦，WC1H0AL）

英国伦敦大学院大学考古研究所对在贾家沟西遗址采集的 19 袋土样进行了浮选，每袋土样在 15 ~ 20 升。浮选结果见表一。

表一　贾家沟西遗址浮选结果

物种	科 / 属 / 类	出土概率	种子数量
Juglans mandshurica (frgs)	胡桃楸	26.32	4
Kochia prostrata/scoparia	木地肤 / 地肤	5.26	1
Nelumbo nucifera	莲	10.53	2
Euryale ferox	芡实	5.26	0
Craetagus sp. (thorn)	山楂属	5.26	1
Armeniaca vulgaris/sibirica/mandshurica stone	杏 / 山杏 / 东北杏	42.11	14
Phellodendron amurense (seeds)	黄檗（种子）	36.84	1
Phellodendron amurense (fruit)	黄檗（果核）	26.32	10
cf. *Diarthron linifolium*	草瑞香	15.79	5
Onagraceae/Boraginaceae. Small seeds indet.	柳叶菜科 / 紫草科（未鉴定的种）	5.26	2
Culm node (Poaceae)	秆节点（禾本科）	15.79	4
Paniceae indet.	黍族	10.53	0
Panicum ruderale/miliaceum	野生稷 / 稷（黍）	5.26	0
Small seed indet.	小种子（未鉴定的种）	5.26	0
Seeds indet.	种子（未鉴定的种）	26.32	5
Nut fragments	坚果碎片	10.53	22
Fruit/Nut fragments indet.	核 / 坚果碎片（未鉴定的种）	57.89	84

果核，种子和坚果碎片是较常见的植物遗骸，包括杏核（*Armeniaca* sp.），黄檗（*Phellodendron amurense*）和少量的核桃碎片（*Juglans cf. mandshurica*）。黄檗今天主要发现于辽宁境内[1]，但长期以来以利用其树皮为主，主要用于传统中药。收集了两粒小型野生型黍（*Panicum miliaceum subsp. ruderale*）和一粒未成熟的谷粒。

其他发现包括木地肤（*Kochia prostrata/scoparia*）的单一种子。这种植物通常被视为杂草，有时也作为绿色蔬菜消费。还有可原复的葎草（*lücashu*）的半个瘦果以及一种小的未鉴定的紫草科的植物。收集了五个未定义的种子，每颗种子长约 2.3、宽度超过 1 毫米。种子呈雨滴或泪液形状，一端为光滑的圆形，另一端为尖首，可看到独特的很可能是种脐或胚胎的根部瘢痕。这样的形状和大小表明它们最有可能属于瑞香科植物（Thymelaeaceae），与囊管草瑞香（*Diarthron vesiculosum*）非常相似。不过在中国，这种物种多发现于新疆[2]。在中国特有的 9 个属中，大多数分布在中国南部和西部，只有少数，如瑞香属（*Daphne*）、草瑞香属（*Diarthron*）和狼毒属分布在中国东北地区。

贾家沟西遗址的浮选工作得到了欧洲研究委员会（Comparative Pathways to Agriculture，ComPAg，323842）项目的资助。

注　释

[1] Zhang, D. X.（张奠湘）, T. G. Hartley, D. J. Mabberley. “RUTACEAE 芸香科”，中国植物志（卷 11）[Z]. 北京：科学出版社，Missouri Botanical Garden Press，2010：51-97.

[2] Wang, Y. Z.（王印政）, M. G. Gilbert. “草瑞香属”，中国植物志（卷 11）[Z]. 北京：科学出版社，Missouri Botanical Garden Press，2010：248-250.

青海民和喇家遗址2017年的发掘与认识*

杜战伟[1]　汪巩凡[1]　王倩倩[2]　杜　玮[2]　甄　强[2]　何克洲[3]

（1. 四川大学历史文化学院，成都，610064；2. 青海省文物考古研究所，西宁，810000；3. 喇家遗址博物馆，民和，810800）

喇家遗址位于青海省海东市民和县官亭镇喇家村，地处官亭盆地的中部，坐落在黄河北岸的二级阶地上（图一）。遗址地理坐标为北纬35°51′15″，东经102°49′40″，海拔约1800米。

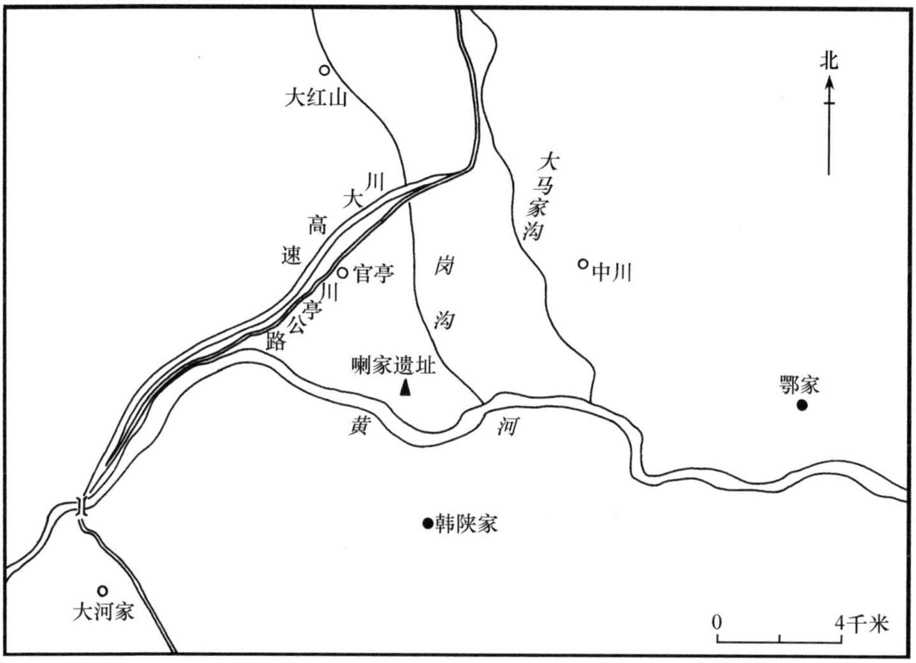

图一　喇家遗址位置示意图

喇家遗址的田野考古工作可分为三个阶段。

第一个阶段为20世纪80年代，对该遗址进行调查，初步了解其年代。1981年5

* 基金项目：国家社科基金青年项目"青海喇家国家考古遗址公园发掘报告（2015～2017）"（批准号：18CKG025）阶段性成果之一。

月，青海省文物工作队在调查中首次发现喇家遗址，并于次年征集多件齐家文化玉器[1]。1982～1987年文物普查期间，青海省文物考古研究所复查该遗址，采集部分马家窑文化、马厂文化、齐家文化遗物[2]。1986年5月，青海省人民政府公布其为第四批省级文物保护单位。

第二个阶段为1999～2007年，中国社会科学院考古研究所甘青工作队与青海省文物考古研究所联合开展“官亭盆地古遗址群考古研究”课题，对喇家遗址进行连续多年的发掘工作，确认该遗址是以齐家文化遗存为主体内涵的大型史前灾难遗址，同时还发现少量马家窑文化、辛店文化遗存[3]。2001年，该遗址被国务院公布为第五批全国重点文物保护单位；2002年，其入选“2001年度全国十大考古新发现”。

第三个阶段为2013年至今，为配合喇家国家考古遗址公园的申报和建设，同时围绕学术课题研究，青海省文物考古研究所、四川大学历史文化学院、成都文物考古研究院、喇家遗址博物馆等单位对该遗址开展了连续多年的田野工作。2013年，为配合遗址公园的申报，青海省文物考古研究所对其进行大规模的系统勘探[4]。同年12月，喇家遗址进入第二批国家考古遗址公园立项名单。2014～2016年，通过考古发掘，发现大量齐家文化遗存和丰富的史前灾难迹象，并发现部分马家窑文化、辛店文化及汉唐时期遗存，大大丰富了该遗址的文化内涵[5]。

在喇家遗址历年考古工作中，马家窑文化遗存发现较少，除2001年在Ⅸ1区发现1个灰坑外，2014、2016年先后只发掘了5个灰坑。目前，对该遗址马家窑文化遗存的面貌和分布区域的认识还比较模糊。2013年的勘探结果显示，在遗址Ⅷ1区分布了20个灰坑[6]，部分灰坑的堆积情况与已发掘的马家窑文化灰坑类似，同时考虑到该区域与往年发现马家窑文化灰坑的Ⅸ1区相邻，我们进而推测这一区域很可能是该遗址马家窑文化遗存集中分布的区域。随着近年考古工作的开展，我们认识到马家窑文化遗存也是喇家遗址文化内涵的重要组成部分，加强该遗存的研究，对于探讨遗址先秦聚落的变迁具有重要意义。2017年，经国家文物局批准，青海省文物考古研究所、四川大学历史文化学院和喇家遗址博物馆联合对Ⅷ1区进行主动性考古发掘。原计划发掘500平方米，但是由于征地原因，仅在该区域边缘进行小规模发掘，布5米×5米探方一个，编号2017Ⅷ1T0107（以下简称T0107），方向为正方向，加上扩方，实际发掘面积为30.36平方米。现将发掘收获简报如下。

一、地层堆积

发掘区地层堆积简单，据土质土色及包含物分为三层（图二）。

第1层：黄褐色黏土，土质疏松，孔隙大。该层堆积东厚西薄，分布于全探方。厚6～19厘米。包含物有石块、植物根茎等。耕土层。地表暴露有现代动物洞，打破该层至生土层。

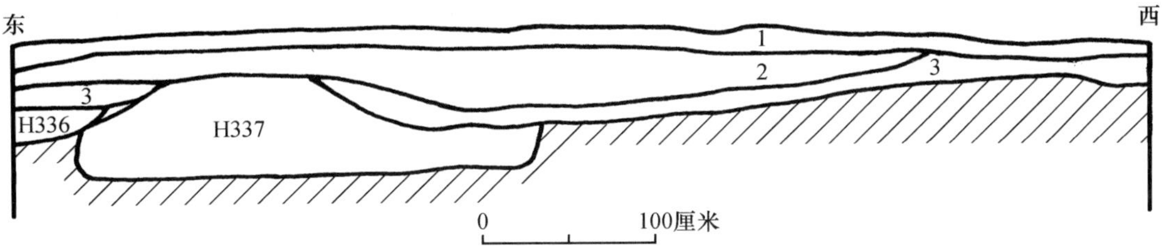

图二　探方南扩南壁剖面图

第2层：浅黄色黏土，略显白色，土质较致密，孔隙小。堆积呈凸镜状，分布于探方的中、东部。厚0～38厘米。夹杂石块、植物根茎、炭粒，出土玉、石器各1件及部分陶片。现代地层。

第3层：浅红色细沙土，土质较疏松，孔隙小。该层堆积呈缓坡状分布于除探方西北部外的其他区域。厚0～21厘米。夹杂石块、植物根茎，出土部分陶片。该地层的年代为齐家文化时期。H336、H337及1条古地震裂缝开口于该层下，打破生土。

该层下为生土，系浅黄白色沙土。

二、遗　　存

此次发掘发现灰坑2座（图三），出土器物以陶器为主，伴有少量石器和玉器。现将相关遗存按单位分别进行介绍。

图三　2017年发掘区平面图

（一）H337

1. 形制与堆积

该灰坑位于探方的南部，部分延伸进南壁，受征地范围影响，未能发掘完整。该灰坑开口于第 3 层下，北部被 H336、古地震裂缝及现代动物洞打破。据发掘的部分推测整个遗迹平面形状应为近圆形。坑口边缘形态较为明显，西北部因受 H336 的破坏，明显低于东南部，距地表约 25～66 厘米。坑壁竖直。坑底近平，局部略有起伏，东部略高于西部，边缘形态明显。坑壁及坑底未见加工痕迹。该遗迹东西长约 272、南北长约 180、最深处约 58 厘米（图四）。

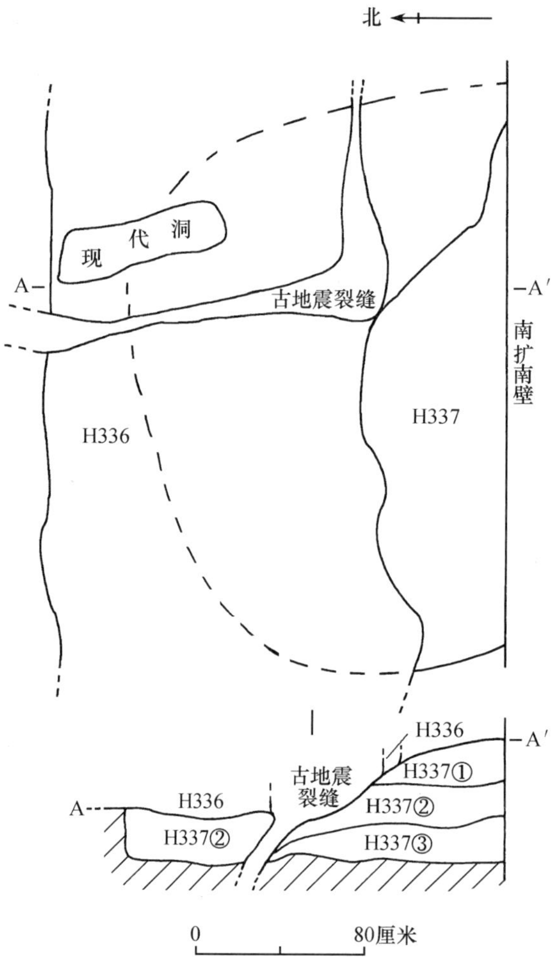

图四　H337 平、剖面图

坑内堆积分为三层：第 1 层为深灰色黏土，土质疏松。保存状况差，仅集中分布于靠近扩方南壁的稍偏东部位，其他区域被 H336 及地震喷砂破坏。厚 0～21 厘米。包含物主要有石器、陶片、草木灰、碳屑及少量红烧土块。第 2 层为浅灰色黏土，其间夹杂黄色黏土，土质较为疏松。堆积呈坡状分布于已发掘部分。厚 6～30 厘米。包含物主要有石器、陶片、草木灰、碳屑及少量红烧土。第 3 层为浅黄色黏土，其间夹杂灰色黏土，土质较为疏松。堆积呈坡状分布于已发掘部分的东南区域。厚 0～18 厘米。包含物主要为陶片。

2. 遗物

（1）石器

石器仅发现 3 件，有石球和石凿。

石球　2 件。

H337 ①：1，灰白色。近球体。直径 3.3 ~ 4.1 厘米（图五，1）。

H337 ②：2，黄褐色。球体。器表可见零星砸痕。直径 3.2 厘米（图五，2）。

石凿　1 件。H337 ②：1，青灰色。长条形。器身粗糙不平整。刃部呈尖状，一面有明显磨制痕迹。长 7.1、宽 2.4 厘米（图五，3）。

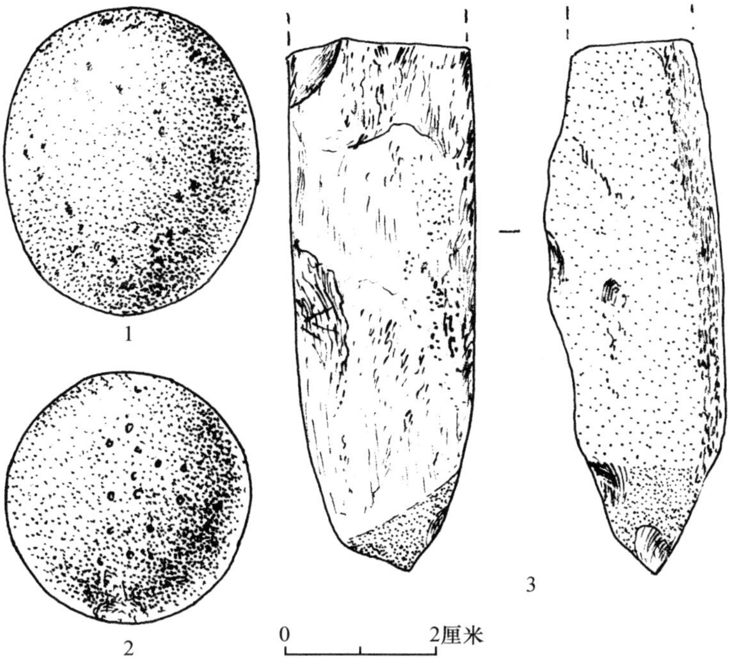

图五　H337 出土石器

1、2. 石球（H337 ①：1、H337 ②：2） 3. 石凿（H337 ②：1）

（2）陶器

陶质分为泥质和夹砂两类，后者居多，且所夹砂粒较大。泥质陶以黄色为主，红色次之，灰色最少。夹砂陶以黄、黄褐、红褐、灰色居多，红、灰黑、黑色较少，发现 1 片白陶。陶器器表多有纹饰（图六），泥质陶以彩绘居多，有少量绳纹和附加堆纹；夹砂陶以绳纹为主，附加堆纹和戳印纹次之。彩绘纹饰均为黑彩，多为条带纹、圆点纹、宽带纹，部分为弧线纹、弧边三角纹、网格纹、圆点复线十字纹等，流行复合纹饰。器形有壶、盆、泥质罐、夹砂罐、深腹罐、甑、钵等。个别陶器口部有轮修痕迹。

壶　4 件。口、颈部残片。据颈部特征，分二型。

A 型　2 件。弧颈。

H337 ①：3，泥质橙黄陶。口沿外卷近平，尖圆唇，上侧有一圈浅凹槽，高颈。颈部饰平行条纹和弧线纹。口径 11.8、残高 7.8 厘米（图七，1）。

H337 ②：24，泥质红陶。口沿外卷微垂，圆唇。器表有水渍，颈部所饰平行条纹模糊不清。口径 11.2、残高 3.2 厘米（图七，2）。

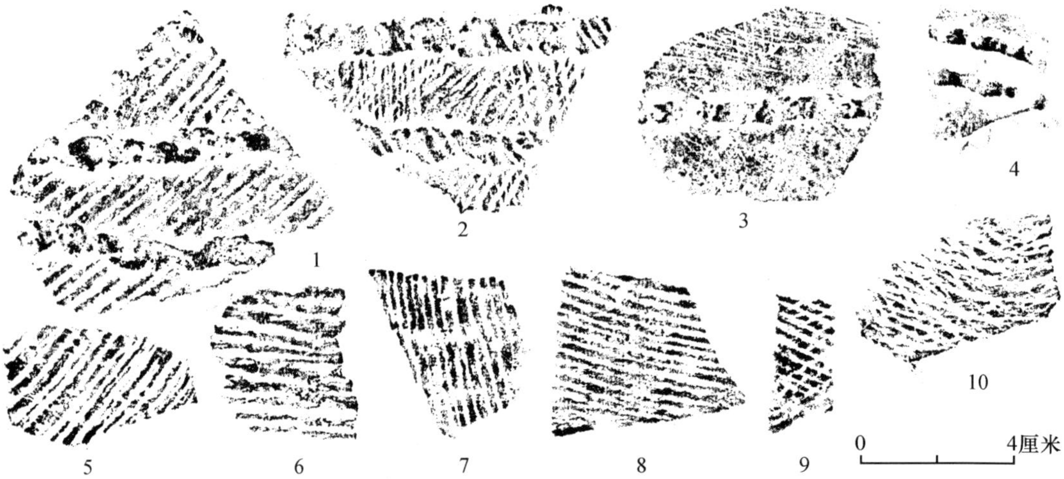

图六　H337出土陶片纹饰拓片

1. 绳纹、附加堆纹、戳印纹（H337②：35）　2、3. 交错绳纹、附加堆纹、戳印纹（H337③：18、H337②：37）　4. 附加堆纹、戳印纹（H337②：39）　5～8. 绳纹（H337②：41、H337②：36、H337③：20、H337①：19）　9、10. 交错绳纹（H337①：21、H337③：19）

B型　2件。直颈。H337②：10，泥质灰陶。平折沿，尖圆唇。器壁可见泥条盘筑痕迹。口径9.6、残高5.4厘米（图七，3）。

盆　5件。多为口、腹部残片。折沿。据口、腹部特征，分为三型。

A型　1件。H337②：23，斜折沿，弧腹。泥质黄陶。尖圆唇。素面。口径18.4、残高5厘米（图七，7）。

B型　1件。H337①：5，直口，上腹竖直。泥质黄陶。平折沿，尖圆唇。口沿内侧和上部饰条带纹，上部纹饰模糊不清。口部可见轮修痕迹。口径27、残高4.2厘米（图七，11）。

C型　2件。敛口，折沿，鼓腹。

H337②：12，泥质红褐陶。口微敛，沿略下折，尖圆唇，腹微鼓。腹部饰附加堆纹、戳印纹。口径17.2、残高4.2厘米（图七，8）。

H337②：9，泥质红褐陶。口内敛较甚，平折沿，尖圆唇。素面。口径21.4、残高2.8厘米（图七，17）。

另有1件盆的底部。H337③：1，泥质红褐陶。厚平底，下腹壁略弧。底部内侧饰圆点复线十字纹。底径9、残高3.2厘米（图七，13）。

泥质罐　2件。口、腹部残片。泥质红陶。鼓腹。素面。据口部特征，分二型。

A型　1件。H337②：25，侈口。圆唇，束颈，肩微鼓。口径7.8、残高5厘米（图七，9）。

B型　1件。H337②：8，敛口。鼓肩。残高2.6厘米（图七，6）。

夹砂罐　11件。多为口、腹残片。器表多饰粗绳纹和附加堆纹。据口、领部特征，分为三型。

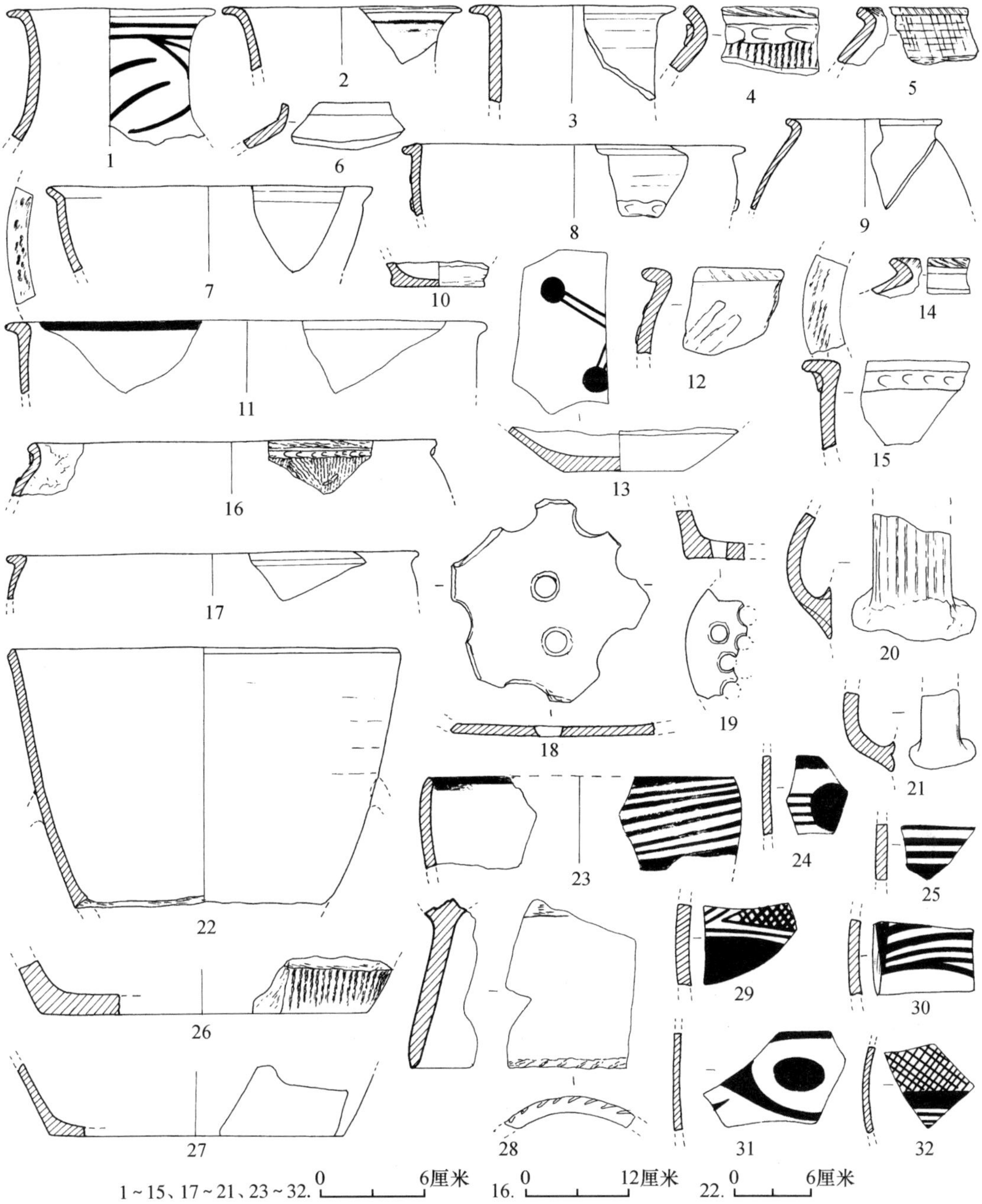

图七　H337出土陶器

1、2. A型壶（H337①：3、H337②：24） 3. B型壶（H337②：10） 4、5、16. C型夹砂罐（H337①：10、H337②：7、H337②：4） 6. B型泥质罐（H337②：8） 7. A型盆（H337②：23） 8、17. C型盆（H337②：12、H337②：9） 9. A型泥质罐（H337②：25） 10、26、27. 器底（H337①：9、H337②：26、H337③：2） 11. B型盆（H337①：5） 12、15. B型夹砂罐（H337②：18、H337③：7） 13. 盆（H337③：1） 14. A型夹砂罐（H337③：8） 18、19. 甑（H337①：4、H337②：22） 20、21. 器耳（H337②：15、H337③：9） 22. 深腹罐（H337②：3） 23. 钵（H337①：12） 24、25、29～32. 彩陶片（H337③：13、H337②：33、H337③：10、H337①：13、H337③：12、H337②：31） 28. 圈足（H337①：11）

A 型　1件。H337③：8，斜折沿，束颈。灰褐陶。方唇，广肩。唇部及口沿内侧饰斜向绳纹。残高2厘米（图七，14）。

B 型　3件。平折沿，无颈。

H337③：7，黄褐陶。口微敛，圆唇，腹微鼓。沿面饰粗绳纹，口沿下饰横向附加堆纹、戳印纹。残高4.8厘米（图七，15）。

H337②：18，灰褐陶。折沿近平，圆唇。腹部略鼓。唇部饰斜向粗绳纹，上腹饰斜向附加堆纹。残高5厘米（图七，12）。

C 型　7件。卷沿，束颈。

H337②：4，黄褐陶。方唇加厚，鼓肩，鼓腹。唇部饰斜向绳纹，颈部饰横向附加堆纹、戳印纹，肩、上腹部饰交错绳纹。口径22、残高3厘米（图七，16）。

H337①：10，灰褐陶。方唇，鼓肩。唇部饰斜向粗绳纹，颈部饰横向附加堆纹、戳印纹，肩、部饰竖向粗绳纹。残高4厘米（图七，4）。

H337②：7，红陶。方唇，鼓肩，鼓腹。唇部、口沿内侧饰斜向绳纹，肩、腹部饰交错绳纹。残高3.2厘米（图七，5）。

深腹罐　1件。H337②：3，泥质黄褐陶。敞口，弧壁，下腹和器底残。可见双耳残痕。素面。器表可见泥条盘筑痕迹。口径28.6、残高19.6厘米（图七，22）。

甑　3件。

H337②：22，底部残片。泥质黄陶。平底。底部有一完整圆形孔及多个残孔。残高2.8、孔径约0.5厘米（图七，19）。

H337①：4，底部残片。泥质红陶。平底。底部有两个完整圆孔及多个残孔。残长11.6、孔径1.2、厚0.6厘米（图七，18）。

钵　1件。H337①：12，口、腹部残片。泥质黄陶。敛口，斜方唇，腹微鼓，口沿和腹部饰平行条带纹。口径17.2、残高5.2厘米（图七，23）。

器耳　2件。桥形耳。残。泥质黄陶。

H337②：15，器耳较宽。器耳表面饰竖向绳纹，排列疏密有致。残高4.8、宽4.4厘米（图七，20）。

H337③：9，器耳较窄。残高4.4、宽2.2厘米（图七，21）。

圈足　1件。H337①：11，仅残存少部分。夹砂灰褐色陶。足跟较高，底部饰戳印纹。残高9.6厘米（图七，28）。

器底　7件。平底。

H337①：9，夹粗砂橙黄陶。腹、底相接处内凹，台状底。底径5.4、残高1.4厘米（图七，10）。

H337②：26，夹粗砂红褐陶。下腹饰竖向绳纹，外底饰席纹。底径18.6、残高3.2厘米（图七，26）。

H337③：2，泥质黄陶。残存部分未见纹饰。底径16.8厘米、残高4厘米（图七，27）。

彩陶片 20片。

H337③：12，泥质黄陶。饰圆点纹和弧边三角纹。残高5.4厘米（图七，31）。

H337③：10，泥质红褐陶。饰条带纹、宽带纹、网格纹。残高4.6厘米（图七，29）。

H337③：13，泥质黄陶。饰条带纹、宽带纹和圆点纹。残高4.6厘米（图七，24）。

H337②：31，泥质黄陶。饰条带纹、宽带纹和网格纹。残高4.8厘米（图七，32）。

H337②：33，泥质红褐陶。饰条带纹、宽带纹。残高3厘米（图七，25）。

H337①：13，泥质黄陶。饰弧线纹。残高4.2厘米（图七，30）。

（二）H336

1. 形制与堆积

该灰坑位于探方的南部，东侧延伸进探方东壁。其开口于第3层下，打破H337，并被古地震裂缝、现代动物洞所打破。平面形状为东西向的不甚规则的沟状。坑口东部明显低于西部，西部和北部边缘形态较为明显，东部和南部被古地震喷砂影响较严重导致边缘形态不明显，距地表深35～50厘米。斜壁，圜底，坑壁及坑底未见加工痕迹。已发掘部分东西长约602、南北宽约219、最深约42厘米（图八）。

坑内堆积分为两层：第1层为偏红色细沙土，土质疏松。堆积呈水平状分布于灰坑西部。厚0～12厘米。出土石器、玉器、陶片，夹杂石块和少量白灰面碎块等。第2层为灰色粗砂土，土质较疏松。堆积呈凹镜状，南北两端较高，中间低，保存状况较好，坑内均有分布。厚5～22厘米。出土陶片及部分石块。这两层堆积均为古地震液化作用下形成的，而且堆积颗粒上细下粗，呈自然分选的状态。其中第2层的灰色粗砂土与古地震裂缝中的堆积极为接近。

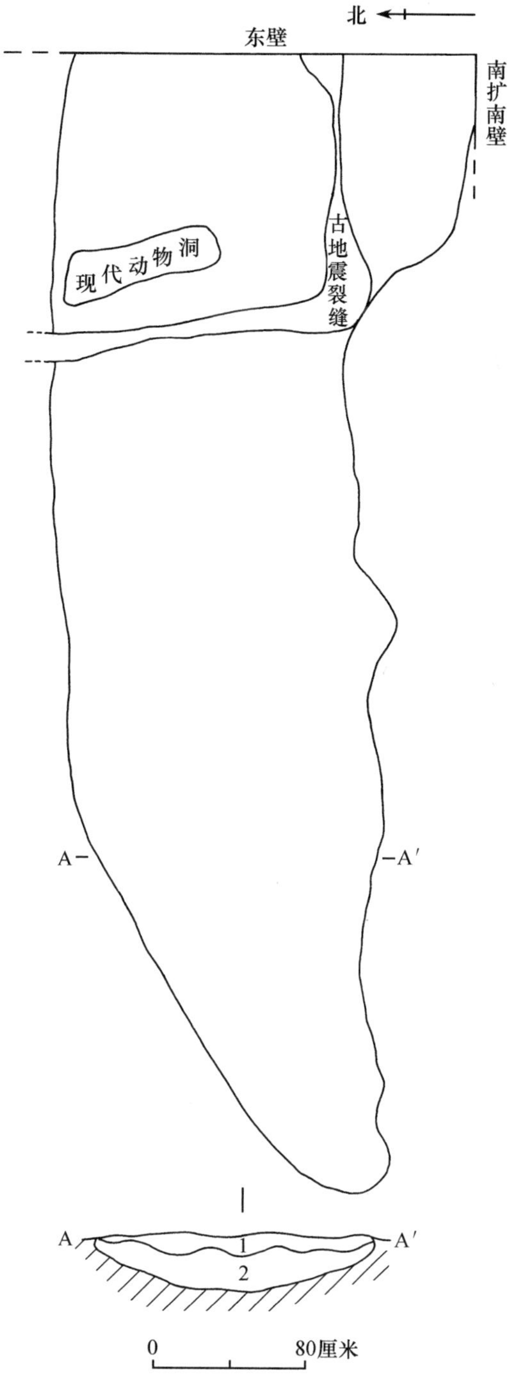

图八 H336平、剖面图

2. 遗物

（1）石器

石器发现4件，有石刀、刮削器、盘状器。

石刀　1件。H336①：2，深灰色。残存部分形状不规则。较薄，两侧有刃，均为直刃。刃部可见磨制痕迹。残长7、残宽5.5、厚0.2厘米（图九，3）。

刮削器　1件。H336①：1，青灰色。利用打制石片制作而成。贝壳状。较薄，弧刃，较为锋利。一面为石皮，一面可见清晰的打击点、放射线、同心波。长轴3.6、短轴2.7厘米（图九，5）。

盘状器　2件。均残，残存部分呈半圆形。周缘有打制、修理痕迹，局部保留石皮。

H336①：3，浅灰色。残径9.2、厚2厘米（图九，1）。

H336①：5，青灰色。残径7.8、厚2.1厘米（图九，2）。

（2）玉器

玉锥形器　1件。H336①：4，白色，半透明。一端为尖状，另一端残。表面磨制

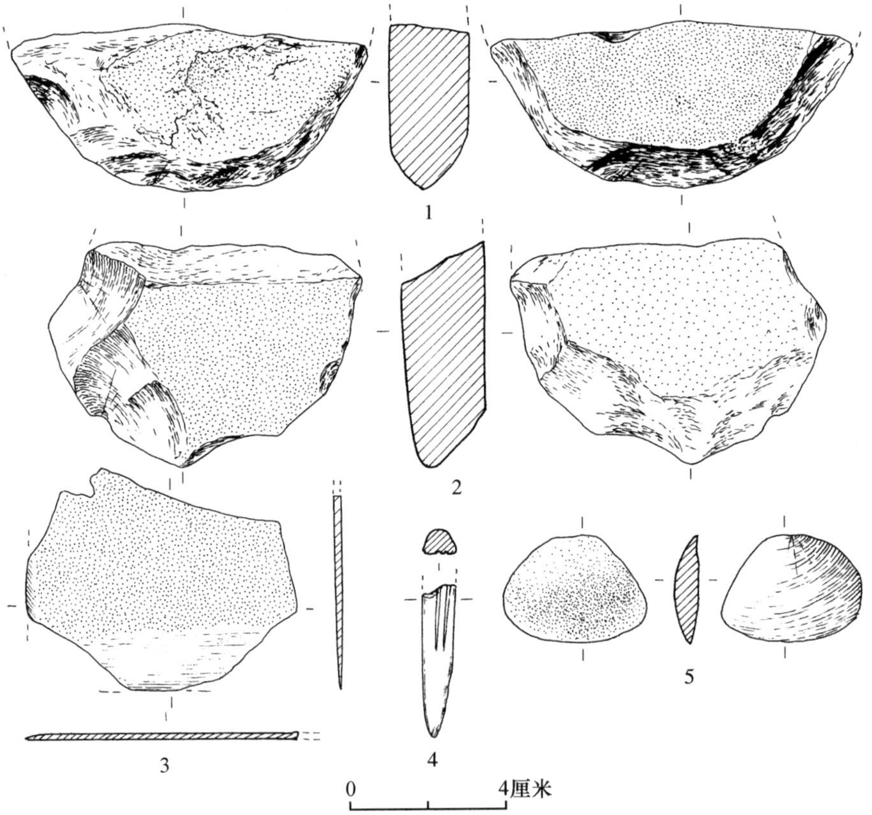

图九　H336出土玉、石器

1、2. 盘状器（H336①：3、H336①：5）3. 石刀（H336①：2）4. 玉锥形器（H336①：4）
5. 刮削器（H336①：1）

光滑，一面有两条纵向浅痕。残长3.9厘米（图九，4）。

（3）陶器

该灰坑出土陶器较少。据陶质、陶色、纹饰和器形，可将出土陶器标本分为两组。

A组陶器分为泥质和夹砂两类，后者居多。泥质陶以红、黄陶为主，少量黄褐、灰、灰褐陶；夹砂陶以黄、黄褐、黄白陶为多，红褐、灰陶较少。泥质陶纹饰以篮纹、席纹居多，绳纹次之；夹砂陶纹饰主要是绳纹，席纹次之（图一〇）。部分陶器施黄白陶衣。个别器物上有慢轮修整的痕迹。器形有高领双耳罐、侈口罐等，还有部分器底标本。

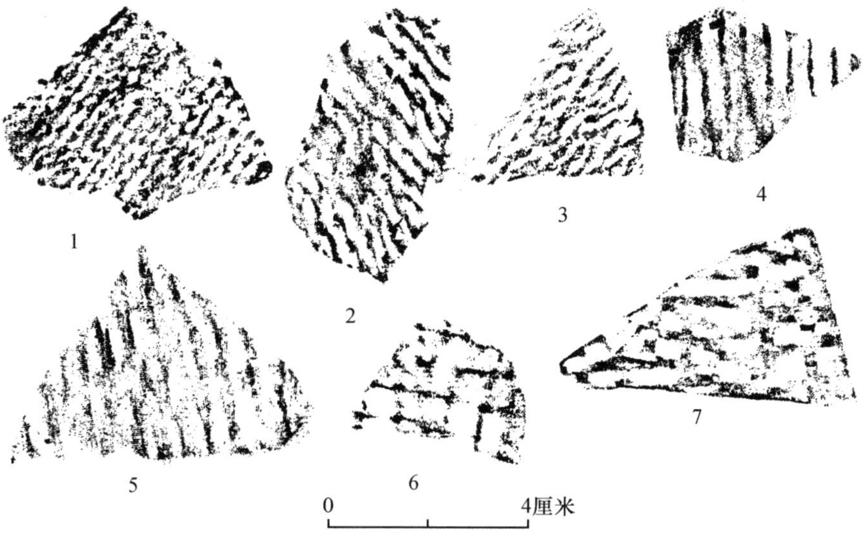

图一〇　H336出土A组陶片纹饰拓片

1～3. 绳纹（H336②：11、H336②：8、H336②：9） 4、5. 篮纹（H336①：8、H336①：9） 6. 方格纹（H336②：10） 7. 席纹（H336②：12）

高领双耳罐　2件。

H336②：6，肩、上腹部残片。泥质红陶。肩部略鼓近斜直，腹壁斜直，肩、腹交接处折棱明显。腹部表面拍印方格纹。残高9.6厘米（图一一，1）。

H336②：1，领、肩部残片。泥质黄陶。高领竖直，肩部斜直。残高7.2厘米（图一一，2）。

侈口罐　1件。H336②：3，口沿残片。泥质红陶。喇叭口，尖圆唇，弧领。口径9.2、残高1.6厘米（图一一，5）。

器底　3件。

H336②：2，夹粗砂灰褐陶。平底。底部饰席纹。残高3.2厘米（图一一，4）。

H336①：6，夹粗砂红陶。底近平。外地中部有一浅凹槽。底径4.6、厚1厘米（图一一，3）。

B组陶器数量较少，标本仅有3件。可辨器形为泥质罐和夹砂罐。

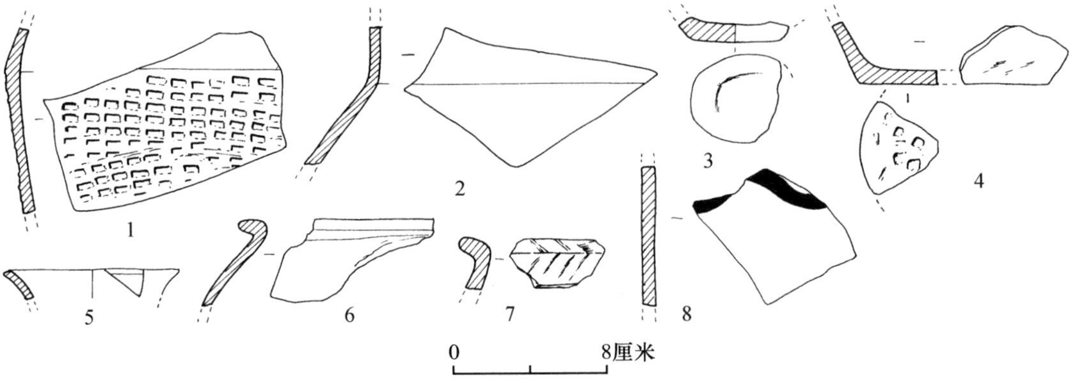

图一一　H336出土陶器

1、2. 高领双耳罐（H336②：6、H336②：1）　3、4. 器底（H336①：6、H336②：2）　5. 侈口罐（H336②：3）　6. 泥质罐（H336②：5）　7. 夹砂罐（H336②：4）　8. 彩陶片（H336②：7）

泥质罐　1件。H336②：5，口、上腹残片。泥质灰陶。折沿近平，尖圆唇，束颈，鼓腹。器表有斜向刮痕。素面。残高4.4厘米（图一一，6）。

夹砂罐　1件。H336②：4，口、肩部残片。夹粗砂红陶。卷沿，圆唇，溜肩。器表饰斜向粗绳纹，唇部和肩部纹饰方向相反。残高2.8厘米（图一一，7）。

彩陶片　1件。H336②：7，腹片。泥质黄褐陶。施黑彩波浪纹。残高7.3厘米（图一一，8）。

（三）地层堆积及古地震裂缝出土遗物

1. 第3层出土陶器

该层仅出土少量陶片。根据陶质、陶色、纹饰、器形，所出陶器可分为两组。

A组陶器数量较B组稍多。陶质有泥质和夹砂两类。陶色有红、红褐、黑褐、灰褐等。纹饰有绳纹、附加堆纹、席纹等。可辨器形有高领双耳罐、侈口罐、深腹罐、碗、钵、盅等，另有少量器耳、器底标本。

高领双耳罐　7件。T0107③：7，口部残片。泥质红陶。敞口，尖圆唇。口沿内侧可见轮修痕迹。口径30.4、残高3厘米（图一二，3）。T0107③：4，口部残片。夹砂红褐陶。敞口，方唇。口径28.8、残高3.4厘米（图一二，4）。

侈口罐　3件。口、领部残片。侈口，高弧领。

T0107③：5，夹砂黑褐陶。尖圆唇。口下饰附加堆纹，口、领部饰竖向绳纹。口径12.4、残高4.8厘米（图一二，1）。

T0107③：3，夹砂红褐陶。斜方唇，唇面有一周不甚明显的凹槽。口径12、残高6.6厘米（图一二，2）。

T0107③：12，泥质红陶。喇叭口，尖圆唇。口径10.6、残高2.8厘米（图一二，5）。

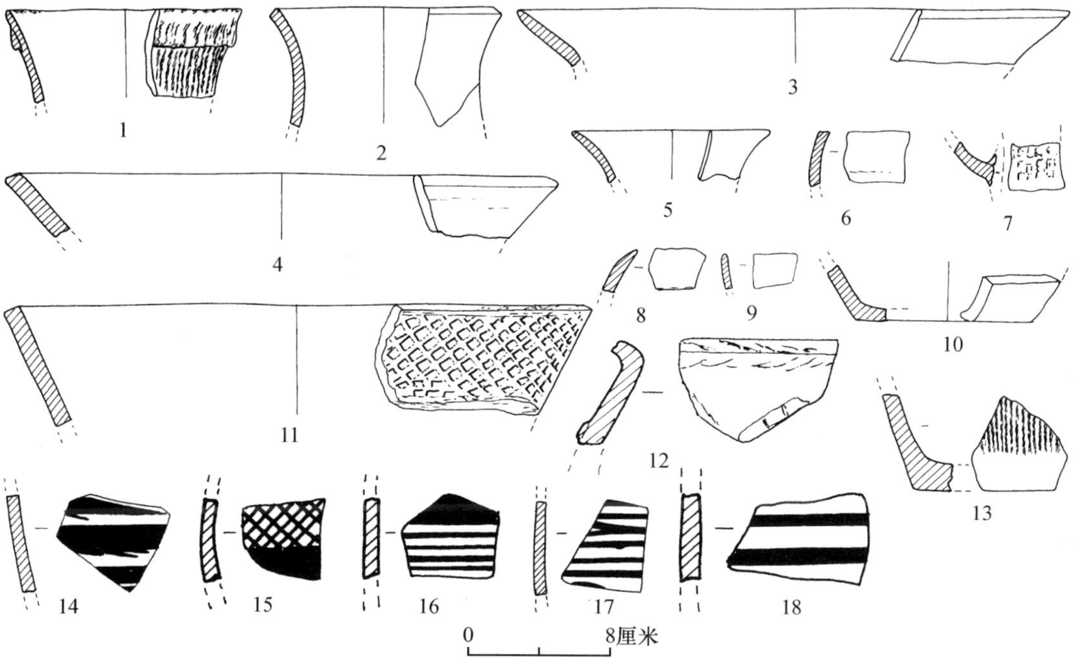

图一二　第3层出土陶器

1、2、5. 侈口罐（T0107③：5、T0107③：3、T0107③：12） 3、4. 高领双耳罐（T0107③：7、T0107③：4） 6. 钵（T0107③：13） 7. 器耳（T0107③：22） 8. 盅（T0107③：24） 9. 碗（T0107③：18） 10. 器底（T0107③：11） 11. 深腹罐（T0107③：2） 12. 夹砂罐（T0107③：15） 13. 器底（T0107③：26） 14～18. 彩陶片（T0107③：30、T0107③：19、T0107③：21、T0107③：28、T0107③：29）

深腹罐　1件。T0107③：2，口部、上腹残片。泥质黄陶。敞口，方唇，上腹微内弧。壁较厚。器表拍印方格纹（图一二，11）。

碗　1件。T0107③：18，口、腹部残片。泥质红陶。口部微敞，尖圆唇，弧腹。素面。残高1.8厘米（图一二，9）。

钵　2件。口、腹部残片。敛口，鼓腹。T0107③：13，泥质红陶。近方唇，唇面有一周凹槽。素面。残高3厘米（图一二，6）。

盅　1件。T0107③：24，口、腹部残片。泥质红陶。器形较小。敛口，尖唇，鼓腹。素面。残高2.4厘米（图一二，8）。

器耳　4件。桥形耳。T0107③：22，耳部残片。夹砂黄褐陶。耳上饰席纹。耳残高2.6、宽2.8厘米（图一二，7）。

器底　1件。T0107③：11，夹砂灰褐陶。平底。底径9.6、残高2.9厘米（图一二，10）。

B组陶器数量较少，以泥质黄陶为主，部分为夹粗砂黄褐陶。标本多见有彩绘纹饰，其次为绳纹、附加堆纹、戳印纹。彩绘纹饰均为黑彩，为条带纹、网格纹、宽带纹和弧线纹。可辨器形仅有夹砂罐，另有部分器底、彩陶片标本。

夹砂罐　1件。T0107③：15，口、上腹残片。夹粗砂黄褐陶。斜卷沿，方唇，束颈，溜肩，鼓腹。唇部和颈部饰斜向绳纹，上腹饰附加堆纹。残高5.6厘米（图一二，12）。

器底　1件。T0107③：26，夹粗砂黄褐陶。下腹微弧近斜直，平底。下腹表面饰竖向粗绳纹。残高5.2厘米（图一二，13）。

彩陶片　5片。

T0107③：19，泥质黄陶。饰网格纹和宽带纹。残高4.4厘米（图一二，15）。

T0107③：21，泥质黄陶。饰宽带纹和条带纹。残高4.4厘米（图一二，16）。

T0107③：28，泥质黄陶。饰条带纹和弧线纹。残高5.2厘米（图一二，17）。

T0107③：29，泥质红陶。饰宽条带纹。残高4.8厘米（图一二，18）。

T0107③：30，泥质黄陶。饰宽条带纹。残高5.2厘米（图一二，14）。

2. 第2层出土遗物

（1）石器

盘状器　1件。T0107②：2，青灰色加白色斑点。残存平面形状近半圆形。器表粗糙，凹凸不平，局部保留石皮，周缘有打制疤痕。残径10.2、厚4.4厘米（图一三，2）。

（2）玉器

玉刀　1件。T0107②：1，青绿色，半透明。两面较为光滑，单面刃，可见横向磨痕。器表见一未钻透圆孔。残长3.8、宽3.2、厚0.8、孔径0.5厘米（图一三，4）。

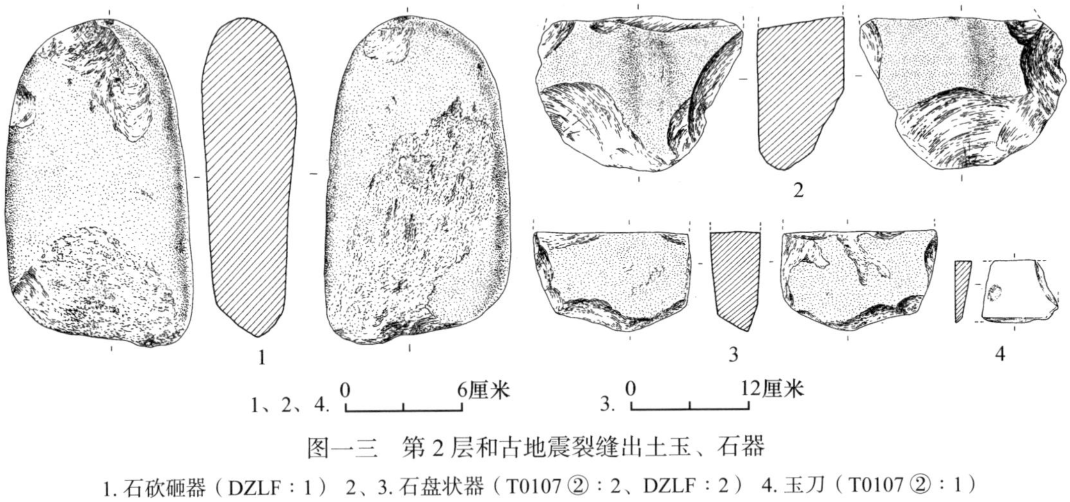

图一三　第2层和古地震裂缝出土玉、石器

1. 石砍砸器（DZLF：1）　2、3. 石盘状器（T0107②：2、DZLF：2）　4. 玉刀（T0107②：1）

（3）陶器

陶片极少。据陶质、陶色、纹饰、器形，可分为两组。

A组仅见1件高领双耳罐（T0107②：5）。口沿残片。泥质黄褐陶。宽斜折沿，尖唇。口径32、残高4厘米（图一四，1）。

B组有壶、彩陶片。

壶　1件。T0107②：3，口沿残片。泥质黄陶。口沿外翻微下垂，尖圆唇。口沿

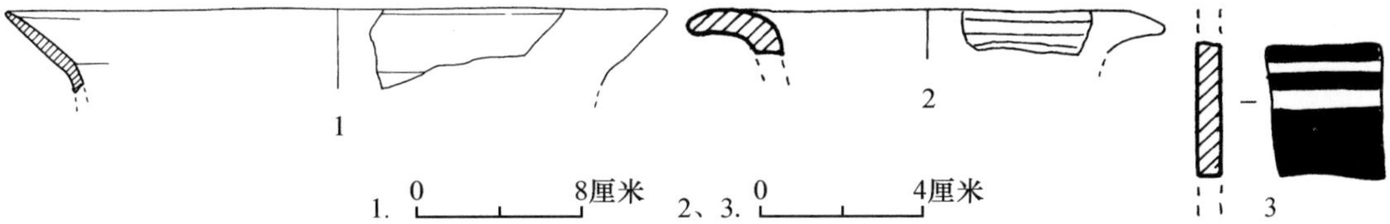

图一四　第2层出土陶器

1. 高领双耳罐（T0107②：5）　2. 壶（T0107②：3）　3. 彩陶片（T0107②：4）

外侧可见慢轮修整痕迹。口径11.8、残高1厘米（图一四，2）。

彩陶片　1件。T0107②：4，泥质黄褐陶。施黑彩宽带纹和条带纹。残高4.5厘米（图一四，3）。

3. 古地震裂缝出土遗物

石砍砸器　1件。DZLF：1，青灰色。平面近长方形。器身厚重，刃口钝厚。长16.4、宽9.6、厚4.8厘米（图一三，1）。

石盘状器　1件。DZLF：2，青灰色，光照下有银白色斑点。残存部分平面近半圆形。表面较为平整光滑，周缘有打制、修理痕迹。残径16、厚4.8厘米（图一三，3）。

三、初步认识

本年度发掘的遗存，据其特点，分属于马家窑文化和齐家文化。

马家窑文化遗存以H337为代表，另包括H336B组、第3层B组、第2层B组。其陶器多为夹粗砂陶，其次为泥质陶。夹砂陶中掺和砂粒普遍较大，多为黄、黄褐、红褐、灰陶，发现极少量的白陶，普遍饰绳纹、附加堆纹、戳印纹。泥质陶以黄陶为主，还见红陶和灰陶，除少量饰绳纹、附加堆纹、戳印纹外，多见黑彩，以条带纹、网格纹、宽带纹较为常见。可辨器形有壶、盆、泥质罐、夹砂罐、深腹罐、甑、钵等。部分陶器口部经慢轮修整。

该类遗存中的A型壶与东乡林家晚期彩陶壶H28：5[7]在形制方面极为相似，其中H337①：3颈部纹饰与东乡林家晚期彩陶壶H9：2[8]较为接近。A型和C型盆分别与东乡林家晚期陶盆T24③：25、F16：25[9]在形制方面比较相似。彩陶盆H337③：1底部所饰的圆点复线十字纹与乐都脑庄M1：6[10]内底纹饰非常接近。此外，该年度发掘出土较多的平行条带纹、宽带纹、网格纹同样也多见于东乡林家晚期。据学界已有的研究成果，东乡林家晚期、乐都脑庄M1均属于马家窑文化晚期[11]，所以此次喇家遗址发掘的马家窑文化遗存也应属于该文化的晚期。东乡林家晚期F21、H19的测年数据经高精度树轮校正分别为公元前2882～前2504年、公元前2920～前2700年[12]，这与喇家遗址之前曾测的马家窑文化灰坑H33的数据（树轮校正年代为公元前2900～前

2620 年）[13] 比较接近，所以这些数据可以作为判断 H337 绝对年代的重要参考。

齐家文化遗存以 H336 为代表，包括 H336A 组、第 3 层 A 组、第 2 层 A 组。该类遗存出土的陶器以夹砂陶为主，掺和砂粒多小于马家窑文化夹砂陶的掺和料。其多为夹砂黄、黄褐陶和泥质红、黄陶，常见纹饰为绳纹、篮纹和席纹，高领双耳罐、侈口罐较具代表性，部分陶器经慢轮修整。

喇家遗址齐家文化聚落因地震、泥流或洪水等原因而废弃。H336 内未发现使用时期形成的堆积，其堆积均为地震液化作用下形成并经过分选的细沙土和粗砂土，且其第 2 层堆积粗砂土与打破该灰坑的古地震裂缝中的堆积一致，因此推测 H336 很可能在建造不久便因灾难的发生而废弃。有学者根据喇家遗址的系列样品的测年数据推测灾难发生的时间在公元前 1900 年前后[14]。如是，H336 的建造和废弃年代也应大抵如此。

虽然本年度的发掘面积不大，但是证明了喇家遗址Ⅷ 1 区存在因灾难发生而废弃的齐家文化遗存，更为重要的是印证了该区域可能分布着一定的马家窑文化遗存的推测。结合以往在相邻的Ⅸ 1 区所发现的马家窑文化灰坑，我们进而推断Ⅷ 1 区和Ⅸ 1 区所处的遗址东南部是马家窑文化遗存分布的主要区域。这为喇家遗址先秦时期聚落变迁的研究提供了新材料。

附记：此次发掘领队为青海省文物考古研究所王倩倩，参加发掘的有青海省文物考古研究所王倩倩、杜玮、甄强，四川大学历史文化学院考古学系杜战伟、汪巩凡、张世轩，喇家遗址博物馆何克洲、范小慧。徐永江、刘林绘图。

注　释

[1] 叶茂林，何克洲．青海民和县喇家遗址出土齐家文化玉器［J］．考古，2002（12）：89-90.

[2] 青海省文物考古研究所．青海省民和县古文化遗存调查［J］．考古，1993（3）：193-223.

[3] a. 中国社会科学院考古研究所，青海省文物考古研究所．青海民和喇家史前遗址的发掘［J］．考古，2002（7）：3-5.

b. 中国社会科学院考古研究所甘青工作队，青海省文物考古研究所．青海民和县喇家遗址 2000 年发掘简报［J］．考古，2002（12）：12-25.

c. 中国社会科学院考古研究所甘青工作队，青海省文物考古研究所．青海民和喇家遗址发现齐家文化祭坛和干栏式建筑［J］．考古，2004（6）：3-6.

d. 叶茂林，任晓燕，蔡林海，等．青海喇家遗址继续发现史前灾难遗址［N］．中国文物报，2005-3-30（1）.

e. 叶茂林，任晓燕，蔡林海，等．青海喇家遗址去年发掘又取得新进展［N］．中国文物报，2006-6-21（2）.

f. 何克洲．青海民和县喇家遗址的辛店文化墓葬［J］．考古，2015（3）：115-120.

g. 叶茂林，蔡林海，钟建，等．民和县喇家新石器时代遗址［A］．中国考古学年鉴 2007［C］．

北京：文物出版社，2008：469–471.

h. 叶茂林，何克洲，钟建，等. 民和县喇家遗址［A］. 中国考古学年鉴 2008［C］. 北京：文物出版社，2009：415–416.

［4］ 范小慧，王增林，叶茂林，等. 民和县喇家新石器时代遗址［A］. 中国考古学年鉴 2014［C］. 北京：文物出版社，2015：502–504.

［5］ a. 杜战伟，于孟洲，杜玮，等. 青海民和喇家遗址 2014 年发掘收获［A］. 2014 中国重要考古发现［C］. 北京：文物出版社，2015：32–35.

b. 杜战伟，杜玮，马骞，等. 青海民和喇家遗址 2015 年发掘收获［A］. 2015 中国重要考古发现［C］. 北京：文物出版社，2016：40–43.

c. 杜玮，甄强，杜战伟，等. 青海民和喇家遗址考古发掘再获重要发现［N］. 中国文物报，2017-7-14（8）.

［6］ 据最近几年的发掘情况来看，遗迹的实际数量往往数倍于勘探数量。

［7］ 甘肃省文物队. 甘肃东乡林家遗址发掘报告［A］. 考古学集刊（4）［C］. 北京：文物出版社，1984：111–161，图二八 -2.

［8］ 同［7］，图二六 -21.

［9］ 同［7］，图二二 -6，9.

［10］ 青海省文物考古队. 青海乐都县脑庄发现马家窑类型墓［J］. 考古，1981（6）：554–555，图一 -11.

［11］ 张忠培，李伊萍. 关于马家窑文化的几个问题［A］. 庆祝苏秉琦考古五十五年论文集［C］，北京：文物出版社，1989：265–272.

［12］ 中国社会科学院考古研究所. 中国考古学中碳十四年代数据集（1965—1991）［M］. 北京：文物出版社，1991：274.

［13］ 张雪莲，叶茂林，仇士华，等. 民和喇家遗址碳十四测年及初步分析［J］. 考古，2014（11）：91–104.

［14］ 同［13］.

The Excavation and Understanding of Lajia Site of Minhe County Qinghai Province in 2017

DU Zhan-wei WANG Gong-fan WANG Qian-qian DU Wei
ZHEN Qiang HE Ke-zhou

Lajia Site, located in Lajia Village, Guanting Town, Minhe County, Haidong City, Qinghai

Province, is well-known for its large-scale disaster site of Qijia Culture period along with some remains of Majiayao Culture and Xindian Culture. The Ⅷ 1 Site has been excavated with a small scale in 2017 and some remains of Majiayao Culture and Xindian Culture were discovered which provides some new materials for the further study of the site and it will enrich its cultural connotation.

云南省昆明东川区玉碑地遗址发掘简报

云南省文物考古研究所　昆明市博物馆
昆明市东川区文物管理所

玉碑地遗址位于云南省昆明市东川区铜都街道办营盘村南，金沙江支流的碧谷江西岸一处独立台地上，地理坐标为北纬 26°10′44.53″，东经 103°8′21.17″，海拔 1352.52 米，遗址面积为 16073.80 平方米（图一）。东川玉碑地遗址于 20 世纪 80 年代后期发现，因当地村民建房取土，发现了陶片、炭化稻和灰烬层等遗物与遗迹。2006 年，昆明市博物馆考古队对该遗址进行了试掘，发现了灰坑、房屋、汉式钱币等。为进一步厘清遗址内当时聚落的分布和生活状态，经国家文物局批准，2013 年 3～5 月，云南省文物考古研究所、昆明市博物馆、东川区文物管理所联合对玉碑地遗址进行了主动性考古发掘。

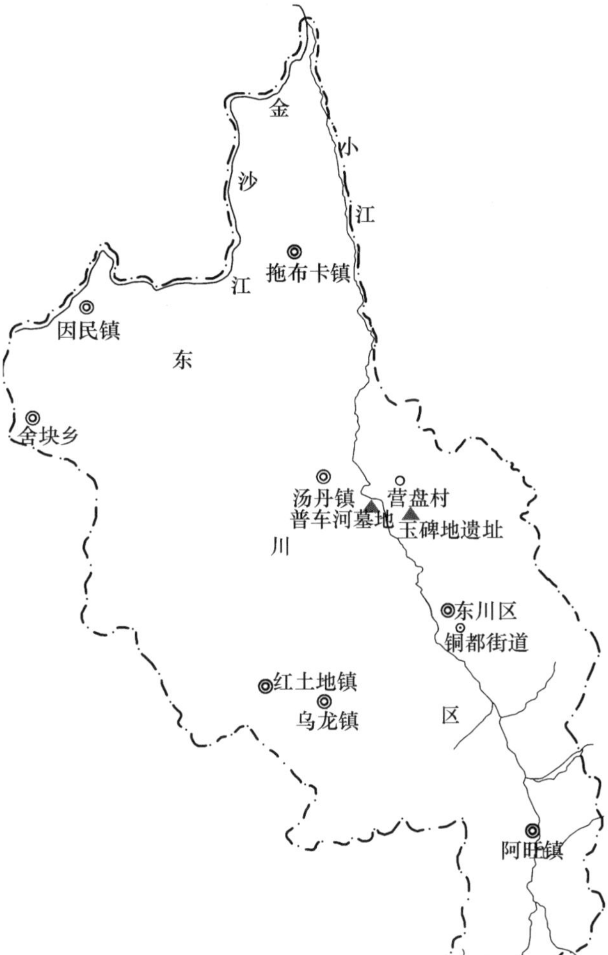

图一　玉碑地遗址位置图

本次发掘于该遗址中部偏西的地方布 5 米 ×5 米的探方共 12 个，编号为 2013DYT1～2013DYT12，并于 2013DYT8 西部扩方 15 平方米，发掘总面积近 315 平方米（图二）。本次发掘发现了灰坑（H）、房屋（F）、灶（Z）、沟（G）、瓮棺葬（W）及零散柱洞（D），出土遗物以陶器为主，还有一些铜器、石器、铁器、

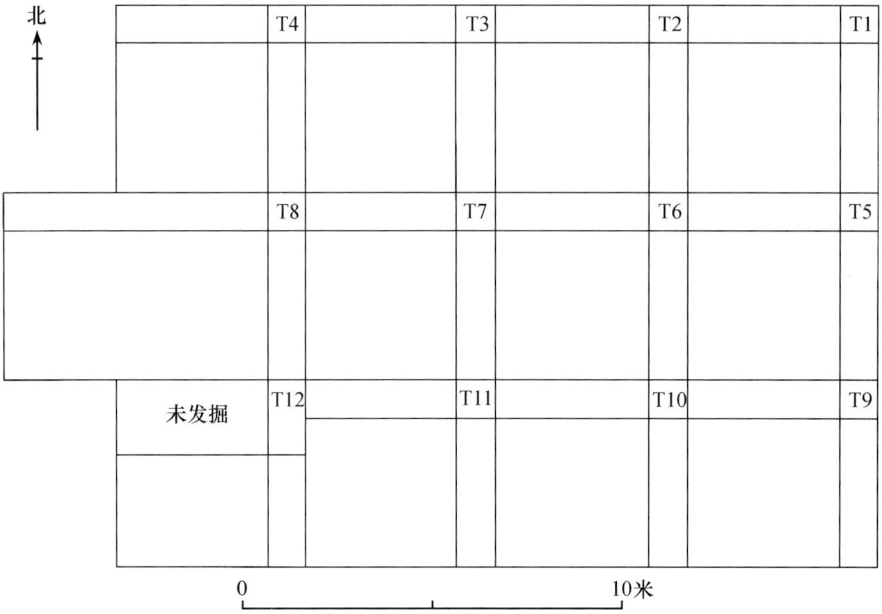

图二　遗址发掘区平面图

骨器、大量植物种籽遗存，更加值得关注的是出土了大量的矿渣、铜矿石和烧土块。现将此次发掘的情况简报如下。

一、地层堆积

整个探方地层分布不均匀，最少 2 层，最多 11 层，多数探方为 3 ~ 8 层。由于东部地区地势较高而且开垦耕种对地层破坏严重，西部地区地势低且曾经为村民建房堆土的地方，所以，处于东部的探方地层堆积不丰富，而处在中部和西部地区的地层保存相对完整，地层堆积丰富。下面于东、西各选取一个剖面作介绍。

以 T2 南壁为例，堆积共分 3 层（图三）。

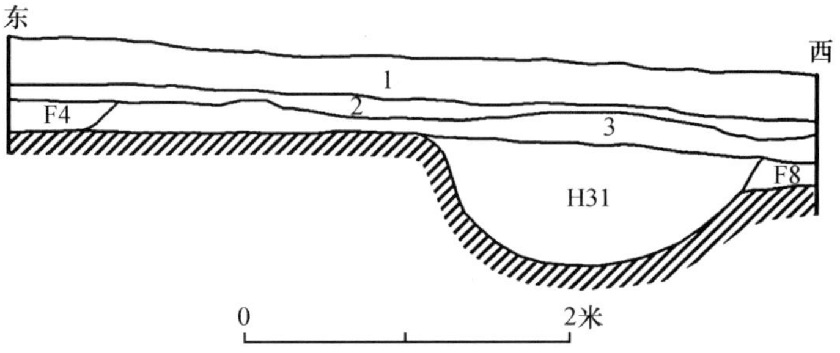

图三　T2 南壁剖面图

1. 灰褐色砂土层　2. 灰白色砂土层　3. 黄褐色砂土层

第1层：灰褐色砂土，土质疏松，厚20～25厘米。包含大量石块和植物根茎，少量陶片（多为夹砂陶）。在整方内，堆积呈坡状分布，由东向西倾斜。为近现代耕土层。

第2层：灰白色砂土，土质疏松，厚5～10厘米。包含植物根茎、石块、炭屑、陶片（陶片数量增加）及大量动物骨骼，亦为由东向西斜坡状分布。该层下发现房屋遗迹，编号F4。

第3层：黄褐色砂土，土质疏松，厚10～20厘米。包含石块、烧土块、炭屑、陶片及大量动物骨骼，由东向西斜坡状分布。该层下发现灰坑、房屋遗迹，分别编号H31、F8。

以T12南壁为例，堆积共分12层（图四）。除第10层外基本上都是整个探方水平状分布。

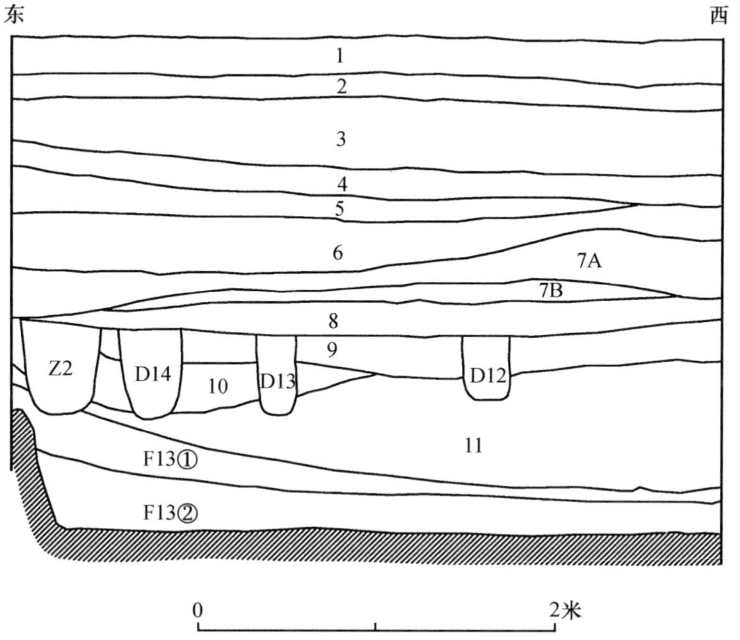

图四　T12南壁剖面图

1. 黄色砂土层　2. 灰色砂土层　3. 黑色砂土层　4. 灰黑色细砂土层　5. 深灰色砂土层　6. 灰白色砂土层　7A. 灰色砂土层　7B. 灰色砂土层　8. 灰绿色细砂土层　9、10. 黄褐色砂土层　11. 红色垫土层

第1层：黄色砂土，土质疏松，厚20～25厘米。包含大量砂石及现代生活垃圾。

第2层：灰色砂土，较致密，厚12～14厘米。包含大量砂石，少量陶片和动物骨骼。

第3层：黑色砂土，较致密，厚20～38厘米。包含动物骨骼、陶片及大量砂石。

第4层：灰黑色细砂土，较致密，厚14～18厘米。夹杂红、黄色黏土块，包含较多陶片。

第5层：深灰色砂土，较致密，厚0～26厘米。包含较多陶片。

第6层：灰白色砂土，较致密，厚10～32厘米。包含大量陶片。

第7A层：灰色砂土，较致密，厚8～36厘米。包含较多红烧土颗粒。

第7B层：灰色砂土，较致密，厚0～11厘米。包含较多炭粒，较少红烧土颗粒。

第8层：灰绿色细砂土，土质致密，厚0～18厘米。有少量绿色斑点，夹杂灰白色灰土和略偏黄的黏土，包含大量陶片。该层下发现柱洞和灶等遗迹现象。

第9层：黄褐色砂土，较致密，厚16～22厘米。夹杂红色黏土，包含零星炭屑和少量陶片。

第10层：黄褐色砂土，较致密，厚0～26厘米。夹杂绿色斑点，偏灰绿色，包含较多陶片及少量炭屑，仅分布于探方东部。

第11层：较纯净的红色垫土层，较致密，厚6～72厘米。包含零星炭粒。该层下发现房屋遗迹，编号为F13。

二、遗　迹

本次发掘共发现灰坑49个、房屋15座、灶2个、沟1条（G1可能为F5建筑基槽）、瓮棺6座，柱洞若干。

（一）灰　坑

共发现49个灰坑。平面多呈椭圆形或近圆形，斜直壁或直壁，坑底多为斜底、平底或圜底，坑内填土多为灰黑色和灰褐色细砂土，土质多疏松。部分灰坑填土分层明显，其中分层的灰坑有7个，不分层的有42个，下面择其要者介绍。

H3　位于T4东部中央，开口于T4④层下，向下打破第5、6层土。坑口平面呈椭圆形，斜弧壁，圜底。坑口距地表深60～68、坑口直径140～171、深22厘米。坑内堆积不分层，填土为灰黑色粉沙土，土质疏松。包含较多的草木灰。木炭、陶片及石块。小件遗物仅有1件铜针（图五）。

H11　位于T10北部，部分延伸至T6南部，开口于T11③层下，向下打破H14、F7及第4层。坑口平面呈椭圆形，斜直壁，斜底。坑口距地表深70～80、坑口直径208～226、深44～86、底部直径174厘米。坑内堆积分三层：第1层，灰黑色砂土，土质疏松，厚15～30厘米；第2层，灰黄色砂土，较致密，厚24～38厘米；第3层灰黑色细砂土，土质疏松，厚8～28厘米。三层均出土陶片、石块、炼渣、铜矿石、动物骨骼及烧土块，第2、3层肉眼可见炭化稻遗存。小件遗物有铜箭镞、铜削、纺轮及磨制石器（图六）。

H18　位于T10西南角，开口于T10④层下，向下打破H39、第5层及生土。坑口

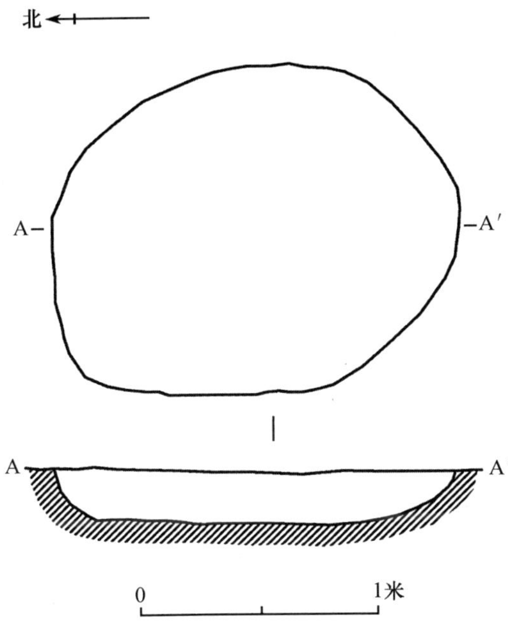

图五　H3平、剖面图

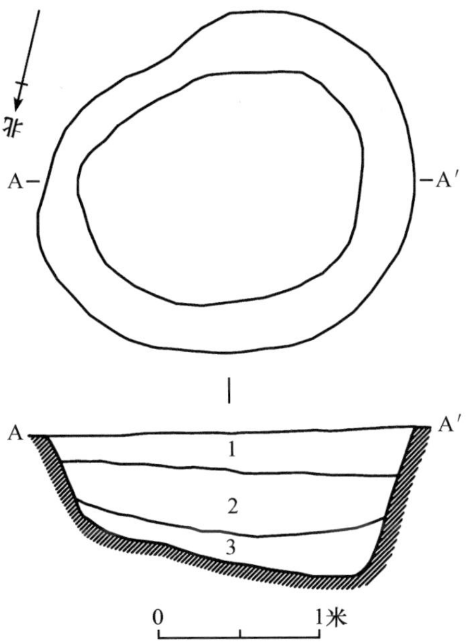

图六　H11平、剖面图

平面呈椭圆形，西壁为斜直壁，东壁为斜弧壁，坑底为斜底且凹凸不平。坑口距地表深55～72、坑口直径160～210、坑底直径160、坑最大深度为46厘米。坑内堆积不分层，填土为灰黑色细砂土，土质疏松。包含陶片、炭化物、陶范、炼渣、大量灰烬、石块。小件遗物有石爪镰、石球、石珠、石网坠、铁器（图七）。

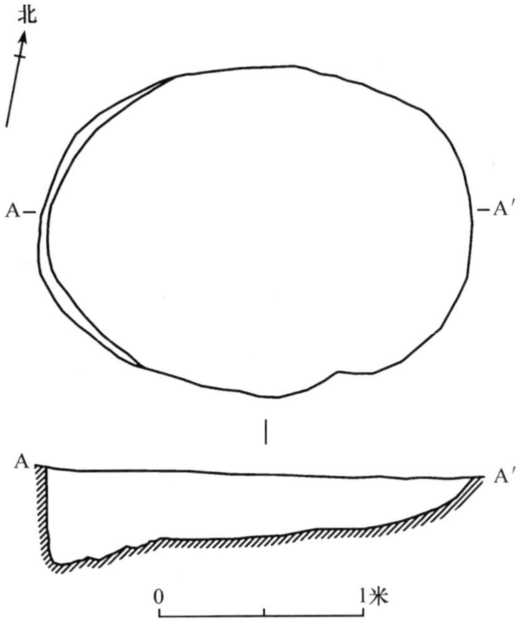

图七　H18平、剖面图

H33　位于T3西部中央，开口于T3③层下，向下打破生土层。坑口平面近圆形，斜壁，坑底平整，似经修整。坑口距地表深91、坑口直径124～160、深80～98、底部直径110厘米。坑内堆积分四层：第1层，黄褐色花土，夹杂灰黑色红烧土颗粒及红烧土块，土质致密；第2层，灰黑色砂土，包含较多的木炭及陶片，土质疏松；第3层，灰白色砂土，含沙量大，土质疏松；第4层，灰黑色砂土夹杂灰白色砂土，土质疏松。灰坑内出土较多的陶片、炼渣、矿石，浮选可见较多的炭化稻遗存。小件遗物仅见一单耳罐（修复）（图八）。

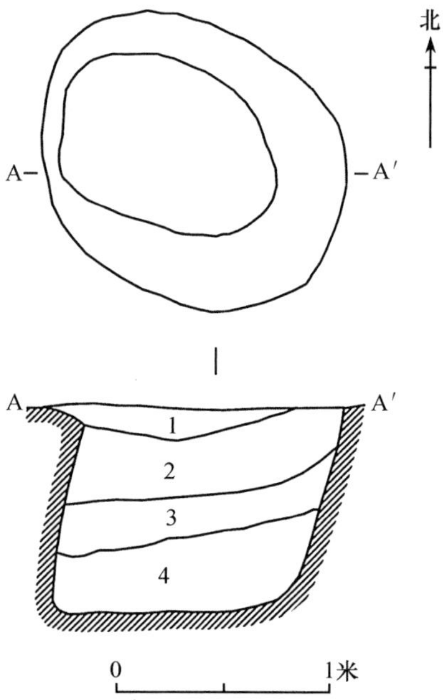

图八　H33平、剖面图

（二）房　屋

共发现房屋15座。其中半地穴式房屋有14座，平面形状多呈圆形，少数呈方形或形状不规则。地面式房屋1座，呈方形。

F1　为地面式房屋。位于T2中部，开口于T2②层下，向下打破第3层。由17个柱洞整齐排列构成，平面形状呈方形，长340、宽300厘米，面积10平方米左右。17个柱洞分布规整，其中14个位于房屋外缘，3个位于房屋中部，东北—西南向排列于一条直线上，似将房屋分成两个部分，柱洞直径16～36、深6～22厘米，填土均为灰黑色细砂土，土质疏松，包含少量陶片和石块，其中ZD1内发现铁器1件。房屋西北部残留一小部分活动面，活动面为灰白色砂土，厚约5厘米，较为平整（图九）。

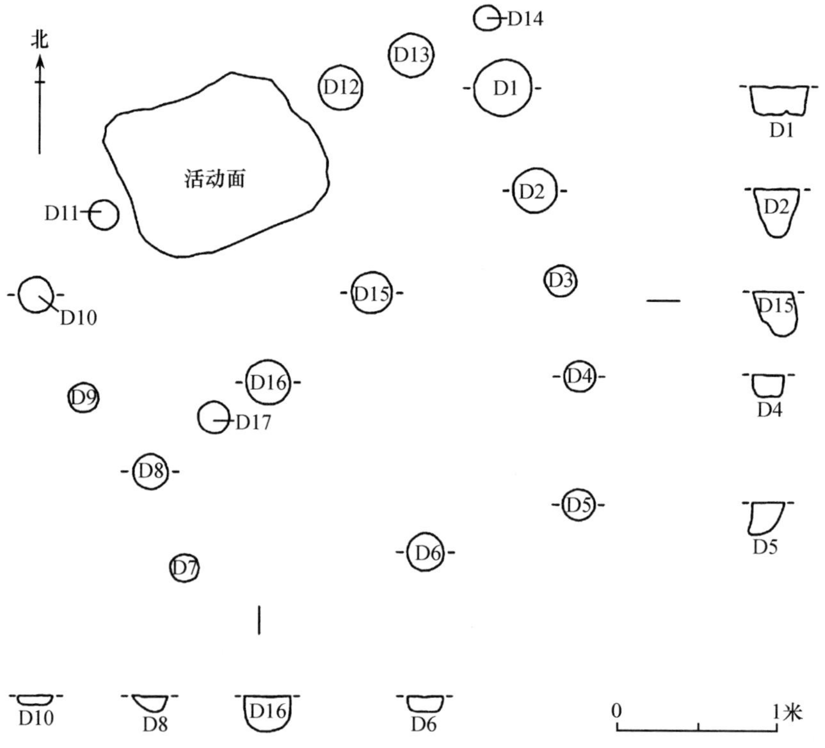

图九　F1平、剖面图

F11 为半地穴式房屋。位于T3东半部，开口于T3③层下，被H30和F8打破，向下打破第4、5层。平面呈长方形，长286、宽236厘米，面积约6.7平方米，半地穴墙壁深30厘米。共发现可能属于房子的柱洞5个，其中北部墙壁外缘有1个，西部外缘有3个，房子底部中央有1个，可能为房屋的中心柱洞，柱洞直径20～26厘米，深13～22厘米。屋内填土为房子废弃后的回填土，为灰褐色砂土。清理完填土后露出平整光滑的活动面，半地穴墙壁亦较明显，似人为加工处理。活动面的中央有一个灶坑，呈圆形，坑内见少量石块及大量红烧土，周围有大片的黑色灰烬（图一〇）。

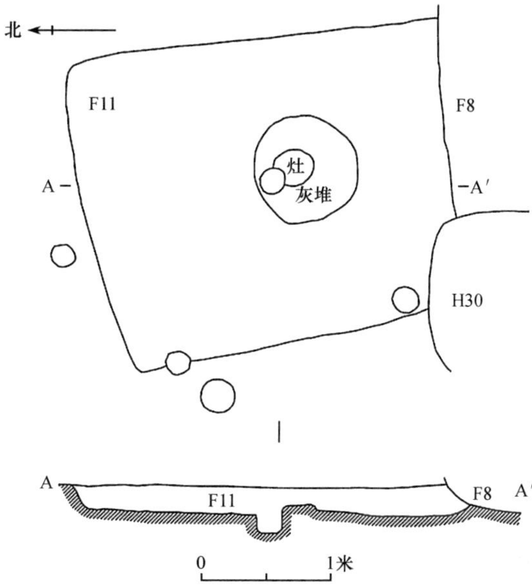

图一〇 F11平、剖面图

F12 为半地穴式房屋。位于T7东半部，并延伸至T6内，开口于T7⑤层下，向下打破第6、7层。由13个柱洞和残余墙基组成，平面呈椭圆形，长径500、短径425厘米，面积超过14平方米，半地穴深50厘米。屋内填土为红色砂土，包含大量砾石，少量炭屑，出土了大量陶片、少量动物骨骼及铜矿石、炼渣。小件遗物有磨制石器、石爪镰、玉器、铜片、铜刀、铜凿及陶纺轮。柱洞主要分布于房屋西侧外缘，其中2个柱洞位于屋内，一个位于房屋中央，推测为房屋中心柱洞，一个位于北侧近边缘，直径20～40、深12～40厘米。底部活动面为红色砂土，系利用原生地层加工而成，较为平整，北部有三堆石块，周围残留黑色灰烬，可能与用火遗迹有关（图一一）。

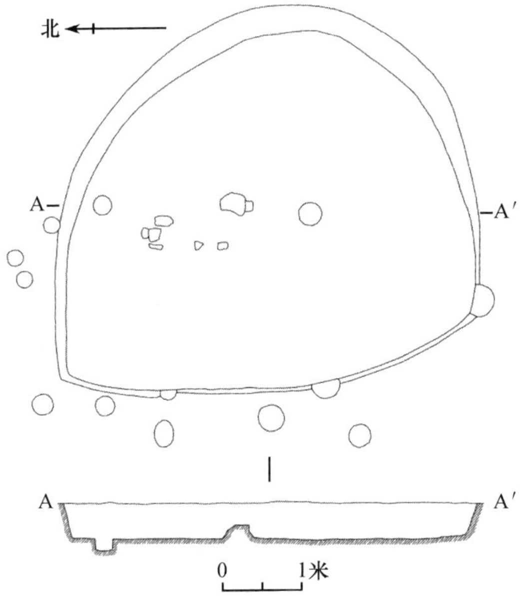

图一一 F12平、剖面图

（三）灶

共发现2个，均为独立于房屋结构外的遗迹现象。一个平面呈椭圆形，一个呈蒜头形。

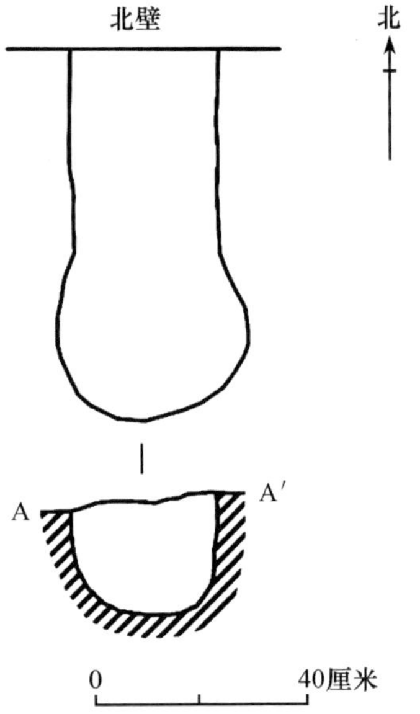

图一二　Z1平、剖面图

Z1　位于T2西北角，北部延伸至北壁之下，开口于T2③层下，向下打至生土。平面形状呈蒜头形，斜弧壁，圜底。坑口长72、宽28～36、深20～24厘米。灶内填土为深灰黑色细砂土，土质疏松，包含大量陶片、烧土、骨头及炭屑。小件遗物有石爪镰和铜泡（图一二）。

（四）瓮棺葬

共发现6座。墓口平面形状均为椭圆形，坑壁为斜直壁平底或弧壁圜底，均为瓮内放置婴幼儿尸骨，瓮底部有孔洞，具体形制见器物介绍。

W4　位于T10西部偏南，开口于T10①层下，向下打至第4层。墓口平面形状呈椭圆形，斜弧壁，圜底，长220、宽140、深66厘米。瓮棺周围填土为灰白色砂土，清理完填土后露出瓮棺，口部用大块陶片封堵，四周有石块，似作为瓮棺的固定之用，无随葬品（图一三）。

W6　位于T11东隔梁南端，开口于T11③层下，向下打破第4、5层。墓口平面呈椭圆形，斜直壁，平底，长180、宽146、深80、底长150厘米。瓮棺内及周围填土为灰白色，棺口用大块陶片封堵，棺内发现了大量人骨，随葬品有绿松石珠及玛瑙等（图一四）。

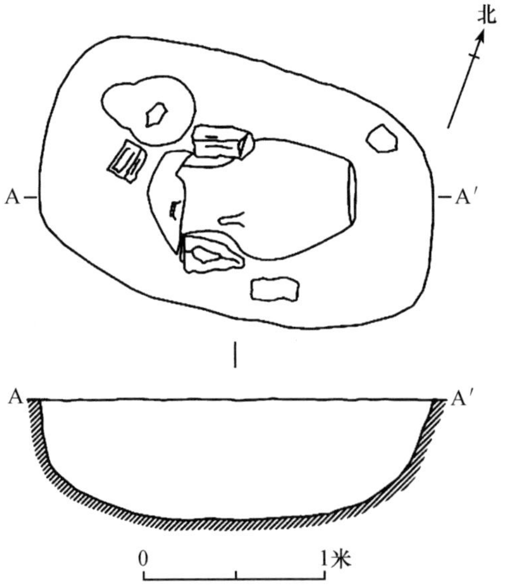

图一三　W4平、剖面图

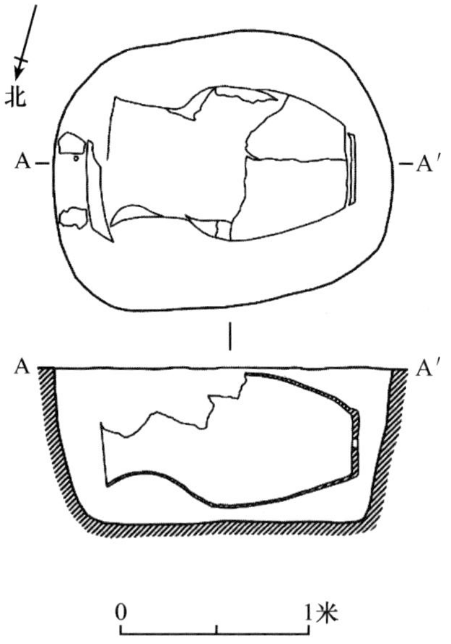

图一四　W6平、剖面图

三、遗 物

(一)陶 器

陶器包括夹砂陶和泥质陶两大类。其中以夹细砂灰褐陶为主，也有部分灰黑陶和红褐陶，泥质陶所占比例较少。可辨识的器物类型有罐、釜、碗、缸、钵、盆、器盖、杯、瓮、纺轮。

罐 282件。根据是否有领，口沿形状大小，体型大小分为五型。

A型 单耳罐，133件。根据口部特征分为二型。

Aa型 敛口单耳罐，106件。敛口，耳部黏结在口部与肩部之间，方唇或方圆唇，口较大，宽沿斜折，口下至肩部有一桥形耳，耳上部低于沿面，溜肩，下腹斜收，平底，底部饰叶脉纹。标本H30∶5。夹细砂灰褐陶，方唇，耳上部有两个孔。高24.4、口径16.4、最大腹径15.3、底径7.6厘米（图一五，1）。

Ab型 侈口单耳罐，27件。标本T4⑥∶3。夹细砂灰褐陶，方圆唇，卷沿，竖颈，溜肩，口沿外侧至肩部有一桥形耳，耳上部与沿面齐平，仅存口沿残片，下腹特征不清。残高约3.9、口径5.8厘米（图一五，2）。

B型 卷沿罐，40件。根据腹部特征，可分为三亚型。

Ba型 鼓腹罐，17件。侈口，微卷沿，鼓腹。标本T9③∶5。夹细砂灰褐陶，圆唇，溜肩，肩部有一对小錾手，下腹斜收，小平底。口径14.6厘米，最大腹径15.1、底径8.5、高18厘米（图一五，3）。

Bb型 斜直腹罐，10件。侈口，卷沿甚，斜直腹。标本H17③∶2。夹粗砂灰褐陶，方圆唇，近直腹，仅剩口沿残片。残长约8.5、残高10.3厘米（图一五，4）。

Bc型 圆腹罐，13件。侈口，卷沿，圆腹。标本H11②∶5。夹细砂灰褐陶，尖圆唇，沿卷甚，沿部略窄，溜肩，鼓腹，仅存上腹部。口径16、最大腹径18.2、残高约15.6厘米（图一五，5）。

C型 高领罐，81件。根据口沿领部特征分为二亚型。

Ca型 领部近直，12件。标本T11⑤∶3。夹细砂灰褐陶，领部近直，尖圆唇，溜肩，仅存口沿残片。宽10.7、残高9.4厘米（图一五，6）。

Cb型 领部略外敞，69件。标本H23∶7。夹粗砂灰褐陶，小口，微卷沿，鼓肩，唇部及下腹部残失。宽15.9、残高10.8厘米（图一五，7）。

D型 小口罐，9件。口部较小，卷沿，斜肩或溜肩，器形上半部呈尖锥状。标本H17∶5。夹细砂灰褐陶，斜肩，方圆唇，肩部以下残。口径8、残高约6.8厘米（图一五，8）。

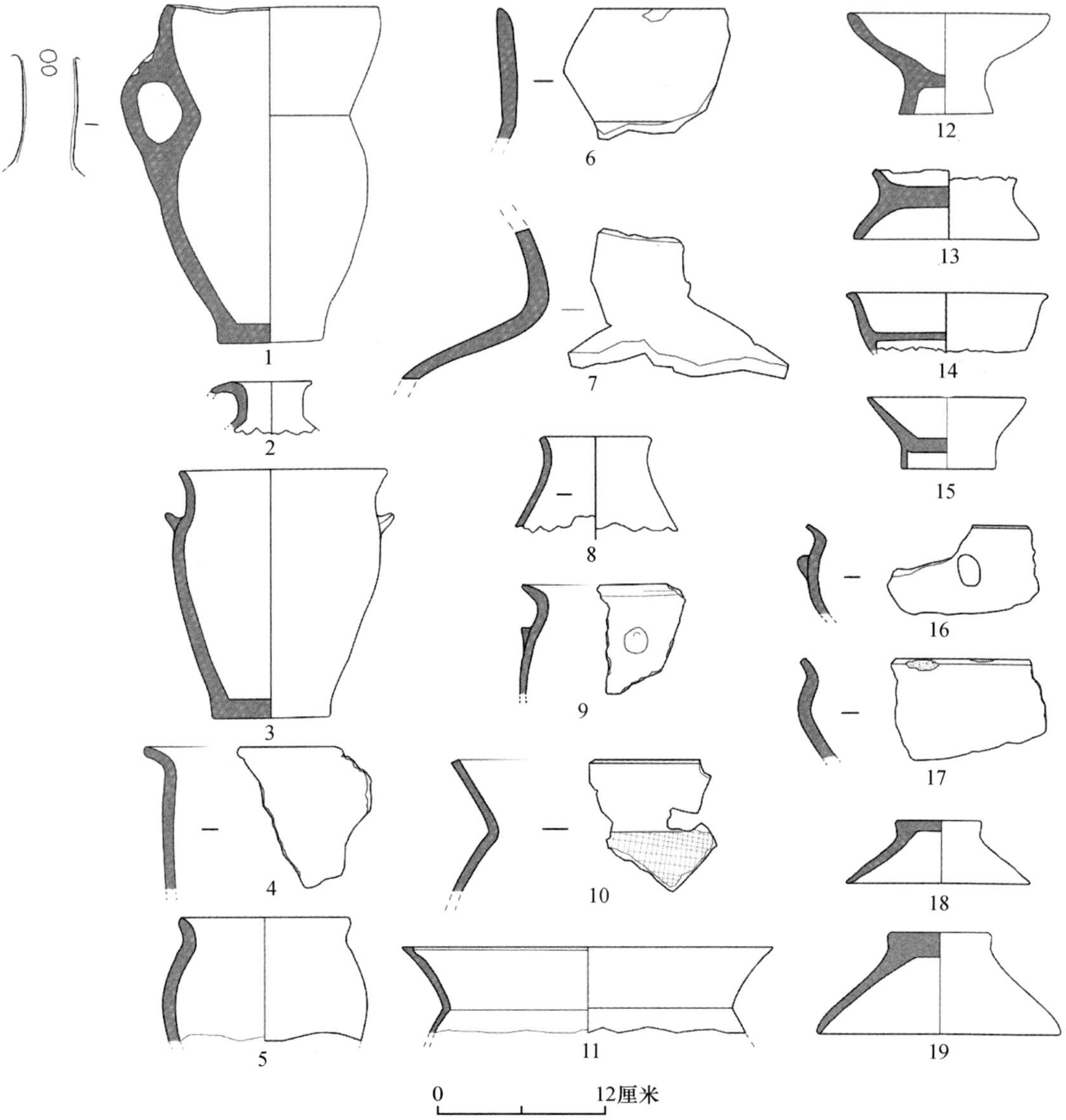

图一五　出土陶器

1. Aa型罐（H30：5） 2. Ab型罐（T4⑥：3） 3. Ba型罐（T9③：5） 4. Bb型罐（H17③：2） 5. Bc型罐（H11②：5） 6. Ca型罐（T11⑤：3） 7. Cb型罐（H23：7） 8. D型罐（H17：5） 9. E型罐（T12⑤：2） 10. A型釜（T11⑥：6） 11. B型釜（H5：6） 12. Aa型碗（H16：3） 13. Ab型碗（T10②：11） 14. B型碗（T4⑥：2） 15. C型碗（H6：5） 16. 钵（H6：7） 17. 钵（H35：3） 18. 器盖（H20：5） 19. 器盖（T11④：5）

E型　小罐，19件。体态较小，外卷沿。标本T12⑤：2，夹细砂黑褐陶，卷沿甚，口沿外侧有一道凹弦纹，溜肩，肩部有一小鋬手，鼓腹，腹部以下残。残宽6.3、残高7.9厘米（图一五，9）。

釜　7件。根据沿唇部特征分为二型。

A型　4件。侈口，宽折沿，斜方唇，斜肩。标本T11⑥：6。夹细砂黑褐陶，肩部饰方格纹，肩部以下残。残高9.5、残宽8.8厘米（图一五，10）。

B型　3件。侈口，宽折沿，方唇，口部内侧有凹槽。标本H5：6，夹细砂灰褐陶，敞口，溜肩，肩部以下残。残高6.2、口径26.5厘米（图一五，11）。

碗　7件。根据圈足形态差异分为三型。

A型　4件。喇叭状圈足碗。根据圈足呈现的喇叭状程度以及碗壁形态可分为二亚型。

Aa型　3件。圈足微喇，上腹微鼓。标本H16：3。夹细砂灰褐陶，尖圆唇。器高7.3、口径14.2、底径6.6厘米（图一五，12）。

Ab型　1件。典型的喇叭状圈足。T10②：11。夹细砂灰褐陶，仅存器底及圈足，圈足外敞。残高5.1、底径13.1厘米（图一五，13）。

B型　2件。敞口，卷沿，圆唇，斜直壁，下腹接近底部微弧。圈足与外壁在一条直线上。标本T4⑥：2。夹细砂灰褐陶，圈足足尖残。残高4.2、口径14.2厘米（图一五，14）。

C型　1件。圈足近直。H6：5。夹细砂灰褐陶，敞口，尖唇，斜直壁。高5.2、口径11.2、底径6.7厘米（图一五，15）。

钵　11件。均为侈口、卷沿、鼓腹、方唇。标本H6：7。夹细砂红褐陶，上腹部有小鋬手，仅存上腹及口沿残片。残高6.7、残宽10.7厘米（图一五，16）。标本H35：3。夹细砂灰褐陶，素面，仅存上腹及口沿残片。残高约7.6、残长11厘米（图一五，17）。

器盖　2件。平顶，喇叭形器盖，盖顶饰叶脉纹。盖沿斜直，圆唇。H20：5。夹细砂灰褐陶。口径13、底径5.8、器高4.5厘米（图一五，18）；T11④：5。夹细砂黑褐陶。盖沿近唇部微弧。口径17.2、底径7.4、器高7.4厘米（图一五，19）。

盆　7件。标本T7④：8。夹粗砂红褐陶，夹杂红烧土颗粒，敞口，卷沿，圆唇，上腹略鼓下腹斜直。残高12.8、直径40厘米（图一六，1）。

缸　13件。根据肩部有无纹饰分为二型。

A型　4件。根据是否带小鋬手分为二亚型。

Aa型　3件。标本H14：3。夹细砂灰褐陶，侈口，尖圆唇，卷沿，直壁，下腹残，无小鋬手，肩部饰三周窝点纹，其中第二周窝点纹较少。残高6.8、残宽9.9厘米（图一六，2）。

Ab型　1件。H16：5。夹细砂红褐陶，侈口，尖圆唇，卷沿，斜肩，肩部饰三周窝点纹，第一周相对较小，大小均匀，下面两周大小不一。残高约11.7、口径23厘米（图一六，3）。

B型　9件。侈口，卷沿，素面，方唇。标本T2③：7。夹粗砂灰褐陶，包含一些红烧土颗粒，残高13.5、口径28.8厘米（图一六，4）。

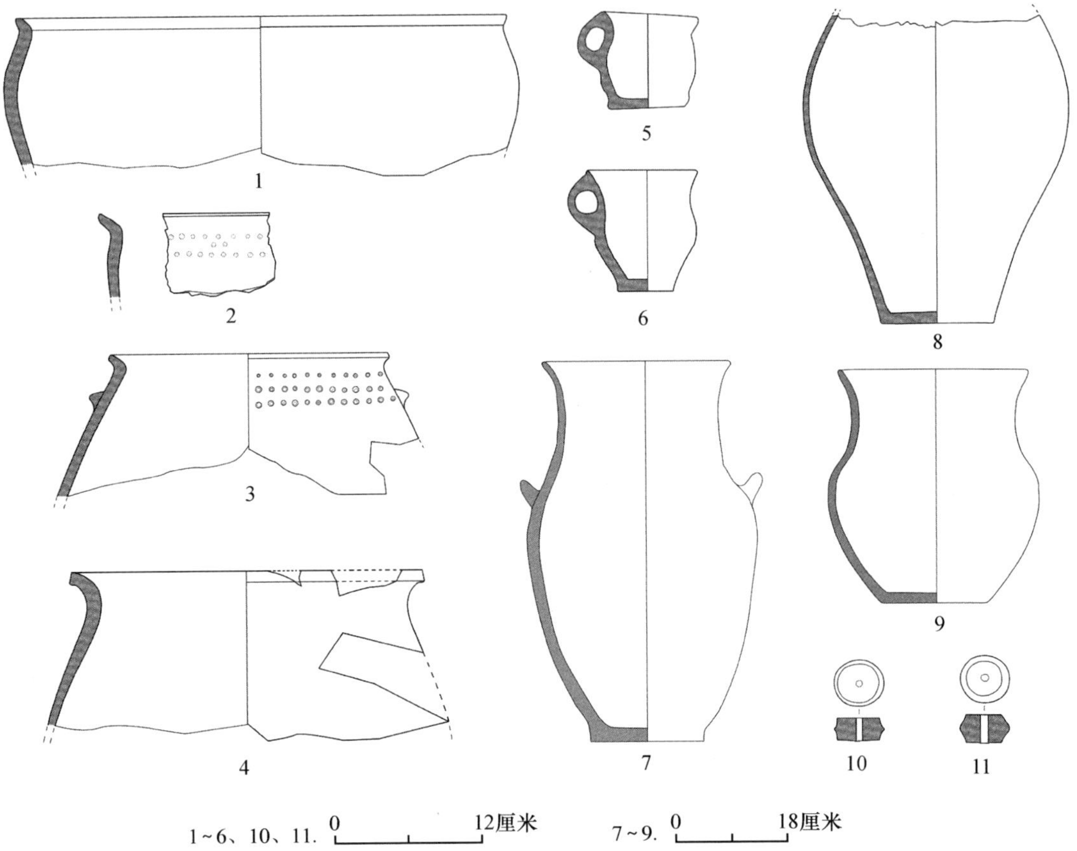

图一六　出土陶器

1. 盆（T7④：8） 2. Aa 型缸（H14：3） 3. Ab 型缸（H16：5） 4. B 型缸（T2③：7）
5. Ⅰ式单耳杯（H20：4） 6. Ⅱ式单耳杯（T4⑥：1） 7. A 型瓮（2013DYW6） 8. Ba 型瓮（2013DYW1）
9. Bb 型瓮（2013DY W5） 10、11. 陶纺轮（H26：4、T9②：1）

单耳杯　2 件，根据口沿唇部的变化分二式。

Ⅰ式：1 件。H20：4。夹细砂灰褐陶。器形歪斜，制作粗糙。敞口，方唇，沿部微卷，溜肩，下腹较深，斜收，平底，底部饰叶脉纹，沿外侧有一桥形耳，耳上部与沿面齐平。口径 7.6、底径 7.6、最大腹径 6.9 厘米（图一六，5）。

Ⅱ式：1 件。T4⑥：1。夹细砂灰褐陶。器形略高较规整。敞口，方圆唇，沿微卷，溜肩，下腹较深，斜收，平底，沿外侧有一桥形耳，耳上部与沿齐平。口径 9.1、底径 6.2、高 9.9 厘米（图一六，6）。

瓮　6 件，器型较大，均为侈口，卷沿，上腹较鼓，下腹斜直，平底。根据有无錾手分为二型。

A 型　3 件。有錾手瓮。錾手位于肩上部。标本 2013DYW6。夹细砂红褐陶，器底有一圆形孔洞，口径 30.8、底径 18.2、高 62.3 厘米（图一六，7）。

B型　3件。无鋬手瓮。根据腹部深浅分为二亚型。

Ba型　2件。腹较深。标本2013DYW1。口沿部分残失，小平底，夹细砂灰褐陶，最大腹径42.1、底径17.9、残高49.6厘米（图一六，8）。

Bb型　1件。腹较浅。2013DYW5。器形较矮，夹细砂灰褐陶，口径29.7、最大腹径32.9、底径16.4、高32.9厘米（图一六，9）。

纺轮　共40件，圆形扁平状。标本H26：4。夹细砂红褐陶，两面扁平，中间穿孔，边沿作人字坡形。厚1.9、直径4、孔径0.5厘米（图一六，10）。标本T9②：1。夹细砂灰褐陶，两面扁平，单面饰叶脉纹（磨损后仅模糊可见），中间穿孔，边沿作人字坡形。厚2.3、直径4、孔径0.65厘米（图一六，11）。

此外还有一些陶器残件例如豆柄、陶管、陶器支座残甚，具体形制不明。

（二）青　铜　器

可辨识的器物类型有铜钉、铜针、铜镞、铜扣饰等器物。

铜钉　5件。均为长条形，根据器身的剖面形状（横截面）可分为二型。

A型　2件，器身横截面为方形，顶部平整。标本T7②：1。残长7.2、宽0.4厘米（图一七，1）。

B型　3件，器身横截面为圆形，顶部不规整。标本F10：2。保存较完整，存钉帽。残长6.3、直径0.2厘米（图一七，2）。

铜针　8件。均为长条形，根据器身的剖面（横截面）形状可分为二型。

A型　2件，器身横截面形状为方形。标本F5②：1。残长3.5、宽0.2厘米（图一七，6）。

B型　6件，器身横截面形状为圆形。标本H28：2。残长3.3、直径0.2厘米（图一七，7）。

铜镞　14件。镞身呈柳叶形，叶面较宽，横截面呈椭圆形，近前端急剧成锋，无后锋，实心铤。根据铤径的大小分为二型。

A型　13件，细长铤。标本F10：1。通常4.3、刃宽0.8、铤径0.2厘米（图一七，8）。标本H41：1。铤残缺一半，残长2.5、刃宽0.7、铤径0.2厘米。

B型　1件，铤较粗，略窄于镞身。标本T8④：1。残长4、刃宽1.1、铤径0.9厘米（图一七，9）。

铜凿　4件。均为无銎凿，长条形根据刃部情况分为二型。

A型　2件，单面刃，刃部略宽于器身。标本F12：9。顶部外凸。长5.1、刃宽0.53厘米（图一七，3）。

B型　2件，双面刃，刃部与器身宽度相近，剖面形状为锥形。标本T8③：2，顶部平整。长3.6、刃宽0.4厘米（图一七，4）。

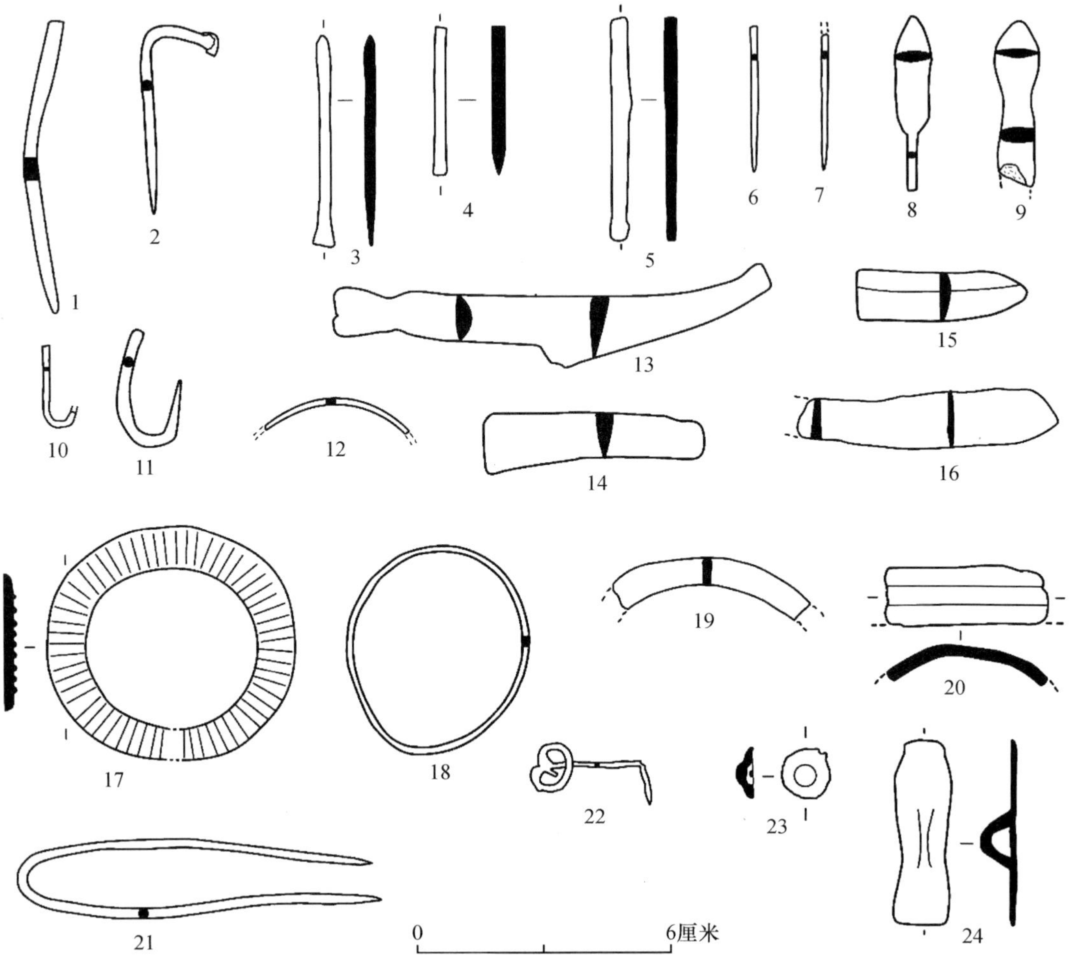

图一七　出土铜器

1. A 型铜钉（T7②：1）　2. B 型铜钉（F10：2）　3. A 型铜凿（F12：9）　4. B 型铜凿（T8③：2）　5. 铜锥（T3③：2）　6. A 型铜针（F5②：1）　7. B 型铜针（H28：2）　8. A 型铜镞（F10：1）　9. B 型铜镞（T8④：1）　10. B 型铜鱼钩（T3④：9）　11. A 型铜鱼钩（T8⑨：6）　12. 铜丝（H37：2）　13. A 型铜削（T4⑦：1）　14. B 型铜削（F4：1）　15. A 型铜刀（F12：2）　16. B 型铜刀（T4⑦：2）　17. Aa 型铜镯（T10③：8）　18. C 型铜镯（T7⑥：2）　19. Ab 型铜镯（H17：4）　20.B 型铜镯（T11②：1）　21. 铜簪（T3③：1）　22. 铜钗（T4④下 ZD19：1）　23. 铜泡（Z1：1）　24. 铜扣饰（T8⑨：20）

铜削　4 件。均为厚背，双面刃，根据背部和刃部可分为二型。

A 型　3 件，弧背直刃。标本 T4⑦：1，保存较完整，器身略长于柄部，器身顶端向上翘，背部靠近柄部平直，刃部靠近柄端斜收，形成近直角刃面，柄部一面近直，一面呈弧形，柄首由于磨损锈蚀形制不清。长 10.6、刃部宽 1.8、柄部宽 1.1 厘米（图一七，13）。

B 型　1 件，直背弧刃。F4：1，刃部内凹，背部平直，柄部残形制不清。残长 5.2、刃部宽 1.1 厘米（图一七，14）。

铜鱼钩 4 件。根据钩柱的状态可分为二型。

A 型 1 件，钩柱弯曲，断面为圆形。T8⑨：6。弓背最大距 1.1、柱径 0.2 厘米（图一七，11）。

B 型 3 件，钩柱较直，断面为圆形。标本 T3④：9。弓背最大径 0.8、柱径 0.2 厘米（图一七，10）。

铜刀 2 件。均为梭口刀，弧刃。根据刃部情况可分二型。

A 型 1 件，单面刃。F12：2。直背，刃部一面微弧，一面近直，中部偏上起脊线。长 4、宽 1.3 厘米（图一七，15）。

B 型 1 件，双面刃。T4⑦：2。背部微弧接近顶端上翘。柄部残无法辨析其具体形制。残长 6.2、宽 1.4 厘米（图一七，16）。

铜丝 5 件。器形较小，条形。标本 H37：2。断面为方形，残长 3.5 厘米（图一七，12）。

铜扣饰 3 件。均为不规则长方形，正面平整，背面正中铸耳饰。标本 T8⑨：20。长 4.5、宽 1.4 厘米（图一七，24）。

铜镯 6 件。可分三型。

A 型 4 件，扁平圆圈状。根据断面形状分二亚型。

Aa 型 3 件，断面为半椭圆形。标本 T10③：8，较残，表面纵向饰等距离凸棱，似太阳纹饰，外径 5.8、内径 3.9、厚 0.35 厘米（图一七，17）。

Ab 型 1 件，断面为方形，H17：4，残甚，残长 4.7、宽 0.6 厘米（图一七，19）。

B 型 1 件，扁茎圆圈状，T11②：1，残甚，正面饰两周凹弦纹。残长 3.9、宽 1.4 厘米（图一七，20）。

C 型 1 件，圆圈状，T7⑥：2，保存较完整，断面为圆形，整体稍微变形，呈椭圆形。长径 4.8、短径 4.1 厘米（图一七，18）。

铜簪 1 件。T3③：1，保存较完整，器物稍微变形，双股，尖部锋利，断面为圆形。长 8.8、宽 0.25 厘米（图一七，21）。

铜钗 1 件。T4④下 ZD19：1，较残，单股，端头卷曲呈环形，断面为圆形，尖部锋利。残长 2.9 厘米（图一七，22）。

铜泡 1 件。Z1：1，正面为球面形，正中饰乳钉，背面有横纽。最大径 1.2、最厚处约 0.4 厘米（图一七，23）。

铜锥 1 件。T3③：2，长条形，顶部较平整，接近底部略斜收，尖部由于磨损锈蚀变秃。长 5.4、宽 0.35 厘米（图一七，5）。

除上述器物之外，还有一些磨损特别严重的器物无法辨析其具体形制姑且归作铜条 20 件、铜片 8 件、铜块 2 件，铜钱 1 枚（出自耕土层，采集）。

（三）石器、玉器

可辨识器物类型有玉镯、玛瑙串珠、水晶料石、石爪镰、石镞、石镯、石球、石网坠、石管、石珠、磨石、刻石等器物。

玉镯　12件。均为残件，呈鸡骨白色。分二型。

A型　10件，似玉璧，扁平圆圈状，内缘有唇。根据唇部特征可分为二亚型。

Aa型　8件，唇部较短。标本F12：7，残甚，残长2.8、宽1.75、突棱高0.2、壁厚0.4厘米（图一八，1）。

Ab型　2件，唇部较长。标本T12⑧：4，残甚，残长4.7、残宽2.8、突棱高1.5、壁厚0.7厘米（图一八，2）。

B型　2件，扁茎圆圈状，与铜镯B型相似。标本H43：2，较残，由下至上圆圈直径呈递减趋势，正面饰三周凹弦纹，弦纹较深。外径5.6、内径3.8、厚1.25厘米（图一八，3）。

玛瑙串珠　8颗，均有中心穿孔，4颗为绿色、3颗为红色、1颗为黄色，形状有管状、算珠形、印章形、不规则圆柱形。标本W6：1，直径0.6～1.2、长0.5～1.9厘米（图一八，6）。

水晶料石　1颗，六棱柱状，颜色不纯黑色夹杂黄绿色。T8⑨：4，长2.7、厚0.5厘米（图一八，8）。

石爪镰　35件。均为弧背直刃，双穿孔石爪镰，通体磨光，根据刃部情况可分二型。

A型　33件，单面刃。标本H18：1，保存完整，长17.4、宽4.6、背厚0.7厘米（图一八，15）。

B型　2件，双面刃，刃部锋利。标本T9③：3，较残，残长6.3、残宽4.8、背厚0.9厘米（图一八，16）。

石镞　4件。均为细长柳叶形，前段急剧成锋，通体磨光，由于是磨制石器，形制不定。标本H14：1。镞身磨成四棱形，实心铤。长4.8厘米（图一八，5）。

石镯　1件。T11④：9。残甚，通体白色，与玉镯A型相同，内缘有唇。残长7.5、宽1.9厘米（图一八，4）。

石球　4件。均为磨制单表面不光滑。标本T7③：2。不规则球体，直径3.5厘米（图一八，9）。

石网坠　1件。H18：5。较完整，通体磨光呈白色，一端平整，一端呈尖圆状，尖部饰乳头型圆纽，坠身正中有一道凹弦纹。长2.3厘米（图一八，10）。

石管　1件。H27：1。通体磨光，较残，残长3.4、外径1.2、内径0.5厘米（图一八，11）。

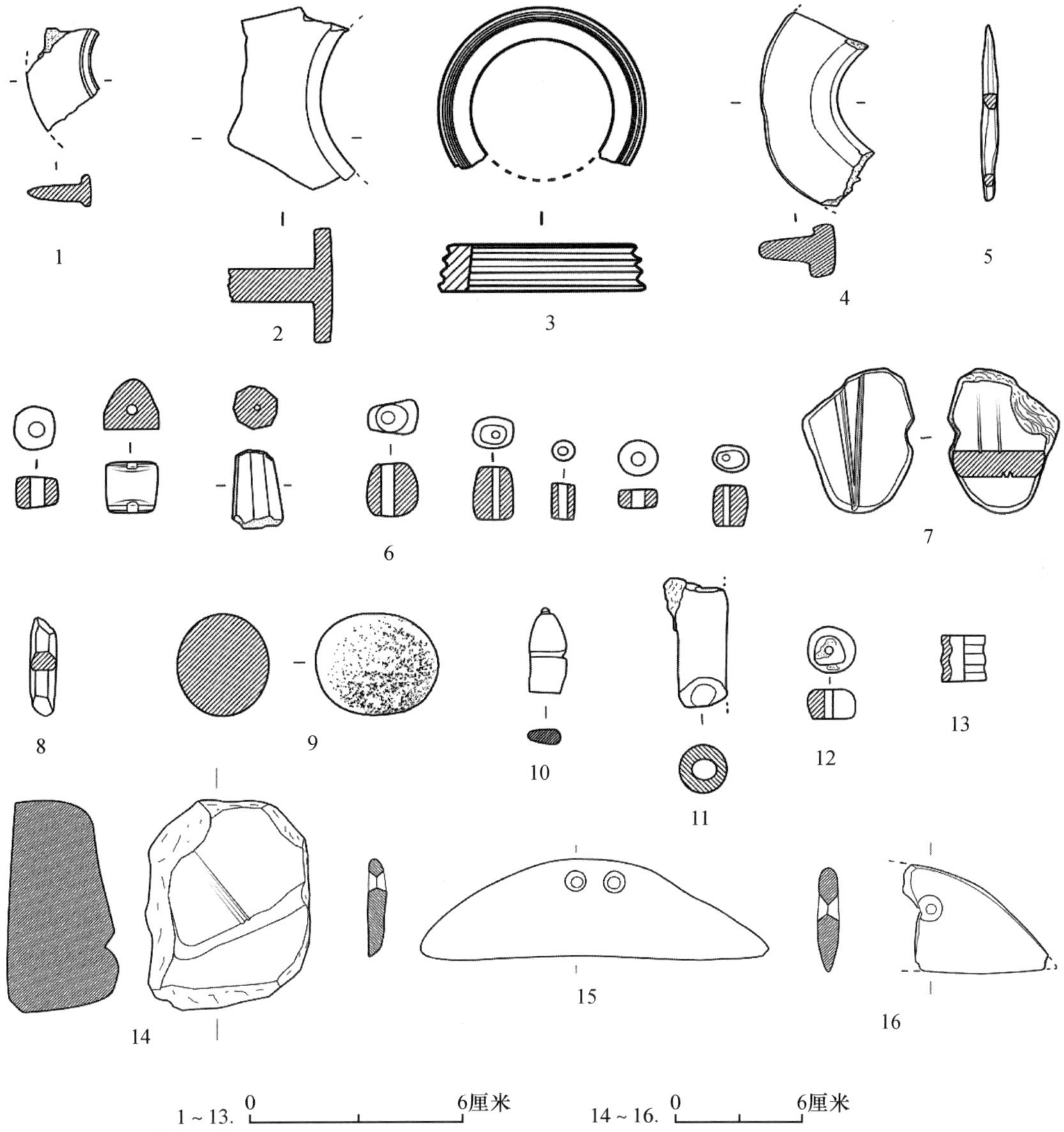

图一八　出土玉、石器

1. Aa 型玉镯（F12：7） 2. Ab 型玉镯（T12⑧：4） 3. B 型玉镯（H43：2） 4. 石镯（T11④：9） 5. 石镞（H14：1） 6. 玛瑙串珠（W6：1） 7. 刻石（T8⑨：2） 8. 水晶料石（T8⑨：4） 9. 石球（T7③：2） 10. 石网坠（H18：5） 11. 石管（H27：1） 12、13. 石珠（T11③：5、H18：2） 14. 磨石（H4：1） 15. A 型石爪镰（H18：1） 16. B 型石爪镰（T9③：3）

石珠　2件。中心穿孔。

H18：2，通体磨光，正面饰两周凹弦纹。高1.2、外径1.2、内径1厘米（图一八，13）。

T11③：5，算珠形，磨制但表面不光滑，高0.8、直径1.3、孔径0.2厘米（图一八，12）。

磨石　1件。H4：1。方形石块，表面粗糙，有数道磨痕。厚5.3、长10、宽7.7

厘米（图一八，14）。

刻石　1件。T8⑨：2。通体磨光，有两道刻纹组成尖锋状，磨石较残，具体形制不清。厚0.7、残长4、宽3厘米（图一八，7）。

无法辨识器物 14件。由于器形残缺，损坏严重具体形制不明。

（四）骨　器

骨器数量相对较少，类型也相对较少，包括骨镞、骨针、骨锥、骨坠、骨珠等器物。

骨镞　4件。柳叶形骨镞，通体磨光，前端急剧成锋。根据断面形状分二型。

A型　3件，断面为四边形，叶面较宽。根据铤的形态分二亚型。

Aa型　2件，实心圆柱铤。标本H23：3，长4.6、宽0.7、铤径0.3厘米（图一九，1）。

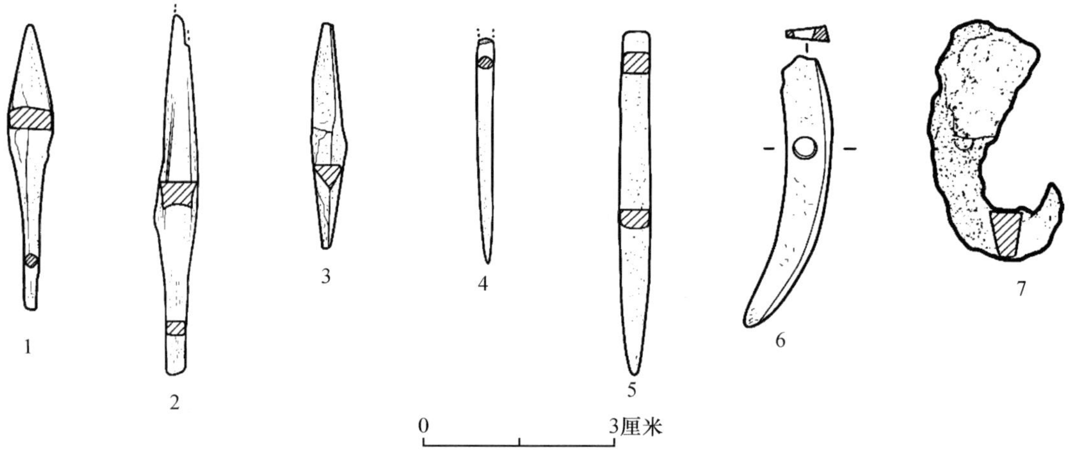

图一九　出土骨器、铁器

1. Aa型骨镞（H23：3）2. Ab型骨镞（T4⑥下ZD3：1）3. B型骨镞（T4⑦：4）4. 骨针（T8⑧：1）5. 骨锥（T12⑩：1）6. 骨坠（T3④：6）7. 铁钩（T11⑥：4）

Ab型　1件，实心四棱柱铤。T4⑥下ZD3：1，前锋残，残长5.7、宽0.6、铤宽0.3厘米（图一九，2）。

B型　1件，断面为三角形，叶面较窄。T4⑦：4。中线起脊，无铤，长3.6、刃宽0.5厘米（图一九，3）。

骨针　4件。通体磨光，断面为圆形，尖部锋利。标本T8⑧：1。残长3.6、直径0.27厘米（图一九，4）。

骨锥　1件。通体磨光，断面为四边形，尖部较圆钝。T12⑩：1。长5.7、宽0.5厘米（图一九，5）。

骨坠　1件。通体磨光，乳白色，应为动物牙齿磨制呈月牙形，中部穿孔。T3④：6。长4.4、孔径0.4厘米（图一九，6）。

骨珠　1件。扁圆形球体，未穿孔。直径2.3厘米。

无法辨识器物2件，均为通体磨光，但是残损严重具体形制不清。

（五）铁　器

铁器共有13件，但大多锈蚀严重，能辨认的仅有1件。T11⑥：4，铁钩。较残，形似鹰钩形，钩柱粗壮，残长3.6厘米（图一九，7）。

四、结　语

玉碑地遗址是昆明市东北部金沙江流域的一处重要的青铜时代文化遗址，此次发掘发现了大量的遗迹和出土了丰富的遗物，对认识该遗址文化性质非常重要，通过初步整理我们得出以下粗浅的认识。

第一，根据出土遗物，特别是陶器的组合与形制，与普车河墓地的材料对比，该遗址的堆积的时代下限当在汉代，其堆积的时代上限，可能在春秋战国乃至更早。测年的部分数据支持了我们的看法。

第二，无论是地层还是遗迹中都包含大量灰烬，并出土大量矿渣、红烧土块和铜矿石及少量陶范，综合来看该遗址系一处集冶炼和铸造于一体的聚落遗址。尽管受发掘面积的限制尚未找到炼炉等遗迹现象和坩埚等遗物。不同形制的房屋，有的可能是供工匠们居住的地方，有的则可能是冶炼和铸造的作坊。在聚落内的灰坑中还发现了数量较多的稻谷遗存。

第三，已发现的15座房屋，半地穴式房屋数量占93%，说明当时的住房以半地穴式为主；房屋形制以圆形房屋为主，屋内中心有柱，边缘有柱洞，有的房子还在外围建排水沟槽，单从外观上看，类似现在的蒙古包。其中个别房屋内部还有灶，可能是起居之所。

第四，玉碑地遗址出土数量众多的陶器。罐类占了绝大部分，其中，单耳罐为大宗，高领罐、卷沿罐所占比例次之。釜、圈足碗数量较少。陶器中完整器均为小平底或圈足器，尚未发现圜底器（至少现存的未见圜底器）。从陶器的组合和形制来看，玉碑地遗址的陶器特征和滇池盆地的石寨山文化的陶器有显著区别，显示出很强的地域性。该遗址出土的陶器与周边地区的昭通乃至贵州地区的文化有较多的相似性。例如，玉碑地遗址的Ba型卷沿鼓腹罐与普车河墓地中的Ⅱ式罐（图二〇，4）[1]较相似，陶纺轮与普车河墓地中的Ⅰ式纺轮[1]相同。玉碑地遗址中Aa型单耳罐与野石山遗址中C型罐（图二〇，1）[2]及贵州威宁县鸡公山遗址中的折沿罐K9：1（图二〇，2）、

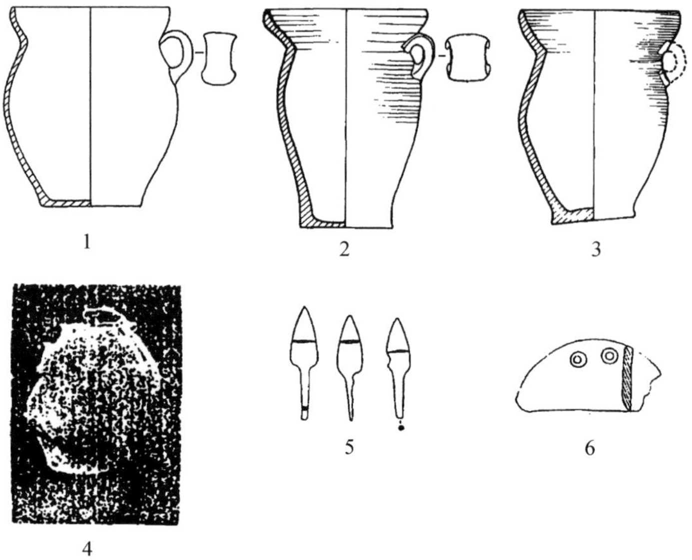

图二〇　普车河墓地、鸡公山遗址、野石山遗址出土器物图

1. 野石山遗址 C 型罐　2、3. 鸡公山遗址折沿罐（K9：1、K9：8）4. 普车河墓地Ⅱ式罐　5. 普车河墓地Ⅰ式铜镞　6. 普车河墓地石刀（M38：3）

K9：8（图二〇，3）[3]等较为相似。其次，石器中也有相似点，即玉碑地遗址中的 A 型石爪镰与普车河墓地的石刀 M38：3（二〇，6）[1]完全相同。再次，青铜器中玉碑地遗址所出铜镞与之Ⅰ式铜镞（图二〇，5）[1]属于一种类型，均为简单的柳叶形镞，无翼及后锋。

关于该遗址的文化属性，到底是石寨山文化（俗称滇文化）的地方类型还是新的考古学文化，有待进一步的考古材料。我们倾向于认为该遗址为一有别于石寨山文化的新的考古学文化或者类型。

附记：参加此次发掘的人员有蒋志龙、朱忠华、田有全、李瑜、唐昌飞、杨成洪、袁媛、梁建荣、唐开吉、万曼。领队蒋志龙。参加整理的人员有蒋志龙、朱忠华、陆永富、万曼、李瑜、唐昌飞。本简报由云南民族大学 2016 级硕士研究生邢翔宇完成初稿，北京大学 2016 级考古学博士研究生杨薇进一步修改，蒋志龙最终定稿。

执笔：蒋志龙　邢翔宇　杨　薇

绘图：杨庆丽　杨　麟　李文静　等

器物修复：陆永富

注　释

[1] 云南省文物工作队. 云南东川普车河古墓葬 [J]. 云南文物，1989 (26).
[2] 云南省文物考古研究所，昭通市文物管理所，鲁甸县文物管理所. 云南鲁甸县野石山遗址发掘简报 [J]. 考古，2009 (8).
[3] 贵州省文物考古研究所，四川大学历史文化学院考古系，威宁县文物保护管理所. 贵州威宁县鸡公山遗址 2004 年发掘简报 [J]. 考古，2006 (8).

A Preliminary Research on Yubeidi Site at Dongchuan District in Kuming City, Yunnan Province

From March to May in 2013, Yunnan Provincial Archaeological Institute, Associated with Dongchuan District Cultural Relics Management Institute carried out excavation on the Yubeidi site in Dongchuan District of Kunming city. The site area of 16073.8 square meters, total excavation of nearly 300 square meters, and the site was a smelting and casting settlement site of Bronze Age. The ash-pits, housing keeping and other vestiges were found, and brought some pottery vessels, jade, stone implements, bronzes and other relics. Which found a lot of slag, charcoal, burning lumps and a small amount of pottery mould, these relics for we understanding the function of settlement is helpful. In addition, a large number of carbonized rice remains also found, which is beneficial for us to study the diet structure of ancient people. The excavation for us understanding the Bronze Age culture in the northeast of Kunming is greeting significant, but its specific cultural attribution needs further analysis.

吉林省洮南市金垦灌区现代农业项目考古调查报告

李　朵[1]　王立新[1]　左雁鸣[2]

（1. 吉林大学边疆考古研究中心，长春，130012；2. 吉林省洮南市文物管理所，洮南，137100）

2017年10月19～27日，为配合洮南市金垦灌区现代农业工程建设，吉林省文物考古研究所、吉林大学边疆考古研究中心、洮南市文物管理所联合在该工程涉及区域内开展了田野调查。调查区地处洮南市、大安市、通榆县的交界处（图一），西北距二龙乡4.1、北距洮儿河5.6、南距霍林河2.3千米。平面呈不规则长条形，西北—东南向，总面积约126平方千米。区域内散见沙土坨岗、湖泊和大片盐碱地（沼泽），地势西北高、东南低，海拔135～164米。

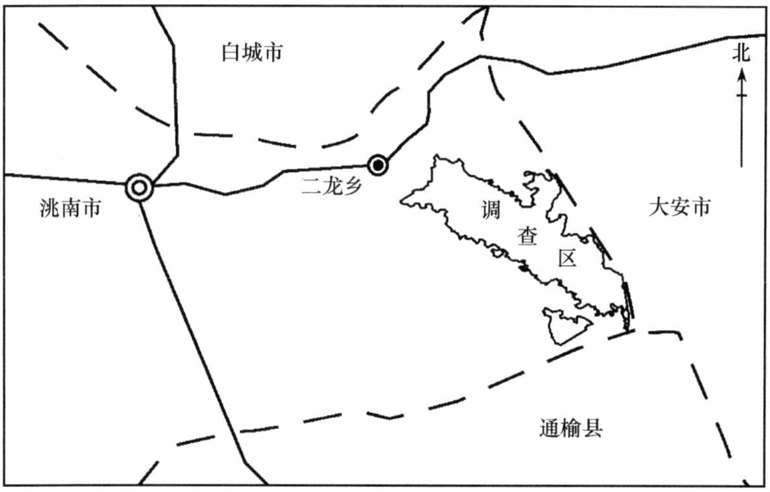

图一　调查区位置图

此前开展的三次文物普查极少涉及该区域，仅第二次普查期间在区域内发现3处辽金或明清时期遗址[1]。据本次调查材料可知，当地至少存在10类不同时期的文化遗存，年代跨度从新石器时代直至明清时期。具体包括89个遗址点，402个采集区，共采集陶瓷片标本8733、石器标本207件，还有少量玉器、铜器、铁器、铜钱和砖瓦等。本次调查初步摸清了区域内古遗址的数量、位置、规模、文化内涵及年代等基本信息，对于进一步探讨松嫩平原西部地区古代文化的分期、编年、谱系关系及古代社会的复杂化进程等问题具有重要的学术价值。

一、主要收获

本次田野调查采用区域性系统考古调查方法，调查人员分为3组，每组3～5人，行进过程中每人间隔50米左右。地表若有遗物，则布设若干50米 ×50米规格的采集区，遗物采集分为一般采集和系统采集两种形式。对于遗物分布较为稀疏的区域采用一般采集的方式，采净50米 ×50米区域内的全部遗物。在遗物分布较为密集的区域，则采用系统采集的方式。在50米 ×50米的采集区内随机画半径为1.8米（约为10平方米）的圆圈，采净其中的陶片。如果圈内陶片超过30片，就不再画圈。如果不够30片，就在旁边再随机画一圈，继续采集，直至超出30片为止。但最多不能超过5个圈。如果5个圈还没采够30片，表明陶片密度不高，可改为一般采集。由若干个集聚在一起的采集区所构成的遗址点，以相距最近的村 / 屯命名，若有多个地点，则以罗马数字Ⅰ、Ⅱ、Ⅲ区分，如若遗址点所在坨岗有名称，则以坨岗名为遗址名。各遗址的编号则统一为："洮南市（T）+ 二龙乡（E）+ 村 / 屯（首字母）+ 数字编号（Ⅰ、Ⅱ、Ⅲ等）"。

调查中发现的陶瓷、石器数量颇丰且较具文化、时代特征，本文主要介绍这两类遗存。

（一）陶瓷器标本

依据质地、器形、纹饰、制法等可将陶瓷器标本分为十类。

1. 第1类

该类遗存在7处遗址、20个采集区中有发现，分布面积约5万平方米，共采集陶片316片。陶片多夹蚌，黄褐陶为主，灰褐陶次之，掺入的蚌片大且密集。采集了器口、器底、纹饰陶片、纺轮等，可辨器形者较少，有筒形罐、盆等。素面为主，纹饰多饰于口沿或近口处，包括按窝纹、戳印纹、附加堆纹等，堆纹上常戳压出圆形或长条形的凹窝。制法以泥圈套接法为主，器壁薄厚不均，火候较低。

筒形罐口部残片 4件，陶质均为夹蚌。

TEJⅠ010：1，黄褐陶。敞口，圆唇，唇缘外凸，腹弧收。素面，泥圈套接处在器腹外侧起棱。口径约18、残高10.65、厚0.48～0.57厘米（图二，1）。

TEQⅢ003：1，灰褐陶。直口，圆方唇。唇面饰戳印纹，近口处器表饰三周附加堆纹，堆纹上有斜向戳印纹。口径约29，残高3.44，厚0.5～0.6厘米（图二，2）。

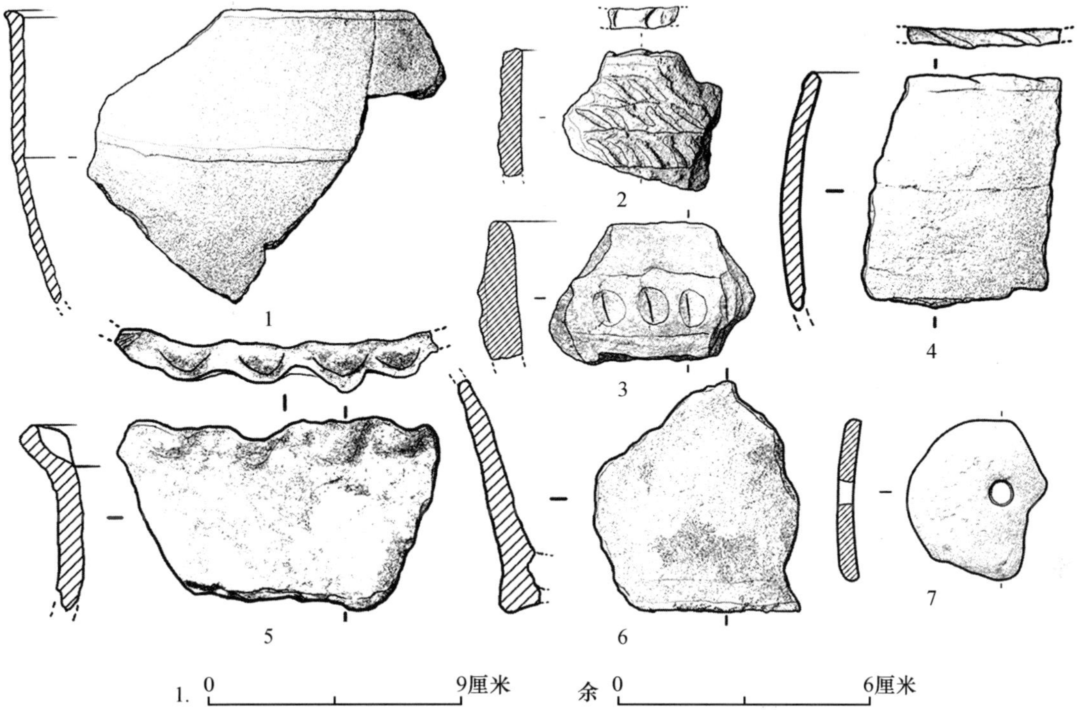

图二　第1类遗存陶器标本图

1～4. 筒形罐口部残片（TEJⅠ010：1、TEQⅢ003：1、TEQⅣ002：1、TEJⅠ009：1）5. 盆口部残片（TEJ Ⅰ 008：1）6. 器底（TEM Ⅳ 002：1）7. 残纺轮（TEJⅠ005：1）

TEQⅣ002：1，灰褐陶。敞口，圆方唇。近口处器表饰一周较宽的附加堆纹，堆纹上按压出圆形坑窝。口径约29、残高3.42、厚0.3～1.01厘米（图二，3）。

TEJⅠ009：1，黄褐陶。敛口，圆唇，腹略鼓。素面，唇面上有按窝纹。口径约19、残高5.58、厚0.38～0.48厘米（图二，4）。

盆口部残片　1件。TEJⅠ008：1，夹蚌灰褐陶。敞口。唇缘有由内向外压的波浪状按窝纹，器表可见烟熏痕。口径约25、残高4.64、厚0.28～0.52厘米（图二，5）。

器底　3件。TEMⅣ002：1，夹蚌黄褐陶。斜弧壁内收。素面。底径约10、残高5.56、厚0.32～0.8厘米（图二，6）。

残纺轮　1件。TEJI005：1，夹蚌灰褐陶。腹片磨制而成。素面。有一双面钻孔。直径3.84厘米，孔径0.51～0.59厘米（图二，7）。

2. 第2类

该类遗存在12处遗址、21个采集区中有发现，分布面积约4.75万平方米，共采集陶片294片。陶片多夹蚌，灰褐陶为主，黄褐陶次之。采集了器口、器底、纹饰陶片等，可辨器形包括敛口弧腹罐、侈口鼓腹罐、筒形罐等。流行装饰截面呈尖锐凸棱状的窄细附加堆纹，应为捏制，或在陶器近口处有数周平行堆纹（图三，6），或用堆

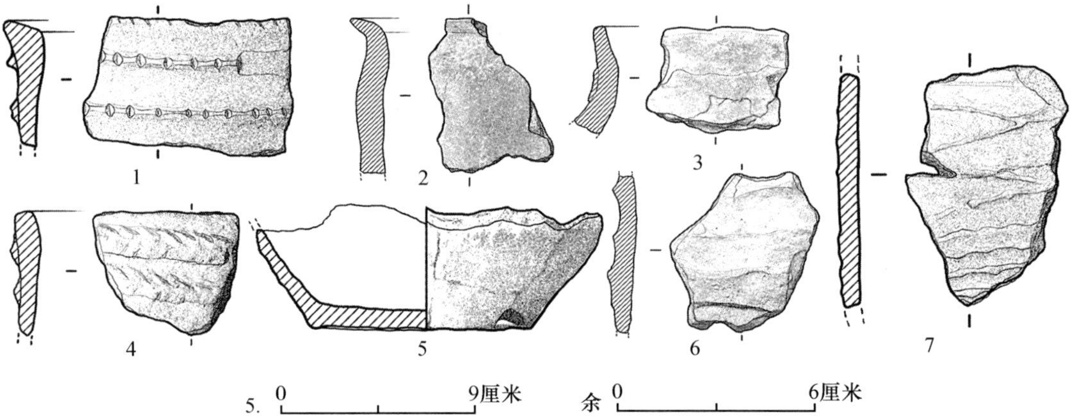

图三　第2类遗存陶器标本图

1. 敛口弧腹罐口部残片（TEQ Ⅲ 003：3） 2、3. 侈口鼓腹罐口部残片（TEQ Ⅲ 005：1、TEQ Ⅲ 003：4） 4. 筒形罐口部残片（TEJ Ⅰ 007：1） 5. 器底（TEY Ⅷ 004：1） 6、7. 纹饰陶片（TEY Ⅲ 001：1、TEQ Ⅲ 003：2）

纹组成几何形纹饰（图三，7），堆纹上多有戳压的坑窝。制法仍以泥圈套接法为主，器壁薄厚较均匀，但烧制温度仍不高，堆纹、器表多有剥落、掉片现象。

敛口弧腹罐口部残片　2件。TEQⅢ003：3，夹蚌黄褐陶。斜方唇，弧鼓腹。唇面戳印坑点，近口处器表饰两周窄细附加堆纹，堆纹上戳压坑窝，局部有脱落。口径约32、残高4.16、厚0.5～1.08厘米（图三，1）。

侈口鼓腹罐口部残片　5件。

TEQⅢ005：1，夹蚌灰褐陶。卷沿，尖圆唇，束颈，腹略鼓。素面，器壁经刮抹，有烟熏痕。残高4.7、厚0.1～0.8厘米（图三，2）。

TEQⅢ003：4，夹蚌灰褐陶。圆方唇，束颈，鼓腹。素面。口径约17、残高3.27、厚0.31～0.76厘米（图三，3）。

筒形罐口部残片　4件。TEJⅠ007：1夹蚌灰褐陶。直口，圆唇，腹壁较直。近口处器表饰两周窄细附加堆纹。口径约31、残高3.8、厚0.46～0.94厘米（图三，4）。

器底　3件。TEYⅧ004：1夹蚌灰褐陶。弧鼓腹，底略内凹。素面。底径约10、残高约3.9～6.1、厚0.6～0.9厘米（图三，5）。

3. 第3类

该类遗存在11处遗址、18个采集区中有发现，分布面积约4.5万平方米，共采集陶片198件。陶片多夹蚌，黄褐陶为主，灰褐陶次之，采集了器口、纹饰陶片等，可辨器形有筒形罐、钵等。流行装饰戳压列点纹、附加堆纹，素面陶多经打磨修整。制法以泥圈套接法为主，器壁薄厚均匀，烧制温度较高。

筒形罐口沿残片　6件，陶质均为夹蚌。

TELⅠ001：1，黄褐陶。直口，方唇。唇面压印有斜向凹窝，近口处器表饰三排

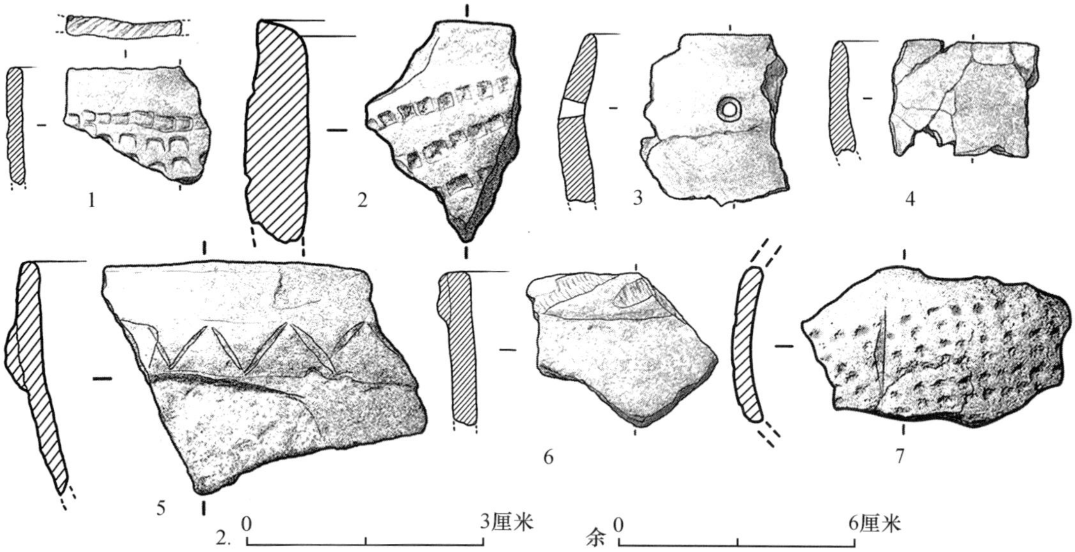

图四　第3类遗存陶器标本图

1～6. 筒形罐口沿残片（TELⅠ001：1、TEQⅣ002：2、TEJMⅢ001：1、TEJMⅢ001：2、TEQⅣ002：3、TEJⅠ005：2） 7. 钵腹部残片（TELⅠ002：1）

戳压的铲形列点纹。口径约16、残高2.99、厚0.32～0.39厘米（图四，1）。

TEQⅣ002：2 黄褐陶。直口，斜方唇。近口处器表饰三排戳压的斜向方形列点纹。残高2.82、厚0.55～0.78厘米（图四，2）。

TEJMⅢ001：1，灰褐陶。敛口，圆唇，弧鼓腹。素面，口沿下有一单面钻圆孔。口径约17、残高4.32、厚0.31～0.68厘米（图四，3）。

TEJMⅢ001：2，灰褐陶。直口，圆唇，腹弧收。素面，泥圈套接处的器壁较厚，内侧可见按窝痕。口径约16、残高2.95、厚0.3～0.58厘米（图四，4）。

TEQⅣ002：3，黄褐陶。敛口，圆唇，弧鼓腹。近口处器表饰一周较宽的附加堆纹，堆纹上用片状工具戳压出波折纹。口径约28、残高5.94、厚0.32～0.96厘米（图四，5）。

TEJⅠ005：2，黄褐陶。直口，方唇，器壁较直。口部器表饰一周较宽的附加堆纹，堆纹上压印斜向篦齿纹。口径约30、残高3.91、厚0.6～0.84厘米（图四，6）。

钵腹部残片　1件。TELⅠ002：1，夹蚌黄褐陶。弧鼓腹。饰七排戳压的圆形列点纹。残高4.06、厚约0.5厘米（图四，7）。

4. 第4类

该类遗存见于29处遗址，57个采集区，面积约为14.25万平方米，共采集陶片340件。陶片多为砂质，包括黄褐陶、灰褐陶，还有夹蚌砂质黄褐陶、夹砂灰褐陶、夹蚌灰褐陶。采集了器口、器底、器耳、纹饰陶片、纺轮等，可辨器形主要为筒形罐。泥圈套接法为主，砂质陶陶胎较厚，夹砂陶较薄，但火候较高。素面为主，器壁多经刮抹，纹饰有刻划人字纹、之字纹、平行细线纹和拍印麻点纹（图五，8、9）等。

筒形罐口沿残片　11件。

TEJⅠ005：3，夹蚌黄褐陶。直口微敛，尖圆唇，腹略鼓。素面。口径18、残高7.2、厚0.3～0.94厘米（图五，1）。

TEJⅠ008：2，夹砂灰褐陶。直口微，圆唇，腹壁略弧。素面，内外磨光。近口沿处有一单面钻穿孔。口径14、残高2.92、厚0.29～0.45、孔径为0.4～0.3厘米（图五，2）。

TEJⅡ001：1，砂质黄褐陶。直口，圆唇，素面，器表有横向刮抹痕。口径约22、残高4.24、厚约0.8厘米（图五，3）。

TEJⅠ005：4，夹蚌黄褐陶。直口，圆唇。器表饰麻点纹，纹痕模糊。残高3.25、厚约0.7厘米（图五，4）。

TEAⅨ004：1。砂质黄褐陶。口微侈，方唇，斜弧壁。近口处器表刻划斜向平行短线纹，上下排错向排列。口径16、残高3.64、厚0.43～0.51厘米（图五，5）。

TEAⅨ002：1，砂质黄褐陶。口近直，圆方唇，斜直壁。近口处器表刻划横向人字纹。口径约22、残高2.6、厚0.38～0.48厘米（图五，6）。

器耳　2件。TEJⅠ002：1，砂质黄褐陶。素面。残高4.4、厚0.8～1.3厘米（图五，7）。

纺轮　1件。TEJⅠ005：5，夹蚌砂质黄褐陶。素面，边缘磨制。一对钻圆孔。直径约3.7、孔径约0.7厘米（图五，10）。

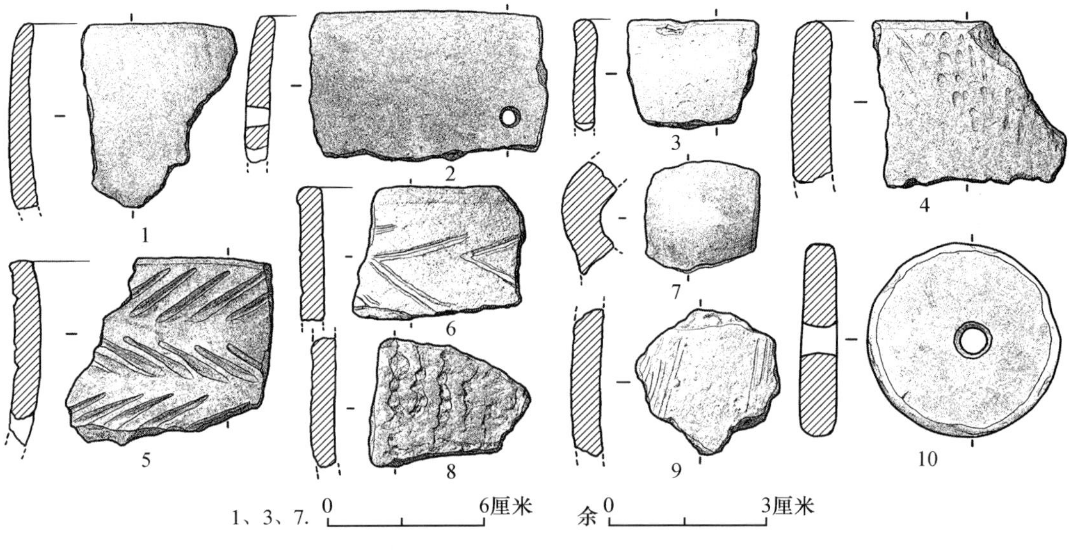

图五　第4类遗存陶器标本图

1～6. 筒形罐口沿残片（TEJⅠ005：3、TEJⅠ008：2、TEJⅡ001：1、TEJⅠ005：4、TEAⅨ004：1、TEAⅨ002：1）
7. 器耳（TEJⅠ002：1）　8、9. 纹饰陶片（TERⅢ006：1、TEBⅥ001：1）　10. 纺轮（TEJⅠ005：5）

5. 第 5 类

该类遗存只见于那森白音四号遗址（TEB Ⅳ）。仅采集到 1 件纹饰标本（TEB Ⅳ 001：1），砂质黄褐陶，火候较高。饰四条平行的附加堆纹，堆纹截面较圆钝、排列密集，堆纹之间的间隔似由细绳按压而成。残高 2.84、厚 0.37 ~ 0.56 厘米（图六）。

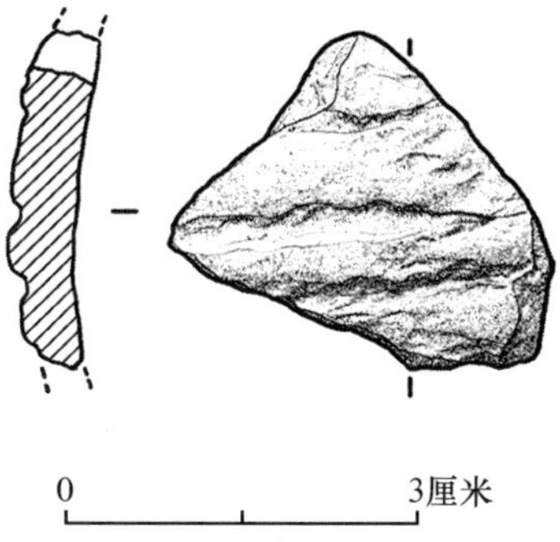

图六　第 5 类遗存陶器标本图

6. 第 6 类

该类遗存见于 3 处遗址，4 个采集区，面积约 1 万平方米，共采集陶片 21 件。陶片多为夹砂陶，包括红褐陶、灰褐陶等。可辨器形有鬲、盆、钵等。陶鬲多夹粗砂，器壁厚；盆或钵类多夹细砂，器壁薄。火候均较高。纹饰有细绳纹、篦点纹、附加堆纹（图七，5 ~ 7）等。

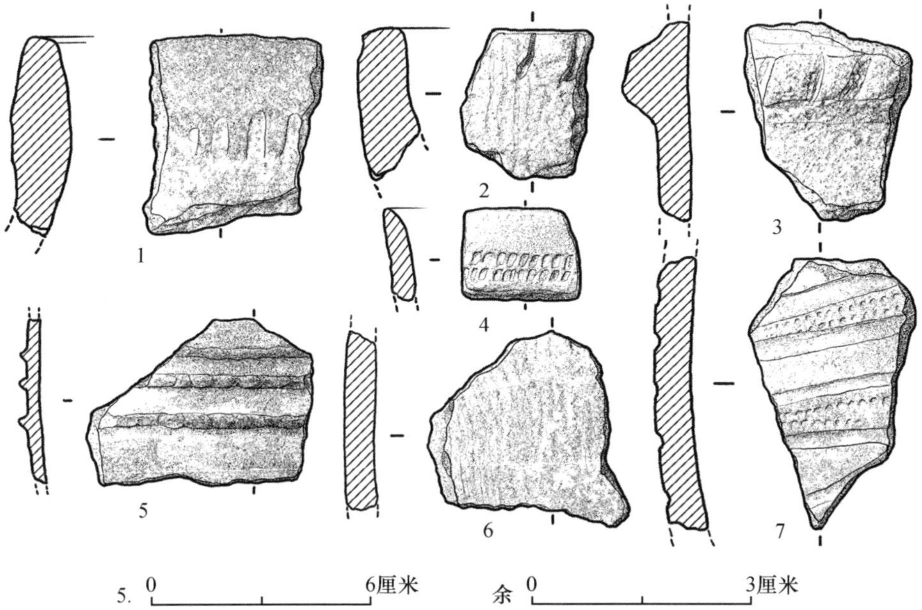

图七　第 6 类遗存陶器标本图

1 ~ 3. 鬲口沿残片（TEM Ⅶ 001：1、TEM Ⅶ 001：2、TEM Ⅶ 001：3）4. 钵口沿残片（TEM Ⅶ 001：4）
5 ~ 7. 纹饰陶片（TEW Ⅳ 002：1、TEQ Ⅳ 002：4、TEM Ⅵ 007：1）

鬲口沿残片　5 件。

TEMⅦ001：1，夹砂灰褐陶。直口有领，方唇，束颈。近口处有一道附加堆纹，堆纹上有戳压的纵向凹窝，器表饰细绳纹，纹痕模糊。口径约 12、残高 2.79、厚 0.4 ~ 0.83 厘米（图七，1）。

TEMⅦ001：2，夹砂红褐陶。侈口，方唇，腹内凹弧。唇外缘有掐印指甲纹，器表则饰纵向细绳纹。残高0.88、厚0.66～0.78厘米（图七，2）。

TEM Ⅶ 001：3 夹砂灰褐陶。饰一道附加堆纹，堆纹上压印有斜向凹窝。残高2.75、厚0.42～0.91厘米（图七，3）。

钵口沿残片　2件。TEM Ⅶ 001：4，器口，砂质黄褐陶。侈口，尖圆唇。沿外饰两排戳压篦点纹。口径约12、残高1.3、厚约0.3厘米（图七，4）。

7. 第7类

该类遗存见于4处遗址，7个采集区，面积约1.75万平方米，共采集陶片38件。陶片以夹砂灰陶为主，采集了器口、袋足、纹饰陶片等，可辨器形主要为罐、鬲等，火候较高，纹饰有戳压篦点纹、附加堆纹、细绳纹（图八，3、4）等。

罐口沿残片　2件。TEM Ⅶ 001：5，口沿，夹砂灰褐陶。侈口，圆唇，束颈。沿外有一道附加堆纹，堆纹上压印斜向篦点纹，堆纹下方刻划纵向的短凹槽。口径约22、残高2.98、厚0.62～0.96厘米（图八，1）。

直腹鬲腹部残片　4件。TEF Ⅱ 001：1，夹砂灰褐陶。饰一道附加堆纹，堆纹上有纵向刻划纹，器表经打磨，但仍可观察到细绳纹痕迹（图八，2）。

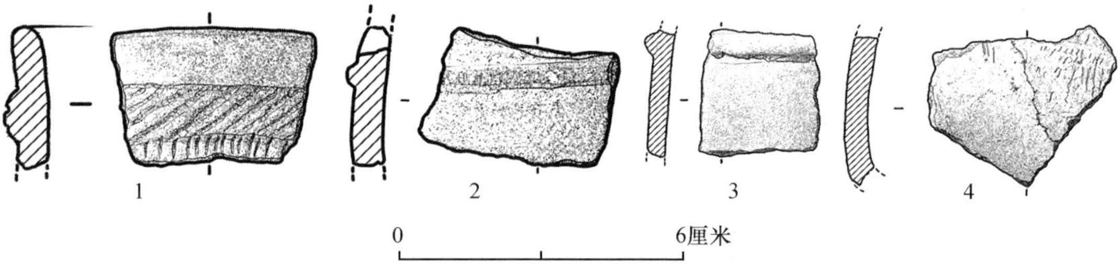

图八　第7类遗存陶器标本图

1. 罐口沿残片（TEM Ⅶ 001：5）　2. 直腹鬲腹部残片（TEF Ⅱ 001：1）
3、4. 纹饰陶片（TEA Ⅸ 002：1、TEB Ⅳ 001：1）

8. 第8类

该类遗存见于15处遗址，28个采集区，面积约7万平方米，共采集陶片140件。陶片多为夹砂陶，红褐色最多，黄褐色、灰褐色次之，器表多施红彩、经磨光，还见有细线纹（图九，2～4）等。采集有器口、器耳、纹饰陶片等，可辨器形有钵、鬲、罐等。

罐口沿残片　1件。TEA Ⅳ 002：1，夹砂黄褐陶。侈口，厚圆唇。器表绳纹经刮抹。残高2.4、厚0.35～0.57厘米（图九，1）。

9. 第9类

该类遗存见于86处遗址，345个采集区，面积约86.25万平方米，共采集陶瓷片

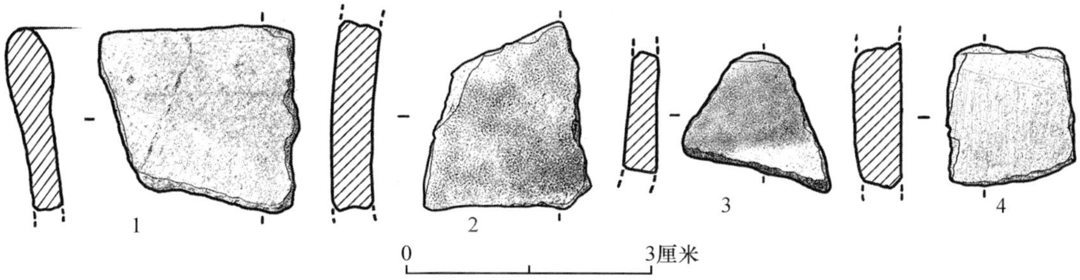

图九　第8类遗存陶器标本图

1. 罐（TEAⅣ002：1） 2～4. 纹饰陶片（TEMⅦ001：6、TEMⅦ001：7、TEMⅦ001：8）

6908件。陶片以泥质灰陶为主，夹砂灰陶、红陶次之。采集有器口、器底、器耳、圆陶片、纹饰陶片等，可辨器形有罐、盆、瓮等。轮制为主，器壁常见同心圆痕迹，火候很高。素面之外，纹饰有滚压或戳压篦齿纹、刻划梳齿纹、附加堆纹、弦纹、贴塑泥饼等（图一〇，11～13）。

罐口沿残片　19件。TELJⅤ001：1，器口，泥质灰陶。侈口，卷沿，尖圆唇，束颈，溜肩。素面。口径约10、残高5.76、厚0.5～0.75厘米（图一〇，1）。

盆口沿残片　40件。

TEJⅠ005：8，夹砂红褐陶。直口，厚圆唇。沿外有一道凹槽，凹槽以下为戳压篦

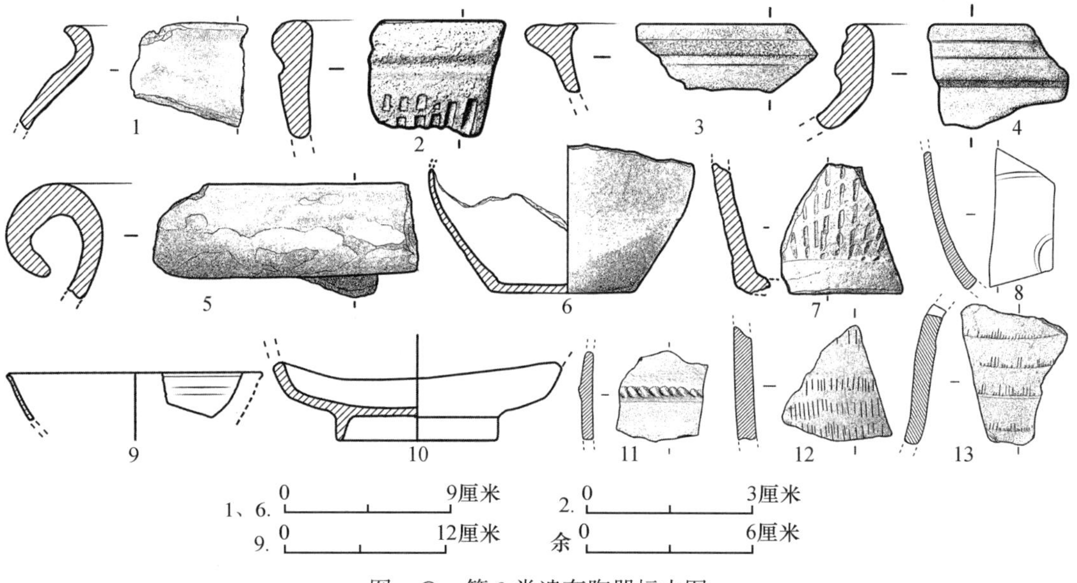

图一〇　第9类遗存陶器标本图

1. 罐口沿残片（TELJⅤ001：1） 2、3、5. 盆口沿残片（TEJⅠ005：8、TEJⅠ005：9、TERⅢ006：2）
4. 瓮口沿残片（TEJⅠ005：10） 6、7. 器底（TERⅢ006：3、TEJⅠ005：11） 8. 刻划花白瓷片（TELⅡ001：1）
9、10. 瓷碗（TELⅡ001：2、TELⅡ001：3） 11～13. 纹饰陶片（TEQWⅠ008：1、TEJⅠ005：6、TEJⅠ005：7）

齿纹。口径约 14、残高 2.12、厚 0.39 ~ 0.72 厘米（图一〇，2）。

TEJⅠ005：9，夹砂灰陶。敞口。唇缘内外皆凸，形成重唇，唇面内侧有一周浅凹槽。口径约 27、残高 1.26、厚约 0.23、口沿宽 0.93 厘米（图一〇，3）。

TERⅢ006：2，泥质灰陶。侈口，沿外卷近筒状，圆唇。素面。口径约 28、残高 4.2、厚 0.7 ~ 1.16 厘米（图一〇，5）。

瓮口沿残片　10 件。TEJⅠ005：10 夹砂灰褐陶。直口矮领，圆唇，束颈。口沿处饰三周平行的附加堆纹。口径约 21、残高 1.91、厚 0.3 ~ 0.68 厘米（图一〇，4）。

器底　11 件。

TERⅢ006：3，泥质灰陶。鼓腹，平底。素面，最大径在腹中部。残高 8.1、底径 7.8、厚 0.3 ~ 0.5 厘米（图一〇，6）。

TEJⅠ005：11，夹砂灰陶。斜弧壁，凹底。下腹部饰戳压篦齿纹，壁、底接连方式为底包边，形成一周宽凸棱。底径约 9、残高 4.8、厚约 0.56、底边交界处厚约 0.8 厘米（图一〇，7）。

瓷器标本均为白瓷，灰白色胎体轻薄，胎质细腻，釉色白中泛青或泛黄，多为素面或有刻划装饰（图一〇，8）。采集了器口、器底和纹饰瓷片等，可辨器形主要为碗。

瓷碗　14 件。

TELⅡ001：2，器口，胎体较粗糙，釉色白中泛黄，内壁局部脱釉。敞口、圆唇、斜弧腹。口径约 19、残高 3.44、厚约 0.4 厘米（图一〇，9）。

TELⅡ001：3，器底，釉色白中泛青，除圈足和器底无釉，余满釉。弧腹、平底、矮圈足。圈足径约 6、残高 2.96、厚 0.3 ~ 0.4 厘米（图一〇，10）。

10. 第 10 类

该类遗存见于 37 处遗址，100 个采集区，面积约 10.25 万平方米，共采集陶瓷片 477 件。陶片以泥质灰陶为主，陶色较辽金时期更深。器表多见磨光黑皮，采集了器口、腹片等，可辨器形包括盆、罐等（图一一，1、2）。瓷器多为青花瓷，灰白胎体较粗糙，釉色泛青，釉面常见坑点、砂粒。通体施釉为主，外壁多饰写意花卉纹，青花色发暗（图一一，6）。采集了器底、腹片等，可辨器形主要为碗。

瓷碗　5 件。多为敞口、圆唇、斜腹、矮圈足微内收，足尖被削切为锋利的脊状。

TEBⅥ002：1，底略内凹，外壁饰写意花卉纹，内底绘一周线纹。口径 12、底径 5.6、高 4.68 厘米（图一一，3）。

TEBⅥ002：2，平底，内底有一圈为露胎，外壁饰写意花卉纹。口径 12、底径 6.2、高 4.8 厘米（图一一，4）。

TEBⅢ003：1，底略内凹，外壁饰写意花卉纹。口径约 12、底径 5.6、高 5 厘米（图一一，5）。

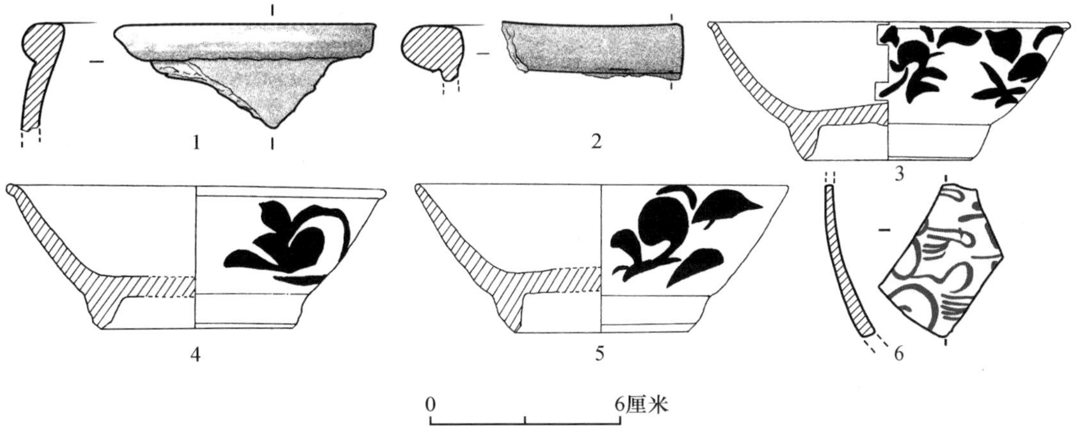

图一一　第10类遗存陶瓷器标本图

1、2. 罐（TEAⅦ005：1、TEY Ⅻ 005：1）　3～5. 瓷碗（TEB Ⅵ 002：1、TEB Ⅵ 002：2、TEB Ⅲ 003：1）　6. 青花瓷片（TELJ Ⅳ 003：1）

（二）石器标本

共207件，包括细石器和磨制石器两大类，其中细石器数量最多，约占86.5%，磨制石器约占13.5%。石料种类多样，但以燧石为主。

1. 细石器

多为压制或打制，器类丰富，以工具为主。

细石核　4件。

TEQ Ⅲ 003：4，船底形，灰白色燧石，打制的坡状台面略内凹，后缘和底缘被修整为刃状。台面长3.39、宽1.45、厚1.87厘米（图一二，1）。

TEQ Ⅳ 001：1，灰褐色燧石，台面经打制修整，两端剥片。长2.8、宽1.47、厚0.53～0.91厘米（图一二，2）。

TEJ Ⅰ 006：1，青灰色燧石，台面平整，边缘经打制修整。长2.34、宽1.01、厚0.6～0.7厘米（图一二，3）。

细石叶　44件。

TEQⅢ003：5，灰白色燧石，背面有双脊，截面呈不规则扁梯形。长2.4、宽0.8、厚0.38厘米（图一二，4）。

TEJ Ⅰ 008：3，黑曜岩，背面有双脊，截面呈扁梯形。长1.69、宽0.5、厚0.12厘米（图一二，5）。

石刃　3件。系骨梗石刃刀等复合工具的石刃，体扁平，多为石叶压制而成。

TEJ Ⅰ 003：1，青灰色燧石，交互加工出双刃，中部保留自然面。残长3.9、宽

2.12、厚0.54厘米（图一二，6）。

TEQ Ⅲ 003：6，灰白色燧石，截面呈扁菱形，反向加工出单刃。长2.16、宽0.89、厚0.34厘米（图一二，7）。

TEJ Ⅰ 002：2，褐色燧石，截面呈扁梯形，同向加工出双刃。长1.96、宽1.22、厚0.21厘米（图一二，8）。

石镞　8件。多呈等腰三角形，体扁平，两刃薄锐，凹底，有两翼。

TEM Ⅳ 004：1，灰色玄武岩，前锋残，通体压制。残高1.9、底宽1.87、厚0.44厘米（图一二，9）。

TEQW Ⅳ 002：1，青灰色燧石，一翼残，刃部经交互加工。高2.55、底残宽1.08、厚0.27厘米（图一二，10）。

TEQ Ⅲ 004：1，灰白色燧石，半成品，石叶经对向压制出前锋。高3.53、底宽1.15、厚0.37厘米（图一二，11）。

TEM Ⅵ 006：1，白色玉髓，弹头形，前锋及一翼残，两刃弧鼓，通体压制。残高2.35、底残宽1.12、厚0.33厘米（图一二，12）。

尖状器　1件。TEQ Ⅰ 004：1，白色玛瑙，呈等腰三角形，柄部保留自然面，余皆压制成型。高2.77、宽2.13、厚0.88厘米（图一二，13）。

刮削器　33件。形制多样，依据刃部形状及数量的差异，可分为单直刃、单凸刃、单凹刃、端刃和复刃刮削器。

TEJ Ⅰ 005：12，端刃刮削器，黄褐色燧石，石片经正向加工而成。长2.23、宽2.1、厚0.16厘米（图一二，14）。

TEQ Ⅲ 003：7，复刃刮削器，蛋白石，石片经对向加工而成。长2.23、宽1.31、厚0.66厘米（图一二，15）。

TEQ Ⅲ 003：8，单凸刃刮削器，灰褐色燧石，石片经正向加工而成。长6.6、宽3.34、厚1.52厘米（图一二，17）。

TEW Ⅲ 002：1，单直刃刮削器，青灰色燧石，石片经对向加工而成。长2.71、宽1.55、厚0.46厘米（图一二，16）。

TEJ Ⅰ 009：2，单凹刃刮削器，灰白色燧石，柄部经反向修整，刃部经正向加工。残长3.86、宽2.61、厚1.08厘米（图一二，18）。

石矛　2件。

TEA Ⅳ 003：1红褐色燧石，平面呈菱形，底残，刃部薄锐如齿状，应经交互加工，器身保留较多节理面。残长4.82、宽2.6、厚0.82厘米（图一二，19）。

TEM Ⅳ 001：1，青灰色燧石，前锋残，圜底，通体压制，边刃经交互修整。残高3.16、宽2.98、厚1.02厘米（图一二，20）。

敲砸器　4件。TEH Ⅲ 001：1，青灰色玄武岩，椭圆形，复向加工而成，器身中部保留自然面，刃部圆钝，有敲砸痕迹。长4.74、宽3.87、厚2.13厘米（图一二，21）。

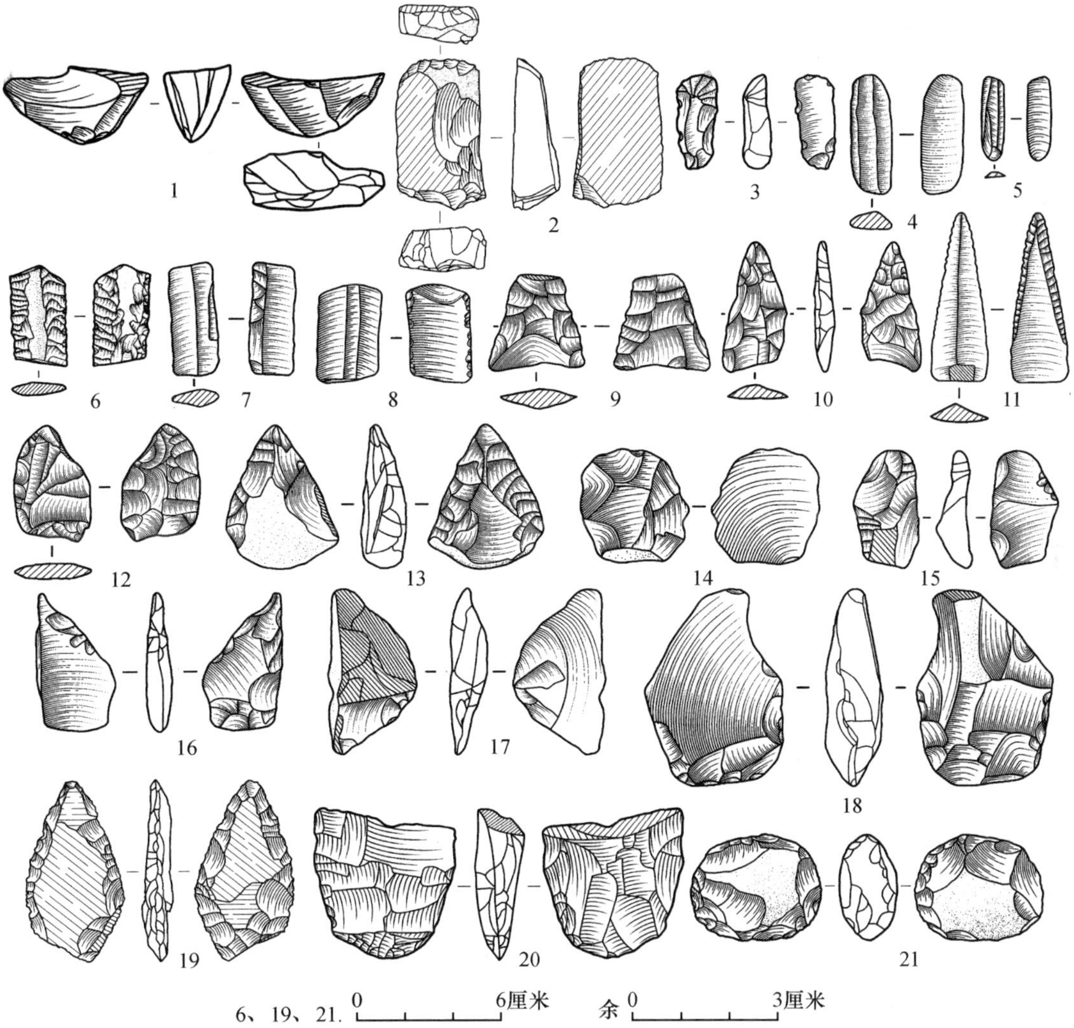

图一二 细石器标本图

1～3. 细石核（TEQ Ⅲ 003：4、TEQ Ⅳ 001：1、TEJ Ⅰ 006：1） 4、5. 细石叶（TEQ Ⅲ 003：5、TEJ Ⅰ 008：3） 6～8. 石刃（TEJ Ⅰ 003：1、TEQ Ⅲ 003：6、TEJ Ⅰ 002：2） 9～12. 石镞（TEM Ⅳ 004：1、TEQW Ⅳ 002：1、TEQ Ⅲ 004：1、TEM Ⅵ 006：1） 13. 尖状器（TEQ Ⅰ 004：1） 14～18. 刮削器（TEJ Ⅰ 005：12、TEQ Ⅲ 003：7、TEW Ⅲ 002：1、TEQ Ⅲ 003：8、TEJ Ⅰ 009：2） 19、20. 石矛（TEA Ⅳ 003：1、TEM Ⅳ 001：1） 21. 敲砸器（TEH Ⅲ 001：1）

2. 磨制石器

多为通体磨制，器类多样，以工具和装饰品为主。

凿 3件，平面多呈梯形，柄宽刃窄。

TEA Ⅴ001：1，青灰色斜长角闪岩，柄端残，两侧边磨平，弧刃，正锋。残高4.26、宽3.6、厚1.28厘米（图一三，1）。

TEQ Ⅰ 001：1，青灰色板岩，柄端残。残高 5.86、宽 0.86 ~ 1.62、厚 0.83 厘米（图一三，2）。

砺石　8 件。TEA Ⅶ 020：1，灰褐色燧石，柄端残，体扁平，一面有使用痕迹。残长 6.34、宽 2.72、厚约 1 厘米（图一三，3）。

斧　1 件。TEF Ⅶ 001：1，灰黑色玄武岩，刃、柄均残，器身扁鼓，两侧边磨平。残高 11.46、残宽 7.32、厚 1.4 ~ 3.4 厘米（图一三，4）。

匕　1 件，长条状，体扁平。TEF Ⅵ 001：1 灰黑色石灰岩，刃端残，器身正中近尾端有一单面钻圆孔。残长 10.52、宽 1.44 ~ 1.86、厚 0.68、孔径 0.4 ~ 0.62 厘米（图一三，9）。

锥形器　1 件。TER Ⅲ 001：1，灰白色大理石，柄端残。残长 14.37、器身直径约 4.32 厘米（图一三，10）。

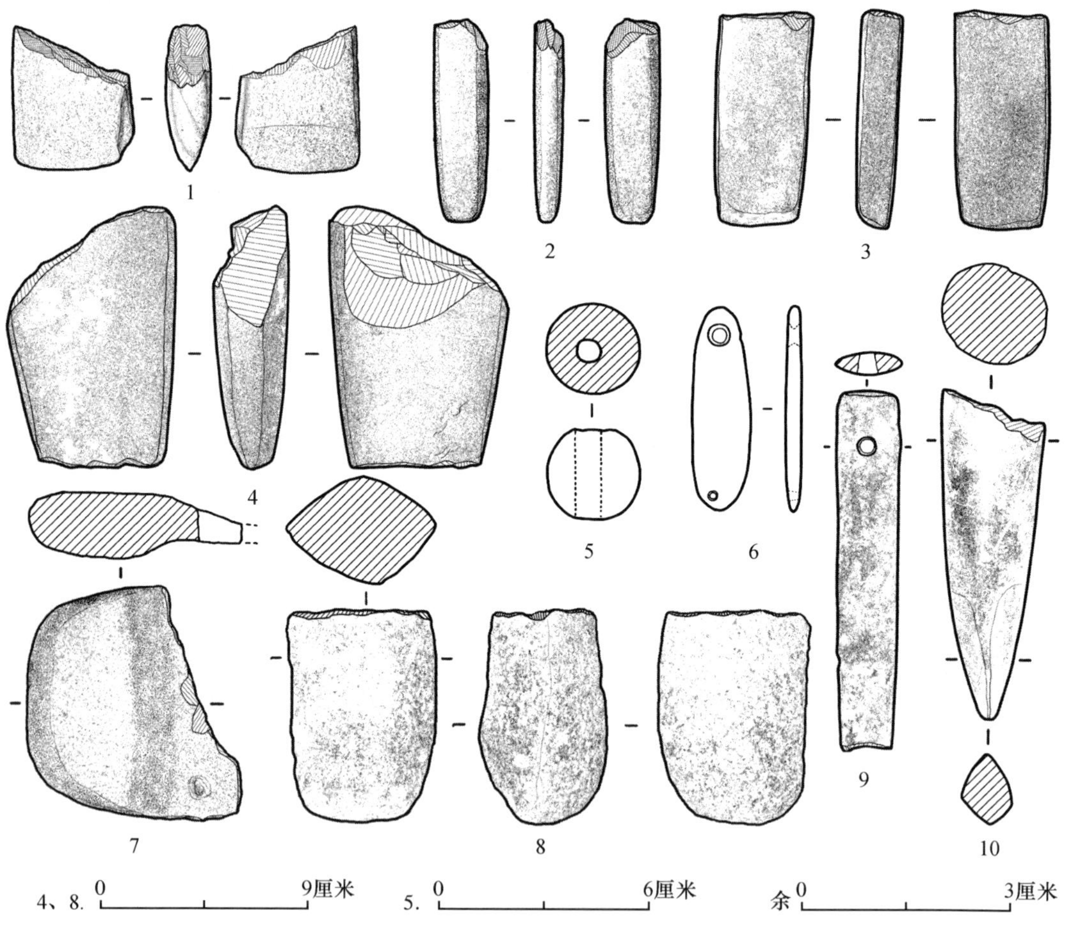

图一三　磨制石器标本图

1、2. 凿（TEA Ⅴ 001：1、TEQ Ⅰ 001：1）3. 砺石（TEA Ⅶ 020：1）4. 斧（TEF Ⅶ 001：1）
5. 料珠（TEA Ⅶ 022：1）6. 玉坠（TEJ Ⅰ 005：13）7. 磨盘（TEE Ⅲ 001：1）8. 磨棒（TEJ Ⅰ 009：3）
9. 匕（TEF Ⅵ 001：1）10. 锥形器（TER Ⅲ 001：1）

磨盘　6件，多为椭圆形，体扁平，大小不一，通常单面使用。TEEⅢ001：1，灰白色安山质晶屑凝灰岩，研磨面中部内凹明显。残长12.48、残宽13.72、厚1.28～3.88厘米（图一三，7）。

磨棒　7件，多为柱状。TEJⅠ009：3，灰白色含砾石英砂岩，柄端残，截面呈菱形，研磨端圆鼓，研磨面近平。残高6.26、宽4.36、厚3.12～3.66厘米（图一三，8）。

料珠　1件。TEAⅦ022：1，蓝色，中心有一对钻穿孔。直径1.34、孔径0.37～0.5厘米（图一三，5）。

此外，还发现1件玉坠（TEJⅠ005：13），通体磨制，长椭圆形，两端各有一穿孔，分别为对钻、单面钻。长6、宽1.76、孔径分别为0.4～0.68、0.16～0.28厘米（图一三，6）。

二、初步认识

第1类遗存的陶器多为夹蚌黄褐陶，烧制火候低，器壁薄厚不均。器表以素面为主，但口沿上波浪状的按窝纹、唇面上的戳压纹、近口处器表的附加堆纹等也颇为典型。同类陶器特征和纹饰风格还见于吉林省洮南市双塔（一期）[2]、四海泡子第Ⅳ地点[3]、通榆县老富大坨子和敖包山[4]、镇赉县乌兰吐北岗[5]、黑龙江省泰来县东翁根山和南大村[6]等遗址。并且调查区和双塔遗址空间距离较近，后者东南距调查区仅13.5千米，隔洮儿河相望。结合陶器风格、空间分布等特点，可以判断此类遗存为双塔一期文化遗存，属于嫩江中下游地区新石器时代的早期遗存，绝对年代约在公元前9000～前6000年[7]。

第2类遗存的陶器多为夹蚌灰褐陶，以装饰捏压的尖锐凸棱状窄细附加堆纹最具特点，多在器物上腹部饰多周平行堆纹或将堆纹组合成几何形。同类陶器也见于黑龙江省齐齐哈尔市昂昂溪[8]、额拉苏C地点[9]、吉林省镇赉县黄家围子[10]及大安市后套木嘎（二期）[11]等遗址，应同属黄家围子文化。该类文化是新近从昂昂溪文化中辨识出来的，绝对年代大致在距今8000～7000年[12]。需要说明的是，第1类遗存中也有多周平行堆纹的装饰，且饰纹位置、布局方式及堆纹上加饰戳压纹等均与第2类遗存相似。但两者的区别也很明确，后者器表的饰纹面积和比例均高于前者，堆纹的制作方式（器壁上直接捏制等）也与前者不同。此外，后者陶器的薄厚较均匀，且火候高于前者，相对年代应较晚。因此，黄家围子文化与双塔一期文化应属于有承继关系的两支文化[13]。

第3类遗存的陶器以夹蚌黄褐陶为主，饰纹陶器比例较高，多于近口处或上腹部饰纹，以戳压列点纹（圆形、方形、铲形等）、附加堆纹（其上压印篦齿纹、刻划波折纹等）等颇具代表性。与后套木嘎遗址第三期遗存[14]的陶器特征基本相符，应同属后套木嘎三期遗存。该类遗存也是新近辨识出来的，年代约在距今6800～5500年。

第4类遗存的陶器多为砂质，夹蚌陶中也有一定含砂量；器表以素面为主，还有少量的拍印麻点纹，刻划或压印之字纹。与吉林省洮南市双塔（二期）[15]、大安市后套木嘎（四期）[16]、内蒙古科左中旗哈民忙哈[17]、扎鲁特旗南宝力皋吐（D 地点）[18]等遗址的陶器相似，应同属哈民忙哈文化，绝对年代在距今 5500 ~ 4900 年。拍印麻点纹是该类文化的典型纹饰，但与其典型遗址——哈民忙哈遗址以麻点纹为主的装饰风格有别，此类遗存的麻点纹比例较低，且多因刮抹而模糊不清。另外，从流行厚胎砂质、圆方唇、敞口的素面筒形罐来看，此组遗存应更接近后套木嘎（四期）、南宝力皋吐 D 地点等遗址，属于哈民忙哈文化偏晚阶段[19]的遗存。

第 5 类遗存的陶器以装饰平行于器口的圆钝附加堆纹为标志，与以昂昂溪遗址五福 C 地点 M1、M2 为代表的昂昂溪文化[20]相符，属于嫩江流域新石器时代最晚阶段的文化遗存。

以上 5 类遗存属于嫩江中下游地区连续发展的五类新石器时代遗存，不同时期遗址数量、分布情况及遗存丰富程度等均有阶段性变化（附表一；图一四）。第 1 ~ 3 类遗址的数量较少且分布分散，采集区陶器数量分别占总数的 3.34%、3.51%、3.01%，陶器标本分别占总数的 3.64%、3.40%、2.29%。至哈民忙哈文化时期，遗址数量大幅

图一四　遗址分布图

增加，分布也变得密集，其采集区比例为9.53%，陶片标本比例为3.93%，调查区仅东南部腹地因地势低洼、湖泊湿地密集，而暂未发现此类遗存。至昂昂溪文化阶段，遗址数量又骤减，区域内目前仅发现1处遗址。

以上变化反映出，新石器时代的人们在该区域内的活动范围呈现出由小到大再趋缩减的发展趋势，其原因可能与当地的地形、地貌和气候环境相关。调查区域内地势低平，泡沼相连，地貌沙化严重。古遗址尤其是新石器时代的遗址，一般都位于泡沼边的沙岗之上。伴随末次冰期的结束，这一带开始出现以渔猎采集为生业的定居或半定居人群。但由于生业脆弱、资源有限等原因，从双塔一期文化到后套木嘎三期遗存，当地人类活动在4000～5000年一直保持着低强度的延续。大致从距今5500年前开始，与辽西红山文化的繁盛期相同步，该区域内的遗址数量有大幅增长，表明这一时期环境适宜，人口可能有较大增长，人类活动对环境的干预强度加大。但由于沙地湖沼区域生态环境的脆弱性，哈民忙哈文化在维持了一段时间的繁荣之后就趋于消亡，代之而起的是较新石器时代早中期遗址数量更少、活动强度更低的昂昂溪文化。从这一发展趋势来看，该区域体现出了与辽西区史前文化发展轨迹大致同步的特点。

以渔猎经济为主是嫩江中下游地区新石器时代遗存的一大特点，此次调查发现了丰富的石器标本，其中又以细石器比例最高，器类主要为适合开发渔猎资源的工具。在细石器的遗址之中，往往会见到新石器时代陶片及散落的大量动物骨骼、蚌片等，结合细石器的形制、质地及制作工艺来看，调查发现的细石器多应属于新石器时代遗存。

第6类遗存的陶器以花边口绳纹高领袋足鬲最具特点，花边是指在口部装饰带戳压纹的附加堆纹，与黑龙江省肇源县白金宝（1986年二期、1974年一期）[21]、古城（以H3为代表）[22]等遗址的陶鬲风格相符，并且均伴出饰戳压篦点纹的盆或钵。上述遗存以往多被归入小拉哈文化或白金宝文化，赵宾福先生指出该类遗存既具有自身的文化特点，在嫩江流域也有相应的时间、空间位置，因而将其命名为古城类型，是介于小拉哈文化和白金宝文化之间的一类独立考古学文化，年代相当于中原地区的商代晚期[23]。

第7类遗存的陶鬲以素面或绳纹的直腹袋足鬲为特点，鬲的口或裆部通常还饰带戳压纹的附加堆纹。鼓腹罐、盆等器物的器表多磨光并饰篦点纹。该类陶器风格与白金宝遗址第三期遗存[24]基本符合，应属白金宝文化，年代相当于中原地区的西周至春秋前期。

第8类遗存的陶器多为夹砂或砂质红褐陶，器表常施红彩。与吉林省大安市汉书（二期）[25]、后套木嘎（六期）[26]、黑龙江省泰来县平洋墓葬（二期）[27]、肇源县白金宝（四期）[28]、小拉哈（三期）[29]等遗址的陶器特征相符，同属汉书二期文化，年代相当于春秋晚期至西汉时期。

以上3类遗存属于嫩江流域青铜时代至早期铁器时代连续发展的三类遗存，总体来看，3类遗存的遗址及遗存数量均较少（附表一；图一四），各类的采集区数量分别占总数的0.67%、1.17%、4.68%，陶片标本数量分别占总数的0.24%、0.44%、1.62%。

以上三类遗存的规模较大的聚落均集中在嫩江下游沿岸，本次调查区距其文化的中心区较远，应属于文化边缘地带，人群规模较小，遗址也更可能是为获取资源而开辟的临时性或季节性活动场所。其中，汉书二期文化时期遗址数量有小幅提升，而调查区北部边界较南部的遗址数量多且分布更密集，这也辅证了当地青铜至早期铁器时代的遗存与嫩江下游沿岸自东向西的活动直接相关。

第 9 类遗存以泥质灰陶为主，可辨器形主要为罐、盆、瓮等。值得注意的是，同类陶器的形制、纹饰呈现出风格差异：一类流行平折沿或卷沿（卷曲程度较轻）、凹底，饰纹比例较高，多在颈、肩或下腹至底部饰滚压或戳压篦纹，共出有口部饰密集平行堆纹的陶瓮；另一类则多为大卷沿（卷曲较甚）、平底、素面、研光的陶器比例较高，共出陶瓮多饰带按窝纹的附加堆纹等。通过比对，第一类陶器和白瓷器与吉林省前郭茅山[30]、查干吐莫[31]、双辽高力戈[32]等辽代墓葬中的同类器相近，但双辽电厂贮灰场[33]、农安草房王[34]、白城市孙长青[35]等辽金遗址中也有发现。第二类陶器则与前郭塔虎城的陶器风格相符，报告据共出铜钱和瓷器将该城址的年代定为金元时期[36]。此外，扶余县西车家店[36]、德惠市揽头窝堡[37]、后城子[38]、敦化市敖东城[39]等金代遗址中也见有相当数量的同类陶器。

综上，可将此类遗存的年代推定在辽金时期。以往东北地区因少见明确年代标识的金代遗址，而将相当于中原宋王朝时期的遗存混称为辽金时期遗存[40]。但伴随着近几年来，新材料的发现、辽金陶瓷器专项研究的开展，辽、金陶器风格的差异逐渐显现。以上仅对辽、金时期陶器作形制上的粗略划分，还缺乏地层学证据的验证。要厘清两个时期陶瓷器之间究竟存在怎样的异同与关联，还需日后从组合方式、出土情境等多方面开展系统的对比研究。

第 10 类遗存的陶器陶色较深，素面为主，器表多有黑皮、经磨光，与辽金时期的陶器特征有别。此外，釉下青花瓷碗与扶余明墓[41]出土的同类器，在造型、纹饰、施釉方式等方面都较相似，但前者的花卉纹更为简化和抽象，属于年代偏晚的特征。综上，可将该类遗存的年代判断为明清时期。

至辽金时期，调查区内遗址数量和分布密度均空前增长，采集区数量占总数的 57.69%，陶瓷片标本占总数的 79.29%（附表一；图一四）。调查区西北方向 14 千米处有一座辽金至明初的城址——城四家子古城，属于辽上京道长春州、金北京路泰州、元开元路泰宁府、明泰宁卫的城府所在，也是当时的政治、经济、军事和文化中心。相距不远的调查区可能会承担该中心人群在居住及生业资源等方面的需求。本次发现的辽金遗址中，既包括规模不等的定居聚落（面积为 5 万～9 万平方米，且发现大量砖瓦、陶片），也存在游牧或渔猎而形成的季节性或临时性聚落（最小仅 0.25 万平方米）。彼时气候应较为干冷，调查区域内湖泊、湿地面积较小，因而一些遗址也分布在沙坨的缓坡或坡底平坦地带。至明清时期，遗址数量及遗存丰富程度又明显降低，采集区数量占总数的 16.72%，而陶瓷片标本仅占总数的 5.13%，这应与明清时期当地治所向西转移有关。

本次调查区内发现遗存的丰富程度及时间跨度之大是出乎意料的，而这批新材料的发现势必有助于探讨各类文化遗存的内涵、分布范围、居葬方式和生业模式等问题，也为全面考察科尔沁沙地及松嫩平原交界地带的文化编年序列、谱系关系、社会复杂化进程、历史沿革，以及脆弱生态环境下的人地关系等课题提供了新线索。

附记：此次调查由王立新教授带队，参加人员有洮南市文物管理所所长左雁鸣、通榆县文物管理所副所长李玉斌，吉林大学边疆考古研究中心杨琳、七十四、胡平平、潘静、李朵、陈晓玲、霍耀、王建峰、杨习良。在此特别感谢汤卓炜教授对石器类别和材质的鉴定，以及潘静、王建峰、任平、刘佳丽、王春委、李鹏辉、夏福德等人在器物拍照及分布图、器物图制作过程中给予的热忱帮助。

注　释

[1] a. 陈相伟，李殿福. 洮安县文物志［Z］. 内部资料，1982.

b. 吴喜才. 白城地区文物古迹［Z］. 内部资料，1990.

[2] a. 王立新. 双塔遗址［A］. 田野考古集萃——吉林省文物考古研究所成立二十五周年纪念［C］. 北京：文物出版社，2008：23-24.

b. 王立新，段天璟. 中国东北地区发现万年前后陶器——吉林白城双塔遗址一期遗存的发现与初步认识［J］. 吉林大学社会科学学报，2013（2）：65-70.

c. 吉林大学边疆考古研究中心，吉林省文物考古研究所. 吉林白城双塔遗址新石器时代遗存［J］. 考古学报，2013（4）：501-538.

[3] 王立新，宋德辉，夏宏宇. 吉林洮南四海泡渔场家属区遗址的复查与初步认识［A］. 边疆考古研究（第8辑）［C］. 北京：科学出版社，2009：353-364.

[4] 朱永刚，王永祥. 通榆县三处史前遗址调查与遗存分类［A］. 边疆考古研究（第7辑）［C］. 北京：科学出版社，2008：334-352.

[5] 吉林省文物考古研究所，镇赉县文物管理所. 吉林省镇赉县乌兰吐北岗遗址发掘简报［J］. 北方文物，2010（4）：7-12.

[6] 王文广，王永祥. 黑龙江省泰来县嫩江沿岸细石器文化遗址调查报告［J］. 北方文物，1995（1）：9-16.

[7] 段天璟，王立新，汤卓炜. 吉林白城市双塔一、二期遗存的相关问题［J］. 考古，2013（12）：58-70.

[8] 梁思永. 昂昂溪史前遗址［A］. 梁思永考古论文集［C］. 北京：科学出版社，1959：58-90.

[9] a. 奥田直荣（著），范小秦（译），刘晓东（校）. 北满昂昂溪细石器堆积层的发掘［A］. 黑龙江考古民族资料译文集（第1辑）［C］. 哈尔滨：北方文物杂志社，1991：35-39.

b. 大贯静夫. 关于昂昂溪采集的遗物——以额拉苏、C遗址出土遗物为中心［Z］. 东京：东京大学文学部：考古学研究室研究纪要（第六号），1986：1-44.

［10］吉林省文物考古研究所．吉林镇赉县黄家围子遗址发掘简报［J］．考古，1988（2）：141-156.

［11］吉林大学边疆考古研究中心，吉林省文物考古研究所．吉林大安市后套木嘎遗址 A Ⅲ区发掘简报［J］．考古，2016（9）：3-24.

［12］同［11］.

［13］王立新．后套木嘎遗址的新石器时代遗存及相关问题研究［J］．考古学报，2018（2）.

［14］a. 同［11］.

b. 吉林大学边疆考古研究中心，吉林省文物考古研究所．吉林大安市后套木嘎遗址 AⅣ区发掘简报［J］．考古，2017（11）：3-30.

［15］同［2］.

［16］同［14］.

［17］a. 内蒙古文物考古研究所，科左中旗文物管理所．内蒙古科左中旗哈民忙哈新石器时代遗址 2010 年发掘简报［J］．考古，2012（3）：3-19.

b. 内蒙古文物考古研究所，吉林大学边疆考古研究中心．内蒙古科左中旗哈民忙哈新石器时代遗址 2011 年的发掘［J］．考古，2012（7）：14-30.

c. 内蒙古文物考古研究所．内蒙古科左中旗哈民忙哈新石器时代遗址 2012 年的发掘［J］．考古，2015（10）：25-45.

［18］内蒙古文物考古研究所，鲁特旗文物管理所．内蒙古扎鲁特旗南宝力皋吐遗址 D 地点发掘简报［J］．考古，2017（12）：21-38.

［19］朱永刚，郑钧夫．科尔沁沙地东北部地区新石器时代遗存初探［A］．边疆考古研究（第 11 辑）［C］．北京：科学出版社，2012：89-108.

［20］同［18］.

［21］黑龙江省文物考古研究所，吉林大学考古学系．肇源白金宝——嫩江下游一处青铜时代遗址的揭示［R］．北京：科学出版社，2009.

［22］乔梁．松嫩平原陶鬲研究［J］．北方文物．1993（2）：17-24.

［23］赵宾福．中国东北地区夏至战国时期的考古学文化研究［M］．北京：科学出版社，2009：23-26.

［24］同［21］.

［25］吉林大学历史系考古专业，吉林省博物馆考古队．大安汉书遗址发掘的主要收获［A］．东北考古与历史（第一辑）［C］．北京：文物出版社，1982.

［26］同［14］.

［27］黑龙江省文物考古研究所．平洋墓葬［R］．北京：文物出版社，1990.

［28］同［21］.

［29］黑龙江省文物考古研究所，吉林大学考古学系．黑龙江肇源县小拉哈遗址发掘报告［J］．考古学报，1998（1）：61-101.

［30］吉林省文物考古研究所．吉林前郭茅山辽墓［J］．考古，1988（7）：670-672.

［31］ 吉林省文物考古研究所．吉林前郭查干吐莫辽墓发掘［A］．边疆考古研究（第4辑）［C］．北京：科学出版社，2005：348-379.

［32］ 吉林省文物考古研究所．吉林双辽县高利戈辽墓群［J］．考古，1986（2）：138-146.

［33］ 吉林省文物考古研究所，四平市文管会办公室，四平博物馆．吉林双辽电厂贮灰场辽金遗址发掘简报［J］．考古，1995（4）：325-337.

［34］ 吉林省文物考古研究所，德惠市文物管理所．吉林省农安草房王遗址发掘简报［J］．北方文物，2009（11）：23-30.

［35］ 吉林省文物考古研究所，白城市文物管理所，洮北区文物管理所．吉林省白城市孙长青遗址发掘简报［J］．北方文物，2010（11）：41-47.

［36］ 吉林省文物考古研究所，吉林大学边疆考古研究中心．前郭塔虎城：2000年考古发掘报告［R］．北京：科学出版社，2017.

［37］ 吉林省文物考古研究所，扶余县博物馆，吉林大学．吉林省扶余县西车家店金代遗址的发掘［J］．北方文物，2009（3）：15-24.

［38］ 吉林省揽头窝堡遗址考古队．吉林德惠市揽头窝堡遗址六号房址的发掘［J］．考古，2003（8）：739-750.

［39］ 吉林省文物考古研究所，德惠市文物管理所．吉林省德惠市朱城子七队遗址发掘简报［J］．北方文物，2009（3）：22-32.

［40］ 吉林大学边疆考古研究中心，吉林省文物考古研究所．吉林敦化市敖东城遗址发掘简报［J］．考古，2006（9）：40-54.

［41］ 吉林省文物考古研究所．扶余明墓：吉林扶余油田砖厂明代墓地发掘报告［R］．北京：文物出版社，2011.

附表一　调查材料统计表

遗存类别	文化属性	遗址数量	采集区数量	分布范围（万平方米）	陶片数量	陶片总数百分比	密度（陶片/万平方米）
1	双塔一期文化	7	20	5	316	3.64%	63.2
2	黄家围子文化	12	21	5.25	294	3.40%	56
3	后套木嘎三期遗存	11	18	4.5	198	2.29%	44
4	哈民忙哈文化	29	57	14.25	340	3.93%	23.86
5	昂昂溪文化	1	1	0.25	1	0.01%	4
6	古城类型	3	4	1	21	0.24%	21
7	白金宝文化	4	7	1.75	38	0.44%	21.71
8	汉书二期文化	15	28	7	140	1.62%	20
9	辽金时期遗存	86	345	86.25	6861	79.29%	79.55
10	明清时期遗存	37	100	10.25	444	5.13%	43.32

附表二　遗址信息汇总表

分布图中编号	遗址号	遗址名	坐标（N，E）	海拔（米）	采集区数量	遗址面积（万平方米）	遗存类别
23	TEAⅠ	敖尼哈嘎一号	45°19′38.73″ 123°15′55.83″	146	6	1.5	9
24	TEAⅡ	敖尼哈嘎二号	45°19′30.26″ 123°15′56.39″	148	31	7.75	9、10
22	TEAⅢ	敖尼哈嘎三号	45°20′19.48″ 123°15′06.82″	164	1	0.25	9
21	TEAⅣ	敖尼哈嘎四号	45°19′55.86″ 123°14′56.92″	159	8	2	2、4、8～10
19	TEAⅤ	敖尼哈嘎五号	45°19′43.60″ 123°14′22.43″	146	1	0.25	9
20	TEAⅥ	敖尼哈嘎六号	45°19′51.71″ 123°13′59.30″	152	5	1.25	8、9
18	TEAⅦ	敖尼哈嘎七号	45°18′34.67″ 123°13′05.92″	148	30	7.5	9、10
17	TEAⅧ	敖尼哈嘎八号	45°18′54.14″ 123°12′30.97″	153	1	0.25	9
16	TEAⅨ	敖尼哈嘎九号	45°18′58.24″ 123°12′38.19″	154	6	1.5	3、4、8～10
77	TEBⅠ	纳森白音一号	45°19′42.00″ 123°08′10.20″	142	2	0.5	9
76	TEBⅡ	纳森白音二号	45°19′28.74″ 123°07′04.68″	143	1	0.25	9
74	TEBⅢ	纳森白音三号	45°19′42.06″ 123°06′42.30″	144	4	1	9、10
72	TEBⅣ	纳森白音四号	45°19′29.04″ 123°05′38.64″	144	8	2	5、8、9
73	TEBⅤ	纳森白音五号	45°19′35.58″ 123°05′53.82″	144	1	0.25	9
75	TEBⅥ	纳森白音六号	45°20′13.38″ 123°07′36.00″	140	3	0.75	4、9、10
71	TEEⅠ	二龙山一号	45°19′20.94″ 123°05′10.26″	144	6	1.5	9、10
69	TEEⅡ	二龙山二号	45°18′32.28″ 123°05′02.58″	145	1	0.25	9、10
70	TEEⅢ	二龙山三号	45°18′39.42″ 123°04′30.9″	142	2	0.5	9、10
68	TEEⅣ	二龙山四号	45°18′32.82″ 123°06′03.48″	143	1	0.25	9

续表

分布图中编号	遗址号	遗址名	坐标（N，E）	海拔（米）	采集区数量	遗址面积（万平方米）	遗存类别
29	TEF Ⅰ	副业一号	45°17′50.18″ 123°15′15.14″	155	1	0.25	9
31	TEF Ⅱ	副业二号	45°18′13.23″ 123°15′43.72″	149	1	0.25	8～10
30	TEF Ⅲ	副业三号	45°18′04.39″ 123°15′31.55″	146	1	0.25	9
25	TEF Ⅳ	副业四号	45°19′14.94″ 123°16′07.63″	145	1	0.25	9
26	TEF Ⅴ	副业五号	45°18′56.16″ 123°15′18.96″	145	3	0.75	9
28	TEF Ⅵ	副业六号	45°18′13.74″ 123°14′57.81″	146	1	0.25	不明
27	TEF Ⅶ	副业七号	45°18′29.91″ 123°15′10.40″	146	2	0.5	不明
88	TEH Ⅰ	后殷家一号	45°18′09.96″ 123°08′09.24″	143	1	0.25	9
87	TEH Ⅱ	后殷家二号	45°18′18.36″ 123°08′10.26″	142	1	0.25	9
78	TEH Ⅲ	后殷家三号	45°19′08.88″ 123°09′14.40″	140	1	0.25	4、9
67	TEH Ⅳ	后殷家四号	45°18′22.98″ 123°07′16.68″	143	1	0.25	9
86	TEJ Ⅰ	三架坨子前坨	45°18′10.02″ 123°11′22.74″	140	10	2.5	1、4、9
84	TEJ Ⅱ	三架坨子后坨	45°18′36.24″ 123°11′07.08″	143	8	2	4、9
15	TEJM Ⅰ	建民一号	45°19′11.57″ 123°12′09.57″	141	2	0.5	9
14	TEJM Ⅱ	建民二号	45°19′18.66″ 123°12′03.37″	147	10	2.5	4、8～10
13	TEJM Ⅲ	建民三号	45°19′19.23″ 123°11′39.84″	153	4	1	3、4、9
12	TEJM Ⅳ	建民四号	45°19′25.42″ 123°11′36.62″	154	2	0.5	9、10
11	TEJM Ⅴ	建民五号	45°19′30.09″ 123°11′25.23″	155	2	0.5	9、10
10	TEJM Ⅵ	建民六号	45°19′38.39″ 123°11′16.42″	151	4	1	8～10

续表

分布图中编号	遗址号	遗址名	坐标（N，E）	海拔（米）	采集区数量	遗址面积（万平方米）	遗存类别
9	TEJMⅦ	建民七号	45°19′56.88″ 123°10′25.34″	143	1	0.25	9
59	TELⅠ	刘家店一号	45°15′45.07″ 123°12′57.92″	147	4	1	3、4、9
58	TELⅡ	刘家店二号	45°15′31.55″ 123°13′34.12″	151	8	2	1、4、9
57	TELⅢ	刘家店三号	45°15′10.65″ 123°13′28.32″	139	1	0.25	9
1	TELJⅠ	李家店一号	45°21′03.51″ 123°06′58.87″	140	8	2	9、10
2	TELJⅡ	李家店二号	45°21′02.17″ 123°07′20.96″	142	3	0.75	9、10
3	TELJⅢ	李家店三号	45°20′59.24″ 123°07′39.42″	143	1	0.25	9、10
4	TELJⅣ	李家村四号	123°07′57.04″ 123°07′57.04″	143	4	1	9、10
5	TELJⅤ	李家村五号	45°21′03.12″ 123°08′24.77″	143	6	1.5	4、7～10
89	TEMⅠ	民治一号	45°17′12.02″ 123°10′44.83″	141	1	0.25	9、10
85	TEMⅡ	民治二号	45°18′01.30″ 123°10′48.90″	141	2	0.5	2、4、9、10
64	TEMⅢ	民治三号	45°16′34.97″ 123°10′54.85″	155	1	0.25	8
63	TEMⅣ	民治四号	45°16′21.22″ 123°11′05.51″	151	8	2	1、2、4、7～9
62	TEMⅤ	民治五号	45°16′01.87″ 123°11′23.95″	141	3	0.75	4、10
61	TEMⅥ	民治六号	45°16′08.47″ 123°11′38.71″	151	8	2	2～4、6、8～10
60	TEMⅦ	民治七号	45°16′02.44″ 123°12′32.12″	145	3	0.75	3、4、6～9
65	TEQⅠ	前岳家窝棚一号	45°16′50.76″ 123°09′56.46″	145	5	1.25	1、4、9
82	TEQⅡ	前岳家窝棚二号	45°18′26.24″ 123°09′43.63″	142	9	2.25	2、9、10
79	TEQⅢ	前岳家窝棚三号	45°18′51.60″ 123°09′10.50″	141	6	1.5	2、4、9、10

续表

分布图中编号	遗址号	遗址名	坐标（N，E）	海拔（米）	采集区数量	遗址面积（万平方米）	遗存类别
80	TEQⅣ	前岳家窝棚四号	45°18′51.42″ 123°09′32.82″	141	3	0.75	1、4、9、10
81	TEQⅤ	前岳家窝棚五号	45°18′59.10″ 123°10′01.14″	145	1	0.25	9
83	TEQⅥ	前岳家窝棚六号	45°18′27.90″ 123°10′18.12″	141	1	0.25	9、10
66	TEQⅦ	前岳家窝棚七号	45°16′55.08″ 123°08′57.66″	143	2	0.5	9
49	TEQWⅠ	前王家店一号	45°13′58.43″ 123°16′41.60″	141	10	2.5	9
50	TEQWⅡ	前王家店二号	45°14′28.01″ 123°15′39.37″	140	2	0.5	9、10
51	TEQWⅢ	前王家店三号	45°14′05.93″ 123°15′39.68″	141	1	0.25	3、9
52	TEQWⅣ	前王家店四号	45°14′39.46″ 123°15′30.80″	142	2	0.5	4、9
48	TEQWⅤ	前王家店五号	45°13′00.18″ 123°16′07.26″	142	36	9	9、10
6	TERⅠ	仁义四队窝棚一号	45°20′42.54″ 123°08′39.42″	142	10	2.5	3、4、9、10
7	TERⅡ	仁义四队窝棚二号	45°20′28.62″ 123°08′53.64″	145	17	4.25	9、10
8	TERⅢ	仁义四队窝棚三号	45°20′08.46″ 123°09′34.32″	144	11	2.75	3、4、8～10
56	TEWⅠ	王家店一号	45°15′01.14″ 123°13′39.25″	118	1	0.25	9、10
55	TEWⅡ	王家店二号	45°14′46.00″ 123°14′02.53″	149	1	0.25	9
54	TEWⅢ	王家店三号	45°14′41.22″ 123°15′03.21″	153	3	0.75	2、4、9
53	TEWⅣ	王家店四号	45°14′47.59″ 123°15′23.00″	140	3	0.75	4、6、9
46	TEWMⅠ	王家店村马店一号	45°12′35.28″ 123°18′14.25″	142	1	0.25	9、10
45	TEWMⅡ	王家店村马店二号	45°13′06.36″ 123°19′20.16″	144	1	0.25	不明
47	TEWMⅢ	王家店村马店三号	45°12′35.28″ 123°18′14.25″	142	3	0.75	9、10

续表

分布图中编号	遗址号	遗址名	坐标（N，E）	海拔（米）	采集区数量	遗址面积（万平方米）	遗存类别
43	TEY Ⅰ	袁家窝棚一号	45°14′41.79″ 123°19′44.80″	144	3	0.75	9、10
44	TEY Ⅱ	袁家窝棚二号	45°14′32.39″ 123°19′48.21″	142	3	0.75	9
42	TEY Ⅲ	袁家窝棚三号	45°15′24.04″ 123°19′35.65″	140	2	0.5	2、4、9
41	TEY Ⅳ	袁家窝棚四号	45°16′23.98″ 123°18′35.18″	141	1	0.25	9
40	TEY Ⅴ	袁家窝棚五号	45°16′19.29″ 123°18′40.91″	144	2	0.5	2、9
39	TEY Ⅵ	袁家窝棚六号	45°16′31.58″ 123°18′33.20″	146	1	0.25	9
38	TEY Ⅶ	袁家窝棚七号	45°16′37.45″ 123°18′24.57″	152	1	0.25	2、9
37	TEY Ⅷ	袁家窝棚八号	45°16′41.44″ 123°18′19.18″	146	7	1.75	2、4、8、9
36	TEY Ⅸ	袁家窝棚九号	45°16′54.36″ 123°18′20.24″	152	1	0.25	8、9
35	TEY Ⅹ	袁家窝棚十号	45°16′56.33″ 123°18′29.93″	139	4	1	3、8～10
34	TEY Ⅺ	袁家窝棚十一号	45°17′16.93″ 123°16′43.51″	143	1	0.25	9
33	TEY Ⅻ	袁家窝棚十二号	45°17′10.68″ 123°16′37.15″	142	10	2.5	2～4、9、10
32	TEY XⅢ	袁家窝棚十三号	45°17′18.29″ 123°16′22.63″	146	1	0.25	4、9

注：“遗存类别”不明的遗址中暂未发现陶器标本，仅见石器及动物骨骼遗存。

The Survey Report of the Modern Agricultural Engineering Areas of Jinken in Tao'nan City, Jilin Province

LI Duo　WANG Li-xin　ZUO Yan-ming

During 19 to 27 October 2017, the Jilin Provincial Institute of Cultural Relics and Archaeology, the Borderland Archaeology Research Center of Jilin University and the

Tao’nan City Cultural Relics Administration Institute carried out the regional system survey in engineering areas, which belongs to the Modern Agricultural Engineering of Jinken in Tao’nan. There are 89 sites, 598 collection areas, from which almost 9000 pieces of potteries, stone implements were collected. The remains can be divided into ten phases, which belongs to ten different archaeology assemblage recorded ranging from the Neolithic to the Qing Dynasty. This survey provides new materials for researching into the archaeology culture in the west of the Songhuajiang-and-Nenjiang Plain, and the process of social complexity in this region.

辽宁朝阳四座唐墓

辽宁省朝阳市文物考古研究所

2012年3月，为配合城中村改造的城市建设项目，朝阳市文物考古研究所承担了朝阳市双塔区肖家村玫瑰家园小区（二期）的文物勘探工作。在勘探过程中发现了一批古代墓葬，经报请上级文物主管部门批准，朝阳市文物考古研究所对墓葬进行了抢救性发掘。本文仅对其中形制相同的四座墓葬（编号为M1～M4）简介如下。

一、地理位置

墓地位于朝阳市区南部，北距珠江路200米，东距疏港路200米，距大凌河1千米。北侧为玫瑰家园小区（一期），南侧为同时兴建的珠江华府小区和天骄城小区，东侧紧邻朝阳市检察院，西南侧为怡盛园小区（图一）。这里地势平坦，原为居民住宅和耕地，属于朝阳市公布的中山营子古墓保护区范围。在此区域内曾发现和发掘了三燕、北魏、唐、辽等各时期墓葬几十座，是朝阳市重要的古代墓葬区。

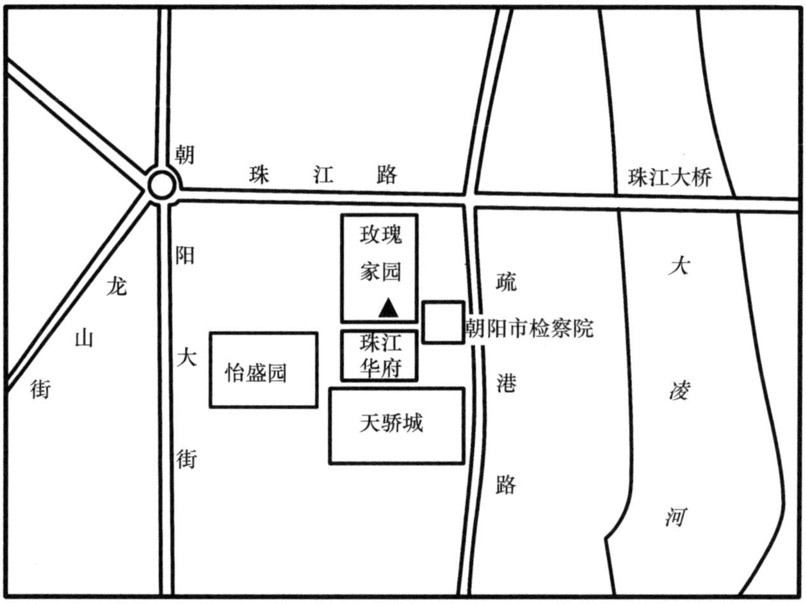

图一　墓葬位置示意图

二、墓葬形制及出土遗物

（一）M1

1. 墓葬形制

由上下两部分构成。

上部　圆形砖筑单室墓，由墓道、墓门、甬道和墓室四部分组成，墓向185°。

墓道　阶梯式，平面呈梯形，北宽南窄，长2.2、北宽1.58、南宽1.22、存深0.6米。仅存五级阶梯，阶宽0.28～0.44、高0.2米。

墓门　上部结构坍塌不存，门宽0.95米。狼牙式砖封堵。

甬道　顶部坍塌，长0.32、宽0.95米。立壁存高0.6米，卧砖砌筑。

墓室　圆形，直径2.68米。墓壁以一立三卧形式砌筑，仅存两组，存高0.6米。仅在墓室北部见有一横一竖两排铺地砖。

下部　土坑墓。在铺地砖南侧发现一个东西向的长方形土圹，长2.38、宽1、深0.8米。圹内置木棺一具，前宽后窄，存长2.3、前宽0.92、后宽0.64、高0.7米。棺内骨架一具，仰身直肢，头西足东，朽烂较重。在棺内散落铜带具（图二）。

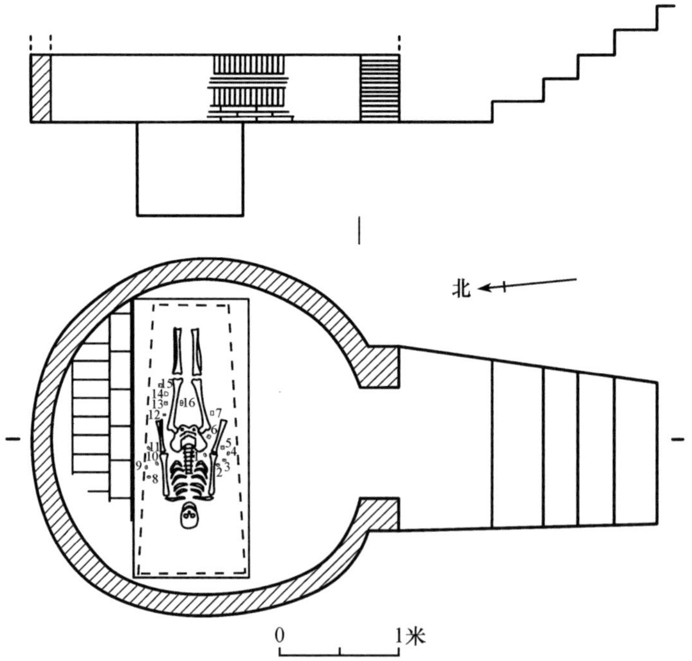

图二　M1平、剖面图

1～4、8～11. 椭圆形铜带銙　5、6、13、15. 方形铜带銙　7. 长方形铜片　12. 长方形铜带銙　14. 铜铊尾　16. 铜带扣

2. 出土遗物

上层圆形墓室内无任何遗物。仅在下层木棺内发现铜带具。

铜带具　1组（M1：1），共16件，包括扣1（长3.8、宽2厘米）、方形銙4（边长2.8厘米）、长方形銙1（长2.4、宽1.7厘米）、椭圆形銙8（长3.1、宽2.1厘米）、铊尾1（长3.1、宽3厘米）。銙均为单片，各有3～4个钉孔（图三，1～5）。

铜片　1件。M1：2，长方形，长3.5、宽2.3厘米（图三，9）。

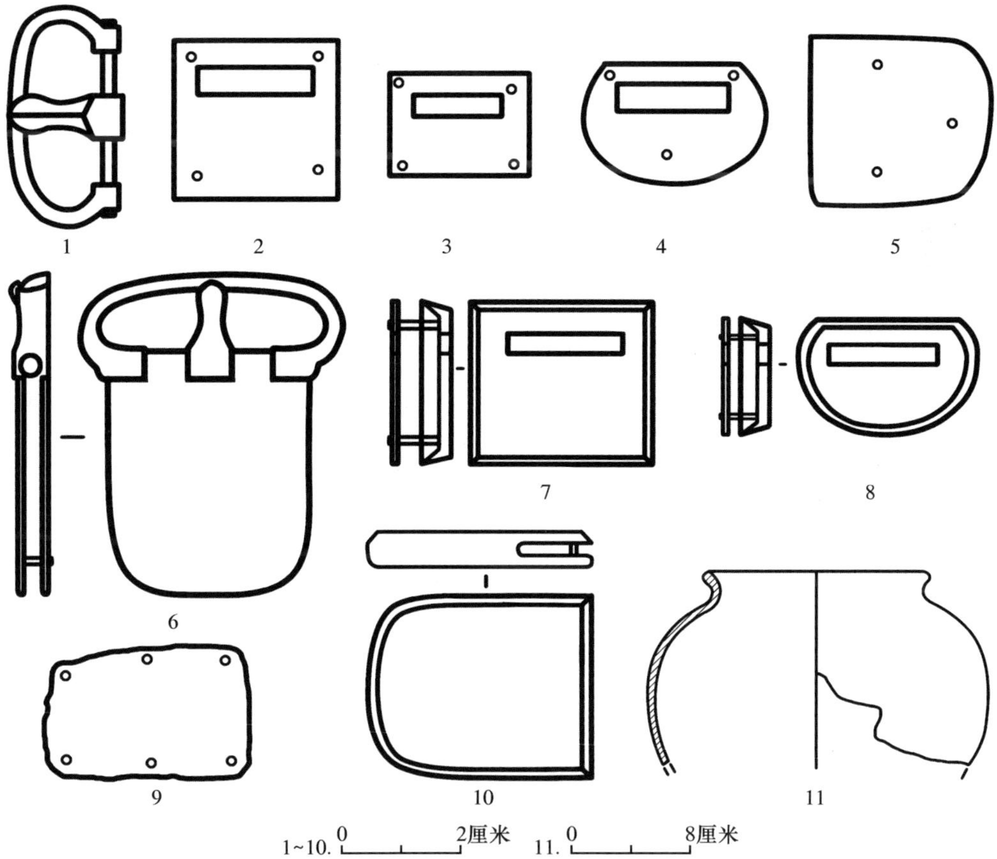

图三　M1、M2、M4出土遗物

1～8. 铜带具（M1：1、M2：1）* 9. 铜片（M1：2） 10. 铜铊尾（M4：2） 11. 陶罐（M4：1）

（二）M2

1. 墓葬形制

由上下两部分构成。

* 同一座墓出土的铜带具只编了一个号，1～5是M1：1，6～8是M2：1。

上部　圆形砖筑单室墓，由墓道、墓门、甬道和墓室组成。墓向200°。

墓道　阶梯式，平面呈梯形，北宽南窄，长3.3、北宽2.44、南宽1.6、存深1.4米。仅存五级阶梯，阶宽0.4、高0.3米。

墓门　门宽1.12米。结构较为复杂，先是一排卧砖，与甬道壁相连，然后是三层卧砖上砌“一立一卧”三组，最外侧为整砖立颊。自0.96米起券拱，上部坍塌不存，存高1.26米。狼牙式砖封堵。

甬道　顶部坍塌。平面呈梯形，内口小，外口大。长0.7、内口宽0.84、外口宽1.12米。甬道壁全部为卧砖砌筑。

墓室　圆形，直径3.6米。墓壁以一立三卧形式砌筑，存高1.6米。底部三层卧砖上砌八个间距不等的壶门，第二、三间和第七、八间各砌有一个立柱。墓壁上部东侧砌一个灯架，西侧砌一个假窗。墓壁墙面抹有白灰，壁画绝大部分脱落，仅在靠近墓底部位见一块状似花叶的彩色线条壁画。墓底铺砖，西半部残缺严重，中部的铺地砖向下塌陷显得杂乱。

下部　在向下塌陷的铺地砖下为一长方形东西向的土圹，长2、宽1、深0.4米。紧贴圹壁立砌一排整砖，绝大多数向内倾倒，致使木棺形制、尺寸不清。棺内骨架两具，头西足东，仰身直肢，一男一女。出土铜带具和铜钱等（图四）。

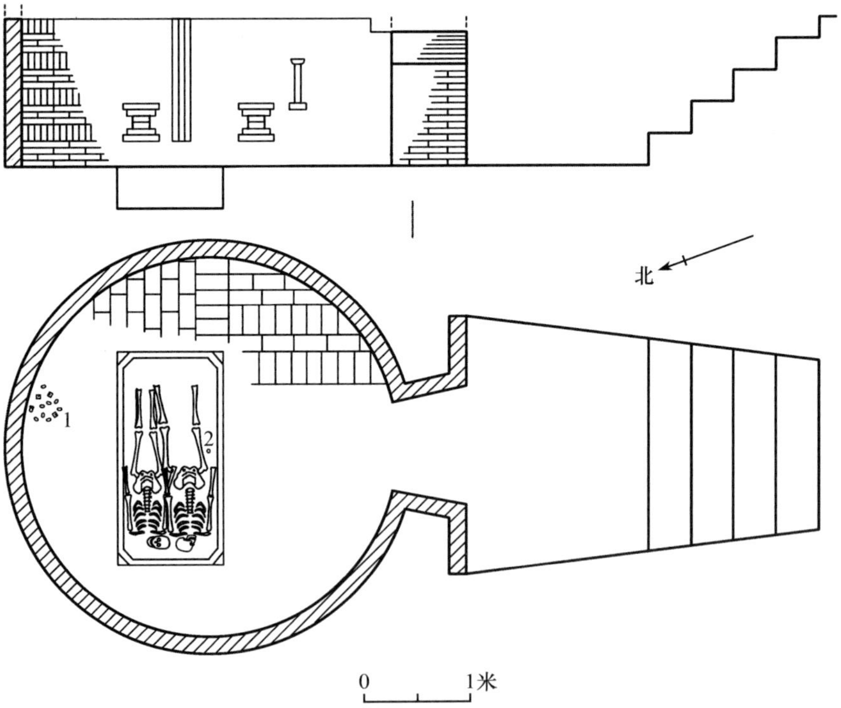

图四　M2平、剖面图

1. 铜带具　2. 铜钱

2. 出土遗物

铜带具　1组（M2：1）。包括扣1（长5.5、宽4.4、厚0.5厘米）、方形銙3（长3.1、宽2.8、厚1厘米）、椭圆銙7（长3.1、宽2、厚0.8厘米）。均有背板，铆钉相连接（图三，6～8）。

铜钱　1枚。M2：2，锈蚀，开元通宝。

（三）M3

1. 墓葬形制

由上下两部分构成。

上部　圆形砖筑单室墓，由墓道、墓门、甬道和墓室组成。墓向190°。

墓道　阶梯式，平面呈梯形，北宽南窄，长2.4、北宽2.6、南宽1.5、存深1.76米。存七级阶梯，阶宽0.26～0.3、高0.2～0.3米。

墓门　门口宽1.12米。全部用卧砖砌筑，至1.1米起券拱，上部坍塌不存，整体存高1.66米。狼牙式砖封堵。门口两侧立壁不在一条直线上，呈八字形向外伸展。

甬道　平面呈梯形，内口小，外口大。长0.8、内口宽0.84、外口宽1.12米。甬道壁全部为卧砖砌筑，至1.1米起券拱，顶部坍塌。

墓室　甬道口两侧为直壁，后部为椭圆形，东西长4.2米，南北宽3.8米。两侧直壁均长0.7米。墓壁总体以三卧一立形式砌筑，上部坍塌，存高1.54米。在墓壁上用砖砌距离不等、凸出墓壁的六个立柱，距离为1.7～2.2米。东壁砌一个灯架，西壁砌一个假窗。在墓室填土和北部墓壁处出土陶瓷器及铁器，均已残碎。

下部　为一座舟形墓，由墓道、墓门、甬道、墓室组成。墓向为190°。墓顶凸出于上部墓室墓底。

墓道　阶梯式，平面呈长方形，长2.06、宽0.6、存深1.15米。存六级阶梯，阶宽0.2～0.3、高0.12～0.2米。西侧被上部甬道叠压一部分。

墓门　门宽0.6、高1.06米。三卧一立形式砌筑，至0.68米起券拱。单层门楣砖上砌一层卧砖以作额墙，整体通高1.3米。

甬道　平面呈长方形，长0.32、宽0.6、高1.06米。甬道壁以三卧一立形式砌筑，至0.68米起券拱。

墓室　土圹与上部墓室形状相同，南部为直壁，后部为椭圆形，南北长3.08、东西宽2.84米。墓顶平面呈舟形。墓室为梯形，长2.28、南宽1、北宽0.54米。墓壁以三卧一立形式砌筑，至0.68米逐层卧砖叠涩，墓顶用半砖插堵。墓底铺砖。墓室内存骨架两具，一男一女，仰身直肢，头南足北。出土遗物集中在墓室南部靠近甬道处，包括陶罐、铜钱、漆器等（图五）。

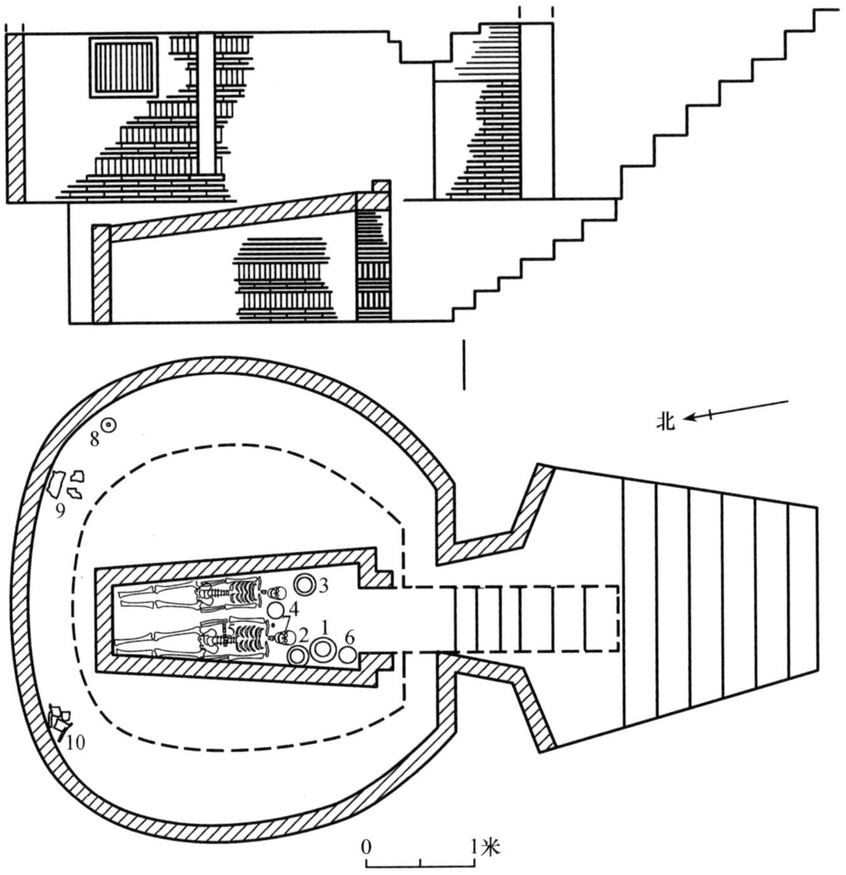

图五　M3平、剖面图

1～3. 陶罐　4、6. 漆器　5. 铁带具　7. 铜钱　8. 陶器盖　9. 三足陶罐　10. 三足铁锅

2. 出土遗物

上层出土遗物：

陶罐　2件。均为泥质灰陶。

M3：11，侈口，圆唇，鼓腹，平底。器表残存白色和橘红色彩。口径18.4、底径15、高29.3厘米（图六，3）。

M3：13，出土于填土内。侈口，短颈，鼓腹，平底。素面。口径14、底径11、高24厘米（图六，4）。

陶三足罐　1件。M3：9，泥质灰陶。侈口，圆唇，直腹，圜底，下置三兽足。腹部有凹弦纹。口径17、高20.6厘米（图六，6）。

陶器盖　1件。M3：8，泥质灰陶。塔形纽，子母口，器表磨光。口径13.5、通高10.8厘米（图六，8）。

铁三足锅　1件。M3：10，敞口，尖唇，圜底，下置三板状足。沿上对置双耳。口径26、通高23厘米（图六，7）。

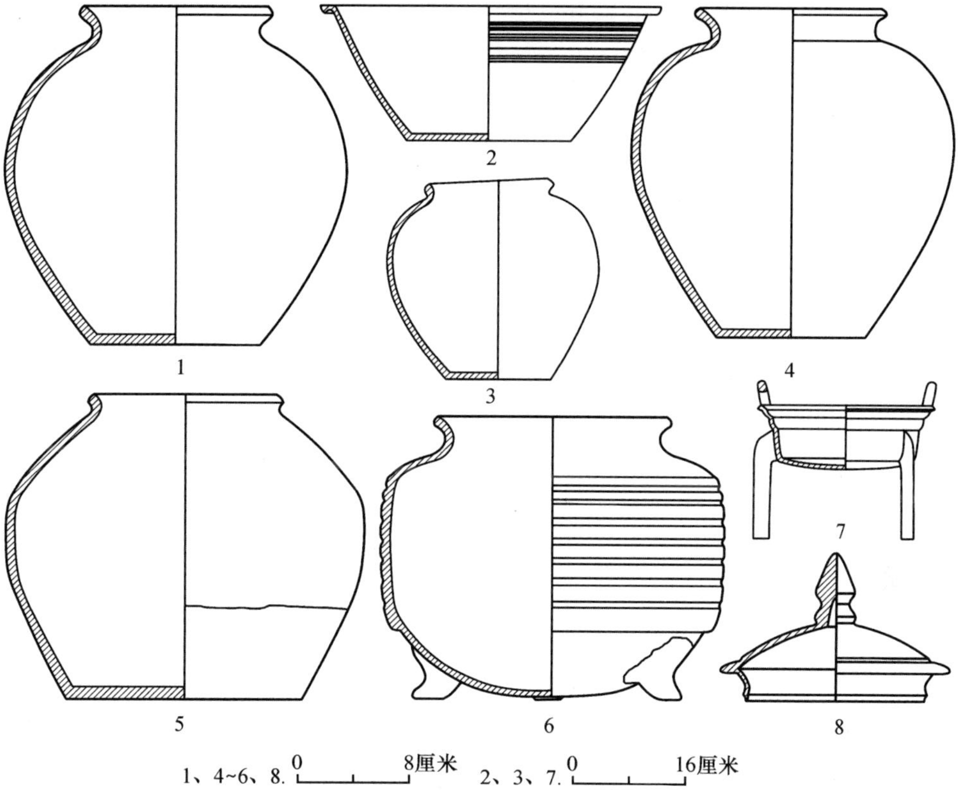

图六 M3出土遗物

1、3、4.（M3：1、M3：11、M3：13） 2. 陶盆（M3：14） 5. 缸胎罐（M3：12） 6. 陶三足罐（M3：9） 7. 铁三足锅（M3：10） 8. 陶器盖（M3：8）

缸胎罐 1件。M3：12，出土于填土内。侈口，圆唇，溜肩，鼓腹，平底。饰酱釉不到底。口径14、底径17、高22.2厘米（图六，5）。

陶盆 1件。M3：14，出土于填土内。泥质灰陶。敞口，平沿，方唇，腹壁较直，平底。上腹部有数周弦纹。口径49、底径23.6、高19.6厘米（图六，2）。

下层出土遗物：

陶罐 3件（M3：1、M3：2、M3：3）。均为泥质灰陶，形制相同，大小略有差异。M3：1，侈口，圆唇，鼓腹，平底。素面。口径13.8、底径12.2、高24.7厘米（图六，1）。

铜钱 1枚。M3：7，锈蚀，开元通宝。

铁带具 1组。M3：5，锈蚀严重。

漆器 2件（M3：4、M3：6）。圆形，直径16厘米。朽烂严重，均未能提取。

（四）M4（原M21）

1. 墓葬形制

由上下两部分构成。

上部　圆形砖筑单室墓，由墓道、墓门、甬道和墓室组成。墓向190°。

墓道　阶梯式，平面呈梯形，北宽南窄，长2.8、北宽2.4、南宽2.12、存深2米。存六级阶梯，阶宽0.28～0.54、高0.2～0.4米。

墓门　通高2.2米。门宽1.16、高1.74米。墓门立壁以“四卧一立”两组至1.1米起券门拱。双层砖门楣，之上为三层砖高的额墙，墙高0.18米。门两侧砌立颊。狼牙式砖封堵。

甬道　平面呈梯形，内口小，外口大。长1.1、内口宽1.08、外口宽1.16、高1.74米。甬道壁砌法与墓门立壁相同。

墓室　平面呈圆形，直径3.54米。墓壁以四卧一立形式砌筑，上部坍塌，存高2米。在墓壁上用砖砌有距离不等的六个壶门，距离为1.6～1.7米。东壁砌一个灯架，西壁砌有一个假窗。墓底未铺砖。在墓室中部发现东西长2.8、南北宽1.4米且高低不平的碎砖。在墓室内出土一件残陶罐和一盒墓志。

下部　在残碎的砖块下为一土圹，东西长2.65、南北宽1.4、深1.5米。圹内砖砌梯形墓，墓室长2.15、东端宽0.6、西端宽0.75米。墓壁以三卧一立一组和五层卧砖后逐层叠涩内收，顶部坍塌，存高0.86米。墓底铺砖。墓室内东西向放置骨架一具，头西足东，仰身直肢。出土铜带具、铜钱及铁板等（图七）。

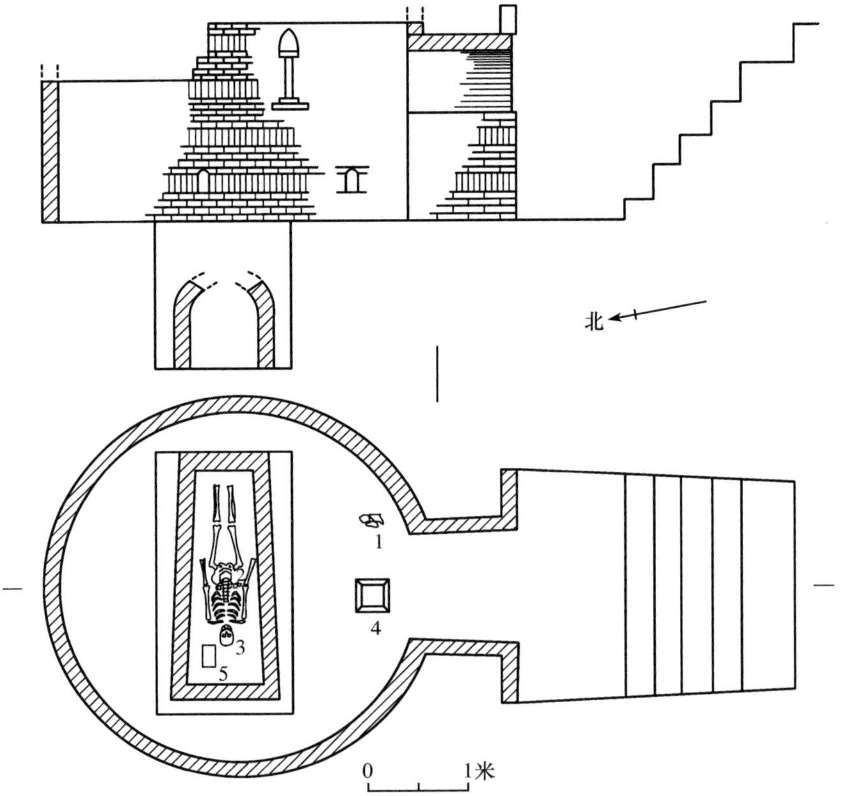

图七　M4平、剖面图

1. 陶罐　2. 铜带具　3. 铜钱　4. 墓志　5. 铁板

2. 出土遗物

陶罐　1件。M4：1，泥质灰陶，侈口，圆唇，鼓腹，下部残缺。素面。口径15.6、残高13.3厘米（图三，11）。

铜带具　1组（M4：2），包括扣1（长5.5、宽3.9、厚0.6厘米）、方形銙4（长3.2、宽3、厚0.9厘米）、椭圆銙6（长2.8、宽2、厚0.7厘米）、铊尾1（长3.8、宽2、厚0.6厘米）（图三，10）。形制与M2：1铜带具相同。

铜钱　1枚。M4：3，锈蚀，开元通宝。

墓志　1盒。M4：4，方砖磨制而成，边长34、整体厚6厘米。志盖盝顶式，顶面无字。砖志体上朱砂书写6行42字，即"维大唐乾元元年/岁次戊戌九月庚/午朔十三日壬午/渤海吴公讳子张/葬于营州城南三/里路西十步铭记"。

铁板　1件。M4：5，锈蚀，长0.22、宽0.14米。

三、结　语

这四座墓葬在墓葬形制等方面大体相同，都是由上下两部分构成，上部为砖筑圆形或椭圆形墓室，梯形阶梯式墓道，甬道平面亦呈梯形，外口宽于内口，墓向均接近南向，墓壁上或多或少均砌出立柱、壶门、假窗和灯架等结构。在墓室内均没有发现棺椁等，只有少量的随葬品。仅在M2墓壁上发现残存的壁画。下部除M3外，其余三座均为无墓道的长方形土坑墓，东西向。圹内砌梯形墓室或放置木棺，西宽东窄。木棺亦呈梯形。因带有墓道，M3为南北向，与上部墓葬同向。尸骨均在下层墓葬中，且均为一次葬，没有扰乱，仅朽烂程度不同而已。在随葬品方面，四座墓葬的共性点是均在下层墓中发现了铜带具，数量或多或少。M4出土了一盒砖质墓志，据墓志记载，墓葬葬于唐乾元元年九月十三日。乾元为唐肃宗李亨年号，乾元元年即公元758年，正处于安史之乱时期。因此，我们认为四座墓葬的时代应大体相同，为唐代中期的遗存。这种"墓上建墓"的墓葬形式在朝阳地区发现的唐代墓葬中极为少见，为我们研究唐代营州的墓葬形制与葬俗又增添了一个新的资料。

M4墓志称渤海，渤海即渤海郡。据《旧唐书·地理志》载："沧州上汉渤海郡，隋因之。武德元年，改为沧州，领清池、饶安、无棣三县，治清池。"[1]其位置大致在今天的河北省沧州市及其附近地区。渤海郡是汉族大姓吴姓的重要郡望之一，而墓主人吴子张何时迁来营州已无从可考。

据M4出土墓志知，墓主人吴子张葬于营州城南三里路西十步。路西即官路西或官道西。隋唐时期东北与中原之间有三条主要道路，一是经山海关走辽西走廊的"傍海道"。二是经古北口过燕山的"古北道"。三是经喜峰口过燕山的"卢龙道"。今喜峰口一带夹峙滦河的隘道在汉魏时称"卢龙塞"。卢龙道即出卢龙塞沿滦河左岸北行，再沿滦河、大凌河谷至营州柳城。卢龙道一直是隋唐时期与中原交往的一条最主要通道，历史上的一些重要事件如西汉右北平和辽西两郡的设立、曹操平定乌桓、前燕慕容儁南伐石赵等都与卢龙道密切相关。墓志中所称的“路”指的应是这条出卢龙塞沿大凌河谷至营州的卢龙道。

1996年，朝阳市博物馆在朝阳市养路费征稽处工地发掘了一座唐代墓葬[2]，出土了一块墨书题记砖，上书“大唐开元十六年四月十九日平卢军副使昌州刺史李辅翊弟二妹尼大光明殡于此营州城南四里官道西壹佰叁拾步兄辅翊记”。此题记砖也提及了官道西，吴子张墓志称路西，说明官道位于二者的东侧。尼大光明墓在北，吴子张墓在南，而且两处墓葬距离并不远，直线距离仅约400米，二者应为同一条道路。步作为古代的长度单位，历代一步之数并不统一。到唐代，唐太宗李世民把自己的双步也就是左右脚各走一步定为“步”，规定步的1/5为1尺，300步为1里。即唐代的一步约为现在的1.5米。如此折算，130步约合200米，10步约合16米。按此距离，二者连线基本上可以确定官道的具体走向。

参加发掘人员：蔡　强　于俊玉　邓晓纯

执笔：蔡　强　刘　超　白燕培

注　释

[1] 刘昫．旧唐书［M］卷四三，河北道沧州．北京：中华书局，1975.

[2] 寇玉峰，于俊玉．辽宁朝阳养路费征稽处北魏唐代墓葬［A］．边疆考古研究（第3辑）［C］．北京：科学出版社，2004.

Four Tang Tombs in Chaoyang City Liaoning Province

Chaoyang Archaeological Research Institute excavated four identical Tang tombs in the southern part of Chaoyang City in 2012. A box of brick epitaph was unearthed in the tombs. The discovery of these tombs will help us to study the burial customs and the history of road traffic in the Tang Dynasty.

吉林省松原市伯都古城的调查*

——兼论宁江州位置

吉林大学考古学院　吉林省文物考古研究所

伯都古城是吉林省松原市境内较大的辽金古城，具有州城规模。20世纪50～60年代，李健才先生首先对其进行了实地调查，并于80～90年代发表一系列文章，主要结合史料论证其为辽代宁江州[1]。吉林省文物普查队于1982年对伯都古城进行调查，绘制了伯都古城平面图，介绍了一些遗物，如佛教造像残件、莲花纹瓦当等，并倾向于伯都古城为宁江州观点，进一步指出莲花纹瓦当等为渤海时期遗物，伯都古城存在渤海时期建筑址和寺庙址[2]。此后再无开展伯都古城深入的考古工作。关于伯都古城为宁江州的观点，绍维、张英等学者持否定意见，其认为榆树市大坡古城为宁江州，但并未指出伯都古城性质[3]。之后学者对伯都古城年代或性质进行讨论或介绍时，多采用《扶余县文物志》与李健才先生观点，有学者将伯都古城列入渤海古城[4]、有学者认为伯都古城为渤海古城，辽金沿用，辽为宁江州，金初废弃，金代中后期为蒙古豁罗剌思纳仁汗部重建的纳仁汗浩[5]。学术界并未对伯都古城的年代与性质达成一致意见。

由于20世纪科技手段的落后和相关渤海、辽金考古发掘材料较少，因此调查工作和相关认识均存在一定局限，如《扶余县文物志》将伯都古城的平面图误绘成了明显的梯形，马面间距、城内土台位置和城外“点将台”位置表现不够准确，将无边轮的莲花纹瓦当误定为渤海瓦当，进而说存在渤海寺庙址[6]，后来许多学者多未加考证即把伯都古城作为渤海古城的观点，皆由此来。李健才、张英等诸多学者依据古城内考古材料仅能推导出伯都古城、大坡古城属于辽金古城，在进一步论证性质时，大量依据史料推导伯都古城或大坡古城为宁江州，另外在论据中，曾用到距辽长春州的距离，李健才先生和张英先生均使用长春州为塔虎城的观点[7]，随着塔虎城和城四家子古城等辽金遗址的大量发掘，使关于辽长春州、金肇州的年代与性质有了新认识[8]，辽代和金代遗存的区别也随着材料的增多而不断明晰。另外，随着科技手段如航空考古的发展和运用，使考古调查和后续研究更加便利和细化，且伯都古城一直面临着来自自然的侵蚀和人为的破坏。基于此，为

* 本文系教育部哲学社会科学研究重大委托项目成果（项目号：16JZDW004）；国家社科基金青年项目“伊通河、饮马河及西流松花江流域辽金城址发掘调查资料整理与研究（项目号：19CKG020）”项目成果；吉林大学研究生创新基金资助项目（2017117）。

进一步明确伯都古城的保存现状和年代、性质，吉林大学边疆考古研究中心和吉林省文物考古研究所于2017年5～6月对其进行了考古调查。现将调查情况报告如下。

一、调查情况

伯都古城位于吉林省松原市宁江区伯都乡政府所在地东南约200米，西距北流松花江约5千米，北距东流松花江17千米，西北距离塔虎城40千米（图一）。古城所在地势较为平坦，为松花江二级阶地，城外东北部80米处为西北—东南走向的高岗（图二）。地理坐标为北纬45°16'39.10"，东经124°48'21.78"。

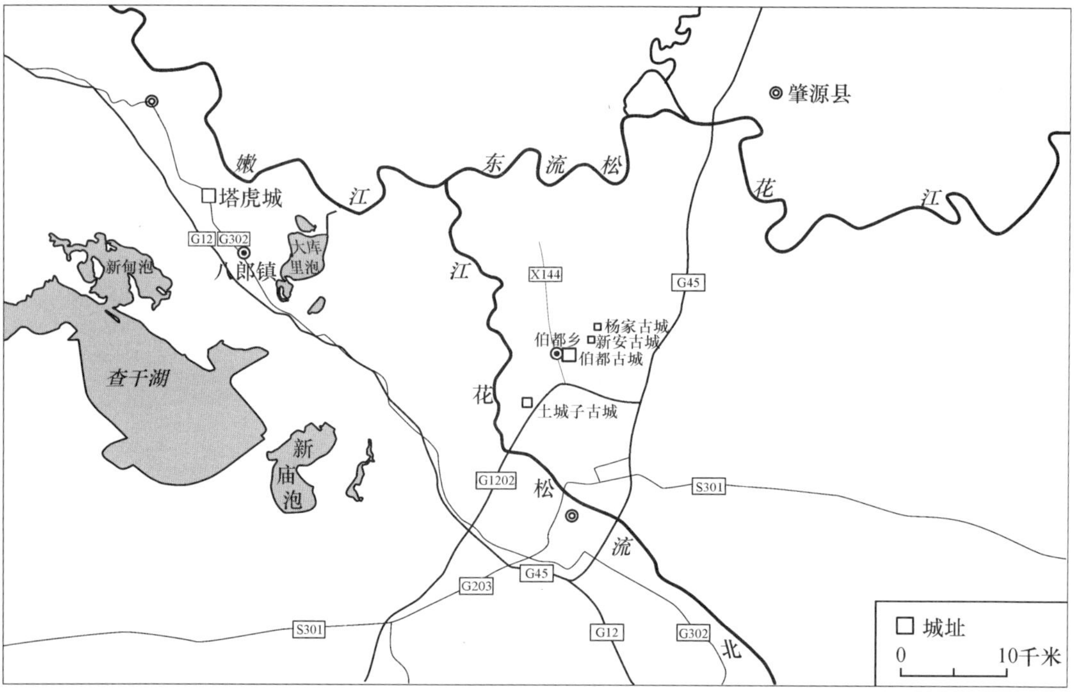

图一　伯都古城位置图

（一）调查和记录方法

为得到伯都古城准确的平面图和解决古城年代等问题，本次调查采用航空调查和地面区系调查相结合的方式。航空调查包括借助20世纪60年代的卫片和现场的航拍，航空调查可得到古城的正投影航拍片，并利用航拍片生成古城的等高线地形图，可更直观准确地反映出古城形制与古城内局部地势高低起伏。地面区系调查主要针对古城内进行，以两人间距约50米的方式，使用佳明63s手持机（误差≤3米），预制覆盖全城区域的17排间距50米的东西向路线，按路线依次调查取样打点。取样打点标准为：以沿路线1

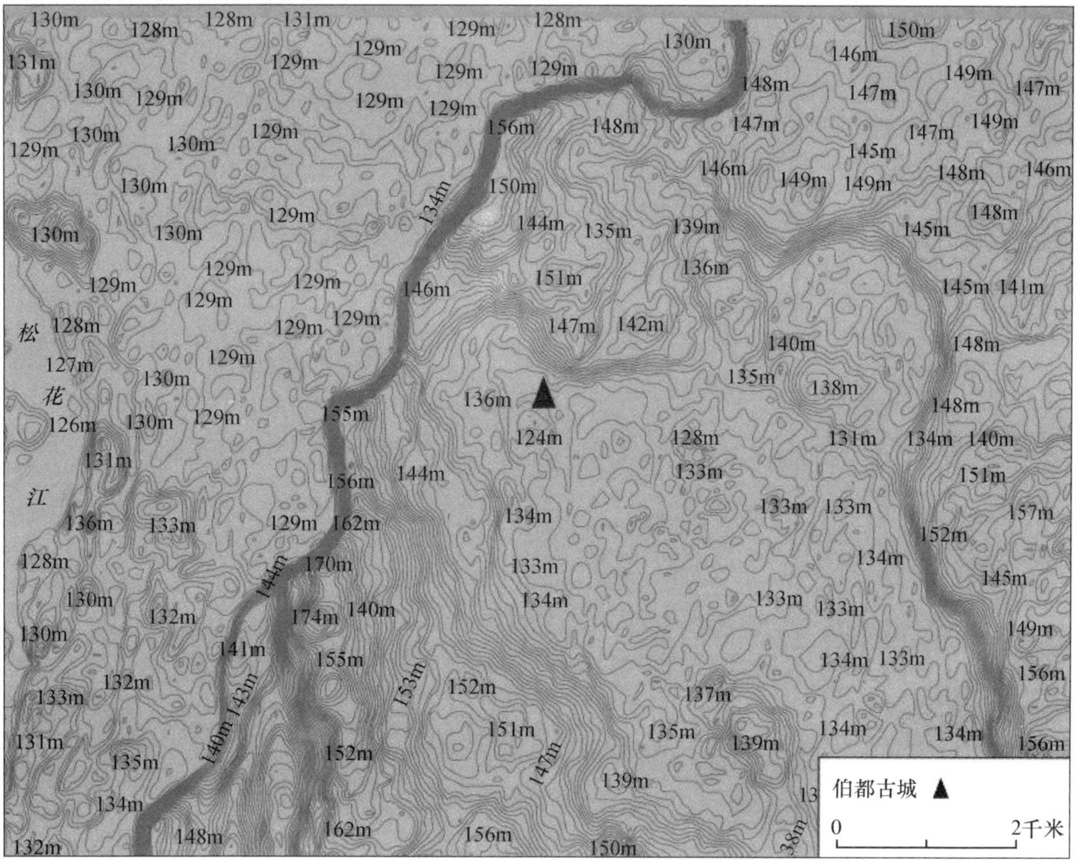

图二　伯都古城附近地形图

米宽的区域内地表所见3～5个陶瓷、砖瓦残片为一组，打一点，不满3个则不打点。以路线为基准将全城划为50米×50米的方格，将间隔50米路线上的陶瓷片数量归纳到所属方格东北点上，以采样点陶瓷片组数作为高程，使用GlobalMapper软件创建高程网格，得到城内遗物密度分布图。以佳明63s手持机和钢卷尺记录城墙、马面、城门、角楼、城内凸出地表的土台、护城壕位置以及城外的遗物丰富区范围和遗址点位置。

航空调查时间在2017年6月22日，我们以固定翼航拍器，设定航线，东西向往返对整个城址及城西高台建筑址进行了航拍，得到了伯都古城400多张清晰的航拍片，并运用摄影三维建模软件PhotoScan，制作了伯都古城的等高线地形图，可清晰看到城墙与瓮城，及城内多处疑似高土台和院墙（坊墙）遗迹。另可看到城西门外高台建筑址，紧邻城墙外与城墙平行处地势较低，应为城壕。古城外东北不远处为高岗，古城内地势东部高，中西部稍低（图三）。

城内地面区系调查采样结束后，以调查路线为基准将全城划为50米×50米的方格，共得到256个采样点。以采样点陶瓷片组数作为高程，使用GlobalMapper软件制作出城内陶瓷片密度分布图（图四）。通过陶瓷片密度分布图，可以看出陶瓷片集中分

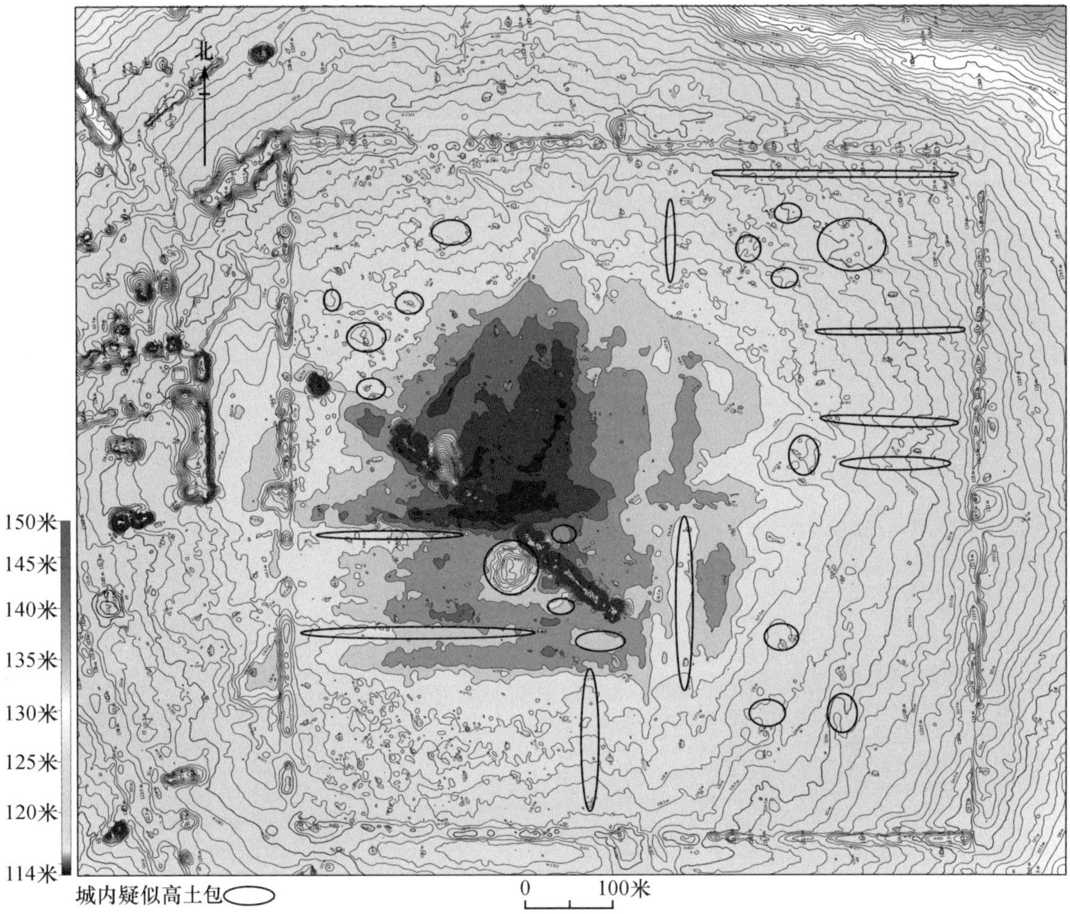

图三　伯都古城地形图

布于南北中轴线两侧，一般情况下，陶瓷片密度较高的区域，多为普通民居聚集区域或商业聚集区，陶瓷片密度低的区域可能是官署等行政建筑区域[9]。

另于城西发现1处高台建筑址、城北发现2处遗址，城西、城北、城南分别存在的遗物丰富区，调查中采集典型遗物，城内、城西、城北遗物编号前缀分别为“2017SNB内采”、“2017SNB西采”、“2017SNB北采”（即“调查年代–遗址名称–位置”，下文所涉及遗物编号均省略“2017SNB”）。

（二）伯都古城形制

古城平面呈方形，基本正南北方向，城墙夯土版筑，周长约3205米，其中东墙802、西墙长810、南墙790、北墙803米。城墙基宽约14～16、上宽3～4米。东墙北段城墙低矮，南段保存较好但近东南角楼处低矮，东墙南段城墙最高处相对城外高1.6、相对城内高0.8米；西墙北段靠近西北角楼处城墙，相对城内高2.8、相对城外高

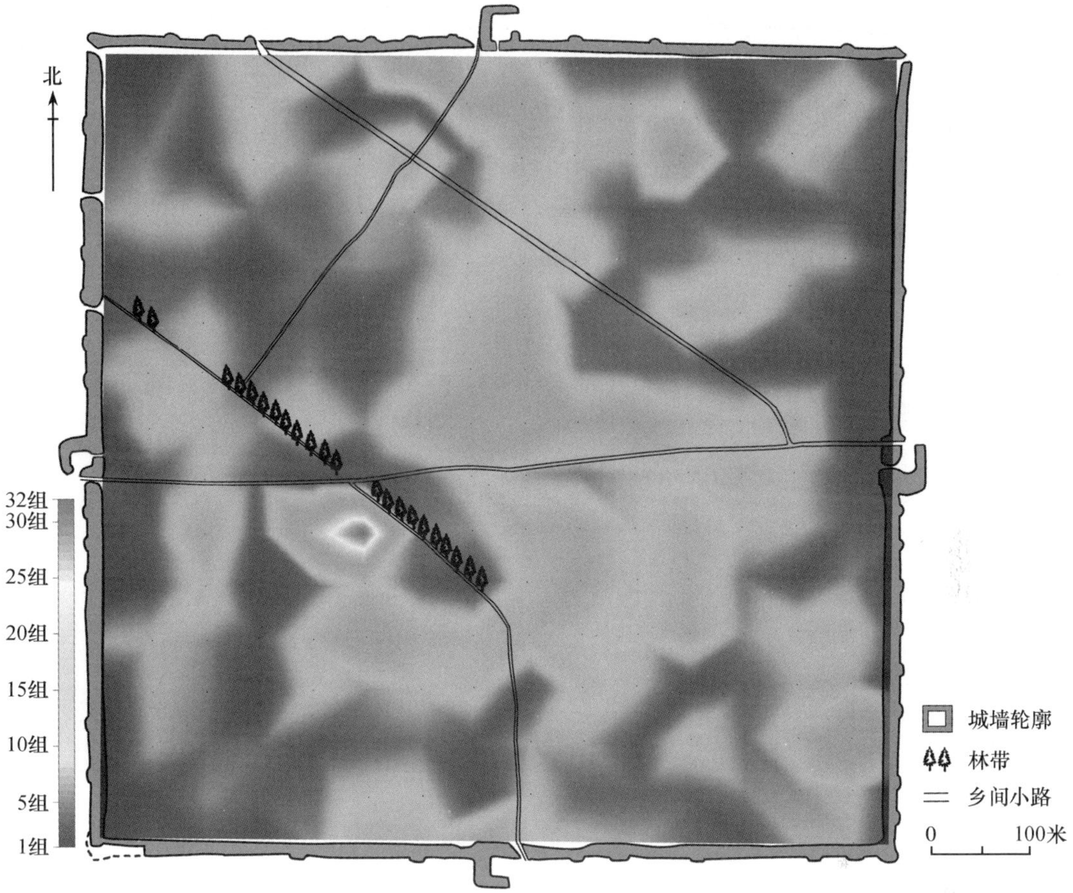

图四 伯都古城内地表陶瓷片密度分布图

3 米，西墙南段城墙相对城内高 1.93、相对城外高 3 米；南墙靠近瓮城处保存稍好，相对城内高 1.2、相对城外高 2 米，南墙东段靠近西南角楼处低矮，相对城内高 0.5、相对城外高约 1 米；北墙保存较好的地方相对城外高 2.5、相对城内高 2 米。

古城有四门、角楼、马面。每门址均存瓮城，北瓮城和南瓮城被夷为耕地，稍可看出形状，东西瓮城保存相对较好。其中北瓮城南北宽 34、东西宽 32、高 0.5 米，门面向东，门宽约 4 米；东瓮城南北长 39、东西宽 36、高 3.5 米，门面向北，门宽约 5 米；南瓮城南北长 30、东西宽 28、高约 0.2 米，门面向东，门宽不详；西瓮城东西长 36、南北宽 34、高 2.5 米，门面向南，门宽 5 米。四角有角楼，东北角楼和西南角楼保存较差，西北和东南角楼保存相对好。东北角楼仅高出地表约 0.1 米，大小不详；东南角楼被近代车辙破坏，呈椭圆形，从角楼中心点向外长约 6、高 3.5 米；西南角楼已被近现代取土完全破坏消失；西北角楼仅存一半，高约 3.5 米，从断面上可清楚看到数层夯土层（图五，1）。马面残存 41 个，北墙 13 个，东墙 10 个，南墙 7 个，西墙 11 个，其他地方辨认不清楚。从北墙保存较好的马面来看，马面宽 8 ~ 10 米，从城墙顶端向外 4 ~ 6 米，比周围城墙稍高，马面间距一般为 40 米左右。

城外有护城壕，护城壕虽已基本淤平，部分地段仍隐约可见。护城壕内土色偏灰黑，与周围黄灰色耕土明显不同。使用GPS对护城壕位置打点，并现场测量发现壕沟位于城墙外10～30米范围内，与城墙平行，部分段护城壕低于周围地表10～20厘米（图五，2）。紧邻西墙外，整体地势较低，在西墙南段靠近西墙处发现一个椭圆形的洼坑，直径44～55米，深2～3米，其形成时间和原因不明，可能是伯都古城的排水设施抑或修建城墙取土形成，也可能是近现代取土形成。

图五　角楼和壕沟

1. 西北角楼（西—东）　2. 东城墙外壕沟（南—北）

（三）城内遗迹

城内为耕地，较平坦，城中自西门至东门横穿一条7米宽的铺砖小路，城内还有几条田间小道。未见内城之迹象，仅于城内西部发现7处较明显的土台、一处“U”字形条状土垄，分别编为 A ~ H（图七）。

土台 A ~ E 位于城内西南部分，东西向小路南侧。土台 A 呈圆角方形，南北长 62、东西宽 58、高约 3 米。表面散布大量红褐陶塑像残件、草拌泥红土块，白灰粒、砖瓦残件、带状滴水、精细白瓷片、灰陶片等遗物，从较多陶塑像残件推测，土台 A 可能为佛教寺庙基址。大土台 A 周围环绕 4 座较小的土台 B ~ E，土台 B 位于 A 东北 20、东西宽 24、南北长 18、高约 0.3 米，土台表面有少许砖瓦残件。土台 C 位于 A 东南 20、东西宽 35、南北长 25、高约 0.4 米，土台表面有少量陶瓷片、砖瓦等遗物。土台 D 位于 A 正南约 30 米处，东西宽 26、南北长 20、高约 0.4 米，表面散布有灰色砖瓦、吻兽残件、陶瓷残片等。土台 E 位于 A 西偏北 80 ~ 90 米处，东西宽 28、南北长 16、高约 0.4 米，土台上有少许陶瓷片和瓦片。

土台 F ~ H 位于城内西北部。土垄 G 呈“U”字形条状，高于周围地表 0.2 ~ 0.4 米，推测为院墙倒塌堆积。土台 F 为条带状土垄 G 所环绕，呈圆形，直径约 32、高 0.5 米，土台上有少量泥质灰陶片和白瓷片。土台 H 位于土台 F 正南方 30 ~ 40 米，呈圆形，直径约 20、高约 0.5 米，土台周围的树林带中有较多灰陶砖瓦、少许建筑饰件等遗物。

根据美国卫星科罗娜（Corona）KH-4B 影像资料中的伯都古城[10]来看，城内应存在较多的条带状院墙或坊墙，以及大型台基式建筑（图六），多半消失于现今地表。在古城内东北区域，疑似存在一个大型的方形土台，直径约 60 米，土台四周似有院墙。

图六　伯都古城卫星图（1968 年卫星影像图）

古城内西南区域，亦似存在成排建筑。现今地表虽多不明显，但结合伯都古城地形图（图三）来看，土台和院墙所在位置的等高线仍稍微高出周围地表。根据此次地面调查结果和航空拍摄生成的地形图，并结合历史影像，绘制出伯都古城平面图（图七）。

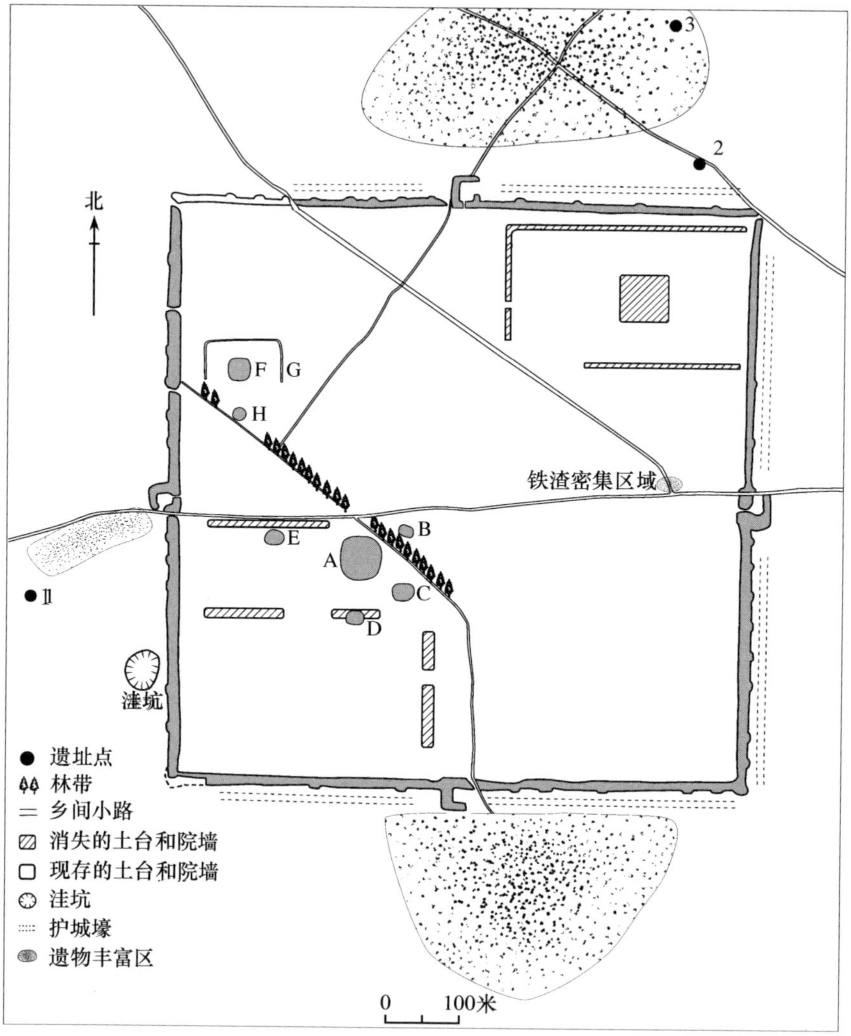

图七　伯都古城平面图

1. 城西高台建筑址　2. 城东北遗址　3. 北岗子遗址

（四）城内遗物

伯都古城内采集大量遗物，主要发现于城内南北向中轴线两侧，包括几个大土台附近。采集遗物以辽金遗物为主，按质地器类可分为陶器、陶塑件、陶建筑构件、瓷器、玉器、铁器等遗物，还发现少量清代青花瓷片（青花瓷本文不予介绍），共计标本100余件。

1. 陶器

陶器中仅1件为泥质红陶，其余均为泥质灰陶，火候较高，质地坚硬，采集容器类以口沿居多，可辨器形有壶、罐、盆等。以素面为主，部分饰篦点纹和附加堆纹。容器类均为轮制。另发现有陶饼和陶纺轮。

陶器口沿 11件。根据口沿特征，可将陶器口沿分为四型。

A型 3件。敞口，半卷沿或大卷沿，以沿外卷超过水平线为依据。此类陶器推测多为陶罐。

内采：22，半微卷，圆唇，口沿厚重。复原口径48、残高5.2、沿厚2.2厘米（图八，1）。

内采：13，半卷沿，尖圆唇。复原口径23.2、残高3.6厘米（图八，2）。

内采：14，大卷沿，尖圆唇，大广肩。复原口径21.6、残高2.9厘米（图八，3）。

B型 1件。敛口，沿内微卷。内采：19，圆唇，外壁有明显轮制痕迹。残高4.8厘米（图八，4）。

C型 4件。敞口，沿微外撇，以沿外卷未过水平线为依据。此类陶器推测多为陶壶。

内采：20，尖圆唇，短颈。残高3.2厘米（图八，5）。

内采：21，圆唇，短颈。残高3.6厘米（图八，6）。

内采：17，泥制红陶，圆唇，短直颈。复原口径18、残高4.8厘米（图八，7）。

内采：23，圆唇，似有颈。复原口径31.2、残高4.2厘米（图八，8）。

D型 3件。敞口，折沿。此型陶器推测为陶盆。

内采：15，尖唇。残高2厘米（图八，9）。

内采：16，圆唇。复原口径38.8、残高2.4厘米（图八，10）。

内采：18，半卷沿，卷沿末端唇上凸。残高2.8厘米（图八，11）。

篦纹陶片 5件。篦纹多为短线状、细长线状、三角形的组合。

标本内采：1，腹片。近肩部、外壁上部等距分布滚压篦点纹，下部等距分布篦齿纹。残长6.2厘米（图八，12）。

标本内采：3，腹片。中部滚压短线状篦齿纹，下部饰有滚压倒小三角形纹。残长9.6厘米（图八，13）。

标本内采：4，腹片。上部滚压长短不一的篦齿纹，下部滚压不规则滚压长线状三角形纹。残长6厘米（图八，14）。

标本内采：2，陶器底，斜弧腹，平底。上半部平行等距滚压弦纹。下半部等距滚压三组篦齿纹。残高7.1厘米（图八，15）。

附加堆纹陶片 2件。

内采：10，腹片。微弧。外壁饰有一道附加堆纹，大致呈60°斜向分布。腹片残

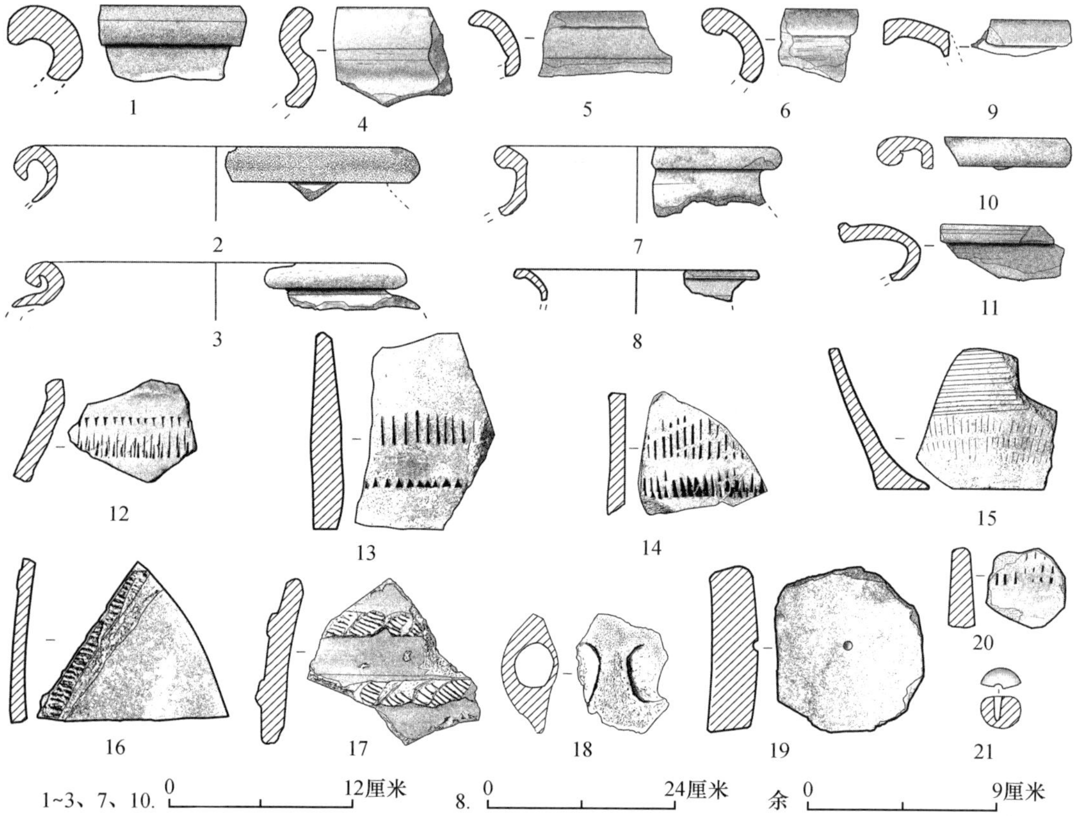

图八　陶器

1～3. A型口沿（内采：22、内采：13、内采：14） 4. B型口沿（内采：19） 5～8. C型口沿（内采：20、内采：21、内采：17、内采：23） 9～11. D型口沿（内采：15、内采：16、内采：18） 12～15. 篦纹陶片（内采：1、内采：3、内采：4、内采：2） 16、17. 附加堆纹陶片（内采：10、内采：11） 18. 器耳（内采：12） 19、20. 陶饼（内采：6、内采：7） 21. 纺轮（内采：9）

长8.8厘米（图八，16）。

内采：11，腹片。微弧。外壁等距分布两道附加堆纹。腹片残长8.6厘米（图八，17）。

陶器耳　1件。内采：12，竖桥状耳，残长5.8厘米（图八，18）。

陶饼　3件。

标本内采：6，近圆形，布纹瓦改制而成，凹面为布纹，凸面中心有一个小圆孔。直径7.2～8.4、厚2.4、孔径0.4、深0.3厘米（图八，19）。

标本内采：7，为篦纹陶片改制而成。直径3.9、厚0.9～1.3厘米（图八，20）。

陶纺轮　1件。内采：9，残。呈馒头型，中间有圆孔，直径约2、厚1.6、孔径0.4厘米（图八，21）。

2. 陶塑件

在伯都古城内西南高台基上采集大量陶塑像残件[11]，多为夹砂泥质红陶，陶质疏松，少数为泥质灰陶，质地坚硬。以宝珠形塑件居多，应均为佛教造像如瓔珞、项圈、冠饰或佛教造像台座上贴塑之物等，另有少量联珠纹、螺旋纹、心形纹饰等图案构成的陶塑像残件。

大宝珠形塑件，采集41件，均为泥质红陶，表面呈半球状凸出，背面多数有沟槽、指掐痕或者不规则凹窝，以起加固作用，其直径3～3.6、厚1.5～2厘米。

背面平坦的14件，标本内采：24，直径3、厚1.5厘米（图九，1）。

背面有1条凹槽的5件，标本内采：25，直径3.2、厚1.7厘米（图九，2）。

背面有2条凹槽的3件，标本内采：26，直径3.2、厚1.9厘米（图九，3）。

背面有3条凹槽的2件，标本内采：27，直径3.6、厚1.8厘米（图九，4）。

背面有指掐纹或者不规则凹窝的17件，标本内采：28，直径3.2、厚1.8厘米（图九，5）。

小宝珠形塑件 6件，均为泥质红陶。标本内采：29，残长1.9、残宽2.2、厚1.5厘米（图九，6）。

陶塑像残件 数量较多。

内采：30，泥质灰陶。残长3.6、宽4.8、厚2.5厘米（图九，7）。

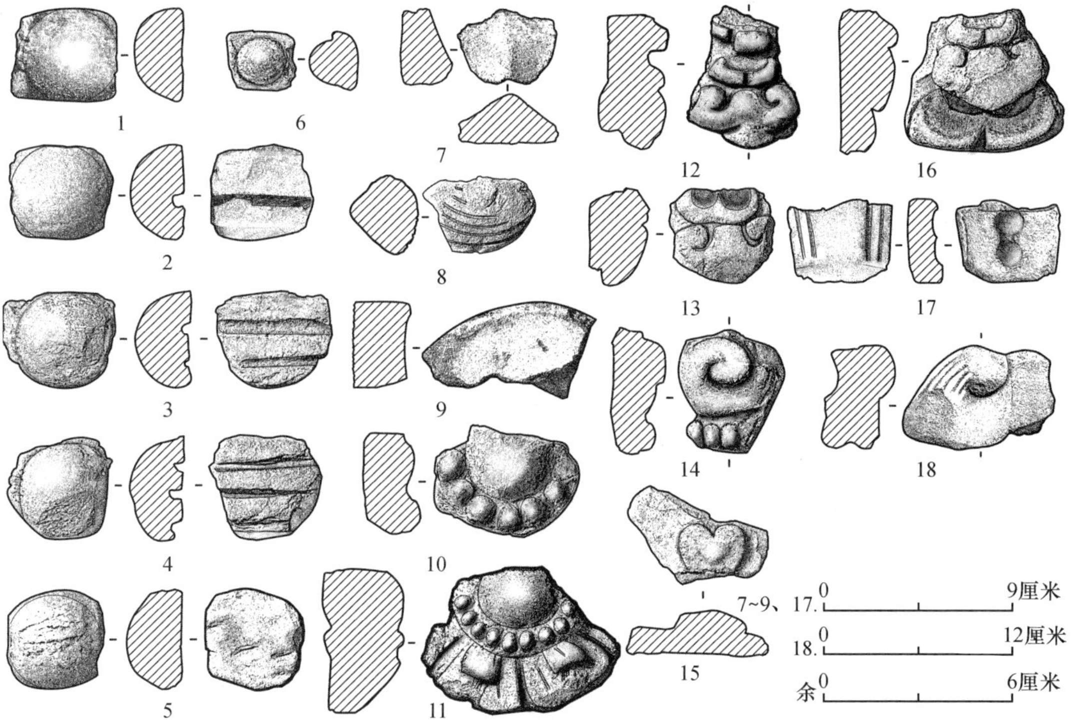

图九 陶塑像残件

1～6. 宝珠形贴塑件（内采：24、内采：25、内采：26、内采：27、内采：28、内采：29） 7～18. 陶塑像残件（内采：30、内采：31、内采：32、内采：33、内采：34、内采：35、内采：39、内采：38、内采：37、内采：40、内采：41、内采：89）

内采：31，泥质红陶。正面等距分布四道凹陷纹。残长 5.4、宽 3.8、厚 3.2 厘米（图九，8）。

内采：32，泥质红陶。残器呈半圆状，一面模制光滑，内凹，另一面粗糙似断碴，表面有烧结成釉状的残渣。残长 8.1、残宽 4.8、厚 3 厘米（图九，9）。

内采：33，泥质灰陶。残器略呈半圆形，中心凸起为半球状，外围饰一圈凸起的圆珠。残长 3.6、宽 4.4、厚 2 厘米（图九，10）。

内采：34，泥质红陶。中心为大圆珠状凸起，周围环绕小连珠纹，小联珠纹下为方形凸起纹饰。残宽 6.3、残高 4.8、厚 2.7 厘米（图九，11）。

内采：35，泥质红陶。残长 4.6、残宽 3.6、最厚 2.1 厘米（图九，12）。

内采：39，泥质红陶。残长 3、残宽 3.3、厚 2 厘米（图九，13）。

内采：38，泥质红陶。饰螺旋状和圆珠状凸起。残长 4、宽 3.4、最厚处 1.6 厘米（图九，14）。

内采：37，泥质红陶。中心饰一心形凸起。残长 4.4、最厚处 1.4 厘米（图九，15）。

内采：40，残长 4.6、残宽 5.1、厚 2 厘米（图九，16）。

内采：41，泥质红陶。表面左右分别对称分布两道凹槽，背面中间有两个圆形凹槽。残高 5.1、宽 4.2、厚 1.5 厘米（图九，17）。

内采：89，泥质红陶。表面饰凸起的螺旋纹和平行的凹弦纹，残长 9.6、残宽 6.4、厚 2.4 厘米（图九，18）。

3. 瓷器

采集到大量粗白瓷片和精细白瓷片，少量青釉、黑釉、酱釉、茶叶末釉、绿釉瓷片等遗物。

（1）粗白瓷

一般灰白胎或红褐胎，胎质较粗，施白釉或黄白色乳浊釉。可辨器形有碗、钵、罐、盘、器盖，从纹饰和工艺上看，有的器物内壁模印花纹，多为赤峰缸瓦窑和江官屯窑产品（图一〇，1～12）。

碗　5 件。

内采：43，残存口沿，侈口，尖圆唇。灰白胎，釉下施化妆土。残片内外壁均施满釉。复原口径 20.2、残高 3.6 厘米（图一〇，1）。

内采：46，残存口沿，侈口，尖圆唇，斜直腹。灰白胎，残片内外壁满釉，釉下施化妆土。复原口径 20、残高 2 厘米（图一〇，2）。

内采：50，残存碗底，弧腹，圈足，圈足与腹相交处削旋小平台。灰白胎，透明釉，内壁满釉，外壁施釉不及底，内外壁施多次化妆土。残高 7.5、复原底径 7.2 厘米（图一〇，9）。

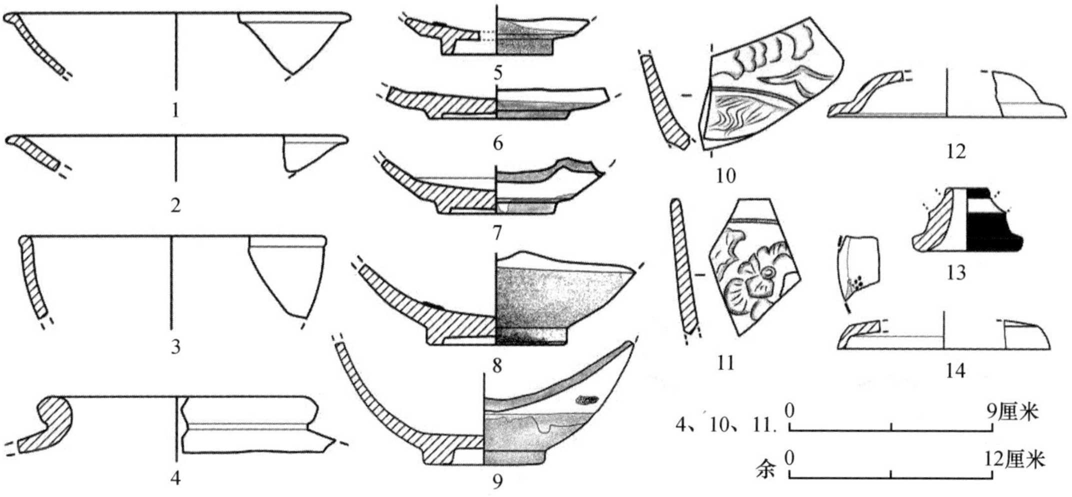

图一〇 粗瓷器

1、2、7～9. 白瓷碗（内采：43、内采：46、内采：52、内采：51、内采：50） 3. 白瓷钵（内采：44） 4. 白瓷罐（内采：45） 5、6. 白瓷盘（内采：53、内采：54） 10、11. 印花白瓷片（内采：55、内采：47） 12. 白瓷器盖（内采：48） 13. 黑釉器座（内采：59） 14. 青釉器盖（内采：49）

内采：51，残存碗底，弧腹，圈足。灰白胎，釉层有细小开片，内壁满釉，外壁施釉不到底，釉下施化妆土，碗底内残存2个粗砂支钉痕。残高4.8、复原底径8.4厘米（图一〇，8）。

内采：52，残存碗底，折腹，圈足。红褐色胎，半透明乳浊釉，内壁满釉，残存两个粗砂支钉痕，圈足与腹相交处削旋小平台，外壁施釉不及底，釉下施多次化妆土。残高3.3、复原底径6.9厘米（图一〇，7）。

钵 1件。内采：44，残存口沿，敞口，圆唇，斜弧腹。灰白胎，釉下施化妆土，残片内外壁均施满釉。复原口径18、残高5厘米（图一〇，3）。

罐 1件。内采：45，残存口沿，直口，圆唇，短颈，广肩。灰白胎，釉下施化妆土。残片内外壁均施满釉。复原口径6.2、残高1.7厘米（图一〇，4）。

盘 2件。

内采：53，残存底部，折腹，圈足。灰白胎，内壁满釉，外壁施釉不到底，通体施化妆土，碗底残存1个粗砂支钉痕。残高2.3、复原底径6.6厘米（图一〇，5）。

内采：54，残存底部，矮圈足。灰白胎，内壁满釉，外壁施釉不到底，通体施化妆土，内底残存1个近椭圆形粗砂支钉痕。残高2、复原底径6.6厘米（图一〇，6）。

印花白瓷片 2件。

内采：55，腹片，弧腹。灰白色胎，黄白釉，内外壁满釉，内壁印花。残长6.9厘米（图一〇，10）。

内采：47，残存口沿，直腹。灰白色胎，黄白釉，内外壁满釉，内壁印花。残长5

厘米（图一〇，11）。

器盖　1件。内采：48，瓷器盖，残。灰白胎，釉下施化妆土，素面。器盖口径14.4、残高2.7厘米（图一〇，12）。

（2）青白瓷

一般白色胎，胎质精细，青白釉，积釉处釉色发青，可辨器形有碗和盘，应为景德镇湖田窑产品（图一一，1～4）。

碗　2件。

内采：61，残。弧腹，矮圈足。内外壁满釉，底部除垫饼处未施釉外均施釉。内底剔划缠枝菊花纹，地纹饰以细密的篦纹。残高3、复原底径9厘米（图一一，1）。

内采：62，残。圈足。内外壁满釉，底部除垫饼处未施釉外均施釉。内底可见缠枝纹饰，地纹剔划密集的篦纹。残高2.5、复原底径6.2厘米（图一一，2）。

盘　1件。内采：64，残。卧足。内外壁满釉，足底未施釉。内壁剔划似花卉纹饰。残高1、复原底径4.1厘米（图一一，3）。

腹片　数量较多。内采：66，弧腹。内外壁满釉，内壁剔划龙纹。残长3.2厘米（图一一，4）。

（3）细白瓷

包括龙泉务窑细白瓷、缸瓦窑细白瓷、定窑细白瓷等遗物。

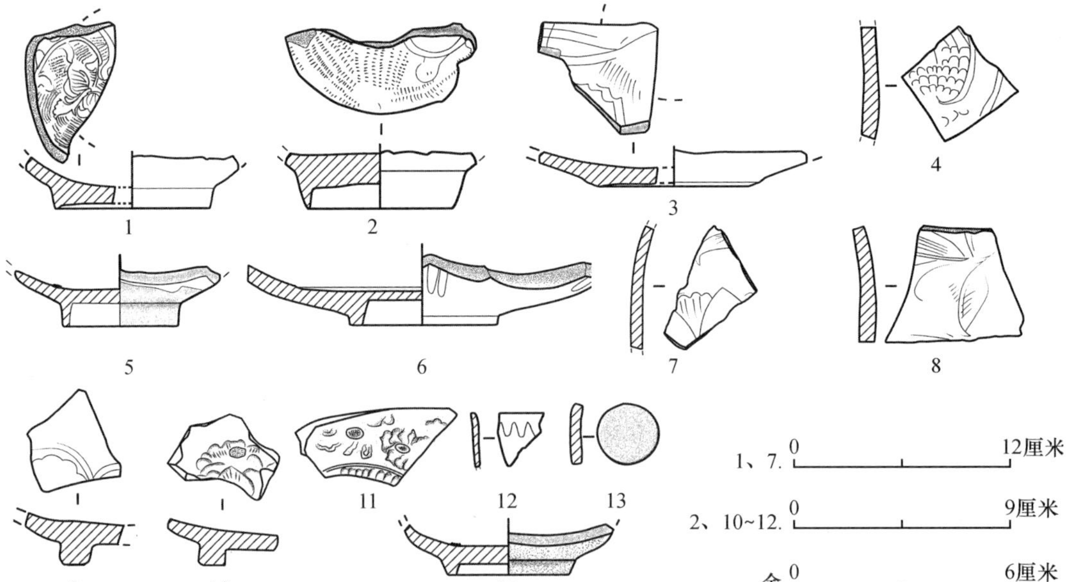

图一一　青白瓷和细白瓷

1、2. 青白瓷碗（内采：61、内采：62）　3. 青白瓷盘（内采：64）　4. 青白瓷腹片（内采：66）　5、6. 细白瓷碗（内采：70、内采：73）　7、8. 细白瓷腹片（内采：74、内采：75）　9～11. 印花白瓷器（内采：67、内采：69、内采：56）　12. 白瓷口沿（内采：76）　13. 素胎瓷棋子（内采：78）　14. 白瓷碗（内采：68）

龙泉务窑白瓷，胎质洁白坚硬，瓷化程度较高，胎质精细，多夹杂黑色杂点，白釉细腻莹润，玻璃质感较强。多素面，少数刻划花。可辨器形有碗（图一一，5～8）。

碗 2件。

内采：70，残存器底。弧腹，圈足。内壁满釉，残存两个长条形粗砂支钉，圈足与腹相交处削旋小平台，外壁施釉不到底。残高1.7、复原底径3.2厘米（图一一，5）。

内采：73，残存器底。弧腹，圈足。内外壁满釉，足底不施釉，足底粘有垫沙痕，圈足与腹相交处削旋小平台，内底残存一个椭圆形细沙支钉痕。外壁刻划呈瓜棱，推测应为葵瓣口或者花边口碗。残高2、复原底径4.2厘米（图一一，6）。

腹片 数量较多。

内采：74，弧腹。外壁施白釉，内壁不施釉。外壁剔刻莲瓣。残高7厘米（图一一，7）。

内采：75，弧腹。透明釉，内外壁满釉，内壁划草叶纹。残长3.3厘米（图一一，8）。

缸瓦窑细白瓷 一般香灰色胎，胎质精细，施黄白色乳浊釉。可辨器形有白瓷碗（图一一，9～11、14）。

碗 1件。内采：68，残，弧腹，圈足。香灰色胎，胎质较细，夹杂黑色杂质。黄白色乳浊釉，内壁满釉，残存两个椭圆形粗砂支钉，圈足与腹相交处削旋小平台，残器外壁未施釉。残高1.4、底径3.4厘米（图一一，14）。

器底 3件。

内采：56，矮圈足。白色胎，胎质精细。乳浊釉，内壁满釉，外壁施釉不到底，通体施化妆土，碗底内模印花卉纹。复原底径12厘米（图一一，11）。

内采：67，圈足。香灰色胎，胎质较细。黄白釉，内壁满釉、底部有花瓣形印花，残器外壁未施釉。底径7.6、残高1.6厘米（图一一，9）。

内采：69，圈足。弧腹。香灰色胎，胎质较细。白釉，内壁满釉，残存器外壁无釉。内壁印花。残高1.4厘米（图一一，10）。

定窑白瓷 发现较少，仅1件。内采：76，白瓷口沿。细白色胎。白釉，口沿下外壁剔刻莲瓣纹。残高2.3厘米（图一一，12）。

白瓷棋子 1件。内采：78，圆形。素白胎，胎质精细。直径1.7、厚0.3厘米（图一一，13）。

（4）其他瓷器

另采集到少许黑釉器、青釉器、绿釉划花瓷片、双色釉瓷片、鸡腿坛残片等。

黑釉器 1件。内采：59，器座，残。香灰色胎，胎质粗糙。黑釉，内壁满釉，外壁中间不施釉部分为断碴，应为器物连接部分。口径1.6、底径4.2、残高3.8厘米（图一〇，13）。

青釉器 1件。内采：49，瓷器盖。灰白胎，胎质粗糙。青釉，器盖表面施点彩，由5个褐色圆点组成。器盖内壁施釉未到底。直径12.9、残高2厘米（图一〇，14）。

绿釉划花瓷片　内采：60，残存腹片。灰胎。绿釉，釉层较厚，内壁剔划叶脉纹。残长 3.2 厘米。

双色釉瓷片　内采：57，残存口沿。灰白色胎，胎质较粗。口沿部分为黑釉，其余部分为白釉。残长 2.2 厘米。

鸡腿坛　内采：58，残存腹片。缸胎。茶叶末釉。残器内外壁满釉。残长 9.8 厘米、壁厚 1.5 厘米。

4. 陶建筑构件

在城内高土台附近，发现较多陶质建筑构件，包括檐头板瓦、吻兽残件、压当条、砖瓦等遗物，多为泥质灰陶，少许泥质红陶。

檐头板瓦　5 件。纹饰各不相同。依据纹饰特点，可分二型。

A 型　2 件，檐头滚压横排的网格纹。

内采：79，残。泥质灰陶。表面磨损严重，檐头压印两组横排网格纹。滴水面残宽 10、高 3.4 厘米（图一二，1）。

内采：80，残。泥质灰陶。檐头压印一组横排的网格纹。滴水面残宽 11.2、高 3.6

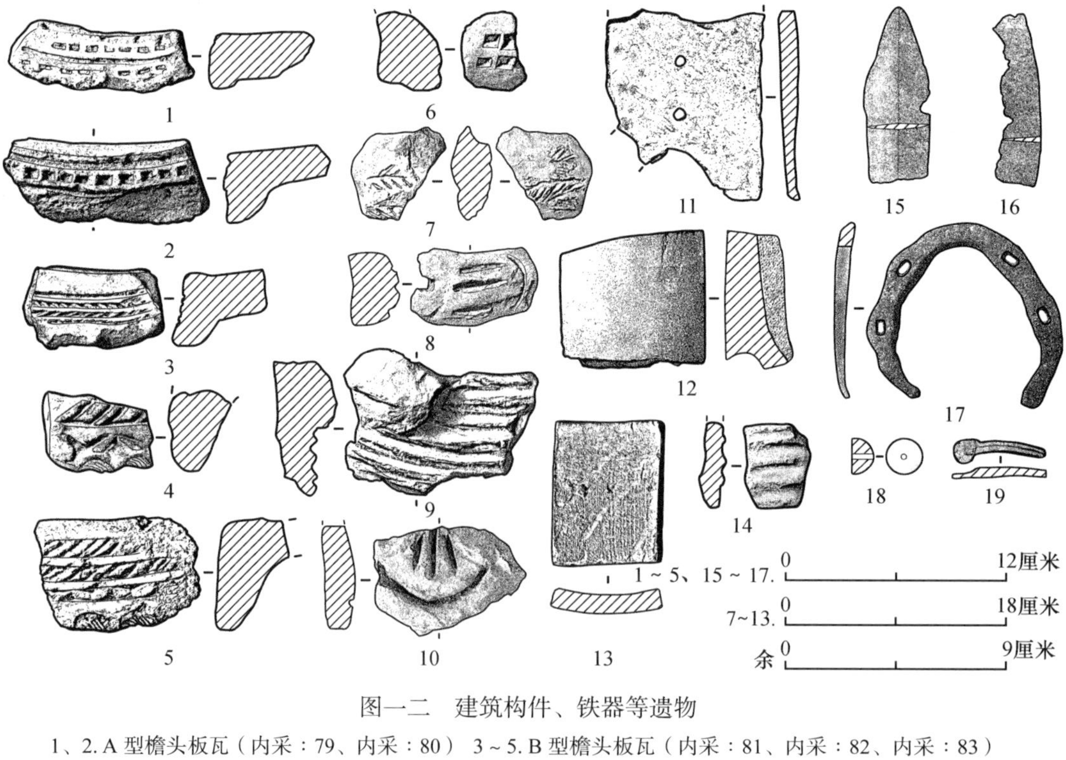

图一二　建筑构件、铁器等遗物

1、2. A 型檐头板瓦（内采：79、内采：80）　3～5. B 型檐头板瓦（内采：81、内采：82、内采：83）
6～11. 吻兽残件（内采：84、内采：85、内采：86、内采：87、内采：88、内采：90）
12～14. 陶瓦件（内采：92、内采：94、内采：93）　15. 铁剑（内采：96）　16. 铁刀（内采：97）
17. 铁掌钉（内采：98）　18. 白玉串珠（内采：95）　19. 铁器（内采：99）

厘米（图一二，2）。

B型　3件，檐头由一组组斜向的压印纹组成的纹饰带，瓦唇压印成波浪纹凹窝，窝槽里饰压细线纹。

内采：81，残。泥质红陶。2条纹饰带夹在3条凸棱之间，整体似麦穗纹。滴水面残宽7.6、高4厘米（图一二，3）。

内采：82，残。泥质灰陶。残存两组滚压的纹饰带，瓦唇呈波浪形。滴水面残宽6、高4.4厘米（图一二，4）。

内采：83，残。泥质灰陶。滚压形成3组纹饰带，由2条凸棱相隔，瓦唇呈波浪形。滴水面残宽8.9、高6厘米（图一二，5）。

建筑饰件　6件。

内采：84，建筑饰件，残。泥质红陶。表面饰两组方形凹槽。残长3.2、残宽2.6、厚2.6厘米（图一二，6）。

内采：85，建筑饰件，残。泥质灰陶。两面饰叶脉状凹弦纹。残长7.8、残宽7.9、厚3.2厘米（图一二，7）。

内采：86，吻兽残件。泥质灰陶。表面凸起，饰三条平行凹弦纹和一条弧状弦纹，一侧残存方形孔。残长10.4、残宽6.4、厚4厘米（图一二，8）。

内采：87，鸱吻残件。泥质灰陶。表面饰数道凹槽，残长16、残宽12、厚3～5.4厘米（图一二，9）。

内采：88，吻兽下颌。泥质灰陶。表面饰3条竖向凹槽和1条弧形凹槽，残长12.4、残宽8.4、厚2.1厘米（图一二，10）。

内采：90，鸱吻残件。似吻兽箱体。泥质灰陶。呈片状，中心有两个圆孔。残长15.6、残宽13.2、厚1～1.8、孔径0.6～0.9厘米（图一二，11）。

瓦件　数量较多。

标本内采：92，筒瓦，残。泥质灰陶。筒瓦凹面饰布纹。残长11.6、宽11.6、厚2.4～3.2、瓦唇长1.5厘米（图一二，12）。

标本内采：93，筒瓦唇，残。泥质红陶。残长3.5、厚0.6～1厘米（图一二，14）。

标本内采：94，压当条，残。泥质灰陶。残长12、宽9.2、厚1.6厘米（图一二，13）。

5. 其他遗物

伯都古城内还采集到白玉串珠、铁剑、铁刀、铁掌钉等遗物。

白玉串珠　1件。内采：95，完整。整体呈规则的半球状，中心有圆孔。直径1.5、厚0.9、孔径0.2厘米（图一二，18）。

铁剑　内采：96，残存剑头端部分。剑身两侧出戟。残长9.6、宽3.5、厚0.3厘米（图一二，15）。

铁刀　内采：97，残。整体呈弧状。残长9.4、宽2～2.3、刀背厚0.4厘米

（图一二，16）。

铁掌钉　内采：98，略残。“U”形，上有方孔4个，左右对称分布，尾部长度不等。长10.2、宽10.5、厚0.7、孔径长0.9厘米（图一二，17）。

铁器　内采：99，残。一端呈扁圆形，器身略呈柱状弧形，似铁钉。长3.9、宽0.5～1、厚0.2～0.4厘米（图一二，19）。

（五）城外遗址

城外发现三处遗址，分别是城西高台建筑址，城东北遗址，北岗子遗址（图七，1～3），遗址采集有砖瓦残件、陶、瓷器等遗物。

1. 城西高台建筑址

伯都古城西墙外约200米处，有一高台建筑址，当地称为点将台。高台建筑址破坏严重，其西部紧邻一条公路，中间被盗挖一个长方形的深坑，盗坑中散布大量灰色沟纹砖、布纹瓦残块。现存建筑址平面呈椭圆形，南北长30、东西宽24、残高约2.4米（图一三、图一四）。

图一三　城西高台建筑址（东—西）

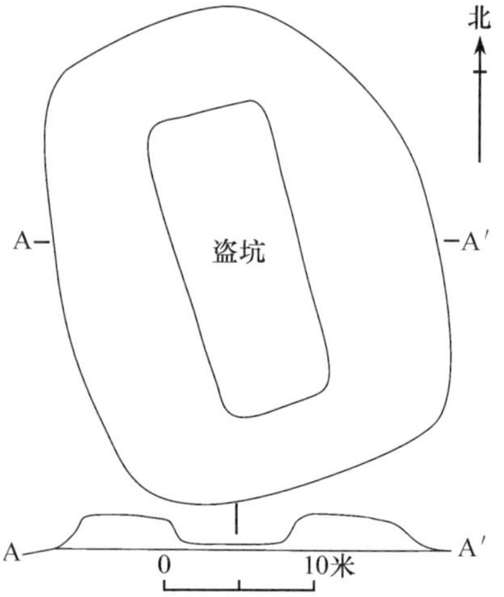

图一四　城西高台建筑址平、剖面图

在高台建筑址上采集的遗物包括建筑饰件、沟纹砖，均为泥质灰陶（图一五，13、14）。

建筑饰件　1件。西采：1，残，表面饰三道凹槽。残长8.1、宽6.6、厚4.5厘米（图一五，13）。

沟纹砖　数量较多。标本西采：2，残，表面残存5道沟槽。砖残长12.3、残宽20.8、厚7厘米（图一五，14）。

2. 城东北遗址

城东北遗址位于伯都古城北墙北40～50米的乡间小路旁。在此采集点发现较多陶器口沿和一些

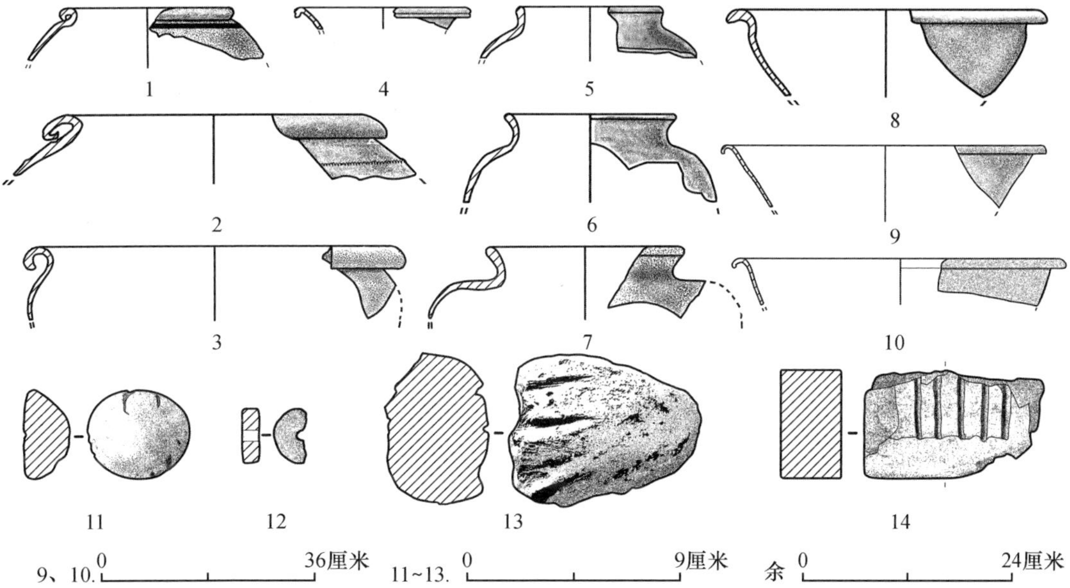

图一五 城西高台建筑址和城东北遗址遗物

1～3. A 型陶罐（北采：1、北采：2、北采：3） 4. 陶壶（北采：4） 5～7. B 型陶罐（北采：5、北采：6、北采：7） 8～10. 陶盆（北采：8、北采：9、北采：10） 11. 陶饰件（北采：11） 12. 陶冥钱（北采：12） 13. 建筑饰件（西采：1） 14. 沟纹砖（西采：2）

铁渣（图一五，1～12）。陶容器均为泥质灰陶，火候较高，质地坚硬，采集容器类可辨器形有壶、罐、盆等，均为素面，轮制。另发现有陶饰件和陶冥钱。

陶罐 6 件。依据口沿和颈部特征分二型。

A 型 3 件，大卷沿，无颈部。

北采：1，残存口沿和肩部。敛口，圆唇，大卷沿。有轮制痕迹，肩部有黑色哑光条带一周。口径 16、残高 6.1 厘米（图一五，1）。

北采：2，残存口沿和肩部。敛口，圆唇，卷沿，溜肩。有轮制痕迹，肩部饰附加堆纹。口径 52.8、残高 8 厘米（图一五，2）。

北采：3，残存口沿和腹部。敞口，尖圆唇，半卷沿，短颈，溜肩，鼓腹。有轮制痕迹。口径 39.6、残高 8.2 厘米（图一五，3）。

B 型 3 件，敞口，短颈。

北采：5，残。直口，圆唇，矮领，鼓肩。口径 15.2、残高 6 厘米（图一五，5）。

北采：6，残。侈口，圆唇，半卷沿，鼓肩。口径 18、残高 10.3 厘米（图一五，6）。

北采：7，残。敞口，圆唇，短束颈，丰肩。口径 21.1、残高 8.2 厘米（图一五，7）。

陶壶 1 件。北采：4，残存口和颈部。敞口，尖圆唇，半卷沿。有轮制痕迹。复原口径 18.28、残高 2.5 厘米（图一五，4）。

陶盆 3 件。

北采：8，残。敞口，圆唇，半卷沿。复原口径32、残高9厘米（图一五，8）。

北采：9，残。敞口，圆唇，半卷沿，斜腹。复原口径57、残高12厘米（图一五，9）。

北采：10，残。敞口，圆唇，半卷沿。复原口径52.8、残高5.1厘米（图一五，10）。

陶饰件　1件。北采：11，捏制而成，平面近圆形，表面光滑有多处裂痕，背部粗糙，中心处有小圆凹槽，应为贴塑在某件器物之上。直径3.8～4.4、厚1.8厘米（图一五，11）。

陶冥钱　1件。北采：12，残。近圆形，中心有圆孔。直径约2.4、孔径0.5、厚0.7厘米（图一五，12）。

3. 北岗子遗址

北岗子遗址位于城北约260米的高岗林带中。在一条人为挖掘的壕沟剖面上，发现较多的砖瓦块和陶瓷片，疑似存在房址。采集遗物包括大量陶器口沿，少许瓷器、绿釉陶片等遗物。陶器均为泥质灰陶，质地坚硬，火候较高。均轮制，多素面，个别有篦纹。瓷器为粗白瓷。

陶盆　6件。均为敞口，1件折沿，其余为卷沿。

北采：13，残。折沿，圆唇。唇部饰凹窝压印纹，有轮制痕迹。复原口径38.4、残高3.4厘米（图一六，1）。

北采：14，残。敞口，尖唇，小卷沿。复原口径39、残高4.5厘米（图一六，2）。

北采：15，敞口，圆唇，半卷沿。复原口径60、残高6.6厘米（图一六，3）。

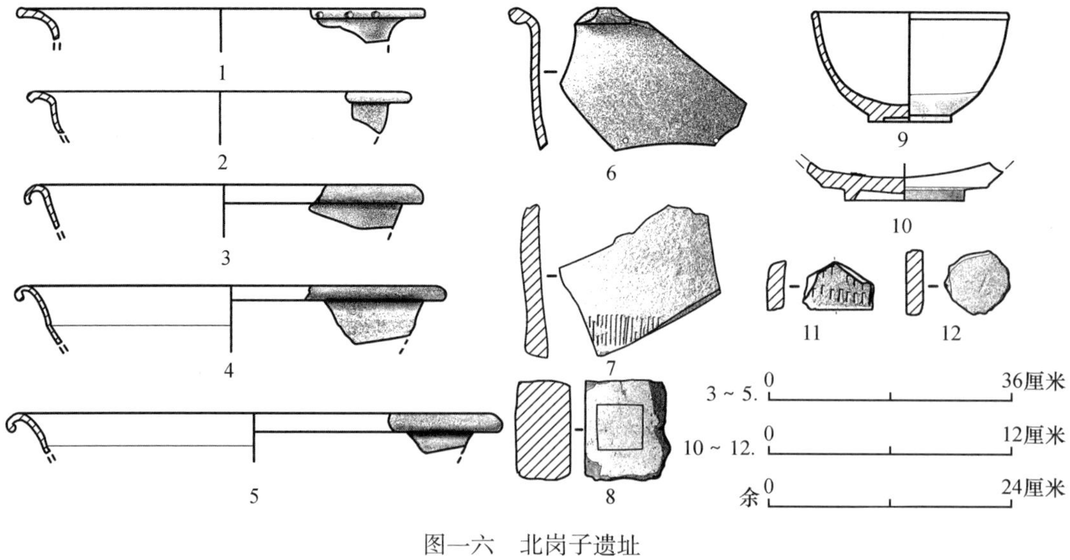

图一六　北岗子遗址

1～6. 陶盆（北采：13、北采：14、北采：15、北采：16、北采：17、北采：18）　7、11. 篦纹陶片（北采：19、北采：23）　8. 雕砖（北采：20）　9. 白瓷碗（北采：21）　10. 白瓷盘（北采：22）　12. 陶饼（北采：24）

北采：16，残。敞口，圆唇，半卷沿。复原口径64.8、残高8.6厘米（图一六,4）。

北采：17，残。敞口，圆唇，小卷沿。复原口径73.6、残高6厘米（图一六，5）。

北采：18，残。素面，敞口，圆唇，半卷沿。腹壁有两个锔孔。残长19、残宽14厘米（图一六，6）。

篦纹陶片 2件。

北采：19，滚压篦纹，部分纹饰剥落。残长11.5、残宽11.8厘米（图一六，7）。

北采：23，滚压篦纹两排。残长3.6、残宽2.4厘米（图一六，11）。

砖 数量较多。北采：20，残。残砖呈长方形，一面磨制光滑，刻划方框纹。长10、宽7～7.5、厚5.4、方框纹边长4.6厘米（图一六，8）。

陶饼 1件。北采：24，近圆形，陶片改制而成。直径约3.2、厚0.8厘米（图一六，12）。

白瓷碗 1件。北采：21，残。侈口，圆唇，弧腹，圈足。香灰色胎，胎质粗糙。白釉，釉下施化妆土。内壁满釉。外壁施半釉，中下部及圈足露出胎体。口径18.4、高11、底径8.4厘米（图一六，9）。

白瓷盘 1件。北采：22，仅存器底，圈足。白胎，胎色泛黄，胎质粗糙。白釉，釉下施化妆土。器内壁施满釉，有支钉痕迹。外壁施半釉，下部及圈足露出胎体。残高1.8、底径5.8厘米（图一六，10）。

二、初步认识

1. 年代

伯都古城内及附近地表散布大量陶瓷器等遗物。从陶器看，大量陶片上的细密或稀疏的篦纹，是辽代契丹陶器的典型纹饰，平折沿和卷沿陶器在东北地区辽金遗址中常见，其中大卷沿陶器在金代更为流行，伯都古城中大卷沿陶器发现较少，平折沿，半卷沿或敞口陶器发现较多。

从建筑构件来看，重唇檐头板瓦和沟纹砖是辽金遗址或城址中常见遗物，此次未发现典型渤海时期建筑瓦件。1984年的《扶余县文物志》中将采集的莲花纹瓦当定为渤海时期遗物，并对其进行了复原，其中1件当面饰双重莲瓣，外围饰一周连珠纹[12]（图一七,2）。典型渤海瓦当一般由高边轮、间饰、主题纹饰、当心纹饰构成（图一七,1），目前发现的渤海莲花纹瓦当均为高边轮，主题纹饰多为“倒心形”莲瓣，主题纹饰与边轮之间很少见细密的连珠纹[13]。伯都古城发现的莲花纹瓦当，残半，无边轮，最外围是一圈细密的连珠环绕，主题纹饰为双重莲瓣的莲花，与典型渤海瓦当不同。辽金时期瓦当带边轮者较少，且边轮较低，很多瓦当主题纹饰外有一周细密的连珠纹[14]。与伯都古城莲花纹瓦当相似的有辽代饶州瓦当[15]，外围是一周细密连珠，复

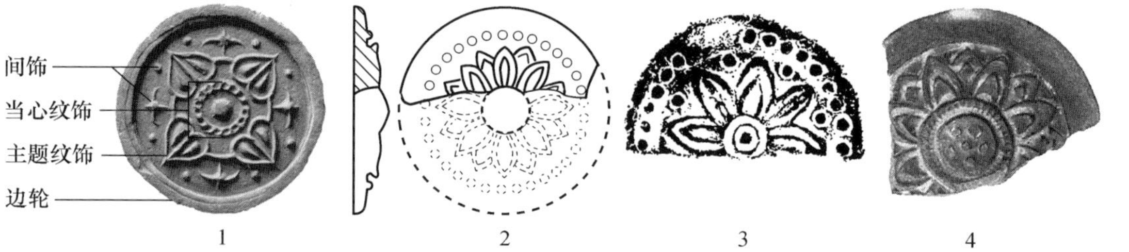

图一七　莲花纹瓦当对比

1. 渤海上京城瓦当　2. 伯都古城瓦当　3. 辽饶州城瓦当　4. 北镇辽代帝陵瓦当

原后主题纹饰应为八瓣紧挨的莲瓣，间饰为稀疏的连珠（图一七，3）。值得一提的是，辽代饶州城内同时发现了渤海瓦当，《辽史·地理志》载饶州治“长乐县，本辽城县名。太祖伐渤海，迁其民，建县居之。户四千，内一千户纳铁”[16]。可见饶州城内莲花纹瓦当很有可能受到渤海文化影响。另一例相似的瓦当为辽宁北镇辽代帝陵瓦当（图一七，4），有低边轮，无细密连珠，主题纹饰与伯都古城的莲花纹瓦当一样，在北镇辽代帝陵遗址中，也发现有渤海文化因素的戳印圆圈纹的带状滴水[17]。因此《扶余县文物志》中莲花纹瓦当不是渤海瓦当，而是辽代瓦当，可能受到渤海文化影响。

从瓷器来看，采集的粗白瓷器内底中多是粗砂支钉，未发现东北地区金代遗址中流行的涩圈瓷器。采集的龙泉务窑白瓷腹片（内采：74）的纹饰与龙泉务窑三期文化中的曲腹罐（T19H21：108）、瓷盒（T33H27：12）上纹饰相同，且这种莲瓣之间剔刻花蕊的纹饰仅见于龙泉务窑三期文化中[18]，龙泉务窑三期文化为辽中晚期至金初期（1065～1125年），本次调查未采集到龙泉务窑第四期金代出现的涩圈瓷器。青白釉瓷器中，内采：62、内采：66的纹饰分别与景德镇湖田窑三期前段的青白釉圈足盘BⅠ式（99H采：218）、Ab型（97DH1：15）的纹饰相同，且缠枝菊花间饰以细密篦纹是湖田窑三期前段遗物的新流行纹饰，原报告将湖田窑三期前段归为宋英宗至宋哲宗年间[19]（1064～1100年），大致相当于辽晚期。

另经吉林大学边疆考古研究中心彭善国教授对此次采集瓷器进行鉴定，认为多为辽代瓷器，无典型金代瓷器。

综上，本次采集的陶器、建筑构件、瓷器等遗物除少量清代青花外，应均为辽代中晚期至金初之遗物，未发现渤海时期遗物，莲花纹瓦当可能受到渤海文化影响。因此推测，伯都古城在辽代中晚期至金初应有过大量人类居住活动，伯都古城外三处遗址点应与伯都古城大致同期共存。

2. 性质

学界关于伯都古城性质的探讨，主要以李健才和张英两位学者为代表。李健才先生肯定其为辽宁江州，张英先生持否定意见，并提出榆树大坡古城为辽宁江州，但并未指出伯都古城的性质。为明确伯都古城性质，笔者搜集了宁江州的相关史料记载如下：

史料中关于宁江州的记载较多，《辽史》卷三十八《地理志二》载：宁江州，混同军，观察。清宁中置。初防御，后升。兵事属东北统军司。统县一：混同县[20]。《辽史》卷九十八《耶律俨》载：清宁……四年，城鸭子、混同二水间。《辽史》卷二十三卷《道宗三》载：八年（1072年）……三月癸卯，有司奏春、泰、宁江三州三千馀人愿为僧尼，受具足戒，许之。从上述文献可知，宁江州在辽道宗清宁年间（1055～1064年）设置，可能在1058年建城，位于鸭子河、混同江之间。宁江州内有众多僧尼，应存在佛教建筑。

《金史》卷二《太祖》载：辽人始为备，命统军萧挞不野调诸军于宁江州……太祖曰："彼初调兵，岂能遽集如此。"复遣胡沙保往，还言："惟四院统军司与宁江州军及渤海八百人耳。"《金史》卷七十一《列传第九》载：初，太祖下宁江州，获东京渤海人皆释之，往往中道亡去。从上述文献可知，辽宁江州内有渤海遗民。

《金史》卷七十二《列传第十》：收国二年（1116年），分鸭挞、阿懒所迁谋克二千户，以银术可为谋克，屯宁江州。《金史》卷四十六《食货一》：天辅五年（1121年），以境土既拓，而旧部多瘠卤，将移其民于泰州……其居宁江州者，遣拾得、查端、阿里徒欢、奚挞罕等四谋克，挈家属耕具，徙于泰州。《金史》卷三《太宗》：（1124年）四月……乙亥，诏赎上京路新迁宁江州户口卖身者六百余人。……十月……甲子，诏发宁江州粟，赈泰州民被秋潦者。从上述文献可知，辽末金初（1116～1124年），宁江州驻有女真屯田军，因领土扩大、旧部土地贫瘠，迁宁江州女真屯田军于泰州，宁江州也有贫民迁入，并且有一定的人从事农业生产。

《契丹国志》载：先是，（宁江）州有榷场，女真以北珠、人参、生金、松实、白附子、蜜蜡、麻布之类为市，州人低其直，且拘辱之，谓之打女真。州既陷，杀之无遗类，获辽兵甲马三千，退保长白山之阿术火。可知宁江州内有辽和女真进行边境贸易的榷场，因辽人交易中压迫女真，女真在攻下宁江州之后，进行了报复性的屠城。

根据以上史料的梳理结合伯都古城的调查，笔者推测伯都古城应为辽代宁江州，金初之后即废弃。首先，年代上相符。宁江州在清宁年间（1055～1064年）设置，辽末金初被女真人屠城，金初仍有女真屯兵和部分贫民迁入，宋金史料中，金初之后则不见关于宁江州的相关记载。宁江州与金肇州塔虎城[21]相距40千米，随着金肇州的建立（1130年）和发展，宁江州可能于不久后废弃。伯都古城内此次采集遗物年代在辽末至金初，其与宁江州存续时间大致相符。其次，辽代佛教盛行，宁江州内有僧尼，应存在佛教建筑，而伯都古城内西南的大土台基上发现较多佛教造像饰件，其上采集莲花纹瓦当与带状滴水具有辽金特征，很可能是辽代寺庙建筑。再次，伯都古城内发现的莲花纹瓦当可能受到渤海文化的影响，与文献记载宁江州内有渤海遗民相符。

三、余　论

辽代中晚期，东北地区的女真逐渐强大，宁江州应时而置。宁江洲一方面作为榷场，对女真各部进行贸易剥削，另一方面，作为控制和防范女真各部的军事重镇，发挥了重要作用。宁江州行政上归属东京道管辖，军事上却归属东北路统军司管辖，辽代东北路统军司设置于 1071 ~ 1077 年[22]。东北路统军司将宁江州从黄龙府划出，归入自己的防御体系，并将其级别由防御州变为观察使州，这样泰州（塔子城）—长春州（城四家子古城）—宁江州就形成了一条直接控制和防御生女真完颜部的军事三角，阿骨打起兵反辽首破宁江州，应与突破这一威胁相关。制于宋度宗初年的《舆地图》中清晰地画出了泰州、春州和宁江府的位置[23]，此三州（府）的位置，应分别与今泰来县塔子城、白城城四家子古城、松原伯都古城相对应，进一步证实了伯都古城为宁江州的观点。另外，《松漠纪闻》载：宁江州去冷山百七十里，地苦寒，多草木……每春水始泮，辽王必至其地，凿冰钓鱼，放弋为乐。可见宁江州应为辽皇帝春捺钵驻跸地。春捺钵在辽代中后期开始固定在今洮儿河中下游和松花江与嫩江交汇处河湖遍布的湿地一带，伯都古城刚好处于这一区域之内，是其为宁江州的一个旁证。宁江州作为辽中后期的经济和军事重镇，也为辽帝春捺钵活动提供了强大的后勤保障和军事安全保障。

学术界对宁江州位置，主要有伯都古城和大坡古城等观点[24]。究其原因，是没有充分的考古学材料支撑。结合笔者对榆树大坡古城的调查来看，大坡古城内地表采集较多金元时期遗物[25]。而宁江州在金代初即废弃，故推测大坡古城不是辽代宁江州。依据本次调查并结合史料分析，笔者认为伯都古城为辽之宁江州，金初之后废弃不用，至于其是否为渤海城址，还有待进一步的考古发现来验证。

附记：参加 2017 年度调查伯都古城人员有吉林大学边疆考古研究中心教授冯恩学，研究生武松、赵里萌，吉林省文物考古研究所孟庆旭、顾聆博。中国社会科学院考古所刘建国先生提供伯都古城卫片，吉林大学边疆考古研究中心彭善国先生对瓷器进行鉴定。

执笔人：武　松　赵里萌　孟庆旭　顾聆博　冯恩学

注　释

[1]　a. 李健才．辽代宁江州考［J］．东北师大学报，1981（6）：72-74.

b. 李健才．辽代宁江州补考［J］．博物馆研究，1984（1）：49-52.

c. 李健才．关于辽代宁江州州治所在地的讨论［J］．辽金史论集第八辑［C］．长春：吉林文史出版社，1994：155-167.

d. 李健才．东北史地考略（续集）［M］．长春：吉林文史出版社，1995：118-133.

［2］ 陈相伟，李殿福．扶余县文物志［M］．长春：吉林省文物志编委会，1984：42-47.

［3］ a. 绍维，庞治国．榆树大坡古城调查——兼论辽宁江州治地望［J］．博物馆研究，1982，创刊号．

b. 张英．试论金代冷山的地望——兼正辽代宁江州位置［J］．博物馆研究，1987（1）：40-43+80.

c. 张英．希尹·娄室·元忠葬地的研究——兼证与宁江州地望关系［J］．昭乌达蒙族师专学报，1987（2）：79-84.

d. 张英．辽代宁江州治地望新证［J］．长春文物，1988（2）．

［4］ 王禹浪，王宏北．高句丽·渤海古城址研究汇编［M］．哈尔滨：哈尔滨出版社，1994：843-844.

［5］ a. 于淑芬，王国学．论伯都古城即为辽代的宁江州［J］．博物馆研究，1990（1）：45-50+71.

b. 王国学．伯都古城述略（中）［N］．松原日报，2016-6-3（6）．

c. 徐淑红．松原辽金遗存图说［M］．长春：时代文艺出版社，2015：185-196.

［6］ 同［2］．

［7］ 同［1］［3］．

［8］ a. 吉林省文物考古研究所，白城市文物保护管理所，白城市博物馆．吉林白城城四家子城址建筑台基发掘简报［J］．文物，2016（9）：39-55.

b. 宋德辉．城四家子古城为辽代长春州金代新泰州［J］．北方文物，2009（2）：92-95.

c. 彭善国．吉林前郭塔虎城为金代肇州新证［J］．社会科学战线，2015（10）：122-129.

d. 彭善国．前郭塔虎城的分期与年代——以2000年发掘资料为中心［A］．边疆考古研究（第2辑）［C］．北京：科学出版社，2015：301-311.

［9］ 以渤海上京城、八连城、西古城考古发掘来看，宫殿建筑等大型院落址陶瓷片遗物较少。

［10］ 美国卫星科罗娜（Corona）KH-4B影像资料（DS1111-2241DF015-b），由中国社会科学院考古研究所研究员刘建国先生友情提供。

［11］ 以往发现的大的佛教造像多为木骨泥塑，如义县奉国寺佛教造像，此批采集的陶塑像残件，是否原为泥塑像经过火灾之后才变成陶质，不得而知。

［12］ 同［2］．

［13］ 渤海联珠纹瓦当发现较少，如俄罗斯远东及滨海地区的克拉斯基诺城址、马蹄山寺址、杏山寺址，中国的河南屯寺庙址、温特赫部城有边轮内带连珠纹的渤海瓦当，但未发现与伯都古城连珠纹瓦当形制相近者。渤海联珠纹瓦当见于：

a. 宋玉彬．渤海瓦当纹饰的文化因素分析［A］．中国考古学会第十二次年会论文集2009［C］．北京：文物出版社，2010：167-182.

b. 宋玉彬，全仁学．吉林和龙"河南屯古城"复查简报［J］．文物，2017（12）：4-18.

［14］ 卢成敢．中国东北地区辽金瓦当研究［D］．吉林大学硕士学位论文，2015.

［15］ 冯永谦，姜念思．辽代饶州调查记［A］．东北考古与历史（丛刊）第一辑［C］．北京：文物出版社，1982：211-219.

［16］（元）脱脱．辽史·卷三十七·地理志一［M］．北京：中华书局，1974：448.

［17］ 辽宁省文物考古研究所．辽宁北镇市辽代帝陵2012～2013年考古调查与试掘［J］．考古，2016（10）：34-54.

［18］ 北京市文物考古研究所．龙泉务窑发掘报告［M］．北京：文物出版社，2002：236＋268.

［19］ 江西省文物考古研究所，景德镇民窑博物馆．景德镇湖田窑址1988～1999年考古发掘报［M］．北京：文物出版社，2007：111-112.

［20］ 以下所引《辽史》《金史》，均为中华书局标点本，不一一注出。

［21］ 彭善国．吉林前郭塔虎城为金代肇州新证［J］．社会科学战线，2015（10）：122-129.

［22］ 王雪萍，吴树国．辽代东北路统军司考论［J］．中国边疆史地研究，2014（1）：55-65.

［23］ 此处引文献：曹婉如．中国古代地图集（战国—元）［M］．北京：文物出版社，1999：图83.

［24］ 宁江州位置还有诸如石头城子古城（张博泉《东北历代疆域史》）、永吉县乌拉古城（高士奇《扈从东巡日录》）、厄黑木站（今蛟河天岗，杨宾《柳边纪略》）、扶余县榆树沟（池内宏《辽代混同江考》）、扶余县小城子或五家站（三上次男《金史研究》）等观点，李健才先生均已论证否定（文章见注释［1］），故本文不再赘述.

［25］ 笔者曾对大坡古城进行踏查，地表未发现辽代篦纹陶片，采集到较多涩圈瓷片、钧窑瓷片、三角形滴水等典型金元时期遗物，故推测大坡古城在金元时期应存在较多人类活动。

Preliminary Report on the 2017 Investigation on the Ancient City of Bodu in Songyuan City, Jilin Province

In 2017, Jilin University Research Center for Chinese Frontier Archaeology and Jilin Provincial Cultural Relics and Archaeology Research Institute conducted an investigation on the ancient city of Bodu in Songyuan city. We used a combination of aerial investigation and Ground system investigation, three sites were found outside the ancient city and lots of relics in Liao and Jin dynasty. We drew. The density distribution map of the relics in the ancient city and the plan of the ancient city. After demonstration, the relics collected during the survey were from the late Liao Dynasty to the early Jin Dynasty. The Lotus eaves tile collected before is not the relics of Bohai, but the relics of Liao. The ancient city of Bodu coincides with the age of Ningjiangzhou in the age, and whether it is the ancient city of Bohai remains to be confirmed by further archaeological discoveries.

研究与探索

下潘汪文化研究
——兼论镇江营文化系

卢瑞宇
（吉林大学边疆考古研究中心，长春，130012）

下潘汪文化是依据下潘汪遗址第二类型遗存所提出的一类考古学文化，是镇江营文化系的重要组成部分。因此，要探讨下潘汪文化的问题，首先需要从下潘汪遗址第二类型的分析入手。

一、下潘汪遗址第二类型遗存的重新认定

1. 研究概况

下潘汪遗址位于河北省磁县岳城镇，在1959年岳城水库考古调查中首次发现，同年冬进行发掘，并将出土的仰韶遗存分为了具有早晚关系的两个类型[1]。此后发掘者在相关论文中披露了部分出土器物的信息，认为以多量彩陶为特色的“下潘汪仰韶第一期文化”早于以红顶陶为特色的“下潘汪仰韶第二期文化”[2]。比较丰富的材料在1975年发表的报告中予以公布[3]，发掘者延续了两类具有早晚关系的不同仰韶遗存的划分观点，分别命名为“仰韶文化第一类型”和“仰韶文化第二类型”，二者分属百家村类型和南杨庄类型，且前者早于后者。虽然此后发掘者先将第二类型遗存改归为后冈类型[4]，最后又将其独立出来划分为下潘汪类型[5]，但始终认定其晚于第一类型遗存，即晚于大司空文化[6]。

由于两类遗存之间直接层位关系的缺乏，发掘材料一经公布，就在学者间产生了关于两类遗存相对年代早晚关系的争议。先后有学者对报告中两类遗存早晚关系的划

分所存在的矛盾进行了归纳、解释[7]，还有学者进一步给予了修正[8]，从而还原了第二类型早于第一类型的事实。

同时，正是由于下潘汪第二类型遗存的不单纯性，使得学者在使用这批材料时由于侧重点的不同而出现了判断上的偏差，一部分学者将之归入后冈一期文化的范畴（多称为后冈类型）[9]；一部分学者将之与较早的镇江营文化[10]（又称北福地二期文化[11]）或北辛文化[12]归为一类，或改称之为仰韶文化下潘汪类型[13]；还有一部分学者将其看作与后冈一期文化、镇江营文化及北辛文化均不相同的一类独立遗存，或以下潘汪文化[14]、下潘汪类型[15]、界段营类型[16]、西万年类型[17]等来命名，或没有提出明确的命名[18]。因此，要想究明下潘汪第二类型遗存真正的原貌，还是需要对下潘汪遗址的原始材料进行重新梳理和分析，从而还原出较为单纯的下潘汪第二类型遗存。

2. 下潘汪第二类型遗存的年代和特征

根据发掘报告的划分，下潘汪遗址遗存可分为两个类型，二者陶器的根本区别在于彩陶的有无。但是仔细分析两个类型的代表陶器和单位，就会发现存在一些矛盾之处。

高天麟先生首先指出了两个类型的单位与发表的陶器并不一致，有交叉情况，并认为这种两个类型陶器共出的现象很可能表明了文化本身的复杂性或是堆积层次的复杂性，除较单纯的单位可以反映两类遗存的文化面貌外，部分共存的遗存可能表明了后冈一期文化和大司空文化之间存在发展的中间环节[19]。

此后，乔登云先生又对这批遗存的矛盾之处进行了分析[20]。在重申第二类型早于第一类型的基础上，指出了原报告由于两种类型相对年代判定上出现了失误，导致将两种类型陶器共出的单位定为了第二类型（本应为第一类型），而将第一类型的器物剔除，剔除的标准也可能以彩陶为主，未能做到全部识别。在这样的认识基础上，对遗存的归属进行了一些调整：将H74、H141及T32④归入第一类型；第二类型的陶系和纹饰中所存在较多的灰陶和一定数量的篮纹应予以剔除；H99：6红顶折腹碗（图一，4）、H70：3夹砂弦纹罐（图一，17）、H74：6素面盆（图一，11）应为混入第一类型单位中的第二类型遗物；H70：1敛口钵应为第一类型遗物，原报告将其归入第二类型应属疏忽。在这样的调整之后，两类遗存面貌迥异，性质也比较单纯，并不存在共存情况和中间环节。笔者认为乔登云先生注意到了“剔除”行为是两类遗存在归纳过程中的关键，以此为切入点进行的修正有理有据。

因此，修正后的下潘汪第二类型遗存的基本面貌应是以泥质红陶为主，多素面磨光，少量弦纹、刺剔纹和线纹等，以“红顶式”碗、钵为特色，另有夹砂弦纹罐、小口双耳壶、小口内折唇壶、小口细颈瓶、小平底釜、灶、甑、泥质红陶盆等（图一）。

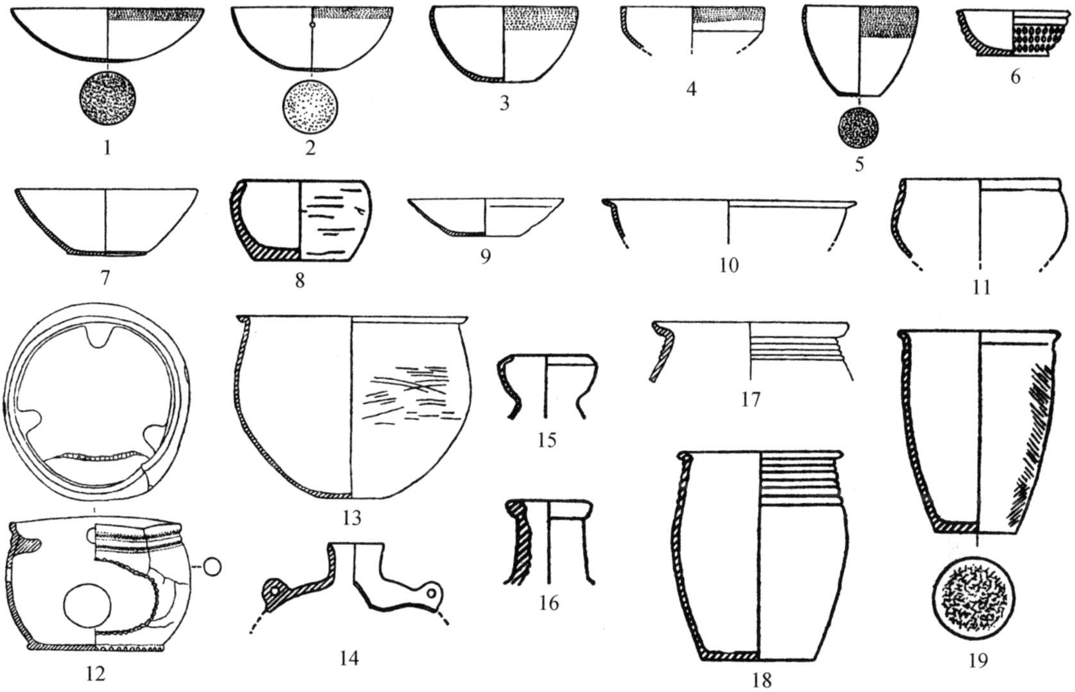

图一 下潘汪第二类型遗存陶器组合图

1～3、8. 钵（H129：5、T31④：17、H192：1、T33④：25） 4～7. 碗（H99：6、H140：10、T45④：16、Y1：20） 9. 盘（T33④：24） 10、11. 盆（H129：14、H74：6） 12. 灶（H129：5） 13. 釜（Y1：4） 14. 小口双耳壶（T48④：4） 15. 小口内折唇壶（T45④：219b） 16. 小口细颈瓶（T45④：219a） 17～19. 罐（H70：3、Y1：3、T45④：25）

二、与相关考古学文化的对比分析

1. 与镇江营文化的比较

镇江营文化[21]是以房山镇江营[22]和易县北福地[23]两处典型遗址为代表的一支考古学文化，因此又有北福地二期文化[24]一称，其早晚的阶段性差异可分为三期六段[25]。

结合镇江营“新石器第一、二期遗存”及北福地第二期遗存的文化面貌来看，可以看到下潘汪第二类型与镇江营文化的差别是显而易见的。第一，下潘汪第二类型以泥质红陶为主，而镇江营文化多夹云母或夹砂红陶；第二，下潘汪第二类型有一定数量的弦纹，而镇江营文化中基本不见；第三，下潘汪第二类型为釜与灶组合使用，而镇江营文化为釜和支脚组合使用，另外，下潘汪第二类型还有镇江营文化不见的夹砂弦纹罐，却不见鼎。因此不宜将二者归为同一类遗存。

不过，二者也有一定的相近之处，尤其是在镇江营文化的晚期。主要体现在：器表多素面，有少量的线纹和指甲纹，几乎不见彩陶；以组合方式为主要的炊器形式，均多“红顶式”碗、钵，另有小口双耳壶、小口内折唇壶、小口细颈瓶、盆等共见器物。这体现了两类遗存之间存在着一定的联系（图二）。

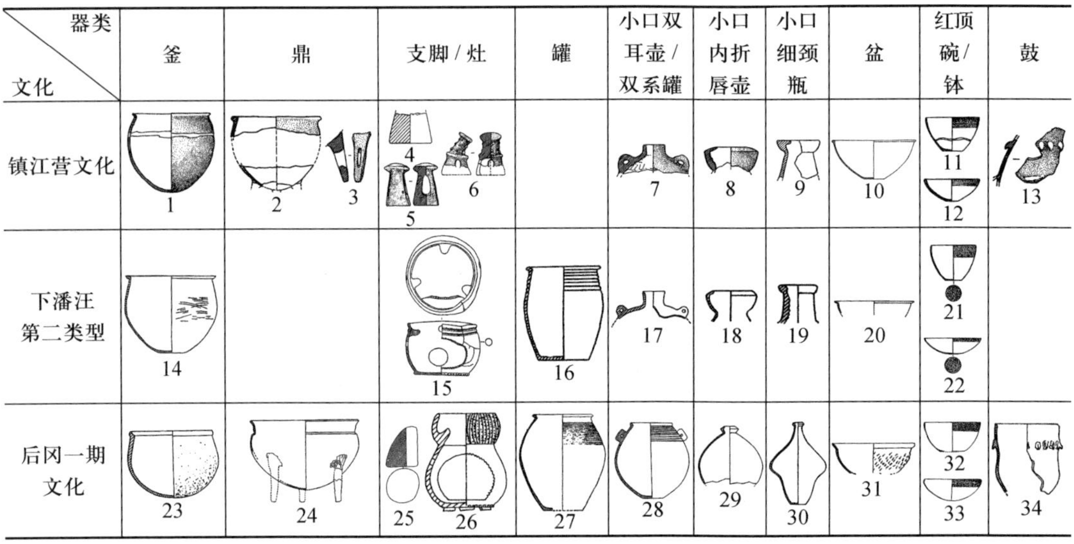

图二　镇江营文化－下潘汪第二类型－后冈一期文化陶器对比图

1、14、23. 釜（FZH1028：3、Y1：4、H33：25）　2、24. 鼎（FZT1107⑧：2、72H5：6）　3. 鼎足（FZH1016：4）　4～6、25. 支脚（F4：2、FZH654：13、FZH537：6、H33：33）　7、17. 小口双耳壶（FZH1067②：30、T48④：4）　8、18、29. 小口内折唇壶（FZH541：2、T45④：219b、H41：23）　9、19、30. 小口细颈瓶（H30：3、T45④：219a、59S1④：30）　10、20、31. 盆（FZT1407④：2、H129：14、59H9③：33）　11、21、32. 碗（FZH321：22、H140：10、72T4④：8）　12、22、33. 钵（FZH554：2、H129：5、72H3：1）　13、34. 鼓（FZH80②：1、72H4：9）　15、26. 灶（H129：5、T208H290：1）16、27. 罐（Y1：3、72H5：6）　28. 双系罐（H90：28）

（1～3、5～8、10～13为镇江营出土；4、9为北福地出土；14～22为下潘汪出土；23、25、28、29为石北口出土；26为西水坡出土；余为后冈出土）

2. 与后冈一期文化的比较

后冈一期文化是以后冈遗址[26]第一期遗存为代表的一支考古学文化，就目前而言，学界对其分布范围、渊源流向等课题均存在着一定的分歧。目前可以大致将已有的部分观点分为“大后冈”[27]和“典型后冈”[28]两类，表面看来是对文化分布范围认识的差异，实质上是对同一考古学文化的变异程度以及谱系关系等诸多方面的认识差异，即除了对山东、河南中部甚至是南部等相关遗存的文化归属存在分歧外，还有后冈一期文化与裴李岗文化及北辛文化之间谱系关系的认识差异。但将豫北、冀南作为后冈一期文化的重要分布地区仍是各方的共识，另外，对其阶段性特征的划分也大同小异[29]。因此，笔者暂且以后冈一期文化最具代表性的部分遗存为出发点，包括后冈遗址、石北口遗址[30]、南杨庄遗址[31]等相关遗存，对比分析其与下潘汪第二类型在文化面貌上的异同。

结合已有的研究成果[32]，可发现下潘汪第二类型与后冈一期文化的差异更为明显，主要体现在：后冈一期文化的彩陶虽然数量仍然不多，但较为普遍；后冈一期文化的炊器以三足鼎为主，釜、灶已极为少见，小口双耳壶消失，新出现双系罐，而下潘汪第二类型以釜、灶作复合式炊器，绝不见鼎，却存在小口双耳壶。因此，二者不能归为同一类遗存。

同样，后冈一期文化与下潘汪第二类型之间也有着一些相近的方面，主要体现在：均以泥质红陶为主；器表均以素面为主，有少量的弦纹；有相近的“红顶式”碗、钵及弦纹罐、小口细颈瓶、小口内折唇壶、盆等器类，釜和釜形鼎之间又有一定的传承性。这也体现了二者之间存在着某些联系（图二）。

总之，镇江营文化、下潘汪第二类型与后冈一期文化代表着三类各不相同的遗存，但彼此之间又存在着十分密切的联系，可以说，下潘汪第二类型在一定意义上体现出了介于另二者之间的文化面貌，尤其是介于镇江营文化的晚期和后冈一期文化的早期之间，而其相对年代关系亦有石北口遗址的层位关系[33]为确凿证据。但是，下潘汪遗址的第二类型遗存仅仅代表了一处典型遗址的遗存面貌。因此，还需要全面掌握相关遗存的文化面貌，细致分析各种文化因素的联系，这样才能准确地反映出三者之间的文化关系。因此，接下来还必须对其他相关遗址的遗存进行分析，更全面地归纳出下潘汪第二类型的文化面貌，从而进一步观察以往未被重视的一些细节。

三、相关遗址的具体分析

针对下潘汪第二类型与镇江营文化、后冈一期文化所存在的异同，以有釜、灶、弦纹罐而少见鼎和彩陶的组合特征为出发点，我们可以重点探讨下列遗址的文化属性。

1. 界段营遗址

磁县界段营遗址[34]中被归为后冈一期文化的陶器全部出于H50中，其形制和特点均与下潘汪第二类型的同类器相似，显然可以与其归为同一类遗存。

不过需要注意的是，界段营遗址并不见釜和罐两类在下潘汪第二类型中的重要器物。虽然发表了一件盂，但其形制与磁山文化的同类器相去甚远，且为泥质红陶，因此将其作为盆钵类盛器来看似乎更为合理，下潘汪第二类型中也有一件称为盂的泥质陶器，形态与之相近，亦应同理为碗、钵类盛器。总之，界段营遗址的炊器并不是与下潘汪第二类型不同，而是还没有发现炊器。

2. 西万年遗址

武安西万年遗址[35]分南北两区，仰韶时代的遗存分布于南部，称为二区，报告将其归为后冈一期文化的范畴。由于所有遗物都出土于第1、2两个地层单位之中，缺乏有力的共存关系证据，因此只能暂且将所有遗物作为整体来看待。二区出土的陶器整体上与下潘汪第二类型十分接近，明显属于同一类遗存。但二区同时还存在着少量与磁山文化有相近之处的陶器，包括绳纹支脚、直壁盂形器和三足钵的器足。

3. 义西遗址

峰峰矿区义西遗址[36]可分三期，其中第一期遗存与下潘汪第二类型大同小异，但有圜底弦纹釜、带圈足的支脚等不见于下潘汪第二类遗存的器物，且不见灶，又显示出一定的差异性。总之，义西第一期遗存明显缺乏鼎及彩陶，且有弦纹罐的存在，因此不宜归入后冈一期文化和镇江营文化中的任何一个，暂且将其归入下潘汪第二类型。

4. 卧龙冈遗址

任县卧龙冈遗址[37]的早期遗存也被发掘者归为后冈一期文化的范畴，所有遗物均出土于H1中，整体看来也与下潘汪第二类型基本相似。但既缺乏灶，也缺乏支脚，即缺乏炊具，应是未进行系统的发掘的缘故。总体看来，卧龙冈早期遗存明显缺乏鼎及彩陶，而存在着弦纹罐，归为下潘汪第二类型更为合适。

5. 赵窑遗址

武安赵窑遗址[38]的仰韶时代遗存分为上下两层，其中下层遗存属于后冈一期文化，上层遗存与下潘汪第二类型比较相近。但是需要指出的是，报告介绍上层遗存还有鼎和较多的各类彩陶片，虽然没有图片，但我们不能因此就忽视其存在，除鼎和彩陶以外，釜的缺乏亦显示出其与下潘汪第二类型差异明显。由于鼎并无线图公布，我们无法得知其是类似于镇江营文化镂空（或凹槽）足鼎还是后冈一期文化有按窝纹的柱状足鼎，但据其不见釜而夹砂弦纹罐和彩陶共出的现象来看，属于后冈一期文化的可能性很大，极有可能是包括灶在内的少量下潘汪第二类型遗存混入了后冈一期文化遗存之中。再者，该遗址的层位关系还表明了类似于下潘汪第二类型的遗存晚于后冈一期文化的遗存，与已有的认识相左。有研究者就对这批材料的单纯性提出了质疑[39]，笔者从之。因此，赵窑遗址很可能确实存在下潘汪第二类型的遗存，但目前尚无较为单纯的材料公布，只能暂不讨论。

6. 石北口遗址

永年石北口遗址[40]的出土遗存被分为三期六段，发掘者认为早期与下潘汪第二类型相似，与后两期同属后冈一期文化。此后有不少学者对这批材料重新进行了的文化属性的判定，多数观点认为其早期遗存和中晚两期遗存是性质不同而又有密切联系的不同遗存，其中早期早段可归入镇江营文化，早期晚段与下潘汪第二类型属同一类遗存，中、晚期属于后冈一期文化[41]。分析报告可以发现，早期存在这样一组层位关系：H28 → H29 → H20、H45，但是将 H28 与 H20、H45 一起归入了早段，而 H29 归入了晚段，层位上存在矛盾。观察 H28 内出土的 H28：10 小口细颈壶（图三，10）与早段的 H1 内同类器 H1：14 十分相似，自然可以归入早段。而 H29 内出土的两件釜 H29：23（图三，1）和 H29：28，分别与早段 H1 和 H20 内的同类器 H1：16 和 H20：28 接近，而与晚段的 H3：10（图三，12）相去甚远，因此 H29 应改归入早段。此外，有学者还将 H6、T30③、H37 补充归入晚段[42]，现在看来前两者可行，但 H37 则应随 H29 归入早段。

这样再来观察早期两段的陶器特征，我们就可以发现石北口早期早段的基本器物组合均没有超出镇江营文化的范畴，可归入镇江营文化之中，其中小口细颈瓶、圈足歪头支脚都是镇江营文化晚期所特有的器物。晚段与早段相比，虽然一方面有着相近的陶器组合，联系密切（图三），但是晚段的尖圜底釜较早段的同类器腹更瘦而底更尖，圈足歪头支脚也已不见，发生了明显的变化，同时新出现了灶和黑彩。于孝东先生正是据此将其与镇江营文化区分开来，又依据其不见柱足鼎和后冈一期文化常见样式的彩陶，将其与后冈一期文化也区分开，从而进一步将之归入了下潘汪第二类型的范畴，并称为“下潘汪类型”，与镇江营文化的密切联系正体现着二者间的主体传承关系[43]，该观点是很有见地的。但需要注意的是，下潘汪第二类型的一个重要特征就是弦纹罐的出现，而石北口早期晚段则不见弦纹罐，却出现了不见于下潘汪第二类型的彩陶，体现了与下潘汪第二类型之间的细部差异。

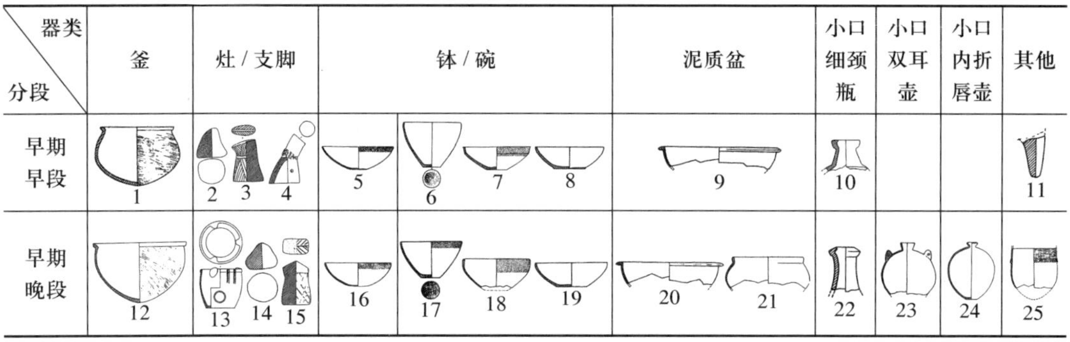

图三　石北口早期遗存陶器组合对比图

1、12. 釜（H29：23、H3：10）　2～4、14、15. 支脚（H28：18、H45：3、H29：3、H19：9、H19：6）　5、16. 钵（H20：17、H6：9）　6～8、17～19. 碗（T18④：1、H25：1、H25：2、H19：1、H4：12、H3：4）　9、20、21. 盆（H20：29、H3：13、H3：31）　10、22. 小口细颈瓶（H28：10、T71③：1）　11. 钵足（H1：13）　13. 灶（H3：11）　23. 小口双耳壶（H3：6）　24. 小口内折唇壶（H3：1）　25. 鼓（T30③：10）

7. 南杨庄遗址

正定南杨庄遗址[44]的报告认为一期遗存与镇江营文化和下潘汪第二类型接近，属于后冈一期文化的前身之一。针对报告中各期遗存所存在的一些不合理现象，有学者曾进行过细致的研究，所分A类遗存（即南杨庄第一期遗存）包括圜底釜、支脚、灶、钵、盆、小口双耳壶、小口内折唇壶等，属镇江营文化[45]。观察这组陶器，圜底釜和圈足歪头支脚的确是镇江营文化的特征器物，但灶则是下潘汪第二类型的代表器物，虽然没有弦纹罐，但是弦纹盆的存在似乎说明了上腹部饰弦纹的装饰风格已经出现，因此其与下潘汪第二类型的相近程度更大。需要说明的是，即使是经过再研究的南杨庄第一期遗存，也仅仅是在结合其他遗址的材料基础上所归纳的，单纯性不强，但据灶、弦纹两个特征，将其归入下潘汪第二类型应大致不误。

总之，以上各遗址，除赵窑遗址上层遗存暂且排除于下潘汪第二类型遗存之外，其他遗址虽略有差异，但整体上均可归入下潘汪第二类型遗存的范畴（图四）。

四、下潘汪第二类型的谱系关系

通过上述各遗址文化特征的比较和文化属性的归纳，我们可以在更大范围内更全面地来审视与下潘汪第二类型相似的一系列遗存的文化特征。这类遗存均不见鼎，以釜、灶、支脚、弦纹罐为特征器物组合，有极少的彩陶（黑）和陶鼓[46]的存在。其中，灶、弦纹罐和黑彩是镇江营文化不见的新文化要素，釜、支脚和陶鼓为沿用的传统文化要素。同时，在上面论述各遗址的文化归属时，我们就已经发现了各遗址虽然在文化面貌上较为统一，但在一些细部上也存在着一定的差异，尤其是在新文化要素的组合上。正如有研究者曾尝试将其文化特征总结为釜与支脚基本不共出，而以灶或弦纹罐为主[47]。虽然因忽略了义西遗址第一期遗存而有纰漏，但基本反映了其内部存在不同器物组合的特点，尤其是炊器组合。因此，有必要对其内部的细部差异进行更深入的分析。事实上，这些细部的差异性正是由于下潘汪第二类型与不同文化遗存进行互动所产生的，体现了它与不同文化遗存之间的关系存在着差异性。

1. 下潘汪第二类型的外来因素分析

（1）灶

灶，作为与釜配合使用的炊具，其与支脚在一定程度上存在互替性，由于镇江营文化绝不见灶，因此可理解为一种新出现的、具有替代支脚趋势的文化现象。目前最早的灶发现于顺山集文化的第二期遗存[48]，形态原始，仅仅是有缺口的灶圈附带一个支钉（撑子）（图五，1）。此后又于双墩文化发现过一定数量的灶[49]，仍然无底，但敞口附带三个支钉（撑子）的形态（图五，2）已经比较接近界段营的灶（图五，3）了。

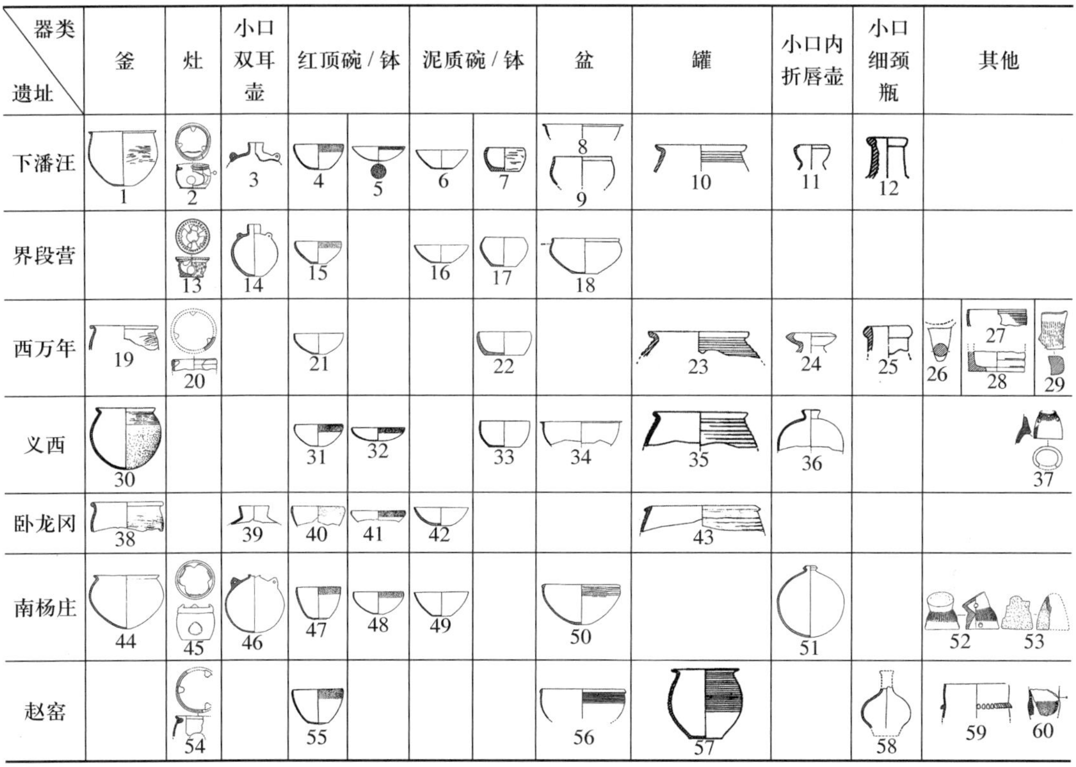

图四　各遗址陶器组合对比图

1、19、30、38、44. 釜（Y1：4、二区 T1②：86、H19：4、H1：1、T33④：1）2、13、20、45、54. 灶（H129：5、H50：45、二区 T1②：102、H180：1、H20：34）3、14、39、46. 小口双耳壶（T48④：4、H50：1、H1：7、H28：7）4、6、15、16、21、31、40、42、47、49、55. 碗（H192.1、Y1：20、H50：12、H50：23、二区 T1②：37、H19：3、H1：11、采集：2、F1：8、H28：5、H19：7）5、7、17、22、32、33、41、48. 钵（H129：5、T33④：25、H50：6、二区 T1②：7、H11：16、H19：2、H1：10、T65④：4）8、9、18、34、50、56. 盆（H129：14、H74：6、H50：40、H11：10、T28④：7、H19：13）10、23、35、43、57. 罐（H70：3、二区 T1②：89、H11：7、H1：6、T13③：11）11、24、36、51. 小口内折唇壶（T45④：219b、二区 T1②：105、H17：7、H119：7）12、25、58. 小口细颈瓶（T45④：219a、二区 T1①：107、H20：33）26. 钵足（二区 T1②：13）27、28. 盂形器（二区 T1②：95、二区 T1②：38）29、37、52、53、60. 支脚（二区 T1②：33、H11：8、T46④：2、H28：1、H13：12）59. 鼓（H17：7）

（1～12 为下潘汪出土；13～18 为界段营出土；19～29 为西万年出土；30～37 为义西出土；38～43 为卧龙冈出土；44～53 为南杨庄出土；余为赵窑出土）

考虑到灶的形态演变存在一定的趋势可循，且目前尚无其他材料，只能暂且认为下潘汪第二类型的灶与顺山集文化及双墩文化有着密切的联系，但双墩文化的分布区域与下潘汪第二类型并没有直接相连，因此有研究者认为灶是通过与双墩文化有密切关系的北辛文化传播而来的[50]，可备一说，只是目前尚无中间环节的证据。总之，灶是一种来自于东南方的外来文化因素。

另外，根据灶的形态演变来看，很可能经历了一个口部从敞口到直口、器身从

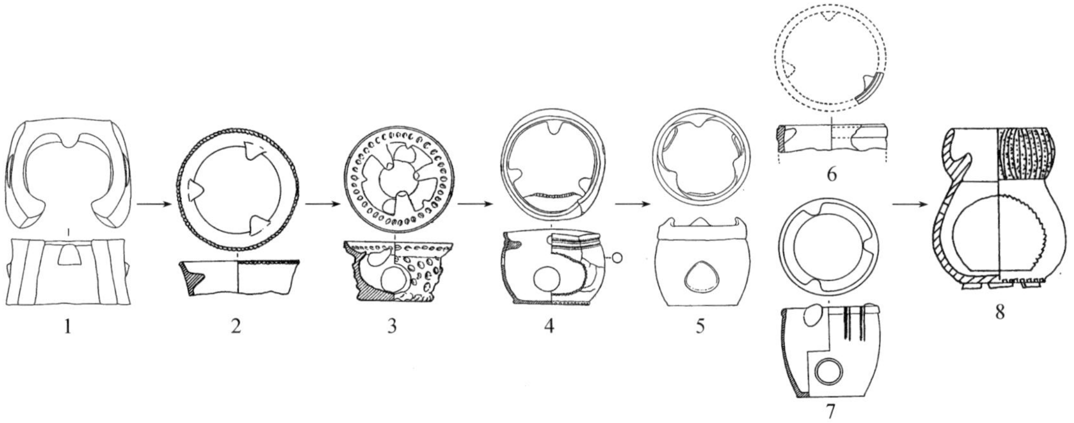

图五　陶灶演变图

1. TG9④：15　2. 92T0723㉒：88　3. H50：45　4. H129：5　5. H180：1　6. 二区 T1②：102　7. H3：1　18. T208H290：1

（1 为顺山集出土；2 为双墩出土；3 为界段营出土；4 为下潘汪出土；
5 为南杨庄出土；6 为西万年出土；7 为石北口出土；8 为西水坡出土）

低到高的过程（图五 2-7），因此笔者认为界段营的灶年代应早于下潘汪遗址中的灶，为目前已发现下潘汪第二类型中灶的最早阶段，而下潘汪遗址中的灶又要早于其他诸遗址。

（2）弦纹罐

弦纹罐有夹砂和泥质两种，其中前者可能作为炊器使用。镇江营文化中不见类似的罐类器，因此有研究者认为上腹部施弦纹的罐类器是来自于太行山以西的以翼城枣园遗址为代表的遗存[51]。根据已有的研究来看，太行山以西被称为枣园文化[52]的一类遗存有着比较清晰的弦纹罐发展序列，虽然罐类形制多样，但总体上大致经历了一个弦纹由无到有、由粗浅到细密且腹部变鼓的过程[53]。枣园遗址[54]分为三期，第二期出现弦纹罐，第一期仅有素面罐；同属枣园文化的垣曲古城东关遗址[55]第一期遗存也分为三段，同样是到第二段才出现弦纹罐。值得注意的是，出现弦纹之前的罐上腹部已有比较明显的轮修刮磨痕迹或横向线状划纹，可能是弦纹出现并大量运用的前兆。下潘汪中有一件线纹罐（图六，2）腹部近直，与枣园遗址第一期的素面罐（图六，12）相似，有可能属于最早传入的罐类器；西万年腹部近直的弦纹罐（图六，7）与枣园第二期初始阶段的同类弦纹罐（图六，10）十分接近，其口沿翻卷则可能是受共存的釜（图四，19）的影响；下潘汪腹部较直的弦纹罐（图六，3）与枣园第二期初始阶段的同类弦纹罐（图六，13）较为类似；下潘汪、西万年和义西的腹较鼓的弦纹罐（图六，4、5、6），以及卧龙冈中的窄沿弦纹罐（图六，8），均与枣园第三期的同类器（图六，14、11）比较接近。

另外需要说明的是，有的研究者提出了继承裴李岗文化的下王岗一期文化的概念，将枣园、下王岗与石固等处于前仰韶时代与仰韶时代转变阶段的遗存均归为同一考古

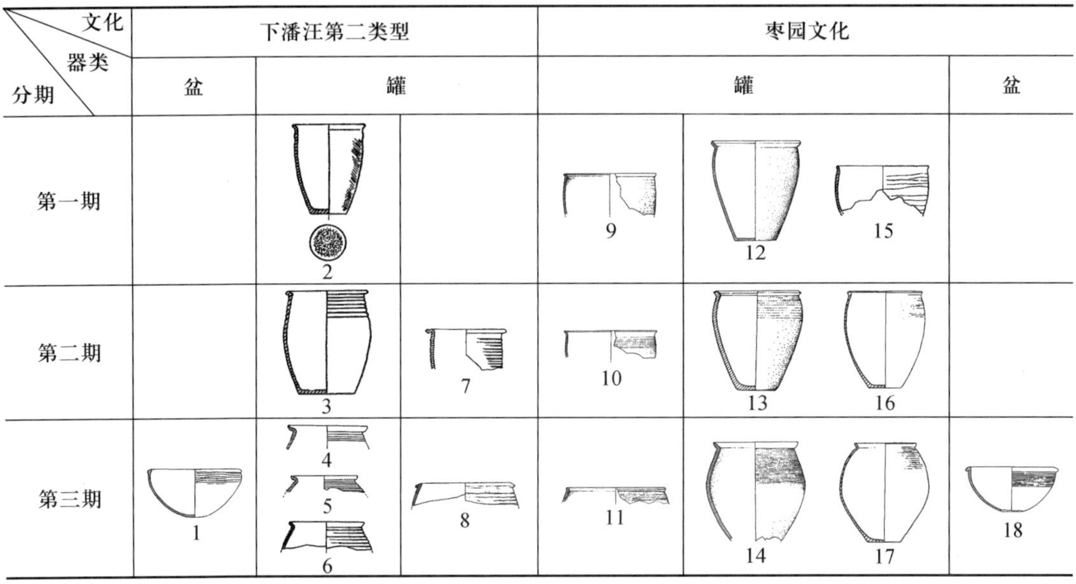

图六　下潘汪第二类型与枣园文化陶器对比图

1、18. 盆（T28④：7、ⅣH31：22）2～17. 罐（T45④：25、Y1：3、H70：3、二区 T1②：89、H19：4、二区 T1①：88、H1：6、F1：91、H4：10、T2②：3、F1：40、H4：4、T2②：1、ⅣH85：19、ⅣH40：173、ⅣH31：14）（1 为南杨庄出土；2～4 为下潘汪出土；5、7 为西万年出土；6 为义西出土；8 为卧龙冈出土；9～14 为枣园出土；余为东关出土）

学文化的范畴而以地方类型分之[56]，这些遗存普遍存在弦纹罐从无到有的发展过程。因此弦纹罐的发生很可能是这一系列遗存中普遍存在的现象，其中又尤以枣园文化与下潘汪第二类型的关系最为密切，体现在弦纹罐的形制特征最为接近且普遍共见的“红顶式”器物和内折唇风格的器物。还有研究者认为这种文化传播的背后是仰韶时代初期一次大范围快捷交流过程中慢轮制陶技术普及化的结果[57]，可备一说。

总之，从下潘汪第二类型中就已存在的线纹罐以及其弦纹罐的发展趋势与枣园文化等遗存几乎相同来看，弦纹罐应是在产生后不久就传入了太行山东麓的下潘汪第二类型之中，属于来自西南方的外来文化因素（图六）。另外，南杨庄遗址早期遗存虽无弦纹罐的存在，但其弦纹盆（图六，1）可能也是由枣园文化传入，由于在东关遗址第一期遗存中，弦纹盆（图六，18）的出现仅在晚段，与鼓腹弦纹罐处于同一阶段，因此南杨庄遗址早期遗存也不会比其早。

因此，较早的界段营遗址中也不见弦纹罐，则很可能说明了下潘汪第二类型中灶的出现是要早于弦纹罐传入的，或与线纹罐的出现年代相当。那么石北口早期晚段中不存在弦纹罐也是因为其年代早于弦纹罐的传入吗？从石北口早期晚段中尖圜底釜（图七，3）呈上折沿大敞口的形态特征来看，与后冈一期文化早期的鼎身（图七，5）非常相似，二者之间几乎没有缺环，体现了由下潘汪第二类型的釜向后冈一期文化的鼎发展演变的紧密传承性；在镇江营文化中，尖圜底釜是自中期五段才开始出现的，而在与晚期六段相当的石北口早期早段中，亦有一件圜底略尖的釜（图七，1），但尚未形成大敞口；而在南杨庄第一期遗存中的一件尖圜底釜（图七，2）的口部则已经比较接近石北口早期晚段的大敞口了，只是稍小一些。因此，从石北口早期早段到后冈一期文化早期的尖圜底釜—鼎的演变趋势一望可知（图七），仅在南杨庄第一期遗存与石北口早期早段之间或有缺环，石北口早期晚段的年代非常接近后冈一期文化的早期，即下潘汪第二类型的下限，应属下潘汪第二类型中年代较晚者。此外，卧龙冈H1中还出土了一件与晚期形态的弦纹罐（图六，8）共存的釜（图七，4），虽底部已残，但折沿大敞口的特征与石北口早期晚段中的尖圜底釜如出一辙。因此，多重证据证明了石北口早期晚段的年代不可能早于弦纹罐的传入，其不见弦纹罐的原因应与其未接受这一来自西南方的文化因素有关。

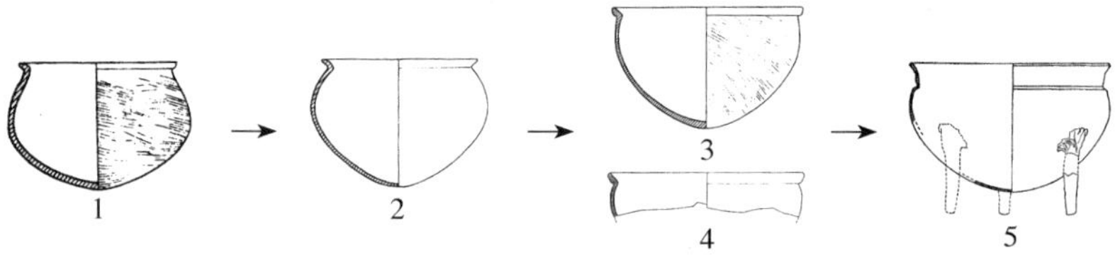

图七　尖圜底釜－鼎演变图

1～4. 釜（H29：23、T33④：1、H3：10、H1：2）5. 鼎（72H5：6）

（1、3为石北口出土；2为南杨庄出土；4为卧龙冈出土；5为后冈出土）

（3）彩陶

镇江营文化中已有少量的彩陶存在，在镇江营遗址第一期遗存中有极细的网格红彩，尚属孤例；第二期遗存中新出现紫色彩带，未见图片。总之，镇江营文化中可能确实存在极少的红彩，应是来源于西部的因素。在前仰韶时代老官台文化[58]早期的白家村遗址[59]和晚期的师赵村遗址[60]就已经有了比较多的简单红彩；枣园文化从早期开始也就已经有了彩陶，且多为红色彩带，镇江营文化晚期的紫彩带就可能来源于此。与之相关的是，镇江营文化晚期出现一定数量的内折唇风格的器物也有可能是随此传入[61]。但是这类红彩传入后并没有产生太大的影响，尤其是并未在下潘汪第二类型的遗存中出现。此后直到后冈一期文化阶段红彩才有一定程度的使用，或为另一次文化传播的结果。

此外，石北口早期晚段的黑彩是本地区新出现的现象，不仅不见于镇江营文化，而且在所有下潘汪第二类型的相关遗址中也仅仅在石北口遗址中存在。黑彩在太行山以西的枣园文化早期就有个别发现，虽数量不多，但也不能排除是由西部传入的可能性。另外，黑彩在南部裴李岗文化[62]晚期的中山寨遗址[63]中也有发现，故亦可能由南部传入。

总之，虽然黑彩的传入缺乏相关中间环节的证据，具体路线难成定论，但仍属于来源于西南方向的外来文化因素。而且由于石北口早期晚段处于下潘汪第二类型向后冈一期文化转变的最后阶段，说明黑彩的传入是下潘汪第二类型中最晚出现的现象，是石北口早期晚段处于两类遗存临界阶段的另一标志[64]。

2. 下潘汪第二类型的内部差异与分期分组

通过对上述三类文化因素的细致分析，我们可以凭借来自西南方的线纹罐－弦纹罐和来自东南的灶为两个划分标准，将下潘汪第二类型的遗存分为三个大类：第一类以界段营遗址和下潘汪遗址为代表，包括西万年遗址，以釜、灶和线纹罐－弦纹罐为特色，可称为甲组。第二类以石北口早期晚段为代表，包括南杨庄遗址，以圜底釜、灶和支脚共存为特色，但缺乏弦纹罐，可称为乙组。第三类可称为丙组，存在支脚、圜底釜和弦纹罐，却不见灶，仅见于义西遗址一处，因此其是否属于普遍存在的现象还需要更多材料的证明。甲组接受了来自东南方的灶和来自西南方的线纹罐－弦纹罐；乙组也接受了来自东南方的灶，但始终没有接受来自西南方的弦纹罐，即使出现西南方因素的黑彩也是在向后冈一期文化转变的最后临界阶段，整体呈现接受东南方影响的特点，其中陶鼓很可能也是来自东南方北辛文化的因素[65]；丙组接受了来自西南方的弦纹罐，但未接受来自东南方的灶。

各组遗存间也存在着文化因素交流的现象。例如，乙组的南杨庄遗址虽不见弦纹罐，但弦纹盆的存在说明其也接受了部分西南方影响。卧龙冈遗址存在弦纹罐，但由于仅经调查，尚缺乏炊具的发现，无法得知其与釜配合使用的是灶还是支脚，难以区分属甲组还是丙组，但其所见的釜中有三件与西万年同类器的卷沿风格相似，或与甲组比较接近，同时还有一件类似于乙组的大敞口釜，亦体现了不同组遗存之间的交流。西万年遗址中出土了接近磁山文化的绳纹支脚、钵足和饰弦纹的盂形器，除了可能是混入的早期遗存以外，也可能是磁山文化受镇江营文化挤压而退缩到冀南地区的孑遗[66]，融入了下潘汪第二类型之中[67]。

在此基础上，我们以枣园文化中罐类器发展的三个阶段以及灶形态演变的三个阶段为依据，将下潘汪第二类型分为早中晚三期，其中晚期又可根据尖圜底釜的形态变化分早晚两段（图八、图九）。在镇江营文化发展到末期时，来自西南方的线纹罐以及来自东南方的灶传入，形成了具有新文化面貌的下潘汪第二类型遗存，目前仅见甲组遗存，以界段营遗址为代表，另有下潘汪遗址中出土于地层的一件线纹罐（图八，2）。此后随着弦纹罐的出现与灶形态的演变，标志着下潘汪第二类型发展到了中期，目前亦仅见甲组，以下潘汪遗址为代表，另有西万年遗址中出土于耕土层的一件弦纹罐（图八，4）。晚期以弦纹罐由直腹微鼓发展为明显的鼓腹为标志，灶也进一步发展为直口，器身增高，目前甲、丙两组均有晚期遗存的发现，其中甲组以西万年遗址为代表，另有下潘汪遗址中混入第一类型的一件弦纹罐（图八，8），丙组以义西遗址为代表；而在不见弦纹罐的乙组中亦出现了来自西南方因素的弦纹盆，根据尖圜底釜的形态差异又可分为早晚两段，早段以南杨庄遗址为代表，晚段以石北口遗址为代表，后者还新出现来自西南方因素的黑彩，已然迈入演化为后冈一期文化的临界阶段，与后冈一期文化之间的距离仅剩下是否有鼎和红彩的存在了。暂无法归组的卧龙冈遗址因与乙组晚期晚段有形态相似的大敞口尖圜底釜而可归为晚期晚段，另有一件采集所得的釜（图八，22）与南杨庄的同类器较为接近，似可归为晚期早段。此外，西万年遗址的耕土层中还有一件小口细颈瓶（图九，22），形态介于中期下潘汪遗址和晚期晚段石北口遗址的同类器之间，当属晚期早段。

虽然从目前的时间顺序来看，只有甲组遗存序列比较完整，乙组和丙组遗存均只有晚期。但事实上甲、乙两组遗存二者之间的差异不可能是时间早晚的差异，因为较早的甲组和后继的后冈一期文化均普遍存在的弦纹罐不可能在乙组这样的中间阶段出现缺环，甲、乙两组的差异只能是同时间段内文化因素的差异。所以目前乙组缺少的早、中期阶段应只是相应的材料尚未发现。丙组目前仅见义西遗址一处孤例，相关的情况还不明晰，其不见早中期遗存亦可能是材料尚未发现的缘故。此外需要说明的是，甲组下潘汪遗址中所见平底釜属特有现象，不见于乙、丙两组，但由于西万年遗址以及卧龙冈遗址中口部与之相似的釜均底部残缺，无法得知这一特征是否为甲组的普遍

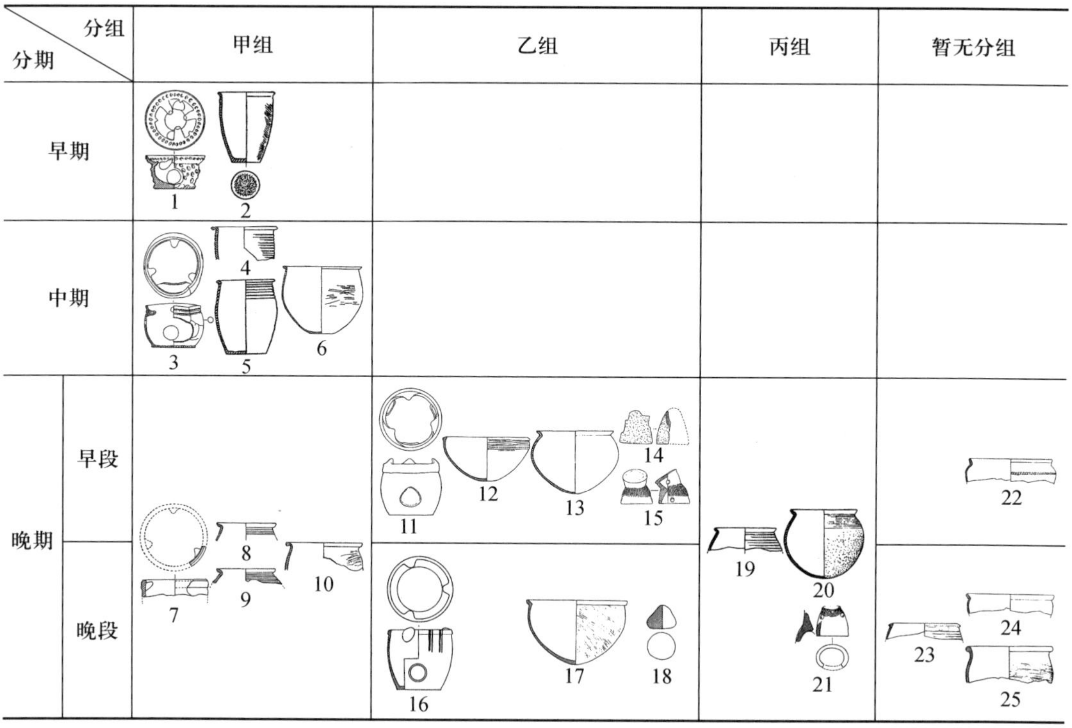

图八　下潘汪第二类型灶、罐（弦纹盆）、釜、支脚分期分组图

1、3、7、11、16. 灶（H50：45、H129：5、二区 T1②：102、H180：1、H3：11）　2、4、5、8、9、19、23. 罐（T45④：25、二区 T1①：88、Y1：3、H70：3、二区 T1②：89、H11：7、H1：6）　6、10、13、17、20、22、24、25. 釜（Y1：4、二区 T1②：86、T33④：1、H3：10、H19：4、采：01、H1：2、H1：1）　12. 盆（T28④：7）　14、15、18、21. 支脚（H28：1、T46④：2、H19：9、H11：8）

（1 为界段营出土；2、3、5、6、8 为下潘汪出土；4、7、9、10 为西万年出土；11～15 为南杨庄出土；16～18 为石北口出土；19～21 为义西出土；余为卧龙冈出土）

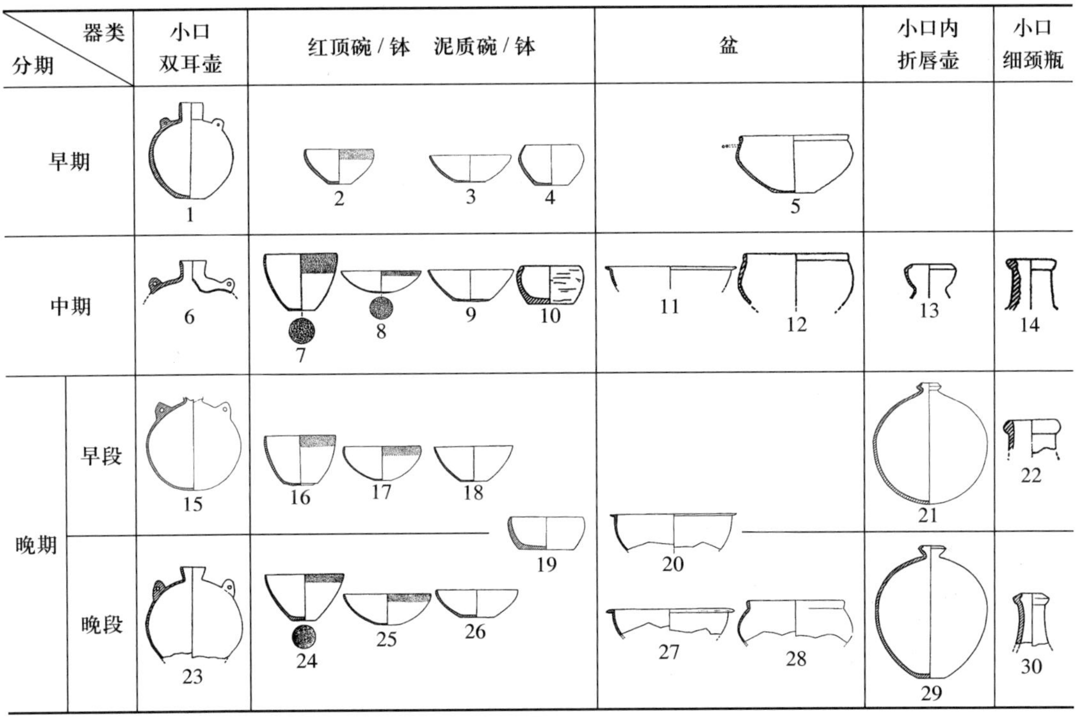

图九　下潘汪第二类型其他器物分期图[68]

1、6、15、23. 小口双耳壶（H50：1、T48④：4、H28：7、H3：6） 2、3、7、9、16、18、24、26. 碗（H50：12、H50：23、H140：10、Y1：20、F1：8、H28：5、H19：1、H3：4） 4、8、10、17、19、25. 钵（H50：6、H129：5、T33④：25、T65④：4、二区 T1②：7、H6：9） 5、11、12、20、27、28. 盆（H50：40、H129：14、H74：6、H11：10、H3：13、H3：31） 13、21、29. 小口内折唇壶（T45④：219b、H119：7、H3：1） 14、22、30. 小口细颈瓶（T45④：219a、二区 T1①：107、T71③：1）

（1 ~ 5 为界段营出土；6 ~ 14 为下潘汪出土；15 ~ 18、21 为南杨庄出土；19、22 为西万年出土；20 为义西出土；余为石北口出土）

现象，有研究者就认为这是镇江营文化的圜底釜与枣园文化的平底罐融合的产物[69]，如若可信的话，那么这将是甲组接受西南方文化因素的又一个体现。

总之，随着釜和罐传入，下潘汪第二类型形成并逐渐发展，三组遗存既平行共存又互相渗透，走向整合，至晚期晚段又出现了新一轮外来因素的传入，以来自西南方的黑彩为标志，再随着鼎和红彩的普及，三组遗存也最终整合完毕，共同融入了新形成的后冈一期文化之中。相关的文化传统也在后冈一期文化中延续了下来：釜、灶虽然被鼎的普及而替代，但并未完全消失，如属于后冈一期文化的西水坡遗址二期遗存[70]中的灶（图五，8），器身进一步变高且底部出现三足，当是灶进一步发展的形态[71]；釜也在石北口等遗址中有少量的沿用，而弦纹罐、黑彩则都在后冈一期文化中继续发展。

3. 下潘汪第二类型遗存的文化性质

这样看来，下潘汪第二类型的三组遗存均脱胎于镇江营文化，但在发展过程中接受了不同周边文化的影响，从而形成了较为复杂的文化面貌，此后随着新文化因素的传入和相互渗透整合，最终演变为后冈一期文化。正如有研究者虽将下潘汪第二类型归入了镇江营文化中最晚的第三阶段，但也承认其与第二阶段存在较大缺环，反而与后冈一期文化的早期比较接近[72]。因此，下潘汪第二类型既不属于其主源——镇江营文化，也不属于其流向——后冈一期文化，而是一类独立的文化遗存。其内部的三组遗存清晰展示了在文化交流密集的时间节点上，原有文化面貌发生变化的阶段性过程，显示了一支考古学文化对待不同文化因素的传入所产生的不同反应。

但是，由于材料的制约，除了甲组遗存序列比较完整以外，另两组遗存均存在缺环。这使得我们暂时没有材料来呈现乙、丙两组遗存与甲组遗存在早中期的并行状态，也无法说明丙类遗存是普遍存在的一组遗存现象还是仅仅存在于义西遗址，还使得如卧龙冈遗址等部分遗存无法得到组别的划分，甚至有的遗存可能是由于材料的不完整而导致的器物组合差异，原本各文化因素的传播与反应并未产生存在区分意义的各组遗存。

总之，这类遗存目前还有许多缺环，彼此间也缺乏相关的层位关系。诚如有研究者认为的那样，这些缺环使得这类遗存完整的文化面貌、遗存分布和发展阶段都不能确定[73]，更由于考古遗存出土的偶然性，特别是在华北平原堆积较薄及后期扰乱严重[74]导致的遗存组合缺失严重和早晚遗存混出的现象很多，使得上述研究的结论很可能会因此存在或多或少的纰漏。但是，其本身已经初步具备称为一支独立考古学文化的条件。从存在时间来看，介于镇江营文化晚期和后冈一期文化早期；虽然下潘汪第二类型诸遗存尚无绝对年代的数据，但从镇江营文化为公元前5000～前4700年[75]，后冈一期文化为公元前4500～前4000年[76]来看，下潘汪第二类型应大致处于二者之间，即公元前4700～前4500年。从分布地域来看，以冀南及附近地区为主要分布区域，东隔黄河与北辛文化相望，西隔太行山与枣园文化相接，北部有上宅文化[77]，但其南部遗存的文化归属尚无统一观点[78]，本文不再赘述，暂以下王岗一期文化[79]统称之；从陶器组合的特征来看，以釜、灶、支脚和弦纹罐为特征器物组合，另外包括红顶碗、钵、小口内折唇壶、小口双耳壶、小口细颈瓶等其他文化也普遍存在的器物。

因此，适时地明确这一考古学文化的命名不仅有利于我们正确地对待这批遗存，更能为我们梳理相关的谱系关系提供基础。在这样的背景下，笔者认为可以用早有命名的“下潘汪文化”来指代这类遗存；其主源是镇江营文化，主要流向是后冈一期文化，与枣园文化和北辛文化关系密切，而与磁山文化及大司空文化的关系较远。通过前文的论证，我们还可以初步将下潘汪文化从早到晚划分为三期四段，其内部又可分为三组可能并行发展的遗存，这三组遗存或许在一定意义上指示着地方类型的存在。

需要说明的是，在镇江营文化分布的太行山东麓地区的北部，尚无下潘汪文化相关遗存的发现。继镇江营文化之后，该地区存在着以刘白塔遗址[80]为代表的一组遗存，以镇江营文化因素与北方的考古学文化因素相融合为特征[81]。有研究者将其归入下潘汪文化之中，并称之为燕落寨类型[82]。事实上，刘白塔遗存与下潘汪文化的相近之处几乎都是与镇江营文化共见的文化现象，而不见下潘汪文化特有的弦纹罐和灶，二者的差异远远大于下潘汪文化内部各组遗存间的差异，将之归入下潘汪文化并不妥当。因此，刘白塔遗存应是在继承镇江营文化主体因素的基础上发展而成的另一类后继遗存，同时又接受了以上宅文化为代表的北方文化因素的显著影响。至于燕落寨遗址[83]则由于尚无具体材料的发表，难以确认其文化性质，但从其已经出现了夹砂罐这一现象来看，至少也可以说明其与刘白塔遗存并非同一类遗存。总之，与吸收东南、西南方因素而转变来的下潘汪文化不同，刘白塔遗存明显受到了来自北方的影响，虽与下潘汪文化同为镇江营文化的后裔，但不可归入下潘汪文化的范畴，同时也与上宅文化等亦不相同。考虑到相关遗址数量不多，文化面貌尚不全面，将其作为一个独立的考古学文化提出还不成熟，因此仍暂称为刘白塔遗存，代表了镇江营文化接受北方文化因素影响而产生的另一类遗存。这表明下潘汪文化并不是镇江营文化的唯一后继者，在周边文化的冲击下，镇江营文化出现了南北分化，这也是下潘汪文化仅分布于原镇江营文化分布区域南部的原因。

五、后冈一期文化的形成

随着来自西部和东部的文化因素传入镇江营文化之中，促成了下潘汪文化形成（图一〇），由于外来文化因素的不同，于其内部形成了有细部差别的三组遗存，随着三组遗存地不断发展和逐渐整合，后冈一期文化也逐渐孕育成熟，直到鼎和彩陶的普遍出现，便最终形成了后冈一期文化。

1. 鼎的发展

事实上，镇江营文化就已经有了一定数量的鼎，而且釜加支脚并最终形成的鼎的脉络清晰，其鼎足有镂空或凹槽的风格也能与后冈一期文化中部分鼎足上的长条形划槽联系起来，因此很早就有研究者提出了二者之间的演变关系[85]。但是，镇江营文化中的鼎足根部不见按窝纹，与后冈一期文化普遍流行的鼎存在明显的差异性；同时下潘汪文化各个遗址中普遍没有鼎的存在，可能在一定意义上说明了在这一阶段存在着鼎的缺环。总之，后冈一期文化鼎的大规模出现应有其他原因，并非由镇江营文化直接发展而来。

结合后冈一期文化鼎所出现的新特点来看，鼎的大规模出现既有来自东南方的影响，又有来自西南方的影响。如鼎足多圆柱状的特点，就有学者将其与北辛文化的影响联系起来[86]；而镇江营文化中晚期到下潘汪文化尖圜底釜的发展，以及后冈一期文化早期的鼎以尖圜底为特征的风格，亦与北辛文化十分接近，尤其是后冈一期文化的尖圜底鼎向平圜底鼎演变的趋势[87]与北辛文化鼎的演变趋势[88]相似，更加说明了北

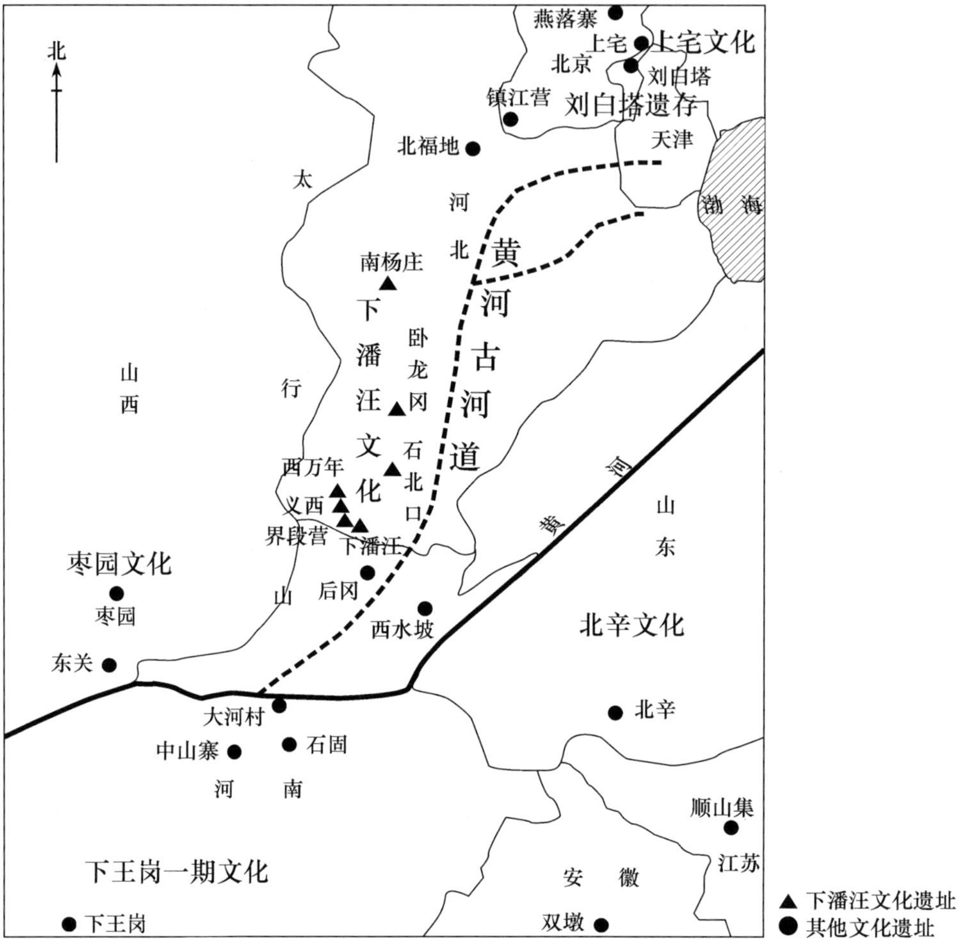

图一〇　下潘汪文化诸遗址分布示意图[84]

辛文化对后冈一期文化中鼎的深刻影响。此外，足跟饰按窝纹的风格则较早见于豫中地区裴李岗文化晚期的中山寨遗址[89]之中，而且这一风格在之后的一段时间内也于该地区继续存在[90]。因此，后冈一期文化的鼎也不是简单地由镇江营文化传承而来，还接受了北辛文化和裴李岗文化及其后裔的深刻影响。考虑到在下潘汪文化的这一阶段并不见鼎，更加说明了后冈一期文化并不是简单由镇江营文化到下潘汪文化的单线传承，至少鼎这一要素存在相当大的一部分是外部影响的结果。

2. 彩陶普及

后冈一期文化的彩陶数量不多，但普遍存在，且以条带纹和各种线条组成的各种几何形纹饰为鲜明特点。在彩陶的颜色上，普遍存在红、黑两种，其中南部的后冈遗址多为红彩，黑彩很少；而北部的南杨庄遗址则红黑各半，整体上红彩更为普遍，而黑彩仅仅在北部比较常见。结合西部枣园文化有较多红彩、南部的裴李岗文化晚期石固遗址[91]四期遗存也有红色彩带的存在来考虑，有可能红彩在下潘汪文化的最末期又有一次大规模、多路径的传入，使得红彩在后冈一期文化形成后普遍流行，而黑彩则更可能是稍早就从西部越过太行山脉直接传到了河北地区，从而导致黑彩分布的北多南少。而具体的纹样，则基本是仿造下潘汪文化中业已存在的其他纹饰而作，也包括在枣园文化、下王岗一期文化中常见的简单几何形纹饰，总体而言，彩陶的纹样趋于简单但比较有特色。在两种彩陶传入的时间方面，虽然黑彩在下潘汪第二类型阶段就已传入，而红彩是在后冈一期文化阶段才出现，但是考虑到黑彩出现时已是下潘汪文化中最晚的石北口早期晚段，这与红彩的出现间隔不大，可以说都是伴随着下潘汪文化向后冈一期文化的更迭过程而出现，所以可将彩陶的普及作为后冈一期文化出现的标志之一。

总之，随着鼎的成型，釜、灶、支脚逐渐被替代，彩陶逐渐普及，旧有的碗、钵、盆、小口内折唇壶、小口细颈瓶和陶罐等器类继续沿用和发展，后冈一期文化最终得以形成。

六、镇江营文化系

1. 镇江营文化系的提出

由于下潘汪文化本身是镇江营文化接受来自西南方枣园文化的弦纹罐和来自东南方北辛文化的灶影响的产物，又在其晚期接受了来自西南方诸文化的彩陶和按窝纹鼎足以及来自东南方北辛文化的尖圜底风格和柱状鼎足，从而最终产生了后冈一期文化。因此后冈一期文化实际上是一支以镇江营文化-下潘汪文化为主源，并主要接受了来自西南方和东南方文化影响的产物。

而从根本上来说后冈一期文化是镇江营文化-下潘汪文化的继续发展，三者构成了一个连续发展的、具有纵向传承关系的考古学文化系统，即“文化系”[92]，我们可以称之为镇江营文化系。

2. 镇江营文化系的发展与消亡

镇江营文化是山东地区后李文化-北辛文化向华北平原扩张的结果[93]，在一定程度上冲断了原有的磁山文化传统[94]，以至于有研究者将之归为北辛文化的范畴[95]。而镇江营文化系发展到末期即后冈一期文化以后，来自西部庙底沟文化的影响不断深化，后冈一期文化逐渐衰落，部分文化因素可能融入了大汶口文化之中[96]，但在当地的文化传统则又被中断，未留下明确的后继者[97]。因此，对于太行山东麓的华北平原这一个考古学文化交相辉映的地区，有研究者建议将这种地区称为“序列考古文化区”[98]，以区别于如山东地区这种文化系发展未明显中断的“系列考古文化区”[99]。还有研究者以“文化走廊”来描述这一地区文化谱系的不稳定、不连贯以及文化内涵的中介性、复杂性[100]。因此，可认为该地区是各个方向文化交流的通道和各种文化因素汇集的熔炉，下潘汪文化的产生和向后冈一期文化的转变正与这种外来文化因素的影响密切相关。

而从磁山文化被冲断以后，到后冈一期文化消亡之前，镇江营文化系的连续发展是这一地区为数不多时间较长的由同一谱系的考古学文化承袭发展的一个阶段，实为虽在一“序列考古文化区”内但存在着一组“系列考古学文化”发展的一个阶段，这在该地区的新石器时代是非常罕见的。事实上，在镇江营文化系内诸考古学文化更迭的阶段，均受到了非常明显的外来文化影响，从刚开始的镇江营文化就是东南方向考古学文化冲击的结果；在镇江营文化晚期，体现西南方向文化因素的内折唇风格器物及少量的彩带纹就有传入，而体现东南方向文化因素的尖圜底风格器物及陶鼓也在这一时期出现在了镇江营文化之中；此后随着灶和弦纹罐的先后传入，文化的进程发展到了下潘汪文化阶段，三组遗存的出现展示出这一时期纷繁复杂的文化面貌；下潘汪文化晚期，黑彩传入，三组遗存逐渐整合，随着红彩的又一次传入和来源复杂的鼎的大规模普及，最终形成了后冈一期文化。面对外来文化的冲击，镇江营文化系诸文化以开放的姿态吸收并融合了大量外来文化因素，在这种开放活跃的文化氛围下，后冈一期文化飞速发展，形成与半坡文化东西并列的两大考古学文化。作为从后李文化－北辛文化这一文化系中分离出来的一支，镇江营文化系与之共同维系了釜鼎系统[101]在相当长时间内的稳定性和统一性，其中镇江营文化系还后来居上，在后冈一期文化阶段也代替北辛文化－大汶口文化而成了这一面向海洋文化系统的代表[102]。

到了后冈一期文化晚期，与此前的文化因素传播不同，随着庙底沟文化的大扩张，带来的是具有排他性的文化替代，导致河北平原大部分文化萧条，其背后可能与大规模的战争有关[103]。在这样的背景下，后冈一期文化也最终消亡，发生了文化中断的现象[104]。因此，正是文化的“异地性扩张”[105]导致了镇江营文化系的中断以及“序列考古文化区”内文化谱系不连续性的恢复。

七、结　　语

下潘汪第二类型为代表的一系列遗存可以称之为下潘汪文化，大致可分为早中晚三期，绝对年代范围大致为公元前4700～前4500年。其内部又可分为三组遗存，但由于材料的欠缺，相关的研究还难以深入。其主源是镇江营文化，流向是后冈一期文化，三者共同组成了镇江营文化系。该文化系来源于后李文化－北辛文化向华北平原的扩张，是面向海洋文化系统的突出代表。在其发展过程之中，两次文化面貌的转变均与外来文化因素的传入有着密切关系，而其最终消亡则是由于庙底沟文化的异地性扩张。

注 释

[1] 河北省文化局文物工作队．磁县岳城水库上潘汪村2号遗址发掘记［J］．文物，1960（1）：74.
[2] 唐云明．试谈有关河北仰韶文化中的一些问题［J］．考古，1964（9）：462-467.
[3] 河北省文物管理处．磁县下潘汪遗址发掘报告［J］．考古学报，1975（1）：73-116.
[4] 唐云明．试谈豫北、冀南仰韶文化的类型与分期［J］．考古，1977（4）：233-241.
[5] a．唐云明，孟繁峰．河北仰韶文化的发现和研究［J］．中原文物，1986（特刊）：122-125.
b．唐云明．也谈仰韶文化下潘汪类型［J］．中原文物，1986（特刊）：142-145.
[6] 陈冰白．略论“大司空类型”［A］．青果集：吉林大学考古专业成立二十周年考古论文集［C］．北京：知识出版社，1993：72-84.
[7] 高天麟．关于磁县下潘汪仰韶文化遗存的讨论［J］．考古，1979（1）：51-55.
[8] 乔登云．磁县下潘汪遗址仰韶文化遗存的分析［J］．中原文物，1989（1）：25-29.
[9] a．吴耀利．试论后岗仰韶文化的年代和分期［J］．考古与文物，1984（6）：69-75.
b．朱延平．仰韶文化后岗类型和大司空类型的若干问题［J］．史前研究，1988（特刊）：131-140.
c．曹艳宏，周伟．仰韶文化后岗类型与大司空村类型略论［J］．中原文物，2001（5）：53-58.
d．陈光．试论后冈一期文化［A］．苏秉琦与当代中国考古学［C］．北京：科学出版社，2001：299-317.
[10] 张谦．海河平原北区新石器时代文化遗存研究［D］．吉林大学硕士学位论文，2015.
[11] 河北省文物研究所．北福地——易水流域史前遗址［M］．北京：文物出版社，2007.
[12] 张忠培，乔梁．后冈一期文化研究［J］．考古学报，1992（3）：261-281.
[13] 韩建业．初期仰韶文化研究［A］．古代文明（第八卷）［C］．北京：文物出版社，2010：16-35.
[14] a．孙祖初．中原地区新石器时代中期向晚期的过渡［J］．华夏考古，1997（4）：47-59.
b．张居中．黄河中下游地区新石器时代文化谱系的动态思考［J］．中原文物，2006（6）：18-25.
[15] a．丁清贤．磁山·下潘汪·大司空——从下潘汪仰韶文化第二类型的性质谈起［J］．史前研究，1983（1）：91-98.
b．靳松安．河洛与海岱地区考古学文化的交流与融合［M］．北京：科学出版社，2006.
c．同［6］.
[16] 韩嘉谷．河北平原两侧新石器文化关系变化和传说中的洪水［J］．考古，2000（5）：57-67.
[17] 李友谋．试论豫北冀南地区的仰韶文化［J］．中原文物，1998（2）：28-33.
[18] a．文启明．南杨庄遗址及其相关问题［J］．考古，1999（11）：46-55.
b．王一夫．后冈一期文化陶器分期及渊源探讨［D］．辽宁大学硕士学位论文，2014.

［19］　同［7］.
［20］　同［8］.
［21］　于孝东. 试论镇江营文化［J］. 文物春秋，2007（4）：3-27.
［22］　北京市文物研究所. 镇江营与塔照——拒马河流域先秦文化的类型与谱系［M］. 北京：中国大百科全书出版社，1999.
［23］　同［11］.
［24］　a. 同［11］.
b. 许丁丁. 北福地二期文化及其相关问题研究［D］. 辽宁大学硕士学位论文，2014.
［25］　同［21］.
［26］　a. 中国科学院考古研究所安阳发掘队. 1958～1959年殷墟发掘简报［J］. 考古，1961（2）：63-76.
b. 中国科学院考古研究所安阳发掘队. 1971年安阳后冈发掘简报［J］. 考古，1972（3）：14-25.
c. 中国科学院考古研究所安阳工作队. 1972年春安阳后冈发掘简报［J］. 考古，1972（5）：8-19.
d. 中国科学院考古研究所安阳工作队. 安阳后冈新石器时代遗址的发掘［J］. 考古，1982（6）：565-583.
［27］　a. 同［12］.
b. 同［9］d.
c. 左志强. 后冈一期文化初步研究［D］. 武汉大学硕士学位论文，2010.
［28］　a. 同［18］b.
b. 于孝东. 试论镇江营文化［D］. 吉林大学硕士学位论文，2001.
c. 韩建业. 早期中国——中国文化圈的形成和发展［M］. 上海：上海古籍出版社，2015.
［29］　a. 同［18］b.
b. 霍东峰. 环渤海地区新石器时代考古学文化研究［D］. 吉林大学博士学位论文，2010.
［30］　河北省文物研究所，邯郸地区文物管理所. 永年县石北口遗址发掘报告［A］. 河北省考古文集（一）［C］. 北京：东方出版社，1998：46-105.
［31］　河北省文物研究所. 正定南杨庄——新石器时代遗址发掘报告［M］. 北京：科学出版社，2003.
［32］　a. 同［12］.
b. 同［18］b.
c. 同［9］d.
［33］　同［30］.
［34］　河北省文物管理处. 磁县界段营发掘简报［J］. 考古，1974（6）：356-363.
［35］　河北省文物管理处，邯郸地区文物保管所，邯郸市文物保管所. 河北武安洺河流域几处遗址

的试掘［J］. 考古，1984（1）：1-13+36.

［36］ 河北省文物研究所，邯郸市文物研究所，峰峰矿区文物保管所. 邯郸市峰峰电厂义西遗址发掘报告［J］. 文物春秋，2001（1）：22-39.

［37］ 河北省文物研究所，任县文保所. 任县卧龙冈遗址调查简报［J］. 文物春秋，1990（4）：8-10+25.

［38］ 河北省文物研究所，河北文化学院. 武安赵窑遗址发掘报告［J］. 考古学报，1992（3）：329-264.

［39］ 乔登云. 下潘汪第二类型仰韶文化有关问题的讨论［A］. 邯郸考古研究［C］. 北京：科学出版社，2016：63-72.

［40］ 同［30］.

［41］ a. 同［18］b.

b. 同［28］b.

［42］ 同［18］b.

［43］ 同［28］b.

［44］ 同［31］.

［45］ 张谦. 正定南杨庄新石器时代遗存再认识［J］. 文物春秋，2015（3）：3-13.

［46］ 陈国庆. 后冈一期文化陶鼓初论［J］. 北方文物，2014（1）：23-25.

［47］ 罗运兵. 华北平原圜底釜系遗存浅析［J］. 华夏考古，2008（3）：60-68.

［48］ 南京博物院，泗洪县博物馆. 顺山集——泗洪县新石器时代遗址考古发掘报告［M］. 北京：科学出版社，2016.

［49］ 安徽省文物考古研究所，蚌埠市博物馆. 蚌埠双墩——新石器时代遗址发掘报告［M］. 北京：科学出版社，2008.

［50］ 同［28］c.

［51］ a. 同［18］b.

b. 同［24］b.

［52］ 山西省考古研究所. 翼城枣园［M］. 北京：科学出版社，2004.

［53］ a. 李小彬. 枣园类型研究［D］. 郑州大学硕士学位论文，2010.

b. 魏兴涛. 豫西晋南和关中地区仰韶文化初期遗存研究［J］. 考古学报，2014（4）：443-480.

［54］ 同［52］.

［55］ 中国历史博物馆考古部，山西省考古研究所，垣曲县博物馆. 垣曲古城东关［M］. 北京：科学出版社，2001.

［56］ 同［14］a.

［57］ 同［28］c.

［58］ 郭小宁. 渭河流域老官台文化的分期研究［D］. 吉林大学硕士学位论文，2007.

［59］ 中国社会科学院考古研究所. 临潼白家村［M］. 成都：巴蜀书社，1994.

［60］ 中国社会科学院考古研究所．师赵村与西山坪［M］．北京：中国大百科全书出版社，1999.
［61］ a．同［24］b.
b．余西云．西阴文化——中国文明的滥觞［M］．北京：科学出版社，2006.
［62］ 靳松安．试论裴李岗文化的分期与年代［J］．中原文物，2007（6）：28-38.
［63］ 中国社会科学院考古所河南一队．河南汝州中山寨遗址［J］．考古学报，1991（1）：57-89.
［64］ 同［28］b.
［65］ 费玲伢．新石器时代陶鼓的初步研究［J］．考古学报，2009（3）：295-320.
［66］ 同［24］b.
［67］ 闫凯凯．磁山文化研究［D］．山东大学硕士学位论文，2012.
［68］ 图中19、20为暂无法断定早、晚段的晚期器物.
［69］ 同［61］b.
［70］ 河南省文物考古研究所，濮阳市文物保护管理所．濮阳西水坡［M］．郑州：中州古籍出版社，北京：文物出版社，2012.
［71］ 高蒙河．先秦陶灶的初步研究［J］．考古，1991（11）：1019-1022+994.
［72］ 张渭莲，段宏振．中原与北方之间的文化走廊：太行山东麓地区先秦文化的演进格局［M］．北京：文物出版社，2015.
［73］ 同［28］b.
［74］ 同［47］.
［75］ 同［10］.
［76］ 同［18］b.
［77］ 索秀芬，李少兵．上宅文化初论［J］．考古与文物，2009（1）：28-31+88.
［78］ a．同［14］a.
b．同［28］c.
c．巩启明．仰韶文化［M］．北京：文物出版社，2002年.
d．李昌韬，王彦明．河南仰韶早期文化初探［A］．河南文物考古论集（二）［C］．郑州：中州古籍出版社，2000：28-36.
［79］ 同［14］a.
［80］ a．廊坊市文物管理处，三河县文物管理所．河北三河县刘白塔新石器时代遗址试掘［J］．考古，1995（8）：673-677+718.
b．廊坊市文物管理处．河北三河县刘白塔新石器时代遗址第二次试掘［J］．文物春秋，2004（2）：38-49+54.
［81］ 刘化成．浅析刘白塔遗址的文化特征及与周边文化的关系［J］．文物春秋，2012（1）：3-8.
［82］ 同［14］a.
［83］ 北京市文物局考古队．建国以来北京市考古和文物保护工作［A］．文物考古工作三十年［C］．北京：文物出版社，1979：1-12.

[84] 图中黄河古河道据［70］中相关地图绘制.
[85] 同［9］d.
[86] a. 同［18］b.
b. 同［24］b.
[87] 同［12］.
[88] 栾丰实. 北辛文化研究［J］. 考古学报，1998（3）：265-288.
[89] a. 同［62］.
b. 同［63］.
[90] a. 郑州市文物考古研究所. 郑州大河村［M］. 北京：科学出版社，2001.
b. 同［63］.
[91] 河南省文物研究所. 长葛石固遗址发掘报告［J］. 华夏考古，1987（1）：3-125.
[92] 赵宾福. 中国东北地区夏至战国时期的考古学文化研究［M］. 北京：科学出版社，2009.
[93] a. 同［24］b.
b. 同［67］.
c. 胡金华. 河北省中南部新石器时代遗址分布与成因的探索［J］. 华夏考古，2007（2）：52-60.
d. 同［72］.
[94] a. 同［28］c.
b. 戴向明. 黄河流域新石器时代文化格局之演变［J］. 考古学报，1998（4）：389-418.
c. 同［93］c.
[95] 同［12］.
[96] 同［12］.
[97] 同［9］d.
[98] 同［92］.
[99] 同［92］.
[100] 段宏振，张渭莲. 北福地与磁山——约公元前6000～前5000年黄河下游地区史前文化的格局［J］. 文物，2006（9）：52-61.
[101] 闫亚林. 新石器时代黄河流域文化格局的变迁与筒形罐系统的文化趋势［J］. 中原文物，2010（3）：14-22.
[102] 同［12］.
[103] 同［28］c.
[104] 同［72］.
[105] 同［92］.

A Study of Xiapanwang Culture: Also on Zhenjiangying Culture System

LU Rui-yu

A type of remains represented by the newly identified Xiapanwang second type is a group of distinctive products. It can be named as the Xiapanwang culture, with a basic objects combination of Fu, supporting feet, oven and pot with string grain . The Xiapanwang culture is developed from the Zhenjiangying culture. From morning to night, it can be divided into three periods or four segments. And its absolute age is about 4700-4500 BC. Due to the difference of the respond to the influences from surrounding cultures, it formed three groups' remains in its interior which have different detail. The three groups remains developed parallel. With a new round of influences from the surrounding cultures, the three groups remains formed the Hougang I culture in the end together. The Zhenjiangying culture, Xiapanwang culture and Hougang I culture constitute the three independent stages of the development of Zhenjiangying culture system, and are one of the representatives of the culture system which is facing to the sea. Finally, because of the expansion of Miaodigou culture, the Zhenjiangying culture system died out.

“双房文化”质疑

李新全

（辽宁省文物考古研究所，沈阳，110003）

1980年在辽宁省新金县（今普兰店市）双房村发现一批墓葬，其中最具代表性的是双房M6，自其发掘资料发表以后[1]，便倍受研究中国东北地区青铜时代考古学者的关注。因为墓内出土的东北系铜剑的形制特征从类型学的角度考察时代较早且与辽东地区常见的叠唇筒形罐和钵口弦纹壶共存，对于从考古学文化的角度探讨东北系铜剑的起源与传播有很大的学术价值，因而更是研究中国东北系铜剑的国内外学者热衷讨论的话题[2]。最初，一些学者把与双房M6有关的遗存称为“双房遗存”[3]，继而有以“双房类型”称之者[4]。近来，又有进一步称之为“双房文化”者[5]。然而，笔者通过对新近发表的一些考古材料的检讨，结合以往对这一问题的思考，觉得“双房文化”确如有的学者所指出的那样，“鉴于目前所见属于该文化的遗存主要是墓葬材料，遗址发现较少，该文化遗存虽具有较为明确的时空分布和独特的文化面貌，有别于与其邻近的西团山文化、新乐上层文化、夏家店上层文化等青铜文化，但鉴于我们尚未全面地掌握其文化内涵，尤其是居住址的资料所知甚少，因此，我们认为，似应暂时将这种文化遗存称为‘双房遗存’，而不应急于称之为‘双房文化’”[6]，因而对上述以“双房”命名的文化遗存有重新认识的必要。

双房M6，据发掘简报介绍是一座被破坏的石盖石棺墓，发掘时石盖已不存，当地群众回忆说盖石为圆形。出土的遗物有陶叠唇筒形罐、钵口弦纹壶及东北系青铜短剑和滑石斧范（图一）。

上述材料发表后，学者以它为基础所划分的双房遗存、双房类型乃至双房文化，虽然名称相同，但实际上每位研究者所指称的考古学文化内涵、分布地域、年代范围

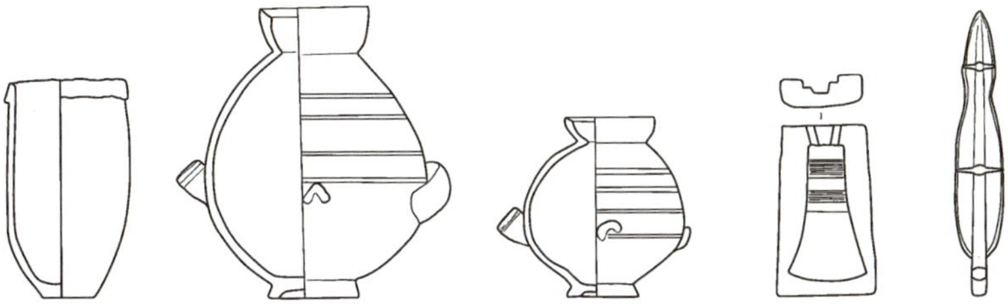

图一　双房M6出土器物

却有很大的差别。

陈光先生认为双房遗存的器物组合陶器为颈部弯曲的鼓腹壶、罐、叠唇筒腹罐、长颈壶（图二）。青铜器种类有短剑、斧。短剑节尖以上的上半段直刃、与剑身长度之比为 1∶4，是辽东发现的青铜短剑中上半段最短的一把；铜斧，长身、束腰、扇刃。其中心分布区在碧流河流域，左翼达渤海岸，右翼及鸭绿江下游，占有整个辽东半岛。起始年代在商末周初，终结年代在西周中期[7]。

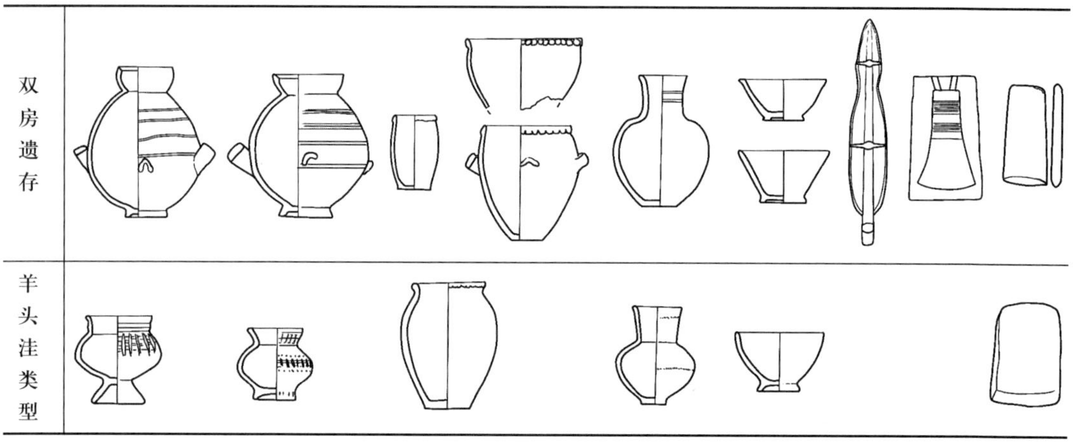

图二　双房遗存的器物组合

朱永刚先生认为双房类型遗存的墓葬流行石棺、石棚。陶器以壶、罐为主。壶多钵形口、垂腹、低圈足，腹部饰平行刻划构成的弦纹带，最大腹径处有一对对称横桥耳及口唇状附耳。陶罐筒形，腹微鼓，外叠唇。伴存的青铜器多见窄身弦纹斧和凿的组合。分布区域在辽东地区。盛行年代在西周晚或春秋早期以前，有早到西周中期的可能[8]。

王巍先生认为双房遗存是以双房遗址发现的大石盖墓为代表的考古学文化遗存。墓葬以石盖石棺墓为主，也包括一些石棚墓。陶器的器类以钵口弦纹壶和叠唇筒形罐为主。墓葬中常出土曲刃青铜短剑、曲刃铜矛、铜镞和扇形铜斧的铸范。主要分布于辽东半岛，北抵辽宁抚顺、清原一带，西达下辽河东岸的辽阳左近，南到半岛南部，东界可抵鸭绿江下游左岸的朝鲜西北部。年代上限在西周早、中期前后，下限应不晚于战国早期[9]。

吴世恩先生首次提出双房文化是指以辽宁南部普兰店市双房墓地为代表的青铜文化遗存。按照研究者通常的认识，该文化的基本特征主要表现为：墓葬形式主要为大石盖石棺墓和石棚墓，随葬品以短茎曲刃剑、扇面斧等铜器，碗形口横桥耳壶、横桥耳钵等陶器较为常见，并喜用铸造铜器的石范来随葬（图三）。其分布范围是以千山山地为中心，东至朝鲜大同江流域，北达辽河上游，西以浑河为界，南抵辽东半岛最南端。年代上限应在西周早期，下限在春秋晚期到战国前期[10]。

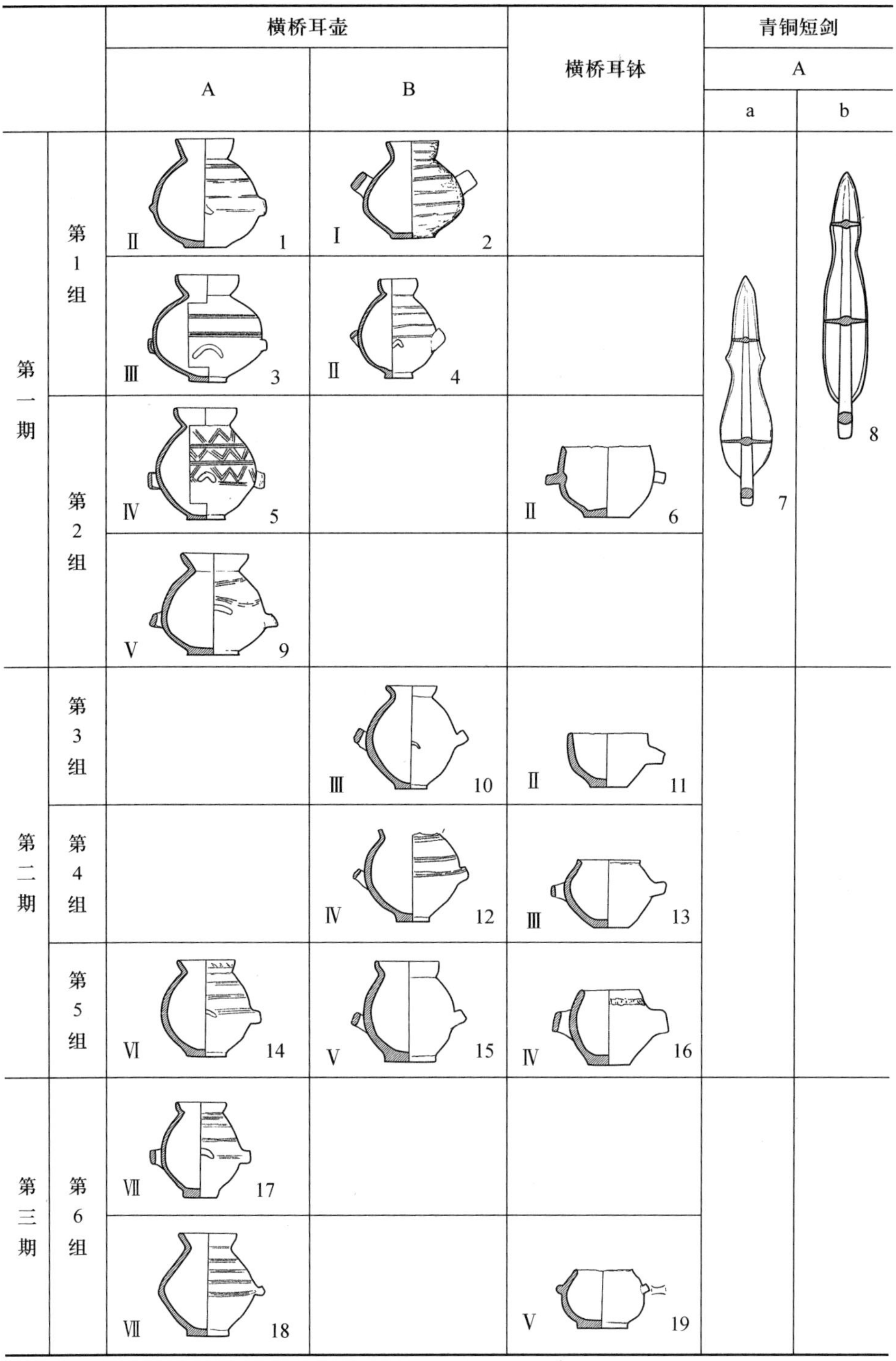

图三 双房文化器物

1. 二道河子采集 2. 凤城东山 M9：1 3. 诚信村 4、8. 双房 6 号墓 5、6. 消防队院内 7. 二道河子 1 号 9. 大甲帮 10～16. 大伙房 M2：3、M2：2、M3：3、M3：6、M6：2、M4：4、M4：6 17. 开原李家台 18、19. 黄花山 M1：1

郭大顺先生认为双房六号墓随葬器物组合在辽东半岛同类遗存中的代表性已多有论证。即外附叠唇的筒形罐、附上翘横耳及二或三半月形贴耳的弦纹陶壶、曲刃青铜短剑、滑石斧范（图一）。辽东半岛是其中心分布区，南到辽东半岛南部，东到辽东山地并延伸到鸭绿江左岸，即千山及其向东和东北延伸的山谷地区。年代上限早于公元前9世纪，下限在战国晚期或更晚[11]。

赵宾福先生概括双方文化的主要特征是：陶器不见绳纹，除存在一部分具有鲜明特色的成组分布的阴弦纹以外，绝大多数陶器表现为素面无纹饰。器物组合比较单一，主要是以壶、罐两类平底陶器为主，不见鬲、鼎等三足陶器（图四～图六）。虽有豆、碗、钵、盆和甗器残片发现，但数量极少。墓葬分土坑墓和石构墓两大类，其中石构墓葬又有积石墓、石棺墓、石盖墓和石棚多种。墓中除随葬陶质壶、罐以外，有些还有青铜短剑和青铜斧、矛、凿、镞等遗物。分布范围除了辽东南部以外，还覆盖了辽东的北部地区和辽西平原地区的东缘。将属双房文化范围内的陶器分为三个时期，早期为西周时期，中期为春秋时期，晚期为战国时期[12]。

华玉冰先生把以普兰店双房墓地为代表的遗存暂称为双房类型。以石棚墓、盖石墓为主要墓葬类型，以叠沿罐、高颈饰凸棱纹的壶为典型陶器组合（图七）。分布于辽东半岛腹地。年代上限至少至商代早期，下限可能到战国时期[13]。

张翠敏先生主张以双房六号墓为代表的遗存称为双房类型，但不主张所有含弦纹壶的遗存都纳入双房类型的范畴；主要墓葬形式是石盖墓（盖石墓）、石棺墓和石棚墓，分布于辽东半岛；以弦纹壶和曲刃青铜短剑作为该类遗存的典型器物，陶器组合

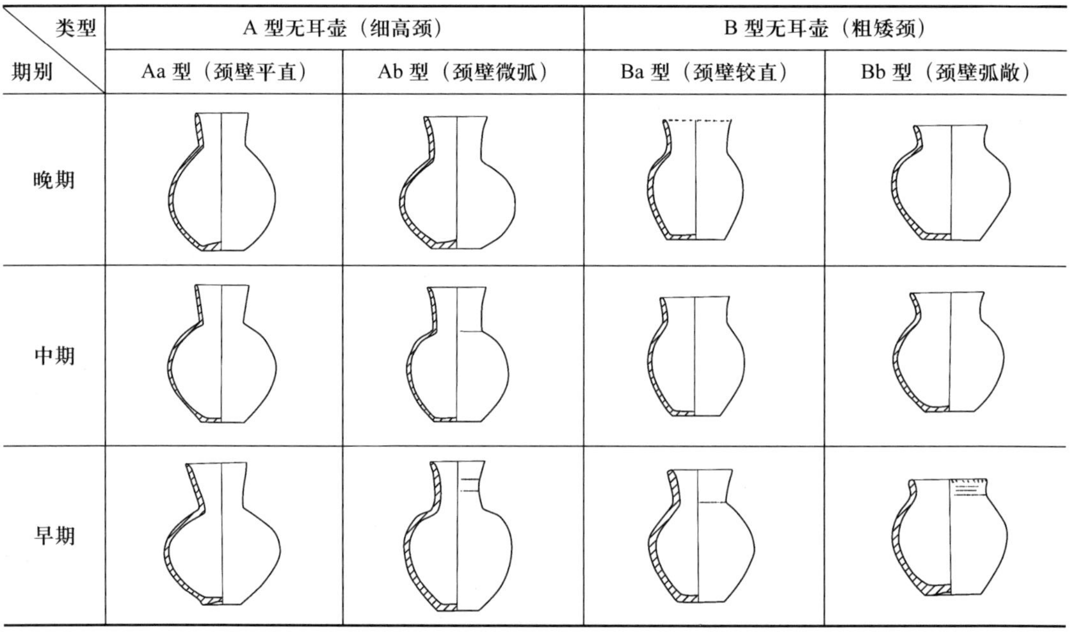

图四　双房文化无耳壶的型式比较分期

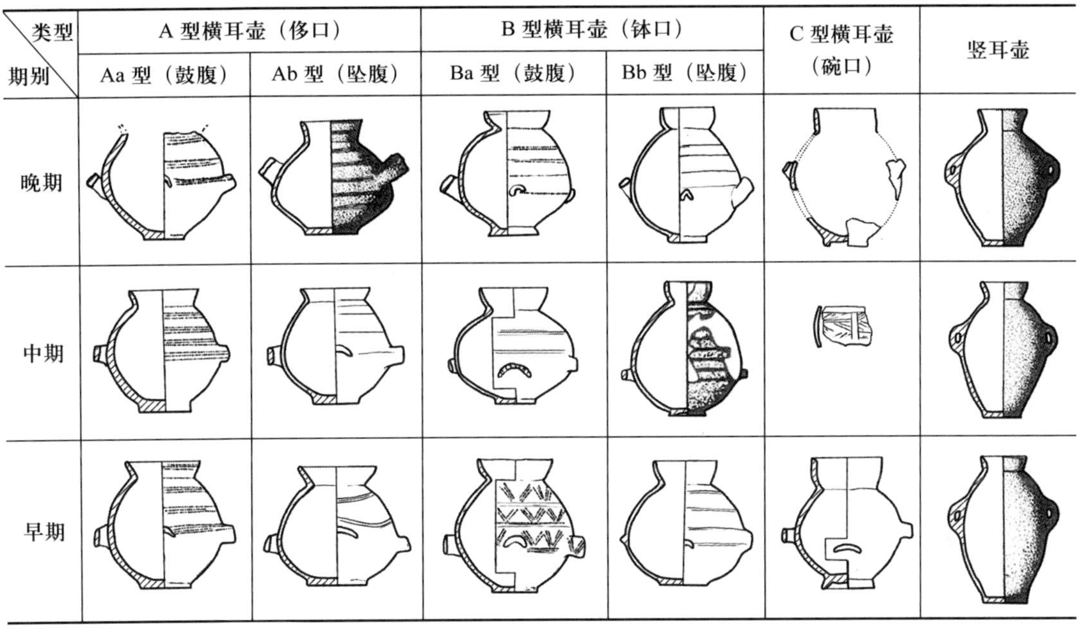

图五 双房文化横耳壶、竖耳壶的型式比较与分期

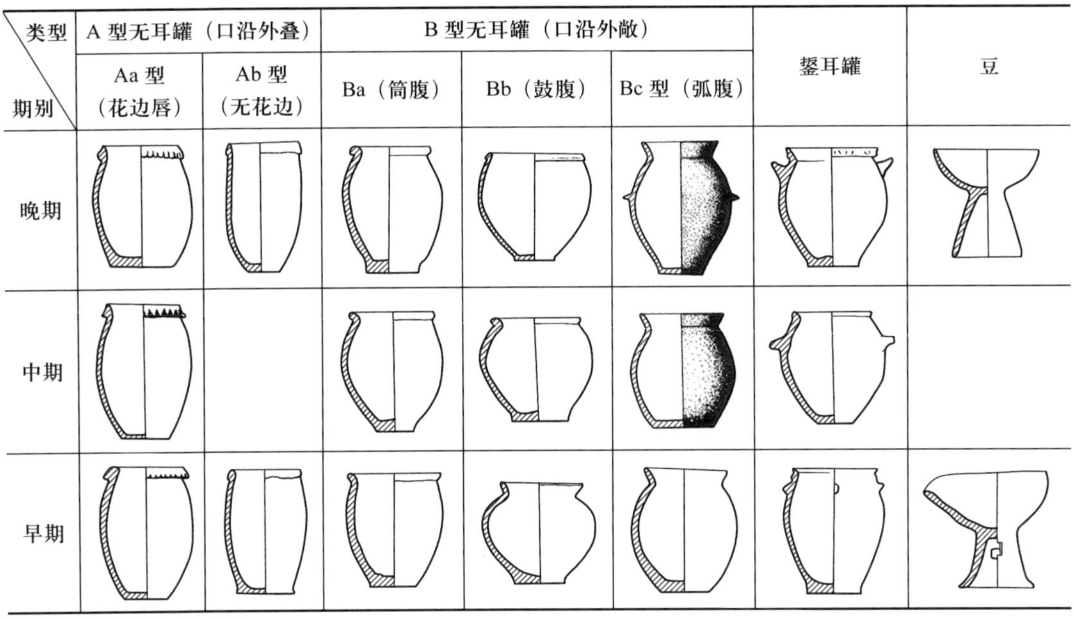

图六 双房文化罐类、豆类陶器的型式比较与分期

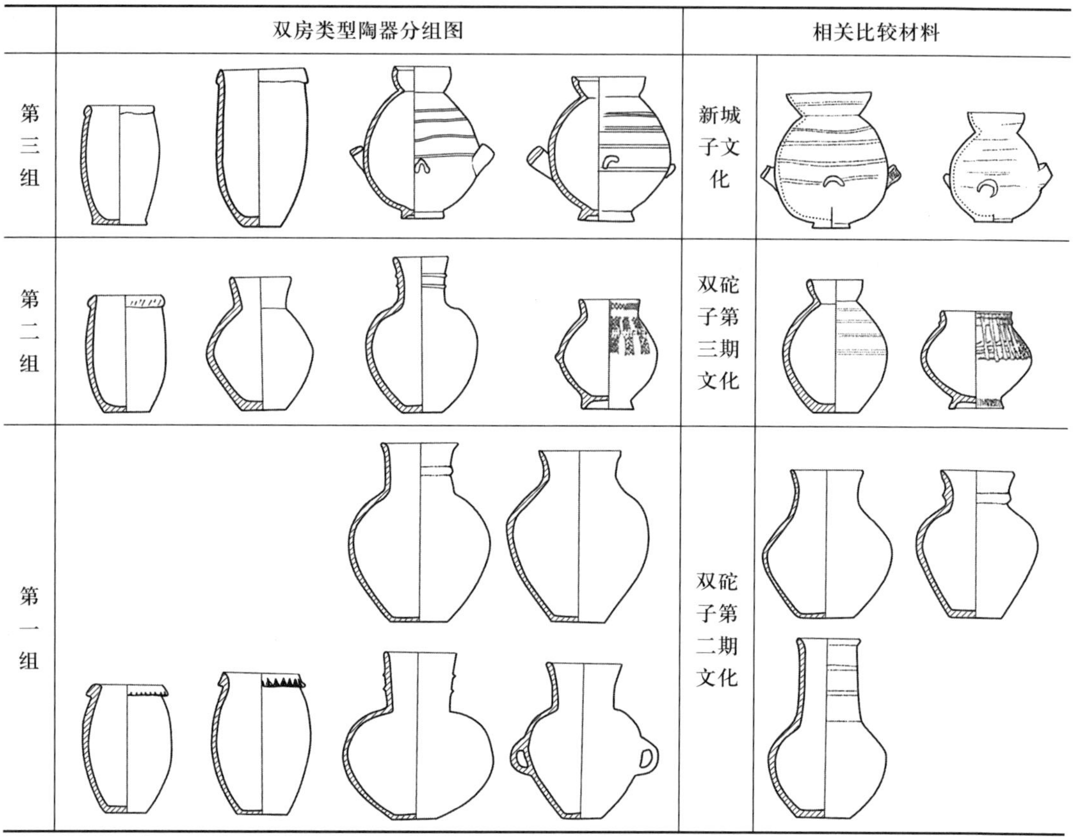

图七　双房类型陶器比较图

主要为弦纹壶和叠唇罐，双房类型年代上限不晚于西周晚期，下限为春秋时期[14]。

考古学文化按照现在通行的概念，是“指考古发现中可供人们观察到的属于同一时代、分布于共同地区、并且具有共同的特征的一群遗存”[15]。

按照夏鼐先生提出的考古学文化的划分标准与命名原则，即“文化的名称如何命名，似乎可以采用最通行的办法，便是以第一次发现的典型遗迹（不论是一个墓地或居住遗址）的小地名为名”[16]。那么，何谓典型遗存呢？张忠培先生曾为典型遗存提出三条标准：“（一）古代居民的活动是否具有一定的规模以及遗存的保存情况是否较好；（二）遗存在年代及地域上是否具有质的相对稳定性，而不是那些过渡性遗存；（三）考古工作是否有一定的质量及规模。”[17]

按照上述两位先生提出的标准考量，笔者认为，所谓的“双房文化”实际上至少是包含了两种考古学文化因素的混合体，这两种考古学文化存在的年代不同，分布地域有别，共存的器物群即器物组合亦不相同。

以近年发表的东港山西头遗址[18]和庄河平顶山遗址及墓葬[19]的材料来看，遗址的典型器物组合都是罐、壶、钵、碗；墓葬的典型器物组合更明显，都是叠唇筒形罐与长颈鼓腹壶的组合（图八）。再结合以往普兰店市王屯 M1[20]、碧流河大石盖墓[21]、

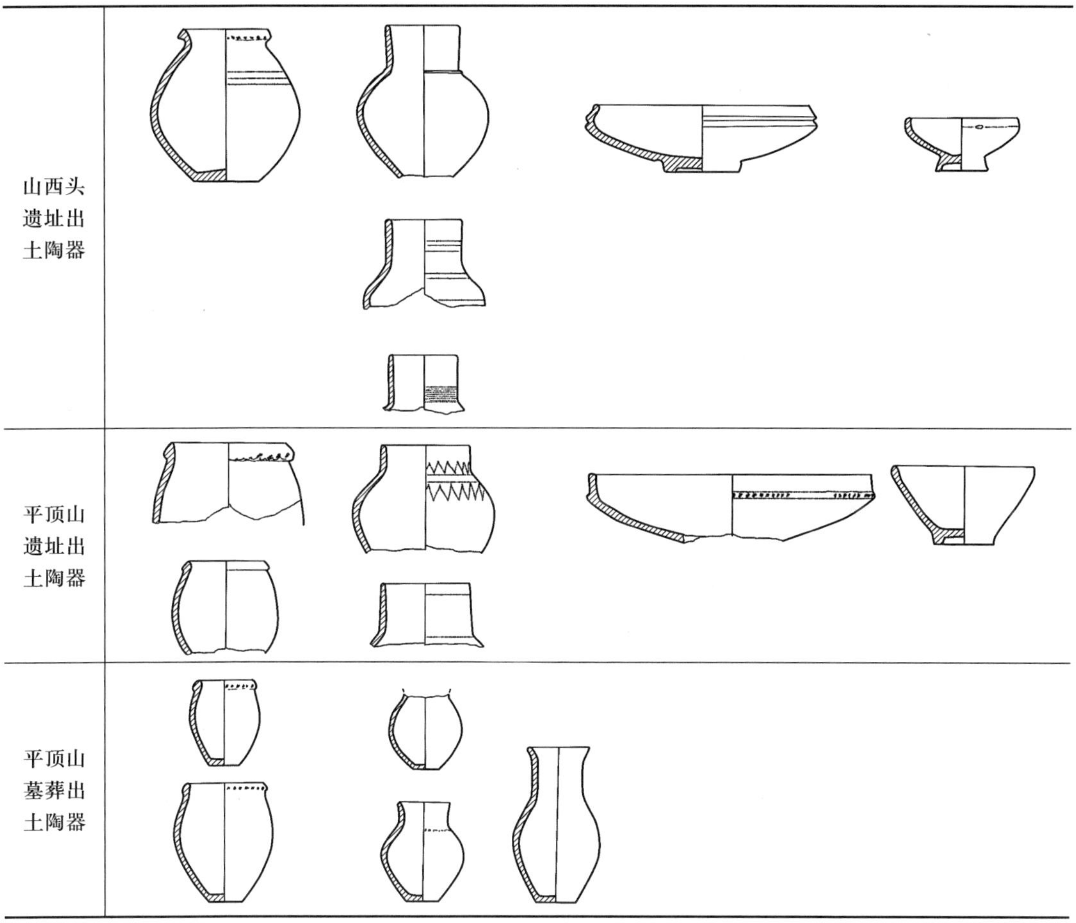

图八　山西头遗址、平顶山遗址及墓葬出土陶器

盖州市伙家窝堡 M1[22]、瓦房店铧铜矿石棚[23]、普兰店市核桃沟石盖石棺墓[24]等地的发掘资料，我们可以看到它们也都是叠唇筒形罐与长颈鼓腹壶的组合方式，并且这种组合非常稳定。墓葬有土坑墓、石棺墓、石盖石棺墓、石棚墓多种形制。这种文化的分布范围可由以上我们确认的该文化的典型遗址和墓葬的分布区域来概括，即主要分布在以碧流河、大洋河流域为中心的千山山地以南的辽东半岛北部区（图九）。其存在的年代范围上限可由东港市山西头遗址和庄河市平顶山遗址出土的与双砣子三期文化[25]形制相近的陶器来确定（图一〇），约在商代晚期，其年代下限可由旅顺尹家村 M12[26]来确定（图一一），应在战国晚期至汉初。按照上述考古学文化的命名原则，笔者建议以首次正式发掘的盖州市伙家窝堡墓地为依据，将其命名为伙家窝堡文化。

这种文化中间有缺环，即战国早、中期的遗存目前在分布区内尚未发现。

以钵口弦纹壶、东北系铜剑、滑石斧范为代表的遗存又见于辽阳二道河子石棺墓[27]、抚顺大伙房水库石棺墓[28]、西丰诚信石棺墓[29]、本溪县新城子墓地[30]等，它们共同的特征是随葬的陶器都以钵口弦纹壶为主，并且一般都伴存具有辽东地区特

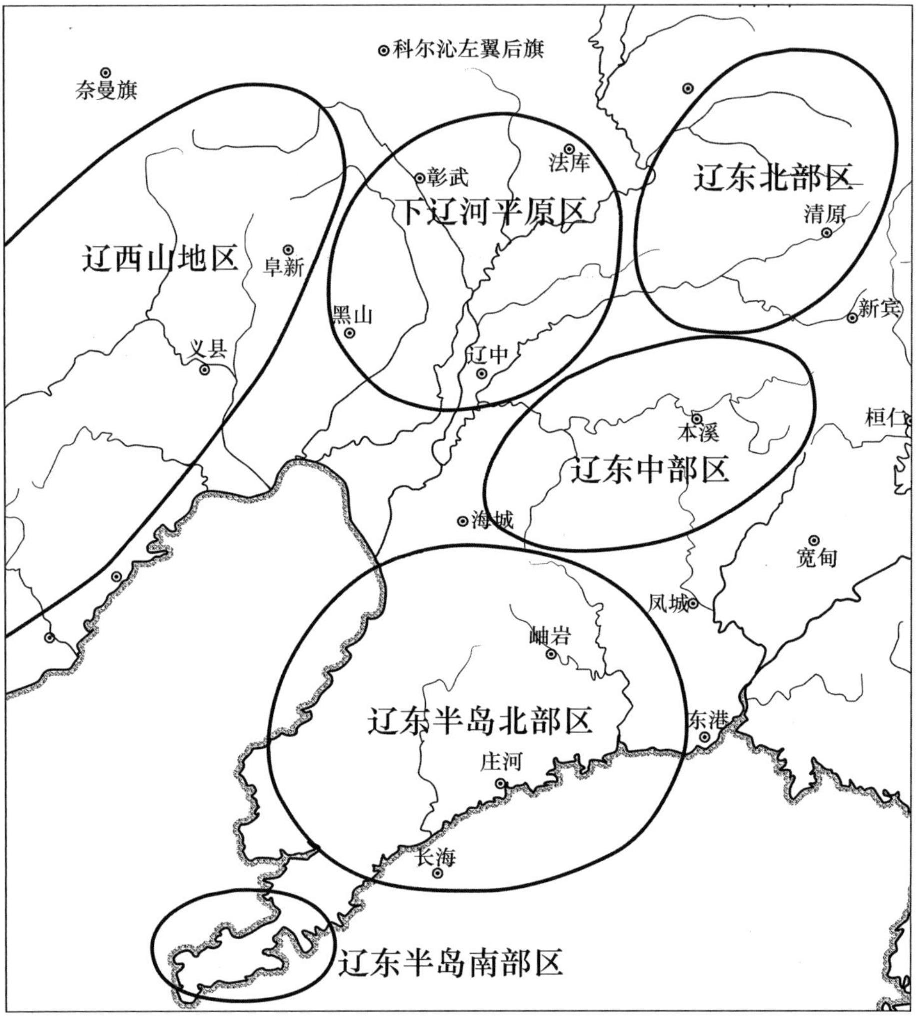

图九　辽宁青铜时代考古学文化分区

征的短宽型东北系铜剑和滑石斧范。它们也可以命名为一个考古学文化，按照考古学文化划分的原则，应以发现时间最早，出土遗物中以最具特点的钵口弦纹壶并与辽东地区短宽型东北系铜剑、滑石斧范共存的二道河子遗址与墓地来命名为好，称为二道河子文化。墓葬均为石棺墓。这种文化主要分布于千山山地以北的辽东中北部地区，即下辽河支流的太子河、浑河、柴河、清河、碾盘河流域，年代大体在西周晚期至战国中期。

基于上述论证，我们认为双房M6实际上至少包含了两种考古学文化因素的遗存，且仅此一例，应视为一种过渡性遗存，不具备典型性，因而以其命名的“双房遗存”“双房类型”“双房文化”存在着内涵不清、外延扩大等问题，建议学术界弃用上述命名，而代称之以伙家窝堡文化和二道河子文化，以还历史本来面目。

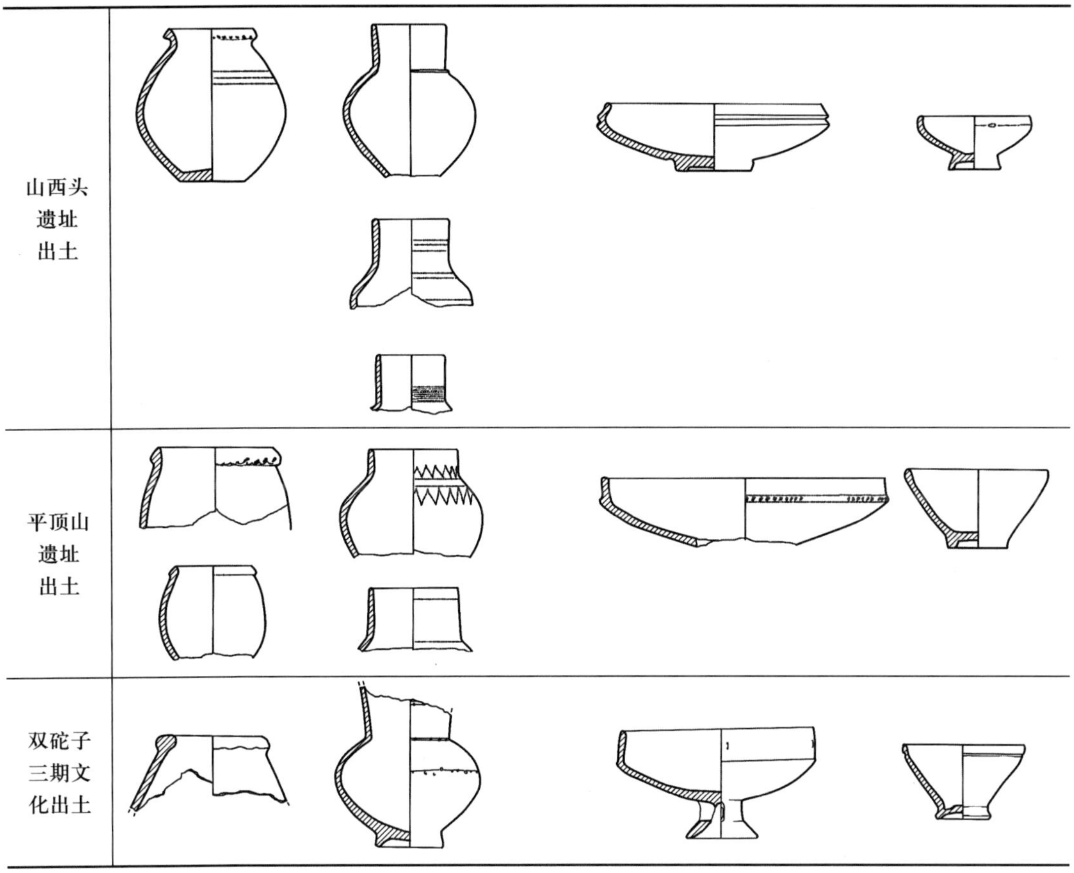

图一〇　山西头遗址、平顶山遗址与双砣子三期文化陶器比较图

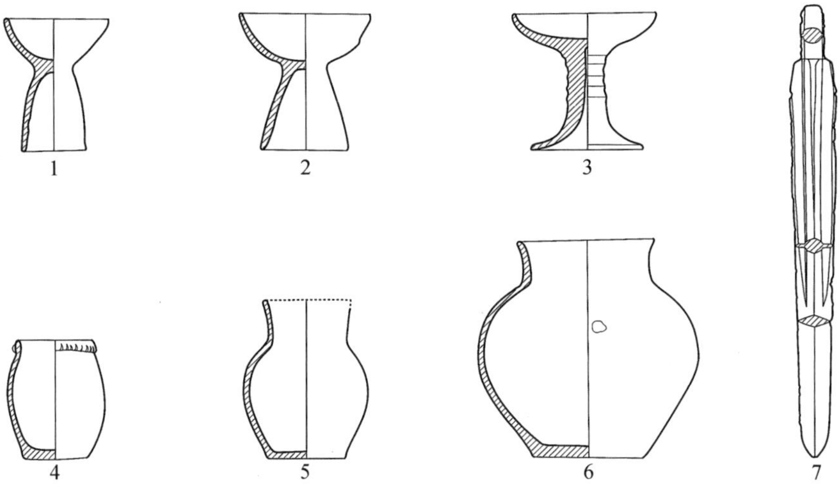

图一一　尹家村 M12 出土器物

1～3. 豆（M12：6、M12：4、M12：2）　4～6. 罐（M12：1、M12：5、M12：3）　7. 青铜短剑（M12：8）

注　释

[1] a. 许明纲，许玉林．辽宁新金县双房石盖石棺墓［J］．考古，1983（4）．
b. 许玉林，许明纲．新金双房石棚和石盖石棺墓［A］．文物资料丛刊（7）［C］．北京：文物出版社，1983．

[2] a. 靳枫毅．论中国东北地区含曲刃青铜短剑的文化遗存（上）［J］．考古学报，1982（4）．
b. 翟德芳．中国北方地区青铜短剑分群研究［J］．考古学报，1988（3）．
c. 韩嘉谷．长城地带青铜短剑的考古学文化和族属［A］．中国考古学会第八次年会论文集［C］．北京：文物出版社，1996．
d. 林沄．中国东北系铜剑再论［A］．考古学文化论集（四）［C］．北京：文物出版社，1997．
e. 秋山进午．辽宁东部地区青铜器再论［A］．东北亚考古学研究——中日合作研究报告书［C］．北京：文物出版社，1997．
f. 郭大顺．辽东地区青铜文化的新认识［A］．东北亚考古学研究——中日合作研究报告书［C］．北京：文物出版社，1997．
g. 朱凤瀚．论中国东北地区与朝鲜半岛出土的短茎曲刃青铜短剑［A］．中国历史博物馆考古部纪念文集［C］．北京：科学出版社，2000．
h. 王建新．东北亚系青铜剑分类研究［J］．考古学报，2002（2）．
i. 孙华．中国青铜文化体系的几个问题［A］．考古学研究（五）［C］．北京：科学出版社，2003．
j. 朱凤瀚．再论有关短茎曲刃青铜短剑的几个问题［A］．二十一世纪的中国考古学——庆祝佟柱臣先生八十五华诞学术文集［C］．北京：文物出版社，2006．
k. 郭大顺．辽东半岛青铜文化的原生性——以双房六号墓为实例之一［J］．旅顺博物馆馆刊（创刊号），2006．

[3] 陈光．羊头洼类型研究［A］．考古学文化论集（二）［C］．北京：文物出版社，1989．

[4] 朱永刚．东北青铜文化的发展阶段与文化区系［J］．考古学报，1998（2）．

[5] a. 吴世恩．关于双房文化的两个问题［J］．北方文物，2004（2）．
b. 赵宾福．中国东北地区夏至战国时期考古学文化研究［J］．北京：科学出版社，2009．

[6] 王巍．双房遗存研究［A］．庆祝张忠培先生七十岁论文集［C］．北京：科学出版社，2004：402-411．

[7] 同［3］．

[8] 同［4］．

[9] 同［6］．

[10] 同［5］a．

[11] 同［2］k．

[12] a. 同［5］b．

b. 赵宾福. 以陶器为视角的双房文化分期研究［J］. 考古与文物, 2008（1）.
［13］ 华玉冰, 等. 新城子文化初步研究——兼谈与辽东地区相关考古遗存的关系［J］. 考古, 2011（6）.
［14］ 张翠敏. 双房类型叠唇罐及相关问题初探［A］. 东方考古（10）［C］. 北京: 科学出版社, 2013: 391-408.
［15］ 安志敏. 考古学文化［A］. 中国大百科全书·考古学［C］. 北京: 中国大百科全书出版社, 1986: 253.
［16］ 夏鼐. 关于考古学上文化的定名问题［J］. 考古, 1959（4）.
［17］ 张忠培. 研究考古学文化需要探索的几个问题［A］. 文物与考古论集［C］. 北京: 文物出版社, 1986.
［18］ 辽宁省文物考古研究所, 东港市文管所. 辽宁东港市山西头青铜时代遗址发掘简报［J］. 考古, 2011（1）.
［19］ 辽宁省文物考古研究所. 大连庄河平顶山青铜时代遗址发掘简报［J］. 北方文物, 2011（1）.
［20］ 刘俊勇, 戴廷德. 辽宁新金县王屯石棺墓［J］. 北方文物, 1988（3）.
［21］ 旅顺博物馆. 辽宁大连新金县碧流河大石盖墓［J］. 考古, 1984（8）.
［22］ 许玉林. 辽宁盖县伙家窝堡石棚发掘简报［J］. 考古, 1993（9）.
［23］ 辽宁省文物考古研究所. 辽东半岛石棚［M］. 沈阳: 辽宁科学技术出版社, 1994: 16.
［24］ 付文才. 普兰店市核桃沟石盖石棺墓清理简报［J］. 大连文物, 2000.
［25］ 中国社会科学院考古研究所. 双砣子与岗上——辽东史前文化的发现和研究［R］. 北京: 科学出版社, 1996.
［26］ 同［25］.
［27］ 辽阳市文物管理所. 辽阳二道河子石棺墓［J］. 考古, 1977（5）.
［28］ 佟达, 张正岩. 辽宁抚顺大伙房水库石棺墓［J］. 考古, 1989（2）.
［29］ 辽宁省西丰县文物管理所. 辽宁西丰县新发现的几座石棺墓［J］. 考古, 1995（2）.
［30］ 辽宁省文物考古研究所, 本溪市博物馆, 本溪县文物管理所. 辽宁本溪县新城子青铜时代墓地［J］. 考古, 2010（9）.

Queries about Shuangfang Culture

LI Xin-quan

The grave of Shuangfang Cemetery is the stone-covered sarcophagus tomb, in which the representative objects of southern Liaoning Province such as bronze dagger, lip-folding pot and bowl-mouth string-shaped pot were excavated. The bronze dagger unearthed from the tomb has the early characteristics of the northeastern bronze sword, and has important academic value for the study of the origin and spread of the northeastern bronze sword. Although the cultural remains have clear spatial and temporal distribution area and unique cultural features. Considering that we have not yet fully known its cultural connotation, it should be paid more considerate to name Shuangfang Culture. The relics in Shuangfang M6 have the factors from two archaeological cultures. In this case, it should be regarded as transitional remains and not the typical; therefore, the cultural name needs to be discussed. There are some problems on the name of “shuangfang culture”, such as unclear connotation and expansion of extension. It’s more scientific and accurate to call it Huojiawopu culture instead.

王瓘藏高句骊故城刻石拓片考略*

王飞峰
（中国社会科学院考古研究所，北京，100710）

王瓘藏高句骊故城刻石拓片为国内少见的关于高句丽平壤城刻石的拓片（图一），拓片见于仲威先生新作《纸上金石——小品善拓过眼录》[1]，现藏于上海图书馆。目前为止平壤城发现的类似刻石一共六件，统称为高句丽（高句丽亦作高句骊）平壤城刻石。仲威先生释文为：已酉年□月廿一日，自此下向东十二里物省小兄非须白头□□矣。对照拓片和其他几件高句丽平壤城刻石，这件拓片应为平壤城第二刻石拓片，完整铭文应为：己酉年三月廿一日自此下向东十二里物苟小兄俳须百头作节矣。

其他五石铭文[2]分别为，第一石铭文：己丑年五月廿八日始役西向十一里小兄相夫若侔利造作。第三石铭文：己丑年三月廿一日自此下向□下十二里内卩百头上位使尔丈作节矣。第四石铭文：丙戌十二月中汉城下后卩小兄文达节自此西北行涉之。第

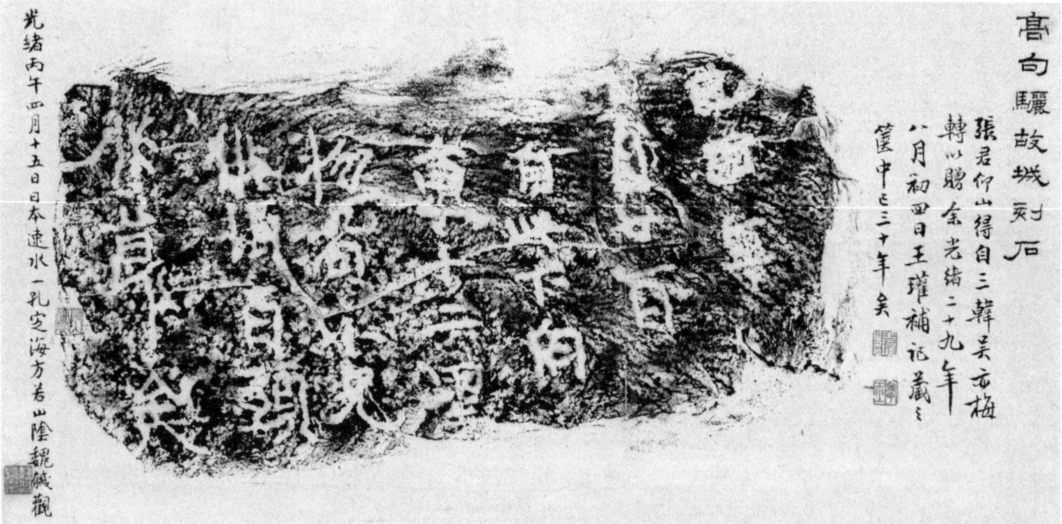

图一　王瓘藏平壤城刻石拓片（第二石）

---

* 本文系国家社科基金 2017 年度研究专项（17VGB002）、国家社科基金 2016 年度重大课题（16ZDA149）阶段性成果。

五石铭文：卦娄盖切小兄加群自此东回上里四尺治。第六石铭文：本城四十二年毕役。其中第一石、第三石和第六石原石已经亡佚，第二石残片现藏于韩国梨花女子大学博物馆，第四石现藏于朝鲜中央历史博物馆，第五石仍砌于平壤城墙中。

一、拓片题记及相关人物

拓片右侧和左侧分别有题跋和观款各一条，右侧为王瓘题跋，共计五列，最右一列，字体稍大，隶书题写：高句骊故城刻石。其余四列字体较小，为楷书题写，从右至左为：张君仰山得自三韩吴亦梅 / 转以赠余光绪二十九年 / 八月初四日王瓘补记藏之 / 箧中已三十年矣。以下有两方篆书印，分别为“王瓘之印”（白文）和“孝玉”（朱文）。左侧为魏铖楷书题写的观款一条，内容为：光绪丙午四月十五日日本速水一孔定海方若山阴魏铖观。下有篆书印一枚，为“魏铖长寿”（白文），观款右侧有篆书印一枚“仰山审定”（朱文）。以上四枚印章均为方形。

拓片上右侧题跋虽短，但说明了拓本的来源及王瓘得到拓本的机缘和时间。王瓘（1847 ~ ？ 年）字孝玉或孝禹，清末民初金石学家、书画家。光绪时期以金石收藏、书法名动一时，官至江苏道员。由于曾为端方幕僚，所见所闻、结交人物颇广。张君仰山即张仰山，浙江人，因经营松竹斋南纸店而闻名京城，松竹斋即荣宝斋的前身，创建于清康熙十一年（1672 年），当时松竹斋的经营范围主要有三个方面：一是官折官卷用纸；二是文房用具；三是代理订购书画作品。吴亦梅即吴庆锡（1831 ~ 1879 年），祖籍海州（今朝鲜黄海南道首府），生于汉城（今韩国首尔市），字元秬，初号镇斋、又号亦梅、天竹斋，朝鲜时代著名金石学家，译官，思想家，著有《三韩金石录》《三韩访碑录》《天竹斋札录》等。

根据王瓘的题跋，拓片最初是由张仰山从吴庆锡处得到，后来由张仰山转赠给王瓘，王瓘在光绪二十九年（1903 年）补记时，这张拓片已经在书箧中收藏 30 年，以此推测王瓘可能是在同治十二年（1873 年）从张仰山处得到这张拓片，时年王瓘 26 岁。

左侧观款由魏铖题写，时间为光绪丙午，即 1906 年，应是魏铖等人观看王瓘藏平壤城刻石拓片时题写，人物包括日本的速水一孔、定海的方若以及山阴的魏铖。其中速水一孔（？ ~ 1941 年），日本外务省人员，曾求学于日本明治时代著名诗人北条鸥所，1897 年在日本驻杭州领事馆任职，以后相继任日本驻辽阳、奉天、间岛领事馆的副领事或代领事，1917 年任日本驻辽阳领事馆领事。1926 年出版了《支那の硯に就て》。魏铖（1860 ~ 1927 年），初名龙常，字纫芝，又字铁珊，亦作铁三，因善书《龙藏寺碑》，号龙藏居士，晚号匏公。光绪十一年（1885 年）进士，候补知府。生于浙江山阴县（今浙江省绍兴市），工书法，尤擅魏碑，又因魏氏尚武，人称“精武书家”。

方若（1869 ~ 1955 年），本名城，字楚卿，小名偈宝，又字药雨，号劬园，晚号古币富翁。浙江定海人，好收藏古泉、碑拓，尤以古泉为最，曾与杭州古泉藏家张叔驯，重庆古泉藏家罗伯昭鼎峙而立，时称北方，南张，西蜀罗，著有《校碑随笔》等。方氏早年曾因抨击慈禧弊政，与康有为、梁启超等人遭通缉而出走日本，天津沦陷时期曾出任伪职。

金石学形成于北宋时期，金石拓片作为中国古代文人研习古物、陶冶情趣的一个特殊载体，在传承古代文明的过程中起了非常重要的作用。收藏金石拓片也成为古代文人的一种风雅，相互观摩、馈赠各自收藏的金石拓片、题跋稽考成为这一活动的重要环节。王瓘藏高句骊故城刻石拓片上的两则题记，一为王瓘自己观摩时题写的关于拓片流传过程、得到机缘和时间的题跋，二是同好魏緘、方若等观摩时题写的观款。

二、高句丽平壤城刻石的发现及其与平壤城的修建

平壤城刻石自发现以来，就成为中国、朝鲜半岛及日本学者关注的对象，关于平壤城刻石发现过程、传承及初步研究，吴庆锡《三韩金石录》、刘喜海《海东金石苑》[3]等均有记载。吴庆锡本人曾经收藏平壤城刻石第二石，吴庆锡之子吴世昌在平壤城刻石第二石墨拓本和双钩本的题跋[4]对于上述过程记述的比较详细。鉴于这两种题跋的重要性，我们将其抄录如下。

高句丽故城刻字（墨拓本）题跋（图二）：平壤志曰纯庙己丑大涨九层城溃决出二志石/一石有己丑年三月廿一日自此下向东十二里物苟小兄/徘须百头腓节矣二十七字一石有己丑年三月/廿一日自此下向东下二里内中百头上位使尔伐节/矣二十七字此石出于乙丑为神异云金秋史正/喜尝以拓本寄中国刘燕庭喜海曰小兄二字/为句骊古迹无疑己丑当为长寿王时燕庭乃/载之于海东金石苑此其第一石也越二十六年乙卯/先府君获之详加审定以藏之暇或拓以赠人顷/岁不肖潦倒政海抛家远遁者屡矣家人不戒/误落斯石故第二行之三月廿一日字粉碎日字/但存半形可胜惜哉朝鲜金石总览官辑之/时赠以拓本矣其书成乃载其年代曰平原王十一/年云云未知何所据也先府君所著三韩金石/录首载此刻其略曰盖句丽之都平壤自东川/王始其后或居或徙其修筑城堞之见于史者/东川王以汉延熹十年丁卯筑平壤城始都焉故/国原王以晋咸和九年甲午增筑平壤城皆与己丑/无涉则此刻当在长寿王时特逸于史耳己丑/即长寿王三十六年当中国宋文帝元嘉二十六年/魏太平真君十年也其字画因石之势随意横斜/每到下段字渐大而起笔出波间具隶法于此亦/足以见六朝变隶之笔矣平壤志以俳为徘以/作为腓为伐皆误九层城未知何处也/长寿王己丑后一千四百七十五年之阏逢困敦/苇沧居士识。

这件拓片及题跋上有印章五枚，其中椭圆形“长寿石轩”印（白文）位于拓片右下方，长方形“青城旧物”印（朱文）位于拓片的铭文裂缝间，苹果形“蝉橘”印（朱文）位于题跋右侧中间，方形“吴世昌所藏”印（白文）和方形“吴世昌手拓金石”印（朱文）位于题跋左侧。而双钩本题跋上没有钤印。

高句丽故城刻字（双钩本）题跋：己丑年三月廿一日自此向东十二里/物苟小兄俳

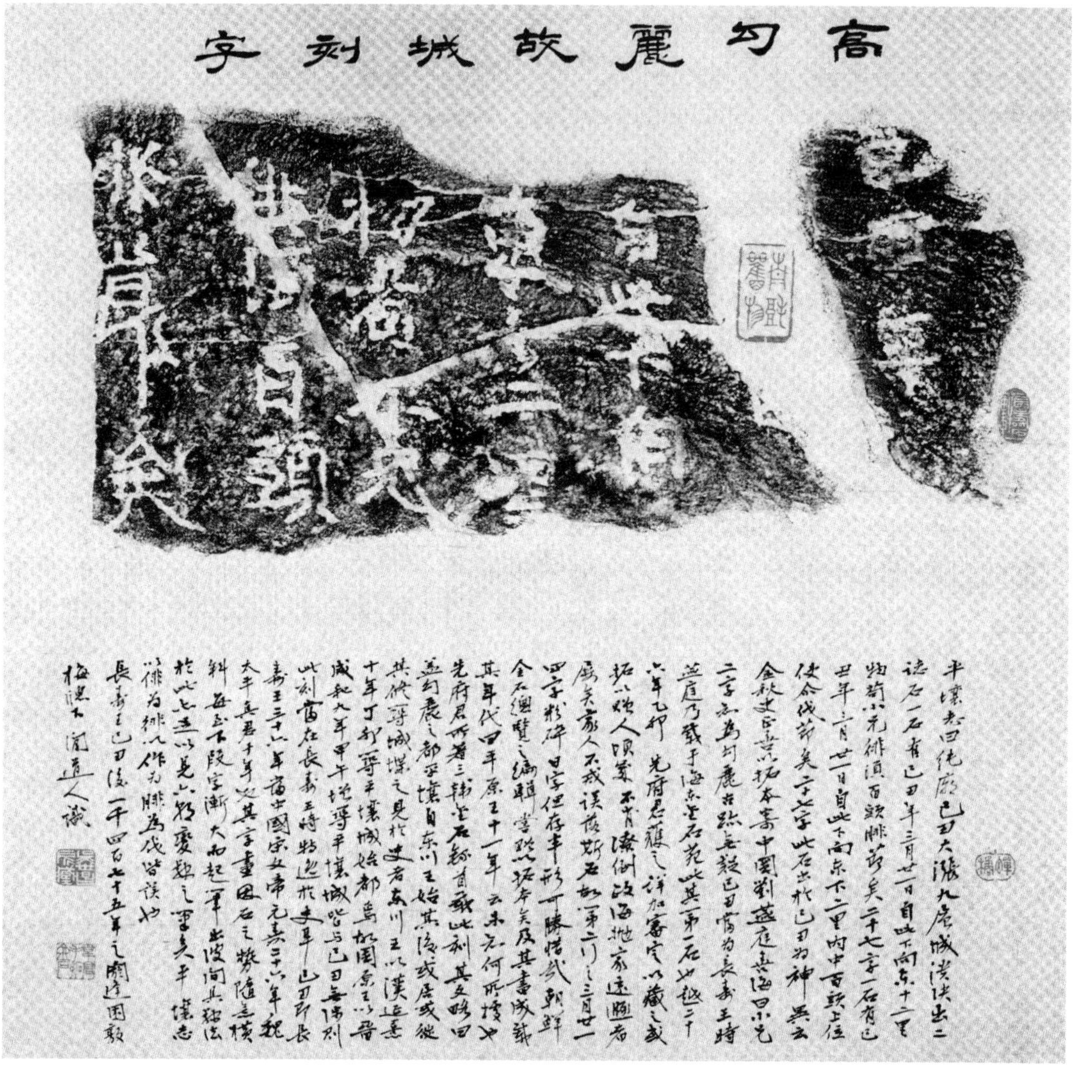

图二　吴世昌藏平壤城刻石第二石拓本及题跋

须百头作节矣 / 右廿七字石刻出于纯祖廿九年 / 九叠城涨决处事载平壤志 / 先君子曾访得此石于箕城乌滩 / 江澨按其辞而稽之盖长寿王 / 三十六年筑城时所刻也其字 / 画因石之势随意横斜 / 每至下段字渐大而起笔出 / 波间具隶法古意有余其同 / 出一石亦有文曰己丑年三月廿 / 一日自此向东下二里内中百头 / 上位使尔作节矣廿七字此石出于 / 纯祖廿九年己丑为神异云 / 粲花室

根据吴世昌的两则题跋可知，1828年（戊子年，朝鲜纯祖29年）由于江水大涨，九叠城（即平壤外城）城墙塌毁，发现两块“己丑”铭刻字城石（实际上根据拓片和相关记载，吴世昌题跋中所说第一石的“己丑”应为“己酉”），这件事在当时被视为“神异”。26年后的乙卯年（1855年）吴庆锡在平壤城访的其中一石（平壤城刻石第二石）并将其收藏，闲暇之余详加考证并制作拓片送给同好。吴庆锡首先将其著录在

《三韩金石录》中并考证己丑年为长寿王三十六年。不久吴家因家庭变故保存不善，第二行的“三月廿一日”字粉碎。期间吴庆锡好友金正喜曾经制作拓片赠送给清朝金石学家刘喜海，刘喜海将之著录在《海东金石苑》中。金正喜认为刻石有“小兄”二字应为高句丽遗物，铭文中“己丑”年为长寿王时期。后来《朝鲜金石总览》编辑时吴世昌曾经赠送拓片，书中认为刻石年代为高句丽平原王十一年（569 年）[5]。平壤城第二刻石后为吴庆锡之子吴世昌收藏，1965 年 10 月 25 日韩国梨花女子大学博物馆以 10 万元（韩币）购得，博物馆编号为 2475 号，被指定为韩国宝物 642 号。

平壤城刻石第一石，刘喜海的《海东金石苑》卷一收录两件（即平壤城刻石第一石和第二石），在这件拓片后，金正喜题跋：此刻出于丙戌，今六十四年，不可复觅。此己丑，当为长寿王后一千三百八十一年，金正喜书。此处丙戌年当为 1766 年，今六十四年即 1829 年，说明最晚在 1829 年这件刻石已经亡佚。目前关于第一石的发现地点还没有准确的说法，因此我们认为需要进一步研究。

平壤城刻石第三石，应是与第二石一起发现的，地点应为平壤外城乌滩下，吴庆锡《三韩金石录》引《平壤志》：纯庙己丑，大涨，九叠城溃决，而出二志石。一石有己丑三月廿一日自此向东下二里内中百头上位使尔伐节二十七字。发现时间应与第二石相同，即 1829 年。

平壤城刻石第四石（图三），日本学者浅见伦太郎较早撰文介绍此石[6]，即 1913 年在改修平壤牡丹台下道路时在城墙中发现，《朝鲜金石总览》记为：大正二年平壤府镜齐里大同江边城墙中发现，即今平壤内城东壁的玉流桥附近。这件刻石目前收藏在朝鲜中央历史博物馆，保存完好。

平壤城刻石第五石（图四），根据朝鲜学者崔羲林[7]介绍，此石 1964 年发现于平壤市中区南门洞的静海门南侧 150 米处（平壤内城南城墙），后来取出，1978 年又砌入原来位置。目前仍在城墙中，保存完好，位于今朝鲜平壤人民大学习堂的后面。

平壤城刻石第六石，朝鲜时代学者尹游在 1830 年编写的《平壤续志》卷一《城池》“北城”条中记述：1714 年监司闵镇远在修筑北城时在旧城中发现了这件刻石，即

图三　平壤城刻石第四石

图四　韩国国立中央博物馆藏平壤城刻石第五石拓片

旧城底有石刻，曰本城四十二年毕役。目前此石已经亡佚。

高句丽平壤城位于今朝鲜平壤市区锦绣山南侧，是高句丽迁都平壤（427年）以后营建的平地型都城遗址，但是具体年代学者之间仍有一定差异。城址依大同江和普通江而建，呈不规则的三角形，周长约23千米，大体可以分为外城、中城、内城和北城四部分（图五）。城墙主要采用石筑和土石混筑，土石混筑城墙下发现基槽，目前共发

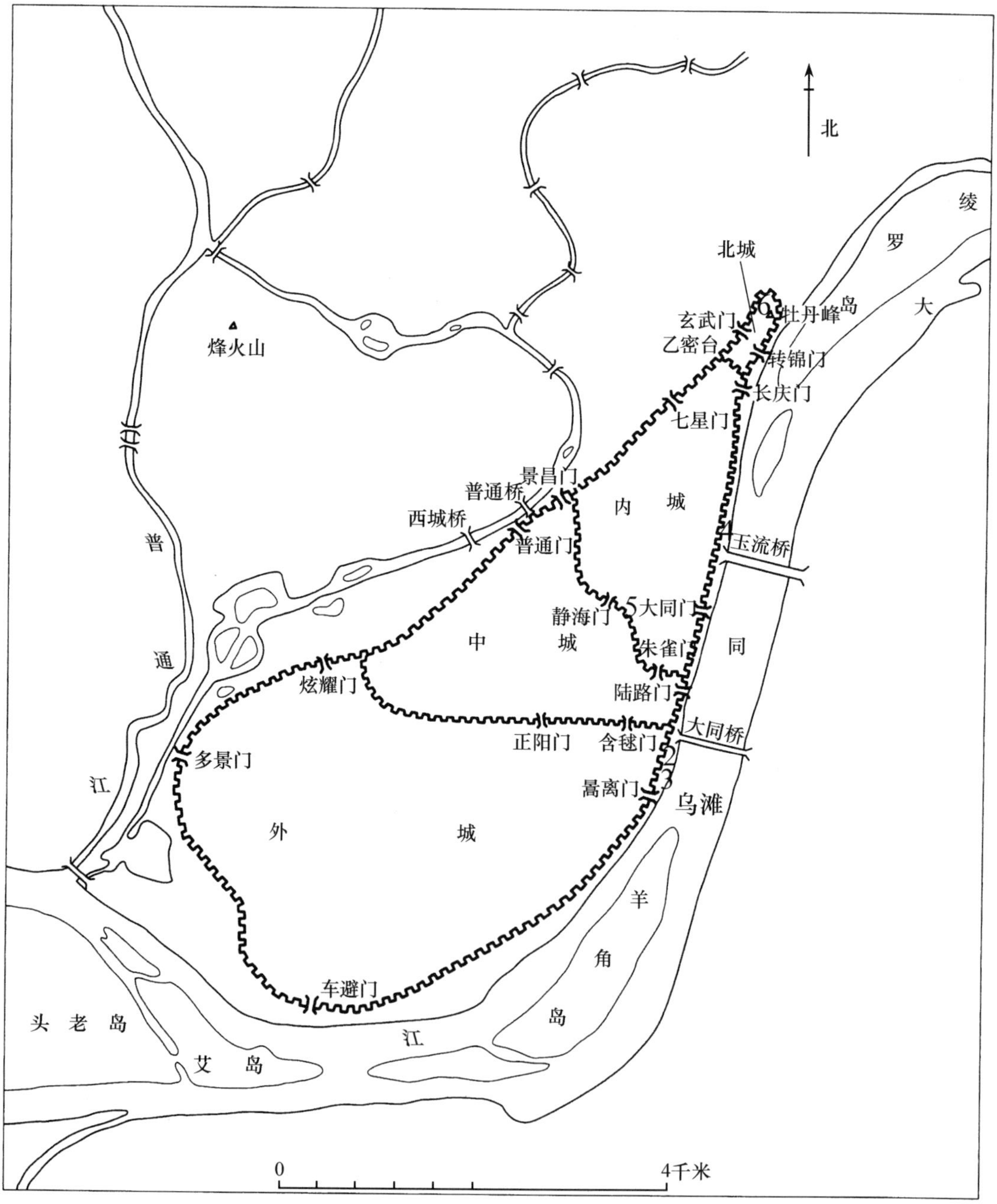

图五　平壤城平面图及平壤城刻石发现地点

现16座城门，其中外城与中城、中城与内城之间的共用城墙上各有两座城门[8]。大型建筑遗址多集中在内城的万寿台一带，1935年曾发现东北—西南走向长36、宽4米的大型建筑址和门址[9]，经考证认为是守护宫城北面的兵营址[10]。

平壤城刻石的内容包括修建时间、负责人、修建距离、完工时间等，对于探索平壤城的修建过程具有重要的参考价值。其中小兄为高句丽官名，《北史》卷九十四《高丽传》[11]："高句丽，其先出夫余……官有大对卢、太大兄、大兄、小兄、竟侯奢、乌拙、太大使者、大使者、小使者、褥奢、翳属、仙人，凡十二等，分掌内外事。"实际上，"兄"应该是高句丽王之宗族、五部中的贵族子弟能担任的官职[12]。丸都山城宫殿址曾发现多例刻有"小兄"铭文的筒瓦[13]，推测当时"小兄"这样的官员应该参与了高句丽丸都山城及宫殿建筑的修建活动。第一石、第二石、第四石、第五石中分别出现了小兄相夫若侔利、物苟小兄俳须、汉城下后部小兄文达节、小兄加群，小兄后面的相夫若侔利、俳须、文达节、加群可以看做小兄的姓名。第四石的汉城下后部小兄，可能是居住在汉城地区来自高句丽后部（绝奴部）[14]的小兄。第三石的上位使即上位使者，《新唐书》[15]《通典》[16]等文献中均有记载。唐朝时高句丽官员由吐捽、古邹加（或大加）、上位使者，小兄等十七等官位构成，上述官员组成主要由五部贵族和非五部贵族构成，同时高句丽官僚体系进一步扩大了以太大兄、皂衣头大兄、大兄、小兄为核心的兄系官位群和大夫使者、大使者、拔位使者、上位使者、小使者为核心的使者系官位群，其中上位使者属于正六品，小兄属于正七品。[17]第二石、第三石均出现了百头，由于文献没有百头的相关记载，因此对于这一职位我们并不熟悉，但是可以认为第三石的内部百头应是来自内部（即桂娄部）的百头，从铭文中百头的位置位于小兄之后（第二石）、上位使之前（第三石）的情况来看，百头的职位可能介于小兄（正七品）和上位使者（正六品）之间。而小兄前的物苟、百头前的俳须（第二石），小兄前的卦娄盖切（第五石）我们目前还不清楚究竟是何含义。就其承担的工程量而言，第一石的小兄承担十一里、第二石的小兄和百头承担十二里、第三石的百头和上位使者承担十二里、第五石的小兄承担一里四尺。高句丽一里=640.08米，1尺=35.56厘米，那么第一石的十一里为7040.88米，第二石的十二里为7680.96米，第三石的十二里为7680.96米，第五石的一里四尺为641.5米[18]。

因为第一石、第二石、第三石、第四石分别出现了己丑、己酉、己丑、丙戌的干支纪年，结合高句丽迁都平壤（427年）及修建平壤（552年）的文献资料等[19]，我们可以推测己丑、己酉、丙戌分别为569、589、566年。本城四十二年毕役应是指修建完成平壤城花了42年的时间，即平壤城的修建从552年开始，一直到593年结束，中间持续了42年[20]。而566、569、589年均在这42年之内。

高句丽平壤城刻石一方面清楚了表明了修建城墙的时间、人物和工程量等信息，为我们复原平壤城的修建过程提供了不可多得的资料，另一方面从铭文的内容可以看到"物勒工名"的印记，这些应是受到当时中原工官制度影响的结果。

三、清末中国和朝鲜金石学界的交流

王瓘收藏的高句骊故城刻石拓片来自朝鲜时代著名金石学家吴庆锡，吴庆锡不但与二弟吴庆润、三弟吴庆林、四弟吴庆然皆为当时有名的书法家，而且海州吴氏为朝鲜历史上著名的翻译世家，加上吴庆锡的儿子吴世昌，海州吴氏九代先后十余人为翻译官。吴庆锡曾以译官身份13次往来于北京与汉城之间，官至知中枢府事、崇政大夫（从一品）、崇禄大夫（从一品）等。正是因为其独特的译官身份，促使吴氏对于当时的东亚局势非常关注，曾在中国购入当时的维新书籍，如魏源《海国图志》、徐继畬的《瀛寰志略》等带回朝鲜，促进了朝鲜近代史上的开化。因此吴氏也被视为开化党早期代表人物之一，与刘鸿基（刘大致）、朴珪寿一起被称为朝鲜近代开化思想的鼻祖。吴氏癖好金石、醉心书画，加之当时中国部分金石学家开始搜集朝鲜半岛碑刻拓片等因素，吴氏与张之洞、吴大澂、王懿荣、潘祖荫等数十人交往密切，是故吴氏所做《墨梅图》[21]后有刘存仁、张之洞、许赓州、周寿昌、顾肇熙、吴大澂（图六）等人题跋。

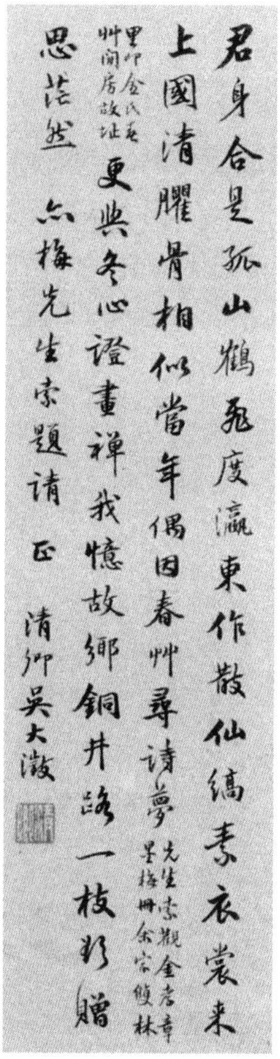

图六　吴庆锡《墨梅图》吴大澂题跋

清代王昶所编《金石萃编》是较早收集国外金石文字的著作，当时只有朝鲜半岛的《大唐平百济》一碑。随着清末中国与朝鲜金石学界的交往，出现了一大批热衷于此的两国学者，如朝鲜的金正喜、赵寅永、金山泉、李尚迪等，中国方面则以刘喜海、翁方纲父子等为代表，其中刘喜海编写的《海东金石苑》、翁氏父子的《海东金石零记》等成为这一交往的结晶。

金正喜（1786～1856年），字元春，号秋史、阮堂、礼堂，朝鲜金石学家、书法家、诗人。生于忠清南道礼山郡一个贵族家庭。1809年随其任冬至副使的父亲金敬鲁到北京，与清朝著名学者翁方纲、阮元等多有交往。官至成均馆大司成、兵曹参判等职。他在金石学、书法、汉诗等方面均有较深的造诣，其书法苍劲有力，被称为“秋史体”。著有金石学著作《礼堂金石过眼录》等。

刘喜海（1879～1852年），字吉甫，号燕庭，又作燕亭、砚庭，别号三巴子，室名嘉荫簃、味经书屋、十七树梅花山馆、来凤堂等，山东诸城（今山东省高密市）人，清代金石学家、古泉学家、藏书家，官至四川按察使、浙江布政使。刘氏一族为山东望族，其中刘墉为其祖上，刘氏秉承家学，醉迷金石，著有《海东金石苑》《三巴金石苑》等。朝鲜学者李尚迪为刘喜海的《海东金石苑》做序诗，盛赞刘氏，而刘喜海也深知此书的完成与朝鲜学者的帮助是分不开的，因此感言：爰有云石赵君，竹林继美；山泉金子，棠棣齐名。学富缥缃，谊敦缟纻，雅慕中华之教，欲观上国之光。鸭水春寒，凤城晓雾。邮程揽胜，历尽万二千峰；石墨凝香，携来百三十卷。相逢倾盖，文字结于奇缘；持赠探囊，金石投夫雅契。其中云石赵君即赵寅永（1782～1850年），名寅永，字义卿，号云石，祖籍丰壤（今韩国京畿道杨州市），丰壤赵氏政治势力的核心人物之一，官至领议政（正一品），谥号"文肃"，有《云石遗稿》等传世。1815年，赵寅永随其堂兄冬至副使赵钟永出使中国，次年春赵氏与北京琉璃厂结识刘喜海，在刘氏编写《海东金石苑》的过程，赵云石曾将古碑拓本数十种赠给刘喜海、并将九十七通朝鲜碑刻的目录抄送给刘喜海。刘氏也曾感叹：云石，博雅士也，赠余墨本甚夥……非云石，何能使余搜罗如是之广也！竹林继美即赵秉龟（1801～1845年），字景宝，号游荷，赵寅永的侄子，丰壤赵氏政治势力的代表人物之一，官至吏曹判书，谥号"文肃"，好金石，与刘喜海交往密切。山泉金子，即金山泉，因刘喜海的邀请，曾搜集朝鲜金石拓片及朝鲜古书目录等寄给刘喜海。棠棣齐名即金正喜，为金山泉胞兄，全力支持刘喜海的金石搜集工作，曾将新罗真兴王巡守碑拓片和平壤城刻石的第二石拓片等寄赠刘喜海，其中寄赠平壤城刻石第二石拓片的事情，吴世昌藏平壤城刻石第二石的墨拓跋文中曾有提及。而《海东金石苑》中收录年代最早的碑刻就是"高句丽故城石刻"。

本文所提及的王瓘藏高句骊故城刻石拓片可以看作是当时中国和朝鲜金石学术界交流的一个侧面，王瓘除了收藏了这张来自吴庆锡的平壤城刻石拓片外，还藏有一件《新罗真兴王定界残碑》的拓片[22]（笔者将另外讨论）。通过相互交流，中国学者获得了一批朝鲜半岛早期的石刻资料，尤其是统一新罗时代的碑刻资料，对于研究唐朝与统一新罗的关系提供了新的佐证。朝鲜学者不但获得了来自中国的金石拓片，而且得到维新著作如《海国图志》和《瀛寰志略》、传统经典如《皇清经解》等，对于他们了解中国古代社会、促进朝鲜社会的开化和进步提供了动力，更重要的是促进了中国和朝鲜半岛的人文交流及朝鲜半岛社会的进步。

注 释

[1] 仲威．纸上金石——小品善拓过眼录［M］．北京：文物出版社，2017：248-249.

[2] 关于平壤城刻石铭文，释读很多，见申載洪，金基哲，閔德植．韓國古代金石資料集 I——고구려·백제·낙랑［M］．首尔：國史編纂委員會，1995．此处释文主要参考该书.

[3] 刘喜海．海东金石苑［M］．上海：上海古籍书店，1964．本文所引《海东金石苑》内容均出自该书.

[4] 예술의전당 전시사업본부 서예부．葦滄吳世昌：亦梅·葦滄 兩世의 學問과 藝術世界［M］．서울：예술의전당，1996．平壤城刻石墨拓本见该书第130～132页，双钩本见该书第126页.

[5] 朝鲜總督府．朝鲜金石總覽（上）［M］．漢城：朝鲜總督府，1919：12.

[6] 淺見倫太郎．大同江岸發見の高句麗故城石刻［J］．朝鲜及滿洲83，1914．本文第四石照片（本

文图三），采自국립중앙박물관. 북녘의 문화유산［M］. 서울：국립중앙박물관，2006：81.

［7］최희림. 평양성에 대하여［J］. 고고미속，1966（2）. 本文第五石拓片（本文图四），系笔者拍摄于韩国国立中央博物馆展厅.

［8］《조선유적유물도감》편찬위원회. 조선유적유물도감 3·고구려편（1）［M］. 평양：외국문종합출판사，1989. 关于平壤城城门的数量，目前有16座，平壤城在高句丽修建完成之后，高丽、朝鲜时代一直沿用，做过发掘的仅有普通门、正阳门和七星门，因此对于高句丽时期的城门数量也是学界公认的一道难题。1935年日本学者在万寿台"发掘"的一座城门址可能是一座建筑的门址，见王志刚. 高句丽王城及相关遗迹研究［D］. 吉林大学博士学位论文，2016.

［9］小泉顯夫. 平壤萬壽臺及其附近の建築物址［A］. 昭和十二年度古蹟調查報告［C］. 漢城：朝鮮總督府，1938.

［10］朴灿奎. 平壤地区高句丽都城遗迹［M］. 香港：香港亚洲出版社，2015. 本文图五采自该书第5页，略有改动.

［11］（唐）李延寿. 北史［M］. 北京：中华书局，1984：3110-3115.

［12］高福顺. 高句丽中央官职研究［M］. 长春：吉林大学出版社，2015：157.

［13］吉林省文物考古研究所，集安市博物馆（编著）. 丸都山城［M］. 北京：文物出版社，2004.

［14］（宋）欧阳修，宋祁. 新唐书［M］. 北京：中华书局，1975，6186. 其载："（高句丽）分五部：曰内部，即汉桂娄部也，亦号黄部；曰北部，即绝奴部也，或号后部；曰东部，即顺奴部也，或曰左部；曰南部，即灌奴部也，亦号前部；曰西部，即消奴部也。"

［15］（宋）欧阳修，宋祁. 新唐书［M］. 北京：中华书局，1975，6186. 其载："（高句丽）官凡十二级：曰大对卢，或曰吐捽；曰郁折，主图薄者；曰太大使者；曰帛衣头大兄，所谓皂衣者，先人也，秉国政，三岁一易，善职则否，凡代日，有不服则相攻，王为闭宫守，胜者听为之；曰大使者；曰大兄；曰上位使者；曰诸兄；曰小使者；曰过节；曰先人；曰古邹大加。"

［16］（唐）杜佑. 通典［M］. 北京：中华书局，1988：5014-5015. 其载："（高句丽）其国建官有九等。其一曰吐捽，旧名大对卢，总知国事；次曰太大兄；次郁折，华言主薄；次太大夫使者；次皂衣头大兄，东夷相传所谓皂衣先人者也. 以前五官掌机密，谋政事，征发兵马，选授官爵. 次大使者，次大兄，次收位使者，次上位使者，次小兄，次诸兄，次过节，次不过节，次先人. 又有状古邹加，掌宾客，比鸿胪卿，以大夫使者为之. 又有国子博士、大学博士、舍人、通事、典书客，皆以小兄以上为之。"

［17］高福顺. 高句丽中央官位等级制度的演变［J］. 史学集刊，2006（5）.

［18］閔德植. 高句麗의 平壤城刻字城石에 관한 研究［J］. 韓國上古史學報，1993（13）.

［19］金富轼（原著），孙文范等（校勘）. 三国史记［M］. 长春：吉林文史出版社，2003：239，241. 其载："八年（552年）筑长安城……二十八年（586），移都长安城。"本文征引三国史记均采自此版本.

［20］田中俊明. 高句麗长安城城壁石刻の基礎的研究［J］. 史林，1985，68（4）.

[21] 예술의전당 전시사업본부 서예부. 葦滄吳世昌：亦梅·葦滄 兩世의 學問과 藝術世界［M］. 서울：예술의전당，1996. 吴庆锡《墨梅图》见该书第 176 ~ 177 页，吴大澂题跋见该书第 179 页.
[22] 仲威. 纸上金石——小品善拓过眼录［M］. 北京：文物出版社，2017：250-253.

Study on Rubbing of Koguryo Pyongyang Engraved Stone Collected by Wang Guan

WANG Fei-feng

Rubbing of Koguryo Pyongyang engraved stone collected by Wang Guan is rare rubbing about Koguryo Pyongyang engraved stone in China. Until now, we found similar engraved stone are 6 stones in Pyongyang, this rubbing is the second engraved stone's rubbing, maybe flow into China through Wu Qingxi who Famous Korean epigraphe. Inscription engraved stone contains years, Koguryo official and build city and so on, for the research of Gaogouli capital changes are rare and official materials. At the same time the rubbing has important value for study on contact between China epigraphs and Korean epigraphs in late Qing Dynasty.

宋辽金时期舍利塔地宫形制与区域特征的再探讨*

吴　敬

（吉林大学边疆考古研究中心，长春，130012）

佛塔是用于供奉舍利、经卷等佛教法物或供品的建筑，我国考古发现的佛舍利塔地宫年代相对较晚，徐苹芳先生据此提出，中国舍利塔地宫大致经历了从无到有再到定型的三个阶段，即北魏以前将舍利函直接埋入塔基夯土，无地宫；隋至初唐在舍利函外砌筑砖石护墙，初具地宫雏形；武周以后在塔基下修建仿墓葬的空间，遂成地宫定式[1]。后有学者指出宋代的舍利塔地宫形制有着地域差异，并与该地域内的墓葬形制有关[2]。目前所见的舍利塔地宫多修建于宋辽金三朝，本文将主要对这一时期的舍利塔地宫形制及相关问题作进一步探讨。

一、形制结构的再分类

据本文统计，经考古发掘可以确定为宋辽金三朝修建的舍利塔地宫，并见诸较为详细的报道者约40座。本文在已有分类的基础上[3]，结合地宫形制的结构差异，对它们作进一步的分类和定名。

甲类，屋形地宫，共21座。根据具体结构的差异，可分为二型。

A型　通门式。可分为三亚型。

Aa型　单门（表一，1～14）。平面呈方形、圆形、六角形或八角形，砖砌或石砌，旁开一门，多数在门外修甬道，平面整体形似“甲”字，上部砌作藻井顶、攒尖顶、穹隆顶或是盝顶，有的地宫内还有仿木结构斗栱或是彩绘壁画（图一，1～3）。

Ab型　双门（表一，15、16）。平面呈“中”字形，砖砌，南北两侧分别有门洞和甬道，地宫内砌斗栱和叠涩穹隆顶的做法与单门式地宫基本相同（图一，5）。

Ac型　单门通孔（表一，17）。整体结构与甲类Aa型地宫相同，较为特殊的是夯层中有孔贯通塔基和地宫。目前仅见陕西白水妙觉寺塔地宫有通孔的相关描述。

---

* 基金项目：吉林大学基本科研业务费哲学社会科学研究科学前沿与交叉学科创新项目（2018QY002）；吉林大学哲学社会科学青年学术领袖培育计划项目（2019年）；吉林省教育厅“十三五”社会科学项目（JJKH20190205SK）。

B型　无门式（表一，18～21）。砖砌或石砌，整体结构为简化了的甲类A型地宫，侧面无门，顶部用砖、石进行封砌，其密闭效果类似于椁。目前发现四例：辽宁沈阳无垢净光舍利塔地宫为砖砌方形券顶；辽宁兴城白塔峪塔地宫为石板砌筑的八角形八面坡顶，八角形石板封顶；北京房山北郑村塔地宫为砖砌方形，上部叠涩内收后用石板封顶；河北正定天宁寺凌霄塔地宫为砖砌圆形，壁上有假梁，梁上起穹隆顶，用立砖封堵顶口（图一，4）。

乙类，椁形地宫，共19座。根据具体结构的差异，可分为二型。

A型　四方平顶式。可分为二亚型。

Aa型　无孔（表一，22～34）。砖、石砌筑，石盖顶，整体呈封闭的长方体或正方体，无孔洞通往地宫外部（图二）。

Ab型　通孔（表一，35、36）。结构与乙类Aa型地宫基本相似，较为特殊的是从外部有孔穿透塔基夯层直达地宫（图三，1、2）。

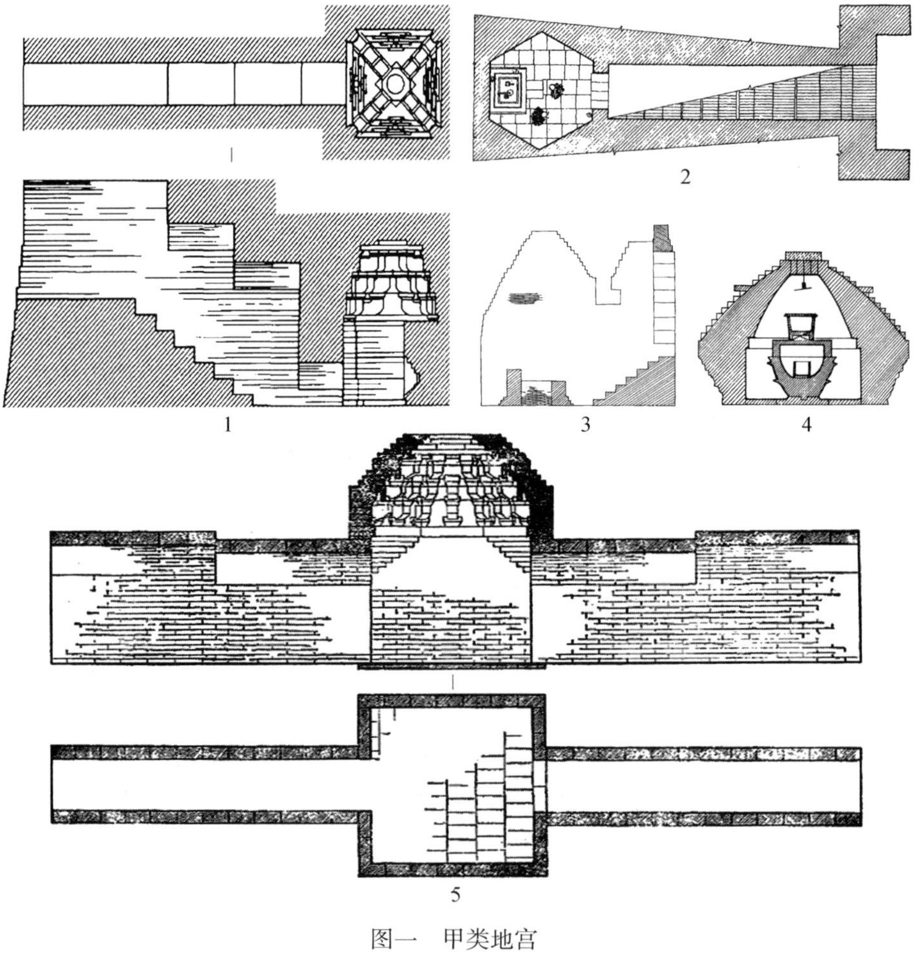

图一　甲类地宫

1. 江苏涟水妙通塔地宫（甲Aa）　2. 河南邓州福胜寺塔地宫（甲Aa）　3. 内蒙古宁城半截塔地宫（甲Aa）　4. 河北正定天宁寺凌霄塔地宫（甲B）　5. 山东长清真相院释迦舍利塔地宫（甲Ab）

表一　宋辽金舍利塔地宫年代及形制类型表

序号	发现地点	建造年代	类型	引文
1	山东烟台严因寺塔地宫	北宋开宝四年（971年）	甲Aa	[4]
2	河南郑州开元寺塔地宫	北宋开宝九年（976年）	甲Aa	[5]
3	河北定州静志寺真身舍利塔地宫	北宋太平兴国二年（977年）	甲Aa	[6]
4	河北定州净众院舍利塔地宫	北宋至道元年（995年）	甲Aa	
5	江苏涟水妙通塔地宫	北宋天圣元年（1023年）	甲Aa	[7]
6	河南邓州福胜寺塔地宫	北宋天圣十年（1032年）	甲Aa	[8]
7	山西临猗双塔寺西塔地宫	北宋熙宁二年（1069年）	甲Aa	[9]
8	内蒙古宁城半截塔地宫	辽清宁三年（1057年）	甲Aa	[10]
9	辽宁沈阳崇寿寺白塔地宫	辽乾统七年（1107年）	甲Aa	[11]
10	北京房山天开塔	辽乾统十年（1110年）	甲Aa	[12]
11	吉林农安万金塔地宫	辽开泰年间（1012～1021年）以后	甲Aa	[13]
12	内蒙古呼和浩特蟠龙塔地宫	辽中晚期	甲Aa	[14]
13	内蒙古巴林左旗辽上京西山坡佛寺遗址 二号建筑地宫	辽	甲Aa	[15]
14	内蒙古巴林左旗辽上京西山坡佛寺遗址 三号建筑地宫	辽	甲Aa	
15	山东兖州兴隆寺塔地宫	北宋嘉祐八年（1063年）	甲Ab	[16]
16	山东长清真相院释迦舍利塔地宫	北宋元祐二年（1087年）	甲Ab	[17]
17	陕西白水妙觉寺塔地宫	北宋天圣元年（1023年）	甲Ac	[18]
18	辽宁沈阳无垢净光舍利塔地宫	辽重熙十三年（1044年）	甲B	[19]
19	北京房山北郑村塔地宫	辽重熙二十年（1051年）	甲B	[20]
20	辽宁兴城白塔峪塔地宫	辽大安八年（1092年）	甲B	[21]
21	河北正定天宁寺凌霄塔地宫	金正隆六年（1161年）	甲B	[22]
22	浙江杭州雷峰塔地宫	北宋太平兴国二年（977年）	乙Aa	[23]
23	江苏江阴悟空寺泗州大圣宝塔地宫	北宋景德四年（1006年）	乙Aa	[24]
24	江苏南京长干寺圣感舍利塔地宫	北宋大中祥符四年（1011年）	乙Aa	[25]
25	上海隆平寺塔地宫	北宋天圣年间（1023～1032年）	乙Aa	[26]
26	江西南丰大圣舍利塔地宫	北宋嘉祐三年（1058年）	乙Aa	[27]
27	浙江金华万佛塔地宫	北宋嘉祐七年（1062年）	乙Aa	[28]
28	江苏镇江甘露寺铁塔地宫	北宋元丰元年（1078年）	乙Aa	[29]
29	北京顺义净光舍利塔地宫	辽开泰二年（1013年）	乙Aa	[30]
30	内蒙古宁城武官营子砖塔地宫	辽重熙十四年（1045年）	乙Aa	[31]
31	河北易县净觉寺舍利塔地宫	辽天庆五年（1115年）	乙Aa	[32]
32	辽宁昌图塔东遗址地宫	辽咸雍年间（1065～1074年）以后	乙Aa	[33]
33	浙江宁波天封塔地宫	南宋绍兴十四年（1144年）	乙Aa	[34]
34	安徽潜山太平塔地宫	南宋乾道四年（1168年）	乙Aa	[35]
35	辽宁朝阳北塔地宫	辽重熙十二、十三年（1043-1044年）	乙Ab	[36]

续表

序号	发现地点	建造年代	类型	引文
36	河北固安宝严寺塔地宫	金天眷元年（1138 年）	乙 Ab	［37］
37	山西平定天宁寺西塔地宫	北宋至道元年（995 年）	乙 B	［38］
38	湖北当阳玉泉铁塔地宫	北宋嘉祐六年（1061 年）	乙 B	［39］
39	上海兴教寺塔地宫	北宋熙宁、元祐年间（1068 ~ 1093 年）	乙 B	［40］
40	北京密云冶仙塔地宫	辽开泰年间（1012 ~ 1021 年）以后	乙 B	［41］

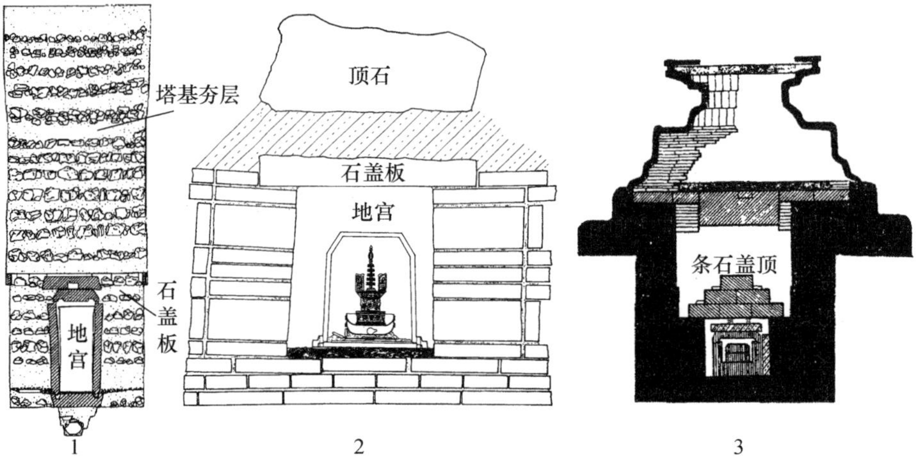

图二　乙类 Aa 型地宫

1. 江苏南京长干寺圣感舍利塔地宫　2. 浙江杭州雷峰塔地宫　3. 江苏镇江甘露寺铁塔地宫

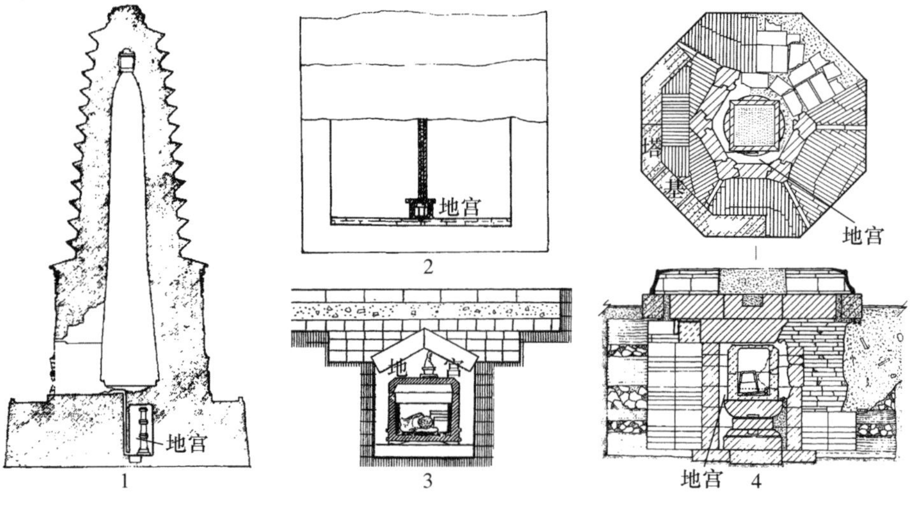

图三　乙类 Ab 型及乙类 B 型地宫

1. 辽宁朝阳北塔地宫（乙 Ab）　2. 河北固安宝严寺塔地宫（乙 Ab）

3. 上海兴教寺塔地宫（乙 B）　4. 湖北当阳玉泉铁塔地宫（乙 B）

B型 仿屋式（表一，37～40）。封闭的砖椁或石椁，但局部有仿造房屋建筑的结构。上海兴教寺塔地宫在砖砌四壁上砌“人”字形两面坡顶，使地宫上部形似屋顶（图三，3）。湖北当阳玉泉铁塔地宫为石砌的六角形地宫，石板盖顶，在地宫的六个转角处均砌有石柱（图三，4）。北京密云冶仙塔地宫为砖砌四壁和石板盖顶，在北壁开有门洞。山西平定天宁寺西塔地宫为石砌地宫，石板盖顶，在南壁有门框和门额，内壁有壁画。

从上述分类中可以看出，宋辽金三朝所建的舍利塔地宫以甲类A型（17座）和乙类A型（15座）居多，两者应代表了宋辽金时期舍利塔地宫较为流行的两种建造方式。

二、区域特征的再梳理

宋辽金时期的舍利塔地宫发现地点分散，分别位于现在的北京、山东、山西、河南、河北、陕西、辽宁、内蒙古、吉林、江苏、浙江、上海、湖北、江西、安徽等地。综合各地舍利塔地宫的形制类型，可以进一步将其划分为三个区（图四）。

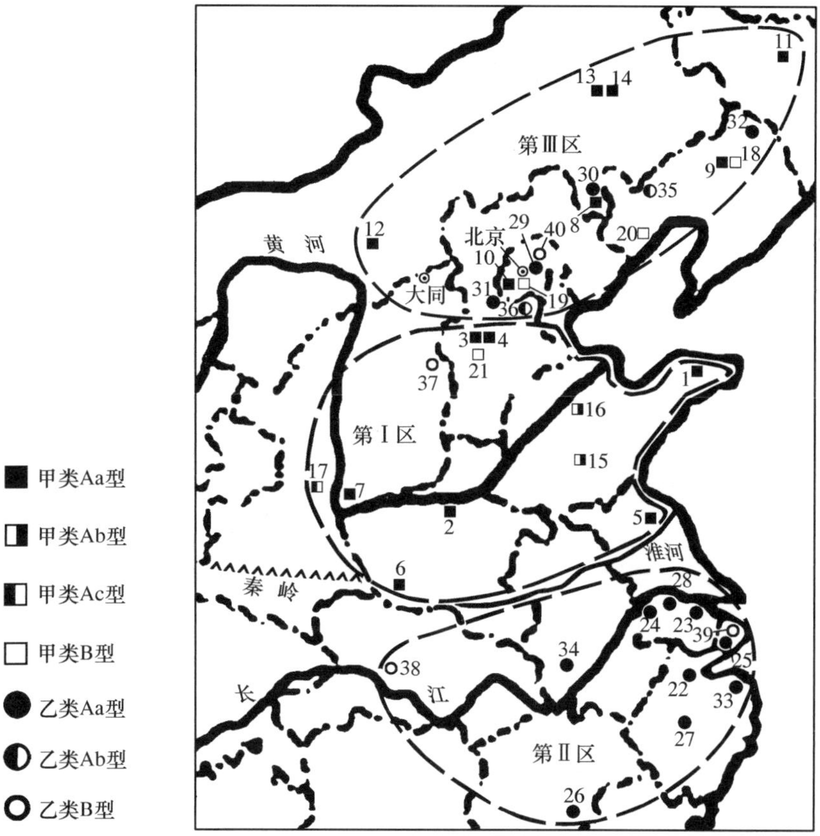

图四 宋辽金舍利塔地宫分区图
（图中序号与表一对应）

第Ⅰ区：秦岭－淮河以北、燕云十六州以南地区，即北宋和金代统治的北方地区，共报道了12座舍利塔地宫，分别是：山东烟台严因寺塔北宋地宫、山东兖州兴隆寺塔北宋地宫、山东长清真相院释迦舍利塔北宋地宫、河南郑州开元寺塔北宋地宫、河南邓州福胜寺塔北宋地宫、河北定州静志寺真身舍利塔北宋地宫、河北定州净众院舍利塔北宋地宫、江苏涟水妙通塔北宋地宫、山西临猗双塔寺西塔北宋地宫、山西平定天宁寺西塔北宋地宫、陕西白水妙觉寺塔北宋地宫以及河北正定天宁寺凌霄塔金代地宫。

本区的12座地宫，有11座为甲类地宫，尤以甲类A型居多，共10座，其余甲类B型和乙类B型各1座。

第Ⅱ区：秦岭－淮河以南的长江中下游，即两宋统治的南方中东部地区，共报道了11座舍利塔地宫，分别是：浙江杭州雷峰塔北宋地宫、江苏江阴悟空寺泗州大圣宝塔北宋地宫、江苏南京长干寺圣感舍利塔北宋地宫、江苏镇江甘露寺铁塔北宋地宫、上海隆平寺塔北宋地宫、江西南丰大圣舍利塔北宋地宫、浙江金华万佛塔北宋地宫、湖北当阳玉泉铁塔北宋地宫、上海兴教寺塔北宋地宫以及浙江宁波天封塔南宋地宫和安徽潜山太平塔南宋地宫。

本区的11座地宫，均为乙类地宫，其中乙类A型最多，共计9座，其余2座为乙类B型。

第Ⅲ区：燕云十六州及其以北的辽代和金代统治区，共报道了17座舍利塔地宫，分别是：辽宁沈阳崇寿寺白塔地宫、辽宁朝阳北塔地宫、辽宁沈阳无垢净光舍利塔地宫、辽宁兴城白塔峪塔地宫、辽宁昌图塔东遗址地宫、北京房山天开塔、北京房山北郑村塔地宫、北京顺义净光舍利塔地宫、北京密云冶仙塔地宫、河北易县净觉寺舍利塔地宫、河北固安宝严寺塔地宫、吉林农安万金塔地宫、内蒙古宁城武官营子砖塔地宫、内蒙古呼和浩特蟠龙塔地宫、内蒙古宁城半截塔地宫以及内蒙古巴林左旗辽上京西山坡佛寺遗址二号和三号建筑地宫。

本区的17座地宫，类型丰富，基本涵盖了目前所见的地宫形制，数量上来看甲类稍多，共10座，但乙类也有7座。

徐苹芳先生提出“中国瘗埋舍利的制度，发展到唐代已成定式。地宫平面呈方形或长方形，砖石结构，砌矮墙，券顶石门，壁上画壁画，前有甬道，一如墓室之制”[42]，这一结论已表明，舍利塔地宫是佛教瘗埋舍利的行为与中国传统墓葬制度相结合的产物。冉万里先生也注意到了宋代舍利塔地宫形制的南北差异及其与墓葬形制的关系。除此之外，笔者认为宋辽金时期舍利塔地宫的区域特征还有以下三个方面值得关注。

第一，区域特征的形成原因。

秦岭－淮河沿线以北地区在宋辽金时期主要流行类屋式的仿木结构砖雕壁画墓[43]，秦岭－淮河以南地区两宋时期主要流行类椁式的砖圹墓和石圹墓[44]。目前，前一地区所见多为甲类地宫，后一地区无一例外均为乙类的椁形地宫，这与上述地区流行的墓葬形制基本一致。这是舍利塔地宫形制借鉴了不同地区墓葬形制的结果，是自然地理分隔所导致的地域特征。

燕云十六州及其以北地区发现的舍利塔地宫，除河北固安宝严寺塔地宫为金代外，其余均为辽代修建，辽墓形制以仿木结构墓室最具代表性[45]，但同时在辽宁沈阳[46]、吉林双辽[47]以及北京[48]等地区也发现了一些长方形的砖圹墓和石圹墓。辽代舍利塔地宫形制丰富，几乎涵盖了所有类型，虽然同处秦岭－淮河沿线以北，但其与燕云十六州以南的北方地区仍存在着一定差异，这应是辽代墓葬文化多样性的表现。

因此，宋辽金时期墓葬形制的南北差异以及辽代墓葬形制的多样性，在一定程度上使舍利塔地宫形制出现了较为明显的区域特征，这是由传统地理分区与当时政治格局共同铸就的。

第二，同一地区的地域差异。

我们注意到北京密云冶仙塔和房山北郑村塔地宫的盖顶石上有小孔，只是没有像甲类Ac型和乙类Ab型那样贯通塔基夯层；山东中南部地区的兖州兴隆寺塔和长清真相院释迦舍利塔地宫主体为仿木结构造型，但是有南北两条甬道，这与其他北方地区甲类舍利塔地宫多为一条甬道的现象有着一定的差异；湖北当阳玉泉铁塔北宋地宫的六角形平面形状以及转角柱的做法，与北方地区的舍利塔地宫及墓葬形制有着一定的相似之处，当阳地近鄂西北地区，这里发现的宋代墓葬形制受北方地区影响颇深[49]。

因此，各区除了整体特点的相似性之外，可能还存在着一些细微差异，只是目前发现数量不多，还难以进行更为细致的分析。

第三，不同类型的融合趋势。

一是效果模仿——甲类B型地宫整体为一个密闭空间，与“椁”所营造的效果相似，乙类B型地宫中出现的“人”字形顶、转角倚柱和门洞显然源自房屋建筑，这一现象应是模仿其他地区主流地宫形制的结果。

二是结构通用——甲类Ac型和乙类Ab型地宫的结构与其他同类型者如出一辙，但是都出现了用孔洞连接地宫与上部的做法。目前使用此类做法的地宫并不多见，也许表达了修建地宫者想通过孔洞连接地宫与佛界、天国的美好愿望，但是否真的如此尚难有定论。

由此可见，不同区域内的舍利塔地宫虽有着不同的流行形制，但在某些方面已经出现了互相模仿或是共用的现象，这应是地域特征相互影响和时代特点共同发展的直接证据。

三、余　论

本文所见的40座舍利塔地宫，北宋20座、辽代16座、南宋和金代各2座。虽然很多舍利塔已消失在历史的长河中，但从现有考古资料来看，几乎相伴始终的北宋和辽在修筑舍利塔地宫的积极性上似乎要比南宋和金高出一筹。

北宋建国后一改后周时期的限佛政策，“国初，两京、诸州僧尼六万七千四百三人，岁度千人”[50]，“上（太宗）遣使取杭州释迦佛舍利塔置阙下，度开宝寺西北隅地，造浮图十一级以藏之”[51]。在统治阶级的支持和带动下，北宋时期的佛教在徽宗以前一直获得了较大的发展空间，修筑舍利塔地宫也应在很大程度上随之兴盛。无独有偶，辽代自上而下，笃信释氏，自圣宗时佛教进入全盛期[52]，而目前考古所见的辽代舍利塔地宫，绝大多数出现于11世纪初的圣宗中后期以后，也许正与辽代崇佛高潮的到来有一定关系。

北宋末年，宋徽宗采取了强硬的限佛政策，“林灵素既主张道教而废释氏，政和中，诏每州置神霄宫，就以道观为之，或改所在名刹”[53]，“(政和七年）改天下天宁观为神霄玉清万寿宫，无观者以寺充”[54]，佛教寺院应受到了很大的冲击。及至金初，统治者深感“辽以佛亡”，一度下令“禁私度僧尼”[55]，这对原北宋和辽代统治区内佛教的复苏和发展是具有负面作用的。而有些政策甚至延续至金世宗时期，“大定十四年四月乙丑，上谕宰臣曰：‘闻愚民祈福，多建佛寺，虽已条禁，尚多犯者，宜申约束，无令徒费财用’”[56]。虽然佛教在南宋和金代仍然是重要的宗教信仰，但在北宋末和金代一系列限佛政策的影响下，佛寺兴建应陷入了一个相对低谷，舍利塔地宫相比前一阶段而言，其萧条程度自然不言而喻。

因此，宋辽金时期舍利塔地宫的修建，不仅是地域特征的反映，而且它的盛与衰，在一定程度上还受到宋辽金三朝宗教政策的影响，是中土佛教发展历程中地域性和时代性的综合表现。

注　释

[1] 徐苹芳. 中国舍利塔基考述［J］. 传统文化与现代化，1994（4）.

[2] 冉万里. 中国古代舍利瘗埋制度研究［M］. 北京：文物出版社，2013.

[3] 同［2］.

[4] 山东省文物考古研究所. 烟台市严因寺遗址发掘报告［A］. 海岱考古（第七辑）［C］. 北京：科学出版社，2004.

[5] 郑州市博物馆. 郑州开元寺宋代塔基清理简报［J］. 中原文物，1983（1）.

[6] 定县博物馆. 河北定县发现两座宋代塔基［J］. 文物，1972（8）.

[7] 淮安市博物馆，涟水县图书馆. 江苏涟水妙通塔宋代地宫［J］. 文物，2008（8）.

[8] 河南省古代建筑保护研究所，河南省文物研究所. 河南邓州市福胜寺塔地宫［J］. 文物，1991（6）.

[9] 乔正安. 山西临猗双塔寺北宋塔基地宫清理简报［J］. 文物，1997（3）.

[10] 内蒙古文物考古研究所，赤峰市博物馆，宁城县博物馆. 辽中京半截塔台基覆土及地宫发掘

简报［J］. 内蒙古文物考古，2005（2）.

［11］ 胡醇，丁军. 沈阳白塔地宫发掘工作［J］. 文物参考资料，1957（8）.

［12］ 付幸. 北京塔基述略［A］. 北京文物与考古（第6辑）［C］. 北京：民族出版社，2004.

［13］ 刘振华. 农安万金塔基出土文物［J］. 文物，1973（8）. 出土的北宋铜钱最晚为“天禧通宝”，据此推断其修建年代不早于辽圣宗开泰年间.

［14］ 张景明，汪英华. 呼和浩特市蟠龙塔辽代地宫［A］. 中国考古学年鉴（2000）［M］. 北京：文物出版社，2002.

［15］ 中国社会科学院考古研究所内蒙古第二工作队，内蒙古文物考古研究所. 内蒙古巴林左旗辽上京皇城西山坡佛寺遗址考古获重大发现［J］. 考古，2013（1）.

［16］ 山东博物馆，山东省文物考古研究所，兖州市博物馆. 兖州兴隆塔地宫发掘报告［A］. 海岱考古（第四辑）［C］. 北京：科学出版社，2011.

［17］ 济南市文化局文物处，长清县博物馆. 山东长清县宋代真相院释迦舍利塔地宫［J］. 考古，1991（3）.

［18］ 陕西省考古研究所，白水县文物管理委员会. 陕西白水北宋妙觉寺塔基及地宫的发掘［J］. 考古与文物，2005（4）. 该地宫的形制在发掘简报中具体描述时未有通孔的介绍，但是在文中开篇介绍其发现经过时指出“在施工过程中，发现在距地表2米处的夯层中央有一直径为6厘米的六棱形直孔，深约4米……沿六棱直孔向下继续挖掘，并于当晚发现一方形砖室地宫”，由此推测该地宫属于通孔式。

［19］ 沈阳市文物管理办公室，沈阳市文物考古工作队. 沈阳塔湾无垢净光舍利塔塔宫清理报告［J］. 辽海文物学刊，1986（2）.

［20］ 齐心，刘精义. 北京市房山县北郑村辽塔清理记［J］. 考古，1980（2）.

［21］ 陈术石，佟强. 兴城白塔峪塔地宫铭刻与辽代晚期佛教信仰［A］. 辽金历史与考古（第四辑）［C］. 辽宁教育出版社，2013.

［22］ 刘友恒，樊子林. 河北正定天宁寺凌霄塔地宫出土文物［J］. 文物，1991（6）.

［23］ 浙江省文物考古研究所. 雷峰塔遗址［M］. 北京：文物出版社，2005. 雷峰塔地宫为五代末年吴越国所建，但是吴越国当时早已向北宋称臣，使用北宋的纪年，因此该塔原则上可以视为北宋时期的佛塔。

［24］ 江阴市北宋酒州大圣宝塔塔基［A］. 中国考古学年鉴（2004）［M］. 北京：文物出版社，2006.

［25］ 南京市考古研究所. 南京大报恩寺遗址塔基与地宫发掘简报［J］. 文物，2015（5）. 据有关研究｛祁海宁，龚巨平. 北宋长干寺圣感塔地宫形制成因初探［J］. 东南文化，2012（1）｝，此舍利塔地宫的形制为北宋模仿南朝时期同一地点的舍利塔地宫形制而建. 北宋至南朝相隔数百年，笔者认为此种仿造的可能性较小，而且从结构来看，深达6米多的圆形土坑内有40层夯层，应属于塔基下的基础部分，真正的地宫应是土坑底部竖立的石椁，因此本文将其作为椁形地宫进行分类。

［26］ 上海博物馆．千年古港——上海青龙镇遗址考古精粹［M］．上海：上海书画出版社，2017.

［27］ 南丰县博物馆．南丰大圣舍利塔地宫清理简报［J］．江西文物，1989（2）.

［28］ 浙江省文物管理委员会．金华市万佛塔塔基清理简报［J］．文物，1957（5）.

［29］ 江苏省文物工作队镇江分队，镇江市博物馆．江苏镇江甘露寺铁塔塔基发掘记［J］．考古，1981（6）.

［30］ 北京市文物工作队．顺义县辽净光舍利塔基清理简报［J］．文物，1964（8）.

［31］ 郑绍宗．内蒙古宁城县武官营子发现的辽代石函［J］．考古，1964（11）.

［32］ 河北省文物管理处．河北易县净觉寺舍利塔地宫清理记［J］．文物，1986（9）.

［33］ 辽宁省文物考古研究所，铁岭市博物馆，昌图县文管所．辽宁昌图县塔东辽代遗址的发掘［J］．考古，2013（2）．出土的北宋铜钱最晚为“治平元宝”，据此推断其修建年代不早于辽道宗咸雍年间。

［34］ 林士民．浙江宁波天封塔地宫发掘报告［J］．文物，1991（6）.

［35］ 汪宗武．安徽潜山县宋代太平塔地宫的清理［J］．考古，2004（5）.

［36］ 朝阳北塔考古勘察队．辽宁朝阳北塔天宫地宫清理简报［J］．文物，1992（7）.

［37］ 河北省文物研究所，河北大学历史系，固安县文物保管所．河北固安于沿村金宝严寺塔基地宫出土文物［J］．文物，1993（4）.

［38］ 商彤流．山西平定县发现北宋佛塔地宫［J］．文物世界，2006（2）.

［39］ 湖北省玉泉铁塔考古队．湖北当阳玉泉铁塔塔基及地宫清理发掘简报［J］．文物，1996（10）.

［40］ 上海博物馆．上海市松江县兴圣教寺塔地宫发掘简报［J］．考古，1983（12）.

［41］ 王有泉．北京密云冶仙塔塔基清理简报［J］．文物，1994（2）．出土的北宋铜钱最晚为“天禧通宝”，据此推断其修建年代不早于辽圣宗开泰年间。

［42］ 同［1］.

［43］ 秦大树．宋元明考古［M］．北京：文物出版社，2004.

［44］ 吴敬．南方地区宋代墓葬研究［M］．北京：社会科学文献出版社，2015.

［45］ 刘未．辽代墓葬的考古学研究［M］．北京：科学出版社，2016.

［46］ 林栋．试论沈阳地区辽墓的类型与源流［A］．边疆考古研究（第15辑）［C］．北京：科学出版社，2014.

［47］ 吉林省文物考古研究所．吉林双辽县高力戈辽墓群［J］．考古，1986（2）.

［48］ 北京市文物管理处．近年来北京发现的几座辽墓［J］．考古，1972（3）.

［49］ 吴敬．秦岭—淮河南沿线地区宋代墓葬的初步研究［J］．中原文物，2011（3）.

［50］（清）徐松．宋会要辑稿［M］道释一之十三．北京：中华书局，1957.

［51］（宋）李焘．续资治通鉴长编［M］卷三十，“端拱二年八月”．北京：中华书局，2004.

［52］ 刘浦江．辽金的佛教政策及其社会影响［J］．佛学研究（总第5期），1996.

［53］（宋）洪迈．夷坚志·夷坚三志已［M］卷第九，“泗州普照像”．北京：中华书局，1981.

［54］（宋）王称．东都事略［M］第十一卷．“徽宗皇帝二”．宋史资料萃编（第一辑）［M］．台

北：台湾文海出版社，1979.
[55] （元）脱脱．金史［M］卷三，“太宗纪”．北京：中华书局，1975.
[56] 同［55］.

A Re-discussion on the Shape and Regional Characteristics of the Stupa's Underground Palace during Song, Liao and Jin Dynasties

WU Jing

The underground palace of dagoba is a result of the combination of burying Buddhist relics and Chinese traditional burial system. There are 40 underground palaces of Song, Liao and Jin Dynasties have been reported in detail until recently. These underground palaces can be divided into two main kinds, and each kind can be divided into two types. Based on the classification we can divide the underground palaces' structures into three areas, and they were closely related to the tombs' structures and political situation in each area, and they also affect each other in some aspects. In addition, the building of the underground palace of dagoba is also obviously influenced by the religious policy by the government.

宣化下八里Ⅱ区M1孝子图像重读

潘　静

（吉林大学边疆考古研究中心，长春，130012）

在《宣化下八里Ⅱ区辽壁画墓考古发掘报告》中，原报告对M1东壁左侧壁画的解读为："画面绘出两处建在高台之上的房子，似为院子的正房和西房。正房（壁画右边）有二人，其中一老者，头戴黑色幞头，身着蓝色交领短襦，白色裤，盘腿坐于木榻上，木榻上方有重帐挽起，另一人，包髻，身穿赭色长裙，双手捧碗面向老者。西房（左边）内有一人，包髻，上身穿赭色短襦，白色裤，右手持刀，左手挽起左腿的裤子，目视腿部。画面反映的是二十四孝中闵子骞'单衣顺母'的故事。"[1]（图一，1）《中国出土壁画全集》认为该图反映的是二十四孝中的割股奉亲的场面[2]，笔者赞同后者的说法，该壁画所呈现的应该是"王武子妻割股"故事。

"单衣顺母"是流传的闵子骞行孝故事，《太平御览》有载："闵损，字子骞……早失母，后母遇之甚酷……损衣皆藁枲为絮，其子则绵纩重厚。父使损御，冬寒失辔，后母子御则不然，父怒诘之，损默然而已。后视二子衣，乃知其故，将欲遣妻，谏曰：'大人有一寒子犹尚垂心，若遣母有二寒子也。'父感其言乃止。"[3]据此与壁画内容对照，显然不合。壁画中庭院正房木榻上所坐老者挽髻，干瘦，呈现出一种病态，与持碗的侍女和西房内人物的丰腴形象形成了鲜明的对比，而西房内持刀人物与持碗侍女装束类似，所以应同为女性形象，且其右手持刀置于裸露的左股之上，作割股之状。三人物形象与所呈故事内容均与闵子骞遭继母虐待反而为继母求情的"单衣顺母"无涉。实际上，M1该壁画实应为"王武子妻割股"，呈现了王武子之妻为婆婆割股疗疾的故事。而王武子妻割股本事见敦煌出《孝子传》："王武子者，河阳人也。以开元年中征涉湖州，十年不归。新妇至孝，家贫，日夜织履为活。武母久患劳瘦，人谓母曰：'若得人肉食之，病得除差。'母答人曰：'何由可得人肉？'新妇闻言，遂自割股上肉作羹，奉送武母。母得食之，病即立差。河南尹奏封武母为国太夫人，新妇封郢郡夫人，仍编史册。开元廿三年。行下诗曰：武子为国远从征，母病餐人肉始轻，新妇闻之方割股，阿家吃了得疾平。"[4]

且宋金墓葬中不乏题名为"王武子妻"的故事图像。河南洛宁北宋乐重进画像石棺上刻题名为"王武子妻"的图像[5]，画面三女，左屏风前王武子母面右笼手盘腿坐于地，中间一女子面左，头束高髻，上着圆领窄袖襦，下穿百褶裙，手端一台盏。右条形隔扇内，面右坐一女子，梳双鬟髻，着交领窄袖服，半挽手臂，左手按在挽起的右小腿上，右手握刀，似在切割左臂上的肉（图一，2）；山西长子县小关村金墓[6]墓室东壁亦有榜题为“武妻割股”的图像，“画面中绘有三人。左绘一老妇盘腿坐于床榻之上，身后有墨竹插屏。屏后露出手持刀具，挽起裤腿作割肉状的女子。一女侍手托盘具，面向老妇”（图一，3）；山西屯留宋村金代壁画墓[7]墓室东壁亦绘有题为“王武子妻”的图像，“画面上绘一妇人，一条腿单膝跪地，另一条腿的裤子上挽，右手持刀，正在割肉。妇人身后有屏风和门板”（图一，4）。可见此类故事的主要人物形象包括持刀女子、老年女子和端碗侍女，核心人物和行为则是持刀女子作割股状，故事环境则是室内。

1　2　3　4

图一

1. 宣化下八里ⅡM1东壁左侧壁画　2. 乐重进画像石棺“王武子妻”图
3. 长子县小关村金墓“武妻割股”图　4. 屯留宋村金墓“王武子妻”图

另外，M1东北壁左侧壁画（图二，1），发掘者将其释读为“鲁义姑姊”[8]，同样不妥，实际则为和“单衣顺母”同属一个孝子故事的“闵子骞谏父”。

鲁义姑姊（鲁义姑）本事见刘向《列女传》：“鲁义姑姊者，鲁野之妇人也。齐攻鲁，至郊，望见一妇人抱一儿，携一儿而行。军且及之，弃其所抱，抱其所携，而走于山。儿随而啼，妇人前行不顾。齐将问儿曰：‘走者尔母耶？’曰：‘是也。’‘母所抱者谁也？’曰：‘不知也。’齐将乃追之，军士引弓将射之，曰：‘止！不止，吾将射尔。’妇人乃还。齐将问所抱者谁也，所弃者谁也。对曰：‘所抱者妾兄之子也，所弃者妾之子也。见军之至，力不能两护，故弃妾之子。’齐将曰：‘子之于母，其亲爱也，痛甚于心，今释之，而反抱兄之子，何也？’妇人曰：‘己之子，私爱也。兄之子，公义也。夫背公义而向私爱，亡兄子而存妾子，幸而得幸，则鲁君不吾畜，大夫不吾养，庶民国人不吾与也。夫如是，则胁肩无所容，而累足无所履也。子虽痛呼，独谓义何？故忍弃子而行义，不能无义而视鲁国。’于是齐将按兵而止，使人言于齐君曰：‘鲁未可伐也。乃至于境，山泽之妇人耳，犹知持节行义，不以私害公，而况于朝臣士大夫乎？请还。’齐君许之。”[9]

辽宋金墓葬中关于“鲁义姑”的故事图像亦不少见。河南洛宁北宋乐重进画像石棺上刻有题名为“鲁义姑”的图像[10]，画面左鲁义姑面右怀抱一幼童，足下地面偎爬一幼童，右一将军面左骑马勒绳，俯视地下幼童（图二，2）；山西屯留宋村金代壁画墓墓室西壁绘有“鲁义姑”图[11]，画面左侧绘一妇人，怀抱幼子，足前又爬一子。右侧绘一武官，身穿甲胄，骑在马上，正和妇人谈话。马后站一士兵，手持大旗。画面上题写“鲁义姑”三字（图二，3）；山西长子县石哲金代壁画墓中西壁门窗上亦有“鲁义姑姊”故事图像[12]。“画面左下角画鲁义姑怀抱侄儿，己子弃于地，正在哭喊。右侧齐将乘红马，着盔甲，一卒穿短甲持‘胜’字旗相随，齐将见状奇怪，正追问其故。右上角方框内题‘鲁义姑’三字”（图二，4）；而辽阳金厂辽画像石墓右壁的画像石也

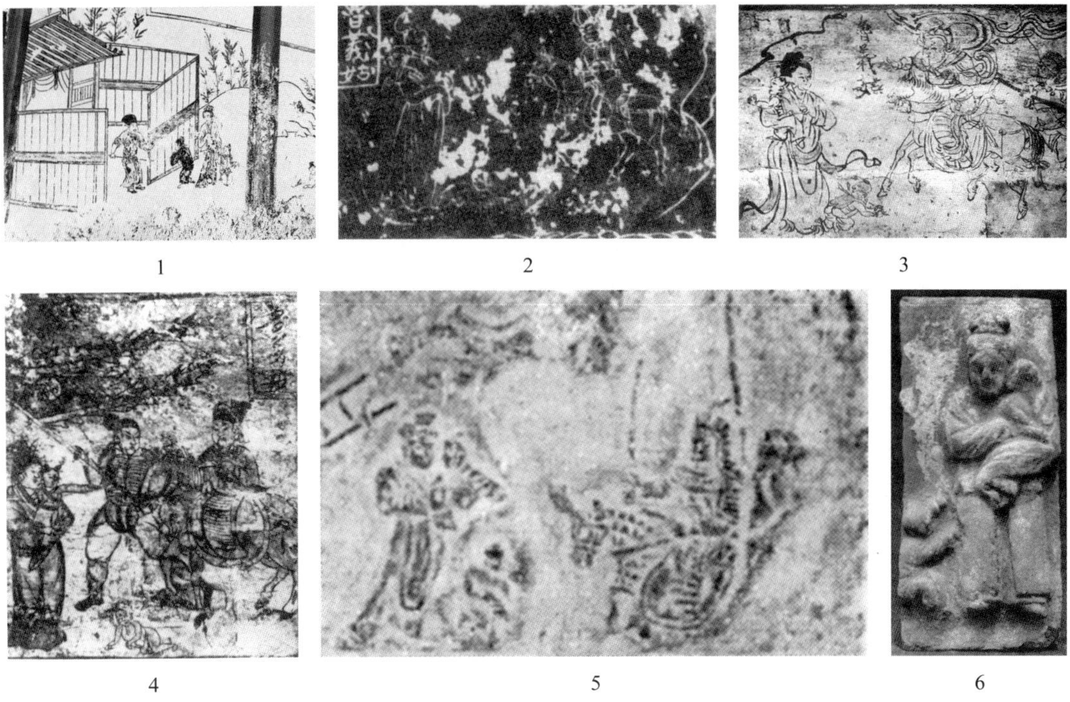

图二

1. 宣化下八里ⅡM1东北壁左侧壁画 2. 乐重进画像石棺“鲁义姑”图 3. 屯留宋村金墓“鲁义姑”图 4. 长子县石哲金墓“鲁义姑姊”图 5. 辽阳金厂辽画像石墓图像 6. 壶关南村宋代砖雕墓图像

有与下八里Ⅱ区M1壁画类似的“鲁义姑姊”故事图像[13]，构图则较简略，其第二板石上层左刻穿盔甲的使者骑于马上，其后似有一人持大旗，使者左手挽缰，右手举刀，向妇人似有所问。妇人立马前，怀抱大儿，小儿跪地上（图二，5）；山西壶关南村宋代砖雕墓中“鲁义姑”故事则更为简略，画像为一妇人怀抱幼儿，后跟随一小儿作大哭状（图二，6）。所以女子抱子携子是这类故事的核心要素，完整人物还包括骑马的武士和持旗随从，故事环境则是郊野。

辽金墓葬中同时出有关于“闵子骞”的故事图像。山西长子县石哲金代壁画墓中西壁门窗上亦出现题为“闵子骞”孝义故事壁画，“闵子骞头梳双髻，拱手跪于父前。其弟站于身后，闵父伸右手食指对闵训斥，闵母双手交叉，旁立斜视。后面画有房屋栅栏”（图三，1）[14]；山西长子县小关村金墓墓室东壁亦有榜题为“闵子谏父”的画像，“画面中绘有四人。左绘一头梳花髻，着黄色罗裙的女子，手拽一幼童。右绘一头戴黑色幞头，着圆领袍服的男子。中绘一髡发少年，躬身向男子做拜”[15]（图三，2）；山西屯留宋村金代壁画墓墓室西壁绘有题写“闵子骞”的故事画像，“画面左侧有一妇人，右手挟一幼女，左手拉扯一男孩。右侧绘一官人，头戴黑色展脚幞头，身穿橘黄色圆领袍服，手指着中间站着的一个少年，正在询问”（图三，3）[16]。该图中多出来的一幼女可能是当时画匠对故事文本解读中的再加工。辽宁鞍山市汪家峪辽画像石墓

1　2　3　4　5

图三

1. 长子县石哲金墓“闵子骞”图　2. 长子县小关村金墓“闵子谏父”图　3. 屯留宋村金墓“闵子骞”图
4. 鞍山市汪家峪辽画像石墓图像　5. 辽阳金厂辽画像石墓图像

右第三下石板上亦有该故事，“左侧为继母拉一小儿，右侧为一男子，右手举棍作打状，另一小儿扯其后襟阻拦”，与前述壁画不同，该处闵子骞作扯其父后襟阻拦状而非于父前拱拜状（图三，4）[17]。辽阳金厂辽画像石上的构图与此类似，图中一女子居左侧，躬身而立，中间为一男子右手举仗作责打状，其后一小儿拉扯该男子作劝阻状（图三，5）[18]。所以此类故事的核心人物形象为作训斥状的男子加一小儿对其拱手或跪拜或拉扯作劝谏状，完整人物形象则包括另一女子及幼子，故事环境为庭院附近。

综上来看，虽然宣化二区M1东北壁画在人物形象上也有一男子加一女二子，但该男子非骑马武士打扮，手中所执武器更似棍棒类，女子也并未抱一子，另一子也是挡在女子面前对男子拱手作揖，作劝止男子状。且故事发生的环境是一户家庭宅院外而非郊野，表现的是该男子欲图将女子赶出家门的情形。所以宣化二区M1东北壁左侧壁画故事为“闵子骞谏父”而非“鲁义姑姊”。

注　释

［1］ 张家口市宣化区文物保管所．宣化下八里Ⅱ区辽壁画墓考古发掘报告［M］．北京：文物出版社，2008：26，图版四二.

［2］ 徐光冀，等．中国出土壁画全集（1）［M］．北京：科学出版社，2012：186.

［3］（宋）李昉．太平御览［M］卷四一三．北京：中华书局，1960：1908.

［4］ 王重民，等．敦煌变文集（下）［M］．北京：人民文学出版社，1984：909，910.

［5］ 李献奇，王丽玲．河南洛宁北宋乐重进画像石棺［J］．文物，1993（5）.

［6］ 长治市博物馆．山西长子县小关村金代纪年壁画墓［J］．文物，2008（10）.

［7］ 山西省考古所，长治市博物馆．山西屯留宋村金代壁画墓［J］．文物，2008（8）.

［8］ 同［1］.

［9］（汉）刘向．列女传［M］卷五．沈阳：辽宁教育出版社，1998：58.

［10］ 同［5］.

［11］ 同［7］.

［12］ 山西省考古所晋东南工作站．山西长子县石哲金代壁画墓［J］．文物，1985（6）.

［13］ 王增新．辽宁辽阳县金厂辽画像石墓［J］．考古，1960（2）.

［14］ 同［12］.

［15］ 同［6］.

［16］ 同［7］.

［17］ 鞍山市文化局，辽宁省博物馆．辽宁鞍山市汪家峪辽画像石墓［J］．考古，1981（3）.

［18］ 同［13］.

A Renaming of Two Filial Piety Murals of Xuanhua Lower Bali Cemetery-II M1

PAN Jing

In the report on the excavation of Xuanhua Lower Bali Cemetery- Ⅱ M1, two filial portraits on the murals were defined about the stories of “A Person in Reed Catkins Reclaimed His Stepmother” and “A Woman Abandoned Her Own Son to Save Her Brother’s Son” respectively, which did not match with the content of the murals. In fact, accordingly, the filial portraits described the stories of “A Woman Cut Herself to Cure Her Mother in law” and “A Person in Reed Catkins Reclaimed His Stepmother” in the “24 stories of filial piety”.

宋代四川画像石室墓因素在边地非汉系墓葬中的渗透
——从泸县宋墓新发现非汉系画像石刻论起

赵 兰

（四川大学历史文化学院，成都，610064）

泸县宋墓属于宋代川南典型的画像石室墓，以雕刻各种图像的石材为构件筑造墓室，主流图像包括武士、四神、花卉、备侍、神禽瑞兽、墓主人等。考其主流图像中的人物形象，皆着汉人服饰；出土器物也与四川宋代汉系墓葬中的随葬器物表现出高度的一致性。故一直以来，皆将泸县宋墓判断为汉系人群的墓葬。但笔者在泸县调查宋墓时，所见泸县文物局藏新发现的两件宋墓石刻，呈现着明显的非汉系特征。

一、泸县宋墓新发现两块非汉系墓葬画像石刻

泸县文物局所藏的此两件宋墓石刻，来源皆于泸县福集镇大田社区发现。

“盛装出帘”石刻：该石刻为正方形，右上部边缘残损。石刻图像为二侍女启幔，女墓主人站立正中。女墓主人头戴高冠，上着对襟窄袖多褶短衫，下着多褶裙，肩上披长披帛一条，披帛带繁复连枝花卉纹样，绕过肩头相交垂于胸前，长及足部。侍女头梳双鬟髻，上着窄袖对襟短衫，下着多褶裙（图一）[1]。

“团扇纳凉”石刻：该石刻为正方形。石刻图像为女墓主人与执扇侍者。二人皆站立，女墓主人头梳椎髻，上着交领窄袖直身长衫，肩披帔帛，前长后短，下着多褶裙，内着带褶裤，赤足。男侍头戴幞头，上着圆领长袍，腰束绦带，右手戴一镯，执一团扇，左手隐于长袖中（图二）[2]。

此两块石刻中的人物形象，侍女和侍者从发式和服饰来看，皆属汉系人群装束。但墓主人的形象和汉系人群有着较大的区别。考其装束，椎髻、横裾、跣足等特征更类于《太平寰宇记》所记戎泸非汉系人群：

《太平寰宇记》卷七十九《剑南西道八·戎州》：“其土有四族：黎、蒯、虞、牟。夷夏杂居，风俗各异。其蛮獠之类，不识文字，不知礼教，言语不通，嗜欲不同。椎

图一　泸县“盛装出帘”石刻

图二　泸县“团扇纳凉”石刻

髻跣足，凿齿穿耳，衣绯布、羊皮、莎草，以鬼神为徵验，以杀伤为戏笑。少壮为上，衰老为下，男女无别，山冈是居。”[3]

《太平寰宇记》卷八十八《剑南东道七·泸州》：“地无桑麻，每岁畬田，刀耕火种。其夷獠则与汉不同，性多犷戾而又好淫祠，巢居岩谷，因险凭高，着班布，击铜鼓，弄鞘刀。男则露髻跣足，女则椎髻横裾。”[4]

此二石刻中，着非汉系人群服饰的女性皆居于图像的中心位，且周围共出人群俱作侍奉姿态，判断其为墓主人应无疑。考此二石刻形态，均为打磨整石块形成基本胚形，再于其上雕刻图像，自画像石刻崖墓中取出的可能性不大。按已发现的泸县宋代汉系画像石室墓结构特征而言，墓主人像通常配置在呈方形的后龛内，因此其更大可能应居于后龛正位，属画像石室墓构件。故泸县宋墓这一概念之中，除了包括已知的可明确判定为汉系的画像石室墓外，应该还包括非汉系的画像石室墓。

二、四川非汉系画像石刻墓概况

刻石饰墓的传统在宋代四川尤其是川南甚为兴盛。不仅广泛存在于汉系墓葬如以泸县宋墓为代表的画像石室墓中，亦存在于非汉系墓葬中。四川非汉系画像石刻墓包括两种基本形式，一类为泸县此两件石刻体现的以石为载体、刻石为构件修筑墓室；另一类为崖壁上开凿墓室，墓门处和墓室壁上雕刻图像以装饰墓葬，其中以在墓门处装饰石刻的占大多数。前一类墓葬，就目前考古发现来看，仅在泸县宋墓石刻中见其墓室构件。后一类墓葬数量多于前一类，主要集中分布于宜宾的横江、双龙、高县一带，尤以横江和双龙为多，高县虽也有一定数量的分布，但据有纪年的墓葬如洪武十四年（1381年）高县罗场公社寨子生产队棺材石M1[5]，判断墓葬形制和图像风格，高县的此类墓葬多属于明代，少可见宋代画像石刻墓的分布，如高县可久公社中寨大队红岩山半边寺M11[6]。双龙和横江的画像石刻墓，20世纪80年代，四川大学历史系考古专业和宜宾县文化馆曾进行过初步调查，2016年笔者根据《宜宾县双龙、横江两区岩穴墓调查记》中所记录的地点[7]，前往宜宾三十六臂山观音岩崖墓群、北斗岩崖墓群、天堂沟崖墓群等画像石刻墓最为集中的地方进行实地调查。可知双龙、横江一带的画像石刻崖墓，通常于崖壁凿出墓室，在崖壁上排列数层，呈群落状分布（图三）[8]。墓口雕刻出风雨槽，墓顶多为平顶，墓壁和墓门处雕刻装饰图像，其中以墓门处雕刻图像最为主流，雕刻技法可见浅浮雕和阴线刻，装饰图像题材可见武士、仿木构件、墓主人、空椅、四神、瑞兽、仰莲、生活场景等，另有一启门图像孤例见于宜宾北斗岩崖墓群M1后龛。非汉系画像石刻墓的产生是当地非汉系民族本身的崖葬习俗和汉系画像石室墓装饰系统因素渗透结合在一起而出现的产物。刘豫川先生在《宜宾岩穴墓与川南古代的僚人》中根据墓葬设计中所表现的干栏式建筑侧面开门特征、图像人物发型服饰、击鼓舞乐场景、以头负重图像等方面考证其为僚人遗存[9]，笔者认为其是可信的，而开凿崖穴以为墓葬正是川南僚人的丧葬习俗：

图三　宜宾天堂沟崖墓群外观

《太平寰宇记》卷八十八《剑南东道七·泸州》："夫亡，妇不归家，葬之崖穴。"[10]

凿崖为墓的丧葬传统为非汉系画像石刻墓的产生提供了人群基础和技术传统，但从图像题材、图像配置来看，非汉系画像石刻墓受汉系画像石室墓装饰影响较为明显。

三、汉系画像石室墓图像因素在宋边地非汉系画像石刻墓中的渗透

考察非汉系画像石刻墓的装饰图像题材，如武士、仿木构件、墓主人及其标示物、四神、瑞兽、仰莲、启门等，亦为汉系画像石室墓的主流图像因素，并呈现出与之在图像形态和图像配置上的较大相似性，属于汉系画像石室墓图像因素渗透进非汉系的产物。

1. 武士

武士图像是非汉系画像石刻墓中较为主流的图像之一，配置位置皆在墓口处，该配置和汉系画像石室墓中的武士位置完全一致。汉系画像石室墓中的武士全部设置在墓门入口处或是刚进入墓门的左右两壁，有极少数设置在前室与后室的分隔处，如彭

山虞公著妻留氏墓（图四）[11]。武士图像设计于门（入口）的模式在画像石室墓发展历程从始到末都未曾改变，非汉系画像石刻墓亦表现出了与之相同的这种配置的恒定性。不仅如此，武士形象上，汉系画像石室墓武士图像的两个重要因素“披坚”“执锐”也在非汉系画像石刻墓中得以表现，有的武士形象还保留着非汉系的服饰特征（图五）[12]，有的武士则头戴兜鍪、身披汉式军甲，双手或于身前扶住斧、钺、剑、骨朵等兵器，或双手举起兵器（图六）[13]，形象和川南画像石室墓的武士形象完全一致，如泸县青龙一号墓武士（图七）[14]。

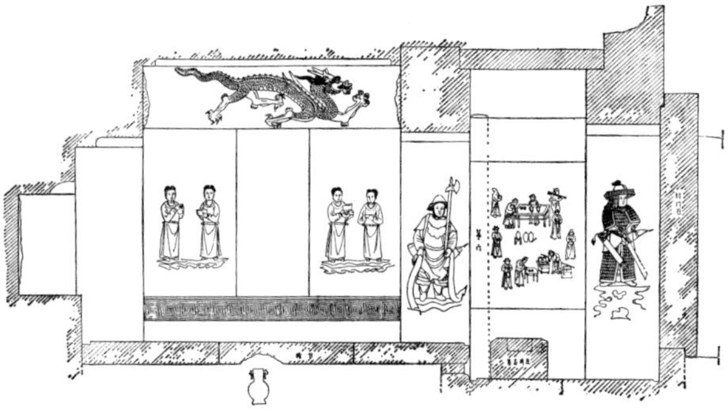

图四　彭山虞公著妻留氏墓武士

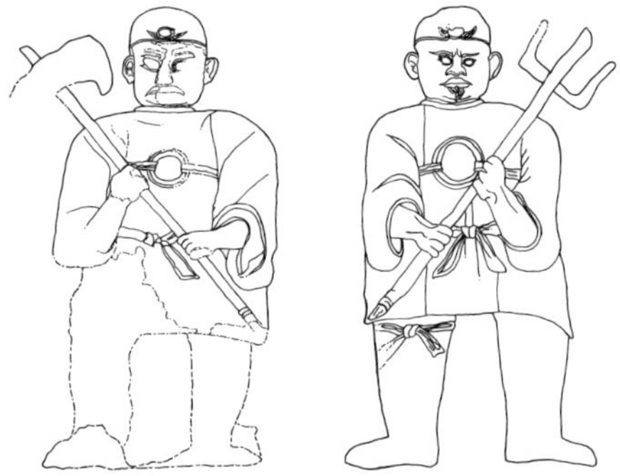

图五　宜宾天堂沟 M13 非汉系服饰武士

图六　宜宾天堂沟 M5 汉系服饰武士

图七　泸县青龙一号墓武士

2. 仿木构件

非汉系画像石刻墓中对仿木结构如斗栱、立柱、铺首等的模仿，亦流行于汉系画像石室墓各个区域，图像极类非汉系画像石刻墓表现的仿木构件。例如，宜宾天堂沟崖墓 M8 的仿木结构斗栱、立柱（图八）和南溪琴庄乾道辛卯李隐墓（图九）[15]、宜宾旧州坝白塔宋墓的仿木结构斗栱、立柱极为相似（图一〇）[16]，其墓门铺首形象则表现出完全的汉系特征（图一一）[17]。

图八　宜宾天堂沟 M8 仿木斗栱和立柱

图九　南溪琴庄李隐墓仿木斗栱和立柱

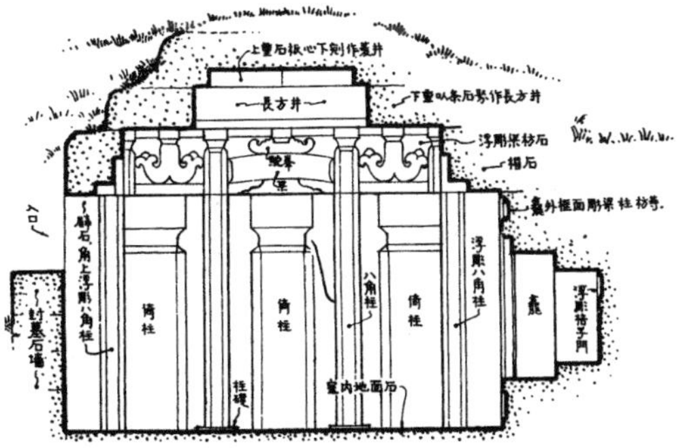

图一〇　宜宾旧州坝白塔宋墓仿木斗栱和立柱

图一一　宜宾天堂沟 M9 铺首

3. 墓主人及其标示物

墓主人及其标示物空椅，是汉系画像石室墓中构建先人死后永为供养空间的核心因素，在非汉系画像石刻墓中同样可见对墓主人、空椅的表现。图一“盛装出帘”石刻中侍女启幔即是汉系画像石室墓中表示空间拓展的典型图像之一，在此石刻中，从着装来看，女墓主人与汉系服装截然不同，但侍女在两旁打开幔帐，女墓主人站立在中心位置的构图方式上与汉系画像石室墓“启幔”图像如出一辙（图一二）[18]。图二“团扇纳凉”石刻则是更为明显的非汉系画像石刻墓与汉系画像石室墓因素融合的一个典型例证：画面中的女性墓主人头梳椎髻、身上的服饰具有明显的非汉系特征，但一旁为其打扇的侍从着典型的汉人服饰，与汉系画像石室墓中的侍者形象相仿。宜宾回龙箱子石 M8 左壁龛内女墓主人坐于交脚凳上，旁有一侍女侍立，头梳椎髻的人物形象表现出浓厚的非汉系特征（图一三）[19]，但端坐的墓主和随侍的侍女表现出与汉系画像石室墓在该类题材上基本构图因素的相似，如叙永天池宋墓群 09SLXXM1（图一四）[20]。可以看出，非汉系墓葬的墓主人形象虽体现了浓厚的非汉系人群服饰装扮特征，但在画面的图像因素构成、布局上，深受汉系墓主人题材影响。

而在高县可久公社中寨大队红岩山半边寺岩穴墓 M11 中（图一五）[21]，并立的交椅虽图像表现得较为简单，但空椅的意义非常明显，整个构图模式在汉系画像石室墓中可以找到完全相同的实证，如泸县奇峰一号墓的并立空椅（图一六）[22]，且在空椅旁还出现了汉系画像石室墓中常见的瓶花图像，其瓶花陈设于墓主标示物（空椅）两侧的形式，极类华蓥安丙家族墓群 M5 后龛瓶花（图一七）[23]，同样完整地表现了对墓主的瓶花供奉。

图一二　泸县文物局藏 01184 汉系画像石室墓启幔石刻

图一三　宜宾回龙箱子石 M8 墓主和侍女图

图一四　叙永天池宋墓群 09SLXXM1 墓主与侍女图

图一五　宜宾半边寺岩穴墓 M11 空椅瓶花

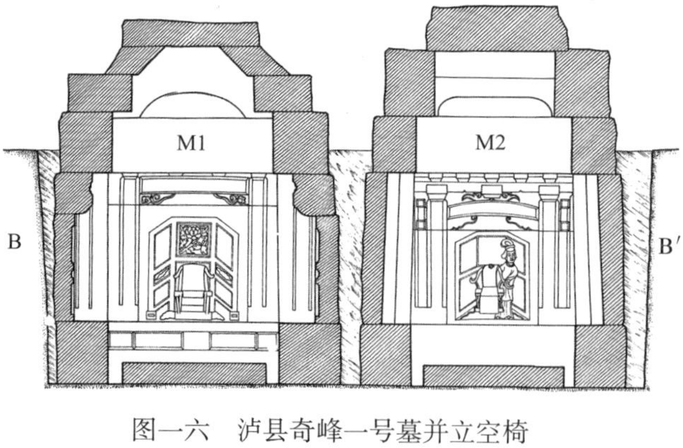

图一六　泸县奇峰一号墓并立空椅

图一七　华蓥安丙家族墓群 M5 后龛瓶花

4. 四神

四神是流行于汉系画像石室墓中并贯穿其发展全过程的主流图像之一，非汉系画像石刻墓中亦可见四神。宜宾天堂沟崖墓 M9 中，墓口底部浅浮雕青龙（图一八）[24]，龙的形态和爪部握珠特征与汉系青龙图像完全一致，如泸州市博物馆藏 02744 号青龙石刻（图一九）[25]。宜宾石城山北斗岩 M1 墓口顶部浅浮雕朱雀，后壁上部浅浮雕玄武（图二〇、图二一）[26]，形态特征和川南地区汉系画像石室墓朱雀、玄武极为相似，如泸州市博物馆藏 02765 号朱雀石刻和 02766 号玄武石刻（图二二、图二三）[27]。值得注意的是，汉系画像石室墓中四神完全遵照左青龙、右白虎、南朱雀、北玄武的规律来配置，非汉系中的四神配置却并非完全如此。石城山北斗岩 M1 的朱雀在南、玄武在北，但天堂沟 M9 的青龙配置在墓葬的南端，显然并未恪守汉系的配置规律。这说明，在非汉系画像石刻墓中出现四神，可能更多的是与汉系在图像题材上的交流，而缺乏对汉系图像题材配置的全盘接纳，这意味着其并非尽数吸收了汉系图像背后的内涵和功能。

图一八　宜宾天堂沟 M9 青龙

图一九　泸州市博物馆藏 02744 号青龙石刻

图二〇　宜宾北斗岩 M1 朱雀

图二一　宜宾北斗岩 M1 玄武

图二二　泸州市博物馆藏 02765 号朱雀石刻

图二三　泸州市博物馆藏 02766 号玄武石刻

5. 瑞兽

非汉系画像石刻墓中的瑞兽从图像表现上，具有非常明显的汉系画像石室墓瑞兽的特征。宜宾天堂沟 M4 墓口的瑞鹿衔草和宜宾北斗岩 M1 后龛龛台的瑞鹿衔草极类川南宋墓中瑞鹿图像（图二四、图二五）[28]。尤其是北斗岩M1瑞鹿的表现手法，将瑞鹿雕刻于龛台的线框中，这是川南汉系画像石室墓中较典型的瑞鹿衔草表现形式之一，泸县喻寺镇一号墓瑞鹿衔草便是与其呈现强相似性的例证（图二六）[29]。

图二四　宜宾天堂沟M4瑞鹿衔草

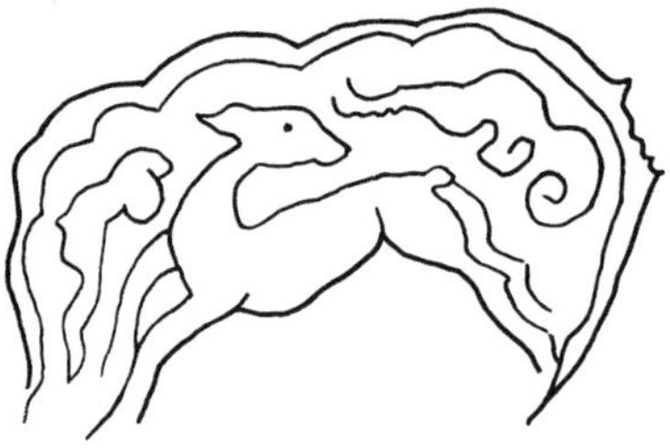
图二五　宜宾北斗岩M1瑞鹿衔草

图二六　泸县喻寺镇一号墓瑞鹿衔草

6. 仰莲

宜宾天堂沟崖墓的仰莲图像主要出现在墓口的底部，如天堂沟M6（图二七）[30]，和汉系画像石室墓中一般装饰在棺台和基座处的仰莲图像从配置位置和图像表现都趋同，如华蓥永兴驾挡丘2001HLM1仰莲图像出现在牌位的基座处（图二八）[31]、华蓥安丙家族墓群M1仰莲图像出现在墓壁的壁基处（图二九）[32]。

图二七　宜宾天堂沟M6仰莲

图二八　华蓥永兴驾挡丘2001HLM1仰莲

图二九　华蓥安丙家族墓群 M1 壁基处仰莲

7. 启门

启门图在非汉系画像石刻墓中目前仅发现一例，见于宜宾北斗岩 M1 后龛（图三〇）[33]。从图像的总体配置来看，与汉系画像石室墓启门图像的主流配置一致，皆为配置于后龛。北斗岩 M1 后龛略开启的门扇前有两人，一人站立，一人盘坐于地面，龛左侧有一人半坐状，龛右侧有两人，一人席地盘坐，一人捧物侍立，从人物服饰和席地盘坐的习惯来看应不属于汉系人群。但考其构图要素，反映的应是侍奉墓主人的画面。以启门来展示墓葬空间拓展、侍者捧物侍立象征生时享受的延续，在汉系画像石室墓中也可以找到类似的图像配置，如广元河西杜光世夫妇墓后龛图像，即为侍者或侍女启门，在图像的中心位设置标示墓主所在的空椅，与之共出的则为表示供奉的摆满茶酒果馔的供桌（图三一）[34]。

图三〇　宜宾北斗岩 M1 启门图

图三一　广元河西杜光世夫妇墓启门图

从上述比较来看，非汉系画像石刻墓中的主流图像题材在汉系画像石室墓中也同样是贯穿其发展始终流行于各个区域的典型题材，是四川汉系墓葬装饰因素在非汉系墓葬中渗透并产生影响的物化表现。这种渗透通常表现为题材上的趋同，有时候也表现为图像配置上的相似。宋代四川汉系画像石室墓的墓葬装饰图像配置模式主要可见两大类，第一类为后龛中心位为表示空间拓展的启门、启幔、门窗或仙境，完整的配置模式：墓门为武士，四神按照四方位置进行配置，左右侧壁图像题材或有不同，主流为花卉、门窗、伎乐、侍者、生活场景等。第二类与第一类主要区别在于后龛中心位并非空间拓展标示物，而是标示墓主所在的墓主人像或空椅、桌、屏风、牌位等。在营建墓室的实际操作过程中，会因为经济能力、年代差异呈现出对上述两类完整图像配置模式在一些图像因素上的省略，但总的来说，无论是完整配置还是进行一定的省略，后龛设置空间拓展表示物或墓主标志物，两壁分列各种主流图像这一基本配置原则贯穿了汉系画像石室墓的发展全过程。汉系画像石室墓图像的主流配置模式，对于非汉系画像石刻也产生了影响，如宜宾北斗岩 M1 的图像配置模式表现出了和汉系画像石室墓第一类图像配置模式的高度趋同，墓门两侧武士守卫、墓室南壁墓门顶部雕刻朱雀，两壁浅浮雕各种生活场景，后龛旁为备侍，后龛为启门。

值得注意的是，虽然汉系画像石室墓装饰在非汉系画像石刻墓中影响深刻，但非汉系画像石刻墓在吸收汉系因素的同时也对其进行了本民族化的变形，如人物的形象和服饰上椎髻卉服是一个典型特征，在其用具上如宜宾天堂沟 M13 武士的兵器也呈现出本民族特色。此外，就图像配置而言，在一定程度上虽然存在相似，但汉系画像石室墓的图像配置模式并未被完全吸收过来，如四神的配置在非汉系石刻墓中便不如汉系画像石室墓中有规律性。汉系画像石室墓的图像配置所呈现的稳定性在于其需借用这样的形式，将不同的图像设置于与之相对应的稳定位置以承载特有的象征功能，如以启门在侧壁或后壁标示空间拓展，墓主标示物在墓室中心位（后龛）以表明供奉主体所在，四神在四方以界定墓主所在的死后世界范围等。非汉系画像石刻墓中某些与汉系画像石室墓呈现强相似性的图像因素，在配置上却并未呈现与图像题材选择一般的强相似性，这说明汉系画像石室墓装饰图像的内涵和功能或未能随着题材和形态全盘传播并深刻影响非汉系画像石刻墓。

四、汉系画像石室墓在非汉系墓葬中渗透的社会背景——两宋开发川南边地促进的人群交流

四川宋代汉系画像石室墓主要分布在以下四个区：川东川北区（即龙门山以东、大巴山以西、华蓥山以北区域），川中区（即北至彭山、南至乐山、东至资中区域），川东南川南区（即北至合川、南至叙永、东至潼南、西至自贡区域），黔北区（即北至赤水、南至遵义、东至湄潭、西至仁怀区域）。径考察，我们得知非汉系画像石刻墓的主要分布区域和汉系画像石室墓最繁荣的川东南川南区存在地域重合，这为丧葬因素的交流提供了地缘上的可能性，而促进汉系画像石室墓因素渗透进非汉系丧葬系统的更为重要的原因，是两宋经略川南边地背景下的人群交流。

在宋政府经略川南的过程之中，通过几次重要的战争如熙宁七年（1074 年）平定“六姓夷”、元丰四年（1081 年）平定乌蛮乞弟的叛乱、政和五年（1115 年）平定晏州夷卜漏的叛乱，解决了该地区边患不宁的问题，为汉族和少数民族的交流融合提供了一个较为稳定和平的环境，并通过羁縻、纳土、强化统治机构和基础设置建设、经济活动等

措施逐步推进在川南的统治促进了汉系与非汉系人群的交流。

宋政府为防止各族群之间相互吞并，以致地方力量坐大成为边患，采用封官受爵的方式将川南非汉系族群的首领纳入宋政府的管理体系，并通过接受非汉系民族的献地，逐步扩大在川南的统治区域。例如，熙宁八年（1075年）接受非汉系民族所献长宁等十州地，将其纳入淯井盐的治理[35]，大观三年（1109年）接受献地建纯州、祥州、滋州、新化寨、慈竹寨、牢溪堡，一并纳入泸南治下[36]。

此外，强化了川南统治机构和城市、军事设置建设。川南由于其少数民族众多、汉系和非汉系族群交错相居，宋初以来就多有爆发宋政府与非汉系族群的军事冲突，一直被视为要冲之地，据邓绾《泸州谯门记》："治平三年（1066年）冬，泸州新鼓角门。太守、文思副史周侯以书遗绾曰：'泸为两蜀之藩，当百蛮之冲，夷汉错居，兵多事丛，宜有郛郭之严，官府之雄，以临边防而壮戎容……'"[37]故而宋政府一直注重川南的城市和军事设施建设，以强化在此地区的防御力量。熊本在平定晏州夷的过程中，对于已平定的地区皆及时在险要地带修建军寨关隘等各种防御设施[38]，又在泸州控扼非汉系族群的险要之地如江安县安夷寨等地建设城寨以为防御[39]。此外，宋政府还改革川南的统治结构设置，以加强对该地区的有效管理，政和五年（1115年）将平定晏州夷所置五城隶属泸州管理，并在泸州设置沿边安抚司[40]，宣和元年（1119年）又将泸州升为泸川[41]，统治结构变化过程反映的正是宋政府在川南地区管理的逐步强化和稳固。

宋政府在经济上保持着与非汉系族群的密切往来，开放官方与非汉系族群的互市。例如，戎州和泸州皆非传统意义上的产马区域，但依然在这些地区开放了与非汉系族群的马匹交易，将其作为羁縻之术：

《续资治通鉴长编》卷八十二：大中祥符七年（1014年）"辛卯，戎、泸州巡检使王怀信等言：'……又近界蛮人赴监鬻马者，请比戎州例给直市之。'诏可。"[42]

《宋会要辑稿·蕃夷五·西南蕃》："绍兴六年（1136年）八月二十七日，何悫上言：'西南夷每岁之秋，夷人以马互市，开场博易，厚以金缯，盖羁縻之术，条法具存。……乞申敕有司悉循旧规，庶几贸易悠久，夷夏各得其所。'从之。"[43]

同时，宋政府也支持汉系与非汉系族群民间的贸易活动。

《续资治通鉴长编》卷二百八十一：熙宁十年（1077年）"诏：'戎、泸州沿边地分蕃汉人户，所居去州县远，或无可取买食用盐、茶、农具。人户愿于本地分兴置草市，招集人户住坐作业者，并先于本州县投状保明，申转运司差官相度经久可行以闻，方许兴置，依例出纳酒税课利。'以本路转运司所请也。"[44]

民间的经济交流除市场贸易之外，土地交流的活跃也是一个重要方面，以至于宋政府在政令方面都屡次做出规定对于汉系与非汉系民间的土地交流进行规范约束，如熙宁六年（1073年）[45]、淳熙十年（1183年）都对二者间的土地交流相关问题作出规定[46]。

据南宋杜柬之《上夔漕费达可论调田军书》中所言“大抵施、黔、泸、戎一带，羁縻熟矣”[47]，可知宋政府通过上述军事、政治和经济举措已将川南归化在了其统治下。在经略川南的各种措施下，汉族的移民大量进入川南地区，据《中国移民史》统计，自太平兴国元年至元丰三年（976～1080年）的一百余年里，四川沿边诸州军的户数有了较大的增长，其中梓州路的昌州为9.13‰，戎州为11.8‰，泸州为28.8‰，富顺监为7.3‰；夔州路的渝州和南平军为8.1‰，皆远远超过所在路的年平均增长率[48]。

五、结　语

综上所述，国家层面各种举措上的归化川南和汉族移民的大量进入，使得汉系的诸因素在川南影响深刻，在丧葬领域也强势渗透，非汉系画像石刻墓中诸多汉系画像石室墓因素的出现正是这种渗透的物化证据。汉族移民的大量进入还使得在非汉系族群的聚居区出现了完全汉系的画像石室墓，如叙永天池宋墓[49]，墓葬形制、图像组合、器物等方面完全体现出与汉系画像石室墓一致的特征，属汉人墓葬。但天池宋墓处所在的纯州，宋代属僚人罗永顺群落的势力范围内，其南面为乌蛮控制范围，北面为宋政府南下的战略要地，属乌蛮北上和宋政府南下的往来要道，如吴昌裔《论湖北蜀西具备疏》所述：“由阿永河可通泸水之江门寨，此皆通行往来之路。”[50]天池宋墓在僚人聚居区的出现应是汉文化因素随着交通干线渗透进僚人势力范围的表现。

附记：承蒙泸县文物局惠赐泸县宋墓相关石刻资料，泸州市博物馆允许本文使用馆藏相关石刻资料，邓宽宇同学绘制文中川南非汉系画像石刻墓白描图，在此一并致以诚挚感谢。

注　释

[1] 泸县文物局提供“盛装出帘”石刻照片。

[2] 泸县文物局提供“团扇纳凉”石刻照片。

[3] 乐史. 太平寰宇记［M］卷七九，剑南西道八·戎州. 北京：中华书局，2007：1590.

[4] 乐史. 太平寰宇记［M］卷八八，剑南东道七·泸州. 北京：中华书局，2007：1740.

[5] 重庆市博物馆. 宜宾地区悬棺葬调查记［J］. 考古，1981（5）.

[6] 同［5］.

[7] 四川大学历史系考古专业七八级实习队，宜宾县文化馆. 宜宾县双龙、横江两区岩穴墓调查记［J］. 考古与文物，1984（2）.

[8] 资料来源：笔者田野调查拍摄。

[9] 刘豫川. 宜宾岩穴墓与川南古代的僚人［J］. 四川文物，1987（2）.

[10] 同［4］.

［11］ 四川省文物管理委员会，彭山县文化馆．南宋虞公著夫妇合葬墓［J］．考古学报，1985（2）.
［12］ 资料来源：笔者田野调查。绘图：邓宽宇。
［13］ 同［12］.
［14］ 四川省文物研究所，成都市文物考古研究所，泸州市博物馆，等．泸县宋墓［M］．北京：文物出版社，2004：10.
［15］ 刘致平．乾道辛卯墓［J］．中国营造学会汇刊，1944（2）.
［16］ 莫宗江．宜宾旧州坝白塔宋墓［J］．中国营造学社汇刊，1944（2）.
［17］ 同［12］.
［18］ 泸县文物局提供照片。
［19］ 同［7］.
［20］ 四川省文物考古研究院，泸州市博物馆，叙永县文物管理所．四川叙永天池宋墓清理简报［J］．四川文物，2010（2）.
［21］ 同［5］.
［22］ 同［14］：80.
［23］ 四川省文物考古研究院，广安市文物管理所，华蓥市文物管理所．华蓥安丙墓［M］．北京：文物出版，2008：134.
［24］ 同［12］.
［25］ 资料来源：泸州市博物馆提供馆藏02477号青龙石刻图片。文物来源：泸州地区征集。
［26］ 同［12］.
［27］ 资料来源：泸州市博物馆提供馆藏02765号朱雀和02766号玄武石刻图片。文物来源：泸州地区征集。
［28］ 同［12］.
［29］ 同［14］：64.
［30］ 资料来源：笔者田野调查拍摄。
［31］ 四川省文物考古研究院，广安市文物管理所，华蓥市文物管理所．华蓥市永兴镇驾挡丘宋墓群发掘简报［J］．四川文物，2009（1）.
［32］ 同［23］：19.
［33］ 资料来源：笔者田野调查。绘图：邓宽宇据《宜宾县志》摹绘。
［34］ 四川省博物馆，广元县文管所．四川广元石刻宋墓清理简报［J］．文物，1982（6）.
［35］ 李焘．续资治通鉴长编（卷271）［M］．北京：中华书局，2004：6654.
［36］ 徐松．宋会要辑稿［M］．上海：上海古籍出版社，2014：9859-9860.
［37］ 邓绾．泸州谯门记［A］．宋代蜀文辑存校补［C］．重庆：重庆大学出版社，2014：568-569.
［38］ 杨仲良．皇宋通鉴长编纪事本末［M］卷88．哈尔滨：黑龙江人民出版社，2006：1533.
［39］ 李焘．续资治通鉴长编［M］卷285．北京：中华书局，2004：6980.
［40］ 杨仲良．皇宋通鉴长编纪事本末［M］卷141．哈尔滨：黑龙江人民出版社，2006：2375.

［41］ 脱脱．宋史·本纪·徽宗四［M］卷22．北京：中华书局，1985：405．

［42］ 李焘．续资治通鉴长编［M］卷82．北京：中华书局，2004：1867．

［43］ 徐松．宋会要辑稿［M］．上海：上海古籍出版社，2014：9862．

［44］ 李焘．续资治通鉴长编［M］卷281．北京：中华书局，2004：6896．

［45］ 李焘．续资治通鉴长编［M］卷247．北京：中华书局，2004：6016．

［46］ 同［43］：9900．

［47］ 周复俊．全蜀艺文志［A］卷27．景印文渊阁四库全书（1381）［C］．台北：台湾商务印书馆，1986：308．

［48］ 葛剑雄．中国移民史［M］卷5．福州：福建人民出版社，1997：232．

［49］ 同［20］．

［50］ 吴昌裔．论湖北蜀西具备疏［A］．宋代蜀文辑存校补［A］．重庆：重庆大学出版社，2014：2795．

The Influence of Han Carving Stone Tombs Factors in Sichuan on Non Han Carving Stone Tombs in the Frontier Areas of Song Dynasty: From the Newly Discovered Non Han Carving Stone in Tomb of Song Dynasty in Luxian County

ZHAO Lan

The two pieces of non Han carving stone newly discovered in tomb of Song Dynasty in Luxian County prove that the carving stone tomb tradition of Sichuan in Song Dynasty is not only existed in Han funeral system, but also non Han funeral system, which mainly concentrate in Southern Sichuan non Han carving stone tomb, in addition to the two pieces of carving stone that show the form of carving stone tomb, also including the form of stone carving decoration on cliff. There is a strong similarity in theme and form between the mainstream decorative images of non Han carving stone tomb and Han carving stone tomb, and also the certain similarity in image configuration mode. The decorative factors belonged to Han carving stone tomb also influence non Han carving stone tomb, and this influence comes from the people exchanges of Han and non Han under the background that Song government managed and developed the Southern Sichuan .

吉林省蒙元考古遗存辨析

郝军军[1]　沙芳源[2]

（1. 山西大学历史文化学院，太原，030006；2. 吉林大学考古学院，长春，130012）

吉林省蒙元考古开展比较薄弱，只有很少的遗存得到确认。除了历年来零星发现的一些铜印、铜权、银锭[1]之外，仅有镇赉后少力古城[2]、敦化市双胜村窖藏[3]、敦化市林胜乡新房子村窖藏[4]等少数遗存被断定为是元代的。另外，前郭尔罗斯蒙古族自治县（简称前郭县）塔虎城[5]、四平市石岭子城子山山城[6]也出土了一些元代遗物。和金代相比，吉林省的蒙元遗存显然少得可怜。

笔者参与了赵宾福教授主持的《吉林省地下文化遗产的考古发现与研究》一书的编写，在《元代的地下文化遗产》一章的写作过程中，辨析出了一些蒙元时期遗存[7]，但是限于该书体例，多只是结论性的陈述，而没有展开详细分析，本文是对其进行的补充，希望能抛砖引玉。下面按照遗存的性质分别进行讨论。

一、城　　址

镇赉十家子古城[8]位于镇赉县丹岱乡十家子村（屯）内，居嫩江右岸，距主河道仅2千米。该城20世纪80年代之前就已经荡然无存，根据考古人员的调查和当地老人的记忆，得知古城东西墙均长50、南北墙均长70、周长240米。开东、西、南三门，门宽6米，无角楼、马面、护城河等设施。城方向为南偏东10°，城墙夯土版筑。调查者认为此城是辽代所筑，又是金代泰州境内众多军事戍堡之一，沿用到元代。

古城内早已全部为民房所占，民房周围散布少量陶瓷片。据说城内还采集到元代青花瓷盘残片。1964年在城内建房时，挖出两件瓷器，一件为黄白釉铁花瓷坛（图一，1），另一件为黄白釉铁花瓷钵（图一，2），调查者认为是金代早期遗物。

这两件瓷器应为元代产品，与之相似的器物在内蒙古包头元代燕家梁遗址（图一，3、4）[9]、内蒙古正蓝旗元上都遗址[10]、河北张北县元中都遗址[11]、河北徐水西黑山元代M11[12]都有发现。这些器物不是河北磁州窑所产，具体窑口目前尚无法确定。

1985年在城中还征集到一件陶马头（图一，5）[13]，可能是建筑构件，造型较为少见，在元中都遗址出土过几件类似的（图一，6），时代应该接近。

因此，十家子古城可能也是一座元代城址，至少在元代使用过。至于是否在辽金

图一　镇赉十家子古城出土器物及对比材料
1、2、5. 十家子古城　3、4. 包头燕家梁遗址　6. 元中都遗址

时期就已经建成，则需要做更多的工作才能确定。

二、墓　葬

扶余岱吉屯墓出土过一件带“至正年制”款的五彩碗，发掘者认为是元代晚期产品[14]，并将这批墓葬及扶余石桥欢迎砖场墓[15]的年代定为元末至北元时期[16]。而很多学者持不同意见，认为瓷器属于明代[17]。围绕这一问题，在20世纪90年代展开了激烈的讨论。笔者同意后一种观点，这些墓葬无论在形制，还是随葬器物方面，均与扶余油田砖厂明墓[18]十分相似，将其当成元代墓葬并不符合事实。

吉林省其实是发现过元代墓葬的，即镇赉黄家围子墓群，只不过以往一直被误认为是金代墓葬[19]。

黄家围子墓地位于吉林省最北部的镇赉县，处于坦途镇黄家围子屯西端一处南北走向的沙岗上，向北不远便是黑龙江省。1985年吉林省文物考古研究所在这里进行了考古发掘，发现了新石器时代遗存和七座晚期墓葬。

这七座墓皆为土坑竖穴木棺墓。墓圹一般长195～220、宽60～80、深40～70厘米。木棺一般长170～190、宽40～50厘米。葬式皆单人一次葬，多为仰身直肢葬，个别为侧身屈肢或仰身屈肢葬。墓向（头向）多在北偏东15°～40°，仅一座为北偏西40°。随葬品不甚丰富，少者一两件，多者十几件。多发现有羊肢骨、距骨和肩胛骨。其他随葬品的位置较有规律，生产工具、兵器多置于上肢两侧，而马具则多置于棺尾部（图二；表一）。

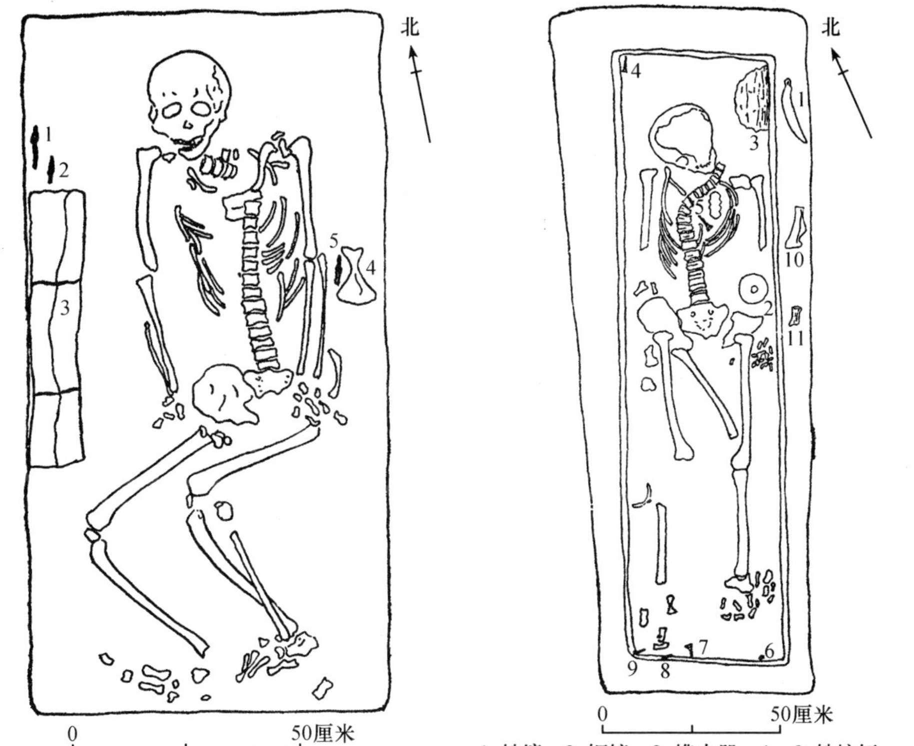

图二　镇赉黄家围子M1、M2平面图

1. M1　2. M2

表一　镇赉黄家围子墓地出土器物表

墓号	墓主性别	出土物			
		动物骨骼	马具	兵器	其他
M1	男	羊肩胛骨1		桦皮箭囊1、铁镞2、铁削（？）1	
M3	男	羊肩胛骨1 羊肢骨1	马衔1	桦皮箭囊1、铁镞2、铁削1	铁带卡1、铜钱6
M4	男	羊距骨1			残铁器1
M5	男	带距骨的羊肢骨1		铁削1	铁环1
M6	男	羊肩胛骨1 羊肢骨1	马镫2 马衔1	铁镞5、铁削1	铁环4、铁泡1
M7	女	羊肩胛骨1 羊肢骨1			铜镜1、铁镰1、桦皮筒1、铜环1
M2	女?	羊肩胛骨1 羊距骨1			铜镜1、铁镰1、桦皮器1

简报中将其与黑龙江绥滨中兴金代墓葬[20]及绥滨永生墓[21]进行对比，认为在墓葬形制、出土器物方面都存在不少相似性，年代也大致相若，最终把黄家围子墓群的年代定在“金代中期或偏晚一些”。

陈相伟先生最初同意简报中的断代，并且认为墓主是女真平民[22]，后来对墓葬年代的判断产生了变化，根据墓葬无陶器，而以铁器和铜钱出土居多的特点，认为有可能是金代海陵王正隆以前的墓葬[23]。赵永军先生则认为是金代中期（1153～1189年）的女真人墓[24]。

绥滨永生墓的年代有争议[25]，暂且放到一边。实际上，这几座墓与绥滨中兴金墓的差别是很大的。中兴墓群既有土葬，也有火葬，后者不见于黄家围子墓群。中兴墓群中存在一个封土下埋多座墓的现象，墓向多为东西向，有的墓底部还铺石块，这些都是黄家围子墓群所没有的。最为明显的差别是黄家围子墓群没有陶器、瓷器、铁锅等随葬品，这一点发掘者也已经注意到了，认为“是辽金代墓群中罕见的”。黄家围子墓群另一个突出特点是每座墓均出土羊骨，这不仅是中兴墓群，也似乎是所有金代墓葬中均没有发现过的现象。

因此，以绥滨中兴、永生墓葬作为比对参照并不合适，要想对这批墓葬的时代和族属进行准确判断，就不能只着眼于东北地区发现的金代墓葬，必须将眼光放得更宽。

从表一可以清楚地看出，不仅每座墓均出土了羊骨，而且随葬品有明显的男女之别，马具（马镫、马衔）、兵器（箭镞、箭囊）只出现在男性墓中，而铜镜、铁镰则专属于女性墓。

具有类似特点的墓葬在我国内蒙古地区[26]、蒙古国[27]及俄罗斯外贝加尔地区[28]均有较多发现，现挑选部分保存较好的墓葬列表如下，以资比对（表二）。这些墓葬时代多在12～13世纪，即蒙元时期，墓主是蒙古人。因此，不难看出黄家围子墓群也应是蒙元时期的蒙古人墓，考虑到蒙古人进入这一区域是在金朝卫绍王以后，墓葬年代应该为13世纪或稍晚。

黄家围子墓地有4座墓出土了桦皮器，M1、M3出土者性质十分明确，皆位于男性身侧，是用来装箭的箭囊。M2、M7为女性墓，M7没有墓葬平面图，无从得知桦皮器在墓中的位置，从M2平面图（图二，2）来看，桦皮器位于女性头部一侧，很有可能就是蒙古族妇女常戴的姑姑冠。

简报后还附人骨鉴定报告，研究表明，这些人（除M4墓主）的体质特征“具有北亚蒙古人种的特点”[29]，这从另一个方面证明了墓主确有可能就是蒙元时期的蒙古人。

上举对比材料中，大部分都在墓口上部的地表堆有石块，范围稍大于墓口，有的是铺一圈，有的是堆一层，因此目标十分明显，几乎全部被盗。黄家围子墓群地表没有发现石块，或许是迁居到此的蒙古人改变了这种葬俗，但也可能与农民在此耕种有关，据《镇赉县文物志》介绍，在1985年发掘之前，这里早已被垦为耕地，墓群内有大量人骨散落[30]，可见地表破坏是比较严重的，即便原来有石块，也可能被农民移走了。

表二　蒙元时期蒙古人墓葬出土器物表

墓名	墓主性别	出土物				头向
		动物骨骼	马具	兵器	其他	
三面井 M6	男		马镫	铁刀		325°
一棵树 M21		羊肢骨	马镫、马鞍	桦皮箭囊、铁镞		348°
萨仁陶勒盖墓	男		马镫	弓套、箭镞		北
钦丹特 I M2	男？	羊距骨 羊肋骨 马胫骨	马衔	桦皮箭囊、铁镞 骨弓弭 大铁刀	铁带卡 青铜带卡	东北
钦丹特 I M4	男？		马衔、马镫	桦皮箭囊	铁带卡、火镰	东北
三面井 M2	女	羊肢骨		小铁刀	铜镜、铁剪	352°
三面井 M5	女				铜镜、铁熨斗、桦树皮囊（姑姑冠？）、铜指环	325°
三面井 M10	女	羊肢骨 1			铜镜、桦皮姑姑冠、纺轮、铜簪	325°
罕乌拉墓	女				铜镜、铁剪、木梳、铁锥	
沃勒吉特墓	女	羊胫骨			铜镜、剪刀	北
钦丹特 I M11	女？	羊骨		铁刀（削）	铜镜、铁剪、木梳、耳坠、小针盒等	北

三、窖　　藏

敦化双胜窖藏是吉林省近年来最重要的元代考古发现，其实在此之前，就已经有多处元代窖藏资料发表，但多被定为了金代。

1. 前郭县三岔沟窖藏[31]

1981 年前郭县王府乡三岔沟村后沟子屯一居民在宅院中挖土打墙时发现，共出土 13 件陶瓷器，都装在一口四耳铜锅之中，上面用一块大石板加以封盖，包括 2 件白地黑花碗（图三，1）、2 件白地黑花盘（图三，2）、2 件黑釉条斑纹碗（图三，3）、1 件黑釉桃心形盘（图三，4）、5 件三彩盘（图三，5）和 1 件青瓷大碗。白地黑花碗、白地黑花盘均在内壁以黑彩画出双圈，碗内底写“王”字，盘内底绘简单花叶图案。简

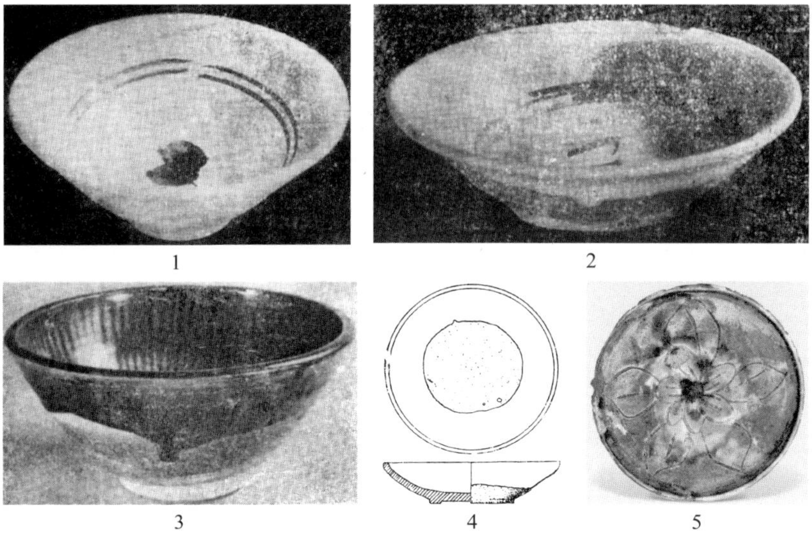

图三　前郭县三岔沟窖藏出土器物

报中还介绍了盘圈足上有六个支钉粘连痕，“支钉似以掺砂的白粉制成，烧结后粘连面积较大”。黑釉条斑纹碗“内壁呈辐射状排列有两圈咖啡色条斑纹”。

简报认为窖藏埋入时间大致是在金代初年，至迟也不会晚于金代中期，而这批陶瓷器个别可能是金代，绝大多数是辽瓷。这种观点延续到《中国出土瓷器全集·2 天津 辽宁 吉林 黑龙江》卷中，书中收录的一件三彩盘仍旧标为辽代，不过在括号中加入了“有学者认为此盘的年代应属金代”的不同意见[32]。宋东林将前郭窖藏的年代定为“北宋晚期至金代早期”[33]。

彭善国先生在《金元三彩述论》一文中，将三彩盘定为元代[34]，但可能限于文章论题，只对三彩器进行了研究，笔者赞同彭善国先生的观点，并且认为窖藏内的其他遗物也属于元代。

白地黑花碗、白地黑花盘、内壁有两周条斑纹的黑釉碗，从照片和文字描述看，皆为典型的磁州窑产品。黑釉桃心盘，内外均饰半釉，内壁不饰釉处形成桃心形，故称之为“桃心形盘”，也广泛见于磁州窑各窑场。这几类器物是磁州窑元代最为典型的产品，在年代可靠的辽金遗迹中还没有发现过，而且主要流行于元代晚期，即观台窑第四期后段（1308 年 ~ 14 世纪末以前）[35]。

2. 双辽市双城村窖藏[36]

1984 年在双辽市建设乡双城村发现，计有陶瓷器 12、铁器 11、石器 3、骨器 1 件。瓷器中有 3 件白地黑花碗，内壁均以黑彩绘双环，内底有“王”字（图四，1）或抽象草叶纹（图四，3），白地黑花罐（图四，4）、白地黑花四系瓶（图四，5）各 1 件，此外，还有茶绿釉瓮（近底部有一孔）1、绿釉罐 2、茶绿釉四系瓶 1、青灰釉三

图四　双辽市双城村窖藏出土瓷器

系瓶 1、黑（紫）釉碟 1（图四,2）。陶器有刻划莲花纹陶罐 1 件。铁器有六耳铁锅（2 件）、车輨、铁环、铁锹、铁锄、铁犁等。石器有石斧、石杵、磨石各 1 件。骨器有 1 件骨梭。出土时，所有器物依大小套扣在一起，零星小件则放置在铁锅内，无疑是一处窖藏。

白地黑花碗的特点与前郭三岔沟窖藏完全相同，黑（紫）釉碟内壁似乎仅施半釉，很可能就是桃心形碟，白地黑花罐在吉林省洮南市二龙乡兴义村石猴地也出土过一件[37]（图五，1），年代可靠的对比材料有辽宁绥中元代三道岗沉船[38]（图五，2）。白地黑花四系瓶属于彭善国先生所分的 B 型四系瓶，年代可靠者也均为元代[39]。因此，这也是一座典型的元代窖藏遗址。

图五　白地黑花罐

1. 吉林省洮南市二龙乡兴义村石猴地　2. 绥中三道岗元代沉船

3. 镇赉县丹岱乡立新村窖藏[40]

位于镇赉县丹岱乡立新村西一处遗址边缘，窖藏为椭圆形土坑，深 1.45、宽 0.8 ~ 2 米，其内出土文物共计 12 件，可分瓷器和铁器两大类，相互叠压倒置于坑内。瓷器共 10 件，包括碟、盘、碗、壶、坛、瓮等，还有 2 件六耳铁锅（图六）。此外，在该窖藏坑底最下部还出土了 100 余根涂朱红漆的竹签。简报作者认为是金初窖藏[41]。

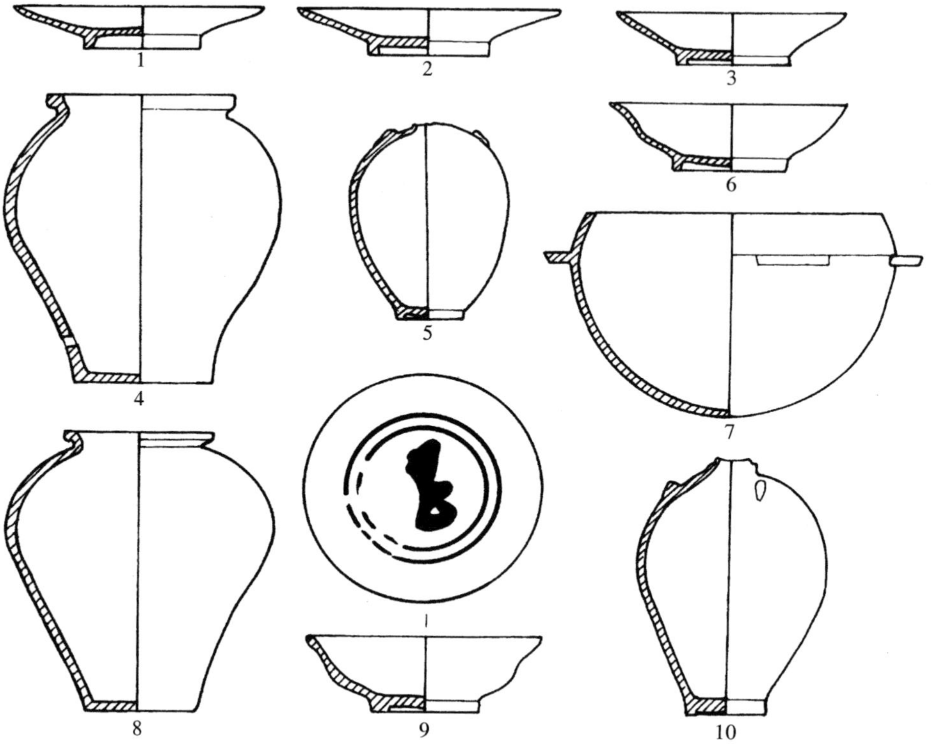

图六　镇赉县丹岱乡立新村窖藏出土器物

1～6、8～10. 瓷器　7. 铁器

从窖藏内一件磁州窑白地黑花碗看，该窖藏应属于元代。瓷瓮的造型和双辽市双城村窖藏如出一辙，而且均在近底部开一孔；口部残损的绿釉带系壶也见于双城村窖藏。

4. 吉林市荣光窖藏[42]

1975年在吉林市郊江南公社荣光大队发现，器物放在一对扣置的大铜锅内，包括铜器19、铁器37件（图七）。铜器除了一件马镫外，全部为容器，有六耳锅、吊锅、三足带盖锅、盘、盆、玉壶春瓶、熨斗等。铁器多是各种工具，有铧、犁镜、铡刀、斧、镢、凿、锤、锯条、烙铁、马镫、车輨、矛、叉、锚钩等，种类齐全。

简报作者认为这批文物反映了金代初期铜铁器物的特征，大铜锅上的一个符号被定为女真大字（创造于天辅三年，1119年），并且根据《金史·食货志》“（大定）十一年二月，禁私铸铜镜，旧有铜器悉送官，给其直之半，惟神佛像、钟、磬、钹、钴、腰束带、鱼袋之属则存之”的记载，判断这批器物的铸造和使用年代在大定十一年（1171年）之前。

这些铜铁器的断代是比较困难的，主要原因是本身发展变化不明显，比如上述几

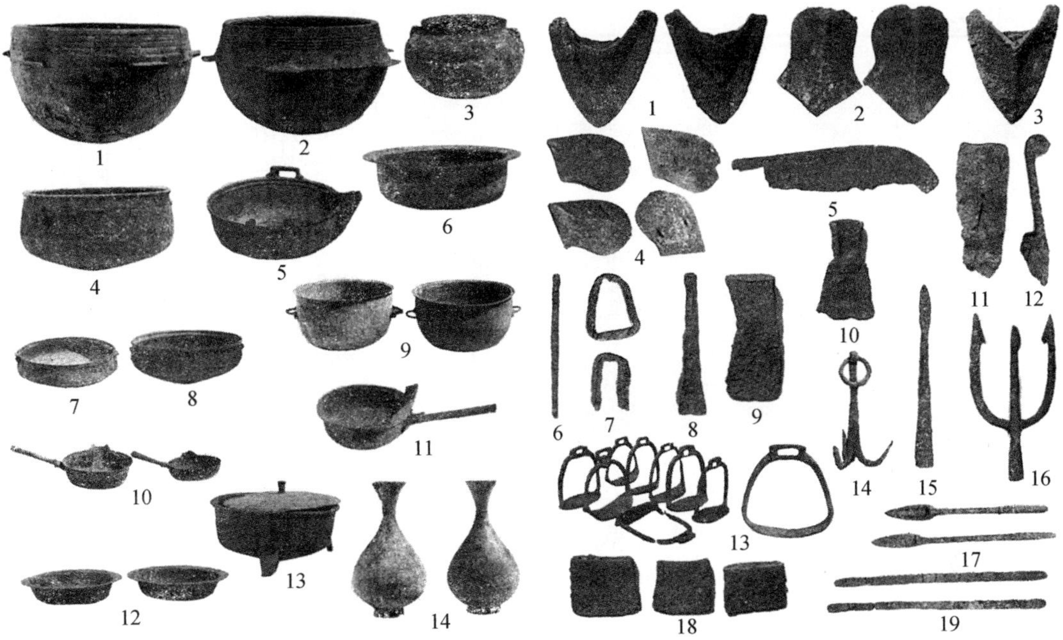

图七　吉林市荣光窖藏出土器物

处窖藏（包括敦化双胜窖藏），就有金代常见的六耳锅、三足锅、熨斗、车輨、铁锹、铁锄、铁犁等，如果没有瓷器作为参考，很容易将其定为金代。另外，由于吉林省金代窖藏、遗址中铜铁器发现较多，而以往认定的蒙元遗存几乎为零，因此几乎形成了条件反射，将六耳锅等通通视为金代器物。

荣光窖藏断代的证据其实并不充分，《金史·食货志》那条文献只是说明金代缺铜，国家对铜器管理比较严格，主要是禁止民间销毁铜钱以私造腰带、铜镜贩售牟利，影响货币流通[43]，并不能说明大定十一年（1171 年）后民间就不准使用铜锅、铜盆等铜器了。何况，如果窖藏不属于金代，使用这条文献也就没有意义了。另外，大铜锅腹部的符号即便是女真字，也只能说明铜锅年代不早于女真字创造出来的天辅三年（1119 年），其下限则难以确定，因为明永乐十一年（1413 年）《永宁寺记》碑背面仍刻有女真字，而且出现了这个字[44]。

我们还是得从器物出发，虽然铜铁器的断代有一定困难，但是马镫和玉壶春瓶的时代特征还是较为明显的。马镫造型很有特点，穿孔突出于顶部，近长方形（图八，4），和金代流行的马镫[45]不同，后者是在顶梁以下加铸一道横梁形成穿孔，整个器身曲线较为平滑（图八，1～3），不像前者那样顶部有明显突出的部分。荣光窖藏出土的这类马镫在元代极为流行，年代可靠的材料有北京元大都遗址[46]、内蒙古元上都宫城 1 号基址（图八，5）、天津市元代小甸子遗址[47]、河北承德县元代窖藏（图八，6）[48]、甘肃省清水县阎川村元代窖藏[49]等。承德县元代窖藏同出一件至元二十四年（1287 年）造铜印，窖藏时代可能更晚。

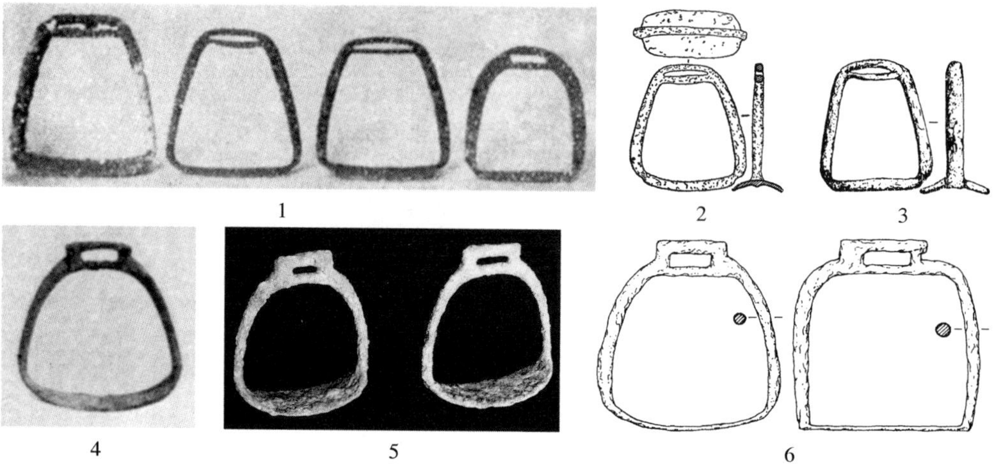

图八　金代马镫（1～3）与元代马镫（4～6）对比图

1. 黑龙江肇东八里城　2. 黑龙江蒲峪路城　3. 吉林德惠后城子古城 F2

4. 吉林荣光窖藏　5. 内蒙古元上都宫城 1 号基址　6. 河北承德县窖藏

铜玉壶春瓶据报道在金元时期均有发现[50]，但是定为金代的多是征集品，年代可靠的以元代为多，如内蒙古科左中旗腰伯吐元代城址（图九，2）[51]、辽宁开元老城镇窖藏（图九，3）[52]、内蒙古敖汉旗南塔乡三家村窖藏（图九，4）[53]出土者。开元老城镇窖藏尤其值得注意，该窖藏出土的主要也是铜铁器，和荣光窖藏十分接近，铜器包括六耳锅、三足锅、熨斗、玉壶春瓶、铜权等，铁器有六耳锅、三足锅、熨斗、灯盏、车輨、锁、叉、铧范等，铜权上刻“元统三年懿州城造”等字，元统三年为 1335 年，该窖藏不会早于此年，冯永谦先生推测埋藏时间在元末动乱之际。

实际上，任志录先生也早已指出荣光窖藏的玉壶春瓶为元代遗物，并认为将此窖藏定为金代是缺乏依据的，应为元代[54]，这与笔者的看法不谋而合。

图九　铜玉壶春瓶

1. 吉林荣光窖藏　2. 内蒙古科左中旗腰伯吐元代城址

3. 辽宁开元老城镇元代窖藏　4. 内蒙古敖汉旗南塔乡三家村元代窖藏

四、遗 址

彭善国先生已经指出双辽电厂贮灰场遗址出土的一件内底有黑花“王”字的瓷碗、长春市郊南阳堡遗址采集的一件黑釉剔花飞凤纹罐残片为元代产品[55]，并且认为双辽电厂贮灰场遗址应包含部分元代遗存，笔者也深表赞同。

1. 双辽电厂贮灰场遗址[56]

双辽电厂贮灰场位于双辽县城西南约 11 千米，向西不远便是内蒙古自治区，四周为高矮不等的沙丘，在贮灰场范围内较平坦的沙岗上发现多处古代遗址。1992、1993 年分别在此进行了发掘，发掘区共有两处，即第Ⅰ地点和第Ⅱ地点，两地点相距约 2 千米，发掘总面积为 1950 平方米，共清理房址 8 座、露炊遗迹 2 处、灰坑 11 个、灰沟 2 条，出土器物 400 余件。简报认为遗址年代为辽金时期。

两处地点地层堆积都较简单，但略有不同，第Ⅰ地点多数探方可分三层，第一层为耕土层；第二层为黑褐色沙土层，结构紧密，不含遗物；第三层为黄褐色沙土层，结构松软，包含物较多，以下为生土。第Ⅱ地点第一层也是耕土层；第二层为灰褐色沙土层，结构紧密，出土物较多；第三层为黄褐色沙土层，结构松软，包含物略同于第二层，以下为生土。

发表的多数单位出土遗物较少，时代特征不鲜明，能确定为元代的单位至少有 92ⅠH4、92ⅠH6、93ⅡF3、93ⅡT19②层，其中内底有黑花“王”字的瓷碗便出自 93ⅡT19②层（图一〇，5）。92ⅠH4、92ⅠH6 分别出土一件磁州窑白地黑花盘（图一〇，1）和一件磁州窑白地黑花碗（图一〇，2），内壁均以黑彩绘双圈，盘底部亦绘纹饰。93ⅡF3 出土的黑釉酱斑碗（图一〇，3）是典型元代磁州窑器物，黑釉盘内外壁均施半釉（图一〇，4），可能是一件元代的桃心形盘。

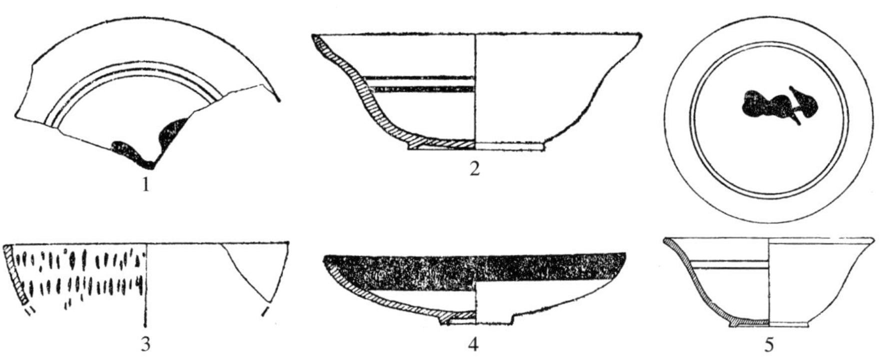

图一〇　双辽电厂贮灰场遗址出土器物

1. 白地黑花盘（92ⅠH4）　2、5. 白地黑花碗（92ⅠH6、93ⅡT19②）

3. 黑釉酱斑碗（93ⅡF3）　4. 黑釉盘（93ⅡF3）

因此，该遗址虽然出土了少量青铜时代遗物和辽代篦纹陶片，但是主体年代应该为元代。

2. 前郭县羊营子遗址[57]

该遗址位于前郭县穆家乡羊营子屯，在屯北和屯西均发现有古代遗址，元代遗存主要见于羊营子西遗址，遗址东西约500、南北约750米。遗物较丰富，有不少“铁锈花”瓷片。遗址上曾经出土过较完整的器物，如黑釉三系壶（图一一，2）、酱釉四系罐（壶）等。还有白釉梅瓶2件（图一一，1），口部已残，细短颈，广肩，腹下部内收，假圈足外侈，这是磁州窑典型遗物，在三道岗元代沉船也出土过[58]（图一一，5），亦见于敦化双胜窖藏。另外还发表两件有彩绘装饰的瓷片（图一一，3、4），虽然文中没有文字描述，但不难看出应是典型的元代磁州窑器物，属于龙凤纹大罐的下部残片[59]（图一一，6）。

3. 德惠江心岛遗址[60]

位于德惠叉路口乡毛家村张家坨子东北1500米的松花江江心岛上，小岛中西部

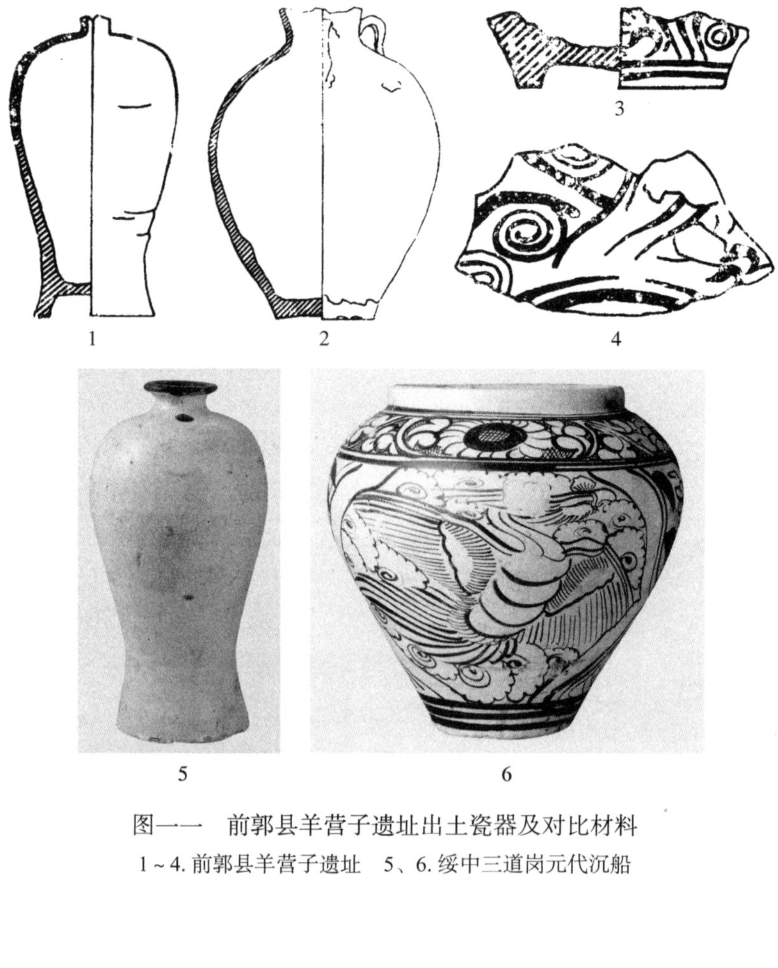

图一一　前郭县羊营子遗址出土瓷器及对比材料

1～4. 前郭县羊营子遗址　5、6. 绥中三道岗元代沉船

有一南北向的沙丘，遗址坐落在沙丘东坡。在南北长100、东西宽50米的范围内，采集到一些陶瓷器残片，其中两件白地黑花罐（图一二）和上文双辽市双城村窖藏瓷罐相似，说明该遗址应包含元代遗存。

图一二　德惠江心岛遗址采集磁州窑残片

4. 东辽县凌云乡三良村元代遗存[61]

位于东辽县凌云乡三良村大庙北沟的一处圆形小山包上，农民耕地时发现，据其介绍，文物集中出土于距地表约0.3米处，共有3件瓷器，绿釉四系瓶、黑釉褐斑碗和褐釉碟各一件，还有一件铜匙（图一三），一枚“皇宋通宝”钱，5枚铁钉。简报认为除了铜匙“铸制的时间可能早至辽代，金代仍继续沿用”外，其他均为金代遗物。

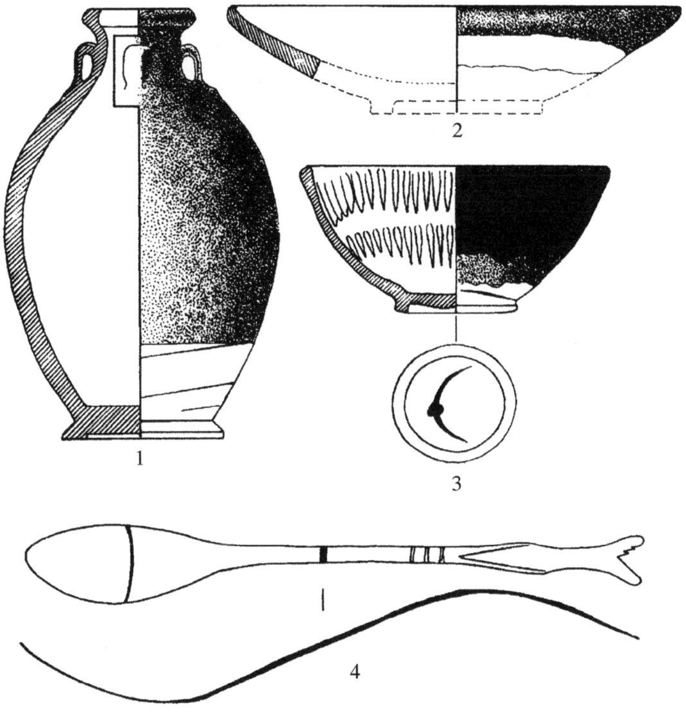

图一三　东辽县凌云乡三良村出土器物

简报作者指出四系瓷瓶、黑釉褐斑碗在金元时期均有发现，实际上提到的几个金代遗存年代并不可靠，应该都属于元代。黑釉褐斑碗、四系瓶前面已经提过，所以该遗存为元代无疑。

简报中没有对遗存性质做出判断，是比较谨慎的。该遗存由于是事后调查，出土信息由农民提供，可能有所偏差，和一般窖藏相比，器物数量少，而且出土了铁钉，不排除这是一座墓葬的可能。

五、零星出土的遗物

还有些遗物是征集或者零星发现的，出土背景不清楚，因此只对器物进行分析。

长岭县东岭乡六家子村（屯）征集到一件婴戏纹白地黑花大罐（图一四，1），《长岭县文物志》中将其定为金代[62]，《中国出土瓷器全集》中则有金代和元代两种不同意见[63]。类似的大罐在绥中三道岗沉船出土过两件[64]（图一四，2），应是元代遗物。

1　　2

图一四　婴戏纹白地黑花罐

1. 长岭县六家子村（屯）　2. 绥中三道岗元代沉船

四系橄榄瓶在很多地方都有发现，如公主岭市（原怀德县）五星乡长山村孙令云屯遗址[65]（图一五，1）、德惠边岗乡双城子古城以南的耕地中[66]（图一五，2）各出土一件白地黑花四系瓶，德惠任家坨子1971年出土三件四系瓶（图一五，3），一件饰白地黑花，另两件分别饰酱釉及墨绿釉[67]。其形制明显为元代，前面已多次提及，不再赘述。

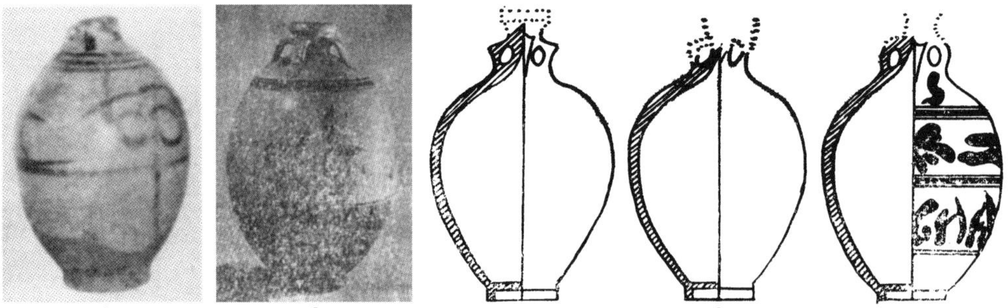

1　　2　　3

图一五　吉林省出土的四系瓶

1. 公主岭市五星乡长山村孙令云屯　2. 德惠边岗乡双城子古城以南耕地　3. 德惠任家坨子

六、结　　语

根据上文的辨析，结合其他年代确定的蒙元遗存，可以得出以下几点粗浅的认识。

（1）吉林省蒙元时期遗存类型多样，主要有城址、墓葬、窖藏和遗址（居住址）等。城址既有平原城（塔虎城、后少力古城），也有山城（四平石岭子城子山山城），有的是对金代城址的沿用，有的则可能是蒙元时期新建的。窖藏数量不少，出土物多为瓷器和铜铁工具等生活生产用品，没有金代极为常见的铜钱窖藏。

（2）游牧人群与定居农业人群的遗存均有发现，以后者为多，游牧人主要是蒙古人，他们应主要在吉林省西北部适合于放牧的地区活动，发现了其墓葬。调查者认为镇赉后少力古城是元代皇族的遗存，推测有可能是成吉思汗的胞弟帖木哥斡赤斤或其后代居住的城邑。

农业人群包括金代就已经在这里生活的汉人、女真人等各民族，其分布范围更广，留下的遗迹更丰富，但是还没有发现他们的墓葬。敦化双胜窖藏瓷器外底多有墨书“王”及“王里坝”等字样，推测是王姓汉人。

（3）蒙元时期农业人口在经济生产方式、房屋居住形态、日常生活用品等方面，和金代相比均无明显变化，铜铁器、火炕的相似便是很好的证明。虽经过金末战争，人口数量有所减少，经济发展水平有所下降，但也不宜过分低估[68]。

（4）吉林省蒙元时期与中原地区的交往仍然较为密切，而且由于元朝统一了中国，结束了南北分裂局面，使得南方地区产品也较多地出现在了东北地区，前者主要体现在磁州窑瓷器的普遍出土上，后者表现为龙泉窑、景德镇瓷器的发现上。辽宁绥中三道岗沉船，以及大连旅顺口老铁山东南黄海海域元代瓷器[69]的发现，证明了当时有很多瓷器主要是通过水运方式进入东北地区的，辽宁省发现的磁州窑及南方窑口的瓷器就极为丰富，这些瓷器同样也销售到了更北的吉林和黑龙江[70]。元代磁州窑产品在吉林省境内普遍发现，我们可以充分利用相关的分期编年成果，来对考古发现进行准确断代。

另外，吉林省蒙元时期和长城沿线地带也有一定的联系，十家子古城出土的两件白地黑花瓷器及敦化双胜窖藏出土的白釉钵（2007DSJ：097）不是磁州窑产品，而多出土于长城沿线地带，如内蒙古包头燕家梁遗址、内蒙古正蓝旗元上都遗址、内蒙古集宁路遗址[71]、河北张北县元中都遗址，生产这类瓷器的窑址目前虽然还没有找到，但是距离这些地点应该不会太远。敦化双胜窖藏还出土了少量山西霍州窑瓷器。吉林省发现的这些器物中的一部分可能是通过陆路贸易获得的，因此数量并不多。

吉林省目前发现的蒙元时期遗存绝不只有这些，吉林省50个县市曾根据第二次全国文物普查成果分别编写过一本文物志，笔者仅对其中配有图片的进行了分析，那些只有文字描述的就很难进行同样的识别工作了。实际上，很多遗址出土的“铁锈花”

或“铁花”瓷器中应该有很多属于元代，如果能公布更多材料，那么吉林省的蒙元考古必将迎来新的局面，我们期待这一天的早日到来。

注　释

［1］a．张中澍．吉林省近年发现的五颗元代官印［A］．东北考古与历史（第一辑）［C］．北京：文物出版社，1982．

b．董学增．吉林蛟河发现元八思巴文铜印［J］．文物，1982（3）．

c．王燕飞．元“崇文监典簿行印”［J］．博物馆研究，1985（3）．

d．董学增，董朝权．辽阳等处打捕鹰房红花总管府印［J］．文物，1993（3）．

e．刘雪山．镇赉发现八思巴文铜印［N］．中国文物报，1998-5-24（1）．

f．谷潜．元代蒙山银课银锭考释［J］．博物馆研究，1986（3）．

需要指出的是，大多数铜印很可能是在元末明初的战争中，蒙古统治势力向北逃亡撤退时遗失的，印文内容多与吉林省无直接关系。

［2］吉林省白城市博物馆．吉林省镇赉县后少力古城调查［J］．北方文物，2003（4）．

［3］a．吉林大学边疆考古研究中心，敦化市文物管理所．吉林省敦化市双胜村元代窖藏［A］．边疆考古研究（第7辑）［C］．北京：科学出版社，2008．

b．王星中，王波．绚丽多彩的敦化双胜元代窖藏文物［J］．东北史地，2009（1）．

［4］姚震威．吉林敦化市出土金代窖藏瓷器［J］．博物馆研究，1996（3）．简报中将窖藏定为金代，王星中等人后来认为是元代，见［3］a．

［5］塔虎城为金代所建，可能是金肇州城，城内发现很多元代遗物，可见蒙元时期仍然在使用，关于塔虎城的最新研究成果见彭善国先生相关研究文章：

a．彭善国．前郭塔虎城的考古发现与研究［A］．庆祝魏存成先生七十岁论文集［C］．北京：科学出版社，2015．

b．彭善国．吉林前郭塔虎城为金代肇州新证［J］．社会科学战线，2015（10）．

c．彭善国．前郭塔虎城的分期与年代——以2000年发掘资料为中心［A］．边疆考古研究（第18辑）［C］．北京：科学出版社，2015．

［6］梁会丽，隽成军，田永兵，等．四平市石岭子城子山山城调查报告［J］．北方文物，2014（1）．该城址只经过调查，采集的瓷片多为元代磁州窑产品，如各类白地黑花器物及黑釉酱斑碗等，简报作者认为出土的部分陶器为金代典型遗物，将城址定为金代所建，元代沿用。事实上，吉林省元代陶器面貌还处于混沌不清的状态，与金代究竟有多大差别也都不清楚，由于瓷器几乎全部为元代，笔者认为陶器和瓷器应该是同时的。不过在目前条件下，将城址年代定的稍为宽泛，也不失为一种较好的处理方式。

［7］赵宾福，杜战伟，郝军军，等．吉林省地下文化遗产的考古发现与研究［M］．北京：科学出版社，2017：498-518．

［8］吉林省文物志编委会．镇赉县文物志［M］．1985：108-109．

[9] 内蒙古自治区文物考古研究所，包头市文物管理处. 包头燕家梁遗址发掘报告 [M]. 北京：科学出版社，2010.

[10] 魏坚. 元上都 [M]. 北京：中国大百科全书出版社，2008.

[11] 河北省文物研究所. 元中都：1998 ~ 2003 年发掘报告 [M]. 北京：文物出版社，2012. 本文所参考的元中都材料均出自此书，下文引用时不另作注.

[12] 董新林. 徐水西黑山：金元时期墓地发掘报告 [M]. 北京：文物出版社，2007.

[13] 同 [8]：126–127，图版六.

[14] a. 张英. 从“至正年制”彩瓷碗的发现谈“大明年造（制）”款瓷器的年代 [J]. 文物，1994（2）.

b. 张英. 吉林扶余岱吉屯元墓出土瓷器 [J]. 文物，1994（9）.

c. 张英，孙忠国，郑新成. 吉林扶余岱吉屯元墓第二次清理简报 [J]. 文物，1996（11）.

[15] 张英，唐小轩，孙忠国，等. 扶余市石桥欢迎砖场元墓清理简报 [J]. 文物，1995（4）.

[16] a. 张英. 元青花和五彩瓷款识及相关问题的初步研究 [J]. 北方文物，1996（4）.

b. 张英. 对《也谈八思巴文款青花瓷器的年代》一文的商榷 [J]. 文物，1998（10）.

[17] a. 曹淦源.“至正年制”款彩瓷碗与嘉靖红绿彩瓷 [J]. 文物，1994（8）.

b. 李铧. 也谈岱吉屯墓出土“至正年制”碗的年代 [J]. 文物，1995（4）.

c. 欧阳世彬. 从景德镇官窑的书款制度看岱吉屯“至正年制”款彩瓷碗的年代及其他 [J]. 文物，1997（5）.

d. 葛师科. 也谈巴思八文款青花瓷器的年代 [J]. 文物，1997（6）.

e. 张小兰. 吉林扶余岱吉屯和石桥欢迎砖场出土“福”字款等瓷器及相关问题研究. [J] 北方文物，2002（2）.

[18] 吉林省文物考古研究所. 扶余明墓：吉林扶余油田砖厂明代墓地发掘报告 [M]. 北京：文物出版社，2011.

[19] 吉林省文物考古研究所. 吉林镇赉县黄家围子遗址发掘简报 [J]. 考古，1988（2）.

[20] 黑龙江省文物考古工作队. 黑龙江畔绥滨中兴古城和金代墓群 [J]. 文物，1977（4）.

[21] 黑龙江省文物考古工作队. 绥滨永生的金代平民墓 [J]. 文物，1977（4）.

[22] a. 陈相伟. 试论金代石椁墓 [J]. 博物馆研究，1993（1）.

b. 陈相伟. 吉林省辽金考古综述 [J]. 北方文物，1995（4）.

[23] 陈相伟. 试论东北、河北等地金代墓葬的类型和演变 [A]. 中国考古集成·东北卷·金（二）[C]. 北京：北京出版社，1997：58.

[24] 赵永军. 金代女真人墓葬探析 [A]. 中国考古学会第十四次年会论文集 2011 [C]. 北京：文物出版社，2012.

[25] 简报定为金代墓，孙秀仁、田华等人认为属于辽代，笔者同意这种观点，见

a. 孙秀仁，干志耿. 论辽代五国及其物质文化特征——辽代五国文化类型的提出与研究 [A]. 东北考古与历史（第一辑）[C]. 北京：文物出版社，1982 .

b. 田华，胡秀杰，周美茹. 黑龙江省绥滨永生墓群原貌［J］. 北方文物，1992（3）.

［26］ 表中列举的锡林郭勒盟正镶白旗三面井墓地、正蓝旗一棵树墓地位于元上都附近，见《元上都》报告.

［27］ 表中列举的萨仁陶勒盖墓、罕乌拉墓、沃勒吉特墓均为蒙古国境内墓葬，见纳旺（著），金柱（译）. 关于中世纪蒙古人的丧葬习俗［J］. 蒙古学资料与情报，1988（2）.

［28］ 表中列举的钦丹特墓为俄罗斯外贝加尔地区墓葬，见阿谢耶夫，基里洛夫，科维切夫（著），王德厚，高秀云（译）. 中世纪时代外贝加尔的游牧民族［A］. 东北亚考古资料译文集——俄罗斯专号［C］. 哈尔滨：北方文物杂志社编辑出版，1996.

［29］ 贾莹. 镇赉县黄家围子金代人头骨的研究报告［J］. 考古，1988（2）.

［30］ 同［8］：112.

［31］ a. 洪峰，志立. 吉林省前郭县金代窖藏瓷器［J］. 北方文物，1991（2）.

b. 吉林省文物志编委会. 前郭尔罗斯蒙古族自治县文物志［M］. 1983：98-100，104.

［32］ 张柏. 中国出土瓷器全集·2天津 辽宁 吉林 黑龙江［M］. 北京：科学出版社，2008：171.

［33］ 宋东林. 北宋金代窖藏瓷器考述［A］. 故宫学刊（第8辑）［C］. 北京：故宫出版社，2012.

［34］ 彭善国. 金元三彩述论［A］. 边疆考古研究（第12辑）［C］. 北京：科学出版社，2012.

［35］ 北京大学考古学系，河北省文物研究所，邯郸地区文物保管所. 观台磁州窑址［M］. 北京：文物出版社，1997：462-502.

［36］ 吉林省文物志编委会. 双辽县文物志［M］. 66-70.

［37］ 同［32］：192.

［38］ 张威. 绥中三道岗元代沉船［M］. 北京：科学出版社，2001：112.

［39］ 彭善国. 柳孜运河遗址出土“仁和馆”铭四系瓶及相关问题［J］. 中原文物，2004（6）.

［40］ 刘雪山. 吉林镇赉县出土金代窖藏文物［J］. 考古，2000（1）.

［41］ 宋东林将其定为北宋晚期至金代早期，同［33］.

［42］ 吉林市博物馆. 吉林市郊发现的金代窖藏文物［J］. 文物，1982（1）.

［43］《金史·食货志三》载大定二十六年“十一月，上谕宰臣曰：‘国家铜禁久矣，尚闻民私造腰带及镜，託为旧物，公然市之。宜加禁约。’”

［44］ 钟民岩，那森柏，金启孮. 明代奴儿干永宁寺碑记校释——以历史的铁证揭穿苏修的谎言［J］. 考古学报，1975（2）.

［45］ 这类马镫在东北地区金代遗址发现较多，吉林省有集安（原作辑安）钟家村窖藏、梨树偏脸城、德惠后城子古城F2，黑龙江省有肇东八里城、克东县蒲峪路城，辽宁省有桓仁五女山城金代F50，内蒙古自治区有科右中旗吐列毛杜一号古城，在俄罗斯滨海边疆区克拉斯诺雅罗夫斯科耶城址也出土不少。分别见：

a. 吉林省博物馆辑安考古队，辑安县文物管理所. 吉林辑安县钟家村发现金代文物［J］. 考古，1963（11）.

b. 吉林省文物管理委员会. 吉林梨树县偏脸古城复查记［J］. 考古，1963（11）.

c. 吉林省文物考古研究所，长春市文物管理委员会办公室. 吉林省德惠县后城子金代古城发掘［J］. 考古，1993（8）.

d. 肇东县博物馆. 黑龙江肇东县八里城清理简报［J］. 考古，1960（2）.

e. 黑龙江省文物考古研究所. 黑龙江克东县金代蒲峪路故城发掘［J］. 考古，1987（2）.

f. 辽宁省文物考古研究所. 五女山城——1996～1999、2003年桓仁五女山山城遗址考古发掘报告［M］. 北京：文物出版社，2004：246，图版六六，6.

g. 张柏忠. 吐列毛杜古城调查试掘报告——兼论金代东北路界壕［J］. 文物，1982（7）.

h. 吉林省考古研究所，俄罗斯科学院远东分院远东民族历史·考古·民族研究所. 俄罗斯滨海边疆区女真文物集粹［M］，北京：文物出版社，2013：71.

［46］ 首都博物馆. 元大都［M］. 北京：北京燕山出版社，1989：44.

［47］ 天津市文物管理处. 天津市西郊小甸子元代遗址［A］. 文物资料丛刊（8）［C］. 北京：文物出版社，1983.

［48］ 刘朴. 河北承德县发现元代窖藏［J］. 考古，1999（12）.

［49］ 清水县博物馆. 清水县新城乡阎川村出土元代窖藏［J］. 陇右文博，2003（1）.

［50］ 杨海鹏. 铜玉壶春瓶刍议［J］. 北方文物，2003（2）. 吉林省出土玉壶春瓶情况可参见吕军，陈颖. 吉林地区出土的玉壶春瓶及其相关问题［J］. 北方文物，2011（3）.

［51］ 郝维彬. 科左中旗腰伯吐元代古城调查记［A］. 内蒙古文物考古文集（第一辑）［C］. 北京：中国大百科全书出版社，1994.

［52］ 冯永谦. 辽宁开元老城镇出土的元代铜器和铁器［A］. 文物资料丛刊（7）［C］. 北京：文物出版社，1983.

［53］ 敖汉旗博物馆. 敖汉旗发现的元代金银器窖藏［J］. 内蒙古文物考古，1991（1）.

［54］ 任志录. 玉壶春瓶略论［A］. 故宫学刊（第5辑）［C］. 北京：紫禁城出版社，2009：769-771.

［55］ 彭善国. 试述东北地区出土的金代瓷器［J］. 北方文物，2010（1）.

［56］ 吉林省文物考古研究所，四平市文管会办公室，四平市博物馆. 吉林双辽电厂贮灰场辽金遗址发掘简报［J］. 考古，1995（4）.

［57］ 同［31］b.

［58］ 同［38］.

［59］ 同［38］.

［60］ 吉林省文物志编委会. 德惠县文物志［M］. 1983：21-23.

［61］ 唐洪源. 吉林东辽县发现辽金文物［J］. 考古，2001（10）.

［62］ 吉林省文物志编委会. 长岭县文物志［M］. 1987：238，图版八.

［63］ 同［32］：189.

［64］ 同［38］.

［65］ 吉林省文物志编委会. 怀德县文物志［M］. 1985：140，图版二，5.

[66] 同[60].

[67] 同[60]：37，84.

[68] 丛佩远先生主要从历史文献出发，对元代辽阳行省的农业状况进行了专门研究，他认为从整体上看，特别是从农田面积与粮食总产看来，元代并不十分落后，甚至可以说与明代基本处于同一水平之上，见丛佩远．元代辽阳行省的农业[J]．北方文物，1993（1）.

[69] 刘俊勇．黄海海域出水元代瓷器[J]．大连文物，1992（1）.

[70] 关于东北地区出土的元代瓷器情况以及内地瓷器向东北传播的路线问题，可参看秦晓杰，彭善国．东北地区出土元代瓷器初探[J]．内蒙古文物考古，2010（2）.

[71] 内蒙古自治区文物工作队．元代集宁路遗址清理记[J]．文物，1961（9）.

The Identification of the Mongol-Yuan Period Remains in Jilin Province

HAO Jun-jun

The archaeological remains of the Mongol-Yuan Period in Jilin Province were rarely found, because many of them were mistaken for other times. This paper identifies some Mongol-Yuan remains, including the city, tombs, hoards etc. This proves that there are still a lot of human activities in Jilin during the Mongol-Yuan period, including the nomadic people and the settled farmers. The economic development of Jilin in the Mongol-Yuan period should not be underestimated. From the unearthed porcelain, we can see that there are many connections between Jilin and the Central Plains and the South China.

固态的边界：中国古代边防设施与民族认同*

赵丛苍[1]　张　朝[2]

（1. 西北大学文化遗产学院，西安，710069；2. 西安电子科技大学图书馆，西安，710071）

现代政治概念的边界是指划分一个国家领土和另一个国家的领土、一个国家的领土和未被占领的土地、一个国家的领土和公海以及国家领空和外层空间的想象的界线，边界是有主权的国家行使其主权的界线。而本文所讨论的边界则是中国古代历史上独立政治主体之间的界限，并不认同将某些朝代或民族排斥于中国历史或中华民族之外的看法。罗素认为，“每一国家的权力，多少都与地理有关：通常从一个中心向四周辐射，距离中心越远，权力也越弱。结果，在离开中心一定距离的地方，一个国家的权力就和其他国家的权力达成平衡，若没有传统力量的干扰，这里就成为它们的疆界”[1]。中国历史上的“边界”概念通常是认知上的，而非具体的，但随着历史的发展，“边界”也更加具体化，形成了一道道“固态的边界”，而边防设施则在一定程度上代表了边界的具体形态。

中国古代的边防遗存十分丰富，在不同地区，由于针对的族群不同、自然地理环境的差异等因素，边防设施也体现出多样性，经过数千年的演变发展，边防设施所形成的“边界”也不断变化。挪威人类学家弗里德里克·巴斯（F. Barth）的“族群边界理论”认为族群特征的造成是由于其“边界”，而非语言、文化、血统等内涵[2]。因边界而生的是民族认同的深化，无论是各民族的“自知”认同，还是对中华民族的群体认同，都与边界的演变和发展密切相关。

一、中国古代边防设施的类型分析

边防设施应当在国家产生之后才出现的，而且与疆域概念的强化有着密切的关系。商周时期，国家概念已经成熟，“溥天之下”“率土之滨”“九州”“中国”等朴素疆域概念在一定程度上即反映了商周时期的边疆意识，并且这些朴素认知在很长一段时间内被统治者坚持，边防意识也就应运而生，从而有意识地建设军事设施对边疆进

* 基金项目：国家社科基金重大项目“军事考古学研究”（13&ZD102）。

行防御。

在一定程度上，“疆域”是“城域”概念的延伸，这是随着人类活动范围的扩大而扩展的，是人类认知边界的物质表现，也是人类族群规模扩展的反映。史前时代，由于人类的活动范围和认知能力的限制，各部落、族群之间并未形成严格的界限，因此还未形成建设边防设施的意识，只是于聚落外围设置防御性设施，如城墙、壕沟等。商周王朝对边疆的防御往往由诸侯方国进行辅助，其实际掌控的王畿之地范围有限，而且受到以“捍御侮者，莫如亲亲，故以亲屏周”为核心的内外服制、分封制、宗法制等政治制度的影响，以及战争方式的限制，商周时期边防设施并未获得显著发展。至西周中晚期，王室衰微，诸侯自立，春秋以后，“礼乐征伐自诸侯出”，诸侯之间矛盾尖锐，疆域才有了实质性的划分，诸侯国对于边疆防御更加重视，成熟的边防设施开始出现。

（一）城防式边防设施

史前城防设施奠定了后世城防设施的基础，而且也为早期边防手段提供了参考，从而产生了古代最成熟和沿用时间最长的边防设施——长城，长城也是城防式边防设施的典型代表。

城防式边防设施主要采取修筑庞大的军事工程的方式，以垣墙为主体，包括了城障、关隘、兵营、卫所、墩台、烽堠、道路、粮秣武库等诸多军事设施和生活设施，具有战斗、指挥、观察、通讯、隐蔽等综合功能，并与大量长期驻屯军队相配合的严密的边疆安全防卫设施。从根本上来讲，城防式边防设施是城防设施的延续和发展，是历代王朝广泛利用的边防手段，其起源于春秋战国时期各诸侯之间所构筑的长城，后代以燕、赵、秦长城为基础，于东北、华北、西北地区增建、补建、扩建形成绵延万里的“长城”，以防御北方草原民族的南侵，是一种具有自身特点的边防设施。

从构筑理念上来讲，长城防线仍旧沿用了春秋战国时期的边防思想，以期通过构筑类似城墙的坚固堡垒来抵御外敌的军事入侵，是城市防御手段在边疆地区的运用，本质是建造于边界线的城墙，与城市城墙异曲同工。春秋战国时期的长城可以分为各诸侯国相互防范及秦、赵、燕三国为防范北方草原民族而建的长城两大类，而前者的修筑时期早于后者，后者则奠定了中国古代最为庞大的边防体系的基础。在诸侯征伐的时代背景下，诸侯间互相防范的长城是边防思想成熟的表现，如楚长城也被称为“方城”，《左传》记载：鲁僖公四年（前656年），齐桓公率诸侯国伐楚，兵至陉山，楚使屈完对齐桓公说：“楚国方城以为城，汉水以为池。”据罗哲文等学者考察研究，楚长城的走向大致从湖北的竹山县，跨汉水辗转至河南的邓州，往北经内乡县，再向东北经鲁山县、叶县，再南跨过沙河直达泌阳县。大致呈“门”字走向，恰如一座四方的城池[3]。

秦统一之后，于北方农牧交接地带构筑起长城，内地诸侯间的边防长城衰落，此后长城不断延续发展，成为历代防御北方草原民族犯边的重要手段。明代长城的修筑超过历代水平，前后达 18 次修缮、加固，使之成了抵御蒙古南侵的重要防线。并且明代还在青海修筑了长城，以防御海西蒙古[4]。

除了在北方修筑万里长城之外，个别朝代还在长江以南修筑过长城，防御来自西南方向的进攻。例如，湖南凤凰发现的明代苗疆边墙遗存，其墙高 2.3、基宽 1.7、顶宽 1 米，城墙中以乱石填实，有碉堡高 10 余米，建有青色片石堆砌的平房数间[5]。但苗疆边墙并不能作为边防设施，其并不是因具有独立政治个体之间的差异而产生的边界，在政治上只能作为明朝的内部战略防御设施。

从长城的形态上来看，其与城墙有着密切的联系。有学者认为："长城就是长长的城墙，是城的扩大和延长，由城演变而来。"[6]"墙" 作为主要防御形态是长城与城墙的共同特征，长城是以墙垣为主体的防御线，而城墙同样是以墙垣为主体防御设施。因此，长城应当是由城墙发展而来，是城墙在边防中的应用，形成了城防式边防设施。具体而言，在墙垣构筑方式上，长城墙垣的构筑方式可分版筑夯土、土坯垒砌、砖砌、砖石混砌等方式，与城墙墙垣构筑方式并无二异。同时，在结构上，"瓮城、马面、城楼、女墙、瞭望孔、射击孔等等，最初都是城邑军防设施，在长城出现以后被应用到长城墙体上来"[7]。并且，长城也有以壕堑等辅助设施，与护城河具有相似的结构和功用。

城防式边防设施以长城为主，是在一定时期内具有有效防御功能的边防设施。作为一种边界形态，长城的修筑与帝国实力及控制范围有着密切的关系。东汉以降，魏、蜀、吴三国鼎立，逐鹿中原。西晋历经了短暂统一，北方诸族纷纷内迁，长城已经失去了其军事防御功能，因此这一时期的政权均不以长城为重。不言自明，东晋偏安东南，以长江为天堑，无须修筑长城。唐朝国力强盛，疆域广大，北疆已越过了长城，今长城一线均在其所辖之内，北方游牧民族纷纷朝贡，并无太大的防御压力。宋朝立足未稳，且北方的大片领土在辽金的地域之内，谈不上修筑长城，但是金界壕在一定意义上也是长城的一部分。及至蒙元，其疆域横跨欧亚大陆，更没有修筑长城的必要。

总的来说，城防式边防设施大多是在北方草原民族与中原王朝势均力敌的情况下采取的防御工事，一旦任何一方势力上升，城防式边防设施的防御功能就会瓦解。例如，秦汉王朝与匈奴、隋与突厥、明王朝与蒙古的对峙都是围绕长城一线展开的，这也与春秋战国时期长城开始营建的背景类似，都是基于势均力敌的情况所兴建的军事工事。长城在中国古代具有重要的地位，其所构建的军事防御体系对历史发展影响巨大，形成了"长城边界"。

（二）据点组合式边防设施

在一定时期内，个别王朝的疆域不断扩展或者萎缩，其边界已经超越了长城，或者边疆萎缩于长城以南地区，依托长城进行防御已经不太现实，因此据点组合式边防设施成为营建的重点。

据点组合式边防设施是以城、堡、寨、关、囤、塞、燧、障、亭等各类军事据点为依托所形成的系统化边防设施。历代大多采取驻扎边兵、修筑城堡和灵活调动军队等方略应对外族入侵，其修筑的各类军事防御设施则成为边防据点，为组织军事力量奠定了基础。而且据点组合式的边防设施防线的建立与中国自然地理边界划分有着密切的关系，其据险防守对于地理环境的利用与城防式边防设施有所区别。

1. 北疆防线

北疆防线是针对北方草原民族而构筑的军事防御线，在长城防线废弃之时而得到广泛利用，尤以唐代最为重视。贞观四年（630年），唐王朝征服东突厥之后，统治范围跨越长城南北，防御战线已超越了汉晋长城防线，在长城以外构筑起以据点组合式为特点的新的边防设施。例如，设置燕然都护府以统铁勒、回纥诸部，单于都护府以羁控突厥，又在丰、胜等州置都督府统军，阻河为守，内以巩固河防，外以支援两个都护府。唐中宗之后，在河套沿黄河北线又修筑三座受降城，于北部外围构筑了东西1800里的烽堠警戒系统[8]。

根据考古资料和历史文献的考察，唐代北疆防线基本处于与长城平行的蒙古高原南缘地带，多采取修建城、关、塞、燧等边防设施的方式进行防御，通过各个据点的组合而构成长城以北的边防线，是替代长城防线的边防手段。例如，位于内蒙古自治区托克托县的胜州榆林城即是唐代在河曲地区的重要边防设施，当地传说，在附近共有九座古城，另外，距公社东南约7千米的城坡村，还有三座古城，合称“十二连城”[9]。

诸如胜州榆林城址的据点式边防设施在汉晋长城以北地区多有发现，这些城、燧、亭、障、塞、关等边防设施与唐代对北疆的经营密切相关，是羁縻府州和节度军制的实物依托，通过政治及军事制度的串联，成为长城防线的代替品。

2. 青藏防线

青藏防线主要针对青藏地区的民族政权而言，其鼎盛阶段当属隋唐与吐蕃对峙时期。青藏地区纳入中央王朝的管辖已是元代之后的事情，蒙元之前，青藏地区与中原共同存在着不同的政权，尤其隋唐之时，吐蕃统一青藏高原，形成了与中原王朝前所未有的对峙局面。而吐蕃王朝灭亡之后，青藏高原再未出现强有力的政治势力，随着蒙古入藏，青藏地区纳入中央王朝版图，这条边界就失去了政治疆界的意义，但历代对青藏高原的军事防备从未放松过。

青藏高原因地理环境的原因，自然形成了一条封闭的边防线，仅有数条通道能够入藏，因此，历代的青藏防线也主要依托扁都口、河源、湟水谷地、日月山、洮岷、打箭炉、丽江、中甸等重要据点所形成的弧形屏障进行设防。唐初，吐谷浑被灭，吐蕃和唐直接接触，二者以日月山为界，唐王朝于日月山之东湟源修筑数座烽火台以备吐蕃，这些烽燧西可监控日月山以西的吐蕃，东可向唐王朝腹心传递信息，具有极强的军事防御意义[10]。而在西南地区，由于地理环境复杂，大型军事工程无法开展，依靠天险所建设的桥、关则成为重要的边防设施。例如，滇西北地区是吐蕃和唐、南诏争夺最为激烈的地区，吐蕃曾于金沙江和漾濞江上修筑铁索桥，但唐王朝出兵摧毁铁索桥后，吐蕃也就退出了这一地区[11]。

青藏高原在长时间内处于分裂状态，除了吐蕃时期之外，其他时期缺乏向东进攻的强大推动力。因此，在一定程度上也是中原王朝压力较小的防线，缺乏建设大型军事防御设施的需求，其据点分布在大范围内比较零散，但在小范围内又十分集中，往往突破一点即能够取得较大的军事胜利。

3. 海疆防线

中国古代对沿海的设防始于春秋战国时期，为了保卫自己的领地，也为了争霸。汉代以后，沿海设防的性质转变，由保卫领土变成了向外扩展疆域。但这并不是完全意义上的海防，只是中国地方性的沿海设防。自元代以后，尤其是明代开始，外敌对我国海上的入侵日益增多，出现了“倭寇之患”。到了明后期，西方殖民者从沿海入侵，中国才开始了现代意义上的海防。

明代海疆防线北起辽东、南至海南岛，构筑以卫城、所城为骨干，堡、寨、墩、烽堠和障碍物相结合的海疆防卫设施。北方重以大沽、辽东半岛和山东半岛的筑城设施，南方以浙闵海岸设防为重点。例如，明初筑厦门城，设永宁卫中左守御千户所，成为厦门城史纪元的开端。根据考古发掘，厦门城城址位于厦门岛的西南部，平面呈不规则圆形，南北长约436、东西宽约484米，城有四门，但均于20世纪20年代拆除，仅北门保留有门址。据对考证的城郭进行勘测，实际周长约1450米，面积近15万平方米。城垣采用两侧石墙夹砌、内填夯土的筑城方法[12]。据统计，“(明初)沿海共筑卫城和所城181座，下辖堡、寨、墩等达1622处。嘉靖年间，由于倭患加剧，又增筑了不少据点”[13]。

海疆防线是中国古代起步最晚的边防线，而且远不如陆防受到王朝的重视，是古代中国边防最薄弱的环节，成为大航海时代西方殖民者入侵的突破口。

4. 南北防线

南北防线是以秦岭、淮河、长江为天堑所形成的南北对峙边防线，在分裂割据时代是南北双方的边防线，尤以三国、两晋、南北朝、宋金时期为盛，如赤壁之战、淝水之战均是对南北防御线的争夺。南北防线是由东西两部分组成：西部以秦巴、川蜀山地为主要依托，建设寨堡、关隘等边防设施；东部以淮水、长江为天然屏障，又因地势平坦，无险可守，往往采取在江淮两岸筑城建津防御，策应天堑。

西部边防是南北防线的突破口，“故秦灭楚，晋灭吴，隋灭陈，必先举巴蜀，顺流以击吴之腰脊，兵不劳而迅若疾风之扫叶，得势故也”[14]。从宋代开始，契丹、女真、西夏、蒙古等矗立北方，虎视眈眈，宋朝也于秦巴、川蜀地区修筑寨堡、关隘进行防御，如大散关、钓鱼城等成了抗金、抗蒙的有效手段。在“避入山水寨……能恃险要，坚持抗金，颇收御敌之效”[15]的思想影响下，诸多寨堡成为南北防线西部据点，如钓鱼城（合州）、神臂城（泸州）、大良城（广安军）、铁锋城（普州）、重庆城、多功城（重庆府）、白帝城、瞿塘城（夔州）、赤牛城（梁山军）、天生城（万州）等在宋金、宋蒙对抗中起到的堡垒作用。而且被后世所沿袭，“每遇历史上蜀乱不止，民众便纷纷聚居到地险势胜的山寨上，耕战自保，以避兵祸。有时甚至州郡衙门也随之搬迁上去，在山寨上设官置府”[16]。明代平播之战杨氏土司所占据的海龙囤也是在沿袭南宋寨堡的基础上修建的[17]。

在南北防线的东面，历代皆设立州府、修建城池进行防御，形成了沿江、沿淮分布的一条城池带，结合江防、淮防共同组成御敌战线。南北防线对中国历史发展影响深刻、意义重大，在一定程度上是分裂的标志，南北防线的屡次修建都意味着古代中国进入了南北分裂的对峙时期，乃至解放战争时期都具有划界意义。

不同的地理环境和防备对象是边防设施建设的基本考虑要素，城防式边防设施因其对骑兵具有较强的限制作用而被应用于北部边疆，西南、江淮、沿海地区则大多建设据点组合式边防设施。但是，边防是系统的防御，每条边防线都是由各种设施共同组成的，长城沿线也修筑有城、堡、障、塞、燧、关等辅助设施，也采取了据点组合式的防守策略。

二、中国古代边防设施所形成的边界

边防设施的作用在于保卫疆土、防御外敌，其设立之处应当即为一个政权实际控制范围的边缘。从历史文献与考古材料来看，中国古代边防设施具有相对线性分布的特点，而且与文化或者族群的分界重合。在一定条件下，边防线往往就是族群的边界，族群边界是边防线设置的依据，不同的族群之间所设置的边防设施类型有所差别，因此，中国古代边防设施所形成的边界具有军事边界与族群边界的双重性质。

（一）长城边界

长城边界是依托长城及其附属设施，以及长城南北的据点组合式边防设施所共同构成的边界，是草原民族和农耕民族争夺的焦点，横跨我国东北、华北、西北边疆地区，处于蒙古高原南缘地带，受自然条件及作战方式的影响历代大多建设以城防式与据点组合式相结合的边防设施进行防御。这条边界是古代中国民族接触、交流、融合最为频繁的边界，匈奴、鲜卑、突厥、回鹘、党项、契丹、女真、蒙古等民族皆以突破长城边界为其扩张目标。长城边界既是对匈奴、突厥等民族扩张的限制，也是促进民族融合的一个接触面，或者是民族融合的缓冲地带。长城边界的确立，是华夏自我认同的表现，也是华夷分化的表现，自此华夷之间形成一条固态的边界，边界两边各为独立的文明，“燕与其他北边诸国筑长城，与秦汉统一帝国的出现，便是华夏族群边缘形成的具体化象征”[18]。因此，长城边界既具有族群（民族）划分的意义，也具有民族融合的作用。

（二）青藏边界

青藏边界是依托青藏高原外围的据点组合式边防设施所形成的边界，是中原民族与青藏高原民族的军事分界线。青藏边界受到自然环境制约，两边民族间的接触不甚频繁，民族融合的深度和广度都有所限制。从军事角度来看，青藏高原上的民族极少入侵中原，仅在吐蕃统一高原之时与中原频繁发生战争，吐蕃东进对民族融合具有深远意义，“吐蕃势力进入到青海、西域和川、康、滇边区，还使得这些地区原有的多民族‘杂居共处’的格局发生了激烈的动荡和重构，吐蕃势力在这些地区的渗透也加强了吐蕃与其他多民族之间的相互融合，这对于正在形成我国多民族国家过程当中的西部疆域影响十分深远”[19]。但此后二者之间的交流与冲突并不激烈。不激烈的交流与冲突进一步促使中原王朝对青藏边防设施建设采取了比较保守的策略，仅于要害之处构建据点进行防御，而且据点的设置进一步加强了青藏边界的稳固性，边界两边的政权都缺乏攻击、入侵对方的强烈需求。

（三）秦淮－长江边界

秦淮－长江边界是依托秦岭、淮河、长江等天堑，结合诸多军事据点所形成的边界，并且是中国南北的主要分界线，对中国历史发展有着重要的影响。从秦汉之后，长江流域得到了迅速开发，及至三国，魏与蜀、吴以秦淮－长江为界，以后数次分裂时期大都以此为界。魏、蜀、吴以秦淮－长江为界是族群内部的割据，而以后以秦淮－长江分界的时期大多与民族争斗有关。除了三国、五代十国时期，是汉唐诸侯、藩镇割据的短暂延续之外，东晋、南北朝、宋金对峙、宋元对峙等时期均为北方少数民族政权与南方汉族政权的对峙，这也反映出历次秦淮－长江边界的出现是所谓“华夏”族群势力退缩的表现。

秦淮－长江边界的边防设施以据点组合式为主，其拥有秦岭、淮河、长江等天堑，以及沿江淮修筑的城池，造成南北双方在江淮地区形成拉锯的态势，任何一方都难以从军事对对方造成致命的打击。纵观分裂时期的历史，南方政权的灭亡往往是由于内因与外因共同作用的结果，如南宋修筑的襄阳城、钓鱼城都是坚固的军事据点，给蒙古南下造成了不小的阻力，更甚于辽、金阻力。南宋之后，秦淮－长江边界基本失去了政治边界的内涵，偶尔成为地方分裂割据的凭据，但其具有的文化意义使之成了中国南北分界线。

（四）海洋边界

海洋边界是以海岸线为基础，建设军事据点以进行防御的边界。海洋边界是成熟较晚的边界，一方面是由于海洋方向长期未形成对中央王朝的威胁，朝鲜、日本、东南亚等地区往往归附于中国，其实力与中国相去甚远，无须防备；另一方面，古代中国对于海洋扩张的意识比较薄弱，与外界的沟通、交流不如陆路频繁。海洋边界所针对的对象是较为陌生的域外民族，尤其是在明晚期，西方殖民者对中国入侵往往让中央王朝措手不及，在缺乏了解的情况下采取防御措施比较被动。因此，古代中国未能形成较为成熟的海防意识，海防思想也主要是坚持近海防御策略，如明初朝廷在海防建设上的基本思想就是要在沿海各冲要之地，建立起一个“陆聚步兵，水具战舰”[20]的陆上坚守与近海巡剿相结合的防御体系，所以明代海防设施借鉴边防设施的特点，在沿海地区修筑据点组合式的边防设施以备海患。

总的来说，古代边防设施所形成的边界基本与我国的地理环境单元划分相关，因为军事活动与地理环境有着密切的联系，而一定的地理环境影响了一定的族群分布，族群又是军事活动的主体，边防设施的建设既是本族群的活动，又是针对他族群的活动。因此，边防设施所形成的边界与民族互动密切相关，既是民族之间互动的结果，又是民族之间互动的方式和渠道。而且边防设施依托于民族边界建设和发展，同时是对民族边界的确认，也是民族边界固态化的象征。

三、军事边界与民族认同

边界一旦形成，就具有一定的稳定性，尤其是作为具有军事意义的边防设施所形成的边界，无论边界两边民族、政治势力发生何种变化，其依旧稳固存在，为历代所沿袭。而民族边界的流动性比较显著，两个民族之间的边界往往因各种原因而发生改变。在民族边界与军事边界重合的时期，边界也就兼具稳定性与流动性，固态与动态交互的边界产生了推动民族互动、融合、认同的新动力。

（一）边界设置与民族差异

边界是两种事物差异化的产物，即边界的产生是相对的两种事物分化的产物。在历史上，军事边界的设置即是两个政治实体相互区别的结果，而且古代中国设置军事边界的两个政治实体根本的区别大多在于民族差异。

民族的差异性是导致政治实体之间划分军事边界的决定性因素。长城边界的设置就是由于农耕民族与游牧民族的生产、生活方式的差异化造成的，在长城未建设之前，北方草原地带已经经历了两三千年的游牧化过程，青铜时代之前长城以北地区仍流行农业生产方式。例如，距今 8000 年前的辽河上游的老哈河、西拉木伦河、乌尔吉木伦河一带是兴隆洼文化的中心，在兴隆洼遗址发现了十多排房屋，为半地穴式的方形或长方形建筑，排列有序，屋内有圆形灶坑，环绕聚落有一条防御用的沟壕，居民从事农业生产，有斧、锛、磨盘、磨棒等生产工具[21]。而进入青铜时代之后，农业生产、生活方式逐渐消失，逐渐向游牧生活方式转化。尤其在春秋战国时期，北方草原出现丰富的匈奴文化遗存，如具有代表性的鄂尔多斯青铜器，表明此时蒙古草原大部分已经游牧化，与南方农耕民族产生了本质性的差异。汉武帝曾言及匈奴，“逆天理，乱人伦，暴长虐老，以盗窃为务，行诈诸蛮夷，造谋籍兵，数为边害”[22]，也反映出民族之间的尖锐矛盾，长城边界也就应运而生。

一条民族边界一旦从实物上得以体现，就形成了固态的边界，加剧了民族之间差异。长城、青藏、海洋、秦淮－长江边界都是民族边界的固态化象征，其犹如竖立在民族之间的屏障，在一定时期内阻碍了民族间的交流。“边界的形成造成了一种社会心理氛围，英雄时代便由此产生。如果可以把成长中的文明的文化界限描述为一扇永远开放的友好之门，那么也同样可以把衰亡中的文明的军事边界比喻为一个不再开放的水域禁地的堤坝。友好之门是一个毫不张扬的作品，但安全可靠，而堤坝虽雄伟壮观，却岌岌可危，因为后者是人对自然法则的挑战，难免要受到惩罚。蛮族入侵者的洪流势不可挡地冲破这种军事堤坝，似乎成为所有大一统国家边界的命运。”[23]中国古代历史上的四条军事边界也如“文明的堤坝”，阻碍着民族之间的交流，而且都不可避免地被外族所冲破。

（二）边界消亡与民族共存

两种事物同时存在于共同的空间，即意味边界的消亡。两个民族之间的边界消亡即是民族融合的表现，在中国历史上往往表现为外族不断融入华夏民族，从而推动中华民族的“雪球”越滚越大[24]。在“滚雪球”的过程中，民族共存的基础在于边界消亡，而军事边界的消亡与民族共存密切相关。

事实上，军事边界的消亡并不意味着民族边界的消亡，但军事边界的消亡是民族边界消亡的前提条件，军事边界在民族大融合时期式微是显而易见的。十六国时期，北方分裂割据，长城已不再作为军事防线驻防，北方少数民族诸部陆续南下，匈奴、鲜卑、羌等民族在北方纷纷建立政权，进入汉族传统地区，产生了多民族共存的现象。

西晋末年，“关中之人百余万口，率其少多，戎狄居半”[25]。此现象也可得到考古资料的支撑，如西安草场坡发现的一座五胡十六国时期的墓葬，陶俑的数量大大增加，尤其是出现的具装俑、武士和仪仗鼓吹俑等不见于西晋的俑群。关中十六国时期形成的俑群组合可能反映了进入关中的胡族对晋卤簿制度的吸收和改造[26]。

至于北宋、蒙元统一阶段，秦淮－长江边界消亡，民族共存现象更为普遍，南北间的交流与互动促进了民族融合，对中华民族的发展有着积极的推动意义。而青藏和海洋边界本身就缺乏频繁的互动交流，甚至海洋边界在一定意义上至今还未消失。青藏边界在元代消失之后，也未出现大规模的内迁或外迁的民族迁徙运动，元、明、清三朝驻藏官兵当是迁入藏区的主要外来民族，在一定程度上推动了民族融合的进程。

（三）边界恢复与民族认同

民族认同是民族之间长期交流、融合的结果，是某一民族对另一民族文化及历史传统的认同和继承。边界消亡为民族共存提供了契机，而边界的恢复重建则是实现民族认同的一次确认。军事边界的恢复是国家对管辖范围的划定，边界恢复往往发生于新王朝建立之时。

古代中国长城边界的恢复出现在汉代、北朝隋唐、明代，这也是古代华夏民族重新定义的三个时期。汉武帝北击匈奴后，长城边界得以重新恢复。东汉初年，南匈奴内迁，定居河套，促进了民族融合。在陕北、青海、内蒙古等地发现的东汉时期南匈奴墓葬，虽然陪葬品仍旧保留匈奴民族的特色，但墓葬形制上反映出其已经接纳了汉式埋葬习俗[27]。

经历了十六国民族融合的洪流之后，北朝、隋唐逐步实现了华夏一统，北拒突厥，再一次恢复了长城边界。在此过程中，内迁中原的游牧民族接受了汉族的传统文化，逐渐认同汉民族的身份，并且将汉民族文化发扬光大。“自晋宋以来，号洛阳为荒土，此中谓长江以北，尽是夷狄；昨至洛阳，始知衣冠士族，并在中原；礼仪富盛，人物殷阜，目所不识，口不能传。”[28]这段话从侧面反映了“夷狄”对中原文明的认同，其在礼仪人物上继承了华夏传统，随着历史的发展，“夷狄”顺理成章地成为中华民族一分子，匈奴、突厥、鲜卑、羯、氐、卢水胡民族等已消失。唐王朝灭亡东突厥后，将十万突厥人安置在东起幽州（治所在今北京市西南），西至灵州（治所在今宁夏回族自治区灵武县西南）之间，在原先突利可汗统治地区设置顺州、祐州、化州、长州四个都督府，投唐的突厥酋长，都被授予将军或中郎将之职，五品以上官员有百余人，几乎占朝中同级官员总数的一半，突厥人迁居京城长安的将近1万户。这些内附的突厥人，也为中华民族的形成和发展注入了新鲜血液，推动了中华民族的认同。

明代重修万里长城，长城防线在历经宋、辽、夏、金、元之后得以重新恢复。这一时期汉人重新获得中原的控制权，民族认同主要表现在汉人与蒙古人的本民族“自知”认同上，具有一定的排斥性。蒙元失去政权后退居草原，始终与明朝处于敌对状态，长城再次成了民族融合的阻碍。但元明清时期我国的民族格局已基本形成，成吉思汗西征是我国历史上最后一次民族大迁徙，元代以后，民族关系基本稳定。清朝虽为少数民族控制的政权，但其从建国之初就接纳了汉民族文化，承袭儒家传统，在一定意义上也是对中华民族多元一体历史发展过程的认同。

青藏边界作为具有政治意义的疆界所存在的时期并不长，其对中原并未产生过实质性的影响，中原王朝对青藏边界的维持也具有长效性，未曾出现过长时间的消亡，恢复也就无从谈起。秦淮–长江边界是长城边界消失后中原文化最后的防线，其往往出现于南北分治之际，具有一定的偶然性，在边界延续上仅限于地理环境因素，而其每次出现，都是南北民族“自知”认同的结果，尤其是南方汉人对自身血统的坚定信念，南宋时期尤为突出。海洋边界至今仍然存在，代表了明代之后民族关系新的发展阶段，也是中华民族与世界民族交流的开端，并且海洋边界的出现，增强了中华民族整体的民族认同。

中国古代边防设施是民族国家在对外交流中军事活动的体现，建设系统完备的边防设施是各个朝代维护边疆安全的重要举措。而边防设施所形成的边界既是军事边界也是民族边界，具有固态与动态双重特点，边界的每一次变化，都是对民族认同和民族融合的推动。边界的设置是民族分化的结果，也是各民族自我认同的成熟体现；边界的消亡是民族融合的表征，为各民族共存创造了条件；边界的重新恢复，则是一次民族融合过程的结束，尤其是长城边界的数次恢复，都对中华民族的民族认同产生了重要的影响。

注　释

[1]〔英〕伯特兰·罗素（著），吴友三（译）. 权力论：新社会分析［M］. 北京：商务印书馆，2012：131.

[2] a. Fredrik Barth. *Ethnic Groups and Boundaries*［M］. Boston: Little, Brown and Company, 1969.

b.〔挪威〕费雷德里克·巴斯（著），李丽琴（译）. 族群与边界：文化差异下的社会组织［M］. 北京：商务印书馆，2014.

c.〔挪威〕弗里德里克·巴斯（著），高崇（译）. 族群与边界［J］. 广西民族学院学报，1999（1）.

[3] 参见：a. 罗哲文. 长城［M］. 北京：北京出版社，1982.

b. 肖华锟、艾廷和. 楚长城的建筑时间和形式考［J］. 江汉考古，2003（4）.

c. 王振中. 方城考［J］. 北京师范大学学报，2007（6）.

[4] 蒲天彪．青海省境内明长城保存现状分析与保护对策［J］．文物，2011（9）.
[5] 杨旭东，龙通燕．湘西凤凰发现南国长城“苗疆边墙”［J］．文博，2000（3）.
[6] 景爱．中国长城史［M］．上海：上海人民出版社，2006：54.
[7] 景爱．关于长城本体调查的有关问题［J］．中国文物科学研究，2007（1）.
[8] 李鸿宾．唐朝北部疆域的变迁——兼论疆域问题的本质与属性［J］．中国边疆史地研究，2014（2）.
[9] 李作智．隋唐胜州榆林城的发现［J］．文物，1976（2）.
[10] 闫璘．青海乐都、湟源境内唐代烽火台考略［J］．丝绸之路，2012（24）.
[11] 冯智．滇西北吐蕃铁索桥遗址及古藏文石碑考略［J］．中国藏学，1994（4）.
[12] 靳维柏，郑东．厦门城城址调查与研究［J］．中国历史文物，2004（6）.
[13] 史明星．中国历代海防发展概览［J］．军事历史研究，1992（4）.
[14] 王夫之．读通鉴论［M］．北京：中华书局，1975：83.
[15] 黄宽重．从坞堡到山水寨——地方自卫武力［A］．中国文化新论·吾土与吾民（社会篇）［C］．北京：生活·读书·新知三联书店，1992：242.
[16] 何平立．略论南宋时期四川抗蒙山城防御体系［J］．军事历史研究，1996（1）.
[17] 贵州省文物考古研究所，遵义市汇川区文体广电局．贵州遵义市海龙囤遗址［J］．考古，2013（7）.
[18] 王明珂．华夏边缘：历史记忆与族群认同［M］．台北：允晨文化，1997：186.
[19] 霍巍．吐蕃考古与吐蕃文明［J］．西藏大学学报，2009（1）.
[20] 张廷玉．明史［M］．北京：中华书局，1974：3754.
[21] 任式楠．兴隆洼文化的发现及其意义——兼与华北同时期的考古学文化相比较［J］．考古，1994（8）.
[22] 司马迁．史记［M］．北京：中华书局，1959：2923.
[23] ［英］汤因比（著），刘北城，郭小凌（译）．历史研究［M］．上海：上海人民出版社，2005：321.
[24] 费孝通先生的“中华民族的多元一体格局”将中华民族的形成过程比作“滚雪球”，认为：“在相当早的时期，距今三千年前，在黄河中游出现了一个由若干民族集团汇集和逐步融合的核心，被称为华夏，像滚雪球一般地越滚越大，把周围的异族吸收进入了这个核心。”参见费孝通．中华民族的多元一体格局［J］．北京大学学报，1989（4）.
[25] 房玄龄，等．晋书［M］．北京：中华书局，1974：1533.
[26] 苏哲．西安草厂坡1号墓的结构、仪卫俑组合及年代［A］．宿白先生八秩华诞纪念文集［C］．北京：文物出版社，2002.
[27] 杜林渊．南匈奴墓葬初步研究［J］．考古，2007（4）.
[28] 杨衒之（著），杨勇校（笺）．洛阳伽蓝记校笺［M］．北京：中华书局，2002：114.

Solid Boundary: Border Facilities and Ethnic Identity in Ancient China

ZHAO Cong-cang ZHANG Zhao

Border facilities are the embodiment of the ethnic boundary in ancient China. Border facilities in ancient China can be divided into two types: wall defense and combination defense, and forms four ethnic boundaries: Greatwall, Qinghai-Tibet, Qin-Huai, and coastline. Border Facilities has important influence on ethnic identity; especially the restoration of border facilities is an important basis of ethnic identity.

评估与选择：沉船考古方法的初步讨论

丁见祥

（国家文物局水下文化遗产保护中心，北京，100192）

水下考古学（Underwater Archaeology）与海洋考古学（Maritime Archaeology）是与沉船考古相关的两个概念[1]。前者从“水下”与“陆上”两种遗存保存环境、后者从“海洋性”与“陆地性”两类遗存性质出发，在若干案例研究的基础上，逐渐形成了有关理论、方法及相关技术。无论从哪种情况看，沉船作为古代航行风险与海事事件的直接体现都是其中特征鲜明的重要组成部分[2]。因此，也有研究者直接将调查、发掘、研究各类船舶实物、造船技术、船舶社会、交通贸易诸内容的学科领域称为“船舶考古”（Boat Archaeology）或“沉船考古”（Shipwreck Archaeology）[3]。本文即取此义，并以保存于水下环境的沉船遗址为主要论述对象。总体来说，单个沉船事故的偶然性与沉船群体分布的可能性相结合[4]，沉船事件的时间单一性与沉船区域的历时性相结合[5]，船载文物的体大量巨与有机脆弱相结合，沉船遗存的考古学普遍性与特殊性相结合是沉船考古的主要特点。这些特点在很大程度上规定或限制了沉船考古的理念、方法与技术。本文拟以沉船考古调查、发掘、保护等环节为主要内容，通过对已有水下考古实践的归纳、比较，对沉船考古的相关问题予以初步分析、总结[6]。

一、沉船资源调查

考古调查是考古工作的起始步骤，可分二义：一是研究对象缘此出现，调查以发现具体对象为目的；二是超越具体发现，意在以某种理论、理念为指导，通过若干方法设计，使调查成为考古学的系统研究方法。两者并行不悖、相辅而行。随着考古学理论方法和调查技术的进步，前者成为后者的目标之一，而后者在既定条件和方法前提下的“无发现”也会成为调查成果。

多年来，水下考古工作者通过陆地调查收集比选水下遗存线索，通过海洋物探设备（如多波束声呐、旁侧声呐、浅地层剖面仪、磁力仪等）对线索进行定位勘察，进而潜水评估其有无、年代、范围、性质诸问题，并采取进一步措施[7]。直到现在，在抢救性文物保护的背景下，这种方式还在水下考古（尤其是沉船考古）的工作中发挥作用。然而，以渔业生产、盗掘盗捞信息为线索的作业方式毕竟被动无序，而较为显著的沉船线索也日渐枯竭（图一）。从逻辑上看，过度单纯的“线索”导向不便于研究工作在调查阶段的提前介入，水下遗存的预防性保护也无从谈起。从水下考古学科建设与资源管理的角度出发，如何提高沉船调查的主动性、系统性，如何使早期调查、考古发掘与文物保护间的联系更为紧密合理亟须引起进一步的重视。下面列举“海坛海峡水下考古区域调查”与“台湾海峡荷兰东印度公司沉船调查”两个例子加以说明。

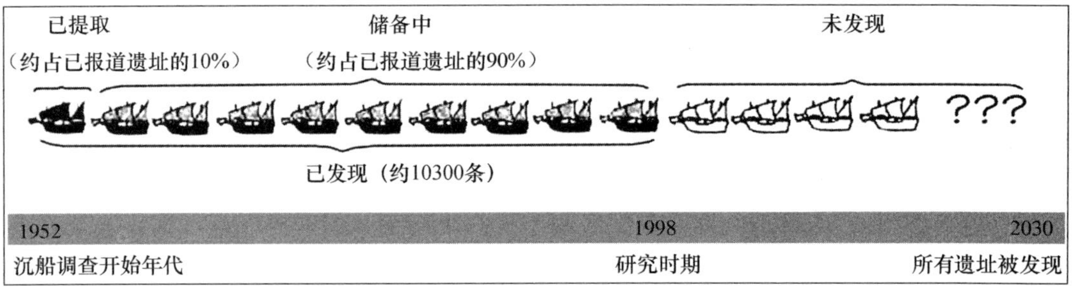

图一　世界沉船资源估算示意图

（据注释［16］Donald H. Keith & Toni L. Carrell, 2009. Fig.6 改制）

海坛海峡水下考古区域调查[8]：该案例通过系统收集资料，分析海坛海峡地理特征、风险分布、航路交通、历史地位与既有考古发现，从而形成信息叠合度最高的“目标区域”，以此作为主动性水下考古调查工作的优先选择。在目标区域内，使用海洋物探设备开展系统性探测以取得海床异常点（anomaly）数据，在对异常点数据进行图像解译与分类分级的基础上，通过潜水作业（潜水员或水下机器人）对其记录、确认、分析、研究。既有研究证明海坛海峡沉船发现、航海风险、航路分布、海域历史地位等要素高度契合，充分显示了对沉船事件进行历史研究、区域分析的可能性。反之，以区域为着眼点的调查方法也是提高水下考古调查主动性、系统性的合理途径。我们将上述流程叫作“水下考古区域调查法”。需特别指出的是，水下考古调查不同于陆地，既易陷入“大海捞针”、无从下手的窘况，又缺乏“所见即所得”的直观效果，不能机械照搬田野考古区域系统调查（systematic regional survey）。因此，如何形成一套行之有效的水下沉船探测技术与异常点识别方法以支撑“水下考古区域调查法”实践是目前的难题，这也正是水下考古物探技术应重点关注的研究方向。目前国内学界已有的零星探讨还未达到应有的深度，还有很长的路要走[9]。国外也已开始了类似研究。例如，韩国专门设立了水下文物探测技术课题，使用多种设备对已知水下埋藏对象进行探测，并从设备、频率、参数、扫测对象等角度详加考察，积累基础资料数据，以提升水下考古调查方法[10]。爱尔兰则利用其北海岸的多波束测深数据开展了异常点提取、特征解析、沉船辨识等一系列研究工作，总结并形成一套工作流程，效果良好[11]。

台湾海峡荷兰东印度公司沉船调查[12]：该案例是台湾“中央”研究院历史语言研

究所澎湖海域水下考古调查的组成部分。工作目的是针对特定时期、特定海洋活动空间内的特定海洋文化模式，系统搜集沉船记录，一方面分析船难事件的空间分布，为后续沉船调查提供引导；另一方面分析船难事件的区域类型、船只种类，以方便沉船遗址确认后的深入研究。在此研究中，作者利用荷兰东印度公司的沉船档案，整理出了39笔船难记录。从沉船船只类型看，台湾海峡荷兰沉船的可能种类有归国大船（retourschip）、快船（jacht或pinas）、平底货船（fluit）、岸援船（galjoot）、船载小船（scheepsboot）、组装船（afbreekboot）等；从沉船空间分布看，以台南安南安平（9笔）密度最高、福建厦门漳州（6笔）次之；从船难肇因、船只类型、与航行季节的关系看，超过60%的船难是自然因素所致，70%船难船只类型是300吨以下中小型快船与平底货船，近80%船难发生于夏、秋、冬季，显示出船难事件与台风和东北季风等极端海况的关联性。

上述两例互有异同。后者充分利用沉船、海难记录，将研究对象的空间分析前置，无疑可大大提高沉船调查的主动性与后续研究的综合性，在涉及诸如荷兰东印度公司沉船这类具有详细档案的课题时具有很高的学术潜力[13]。前者则是基于资源调查和区域研究的需要，策略性地形成“目标区域”，以“水下考古区域调查法”为指引开展主动性的调查工作，意在调整和克服以往对零星“线索”的过度依赖。在处理缺乏沉船、海难记录的特定时空对象时，“水下考古区域调查法”的思路十分必要。两例之共同点是根据调查对象的特点，致力于形成一种新的水下考古调查思路作为沉船资源调查的先导，以提升工作的指向性和前瞻性。

二、沉船考古发掘

“发掘”的本意为“挖掘埋藏在地下的东西”，也可引申为将不易发现的潜力、才能、事物揭示出来[14]。《中国大百科全书·考古学》指出，“考古发掘要把埋没在地下的遗迹和遗物揭露出来；在揭露过程中，遗迹和遗物不可避免地会受到不同程度的损坏……考古工作者的责任，在于采取最妥当、最严密的方法，使这种损坏降到最低的限度”[15]。从文物保护的立场出发，在一定程度上，“能否发掘”代表行业的一般能力，而“是否发掘”则是涉及行业伦理与资源管理的具体选择[16]。本节即以此为讨论宗旨，就目前所见沉船考古的一般处理方法予以总结。

根据联合国教科文组织《保护水下文化遗产公约》（2001），“原址保护”需要优先考虑。然而，“原址保护”需要相应的共生自然环境，需要依托一系列法律、法规乃至赖以平衡诸利益相关者的制度背景和社会前提，否则，“原址保护”很难实现。理论上讲，“原址保护”的对象可涵盖所有的水下遗址，因情境、场所、目标与能力的差异而衍生出不同的方式和做法，不能机械地看待“原址保护”。能否采取“原址保护”是评估后的一种选择，并不是水下文物保护的准则（表一）。

表一　沉船原址保护举例

序号	沉船遗址	国家与地区	保护方式
1	南澳Ⅰ号沉船[17]	中国	金属框架
2	Cavat 沉船[18]	克罗地亚	钢质框架
3	Mazarrón Ⅱ号沉船[19]	西班牙	沉船保护笼
4	Bigovica 沉船	黑山共和国	沙袋覆盖
5	Red Bay 沉船	加拿大	回填保护
6	Avondster 沉船[20]	斯里兰卡	聚丙烯网覆盖
7	Madang 二战沉船	巴布亚新几内亚	将沉船变为“人造礁石”
8	Villefranche-6号沉船[21]	法国	用环保材料隔离后，以散沙回填

“任何时代的考古学都存在着时代的局限性，任何考古发掘既是对地下文物的一种保护同时又是一种破坏。”[22]基于这种辩证关系，“原址保护”以外的各类水下考古工作都可视为“异地保护”。凡属“异地保护”，效果评估与后续安排前置尤为重要，其肯綮所系是如何选择。其中，表二-2-（1）“无船体”的沉船遗址系指无显著船体结构残留，或只存有零星散落船体构件及部分船载文物的水下遗址。对于此类沉船遗址一般采取分区、布方的常规发掘法，基本过程为表面调查、表层清理、扰层分辨、发掘记录，随后对出水文物进行保护性处理。表二-2-（1）-A“陆地发掘”与表二-2-（2）-A“陆地发掘”基本属于田野考古的作业范畴，根据遗存环境有时会使用“围堰发掘法”，核心思路是将沉船遗址作为比较单纯的遗迹单位用田野考古学的方法予以揭露、记录、保护[23]。表二-2-（1）-B“水下发掘”类型的沉船遗址是水下考古面对的主要工作对象之一。除由工作环境导致的技术系统差异外，基本理念、方法、步骤与表二-2-（1）-A“陆地发掘”大致一致，重点在于水下考古工作阶段性的评估及后续保护管理安排，这也是目前水下考古工作亟待改善的普遍性问题[24]。

表二　目前所见沉船考古方法分类表

<table>
<tr><th>标准</th><th>Ⅰ</th><th>Ⅱ</th><th>Ⅲ</th><th>Ⅳ</th></tr>
<tr><td rowspan="8">分类情况</td><td>1. 原址保护（in situ）</td><td colspan="3">原址保护的主要作业内容为调查、评估、保护与利用</td></tr>
<tr><td rowspan="7">2. 异地保护（ex situ）</td><td rowspan="2">（1）无船体</td><td>A. 陆地发掘</td><td rowspan="2">即常规发掘，如调查、发掘、记录等</td></tr>
<tr><td>B. 水下发掘</td></tr>
<tr><td rowspan="5">（2）有船体</td><td>A. 陆地发掘</td><td>含“围堰发掘法”</td></tr>
<tr><td rowspan="4">B. 水下发掘</td><td>a. 器物出水，船体编号、拆分、提取</td></tr>
<tr><td>b. 整体打捞</td></tr>
<tr><td>c. 整体发掘、分段切割、完整拼合</td></tr>
<tr><td>d. 文物出水，船体原址保护</td></tr>
</table>

表二-2-（2）“有船体”的沉船遗址系指有显著船体结构残留，存有大量或零星船载文物的水下遗址。从作业方式看，表二-2-（2）-B“水下发掘”类遗址是最复杂、最具挑战性的水下考古实践对象。针对不同的环境和需求，目前所见案例可细分为B-a，器物出水，船体编号、拆分、提取；B-b，整体打捞；B-c，整体发掘、分段切割、完整拼合；B-d，文物出水，船体原址保护等几种具体方式。其中，B-a项涉及遗址很多，海南华光礁Ⅰ号沉船[25]、浙江小白礁Ⅰ号沉船[26]、韩国马岛（Mado）沉船[27]都属此类。这是有船体水下沉船遗址的常规做法，基本步骤为表层清理、文物提取、船体编号、水下拆分、后期保护、复原展示等。一般而言，此类操作为彻底发掘，原址一般不再留有遗迹遗物。考虑到船体保护的超长周期与船体拼合的极端困难，需周密计划，慎之又慎。项目设计之初就需要综合考虑原址保护是否可能、全面发掘是否可行、后期保护是否有保障等因素。B-b项有英国玛丽·罗斯号（Mary Rose）沉船[28]、瑞典瓦萨号（Vasa）沉船[29]、中山舰[30]等案例，而最为复杂的是南海Ⅰ号沉船的整体打捞。在一定程度上，因其高代价、高难度特点，此类做法实属不得已而为之。譬如，南海Ⅰ号项目至少考虑了“原址保护”所面临的盗扰风险、抢救性水下发掘的困难、船体及所载文物的完整性、“外科手术式”室内发掘对信息采集科学性与系统性的保障等多项因素，最终提出了“异地保护”（Preservation ex situ）的思路，即以“整体打捞”的方式将沉船及其所在环境捆绑迁移到人工可控的环境中进行长期保护与展示[31]；瓦萨号沉船在打捞之初曾提出“冰块上浮法”“乒乓球填充法”“常规打捞法”（即双驳抬撬法）等多种比选方案，最终使周密的舱内发掘与长期保护展示成为现实[32]。由此可见，沉船的“整体打捞”确非常态，一般都需要系统考虑后期船体保护与长久展陈利用问题，这也是其挑战、压力之所在。表二-2-（2）-B-c项以法国的罗纳河3号（Rhone-3）沉船为代表[33]。该沉船系因河道清理而发现于阿尔勒市罗纳河一处古港口附近，是罗马时期运输大理石的内河船只。其作业流程由框定沉船范围，逐层清理，系统记录并提取器物；据沉船长度、可用设备打捞能力，尤其是保护实验室所能整体处理船体的尺寸，人为切割、分段保护；根据考古记录，船体重建、拼合展出等三个步骤组成。显然，这是基于调查、发掘、保护、研究、展示诸环节的整体化思路，既不同于习见的水下拆分船板的方式[表二-2-（2）-B-a]，也有异于完整意义上的整体打捞方式[表二-2-（2）-B-b]，而是尽力在两者之间取得适当的平衡。与其意涵相当的例子可以南澳Ⅰ号船载文物发掘与船体原址保护的务实做法为代表[表二-2-（2）-B-d][34]。

三、讨论与思考

上文围绕调查、发掘、保护等几个方面，对沉船考古的一般方法进行了粗浅的讨论与总结（表二）。概括来看，在既定技术水平和经费投入条件下，如何使沉船考古作业更好地符合考古学的标准，更好地满足文物保护的需要一直是沉船考古方法的基本遵循。时至今日，水下考古的研究基础虽更为牢固，可文物保护的压力却剧增，上述两点仍不失为沉船考古工作的重要参照和出发点。

（1）以田野考古眼光视之，与纷繁复杂的人类活动（盗掘盗捞活动除外）相比，素被称为“时间胶囊”的水下沉船只是一般的遗迹现象，其复杂性往往难与田野考古相提并论。即使如此，由于水下考古工作环境的特殊性，仍有一些问题使得沉船考古不具备田野考古的可靠性，有时甚至会被视作混乱无序的“混沌世界”[35]。实际上，这也是当下水下考古学这个更为广泛的领域所面临的最基本问题，需有意识地加以解决。前文引述的“水下考古区域调查法”就是借鉴了田野考古“区域系统调查”的某些思想，根据水下考古（尤其是沉船）调查的逻辑、需求而提出来的。反过来看，经过剧烈自然营力作用（包括陵谷代迁、沧海桑田意义上的自然营力），沉船在淤陆、滩涂等海相及河湖相沉积中也多有发现[36]。由于水下沉船堆积状态的形成有其自身的特点，在层位堆积、堆积物成因等考古学关键问题上，沉船考古无疑具备参与讨论的可能性，或可为上述问题的深入研究提供启发和借鉴[37]。

（2）1987年至今，中国的水下考古已有30多年，已积累了大量沉船考古实例。鉴于船体有无对沉船考古工作计划的重要性，若以是否有船体及船体保存状态为基本标准对中国已有的沉船考古案例进行分类，可得表三[38]。表三概括了曾经实施过的沉船考古项目及其一般做法。其中，泉州湾古船、绥中三道岗元代沉船、大练岛元代沉船、南海Ⅰ号、华光礁Ⅰ号、南澳Ⅰ号、小白礁Ⅰ号等在方法上较具代表性，工作的长期规划与阶段性安排相对明确，可谓典范之作。同时，也有很多沉船遗址显然既未彻底发掘也非原址保护，具有一定的随意性。在资源调查与文物保护的意义上，这种状态对后续现状评估、文物登录、资源管理等工作的开展多有不便，有时还会造成重复性工作及随之而来的资源浪费。前文已述如何进一步提高水下考古资料获取的科学性十分重要，而从较为宽广的行业管理出发，尽快形成贯穿各个工作环节的整体性思路和制度化安排则更为根本。对沉船考古与保护来说，无论采取何种作业方式，都涉及是否必要与能否可行的探讨，涉及工作方法与工作效果的权衡，也会涉及行业行为与利益相关者间的协商。上述整体性思路的形成，需要严谨的学术研究，也需要专业、规范和到位的行业管理。

表三　中国沉船信息分类简表

分类		名称	时代	船体遗存	处理方式
Ⅰ有船体	Ⅰa好	泉州湾古船	宋代	保存完好	陆地发掘，船体整体保护、展示
		南海Ⅰ号	宋代	保存完好	表层清理，整体打捞，异地发掘
		南澳Ⅰ号	明代	保存完好	完整发掘遗物，船体原址保护
		华光礁Ⅰ号	宋代	保存较好	完整发掘遗物，船体编号拆分提取
		小白礁Ⅰ号	清代	保存较好	完整发掘遗物，船体编号拆分提取
		半洋礁Ⅰ号	宋元	保存较好	重点调查，提取部分标本，船体未做处理

续表

分类		名称	时代	船体遗存	处理方式
Ⅰ有船体	Ⅰb差	碗礁Ⅰ号	清代	保存较差	分区发掘，提取遗物；随机提取部分船体构件
		定海白礁沉船	宋元	破坏较严重	提取器物
		大练岛沉船	元代	破坏较严重	提取器物
		九梁Ⅰ号	明代	保存较差	调查提取部分标本，船体构件移位、损坏
		北土龟礁Ⅰ、Ⅱ号	宋、元	埋藏浅，保存差	采集部分瓷器及铜钱，未涉及船体
		冬古湾沉船	明清	破坏严重	提取器物
		丹东Ⅰ号	清代	破坏严重	评估现状，提取标本，船体留原位
Ⅱ无船体	Ⅱa沉船	三道岗沉船	元代	船体不复存在	据以分析船体形态的大型凝结物留原址
		分流尾屿沉船	五代	遗址表面未见船体遗迹	提取部分标本，船体位置未确认
		沙洲岛沉船	元代	凝结物粘连部分船体构件	采集部分陶瓷器及少量凝结物
		老牛礁沉船	明代	未发现船体遗迹	采集少量沉船遗物，当地边防派出所亦曾收缴该址盗捞文物
		西沙石屿二号	元代	未见原生船板痕迹	遗物散落面积大，核心区重点勘探，采集部分标本
	Ⅱb其他	东洛岛沉船遗址	唐、宋至清	—	散落较多碇石，偶见零散船体构件。采集部分碇石及陶瓷器标本
		小练岛东礁沉船	元代	—	散落有碇石，分布有零散陶瓷器。采集一批陶瓷
		北礁19号遗存	明代	—	历代铜钱遗存，经1974、1975、2007、2010年几次调查
		门峡屿元代遗存	元代	—	未发现较集中的遗物堆积及船体残骸，采集一批沉船遗物

注：①本文主题为水下环境内的沉船考古，举凡码头、河道等淤陆沉船不作讨论；②此表意在分类说明，突出代表性，并不求全；③“Ⅱb其他”类是指未见明显船体的散落文物点或遗址性质可能是锚地、船舶停靠点的水下遗址，如小练岛东礁、长乐东洛岛等所谓的沉船遗址。

附记：本文据2015年11月“十六至十七世纪的海上丝绸之路国际学术研讨会”发言增补而成。在此，对会议承办者广东省博物馆深表感谢。

注　释

［1］ a.〔日〕小江庆雄（著），王军（译）. 水下考古学入门［M］. 北京：文物出版社，1996.

b.〔英〕基思·马克尔瑞（著），戴开元、邱克（译）. 海洋考古学［M］. 北京：海洋出版社，1992.

［2］〔丹麦〕蒂斯·马尔拉维尔德等（编），国家文物局水下文化遗产保护中心（译）. 水下文化

遗产行动手册：联合国教科文组织2001年《保护水下文化遗产公约》附件之指南［M］. 北京：文物出版社，2013：85.

［3］ 吴春明，张威. 海洋考古学：西方兴起与学术东渐［J］. 中国海洋大学学报，2003（3）.

［4］ 丁见祥. 沉船考古与海上丝绸之路［N］，中国文物报，2017-7-14（3）.

［5］ 前者一般被称为“时间胶囊”（time capsule）；关于后者，最生动深刻的表达应该是“沉舟侧畔千帆过，病树前头万木春”（刘禹锡）。

［6］ 沉船考古的中间过程、具体方法比较复杂，因工作目的、存在环境、保存现状、经费周期、安全状况的不同而不同，本文仅根据主题需要略有涉及。具体细节可参阅：

a．George Bass. *Archaeology Underwater*［M］. New York, 1966.

b．Jeremy Green. *Maritime Archaeology: a Technical Handbook* (2nd edn)［M］. London: Academic Press, 2004.

c．Amanda Bowens. *Underwater Archaeology: the NAS Guide to Principles and Practice* (2nd edn)［M］. Blackwell Publishing, 2007.

d.〔英〕基思·马克尔瑞（著），戴开元、邱克（译）. 海洋考古学［M］. 北京：海洋出版社，1992.

［7］ a．陈立群. 水下考古的陆地调查［J］. 福建文博，2005年增刊.

b．林国聪. 浅谈水下考古陆上调查［A］，宁波文物考古研究文集［C］. 北京：科学出版社，2008：167−178.

［8］ 丁见祥. 考古视野下的海坛海峡——兼谈水下考古的区域调查法［A］. 新技术·新方法·新思路——首届“水下考古·宁波论坛”文集［C］. 北京：科学出版社，2015：188−205.

［9］ 胡毅，丁见祥，等. 水下考古区域调查与海洋地球物理方法［J］，科学，2016，68（6）：32−35. 以及国家文物局“福建平潭海域（以海坛海峡为中心）水下考古区域调查”、国家海洋局公益项目“水下文物探测保护技术体系研究与示范”等科研项目的相关成果。

［10］〔韩〕文焕皙. 韓國泰安馬島水中文化財調查成果与向後課題. 韩国泰安马岛水下文物调查成果和后续课题［A］.“16至17世纪的海上丝绸之路”国际学术研讨会论文集［C］. 广州：岭南美术出版社，2015：63.

［11］ Dr. Ruth Plets, et al. Using Multibeam Echo-Sounder Data to Identify Shipwreck Sites: archaeological assessment of the Joint Irish Bathymetric Survey data［J］. *IJNA*, 2011 (40/1): 87−98.

［12］ 王瑜. 17世纪台湾海峡荷兰东印度公司沉船形态与分布［A］. 水下考古学研究（第一卷）［C］. 北京：科学出版社，2012：163−188.

［13］ Christian Ahlström. Documentary research on the Baltic: Three case studies［J］. *The International Journal of Nautical Archaeology and Underwater Exploration*, 1978 (7/1): 59−70. 此文介绍了波罗的海的类似做法。

［14］ 中国社科院语言研究所词典编辑室. 现代汉语词典（第7版）［G］. 北京：商务印书馆，2016：350.

[15] 夏鼐，王仲殊．考古学［A］．中国大百科全书·考古学［G］．北京：中国大百科全书出版社，1992：12．

[16] a．同［2］．手册通篇都涉及这一类问题．

b．Donald H. Keith & Toni L. Carrell. Going, Going, Gone: Underwater Cultural Resources in Decline［A］. *International Handbook of Historical Archaeology*［C］. New York: Springer, 2009. 作者将有限的水下沉船资源分为“已提取”（extracted）、“储备中”（in reserve）、“未发现”（undiscovered）三类，分别论述。

[17] 崔勇．“南澳Ⅰ号”发掘及原址保护技术——大型框架在发掘与保护中的运用［A］．新技术·新方法·新思路——首届“水下考古·宁波论坛”文集［C］．北京：科学出版社，2015：66–69．

[18] 弗朗西斯科·J. S. 阿尔维斯．水下考古径［J］．国际博物馆（中文版），2008（4）．

[19] Mazarrón Ⅱ、Bigovica、Red Bay、Madang 等沉船保护案例，见《水下文化遗产行动手册：联合国教科文组织 2001 年〈保护水下文化遗产公约〉附件之指南》，第 153、95、152、209 页。

[20] 马丁·曼德斯．就地保护：“优先选择”［J］．国际博物馆（中文版），2008（4）．

[21] 2016 年 9 月 30 日，法国水下考古所（DRASSM）采用此方式处理该遗址后续保护问题，笔者参与此项工作。

[22] 张忠培．中国大遗址保护的问题［J］．考古，2008（1）．

[23] 此类案例很多，基本为淤陆、码头、滩涂中的沉船。

[24] 一次或多次进入此类遗址调查是常有的状态。问题是前者并未彻底处理水下遗迹遗物，后者也缺乏多次工作的统一标准，且都缺少遗址管理与保护的后续跟进。正是在这个意义上，如何评估一项水下考古工作是否“结束”成为一个重要问题。

[25] 中国国家博物馆水下考古研究中心等．西沙水下考古（1998～1999）［R］．北京：科学出版社，2006：35–48．

[26] 宁波市文物考古研究所，国家文物局水下文化遗产保护中心．浙江象山县“小白礁Ⅰ号”清代沉船 2012 年发掘简报［J］．考古，2015（6）．

[27] Minkoo Kim, Whan Suk Moon. Tracking 800-year-old Shipments: An Archaeological Investigation of the Mado Shipwreck Cargo, Taean,Korea［J］. *J Mari Arch*, 2011 (6): 129–149.

[28] Peter Marsden. *Sealed by Time: The loss and Recovery of the Mary Rose*［M］. Portsmouth: The Mary Rose Trust, 2003.

[29] 瓦萨博物馆．VASA（国际书号：978-91-976923-9-7）［R］．2009．

[30] 王瑞华编著．百年名舰风雨历程：中山舰工作实录［R］．武汉：武汉出版社，2013．

[31] a．魏峻．“南海Ⅰ号”沉船考古与水下文化遗产保护［J］．文化遗产，2008（1）．

b．魏峻．中国水下文化遗产保护的新思维——以“南海Ⅰ号”保护项目为例［A］．2010 年水下文化遗产保护展示与利用国际学术研讨会论文集［C］．北京：文物出版社，2011：131–140．即使如此，作为世界首次完整意义上的沉船整体打捞案例，经验缺乏，对后期室内发掘、船体保护的难度估计不足的现象依然存在。

［32］ 同［29］.

［33］ ARC-nucleART. ARLES: Chaland Arles-Rhône 3［R］. Rapport d'activité, 2013/14.

［34］ 同［17］.

［35］〔英〕理查德·A. 古尔德（主编），张威，王芳，王东英（译）. 绪论：作为历史科学的水下考古学［A］. 考古学与船舶社会史［M］. 济南：山东画报出版社，2011：1-5.

［36］ 如泉州湾宋代海船｛福建省泉州海外交通史博物馆. 泉州湾宋代海船发掘与研究［R］. 北京：海洋出版社，1987｝、浙江象山明代沉船｛宁波市文物考古研究所. 浙江象山县明代海船的清理［J］. 考古，1998（3）｝、山东菏泽元代沉船｛山东省文物考古研究所. 山东菏泽元代沉船发掘简报［J］. 文物,2016(2)｝等，而“南海Ⅰ号”则是由于人为因素而形成的案例。

［37］ 张弛. 理论、方法与实践之间——中国田野考古中对遗址堆积物研究的历史、现状与展望［A］. 考古学研究（九）［C］. 北京：文物出版社，2012：812-813. 此文讨论了Edward C. Harris根据堆积物成因对考古遗存的分类，即本体遗存（indigenous remains）、残留遗存（residual remains）和下迁遗存（infiltrated remains）。其中，“下迁遗存”与水下考古密切相关，有进一步探讨的必要。

［38］ 参见：

a. 福建省泉州海外交通史博物馆. 泉州湾宋代海船发掘与研究［R］. 北京：海洋出版社，1987.

b. 魏峻. “南海Ⅰ号”沉船考古与水下文化遗产保护［J］. 文化遗产，2008（1）.

c. 广东省文物考古研究所. 广东汕头市“南澳Ⅰ号”明代沉船［J］. 考古，2011（7）.

d. 中国国家博物馆水下考古研究中心. 西沙水下考古（1998～1999）［R］. 北京：科学出版社，2006.

e. 中国国家博物馆水下考古研究中心. 福建连江定海湾沉船考古［R］. 北京：科学出版社，2011.

f. 中国国家博物馆水下考古研究中心. 福建平潭大练岛元代沉船遗址［R］. 北京：科学出版社，2014.

g. 张威. 绥中三道岗元代沉船［R］. 北京：科学出版社，2001.

h. 中国国家博物馆水下考古研究中心. 浙江宁波渔山小白礁一号沉船遗址调查与试掘［J］. 中国国家博物馆馆刊，2011（11）.

i. 中国国家博物馆水下考古研究中心. 福建平潭分流尾屿五代沉船遗址调查［J］. 中国国家博物馆馆刊，2011（11）.

j. 中国国家博物馆水下考古研究中心. 西沙群岛石屿二号沉船遗址调查简报［J］. 中国国家博物馆馆刊，2011（11）.

k. 中国国家博物馆水下考古研究中心. 西沙群岛北礁19号水下遗存的考古调查［J］. 中国国家博物馆馆刊，2011（11）.

l. 宁波市文物考古研究所. 浙江象山县“小白礁Ⅰ号”清代沉船2012年发掘简报［J］. 考古，2015（6）.
m. 栗建安. 闽海钩沉——福建水下考古发现与研究二十年［A］. 水下考古学研究（第一卷）［C］. 北京：科学出版社，2012.
n. 赵嘉斌. “碗礁Ⅰ号”沉船打捞纪实［J］. 中国文化遗产，2005（6）.
o. 福建沿海水下考古调查队. 福建平潭九梁Ⅰ号沉船遗址水下考古调查简报［J］. 福建文博，2010（1）.
p. 福建沿海水下考古调查队. 2008年莆田沿海水下考古调查简报［J］. 福建文博,2009（2）.
q. 福建博物院文物考古研究所. 长乐市东洛岛沉船遗址水下考古调查报告［J］. 福建文博，2014（4）.
r. 国家文物局水下文化遗产保护中心. 辽宁“丹东一号”清代沉船［J］. 考古，2016（7）.

Assessment and Selection: A Preliminary Study on Methods of Shipwreck Archaeology

DING Jian-xiang

From the perspectives of underwater archaeological survey, excavation and conservation, this article sets to summarize and discuss the general methods of conducting shipwreck archaeology. It is vitally important to actively and systematically launch shipwreck archaeological works, and to include assessment in the procedure of survey, excavation, conservation and presentation. This helps to structure the area of study and contributes to the overall cultural resources management scheme. In general, with current technological level and funding condition, when attempts are made to undertake shipwreck archeological works, priorities should be given to its better compliances with archaeological standards and the needs of heritage conservation.

考古与科技

俄罗斯远东滨海边疆区的早期粟和黍*

李　涛[1,2]

（1. 武汉大学历史学院考古系，武汉，430072；
2. 马克斯·普朗克人类历史科学研究所，耶拿，07745）

俄罗斯境内迄今最古老的驯化粟黍[1]发现于远东最南端的滨海边疆区，能够很可信地追溯到4800～4600 BP。根据现有的认识，以粟黍为主的旱地农业在远东的出现时间（显著）滞后于临近的中国东北和朝鲜半岛。如何理解早期农业出现在东北亚不同地区的时间差，与许多重要的考古人类学问题和假设密切相关，如文化和技术的传播、人群的互动与迁徙、语言转移和演化（language shift and evolution）、基因替换（genetic replacement）、环境适应、生计方式转变和社会的复杂化进程。对某一地区或文化的内在发展过程和发展动力进行探索和调查，是解答这些问题的一个关键思路，可以解释农业活动为何会（率先）出现在特定的时间或地点。但需意识到，对不同的区域和文化进行比较研究，更有助于理解早期农业在时间和空间上的变化和发展。

国内对远东早期农业的发现和研究报道较少，在一定程度上限制了比较研究的开展。有鉴于此，本文介绍了远东滨海边疆地区与粟黍有关的早期遗址和发现，希望通过简述俄罗斯（及西方）学者对该地区早期农业的思考，为国内学界就旱地农业在东北亚（尤其是远东）的出现和传播提供材料和思路。

* 基金项目：欧盟地平线2020项目“小米与大豆，语言和基因：跨欧亚大陆语系的起源与传播（Millet and Beans, Language and Genes: The Origin and Dispersal of the Transeurasian Family）”。项目编号：646612；项目负责人：Martine Robbeets博士。

一、远东南部的滨海边疆区

在现代自然地理学中，俄罗斯远东（the Russian Far East）指的是俄罗斯东部介于贝加尔湖与西太平洋之间的疆域，是东北亚太平洋沿岸的一部分。滨海边疆区（Primorsky Krai 或 Primorye Province，也称 Maritime Territory）位于远东的最南端，西边与中国东北的黑龙江和吉林两省接壤，南边与朝鲜的罗先（Rason）直辖市接壤。

就自然植被、气候等条件而言，滨海边疆区是远东较适合发展农业的两个地区之一（另一个为今天的阿莫尔州，Amur Oblast）。今天的滨海边疆区境内，广泛分布着山区森林，并在兴凯湖（Lake Khanka）周边分布了大片的低地和森林草原，自然植被主要由 C_3 型光合作用植物组成[2]，C_4 型光合作用植物以青狗尾草（green foxtail，*Setaria viridis*）最为常见[3]。气候方面，根据 Novakovsky 的研究[4]，在温度、湿度、风力、雾日等条件上，滨海边疆区比远东其他辖区更加温和，可称为远东“最温和的地区”。植被更加茂盛，牧期更长，因此，滨海边疆区的绝大部分区域具备发展畜牧业和农业的潜力。以滨海边疆区西南部的乌苏里斯克市（Ussuriysk，也称双城子）为例，20 世纪初，该地区的农业种植普遍而密集，作物种类多样，有小麦、黑麦、燕麦、大麦、荞麦以及由大量中国和韩国移民种植的粟、大豆、玉米以及水稻。

历史上（19 世纪以来）的滨海边疆区，始终拥有远东地区相当高的人口密度，并在很长的一段时间内，保持着居高不下的农业人口数量和比例[5]。古环境和古气候方面的数据同样支持这一结论。早在大西洋期（the Atlantic period，ca. 8000 ~ 5000 BP），滨海边疆区就已经形成了相对温暖潮湿并且适宜定居和发展农业的气候与植被[6]。同样在这一时期，滨海边疆区相继涌现出众多的区域性新石器时代文化，如孔东（Kondon）文化、博伊斯曼（Boisman）文化和扎伊桑诺夫卡（Zaisanovka）文化，并且出现了远东最早的农业活动[7]。

极其复杂的人群组成（包括诸多东亚少数族群以及突厥、通古斯等语系）和频繁的人口流动是滨海边疆区区别于远东其他辖区的另一重要特征[8]。近代史上，在经济、文化、技术、信仰等多个方面，滨海边疆区与临近的中国东北和朝鲜半岛北部发生过尤其频繁的联系与交流。站在考古发现的角度，上述地区间的人群互动可以追溯到上万年前[9]。旧石器时代晚期晚段（15000 ~ 10000 BP）甚至更早，滨海边疆区与中国东北和朝鲜半岛之间就已经发生过针对黑曜石（obsidian）和黑曜石制品的交换活动，空间跨度常常以数百千米计。进入新石器时代[10]（尤其是 10700 BP 之后[11]），跨区域的联系和交流更加活跃和持续，并见证于陶器[12]或稍晚出现的驯化作物[13]。

简而言之，众多的线索指出，滨海边疆区与中国东北和朝鲜半岛（特别是东北部）

的联系由来已久。另外，考古发现证实，滨海边疆区拥有目前远东最古老、最密集和最丰富的粟黍遗存[14]。考虑到它特殊的自然条件和地理位置，毫无疑问，滨海边疆区是研究旱作农业在东北亚传播的重要区域之一。

二、滨海边疆区出土粟黍的早期遗址和粟黍的发现

滨海边疆区早期驯化粟黍的发现主要集中在该地区的南部。截止到 2013 年，远东发现过驯化粟或黍并由此推论可能存在早期农业活动的遗址大约 10 个[15]（此处只计算明确鉴定出粟或黍的遗址，不含出土疑似粟黍或驯化作物花粉的遗址）。除 1 个遗址位于滨海边疆区的东部外，其余 9 个均位于滨海边疆区的南部[16]。

位于南部的 Krounovka 1 遗址，属于扎伊桑诺夫卡文化，出土了 27 个驯化黍粒（含 5 粒疑似）以及 1 个疑似粟粒[17]。出土粟黍的地层年代为 4670 ~ 4640 cal BP。这是目前远东年代最早的驯化黍[18]。Kuzmin 据此提出，俄罗斯远东种植粟黍的历史不少于 4800 ~ 4600 年[19]。因此，本文“早期”遗址的年代上限落在 5000 BP 前后[20]，属于滨海边疆区的新石器时代晚期。

本文收录的年代最晚的粟，出土于 Lidovka 1 遗址，遗址的测年结果为 2540 ± 40 BP，属于远东青铜时代末期 / 铁器时代早期。因此，2500 BP 暂且作为“早期”遗址的时间下限。

远东最早的农业活动以种植粟黍为主，这与中国东北和朝鲜半岛的情况十分相似[21]。但根据已有的测年数据，可以肯定，远东农业活动的开始时间（明显）晚于中国东北（以兴隆沟遗址为例，7650 cal BP[22]）和朝鲜半岛（以朝鲜半岛南部为例，5500 cal BP[23]）。

在植物考古学中，鉴定为有驯化特征的粟或黍，通常被看作是旱作农业活动出现的直接证据。除 Krounovka 1 和 Lidovka 1 遗址外，还有 7 个遗址发现了驯化粟或黍的谷粒[24]。这 7 个遗址的年代落在 4800 ~ 2500 BP 这一时间段内，按早晚依次是[25]：Bogolubovka 1（至少 10 颗黍粒）；Sheklyaevo 7（1 颗黍粒）；Kirovsky（粟粒）；Gvozdevo 4（黍粒和粟粒共 6 颗）；Zaisanovka 1（少量粟粒）；Novoselishche 4（48 颗黍粒和 4 颗粟粒）；Rettikhovka-Geologicheskaya（发现以粟和黍为主的大量植物遗存，仅从一个房址的发掘单元中，就出土了 1615 颗完整的粟粒和 370 颗完整的黍粒）[26]。最近，在 Risovoe 4（位于滨海边疆区南部），俄罗斯考古学家发现了粟黍的谷粒以及相关的花粉和植硅体。该遗址的测年数据尚不可得，但根据地层关系及出土遗物，推断粟黍的年代为新石器时代晚期（5000 ~ 3000 BP[27]，笔者注）[28]。

以上提到的粟黍，要么出土于居住遗址，要么出土于层位关系清楚的地层，有相对确切的年代信息，因此是研究滨海边疆区早期旱作农业的可靠材料。

此外，一些间接证据指出，滨海边疆区的其他早期遗址可能同样存在过旱作农业

生产[29]。例如，在 Zaisanovka 2（地层年代 5000 ~ 4500 BP）和 Valentin-peresheek（地层年代 4320 ± 90 BP），发现了谷物类花粉；在 Boisman 2（地层年代 3710 BP）发现了疑似驯化作物的花粉。

除花粉外，间接证据还包括可能作为农业生产工具使用的石制品以及陶器上的植物印记。例如，Kruhanov 撰文称，根据学者对石器工具的研究，可以推测，在公元前第三千至第二千纪，农业就已经出现在阿莫尔河盆地和滨海边疆区[30]。在 Zaisanovka 7，虽然浮选法（water flotation）未发现驯化作物，但一件陶器的底部存在明显（属于黍）的植物印记（imprint）[31]，并且该遗址还频频发现手扶犁（handheld plows）、锄头（hoes）、石刀（knives）等工具[32]。因此，Zaisanovka 7 也被认为极有可能出现过早期农业。

在当时的研究环境下，花粉、石器工具等间接证据，通常不能明确农业生产中的作物种类。但根据遗址或器物的年代（5000 ~ 3500 BP），以及对远东早期农作物种类的现有认识[33]，可以确定，假如当时、当地存在过农业生产，则农作物应当为粟黍。

上面提及的遗址年代和出土粟黍等信息，见表一。

表一　滨海边疆区出土的粟黍及相关遗址的信息

遗址名称	时代和所属文化	作物或地层年代 /BP	作物种类和存在形式
Zaisanovka 2	新石器时代晚期，Zaisanovka 文化	5000 ~ 4500*	谷物型花粉
Krounovka 1	新石器时代晚期，Zaisanovka 文化	5200 ~ 4700 4670 ~ 4640	黍粒和疑似粟粒
Bogolubovka 1	新石器时代晚期，Zaisanovka 文化	4660 ~ 3890	黍粒
Mustang 1	新石器时代晚期，Zaisanovka 文化	4660 ± 60 4050 ± 70	疑似粟粒
Valentin-peresheek	新石器时代晚期，Zaisanovka 文化	4900 ± 200 4320 ± 90	谷物型花粉
Sheklyaevo 7	新石器时代晚期，Zaisanovka 文化	4435 ± 45 4430 ± 45**	黍粒
Kirovsky	青铜时代，Sinegaiskaya 文化	4150 ± 60	粟粒
Gvozdevo 4	新石器时代晚期，Zaisanovka 文化	4130 ± 40	黍粒和粟粒
Zaisanovka 1	新石器时代晚期，Zaisanovka 文化	4010 ± 45 3970 ± 30	粟粒
Novoselishche 4	新石器时代晚期—青铜时代，Zaisanovka 文化	3840 ± 40*** 3755，3170 3090 ± 30***	黍粒和粟粒
Boisman 2	新石器时代晚期，Zaisanovka 文化	3710	疑似驯化作物的花粉
Rettikhovka-Geologicheskaya	新石器时代晚期，Zaisanovka 文化	3390 ~ 3280	粟和黍

续表

遗址名称	时代和所属文化	作物或地层年代 /BP	作物种类和存在形式
Risovoe 4	新石器时代—青铜时代	5000 ~ 3000*	粟粒和黍粒
Lidovka 1	青铜时代， Lidovskaya 文化	2540 ± 40	粟粒

* 此数据是地层比较后推测的年代。表格中其他年代数据，如不作特别说明，均为地层出土物的测年结果。

** 此数据是地层中出土陶器表面残留物的测年结果。

*** 此数据是对炭化作物的测年结果。Novoselishche 4 是目前远东唯一拥有此类数据的遗址。

三、学术界对远东农业发生的思考

通过以上介绍，明确了三点：①远东的早期农业以种植粟黍为主，且相关遗址集中分布在远东南部的滨海边疆区；②滨海边疆区最早的农业活动发生在 4800 ~ 4600 BP，并可能上溯至 5000 BP；③远东最早的粟黍，在出现时间上，显著落后于中国东北（目前普遍认可的以粟黍为主的旱地农业的中心之一），也晚于朝鲜半岛（代表性的观点认为，朝鲜半岛并非旱作农业的起源地，而是农业传播过程中形成的次级中心）。

在上述信息的基础上，俄罗斯（及西方）学术界目前较普遍的看法是，远东以粟黍为主的旱地农业不是该地区独立发生、发展的结果，而是从其他地区传入并进一步传播的。中国东北被认为是远东旱地农业技术最早的和最可能的来源地。下文简要介绍这一认识的发展过程。

俄罗斯学术界对远东农业起源的密切关注，开始于 20 世纪 60 年代。对这一课题的早期探索，主要依赖于间接的证据（地层中出土的花粉和石质工具），因此，其研究结果（农业最早出现的时间和地点）有较大的误差和不确定性。从 20 世纪 90 年代开始，加速器质谱 ^{14}C（Accelerator Mass Spectrometry ^{14}C，简称 AMS ^{14}C）测年技术在远东南部得到逐渐广泛的应用。根据考古发现和测年数据，以 Yaroslav V. Kuzmin 为代表的俄罗斯学者，确立了远东诸地区从旧石器时代到中世纪文化序列的年代范围，并在之后的数十年中，持续不断对年代框架进行精细化[34]。

2002 年，根据从远东 59 个重要遗址获取到的 190 个测年数据[35]，Kuzmin 提出若干重要观点，包括远东从旧石器时代向新石器时代的过渡大约发生在 13000 ~ 10000 BP；远东最早的陶器制作时间为 13000 BP；6000 BP 前后，远东的人群开始开发海洋资源；4000 BP 前后（后修正到至迟 4800 ~ 4600 BP[36]），远东出现以粟黍为主的旱地农业。

根据后续花粉分析、植物大遗存、动物考古以及食谱分析方面的进展，可知就食物种类和获取途径而言，从旧石器时代过渡到新石器时代的一段相当漫长的时间中，滨海边疆区以及远东其他疆域的人群主要从事狩猎、捕鱼和采集[37]。直到 5000 BP 前后，农业才率先出现在滨海边疆区[38]。在远东大陆的其他地区，植物栽培晚至 3000 BP 才出现；在远东的岛屿（如萨哈林岛），农业的引入时间甚至晚到1600 ~ 1800 AD[39]。因此，学术界最先达成的共识是，滨海边疆区是远东史前农业最初的发生地[40]。

至于滨海边疆区农业的发生问题（即什么时候由谁最早在哪里开始的农业生产），学术界经历了一个较长的认识过程。

20世纪60年代末，根据远东发现的新石器时代的谷物脱粒工具（grain grater），学者Okladnikov和Brodiansky提出，扎伊桑诺夫卡文化的创造者就是滨海边疆区最早从事农业生产的人群。后来（20世纪80年代），Brodiansky甚至将该地区农业的发生时间提前到公元前第五千纪[41]。

Okladnikov和Brodiansky提出了植物驯化的远东起源论（Theory of the Far Eastern nidus），认为远东是一个独立的植物栽培和驯化的中心，并且特别提到粟黍和豆类作物。需要说明的是，Okladnikov和Brodiansky所指的"远东"是一个宽泛的地理概念，包括今天远东南部的滨海边疆区、朝鲜半岛和满洲地区（中国东北）。他们还认为，远东的作物栽培与中国北方的仰韶文化有着密切联系[42]。

从现有的考古资料看，Okladnikov和Brodiansky的认识大致正确，但也有不足之处。例如，他们的论断主要基于间接证据，包括锄头、石磨盘等（疑似）农业工具，缺少直接证据（如驯化植物的种子）。此外，他们注意到中国东北是远东旱作农业技术的潜在来源地，并提出远东与中国北方的联系，但鉴于当时兴隆洼、兴隆沟以及其他北方重要遗址尚未发现（或发掘），他们将这种联系的唯一源头追溯到了黄河流域的仰韶文化。做出这样的判断有当时材料和认识的局限，后续中国境内（尤其是东北地区）粟黍的发现证明了这一论断的武断。

20世纪80年代中后期，通过^{14}C测年以及东北亚的考古新发现（主要是年代较早的粟黍遗存和从事过农业生产的早期遗址），Kuzmin等学者提出，远东的植物栽培在时间上可以上溯到距今4200 ~ 3700年，并指出其源头在临近的中国北方或中国东北[43]。这一看法受到了兴隆洼遗址和相关粟黍遗存的启发。到20世纪90年代后期，Kuzmin更加明确地提出，在公元前第四到第三个千纪的后期，以粟黍为主的旱地农业，从中国东北传播到朝鲜半岛和俄罗斯远东的滨海边疆区[44]。

Kuzmin的观点以植物考古和绝对测年两方面的研究为基础，并且不断地在考古新发现和新测年数据中进行检验和修正。Kuzmin始终没能提出旱作农业从中国传播到远东的具体路线[45]，但他关于"远东农业起源于中国东北"的论述，被不少俄罗斯（及西方）学者广泛引用。不过，严格来讲，Kuzmin的论断中，假设成分比较多，直接证据仍有不足。

20世纪90年代到21世纪初期，学者Vostretsov从文化生态学的角度提出，远东农业最早出现在滨海边疆区，是当时生活在该地区南部海岸以海洋资源为生的人群（即扎伊桑诺夫卡文化的创造者）与掌握农业知识的外来人群交流的结果。他认为，从全新世中期到晚期，滨海边疆区在文化传统上存在四个转折点（turning points，实为“转折的时间段”，笔者注），这些转折与阶段性的气候转冷和海平面降低相关。Vostretsov 的看法是，最早的农业出现在 5400 ~ 5200 BP（亦即第一个转折段），由于当时的气候变动和随之的景观变化，严重影响了以渔猎为主导的生计基础，导致人群对新的生计方式（如农业）产生需求[46]。

Vostretsov 将人群迁徙和气候—生态变化进行结合，用来解释文化现象，因此，他的观点在本质上依然属于“远东农业外来”学说。在他的另一篇文章中，Vostretsov 明确地指出，其假设中的“掌握农业技术”的人群来自临近的满洲地区（中国东北）[47]。

最近十几年，关于远东旱地农业起源的讨论[48]，持续采用 Kuzmin 等学者的观点，即认为该地区以粟黍为主的史前农业开始于 5000 BP 左右，受外来因素（如气候和迁徙人群）影响，最早发生在滨海边疆区的南部，中国东北和朝鲜半岛北部可能是远东农业的源头。不过，没有或很少讨论的问题是：如果远东农业是由外传入的，是什么人通过何种途径，将农业技术带入到远东？以及远东土著人群出于什么原因选择将农业纳入生计方式中？

为探讨这些问题，新的研究动向开始关注远东（尤其滨海边疆区）史前社会的内在发展过程和动力。例如，Popov 等人指出，现有的研究通常太过于关注生计方式或基本的技术转变，而忽略了社会和精神层面的活动。他们提出，在全新世气温最宜期（Holocene climatic optimum），滨海边疆区的人群创造性地发展出多种生计方式（包括许多处理和储存食物的方法），获取多样和丰富的自然资源，由此形成独特的文化和技术，定居人群不断增长。这些人群对特定的地理位置有独特的偏爱，并通过宴享、葬礼仪式以及对地区资源的控制和维护，巩固社会认同，并最终造就了博伊斯曼文化。而当气候和环境转变后，生计方式和社会组织不得不发生变化，以粟黍为主的农业生产的引入，就是该地区人群对新景观的适应表现[49]。

毫无疑问，以上类型的研究，最终将帮助我们更好地理解：为什么在滨海边疆区生活的人群，放弃习惯数千年的生活方式（渔猎和采集），转而将农业纳入到生计方式中？

另外，多学科交叉研究因为其综合性、创新性和前沿性，很有希望成为深入理解远东农业产生和发展的另一个潜在但异常重要的推动力量。例如，根据历史比较语言学的研究，Robbeets 博士提出跨欧亚大陆语系（Transeurasian languages），认为它应包括日语、韩语、通古斯语、蒙古语和突厥语，并且这五种语言发端于一种共同的语言：原始跨欧亚大陆语系（proto-Transeurasian languages）。Robbeets 博士认为，原始跨欧亚大陆语系的人群最早生活在中国东北的西辽河一带，之后扩散到东北亚的其他地区。为解释跨欧亚大陆语系的不同语族在东北亚（尤其是向俄罗斯远东南部、朝鲜半岛和日本列岛）的传播，Robbeets 博士主张从旱地农业传播的视角去思考，并希望结合考古学和古 DNA 的证据，寻找人群和语系在东北亚的不同时间点和不同地区间（包括中国北方和中国东北、朝鲜半岛、日本列岛和俄罗斯远东）的传播证据[50]。此类研究，有望为论证人群迁徙、语言和农业传播提供切实的数据和可验性假设，让远东农业的来源问题不再局限于主观论断。

四、总结和展望

俄罗斯远东早期农业及相关问题在很长一段时间内迷雾重重，其出现时间、地点及作物种类等信息一直模糊不清（或说法不一）。直到20世纪90年代，得益于^{14}C（尤其是AMS ^{14}C）测年技术和植物遗存的考古发现，才使这一状况得到极大改观。经过近三十年的探索，学术界已经就远东早期农业的发生和发展达成了一些基本共识。例如，明确了远东是以粟和黍为主[51]的旱作农业，且最早的农业活动出现在5000 BP前后的滨海边疆区，比远东其他辖区提前至少一千多年。关于远东旱作农业的来源，学术界比较一致地认为，该农业技术是从滨海边疆区的临近地区传到远东，且中国东北是非常可能的来源地[52]。

现阶段下，仍有不少的问题亟待解决或厘清。例如，如果旱作农业是从中国东北传到远东的滨海边疆区，那么这一过程最早发生在什么时候，经由哪些人群在什么样的背景下完成？从已有数据看，5000 BP前后是一个关键的转折点。如果这一时间上限在未来不作大的调整，那么不排除中国东北的史前定居农耕社会（6500 ~ 5000 BP有着发达农业生产技术的人群）与远东南部人群接触、交流并由此传播农业技术的可能。至于这种交流的动因和本质，则需要从考古学文化本身（当时的人口规模、文化和社会政治、经济水平、环境和气候因素等）及其动态的和发展的轨迹中寻找答案。

当然，以上的假设还涉及一个非常复杂的问题，即农业究竟是技术传播还是人群扩散的结果。要回答这一问题，仅仅依靠测年数据和理论假设是不够的，而应该从不同的角度或不同学科的背景去理解。如前所述，除考古学外，历史比较语言学和古DNA研究都有回答上述问题的潜力，能够从各自学科的特点出发，提供量化的数据，并对理论假设进行验证。

需要指出，以上思路是否能够顺利实施，与远东现有研究资料是否充分和可得密切相关。至少从目前看，要深入研究远东史前农业的发生和发展问题，需要克服以下几点挑战。

首先，大多数俄罗斯考古资料仅以俄文发表，最原始的发掘报告和数据因此难以被普遍获取和使用。

其次，以英文发表的俄方资料通常把注意力集中在作物鉴别和遗址测年上，往往忽视对遗址的考古学分析，因此，缺乏对遗址的考古学信息（聚落分布、遗址功能、居址结构、居住规模等）必要和充分的说明，粟黍在不同遗址中的作用和可能的地位因此难以评估。

最后，虽然学术界普遍将远东农业的来源地归于中国东北或中国北方，但事实上，中俄之间在史前文化的比较考古学研究开展较少，中国学者对远东早期农业了解有限或不全面，这一点从相关文献的引用情况可以看出。另外，对中国北方和中国东北近十年来的动植物考古进展，俄罗斯学者所知也不多。因为没有比较研究，远东旱作农业的起源问题一直停留在假设层面，很难得到系统的论证。在未来的考古学研究中，关注滨海边疆区植物考古资料的同时，尤其需要考察分析一些可量化的数据（粟黍的绝对数量、出土概率等），观察是否跟中国东北或中国北方某些地区的数据更加相似。这可能会为探讨旱作农业向远东的传播路线开拓新思路。

附记：感谢 Yaroslav V. Kuzmin 教授（俄罗斯科学院西伯利亚分院，索伯列夫地质与矿物学研究所）和 Elena A. Sergusheva 博士（俄罗斯科学院，远东历史考古民族研究所）帮助检查和确认文中提及遗址和出土粟黍的情况。感谢 Sergusheva 博士提供最新的远东植物考古学资料。吴传仁先生（匹兹堡大学人类学系）和王欣博士（武汉大学考古系）阅读了论文并提出建设性的意见，历史语言学家 Alexander Savelyev 博士（马克斯·普朗克人类历史科学研究所，德国）为笔者翻译了 Sergusheva 博士（2016 年）的部分段落，刘彦君女士（耶拿大学，德国）帮助整理了 Kuzmin 教授的研究成果，在此一并致谢。

注　释

［1］ 此处“驯化”一词，指直接或间接为人类需要而栽培的植物，具体来说，主要指根据形态特征判断为栽培型的粟（Foxtail millet，*Setaria italica*）和黍（Broomcorn millet，*Panicum miliaceum*）。后文的“旱作农业”“旱地农业”“早期农业”等词语均特指上述两种作物。另外，“粟黍”一词仅依口头表述习惯而使用，“粟”与“黍”的先后关系并不明示或暗示两种作物在出现时间上的早晚以及在出现频率或出土数量上的差别。

［2］ C_3 和 C_4：指植物进行光合作用并将阳光和大气中的二氧化碳转化为能量以及碳水化合物的两种不同途径。C_3 植物被称作冷季型（Cool-Season）植物，最佳的生长气温为 18.3 ~ 23.9℃，随着温度的升高，其光合作用效率降低。因此，C_3 植物在春季和秋季最盛。C_3 植物可以是一年生（例如小麦、黑麦、燕麦、大麦、荞麦、水稻、大豆等）或多年生（如牛毛草和多年生黑麦草）。C_4 植物被称作暖季型（Warm-Season）植物，最佳的生长温度为 32.2 ~ 35℃，此类植物比 C_3 植物更能充分利用大气和土壤中的二氧化碳和氮，并且需水量更少。一年生的 C_4 植物包括玉米、苏丹草、珍珠粟、粟、黍、高粱、甘蔗等，多年生的 C_4 植物如须芒草、印度草等。参见：Department of Crop and Soil Science, Oregon State University. Cool-season or warm-season grasses. https://forages.oregonstate.edu/regrowth/how-does-grass-grow/grass-types/cool-season-or-warm-season-grasses. 2019 年 7 月 3 日访问 .

［3］ Kuzmin, Y. V., Richards MP, Yoneda M. Paleodietary Patterning and Radiocarbon Dating of Neolithic Populations in the Primorye Province, Russian Far East［J］. *Ancient Biomolecules*, 2002, 4 (2): 53–58.

［4］ a．Novakovsky, S. The Probable Effect of the Climate of the Russian Far East on Human Life and Activity［J］. *Ecology*, 1922, 3 (3): 181–201.

b．Novakovsky, S. Climatic Provinces of the Russian Far East in Relation to Human Activities［J］. *Geographical Review*, 1922, 12 (1): 100–115.

［5］ 同［4］a.

［6］ Kuzmin, Y. V. Geoarchaeology of Prehistoric Cultural Complexes in the Russian Far East: Recent Progress and Problems［J］. *IPPA Bulletin*, 2008, 28: 3–10.

［7］ Zhushchikhovskaya, I. S. Neolithic of the Primorye［A］. *Archaeology of the Russian Far East: Essays in Stone Age Prehistory*［M］. England: BAR International Series 1540; 2006: 101–122.

［8］ 同［4］a.

［9］ Kuzmin, Y. V. The Beginnings of Prehistoric Agriculture in the Russian Far East: Current Evidence and Concepts［J］. *Documenta Praehistorica*, 2013, 40: 1–12.

［10］ 在俄罗斯考古中，通常以陶器的出现与否作为区分旧石器文化和新石器文化的标准。但旧–新石器时代的过渡时间在不同地区并不一致，在远东的各个地区，这一过程大体发生在13000 ~ 8000 BP。以 Yaroslav V. Kuzmin 为代表的俄罗斯学者，主张将 13000 BP 作为远东新石器时代的开端。

［11］ 同［6］.

［12］ 同［9］.

［13］ a．Kuzmin, Y. V. , Jull, A. J. T. , Jones, G. A. Early Agriculture in Primorye, Russian Far East: New Radiocarbon and Pollen Data from Late Neolithic Sites［J］. *Journal of Archaeological Science*, 1998, 25 (8): 813–816.

b．Kuzmin, Y. V. People and Environment in the Russian Far East from Paleolithic to Middle Ages: Chronology, Palaeogeography, Interaction［J］. *Geojournal*, 1995, 35 (1): 79–83.

c．Dodson, J., Dong, G. What Do We Know About Domestication in Eastern Asia?［J］. *Quaternary International*, 2016, 426: 2–9.

［14］ 同［9］.

［15］ 此数据参考了 Kuzmin 教授截至 2013 年的统计结果。不过，经笔者与植物考古学家 Elena A. Sergusheva 博士邮件沟通（2017-07-05，2017-07-10）后获知，在已经发表的数据中，实际上年代可信、明确出土栽培粟或黍的遗址数量少于十个。她指出，Kuzmin 教授统计的部分遗址信息存疑或错误，如 Lidovka 1 遗址出土粟类作物的种属鉴别结果并不确凿（不排除日本粟的可能性）；另外，Kirovsky 遗址发掘于 20 世纪 70 年代，包括多个文化层，不排除粟类作物来自较晚地层的可能。但是，Sergusheva 博士也表示，根据她对滨海边疆区扎伊桑诺夫卡文化遗址出土植物遗存的水选结果，完全驯化状态的粟或黍的出现概率非常高，该文化时期出现旱作农业毫无疑问，并且农业活动相当普遍。Sergusheva 博士之前已撰文指出，扎伊桑诺夫卡文化的早期到中期，作物栽培以黍为主，直到晚期才开始种植粟，参见［31］。

[16] 同[9].

[17] Sergusheva, E. A. Archaeobotanical Studies of Late-Neolithic Sites in Primorye[J]. *OPUS: Interdisciplinary Investigation in Archaeology*, 2008, 6: 180–195.

[18] 同[9].

[19] 同[6].

[20] a. 同[9].

b. 同[13]a.

[21] Kuzmin, Y. V., Chernuk, A. V. Human Impact on Environment in the Neolithic-Bronze Age in Southern Primorye (Far Eastern Russia)[J]. *The Holocene*, 1995, 5 (4): 479–484.

[22] Cohen, D. J. The Beginnings of Agriculture in China: a Multiregional View[J]. *Current Anthropology*, 2011, 52 (S4): S273-S293.

[23] Lee, G-A. The Transition from Foraging to Farming in Prehistoric Korea[J]. *Current Anthropology*, 2011, 52 (4): S307-S329.

[24] a. 同[9].

b. 同[17].

[25] Bogolubovka 1、Gvozdevo 4 和 Novoselishche 4 遗址的出土粟黍信息，承蒙 Elena A. Sergusheva 博士核对并告知。其他遗址的相关信息均来自 Kuzmin（2013），见[9].

[26] 同[17].

[27] 同[13]b.

[28] Sergusheva, E. A., Ryabogina, N. E., Lyaschevskaya, M. S., et al. Argumentaciya Zemledeliya Na Archeologicheskikh Pamyatnikakh Priamurya I Primorya: Resultaty Primeneniya Paleobotanicheskikh Metodik[Argumentation of Agriculture in Archaeological Sites of Priamurye and Primorye: Results of Palaeobotanical Method Application (in Russian)][J]. *Vestnik Tomskogo Gosudarstvennogo Universiteta*, 2016, 402: 99–108.

[29] a. 同[9].

b. 同[13]a.

c. 同[21].

[30] Kuzmin, Y. V., Jull, A. J. T., Orlova, L. A., Sulerzhitsky, L. D. ^{14}C Chronology of Stone Age Cultures in the Russian Far East[J]. *Radiocarbon*, 1998, 40 (2): 675–686.

[31] Sergusheva, E. A, Vostretsov, Y. E. The Advance of Agriculture in the Coastal Zone of East Asia[A]. *From Foragers to Farmers: Papers in Honour of Gordon C Hillman*[M]. Oxford and Oakville: OXBOW Books, 2009: 205–219.

[32] a. 同[17].

b. 同[31].

[33] a. 同[6].

b. 同［13］a.

［34］ a. 同［13］b.

b. Kuzmin, Y. V. Chronology and Environment of the Paleolithic and Neolithic Cultures on the Southern Russian Far East［J］. *The Korean Journal of Quaternary Research*, 2002, 16 (2): 39–56.

［35］ Kuzmin, Y. V. Radiocarbon Chronology of Paleolithic and Neolithic Cultural Complexes from the Russian Far East［J］. *Journal of East Asian Archaeology*, 2002, 3 (3/4): 227–254.

［36］ 同［9］.

［37］ a. 同［21］.

b. Kuzmin, Y. V. Reconstruction of Prehistoric and Medieval Dietary Patterns in the Russian Far East: A Review of Current Data［J］. *Radiocarbon*, 2015, 57 (4): 571–580.

［38］ Aikens, C. M., Zhushchikhovskaya, I. S., Rhee, S. N. Environment, Ecology, and Interaction in Japan, Korea, and the Russian Far East: The Millennial History of a Japan Sea Oikumene［J］. *Asian Perspectives*, 2009, 48 (2): 207–248.

［39］ 同［30］.

［40］ 并非所有学者都认定滨海边疆区是远东最早出现农业活动的区域。例如，Sergusheva 博士对此观点就有所保留。她指出，滨海边疆区现有的植物考古学和年代学资料比较丰富，与该地区长期的田野工作积累有关（事实上，滨海边疆区是远东唯一进行过比较系统的植物考古学研究的地区，植物考古学工作在远东其他辖区尚无或极少开展）。将滨海边疆区作为远东较早从事农业活动的区域之一是没有问题的，但是否“最早”以及“唯一”，仍需要与其他地区（尤其是同样拥有良好的气候和环境资源、与中国东北毗邻并且在史前频繁接触的阿莫尔河流域）的资料比较后才能下结论。

［41］ 同［21］.

［42］ 同［9］.

［43］ 同［9］.

［44］ 同［9］.

［45］ 根据 2017 年 7 月 8 ~ 10 日笔者与 Kuzmin 教授的邮件交流，他依然相信临近的东北地区是最可能的来源地，但同时强调要指出具体的传播路线不太可能（Impossible to say from where exactly millet was introduced；most probably from the neighboring Manchuria）。

［46］ a. 同［9］.

b. Cassidy, J., Vostretsov, Y. Application of California Methods of Midden Analysis to a Neolithic Shell Mound in the Russian Far East［J］. *Proceedings of the Society for California Archaeology*, 2007, 20: 98–101.

［47］ 同［31］.

［48］ a. 同［38］.

b. 同［46］b.

c. Popov, A. N., Tabarev, A. V., Mikishin, Y. A. Neolithization and Ancient Landscapes in Southern Primorye, Russian Far East [J] . *Journal of World Prehistory*, 2014, 27: 247–261.

[49] 同 [48] c.

[50] Robbeets, M. Proto-Trans-Eurasian: Where and When? [J] . *Man In India*, 2015, 95 (4): 17–43.

[51] 承蒙 Sergusheva 博士告知（2017-07-10），就目前远东出土粟黍的早期遗址而言，植物遗存的量化数据极少发表，不过，在较早期的遗址中，黍的出现频率高于粟的出现频率，这是一个比较普遍的现象。至于其潜在的含义（例如粟黍在种植时间上的早晚或两者在绝对数量上的差别），需要在更多的遗址和样本中进行讨论（笔者注）。

[52] 同 [9] .

Early Millets in the Primorye Province of the Russian Far East

LI Tao

Since the late 1990s, radiocarbon dating and water flotation techniques have been widely applied to prehistoric and historic sites excavated in the Russian Far East (those in the Primorye Province in particular). The history of plant cultivation in the Russian Far East has therefore been progressively updated, based on new (AMS) radiocarbon dates and archaeobotanical data. Current information suggests that the Primorye Province should be very likely the region where millet agriculture first occurred in the Russian Far East, which can go back to 4800 to 4600 years ago at the very least. The paper briefly summarizes the sites with early millet finds (dated between ca.5000 and 2500 BP) and reviews the thoughts and ideas on the beginning of millet agriculture in the Russian Far East.

沈阳市青桩子城址2017年度植物浮选结果分析*

刘晓辰[1]　孙永刚[2, 3]

（1. 沈阳市文物考古研究所，沈阳，110032；2. 吉林大学边疆考古研究中心，长春，130012；3. 赤峰学院历史文化学院，赤峰，024000）

一、遗址背景

青桩子城址，又称上伯官东城址，位于沈阳市浑南区汪家街道上伯官社区东北0.6千米的青桩子自然村。该城址北濒浑河，东近抚顺市行政界，南临玄菟路，地处浑河左岸的一级阶地上，其地势东南高、西北低。2017年3～10月，经国家文物局批准，沈阳市文物考古研究所对青桩子城址开展主动性考古发掘工作，共清理出遗迹80余处，包括夯土基址、房址、墓葬、水井、灰沟、灰坑等，其中大部分遗迹属战国至汉代时期文化遗存。出土遗物种类较丰富，有陶、铁、铜、石器等300余件。陶器以泥质灰陶为主，另有少量夹砂红陶，器形有陶璧、罐、盘、钵、壶、豆、耳杯等；建筑构件有筒瓦、板瓦等；铜器主要有布币、半两、五铢；铁器包括武器、农具及工具，武器有镞、环首刀，农具有犁、镢、镰，工具有锥、凿；石器主要有纺轮、网坠及雕刻器等。

该城址的发掘对研究沈阳城市史的演进关系及沈阳历史文化底蕴等具有重要意义。

二、采样与浮选

为了探究青桩子城址居民的经济结构和生产状况，在发掘过程中，使用针对性采样法进行浮选样品采集，即以出土性质比较明确的各种遗迹单位为主要采样单位，包括灰坑、灰沟、房址、基址等。

* 本文得到中国博士后科学基金第10批特别资助（编号：2016M600227）、内蒙古自治区高等学校“青年科技英才支持计划”A类领军人才培养计划资助（NJYT-17-A17）和教育部人文社会科学重点研究基地重大项目（17JJD780002）资助。

本次青桩子城址采集样品的大部分遗迹均开口于第3ⓑ层下，遗迹年代属战国至汉代时期。在青桩子城址先后采集浮选样品 143 份，土量总量为 1009 升，平均每份浮选样品的土量约为 7 升。采样点几乎涉及了此次发掘的所有区域，这批浮选土样基本可以代表此次发掘范围内植物遗存的埋藏状况。

在考古发掘现场使用水波浮选仪对采集的土样进行了浮选，收取炭化植物遗存的分样筛规格是 80 目（筛网孔径 0.2 毫米）。浮选结果阴干后在赤峰学院植物考古学实验室进行了分类、植物种属鉴定。

三、浮选结果

通过实验室整理和种属鉴定，从青桩子城址浮选出土的可鉴定植物遗存包括炭化木屑和炭化植物种子两大类。

（一）炭化木屑

炭化木屑一般是指经过燃烧的木头或者其他木本植物的残存，其主要来源应该是未燃尽的燃料，或遭到焚烧的建筑木材以及其他用途的木料等。该城址浮选出土的炭化木屑大多十分细碎，但通过显微镜观察，木屑的细胞结构如导管、筛管和纤维等清晰可见。我们使用标准分样筛将各样品中大于 1 毫米的炭化木屑筛选出来，称重计量，然后以样品为单位进行等量换算，以求寻找具有某种文化意义的现象或规律。青桩子城址 143 份样品所含炭化木屑的总量为 21.6 克，平均每份样品所含炭化木屑为 0.151 克，这一数字与其他考古遗址相比，青桩子城址浮选样品炭化木屑含量比较低。

（二）炭化植物种子

在青桩子遗址 143 份浮选样品中共发现了 1026 粒各种炭化植物种子（表一）。包括农作物的粟［*Setaria italica*（L.）P. Beauvois］、黍（*Panicum miliaceum* Linnaeus）、裸大麦（*Hordeum vulgare* Linnaeus）、大豆［*Glycine max*（L.）Merrill］、小麦（*Triticum aestivum* Linnaeus）、大麻（*Cannabis sativa L.*）、红小豆（*Vigna angularis* Wight）总数为 946 粒（图一）；其余皆为杂草类植物种子，分属禾本科（Gramineae）、藜科（Chenopodiaceae）、豆科（Leguminosae）、蓼科（Polygonaceae）、锦葵科（Malvaceae）、蔷薇科（Rosaceae）、唇形科（Labiatae）、葡萄科（Vitaceae）等科属（图二）。

此外，还有很多特征不明显或由于炭化严重失去特征部位而无法准确鉴定种属的炭化植物种子。在量化分析时，未将这一部分列入统计范围。

表一　青桩子城址浮选出土植物种子统计表

植物种属	绝对数量	数量百分比
农作物	946	
粟［*Setaria italica*（L.）P. Beauvois］	820	79.9%
黍（*Panicum miliaceum* Linnaeus）	28	2.73%
裸大麦（*Hordeum vulgare* Linnaeus）	17	1.66%
小麦（*Triticum aestivum* Linnaeus）	10	0.97%
大豆［*Glycine max*（L.）Merrill］	9	0.88%
红小豆（*Vigna angularis* Wight）	46	4.48%
大麻（*Cannabis sativa* L.）	16	1.56%
禾本科（Gramineae）	25	
狗尾草［*Setairaviridis*（L.）P. Beauvois］	12	1.17%
马唐［*Digitaria sanguinalis*（L.）Scopoli］	5	0.49%
稗草［*Echinochloa crusgalli*（L.）P. Beauvois］	8	0.78%
藜科（Chenopodiaceae）	48	
藜（*Chenopodium album* L.）	45	4.4%
地肤［*Kochia scoparia*（L.）Schrader］	3	0.29%
豆科（Leguminosae）	2	
野大豆（*Glycine soja* Sieb. et Zucc）	1	0.1%
豇豆属（*Vigna*）	1	0.1%
蓼科（Polygonaceae）	1	
酸模（*Rumex acetosa* L.）	1	0.1%
锦葵科（Malvaceae）	1	
锦葵（*Malva cathayensis* M. G. Gilbert）	1	0.1%
唇形科（Labiatae）	1	
紫苏［*Perilla frutescens*（L.）Britton］	1	0.1%
蔷薇科（Rosaceae）	1	
委陵菜（*Potentilla chinensis* Ser.）	1	0.1%
葡萄科（Vitaceae）	1	
葡萄（*Vitis vinifera*）	1	0.1%
总计	1026	100%

1. 粟 *Setaria italica*（L.）P. Beauvois

青桩子城址浮选出土的农作物籽粒中，炭化粟为820粒，约占出土农作物总数的86.7%，占出土植物种子总数的79.9%。这些炭化粟粒均呈近圆球状，直径多在1.2毫米左右，粟粒表面光滑，胚部较长，因烧烤而爆裂呈凹口状。

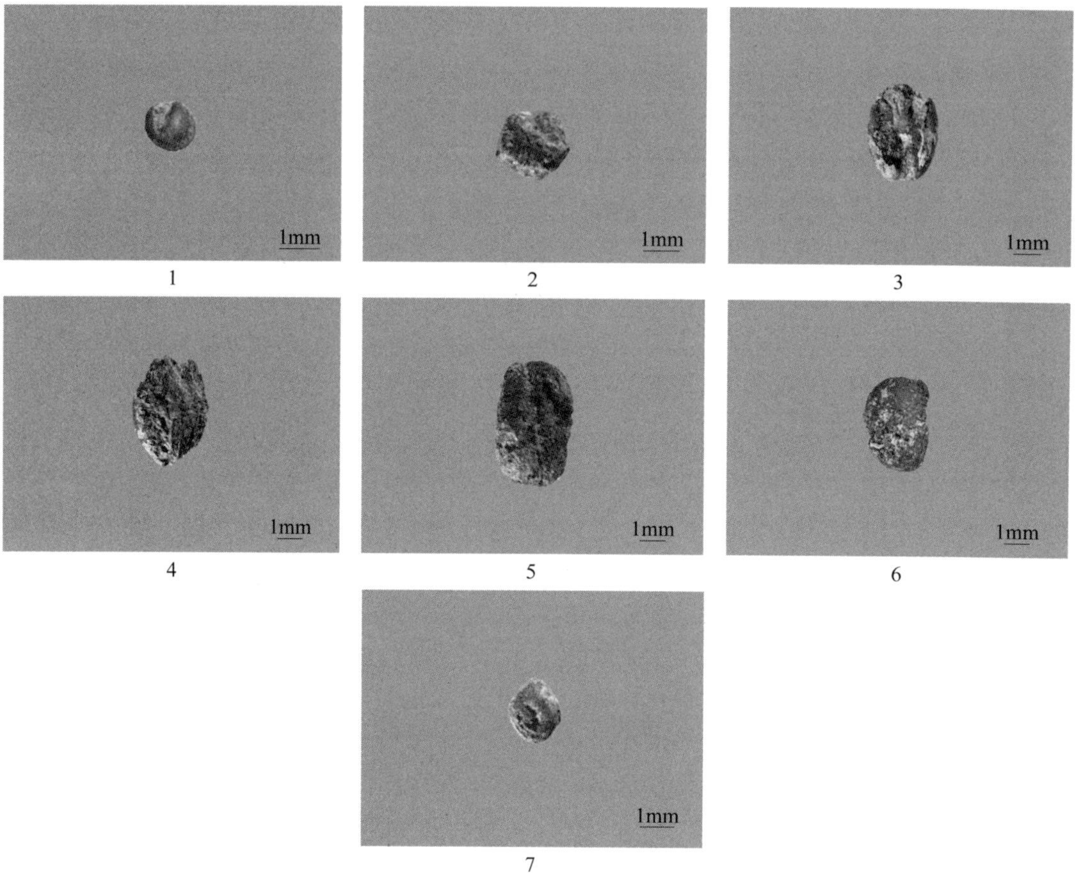

图一　青桩子城址农作物种子

1. 粟　2. 黍　3. 小麦　4. 裸大麦　5. 红小豆　6. 大豆　7. 大麻

2. 黍 *Panicum miliaceum* Linnaeus

青桩子城址浮选出土炭化黍粒数量为28粒，约占出土农作物总数的2.96%，占出土植物种子总数的2.73%。这些炭化黍粒均呈近圆球状，但个体相对炭化粟粒较大，籽粒长度多在1.8、宽度和厚度多在1.6毫米。表面粗糙，胚区较短，爆裂后呈“V”状。

3. 裸大麦 *Hordeum vulgare* Linnaeus

青桩子城址浮选出土炭化裸大麦数量为17粒，约占出土农作物总数的1.79%，占出土植物种子总数的1.66%。这些炭化大麦平均残长4、宽3.4毫米，籽粒呈椭圆形，背腹两面均圆凸，表面光滑。

4. 小麦 *Triticum aestivum* Linnaeus

青桩子城址浮选样品中发现的小麦数量为10粒，约占出土农作物总数的1.05%，

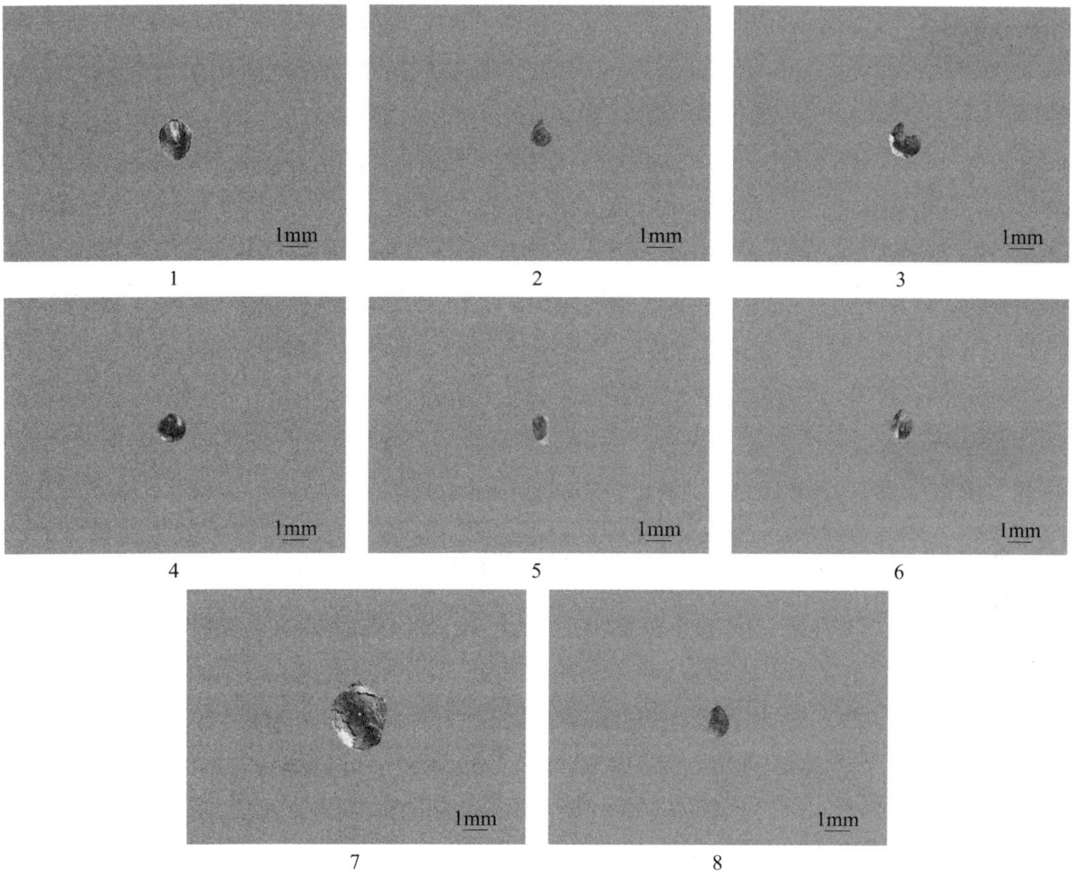

图二　青桩子城址非农作物种子

1. 稗草　2 . 地肤　3. 锦葵　4. 藜　5. 马唐　6. 酸　7. 野大豆　8. 委陵菜

占出土植物种子总数的0.97%。形态大多以均呈圆柱形为主，背部隆起，胚呈圆形，腹沟明显，相对而言较为完整。通过对小麦长、宽的测量，得到其长、宽平均值分别是3.5、2.6毫米。

5. 大豆 *Glycine max*（L.）Merrill

青桩子城址浮选出土炭化大豆数量为9粒，约占出土农作物总数的0.95%，占出土植物种子总数的0.88%。残半或残破，大豆的籽粒呈长椭圆形，背部圆鼓，腹部略微内凹，豆脐呈窄长形，由于大豆油脂较高，炭化后表明油亮，胚乳多形成大空隙，易变形及破碎，这些豆粒的长、宽平均值为5.5毫米。

6. 红小豆 *Vigna angularis* Wight

青桩子城址浮选出土炭化红小豆数量为46粒，约占出土农作物总数的4.86%，占出土植物种子总数的4.48%。红小豆，豇豆属，一年生直立或缠绕草本，红小豆的籽粒呈长圆形，背部圆鼓，种脐不凹陷，因富含淀粉，炭化后胚乳致密无孔隙，是与炭化大豆最显著的区别，一部分种子沿种脐完全裂开，残余一半，仍以整数粒计算，还有很多细碎的残块，未计数。这些豆粒的长 4.4、宽为 3 毫米。

7. 大麻 *Cannabis sativa* L.

青桩子城址浮选出土炭化大麻数量为 16 粒，约占出土农作物总数的 1.69%，占出土植物种子总数的 1.56%。大麻属于桑科，大麻属（*Cannabis* Linnaeus），一年生草本，籽粒呈扁卵形，两面凸起，顶端有乳突状小尖头，基部圆钝。经测量，这些大麻籽的粒长的平均值都在 3.3、粒宽为 2.3 毫米。

8. 非农作物种子

青桩子城址浮选出土的非农作物植物遗存数量较少，共计 80 粒。其中以禾本科和藜科植物种子数量较多。出土的禾本科植物种子为 25 粒，占出土植物种子 2.44%。这些禾本科种子中以狗尾草种子最多，共 12 粒。通过对形部特征观察，均呈扁椭圆形，背部略鼓，腹部扁平，尺寸较小，平均长约 1 毫米。

另外，还有马唐［*Digitaria sanguinalis*（L.）Scopoli］种子 5 粒、稗草［*Echinochloa crusgalli*（L.）P. Beauvois］种子 8 粒。出土的藜科植物种子总数为 48 粒，占出土植物种子 4.67%，经鉴定，其中包括藜属（*Chenopodium album* L.）种子 45 粒，径约 1 毫米，地肤［*Kochia scoparia*（L.）Schrader］3 粒。

除了上述介绍的植物种子之外，青桩子城址浮选结果中还发现了豆科（Leguminosae）、蓼科（Polygonaceae）、锦葵科（Malvaceae）、蔷薇科（Rosaceae）、唇形科（Labiatae）、葡萄科（Vitaceae）等科属的植物种子。

四、分析与讨论

青桩子城址战国至汉代时期出土的农作物遗存的数量占出土植物种子数量的 92.2%。在出土的农作物遗存中有粟、黍、小麦、裸大麦、大豆、红小豆、大麻 7 个品种，其中粟和黍遗存的出土数量相对丰富，绝对数量占出土农作物总数的 89.6%，占所有出土植物种子的 82.7%。据此可以做出初步判断，青桩子城址居民生业方式是北方传统的旱作农业经济类型，同时推测当时的农业已经开始实施多品种农作物种植制度，多种作物的种植不仅意味着农业整体产量的提高，同时还可以减少粮食种植的危险系数，标志着青桩子城址农业生产水平的提高。

需要说明的是，运用浮选法所获得的植物遗存在绝对数量上是有误差的，这些误差是炭化植物遗存在堆积过程中、埋藏过程中以及被提取过程中存在的各种自然或人为因素造成的。因此，在对考古遗址出土植物遗存进行量化分析时，除了要考虑植物遗存的绝对数量外，还应该结合其他计量方法，如植物遗存的“出土概率”作进一步的统计分析。植物遗存的“出土概率”是指“在遗址中发现某种植物种类的可能性，是根据出土有该植物种类的样品在采集到的样品总数中所占的比例计算得出的”。采用这种统计方法得出的结果所反映的是植物遗存在遗址内的分布范围。

图三显示的是青桩子城址浮选结果中各种农作物的出土概率。不难看出，炭化粟粒和红小豆的出土概率明显高于其他农作物品种，再考虑到粟和红小豆在出土绝对数量上所表现的绝对优势，这两种农作物与青桩子先民的日常生活应该是最为密切的。

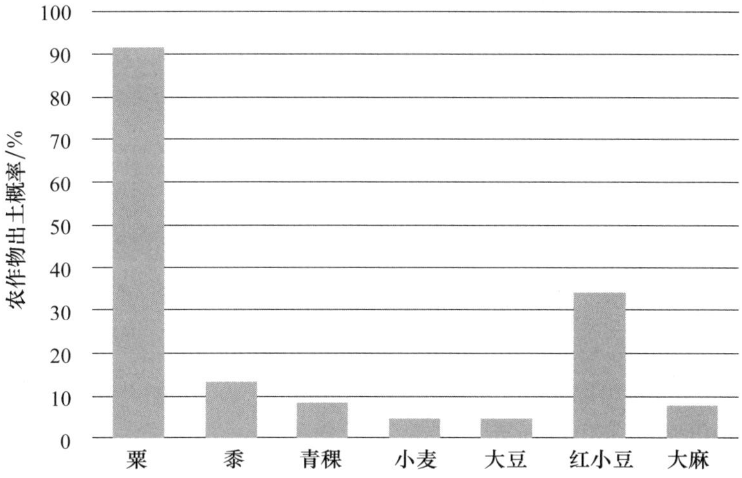

图三　青桩子城址农作物出土概率

1. 粟和黍

青桩子城址及其附近区域，在战国至汉代属辽东郡，虽近边陲，但这一时期该地区利用便利的地理条件，与中原地区频繁接触，获得了先进的农业生产工具和农业生产技术，使得这一地区的农业开发颇见成效。根据《汉书·地理志》记载：“东北曰幽州：其山曰医无闾，薮曰貕养，川曰河、泲，浸曰菑、时；其利鱼、盐；民一男三女；畜宜四扰，谷宜三种（颜师古注黍、稷、稻）。”以往研究表明，粟和黍是中国北方地区传统农作物，不仅是较早驯化栽培的物种，而且从新石器时代早期到商周时期这两种谷物在农业经济中一直占主导地位[1]，并且在已发掘的遗址中粟与黍同出非常频繁，粟和黍均是耐逆性很强的谷物，抗旱性特点尤为突出，战国时期，黍的地位相对下降，但在北方地区，粟、黍仍然保持其主粮地位。在秦汉时期，多处考古遗址中出土的植物遗存中均有粟、黍农作物，如安徽宿州杨堡遗址[2]、山东高青陈庄遗址[3]等。关于秦汉时期种植粟、黍的文献也多有记载，《管子·地员篇》讨论了“九州之土”，与种植粟谷有关的土壤，《汉书·食货志》中提到：“今一夫挟五口，治田百亩，岁收亩一石半，为粟百五十石，除十一之税十五石，余百三十五石。”其中的粟作为当时的税粮出现，体现出粟在当时的重要地位。青桩子城址出土粟多，黍少，说明在不同地域、不同时间段，粟和黍在经济生活中所占的比例不同，地位不同，但它们始终没有在北方农作物中消失，粟、黍仍然是当地先民主要农作物之一。

2. 小麦

小麦是我国古代极为重要的栽培作物，目前学术界公认中国的小麦起源于西亚，大约在龙山时代传入中国，在中国考古发现的最早的小麦出土于甘肃民乐东灰山遗址，^{14}C 测定年代为距今 4230 年 ± 250 年[4]，龙山文化时期小麦广泛分布在甘肃、陕西、山东、河南等地的遗址中。到了先周时期，根据周原遗址浮选结果，周人已经开始规模性地种植小麦[5]，而且分布空间范围明显扩大。到秦汉时期，我国农业经济的基本格局发生了明显变化，小麦已经成为中国北方地区的重要农作物品种。文献中有“东方多麦”的记载，《诗经·鄘风·载驰》中的“我行其野，芃芃其麦”，《淮南子·时则训》中的“乃命有司，趣民收敛畜采，多积聚，劝种宿麦。若或失时，行罪无疑”，西汉《氾胜之书》中“宿麦”“旋麦”的记载，均显示出麦的重要性，出土的汉代陶仓上有“麦”“小麦”等字样[6]，西汉墓中也经常有小麦出土[7]，在一些考古遗址中出土了加工小麦的石转磨明器及实物，如“河北满城刘胜墓”[8]“河南淇县汉代文化遗址”[9]，为小麦的利用和加工提供了实物证据。

很多学者认为，秦汉时期，已经形成粟麦并重的格局，通过此次浮选在青桩子城址虽然出土了炭化小麦，但小麦的绝对数量及出土概率都不及粟，说明小麦并不是当时最主要的粮食作物，仅是农作物的一种补充，分析其原因，虽然青桩子城址是边郡地区，受到中原政策推广和先进技术的影响，小麦已经推广到该地区并开始种植，并且小麦相比粟，更加高产，但是受到自然条件、灌溉技术的限制，并不具备大面积种植小麦的条件，辽宁地区从古到今都不是小麦的主产区，因为纬度高，冬季寒冷，气候干冷，冬小麦无法安全越冬，只能种植春小麦，春小麦一年一熟，生产周期长，产量低，经济效益低，所以小麦种植面积很少。春小麦的播种期间一般在清明前后，而后的出苗、拔节、孕穗、灌浆等生长关键期都需要降水[10]，目前没有考古证实该地区有灌溉系统，如果没有灌溉系统的情况下，多半以天降雨水为主，收获有限，所以该地区的小麦属于从属地位。

3. 大麦

大麦，也称青稞，具有早熟、抗旱、耐瘠，无须脱壳的优良特性，古气候研究显示，战国和西汉均为暖期，东汉时才偶有冷期，南北气候较现在更为温暖湿润且相对稳定[11]，与粟、黍相比，大麦的最大特点在于耐寒，但产量偏低，这一特点在战国至汉代时期并不是优势，由此看来，青桩子城址出土的大麦在当时并不是有意种植，只是偶然性的因素混入到小麦中，被当作小麦进行种植，即使现在的耕地，在小麦田中也会发现大麦。所以，当地先民可能不会以大麦替代原有的粟和黍作为主要粮食。

4. 大麻

大麻是中国古代极为重要的一种经济作物，古代文献中有关于大麻的描述和记载，如郑玄注《周礼》“五谷”时就说是“麻黍稷麦豆”[12]，新莽铜方斗上的五谷图中也有“嘉麻”图[13]，说明大麻在中国古代先民的农业生产和日常生活中的地位和价值；大麻主要用其茎秆纤维来织布或纺线，制绳索，大麻子还可用来榨油，燃灯照明；其果实可入药，麻子还是良好的肥料和饲料，大麻还用于宗教祭祀。

汉代文献有关于麻子的记载，《四民月令》提到麻子油照明的事例，“苴麻子黑，又实而重，捣治做烛”，最早关于麻子油食用的记载，初见北魏《齐民要术》，“麻子脂膏并有腥气”，从近几年沈阳地区考古发掘来看，郑家洼子墓葬发掘简报提到“……从镜形饰上锈结的麻布痕，推测当时曾用衣物或麻布包裹，出土的青铜短剑（33号），剑茎上残留有麻丝痕”[14]，说明战国时期该地区先民已经开始利用大麻子织绳，织布，各地汉墓均出土大量麻籽、麻织品，如“长沙马王堆汉墓”[15]“西安一批汉墓陶仓”[16]，由此推测，青桩子城址浮选出土的大麻籽粒更有可能是用于获取大麻纤维织布，也证实大麻在古代生活中的重要性。

5. 大豆

大豆在古代称为“菽”，是中国古代重要的粮食作物，有学者论证，北方地区是栽培大豆的起源地之一[17]，目前，战国至汉代时期很多遗址出土了炭化大豆植物遗存，如“河南登封南洼”[18]“河南博爱西金城”[19]等，关于战国至汉代时期种植大豆的文献也多有记载，《战国策》记载，“民之所食，大抵豆饭藿羹”，就是说豆粒饭、豆叶、野菜羹是普通老百姓的主要膳食。《诗经·小雅》中的“中原有菽，庶民采之”，许多重要古籍都将“粟”“菽”并提，《管子》记述：“菽粟不足，……民必有饥饿之色”，《孟子·尽心上》中的“圣人治天下，使有菽粟如水火”，说明大豆同粟一样在粮食作物中占有重要地位。一般认为，战汉时期大豆被大面积种植，形成“谨计家口数，种大豆，率人五亩，此田之本也”[20]的局面。辽宁是栽培大豆的主产区，此次青桩子城址出土的大豆绝对数量和出土概率较低，一方面由于大豆是油料作物，受火易于燃烧，保存下来的较少；另一方面，大豆虽然是旱地作物，但其需水量与粟、小麦相比更高，所以当地生长环境限制了大豆的种植。长期以来，种植大豆与其他农作物轮作或套种，以豆促粮，大豆在生长期根瘤菌具有固氮作用，补充了农作物生长的氮肥，达到了生物固氮的效果，从而提高地力，一定意义上推动了粟和黍等旱作农业的发展。

6. 红小豆

红小豆，也称赤豆，小豆，常见的豆类栽培作物。战国至汉代时期也有遗址出土过红小豆，如洛阳西郊汉墓的陶仓中，墨书“小豆万石”[21]，但无实物；山东邹城郏国故城遗址出土的豇豆属种子总计193粒，其中小豆185粒[22]，说明小豆在当时地位提升了很多。西汉《氾胜之书》、东汉《四民乐令》等农书均有关于种植小豆的记载，青桩子浮选出土的小豆绝对数量和出土概率仅次于粟，说明小豆的种植已有一定的规模，是当时先民重要的食物来源之一。青桩子城址的先民相比于大豆，更倾向选择小豆，可能是因为大豆较难煮，食用起来不方便，口感不为人所喜欢，而红小豆，易熟、绵软、口感好，豆类作物的增加是谷物多样化进程的重要表现。

7. 其他植物种子分析

在青桩子城址浮选出土的植物种子中，除了上述分析农作物之外，还包括了属于禾本科的狗尾草、马唐、稗草，藜科的藜、地肤，豆科的野大豆、豇豆属等植物种子，上述所列的种子，都是旱地农田常见的田间杂草。

由于杂草与农作物处于伴生状态，很难将这些杂草与其伴生的作物分开或者从中清除，狗尾草、马唐同属于黍亚科植物，大部分与粟、黍相伴出土，可能是由于古人在收割或其他活动时无意的带入灰坑中，这些杂草种子在灰坑遗迹中均有分布，但数量不多，反映了青桩子先民在农耕生产过程中田间管理水平的提高。

藜科植物种子，这类种子既是农田内的杂草，同时这些植物处于嫩苗阶段时，在食物资源相对匮乏时，又可以作为粮食食用，茎秆还可以作为饲料。

五、结　语

青桩子城址的浮选结果发现了较为丰富的古代植物遗存，基本确认了七种农作物：粟、黍、小麦、裸大麦、大豆、红小豆、大麻，属于典型的中国北方旱作农业，从农作物出土的绝对数量和出土概率来看，战国至汉代时期农业种植以粟和黍为主，红小豆稍低于粟，也是该城址先民主要的食物来源之一，其他谷物作为补充，谷物结构主次较明显，并且实行了“五谷”皆备的农作物种植制度，体现出农业水平的提高。通过此次浮选为研究青桩子城址农业的发展状况以及人类对植物的利用情况提供了重要的信息。

附记：种属鉴定过程中，得到中国社会科学院考古研究所科技考古研究中心植物考古学实验室杨金刚先生的具体指导。在整理分析资料时得到沈阳市文物考古研究所刘明、付永平等先生的帮助。在此一并致谢！

注　释

［1］赵志军．中国古代农业的形成过程——浮选出土植物遗存证据［J］．第四纪研究，2014，34（1）：73-84.

［2］程至杰，等．安徽宿州杨堡遗址炭化植物遗存研究［J］．江汉考古，2016（1）：95-101.

［3］靳桂云，等．山东高青陈庄遗址炭化种子果实研究［J］．南方文物，2012（1）：147-155.

［4］甘肃省文物考古研究所，吉林大学北方考古研究室．民乐东灰山考古［J］．北京：科学出版社，1998.

［5］赵志军．陕西扶风周原遗址王家嘴地点浮选结果分析报告［A］．植物考古学：理论、方法和实践［C］．北京：科学出版社，2010：133-143.

［6］洛阳文物工作队．洛阳金谷园车站11号汉墓发掘简报［J］．文物，1983（4）：15-28.

［7］陈文华．农业考古［M］．北京：文物出版社，2002：48-54.

［8］中国社会科学院考古研究所，河北省文物管理处．满城汉墓发掘报告［R］．北京：文物出版社，1980.

［9］耿青岩，蔡学文．河南淇县发现西汉石磨［J］．考古，1983（10）：949.

［10］赵志军．关于夏商周文明形成时期农业经济特点的一些思考［J］．华夏考古，2005（1）：75-81.

［11］竺可桢，中国近五千年来气候变化的初步研究［J］．考古学报，1972（1）：2-22.

［12］郑玄注，贾公彦疏．天官冢宰下．周礼注疏［M］．上海：上海古籍出版社，2010：155.

［13］陈文华．中国农业通史·夏商西周春秋卷［M］．北京：中国农业出版社，2007：30.

［14］沈阳故宫博物馆，沈阳市文物管理办公室．沈阳郑家洼子的两座青铜时代墓葬［J］．考古学报，1975（1）：141-156.

［15］湖南省博物馆，中国科学院考古研究所．长沙马王堆一号汉墓［R］．北京：文物出版社，1973.

［16］赵志军．西安汉墓陶仓出土植物遗存的鉴定和分析［A］．植物考古学：理论、方法和实践［C］．北京：科学出版社，2010：222-238.

［17］田小冬，孙永刚．栽培大豆起源问题的探索［J］．古今农业，2018（2）：33-47.

［18］吴文婉等．河南登封南洼遗址二里头到汉代聚落农业的植物考古证据［J］．中原文物，2014（1）：109-117.

［19］陈雪香等．河南博爱县西金城遗址2006-2007年浮选结果分析［J］．华夏考古，2010（3）：67-76.

［20］石声汉．氾胜之书今释［M］．北京：科学出版社，1956：16-32.

［21］中国科学院考古院洛阳发掘队．洛阳西郊汉墓发掘报告［J］．考古学报，1963（2）：1-58.

［22］马方青．山东邹城邾国故城2015东周至西汉植物考古观察［D］．山东大学硕士学位论文，2017.

Flotation Results from the Qingzhuangzi Site, Shenyang City

LIU Xiao-chen SUN Yong-gang

As a provincial cultural relics protection units, Qingzhuangzi ancient site was a city site of Warring States period and Han dynasty. The sampling, species identification and analysis were carried out during the archaeological excavation in 2017. A large number of carbonized plant remains were unearthed by flotation, such as *Setaria italic* (L.) P. Beauvois, *Panicum miliaceum* Linnaeus, *Hordeum vulgare* Linnaeus, *Glycine max* (L.) Merrill, *Triticum aestivum* Linnaeus, *Cannabis sativa* L., *Vigna angularis* Wight. According to the quantitative analysis, the economic formation inhabitants of the Qingzhuangzi ancient site was a typical dryland agriculture. These plant remains provide important information for researching on agricultural development of the Qingzhuangzi ancient site and the plant utilization as well.

金沙遗址“祭祀区”出土铜器的生产问题研究*

黎海超[1]　崔剑锋[2]　周志清[3]　王　毅[4]　王占魁[3]

（1. 四川大学历史文化学院，成都，610065；2. 北京大学考古文博学院，北京，100871；3. 成都文物考古研究院，成都，610072；4. 四川省文化和旅游厅，成都，610021）

金沙遗址位于成都市区西北部，地处成都平原东南边缘地带，分布范围广阔。其中“祭祀区”位于金沙遗址东南部，跨越金沙遗址分区中的第Ⅰ区和第Ⅳ区，堆积时代延续较长，是金沙遗址的重要组成部分。2001年，在房地产公司开挖下水沟时发现大量玉石器、铜器和象牙，随后成都市文物考古工作队开展了大规模的抢救性清理、勘探及发掘工作。经过系统的考古工作，发现“祭祀区”大体为长方形人工土台堆积，东西长约125、南北宽约90米，面积约11250平方米。自2002年2月～2005年3月，成都文物考古研究所在该地点开展了多次发掘工作，实际发掘面积5895平方米。按照年度工作可分为东、中、西三区。本次分析的铜器样品以2004、2005年度的发掘收获为主，另外也包括少量其他年度的发掘成果。“祭祀区”出土的铜器为进一步讨论成都平原的铜器生产提供了资料。本文即以多类科技分析手段为基础，结合铜器的考古学背景，对铜器生产问题予以论述。

以往关于金沙铜器的科技考古研究已有一些成果，如金正耀等先生对金沙遗址铜器进行了系统的合金成分分析和铅同位素分析[1]；肖璘等先生则对金沙铜器进行了金相和合金成分分析[2]。上述研究的铜器样品均来源于金沙遗址机械施工挖掘出的采集遗物，失去了原有的堆积单位信息。另外，向芳等先生对金沙遗址的10件铜器进行了铅同位素分析，并测定其中7件铜器的主量元素[3]，但样品具体的出土地点不明。上述研究为金沙铜器的科技分析工作奠定了基础，并得出了若干重要认识。但以往分析的金沙铜器非科学发掘出土，无地层单位可依，另外对于微量元素的分析也尚未开展。

---

* 本文属于2012年度国家社会科学基金重大项目“金沙遗址祭祀区考古发掘研究报告”（批准号：12&ZD192）的阶段性研究成果，并受到2017年度教育部人文社会科学研究青年基金西部和边疆地区项目“两周青铜器生产、流通问题研究”（批准号：17XJC780001）、2016年度国家社会科学基金重大项目“前丝绸之路青铜文化的年代研究”（批准号：16ZDA144）、国家高层次人才支持计划－青年拔尖人才项目以及中国博士后科学基金资助项目的资助。

在此背景下，本文以金沙“祭祀区”科学发掘出土的铜器材料为研究对象，除主量元素和铅同位素分析外，同样进行微量元素分析，以系统的考古和科技方法讨论铜器的生产问题。

一、铜器的考古学背景

本次研究样品来源于成都文物考古研究院，共对35件铜器进行了取样，其中32件样品测定了主量及微量元素，22件铜器进行了铅同位素测定。所有铜器均为科学发掘出土，地层关系明确。就年代而言，依据金沙“祭祀区”的分期标准，所分析的最早的1件铜器属于二期三段距今约3520～3450年，另有二期四段铜器1件，距今约3450～3400年。三期早段的上限距今3400年，下限距今3260年，共分析2件铜器；三期中段的绝对年代距今约3260～3200年，分析有3件铜器。四期早段距今约3100～3000年，包括4件铜器；四期晚段铜器1件，距今约3000～2900年。五期早段距今约2900～2800年，分析铜器9件；五期中段距今约2800～2700年，共有铜器5件；五期晚段第Ⅰ段距今约2700～2600年，包括3件铜器。此外，所分析的铜器中有1件出土于汉代地层，但其形制为具有本地特色的商周时期铜戈，当是早期遗物扰至晚期地层。另有2件铜器尚无法确定分期。本次分析的铜器年代从早商延续至春秋时期，西周至春秋中期的铜器占据主要比例。依据这些不同时段的样品，有望对铜器的生产问题进行历时性的梳理。

从出土单位来看，除2件铜器出土于灰坑等遗迹单位外，其余铜器均出土于地层中。就器类而言，本次分析的铜器多为较小残片，可辨器类包括铜锥形器、铜戈以及铜箭镞等其他类别的兵器、小型铜附件，另有较多容器残片，器类较为丰富。尽管所分析的铜器多为小型残片，我们仍通过仔细观察尽力对其文化属性和生产特征进行了判断。所分析的容器残片中，除个别残片过小又素面而无法判断外，其余6件容器残片普遍铸造质量较为粗糙，纹饰不够精致，与中原铜器纹饰风格差异显著，具有本地特征。其中1件容器残片有补铸痕迹。除容器外，铜戈、铜锥形器等属于典型的本地式铜器。另有一些器形无法判断的小型铜附件，铸造质量较差，器表可见大量铸造缩孔等缺陷，属于外来产品的可能性不大。总体而言，除个别特征不明显的铜器外，绝大部分铜器从文化属性和生产特征来看均具有本地特征。所分析的32件铜器均选取金属基体采样，但有2件样品存在锈蚀情况（附表一）。

二、主量及微量元素研究

本文共对32件铜器样品进行了成分分析。测试过程为，首先将样品表面浮锈及杂质去除，并进行精确称量（至少0.1毫克）。之后使用王水将样品溶解并定容至100毫升。样品制备完成后，采用 LEEMAN 公司的 Prodigy 型全谱直读 ICP-AES 测定其主量及微量成分。分析标准溶液使用市售国家单一标准储备溶液混合配制，测量元素包括锡、铅、砷、锑、银、镍等 13 种金属元素。

根据测试结果，首先对主量元素进行简要分析。目前学界的主流观点是铜器中含量超过 2% 的铅或锡应为人为加入，本文以此为标准对铜器的合金类型进行了定性。铅锡含量均低于 2% 的红铜器共 11 件，占 35%，年代集中在四期早段至五期早段，以西周时期为主体，其中铅、锡含量平均值分别为 0.35% 和 0.28%（表一）。锡青铜共 2 件，占 6%，一件属三期早段，一件为五期中段（表一）。铅青铜 8 件，占 25%，铅含量平均值达到 11.7%，其中 3 件属商时期，其余为西周至春秋时期（表一）。铅锡青铜器共 11 件，与红铜器比例相当，铅、锡含量平均值分别为 7.24% 和 6.41%，年代以西周至春秋时期为主（表一）。上述仅描述了所分析铜器的主量元素的整体特征。若将年代因素考虑在内，可见商时期虽数据较少，但也涵盖各类合金类型，以铅锡青铜和铅青铜为主。西周至春秋时期亦是如此，较为特别的是红铜器集中出现在商末至西周中晚期，与同时期中原地区流行的合金技术不符，值得关注。

表一　金沙遗址“祭祀区”出土铜器主量元素特征

合金类型	红铜		锡青铜		铅青铜		铅锡青铜	
所占比例	35%		6%		25%		34%	
元素类别	铅	锡	铅	锡	铅	锡	铅	锡
平均含量	0.35%	0.28%	0.66%	7.82%	11.7%	0.5%	7.24%	6.41%

微量元素分析是本文研究的重点。以往由于微量元素较为复杂、多变且缺乏有效的数据处理方法等原因，相关研究开展较少，尤其关于中国西南地区铜器的微量元素研究更是极少。近年来，以 Mark Pollard 为首的牛津大学考古与艺术史实验室冶金考古团队提出“牛津研究体系”，综合主量、微量和铅同位素数据的新的分析方法以讨论各类铜器及其原料的流通问题。其中微量元素分组法是由 Peter Bray 博士和 Mark Pollard 教授提出的新的研究方法，是“牛津研究体系”中的重要内容。该方法是利用砷、锑、银、镍四种元素在铜器中的有无（以 0.1% 为界进行区分），建立 16 个不同的微量元素小组（表二）。例如，第 2 组为 YNNN（Y 为 Yes，N 为 No），代表四种元素中仅有砷元素。这些铜器分组本身仅仅是微量元素的特定组合，不具有任何考古学意义。但结合铜器的考古学背景，考察不同时代、不同区域、不同器类的铜器的分组特征，可对铜器的生产和流通问题进行探索。对于该方法 Mark Pollard 教授等已有专文讨论，此处不再赘述[4]。

表二 微量元素分组表

（元素顺序为砷、锑、银、镍，Y代表有，N代表无）

1	NNNN	9	YNYN
2	YNNN	10	NYNY
3	NYNN	11	YNNY
4	NNYN	12	YYYN
5	NNNY	13	NYYY
6	YYNN	14	YYNY
7	NYYN	15	YNYY
8	NNYY	16	YYYY

利用微量元素分组法，我们对所分析的微量元素数据进行归一化处理，并进行了分组研究。首先，将不同年代数据统一来看，涉及的分组较多，包括1、3、4、6、7、9、12、14共8个不同的微量元素小组（表三）。尽管如此，大部分微量小组所占比例均较低，往往仅有1、2个数据。主要组别为4组（含银）和7组（含锑、银），两组相加占据了大部分比例（表三）。

表三 金沙遗址“祭祀区”出土铜器微量元素分组比例

分组 时段	1组	2组	3组	4组	6组	7组	9组	12组	14组	数据量
二期三段－三期中段	14%			15%		43%	14%	14%		7
四期早段－五期早段	7%		14%	65%		7%			7%	14
五期中段－五期晚段Ⅰ段	11%			22%	11%	56%				9
金沙“祭祀区”总体	10%		6%	44%	3%	28%	3%	3%	3%	32
三星堆祭祀坑	52%	32%					3%			31
郑州商城	40%	16%		12%			24%			25
晚商铜器平均值	21%	25%					20%	16%		426
西周铜器平均值	17%		13%		36%			26%		299

注：①加深数据为主要的分组；②表中金沙所有分组数据全部予以表示，其他地点分组数据仅表示主要组别；③金沙2例分期不明数据也计入总体数据中。

为进一步明确金沙铜器数据的特征，我们将三星堆、中原等地点的铜器数据与金沙数据进行了全面对比，研究主要引自以往我们针对商周铜器所做的系统的微量元素分组研究[5]。三星堆铜器的微量元素数据共 31 例[6]，其微量元素分组包括 1、2、6、9、11 共五个小组，其中以 1、2 组占据主要比例（表三）。铜器数据涵盖尊、罍等容器以及头像、面具、神树等本地特色铜器。早、中商时期的数据可以郑州商城铜器为代表，对 25 例数据的分析表明其分组集中在 1、2、4、9 组[7]（表三）。对于晚商时期的数据，我们综合分析了妇好墓[8]、殷墟西区墓地[9]、前掌大墓地[10]出土铜器以及赛克勒等博物馆[11]的藏品数据，涉及数据共 426 例，分析认为 1、2、9、12 是晚商铜器的主要微量元素小组类别（表三）。西周时期的数据主要源于我们所分析的周原遗址、晋侯墓地、叶家山墓地的共 299 例微量元素数据，结果表明 1、3、6、12 组为主要组别（表三）。

综合以上数据来看，中原地区从早中商到晚商再到西周时期，铜器微量元素分组特征始终在变化。但与金沙“祭祀区”铜器数据相比而言，金沙的主要组别 4 组和 7 组始终与中原铜器的数据特征具有显著差别，仅有郑州商城数据中有一定比例的 4 组数据。与三星堆祭祀坑铜器的 1、2 组相比，金沙“祭祀区”的铜器数据也差异明显。因此可以认为金沙“祭祀区”铜器所用原料较有特点，目前未见与中原或其他地区的关联，可能反映了本地原料的特征。

值得说明的是，我们认为金沙“祭祀区”铜器可能反映了本地原料的特征，但对于原料的具体来源仅凭铜器数据无法确定，我们在本文也无意追寻原料的具体来源，而是更关注铜器的生产地点。理论上讲，采用本地原料生产的铜器虽然极有可能是在当地生产，但也不能排除其他可能。因此，确定铜器的生产地点，需要结合原料特征和铜器的考古学背景综合论述。前文已经对铜器的考古学背景做了扼要分析，认为大部分铜器从风格到生产技术均表现出本地特征。由“形”至“料”均具有当地背景，则基本可以确定铜器为本地生产。以下分时段进行说明。

综合考虑数据量和时代特征，可将“祭祀区”铜器大体分为三个阶段，即二期三段—三期中段、四期早段—五期早段、五期中段—五期晚段第Ⅰ段，分别对应早商—晚商前期、商末—西周中晚期、西周晚期至春秋中期。第一阶段仅有 7 例数据，数据较为分散，以 7 组数据最多，其他包括 4 组在内的组别均仅有 1 例数据（表三）。若进一步细分，7 例数据中有 2 例数据出土层位相当于早商时期，分别为 7 组和 12 组。7、12 组与同时期中原地区铜器数据并无关联，且铜器器类分别为小型附件和本地特色的铜锥形器，这表明此时成都平原可能已开始铜器生产活动。第一阶段的其他铜器从质量水平来看也并不高，有的器形亦属本地特色，可能代表了本地铜器生产状况。从分组来看，此时期本地的特征性原料 4、7 组已开始应用，但其他杂乱组别的出现或许表明该时期原料来源的复杂性。

第二阶段进入金沙遗址的主体阶段。此时 4 组所占比例最大，包括 7 组在内的其他组别数据多属个例。与周原等中原同时期数据相比，仍有较大差异（表三）。到第三阶段，4、7 两组成为较为重要的组别（表三）。从铜器的考古背景来看，本文所分析的第二、三阶段的铜器主要为容器残片、兵器以及无法辨别器形的残片。尽管多为残片，但这些铜器均表现出一些地域特征。例如，铜容器的纹饰包括不规则的卷云纹、斜线纹等，基本不见于其他地区；各类残片多铜质较差，表面粗糙；小型附件多见毛边、铸造缩孔、未处理的范缝等；可辨器类包括本地风格的铜戈等兵器。根据这些有限的线索，认为这些铜器具有本地生产的特征，且4组和7组铜器在器类上不见明显差异。本地特征的原料对应本地特征的考古学背景，表明这些铜器应当多在当地生产。

金沙遗址铜器的研究对于三星堆祭祀坑铜器的来源也具有启示意义。我们认为4、7组可能是与本地铜器生产相应的本地特色原料，其与三星堆祭祀坑铜器以及中原各时期铜器原料均存在较大差异。对于三星堆祭祀坑铜器的生产来源学界多有不同意见，从微量元素分组来看，目前的数据显示三星堆祭祀坑的尊、罍以及面具、头像等本地特色铜器数据与金沙铜器中同阶段包括更晚时期的铜器数据均不一致，这为三星堆祭祀坑铜器的生产问题提供了新的线索，对此我们将另文讨论。就金沙遗址“祭祀区”的铜器而言，我们认为这些数据表明成都平原的铜器生产可能在早商时期已经开始，随着时代发展，4、7组原料逐渐成为本地铜器生产的主要原料。

我们进一步关注了微量元素与主量元素的关系，尤其是4、7两组与铅、锡含量的关系。4组数据中半数均为红铜器，其余数据为铅青铜和铅锡青铜；7组数据中以铅锡青铜为主，红铜、锡青铜、铅青铜各有1例数据。因此，并未见到锡、铅的加入与微量元素分组间的特定规律，且4、7组均有红铜数据，4组的红铜数据比例较大，据此推测本文分析的微量元素小组极有可能反映了铜料来源。

三、铅同位素研究

我们选取金沙遗址“祭祀区”出土的22件铜器进行了铅同位素测定。测试方法为根据成分分析所得到的铅含量数据，将样品溶液分别稀释10～100倍，再加入国际标准Tl溶液，送至北京大学地球与空间学院造山带与地壳演化教育部重点实验室进行测定。所用仪器为VG Axiom型多接收高分辨等离子质谱仪（MC-ICP-MS）。此类质谱仪的优点是无需对样品进行铅的提纯，只需溶液中铅的浓度满足质谱仪的分析限即可进行分析。根据所得数据，我们从多个角度进行了研究（附表二）。

首先，关于铜器合金类型与铅同位素数据的关系，这一问题涉及铜器中铅同位素数据所指征的原料类型，较为复杂。目前较为统一的意见是若铜器中铅元素的含量达到或超过2%时，铅同位素信号主要当指征铅料来源，因此我们认为主要利用铅同位素数据讨论铅料来源较为稳妥，红铜和锡青铜数据可作为参考。金沙“祭祀区”铜器中已知合金类型的数据包括红铜、铅青铜、锡青铜、铅锡青铜四类（图一、图二）。红铜类型的数据 $^{207}Pb/^{206}Pb$ 比值大体为0.84～0.88。铅青铜数据不多，$^{207}Pb/^{206}Pb$ 比值为0.84～0.86，与部分红铜数据处于相同范围。铅锡青铜数据与铅青铜数据未重合，$^{207}Pb/^{206}Pb$ 比值大体处于0.86～0.9。锡青铜数据则分布十分广泛，几乎与所有类型数

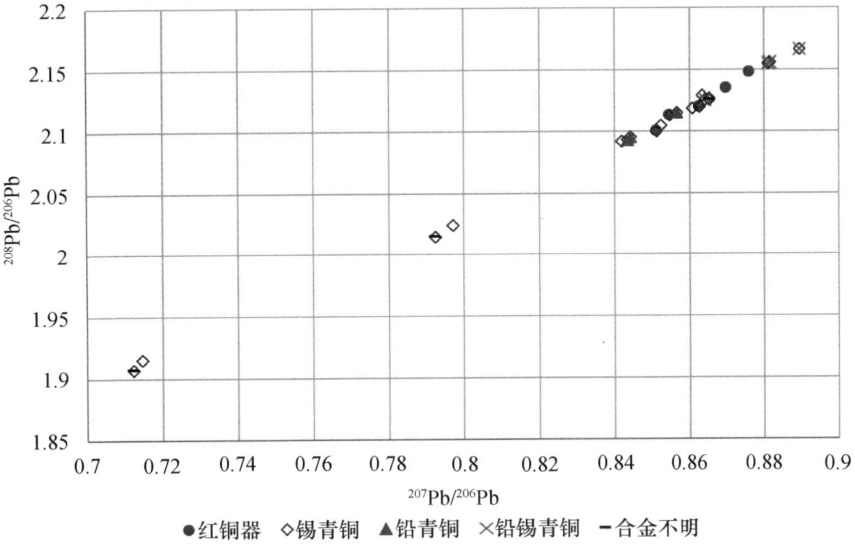

图一 金沙“祭祀区”铜器铅同位素数据与合金类型的关系

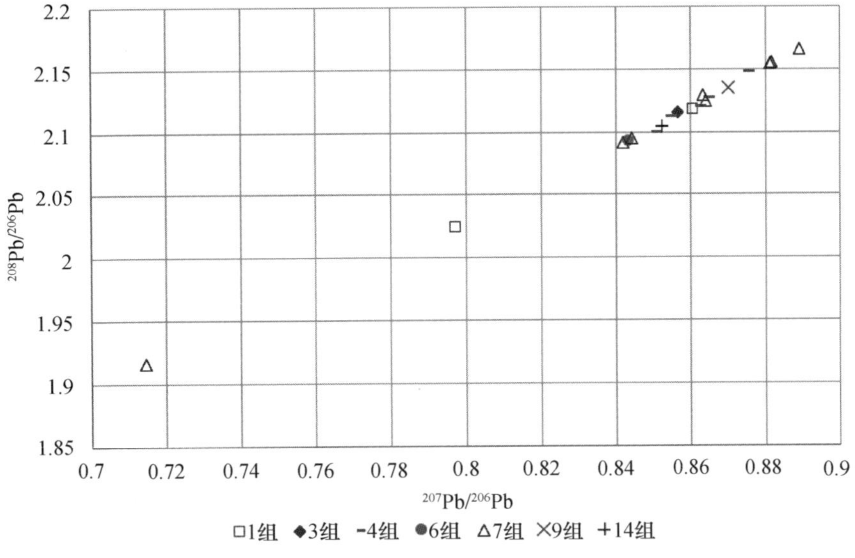

图二 金沙“祭祀区”铜器铅同位素数据与微量元素分组的关系

据均有重合，且几例高放射性成因铅数据均为锡青铜。总体来看，若不考虑年代因素，红铜数据范围被锡青铜数据所覆盖，且铅含量超过2%的铅青铜和铅锡青铜也在与之大体相同的数据范围内。因此并未见到合金类型与铅同位素数据的规律性对应关系，利用这批铅同位素数据区分铜、铅、锡原料来源较为困难，我们将主要关注铅原料的来源。

另外，我们还关注了铅同位素数据与微量元素分组的关系，尤其是微量元素4组和7组。结果表明，4组和7组对应的铅同位素数据大体分布在相同范围内，只是7组数据分布范围更广，但并未见两组数据间有明显差异。其他组别的数据也散布在这一数据区域内。从这一角度而言，金沙“祭祀区”铜器的微量元素数据和铅同位素数据不见明显关联。基于我们以往的研究实践，我们认为铅同位素和微量元素分组的关系较为复杂，在不同地点可能有不同表现。最为谨慎的做法是利用两种方法各自的优势探讨相应的问题。具体来说，便是利用铅同位素数据讨论铅青铜或铅锡青铜中的铅料来源；利用微量元素主要讨论铜料来源。以下对铅同位素数据作进一步探讨。

将铅同位素按照年代序列进行分析，二期三段至三期中段的数据共4例，年代相当于早商至晚商前期。4例数据中有1例数据为高放射性成因铅数据，属锡青铜类型。另2例铅锡青铜数据以及1例红铜数据均为普通铅类型，且铜器也具有本地生产特征。这几例数据虽然数量有限，但为我们了解成都平原早期铜器生产问题提供了重要线索。在与三星堆祭祀坑同时或更早的时期，本地生产应当已经利用了普通铅原料同时也有使用高放射性成因铅原料的现象。联系到三星堆祭祀坑铜器的来源问题，我们认为祭祀坑中有相当部分的铜器及原料可能有外来背景，本文分析的数据也表明三星堆祭祀坑铜器的微量元素分组确实与本地特征性的4、7组不同。引用金正耀先生分析的三星堆祭祀坑铜器的铅同位素数据，并与金沙“祭祀区”铜器数据对比，可见差异较大[12]（图三）。但承认三星堆祭祀坑铜器的外来背景并不是对本地存在铜器生产的否定。我们认为这一时期可能是成都平原铜器生产的初始期，三星堆祭祀坑为代表的高水平铜器非本地原生的铜器产品。另外，金沙“祭祀区”同时期的数据表明在当地应当也开始出现利用本地甚至外来原料进行铜器生产的迹象。至于这一时期本地铅料的具体来源还有待进一步探讨。如何从原料、技术、工匠、风格等不同层面来区分外来因素与本地生产的关系应是下一步研究的重点。

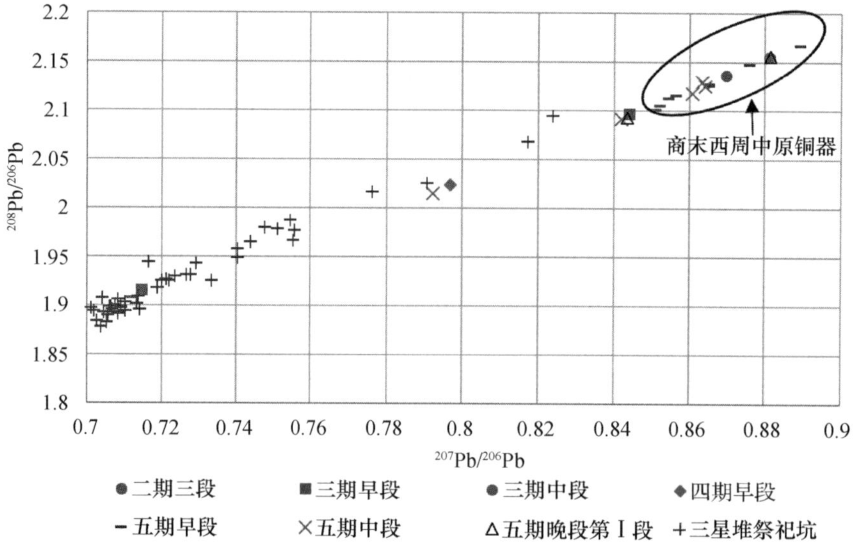

图三　金沙“祭祀区”、三星堆祭祀坑及商末西周中原铜器铅同位素数据的对比

四期早段至五期早段的数据较多，大体相当于商末至西周时期，除1例四期早段数据为高放射性成因铅外，其余数据的 $^{207}Pb/^{206}Pb$ 比值集中在0.85～0.9（图三）。商末至西周时期的铅同位素研究已有不少成果，我们综合以往发表数据发现该时期的大部分数据均集中在较为固定的范围内[13]，即 $^{207}Pb/^{206}Pb$ 比值为0.85～0.9（图三）。也就是说金沙“祭祀区”商末西周时期铜器的铅同位素数据与中原地区同时期的铅同位素数据基本重叠。前文分析提到该区域内的数据包括铅锡青铜、铅青铜、锡青铜、红铜多种类型，遵循利用铅同位素讨论铅原料来源的谨慎原则，可以推测此时金沙“祭祀区”铜器所用的铅料来源与中原存在密切关系。本文在微量元素分析中提到商末西周时期，金沙“祭祀区”铜器的微量元素分组具有本地特征，与中原地区差异显著。综合考虑，我们推测金沙“祭祀区”的铜器生产中铅料与铜料等可能有着不同的来源，铅同位素和微量元素数据可能分别指征了铅料和铜料。进一步而言，金沙“祭祀区”五期中段至晚段第Ⅰ段，相当于西周晚期至春秋中期前后的数据，主体也落入商末西周的数据范围内，表明此时铅料来源可能延续上一时期。

另外，需要讨论的还有4例高放射性成因铅数据，年代分别为三期早段、四期早段、五期早段、五期中段。其中三期早段和四期早段大体处于晚商的不同阶段，参考三星堆祭祀坑和晚商时期其他地点的铜器数据，这一阶段出现高放射性成因铅数据容易理解。但五期早段和五期中段，也就是相当于西周中晚期至春秋早期的时段出现2例高放射性成因铅数据还尚难解释。或许为早期遗物混入晚期地层，也可能为晚期重熔早期器物，数据量较少，尚无法定论。

四、结　　语

我们认为“形”“料”结合当是探讨铜器生产地点，复原生产体系的重要途径。根据微量元素分组和铅同位素数据，可明确铜器所用原料的异同。依据铜器风格、生产技术等考古学特征，可初步判断铜器的生产属性。将原料的分类与铜器考古学特征的分类进行对比，则有望判断铜器的生产地点。例如，本地生产特征的铜器采用本地特征的原料进行生产，则基本可以判定铜器为当地生产。在这一逻辑环节中，无需对原料的具体来源地点进行讨论。

根据这一思路对金沙遗址“祭祀区”铜器进行系统研究，我们对于成都平原早期的铜器生产及其不同阶段的特征有了初步认识。根据微量元素分组研究，成都平原的铜器生产可能采用了较为特别的4组（含银）和7组（含锑、银）原料，且可能反映的是铜料来源。这两类原料与商周时期中原地区流行的原料以及三星堆祭祀坑铜器所用的原料在微量元素分组上均有显著不同。结合铜器的出土层位，我们认为成都平原在早商时期可能已经开始独立的铜器生产活动，且已经对具有本地特征性的4、7组原料有所利用。

金沙晚商时期铜器的微量元素分组与三星堆祭祀坑铜器显著不同，这为我们讨论三星堆祭祀坑铜器的来源也提供了资料。考虑到该时期铅同位素数据既有普通铅又有高放射性成因铅数据，我们推测此时成都平原的铜器生产可能较为复杂。大部分三星堆祭祀坑铜器可能有外来背景，同时利用本地原料甚至包括外来原料的铜器生产也在进行。当然对于具体的生产情况还有赖于更多数据和研究的支撑。

商末至西周时期包括春秋早、中期，金沙“祭祀区”铜器集中使用具有本地特征的4、7组原料，但铅同位素数据与中原地区商末西周时期的铜器数据基本处于同一范围。微量元素分组的差异与铅同位素数据的重叠同时出现，这表明两种研究方法在讨论不同原料时当各有优势。金沙铜器的微量元素分组可能指征的是铜料，铅同位素则适于讨论铅青铜及铅锡青铜的铅料来源。微量元素分组和铅同位素结果的差异表明金沙“祭祀区”铜器所用的铜料、铅料可能有不同来源。

上述结论代表了我们对于成都平原铜器生产的初步认识。本文仍有许多不足，尤其是铜器样品存在限制，一是数据量较小，二是所采样品多为铜器残片，没有涵盖完整、成形的铜器。因此，很多问题还难以展开，结论中的推论成分较多。这些都有待于将来进一步的研究。尽管如此，我们已经认识到成都平原铜器生产的复杂性。单纯的用本地和外来思路进行概括较为困难，只有梳理清楚铜器生产中技术、原料、风格等不同层次的问题，才能给出确定性结论。

注　释

[1] 金正耀，朱炳泉，等. 成都金沙遗址铜器研究［J］. 文物，2004（7）.

[2] 肖璘，杨军昌，等. 成都金沙遗址出土金属器的实验分析与研究［J］. 文物，2004（4）.

[3] 向芳，蒋镇东，等. 成都金沙遗址青铜器的化学特征及矿质来源［J］. 地球科学与环境学报，2010（2）.

[4] 马克·波拉德，彼得·布睿，等. 牛津研究体系在中国古代青铜器研究中的应用［J］. 考古，2017（1）.

[5] 黎海超. 资源与社会——以商周时期铜器流通为中心［D］. 北京大学博士学位论文，2016.

[6] 数据源自：

a. 马江波，金正耀，田建花，等. 三星堆铜器的合金成分和金相研究［J］. 四川文物，2012（2）.

b. 金正耀. 中国铅同位素考古［M］. 合肥：中国科学技术大学出版社，2008：109.

[7] 郑州商城铜器数据引自：

a. 田建花. 郑州地区出土二里岗铜器研究［D］. 中国科学技术大学博士学位论文，2013.

b. 田建花，金正耀，等. 郑州二里岗期青铜容器的合金成分研究［J］. 中原文物，2013（2）.

[8] 中国社会科学院考古研究所实验室. 殷墟金属器物成分的测定报告（一）——妇好墓铜器测

定［A］. 考古学集刊（2）［C］. 北京：中国社会科学出版社，1982.
［9］ 李敏生，黄素英，季连琪. 殷墟金属器物成分的测定报告（二）——殷墟西区铜器和铅器测定［A］. 考古学集刊（4）［C］. 北京：中国社会科学出版社，1984.
［10］ 赵春燕. 前掌大墓地出土铜器的化学组成分析与研究［A］. 滕州前掌大墓地［R］. 北京：文物出版社，2005：648-665.
［11］ Bagley, R. W. *Shang Ritual Bronzes in the Arthur M. Sackler Collections*［M］. Washington: Harry N Abrams Inc., 1995.
［12］ 同［6］b.
［13］ a. 同［6］b.
b. 张利洁，赵福生，孙淑云，等. 北京琉璃河燕国墓地出土铜器的成分和金相研究［J］. 文物，2005（6）.
c. 崔剑锋，吴小红. 铅同位素考古研究——以中国云南和越南出土青铜器为例［M］，北京：文物出版社，2008.
d. 金正耀，W. T. Chase，平尾良光，等. 天马－曲村遗址西周墓地青铜器的铅同位素比值［A］. 天马－曲村（1980-1989）［R］. 北京：科学出版社，2000.
e. 宋建忠，南普恒. 绛县横水西周墓地青铜器科技研究［M］，北京：科学出版社，2012.

Study on the Production of Bronze Excavated from Sacrifice Area in Jinsha Site

LI Hai-chao CUI Jian-feng ZHOU Zhi-qing WANG Yi WANG Zhan-kui

This paper includes element analysis and lead isotope analysis of the bronze excavated from sacrifice area in Jinsha site. Based on these analyses, the production of bronze has been interpreted. The trace element group shows that group 4 and 7 might be the local material and most likely to be copper. Bronze production already began in the Early Shang Dynasty. In the Late Shang Dynasty, both the local and outside material had been used in the local bronze production, on the other hand, the bronze of Sanxingdui sacrifice pits showed outside background. From the end of the Shang Dynasty to the Western Zhou Dynasty, the local copper became the main resource while lead resource was related with the Central Plains. The Spring and Autumn period inherited the situation of the Western Zhou Dynasty.

附表一　金沙遗址“祭祀区”铜器成分数据（Wt%）

器物号	时代	器类	微量分组	Sn	Pb	Fe	Co	Ni	As	Zn	Sb	Se	Te	Ag	Au	Bi
2004CQJIT7007-7108㉑：6	二期三段	附件	7	2.12	11.77	0.06	0.00	0.00	0.03	0.00	0.43	0.00	0.00	0.67	0.01	0.03
2004CQJI Ⅰ T6809-6910⑲：120	二期四段	铜锥形器	12	0.17	3.93	0.13	0.00	0.01	0.11	0.00	0.91	0.09	0.00	0.15	0.01	0.00
Ⅰ T8003⑩：3	三期早段	兵器锋部	7	13.57	1.22	0.30	0.00	0.00	0.01	0.00	0.09	0.06	0.00	0.62	0.01	0.03
2005CQJI Ⅰ T6809-6910⑱A：235	三期早段	铜锥形器	7	11.45	2.16	0.18	0.00	0.00	0.03	0.00	0.80	0.07	0.00	0.30	0.00	0.01
2004CQJI Ⅰ T6811-6912⑰：131	三期中段	残片	9	0.02	0.09	0.12	0.00	0.00	0.16	0.00	0.00	0.00	0.00	0.23	0.00	0.00
Ⅰ T8005⑧：17（锈蚀）	三期中段	容器残片	1	0.02	26.44	3.03	0.00	0.00	0.02	0.00	0.49	0.04	0.03	0.14	0.00	0.06
2005CQJ Ⅰ T7311⑯：1	三期中段	容器口沿	4	0.11	12.18	0.02	0.00	0.00	0.00	0.00	0.00	0.01	0.02	0.09	0.00	0.02
2005CQJIIT7014-7113⑮：2	四期早段	残片	4	0.03	0.06	0.05	0.00	0.00	0.00	0.00	0.02	0.02	0.00	0.16	0.00	0.03
2004CQJIT7214⑭：8	不明		4	0.01	0.07	0.01	0.00	0.00	0.00	0.00	0.03	0.00	0.03	0.16	0.00	0.04
2004CQJI Ⅰ T6611-6712⑮：4	四期早段	残件	4	0.92	0.48	0.03	0.00	0.00	0.03	0.00	0.08	0.01	0.01	0.18	0.00	0.04
2004CQJIT7211⑭：1	四期早段	残件	1	0.17	2.16	0.00	0.00	0.00	0.00	0.00	0.01	0.04	0.01	0.07	0.00	0.03
L27：26 号箱子上	四期晚段	残片	4	5.36	2.05	0.40	0.00	0.00	0.02	0.00	0.08	0.02	0.02	0.15	0.00	0.04
T8005⑥：9	五期早段	容器残片	3	0.02	0.06	0.02	0.00	0.00	0.01	0.00	0.24	0.03	0.01	0.06	0.00	0.03
2005CQJ Ⅰ T7114、Ⅰ T7113-T7014、Ⅰ T7013⑩：5	五期早段	小型铜器	4	0.04	0.21	0.12	0.00	0.00	0.00	0.00	0.00	0.02	0.02	0.20	0.00	0.01
2005CQJI　Ⅰ T7013（7113）/ Ⅰ T7014（7114）⑩：6	五期早段	不明	4	0.34	0.25	0.04	0.00	0.00	0.00	0.00	0.01	0.01	0.01	0.21	0.00	0.03
2004CQJI T7009- Ⅰ T7110⑫：6（锈蚀）	五期早段	不明	14	0.32	0.31	0.01	0.00	0.00	0.00	0.00	0.00	0.00	0.00	0.35	0.01	0.00
2004CQJI Ⅰ T6613-6714⑩：748	五期早段	残片	4	1.39	0.73	0.11	0.00	0.00	0.00	0.00	0.03	0.03	0.01	0.21	0.00	0.01
2004CQJI Ⅰ T6613-6714⑩：30	五期早段	兵器锋部	4	0.12	3.79	0.04	0.00	0.00	0.00	0.00	0.00	0.01	0.01	0.20	0.00	0.01
2005CQJIT8108⑥：1	五期早段	残片	4	5.78	4.52	0.67	0.00	0.00	0.01	0.00	0.09	0.01	0.02	0.17	0.00	0.04
2005CQJI Ⅰ T7015、T7016-7115、T7116⑩：2	五期早段	花纹残片	3	9.74	6.66	0.61	0.00	0.00	0.01	0.00	0.19	0.01	0.01	0.07	0.00	0.08

续表

器物号	时代	器类	微量分组	Sn	Pb	Fe	Co	Ni	As	Zn	Sb	Se	Te	Ag	Au	Bi
T8106⑥：25	五期早段	残片	7	5.71	13.65	0.20	0.00	0.00	0.02	0.00	0.14	0.02	0.02	0.31	0.02	0.19
2004CQJIT7107⑨：3	五期中段	残片	1	2.06	0.10	0.21	0.00	0.00	0.00	0.00	0.02	0.01	0.00	0.09	0.01	0.00
2004CQJI Ⅰ T6611-6712⑥：1-3	五期中段	容器残片	7	1.85	22.91	1.76	0.00	0.00	0.05	0.00	0.12	0.02	0.01	0.44	0.01	0.05
2004CQJI Ⅰ T6611-6712⑥：1-2	五期中段	容器残片	4	0.38	9.36	3.97	0.00	0.00	0.01	0.00	0.06	0.01	0.01	0.13	0.00	0.03
2004CQJI T7111⑥：5	五期中段	残片	7	8.20	7.34	0.07	0.00	0.00	0.03	0.00	0.30	0.14	0.00	0.15	0.01	0.00
2004CQJI Ⅰ T6611-6712⑥：1-1	五期中段	容器口沿	7	3.30	15.37	0.11	0.00	0.00	0.01	0.00	0.10	0.00	0.02	0.38	0.00	0.04
Ⅰ T83075：6	五期晚段第Ⅰ段	容器残片	4	1.15	12.88	0.01	0.00	0.00	0.00	0.00	0.05	0.01	0.02	0.10	0.00	0.04
Ⅰ T8307⑤：9	五期晚段第Ⅰ段	残片	6	6.65	5.61	0.22	0.00	0.00	0.18	0.00	0.24	0.00	0.01	0.04	0.00	0.06
IT8307⑤：11	五期晚段第Ⅰ段	容器残片	7	10.09	7.92	0.19	0.00	0.00	0.01	0.00	0.11	0.03	0.00	0.12	0.01	0.03
2001CQJIT7808④：6012	汉代	兵器残片	7	0.02	1.22	0.04	0.00	0.00	0.01	0.00	0.54	0.02	0.01	0.10	0.00	0.00
2001CQ Ⅰ T6514H7：3	分期不明	容器残片	4	2.11	2.64	1.81	0.00	0.00	0.01	0.00	0.02	0.02	0.02	0.20	0.00	0.04
2005CQJIT Ⅰ T6813-6914㊴：1	分期不明	兵器锋部	4	0.01	0.36	0.01	0.00	0.00	0.00	0.00	0.03	0.02	0.02	0.27	0.00	0.04

附表二　金沙遗址"祭祀区"铜器铅同位素数据

器物号	$^{208}Pb/^{204}Pb$	$^{207}Pb/^{204}Pb$	$^{206}Pb/^{204}Pb$	$^{208}Pb/^{206}Pb$	$^{207}Pb/^{206}Pb$
2004CQJIT7007-7108㉑：6	37.943	15.514	17.606	2.1551	0.8812
Ⅰ T8003⑩：3	43.341	16.176	22.629	1.9153	0.7148
2005CQJI Ⅰ T6809-6910⑱A：235	38.610	15.557	18.428	2.0952	0.8442
2004CQJI Ⅰ T6811-6912⑰：131	38.197	15.563	17.888	2.1353	0.8700
2004CQJIT7211⑭：1	40.068	15.780	19.797	2.0239	0.7972
T8106⑥：25	37.780	15.514	17.444	2.1659	0.8894
2005CQJI Ⅰ T7015、T7016-7115、T7116⑩：2	38.300	15.508	18.106	2.1154	0.8565
2005CQJ Ⅰ T7114、Ⅰ T7113-T7014、Ⅰ T7013⑩：5	37.644	15.354	17.527	2.1477	0.8760
2001CQJIT 8205⑥：5	43.269	16.166	22.695	1.9066	0.7123
2004CQJI T7009- Ⅰ T7110⑫：6	38.396	15.543	18.242	2.1047	0.8520
2004CQJIT Ⅰ T6613-6714⑪：18	38.192	15.550	17.973	2.1250	0.8652
2005CQJI Ⅰ T7013（7113）/ Ⅰ T7014（7114）⑩：6	38.362	15.522	18.161	2.1123	0.8546
2004CQJI Ⅰ T6613-6714⑩：30	38.166	15.523	17.942	2.1272	0.8652
2004CQJI Ⅰ T6613-6714⑩：748	38.442	15.579	18.309	2.0997	0.8509
2004CQJI Ⅰ T6611-6712⑥：1-1	38.019	15.459	17.889	2.1252	0.8642
2004CQJI Ⅰ T6611-6712⑥：1-3	37.908	15.369	17.804	2.1291	0.8632
2004CQJI T7111⑥：5	38.724	15.583	18.511	2.0920	0.8418
2004CQJI T7107⑨：3	38.374	15.593	18.117	2.1181	0.8607
2004 CQJI T7107⑨：8	40.487	15.920	20.094	2.0149	0.7923
IT8307⑤：11	37.703	15.415	17.489	2.1558	0.8815
Ⅰ T8307⑤：9	38.774	15.623	18.524	2.0932	0.8434
2005CQJIT Ⅰ T6813-6914㊴：1	38.263	15.569	18.047	2.1202	0.8627

从“山洞囚徒”到走向历史的真实
——兼论检测分析技术在考古学应用中的局限性

刘　爽

（吉林大学边疆考古研究中心，长春，130012）

两千年前的希腊哲学家柏拉图讲过这样一则寓言：有一群生活在山洞里被束缚住只能面壁而观的囚徒，在他们背后，也就是洞口方向，点着一堆火，在火和囚徒之间有些人不停地走来走去，从而在洞壁上留下各种影像，这群囚徒每天看到这些影像，以为影子是真实的，却并不知道他们背后走来走去的人才是真实的，他们看到的只不过是由火光经过人体投射在洞壁上的人的影像。这些囚徒不能够正确地认识事物，是因为他们被束缚住了，如果有一天他们中的一位挣脱了束缚，跑出山洞，他就看到了一个阳光下的真实世界，但这位挣脱出来的人跑回山洞和他的同伴们说起他看到的真相，他的同伴却认为他是个疯子……

柏拉图讲这个故事是想说明，拥有智慧的哲学家把看到的更为真实的世界告诉普罗大众，却被有限的感官经验束缚的普通群众嘲笑，问题是这个“真实”的界限在哪里？走出山洞在阳光下看到的世界就是真实的吗？现代科学已经探明人类感官的局限，比如，人的肉眼通常只能感知380～780纳米的光谱，只占据宇宙中所有光谱中很窄的一段，那么，既然考古学的目标之一是复原历史，除了考古学文化研究和时空框架的建立，现代先进的检测分析技术能在多大程度上帮助我们走向历史的真实呢？

下面，就从考古材料、检测技术、信息解读的局限性三方面分别进行探讨。

一、考古材料的局限性

考古学是根据古代人类各种活动遗留下来的实物以研究人类古代社会历史的一门学科（夏鼐）[1]，因此，实物遗存是其主要研究对象，而实物遗存较本质的属性之一就是它的物质组成，这也是在所有的人文社会科学里，考古学与自然科学最为接近的主要原因；在国外影响较大的考古学教科书——《考古学理论、方法与实践》中，直接认为考古学既是自然科学，也是人文科学，并将其概括为既是对古代遗产的发现与阐释，又是细致的科学分析，同时肩负对世界文化遗产保护的责任[2]。

按照材质物质组成，考古材料可分为无机材料类，包括金属质地文物（青铜器、铁器、金银器、铅锡器等）和无机非金属质地文物［陶瓷砖瓦、土质文物（土遗址）、彩绘泥塑、壁画、石质文物、玉器、玻璃器、珐琅器等］；有机材料类，包括纸质文物（古书籍、书画、经卷等）、纺织品（棉、麻、丝、毛等）、竹木漆器、骨角牙器、皮革和古尸等。物质材料都是由原子、分子组成的，这些微观粒子每时每刻都进行着热运动，也无时无刻不与外界发生着物质和能量交换。自然界中的所有物质都有向最低能量状态转化的趋势，因为能量越低越稳定，"百川归大海，水往低处流"是这个规律的形象而直观的比喻，因此，所有的物质都会劣化变质乃至形体消亡，历经千百年岁月风霜的考古材料更不例外，如金属生锈矿化、陶器砖瓦酥粉碎裂、石雕风化剥落、壁画褪色起甲、织物粘连腐烂、书画虫蛀霉变、木材干裂糟朽、牙骨龟裂翘曲、皮革变形脆裂、文献字迹模糊、建筑倾斜坍塌[3]……所以，人类社会创造的物质材料大部分都湮没在历史的长河中，能够遗留至今的多是残缺不全的、扭曲变形的碎片，今天的我们要想透过现象见本质，必须借助各种阐释理论和分析手段才能够拨云见日，逐渐趋近历史的真实。

世界上第一篇关于文物分析的文章于1795年由德国分析化学家马丁·海因里希·克拉普罗特（Martin Heinrich Klaproth）教授发表，证明15枚古希腊、古罗马硬币质地为青铜。到了19世纪中叶，在地质学和生物学的推动下，近代考古学迅猛发展，发掘出土的大量珍贵文物由于保护不善而损毁严重，与此同时，自然科学研究从宏观领域向微观世界不断探索，使分析文物的物质组成及腐蚀机理成为可能，一些自然科学家开始进入考古研究行业，在20世纪60年代，新考古学方兴未艾，新理论、新方法、新技术不断涌现，考古学研究迈入与自然科学协同发展的新阶段。

在中国，近代考古学从西方传入，经过近百年的发展和积累，取得了令世界瞩目的长足进步。传统考古学以类型学和地层学为基础，探求走向历史真相的途径，而随着自然科学地不断发展，越来越多以化学、物理、地质为学术背景的学者参与到考古学研究课题中，多学科合作、跨学科研究成为当代考古学研究的特点之一。例如，史前时期黑曜岩制品矿料产源的研究集中在新矿源的调查发现和应用各种现代科技方法，如XRF、PIXE、INAA、LA-ICP-AES、ICP-MS、FT（裂变径迹法定年）、K-Ar法测年、HD（水合层定年）等进行地球化学、成矿及工具制造年代以及物化性质分析，在明确矿源特征的基础上，判断遗址出土的黑曜岩制品的来源，从而能够进一步揭示人类行为变化的趋势和原因，具有物理、化学、地质、考古等多学科综合研究的特点，并向矿源的全面调查和揭露、全样品数据库建设、提高方法精确度、数据的科学处理和解读以及多种方法结合等方向发展[4]。

发掘出土的考古材料只是浩瀚的历史物质文化海洋中的浪花，检测技术由于成本及破坏性等原因，不可能分析所有的出土资料，只能选择有代表性的样品进行测试，要充分考虑到样品污染问题。通常科技考古研究所需的样本与文物和文物保护研究的样本有些不同：科技考古样本除了出土文物，还有土壤、植物种子、孢粉、木炭、动物遗骸（骨头、壳体）、容器内盛装物（固、液）及残留物、残渣碎片等，其特点是相对较多、易得，大部分只具有研究价值，可做全样本破坏分析（全处理、全溶等），而有机残留物分析现已成为国际科技考古领域的热点之一；文物和文物保护研究样品多为各种材质文物或其残片、劣变产物等，对其分析手段的要求为微损或无损，有的需要有大腔室仪器设备，可以进行不需取样的完整器分析。

二、检测技术的局限性

检测分析技术主要围绕形貌分析、成分分析、物相结构分析及制造工艺等方面进行，常用的分析技术有以下几种。

（1）文物微观形貌和显微组织分析。透视照相技术：X光照相技术、中子射线照相技术、红外成像技术；显微组织分析：光学显微分析：体视显微镜、偏光显微镜、金相显微镜；电子显微分析：扫描电子显微镜、透射电子显微镜、扫描隧道显微镜等。

（2）文物组成成分分析：原子吸收光谱、原子发射光谱、X射线荧光光谱、气相色谱、液相色谱等。

（3）文物组成结构分析：X射线衍射、红外吸收光谱、拉曼光谱等。

（4）文物制作工艺研究：穆斯堡尔谱、核磁共振、热分析、离子束分析等。

（5）文物其他性质分析：强度分析、色差分析、电化学分析等。

此外，基于材料的某些物理性质或电化学性质与材料的特征关系而建立的色谱分析、质谱分析、电化学分析及热分析等也是文物检测分析的重要方法。

对微观世界的观察，除了利用各种透视照相技术，更多地借助显微镜进行显微分析。显微分析主要用来研究文物材料表面和内部微观组织形貌，包括材料的外观形貌、晶粒大小与形态、界面状态等。我们常说“眼见为实”，但人肉眼能看到的最小的物体一般为0.1毫米，小于这个尺寸的许多物质如细胞、分子、原子、质子、中子、夸克等，必须借助仪器设备才能够感知和“看见”，显微镜就是将不可见的微小之物放大，使之能被肉眼或其他成像仪器观察到的工具，通过显微镜我们能观察到的是放大了的微观物质的像，也就是说，我们看到的不是物本身，而是物被放大了的影像。例如，在先进的电子显微镜的帮助下，我们可以“看”到单个的原子，实际上，我们看到的不是原子本身，而是原子经过放大后形成的像。

阿贝成像原理告诉我们，平行光束受到有周期性特征物体的散射作用形成衍射光谱，各级衍射波通过干涉重新在像平面上形成反映物的特征的像，衍射光线反映了物体形貌的细节，因此显微镜的物镜要反映物体的细节，必须能够接收尽量多的高阶衍射光线。在成像过程中，最终形成的图像是直射光线和衍射光线相互干涉的结果，没有衍射光线则不能成像。初级干涉图像中亮点参加成像的比例，决定着物与像的相似性，最大亮点数目越多，最终图像越真实，其中最重要的就是物与像之间的关系，也就是放大倍率，放大倍数越高，像越清晰，显微镜的性能越好，因此，放大倍率、清晰度（聚焦）和分辨率是显微镜的三个重要技术指标。

分辨率是指成像时能分辨的两点之间最小距离，分辨率与照明光源的波长直接相关，分辨率的极限是照明光源波长的1/2。若要提高显微镜的分辨率，关键是要有波长短又能聚焦成像的照明光源。普通的光学显微镜的照明光源是可见光，波长为400～780纳米，因此，光学显微镜的分辨率为200纳米，小于此长度的物体都会发生衍射而无法被清晰看到；紫外线的波长比可见光短，但由于绝大多数样品物质都强烈地吸收短波长紫外线，因此，可供照明使用的紫外线仅限于波长200～250纳米的范围，用紫外线作照明光源、用石英玻璃透镜聚焦成像的紫外线显微镜分辨率可达100纳米，比可见光显微镜提高了一倍；X射线的波长很短，γ射线的波长更短，但是由于它们直线传播且具有很强的穿透能力，不能直接被聚焦，因此不适用于作显微镜的照明光源，至此，在光波范围里寻找显微镜照明光源的努力走入了死胡同，这种困境直到发现微观粒子——电子具有波的衍射现象，从而证明它不仅是物质同时也是一种波而得到实质性的突破，科学家设计出电子显微镜，将分辨率一举提高到原子的数量级——纳米。

纵观人类历史，显微分析技术经历了从光学显微镜（OM）到扫描电子显微镜（SEM），再到扫描隧道显微镜（STM）的发展过程，现在已经可以利用原子力显微镜直接观测到原子的图像。人眼、光学显微镜、紫外线显微镜、扫描电子显微镜、透射电子显微镜、扫描隧道电子显微镜和原子力显微镜能分辨的距离分别是：0.1毫米、200纳米、100纳米、1纳米、0.1纳米、0.01纳米，这是人类近400年从宏观世界向微观世界不断探索、依次递进、逐渐深入的坚实脚步。

检测分析中最重要的就是检测数据的可靠性，如果说每一个待测数据都有一个真实值（真值），那么所测值与真实值的符合程度叫作准确度，所测值重复性的大小叫作精密度。任何观察测量都有主观性，只要是测量就都有误差，在检测分析中，使用系统误差和偶然误差的概念来评估测量数据。系统误差是由于仪器本身不精确或实验方法粗略或实验原理不完善而产生的误差，特点是在多次重做同一实验时，误差总是同样的偏大或偏小。要减小系统误差，必须校准校测量仪器、改进实验方法、设计在原理上更为完善的实验；偶然误差是由各种偶然因素对实验者、测量仪器、被测物理量的影响而产生的，偶然误差总是有时偏大，有时偏小，并且偏大偏小的概率相同，因此，可以通过计算多次测量数值的平均值来减小偶然误差。

各种检测分析技术都有优缺点，在具体研究中常常需要结合多种方法互相验证取长补短，才能为我们提供趋近于客观、真实的最佳答案。考虑到系统误差和偶然误差的存在，单独的一个数据没有任何意义，因此，每个分析单元至少需要三个平行样本，取其平均值作为数据结果。对于需要通过检测分析解决问题的考古工作者，首先要根据科研目标选择检测方法和有代表性的样品，明确取样的大小、重量及对样本的具体要求，同时也要了解仪器的精密度、准确度、优缺点、定性还是定量、检测所需要的时间和费用、检测后的样品能否再利用、数据处理方式等一系列问题，而检测分析人员要明确样品的考古学背景、发掘情况和存世经历等，作为最终数据分析的参考依据。

三、信息解读的局限性

自然科学研究表明，物质、能量和信息构成物质世界三要素，物质世界在能量的驱动下千变万化，而信息赋予这些现象以存在的意义，考古学工作的目标是对古代遗迹、遗物所蕴含信息进行准确提取和解读，在这个领域，信息提取的主要目的在于获取遗迹遗物物理、化学及环境信息，包括文物的组成成分、结构、微观形貌、制作工艺、技术源流、产地来源、保存状况及年代等，为考古学研究提供严谨的科学依据，为深入分析阐释工作提供科学数据和基础资料。

文物断代和判源是科技考古研究的两大热点，前者提供古代遗存的时间标尺，后者提供空间坐标，二者有机结合，可望建立考古研究的基础——时空框架。许多重要课题如文明探源、陶器起源[5]等都是在科学测年和检测分析中获得突破性进展。严文明先生亦指出：由于考古学研究是以实物为基础的，随着科学技术的发展，这种研究还可以不断深入，在同样的实物里可以提取更多和更加准确的信息……不断关注科学技术与考古学之间的可能的结合点，认真进行实验和研究，使得考古学可以随着科学技术的发展而不断发展。通过现代科技手段不断挖掘考古样品所蕴含的内在信息，从而为我们提供丰富的古代人类社会图景，具有鲜明的文理交叉研究特色。

对于历史的“碎片”的解读和阐释的方法多种多样，而检测分析技术所提供的信息解读通常带有客观性，但当较为庞大的海量数据出现，需要应用多元统计分析对数据进行解读和阐释，由于选择的参数不同，对于同一批数据不同的研究者可能得出不同的结论。即使对于同一件文物，不同研究背景的学者关心、考虑的问题也不同：传统考古研究者注重的是文物的造型、款式、花纹、铭文、尺寸、年代、用途、发掘位置、流传经过、历史文献等，而检测分析者更关心的是微观结构、组成成分、制造工艺、产地来源、技术断代等。由于学科壁垒的存在，二者之间有时被形象地称为“两张皮”——各说各话、各自为政，因此，我们认为，在对考古遗迹遗物信息提取的检测分析工作中，目前仍然存在以下三点主要问题。

（1）检测分析选取样品与考古学研究课题之间的相关性，即样品的代表性问题；

（2）减少误差，实验室测量数据的质量控制及不同实验室测量数据比对问题；

（3）检测方法存在对样品的破坏性，珍贵文物无损检测分析方法需要进一步建立。

当前，中国考古学时空框架体系已经基本建立，在此基础上，学科的关注点开始转向物质文化框架下人类社会生活和历史演进的诸多方面，学术研究向社会层次的深入、研究领域的宽泛及研究课题的多样化，已然成为学科发展的新动态，而许多考古学问题的解答和突破往往就在于能否真实、准确、全面地提取和释读文物或考古资料所蕴涵的信息，因此，运用现代先进的仪器设备进行检测分析成为考古学科研工作必不可少的关键环节。百年前的国学大师王国维先生曾经提出史学研究的“二重证据法”，即传统历史文献和地下考古资料互相印证，而现代检测分析技术可以被称为二者之外的“第三重证据”，三者的有机结合必将推动21世纪的考古学研究进入一番新天地。

以上我们从考古材料、检测技术和信息解读三个方面论述了检测分析技术在考古学应用中的局限性，被束缚的山洞囚徒不能认识造成洞壁影像的根本原因，而我们在某种程度上也受制于有限的感官经验，被千变万化的事物的表象所困扰，历史的真实就像检测分析数据中的真值，只能无限接近，不能完全揭示，正如张忠培先生语，“人们只能走近历史的真实，而不能走到历史的真实”[6]，我们所能做的就是集思广益，加强多学科合作，采用各种方法互相验证、取长补短，尽量拼缀历史的碎片，即使不能达到“天衣无缝”，也要获得最接近于真值的历史的真相。

注　释

［1］　中国大百科全书·考古学［M］. 北京：中国大百科全书出版社，1986.

［2］　科林·伦福儒，保罗·巴恩（著），中国社会科学院考古研究所（译）. 考古学理论、方法与实践［M］. 北京：文物出版社，2004.

［3］　刘爽. 文物保护概论［M］. 沈阳：辽宁教育出版社，2016：7-11.

［4］　刘爽，吴小红，陈全家. 黑曜岩的考古学研究概述［A］. 边疆考古研究（第8辑）［C］. 北京：科学出版社，2009：301-308.

［5］　Xiaohong Wu, et al. Early Pottery at 20,000 years ago in Xianrendong Cave［J］. *China. Science*, 2012，336 (6): 1696-1700.

［6］　张忠培. 变革时代下的两周时期玉器与玉文化［J］. 南方文物，2017（1）：1-7.

From “Cave Prisoners” to Historical Reality: Discussion on the Limitations of Detection and Analysis Technology in the Archaeology Application

LIU Shuang

The article discussed on the limitations of detection and analysis technology in the archaeology application from the archaeological materials, detection techniques and information interpretation.

长春地区全国重点文物保护单位保护利用现状的调查与研究*

吕　军　张力月　彭铄婷　袁函琳　赖亭杉　李心宇

（吉林大学考古学院、边疆考古研究中心，长春，130012）

文物保护单位是文化遗产的重要形态之一，是我国对不可移动文物实施的一种管理制度。中华人民共和国成立后，党和国家非常重视文化遗产的保护工作，自1961年至今，国务院先后分七次公布了七批全国重点文物保护单位名单共计4295项[1]。长春，作为吉林省省会，国家历史文化名城，在中国历史，尤其是中国近现代史上扮演了重要角色，留下了丰富的文化遗产，其中包括一批全国重点文物保护单位。长春地区现有9项19处全国重点文物保护单位，对其开展考察调研工作，一方面可以更加深入地了解长春市及其周边的文化遗产，对这座城市的嬗变有清晰的认识，激发大家对魅力长春的认同感与自豪感；另一方面，通过此次调研，总结出在城市化进程不断加快的今天，不可移动文物在传承保护和可持续利用方面的优秀经验，为更多的省市级别的文物保护单位提供范例借鉴。

与此同时，文物保护是一个长期过程，在其发展历程中由于各种原因，或多或少存在这样那样的问题。本文试图通过调研论证，勾勒出长春地区全国重点文物保护单位在文物保护与利用方面的基本情况，为相关部门的政策规划提供相应资料，并提出建设性意见。对长春地区、吉林省域乃至全国的文物保护单位建设也将有着重要参考意义。

一、长春现有国保单位概况

长春地区现有9项19处全国重点文物保护单位，全部是在2013年3月被国务院核定公布为第七批全国重点文物保护单位的[2]。可分为古遗址、古建筑和近现代重要史迹及代表性建筑三类，以下分别加以概述。

* 本文受吉林大学研究生暑期社会实践调研项目（yssj2017002）资助。

（一）古 遗 址 类

古遗址类有 3 项 4 处。

1. 五家子遗址

五家子遗址位于长春市双阳区山河镇五家子村西北约 300 米、饮马河支流肚带河左岸的二级台地上。2005 年，为配合长春—双阳—烟筒山铁路工程建设，吉林省文物考古研究所、长春市文物保护研究所联合对五家子遗址进行抢救性考古发掘[3]（图一）。

图一　五家子遗址现时地貌（调研组实地拍摄）

图二　揽头窝堡遗址现时地貌
（调研组实地拍摄）

2. 揽头窝堡遗址

揽头窝堡遗址位于吉林省德惠市边岗乡丹城子村揽头窝堡屯。1998 ~ 1999 年，为配合长余（长春至拉林河）高速公路施工建设，吉林省文物考古研究所、长春市文物保护研究所、德惠市文物管理所等单位对遗址开展了两个年度的抢救性考古发掘[4]。遗址规模大、文物堆积厚、遗存丰富，为甄别金代遗存树立了清晰的考古学标尺，对研究当时社会的政治、军事和社会生活，具有重要意义（图二）。

3. 唐代老边岗土墙

本项涉及德惠和农安两处遗址。

《旧唐书·高丽传》中有对荣留王修建老边岗的记载。隋唐时期由于战乱频繁、中原各地战火频起因此很难兼顾边远地区，高句丽趁机称王，其后为防止唐朝收复失地，于是便从贞观五年（613 年）起修筑了一道东北自扶余城西南至海长千余里的长城。

老边岗土墙在吉林省境内分布在 5 个县域。起自松花江镇松花江村（第二松花江左岸），经德惠市、农安县、公主岭市、梨树县、四平市铁西区，向西南延伸至辽宁省境内[5]。长 242.69 千米，共计 64 段。在长春地区主要有德惠和农安两处（图三）。

图三　唐代老边岗土墙远景（调研组实地拍摄）

（二）古建筑类

古建筑类遗址仅有农安辽塔 1 项。

农安辽塔坐落在长春西北 60 千米处农安镇城南门，又称“佛塔”“古塔”“金塔”。农安镇历史悠久，原镇古城是扶余国后期的王城——闻名遐迩的黄龙府所在地。辽金时代是这里历史上最繁荣的时期，留下诸多历史遗迹。辽代古塔是最具代表性的古建筑，它建于 983 ~ 1030 年，为砖砌实心，八角十三层，高近 40 米。檐角风铃。古塔因近千年的风雨侵蚀，损坏严重。1949 年之前此塔已濒临坍塌，1953 年国家拨专款全面修缮古塔，后因故停工，1983 年又对未竟工程进行续建，终使千年古塔恢复了原貌[6]（图四）。

图四　农安辽塔（调研组实地拍摄）

（三）近现代重要史迹及代表性建筑类

近现代重要史迹及代表性建筑类有 5 项 15 处。

1. 吉长道尹公署旧址

位于长春市南关区长通街道亚泰大街 669 号，光复路立交桥西侧。吉长道尹公署俗称道台衙门，前身是清朝在光绪三十四年（1908 年）十月创设的驻长春行政兼办外交的机构。初名吉林西路兵备道，驻长春主理行政兼办外交事务。原址位于东四道街路北，清宣统元年（1909 年），在西路兵备道颜世清主持下，在现址修建了道台衙门[7]。

吉长道尹公署旧址，建筑精致考究，体现了当时长春建筑的最高水平，具有重要的实证意义和研究价值（图五）。现使用权归属长春城市建设展览馆。

图五　吉长道尹公署旧址一隅（调研组实地拍摄）

2. 伪满洲国皇宫及日伪军政旧址

本项国保单位共涉及 11 处，2013 年 3 月被国务院核定公布为第七批全国重点文物保护单位[8]。

（1）伪满洲国皇宫旧址：位于长春市宽城区光复路北侧，是清朝末代皇帝爱新觉罗·溥仪居住的伪满洲国傀儡皇宫。占地面积 25.05 万平方米，建立了伪满皇宫博物院，其中展览面积 4.7 万平方米。是长春市著名的特色人文景区，现为国家一级博物馆、国家 AAAAA 级旅游景区。

（2）侵华日军关东军司令部旧址：位于长春市宽城区新发路 577 号，原为日本驻扎在中国东北的殖民部队关东军的指挥机关驻地，也是日本驻伪满洲国“大使馆”所在地。1955 年开始，侵华日军关东军司令部旧址便被划归中共吉林省委使用至今。现为吉林省委所在地。

（3）侵华日军关东宪兵队司令部旧址：位于长春市新发路 329 号，始建于 1932 年，是日本帝国主义殖民东北时期的特务机构。现由吉林省人民政府使用。

（4）伪满洲国国务院旧址：位于长春市新民大街 2 号，原是东北沦陷时期的日本侵略者推行殖民统治的重要部分，它以其独特的建筑风格和殖民地文化特征，成为日本侵占东北的历史见证，具有重要的科研价值和实证价值。现为吉林大学基础医学院。

（5）伪满洲国军事部旧址：坐落在长春市新民大街 71 号，旧址建于 1935 年，1970 年又接建一层，占地五万多平方米。现为吉林大学白求恩第一医院。

（6）伪满洲国司法部旧址：位于长春市新民大街 828 号，该旧址在 1936 年竣工，至今已有 80 余年历史。现为吉林大学新民校区白求恩医学部。

（7）伪满洲国民生部旧址：位于长春市人民大街 3623 号，二层楼，平面呈长方形。现由吉林省化工设计院使用。

（8）伪满洲国综合法衙旧址：位于今长春市自由大路 108 号，现为长春空军四六一医院。

（9）伪满洲国经济部旧址：位于长春市新民大街 829 号，现为吉林大学白求恩第三医院。

（10）伪满洲国交通部旧址：位于长春市新民大街 1163 号，现为吉林大学公共卫生学院教学楼。

（11）伪满洲国外交部旧址：位于今长春市建设街与普庆路交汇处东南角，建设街 1122 号。1948 年后，这幢独特风格的建筑，先后由吉林省委党校、东北文史研究所、吉林省军区、吉林省社会科学院和太阳会大饭店等单位使用。现为铭医集团旗下的铭医整形医院所用。

3. 伪满洲国中央银行旧址[9]

伪满洲国中央银行旧址坐落于长春市人民大街 2219 号，人民广场西北侧。现为中国人民银行长春中心支行所在地。

4. 长春电影制片厂早期建筑

长影制片厂早期建筑位于吉林省长春市朝阳区红旗街 1118 号。长春电影制片厂是中国大型综合性电影制片厂，是在 1937 年伪满时期日本“株式会社满洲映画协会”基础上建立。长春电影制片厂的主办公楼于 1939 年 11 月竣工，仿照德国“乌发”电影厂的模式设计，当时号称远东最大的电影制片厂。新中国成立后，长影在原苏联专家的协助下，建造了第七摄影棚，面积 1200 多平方米，在计划经济时期，是中国最大的摄影棚，也是亚洲最大的摄影棚之一。

长春电影制片厂老厂区正面主楼现已改建为长春电影制片厂旧址博物馆，于 2014 年 8 月 19 日向大众开放参观，主要介绍新中国电影的发展、创业史，还介绍了长春电影制片厂的历史、所拍摄的影片、所用过的道具以及从长春电影制片厂走出去的明星等，内容十分丰富。

5. 长春第一汽车制造厂早期建筑

长春第一汽车制造厂早期建筑位于吉林省长春市绿园区东风大街68号。厂名由毛泽东主席题写。现在仍是长春第一汽车制造厂，是国有特大型汽车生产企业，世界五百强。

长春第一汽车制造厂早期建筑具有浓厚的时代气息。建筑大都是苏联式风格，厂区占地面积很大，内铺设铁轨运送零件。老厂区现已对外开放，通过对老厂区进行走访，可以较为完整地看到新中国成立初期汽车厂的生产线及设备线，以及当时工业设施和建筑风格（图六）。

长春第一汽车制造厂早期建筑现仍在沿用，老厂区允许游客前往参观游玩。

图六　长春第一汽车制造厂早期建筑（调研组实地拍摄）

二、保护与利用现状

文物保护单位承载着整个城市的历史文化，是城市记忆的映像。长春地区的全国重点文物保护单位从文物类别上可分为三类，分别为古遗址、古建筑、近现代重要史迹及代表性建筑。下面我们将从不同类别的国保单位入手对其保护与利用现状进行总结与分析。

（一）古遗址类

长春地区三项古遗址类的国保单位均位于村庄里，据调研走访可知均进行过田野考古发掘工作，现今已全部回填，遗址范围内均被植被或农作物覆盖，有的遗址内随处可见垃圾及生活废弃品，国保标志石碑附近被杂草覆盖，人们想要绕到石碑背面看文字也非常不易。令人感到惊讶的是，在设置“国保”单位的石碑上居然还有被贴上了小广告，不可见其遗址本体。对其保护仅限于在遗址范围内设立“全国重点文物保护单位”的标示碑，偶尔还可见到“禁止倒垃圾”的警示性牌子（图七），遗址范围内允许种植植被但不可增建房屋，不可修建铁路。对其利用回归于土地本身，脱离了遗址的内涵，除作为耕地进行适当地使用不再进行展示利用。

整体而言，古遗址类国保单位的保护与利用现状不容乐观，我们仅仅可以到达该地点，并在植被之中找到标示碑，而不能寻得遗址原貌的冰山一角，遗址更没有得到有效地利用。以唐代老边岗土墙为例，此处遗址为高句丽千里长城遗址，属于线性遗址，分布于长春、四平等地，但在笔者调研范围内的德惠、农安一线则是整个长城遗址中保护现状最差的一段，地点多且分布混乱，城墙墙基由于常年耕种，地表几乎被耕平，仅现低矮的凹陷沟，而通过查询走访可知在四平地区公主岭段可明显看到凸起的鱼脊形的城墙遗迹。可见长春地区古遗址类的保护与利用存在分布广、保护难、被搁置的现状，同时也还局限于形式上的维护而欠缺实际的展示利用以及对其内涵意义的揭示。

图七　国保单位（五家子遗址）上设立的警示牌（调研组实地拍摄）

（二）古建筑类

仅将古建筑作为地标性建筑，没有投入使用。例如，古建筑农安辽塔就是以建筑本身为中心建立广场及公园供应人们参观游览、生活休闲。

当地政府在辽塔所在地修建了一个公园，叫作宝塔游园。调研组到达时正值傍晚，辽塔的广场上聚集了大批群众，人们在这里消夏乘凉，热闹非凡。

调研组通过询问和走访在周围的群众以及附近的居民发现，当地居民无论是生活在这里好多年的老人还是年轻人都只知道这是一座塔，对于其时代背景、文化内涵（佛教底蕴）都不甚了解。其实政府在这里建公园的初衷是好的，既保护了辽塔又为当地居民提供了休闲娱乐场所，但就目前情况来看，并没有很好地达到宣传效果（图八）。

图八　农安辽塔保护利用现状（调研组实地拍摄）

（三）近现代重要史迹及代表性建筑类

长春地区该类国保单位大体上均保留了建筑的原始外貌，近现代重要史迹及代表性建筑内部构造已为适应实际使用情况而被部分或全部改造，根据实际情况更换了现代化设施；其建筑内部结构多已不可见。同时，有少数为利于现实应用在不破坏建筑本身面貌的情况下，在外部增建了部分现代建筑。例如，现被吉林大学白求恩第一医院所用的伪满洲国军事部旧址，建设了用天桥来连接的同时供应医院使用的现代建筑（图九）；再如很多建筑都在外部增设探照灯、小灯泡和彩灯。但也存在较多地改变原始建筑外貌的情况，就如伪满洲国外交部旧址现为铭医集团，在旧址前面新建了面积较大的玻璃房（图一〇），对于建筑的完整性造成很大的影响，可谓是“面目全非”。需要注意的是这些国保单位的标示碑往往被置于角落之中，无人问津，人们可能“只见树木不见森林”，看得见宏大的古老建筑，却不知其中的价值所在。而值得欣慰的是调研期间正值伪满洲国司法部和伪满洲国国务院旧址的保护修缮

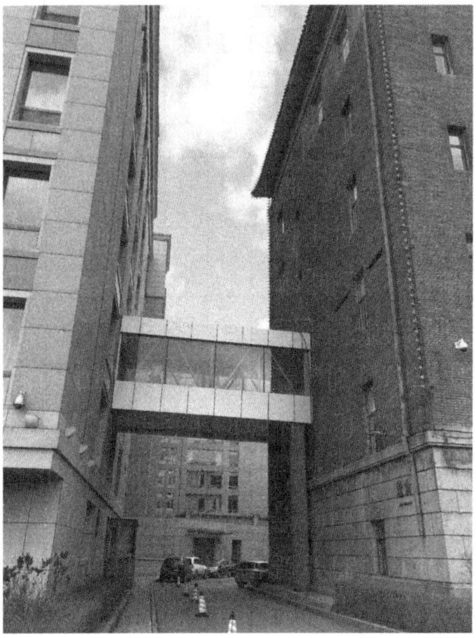

图九　伪满洲国军事部旧址（右）与新楼（左）外接了天桥走廊（中部）（调研组实地拍摄）

图一〇　伪满洲国外交部旧址前面新建了玻璃房（调研组实地拍摄）

工程施工时期（图一一、图一二），公告牌上说明此次修缮坚持对文物本体最少干预的原则，达到“修旧如原貌”的效果，由此可见政府对于国保单位的保护意识与实施力度均有所提升（图一三、图一四）。

图一一　伪满洲国司法部旧址保护修缮工程实景（调研组实地拍摄）

图一二　伪满洲国国务院旧址保护修缮工程实景（调研组实地拍摄）

图一三　伪满洲国司法部旧址保护修缮工程公告牌（调研组实地拍摄）

图一四　伪满洲国国务院旧址保护修缮工程公告牌（调研组实地拍摄）

对于这类国保单位的保护与利用，基本做到了有机结合，它已经成为人们参与经济、文化、日常生活的一部分。其利用现状分为两种情况。第一，作为功能性建筑。还可分为两小类，其一是仍延续其原有使用方式。例如，长春第一汽车制造厂早期建筑和伪满洲国中央银行旧址都仍分别发挥着汽车生产与银行的功能；其二是供应现代生活，用作医疗、教学、办公机构继续投入使用，如伪满八大部均保留建筑本身且作为吉林大学白求恩第一、第三医院或是大学教学楼等投入新的使用。第二，保留建筑本身作为博物馆或陈列馆。例如，在伪满洲国皇宫旧址（图一五）、长春电影制片厂早期建筑旧址（图一六）、吉长道尹公署旧址筹建展览馆（图一七）。

可见，近现代重要史迹及代表性建筑类国保单位的保护与利用情况可圈可点，总体而言得到了合理地保护与充分地利用。需要注意的是二者之间的平衡关系，不能因为过度使用掩埋了国保单位的灵魂价值，而应以保护文物为出发点，以不浪费合理资

图一五　伪满国皇宫旧址（现为伪满洲国皇宫博物院）远景（调研组实地拍摄）

图一六　长春电影制片厂早期建筑（现为长影旧址博物馆）（调研组实地拍摄）

源为目的，以宣扬长春历史文化为目标对其进行保护与开发。

图一七　国保单位（吉长道尹公署）的保护利用（调研组实地拍摄）

三、调研中发现存在的问题

作为国家历史文化名城，长春地区国保单位，如果从“唤醒城市记忆”的角度，又可将其分为四类，分别为：作为爱国主义教育基地起到警示性作用的伪满洲国皇宫及日伪军政机构旧址、伪满洲国中央银行旧址；蕴涵长春地区源远流长历史、深厚文化底蕴的五家子遗址、揽头窝堡遗址、唐代老边岗土墙、农安辽塔；代表长春在历史上政治面貌的吉长道尹公署旧址；代表长春经济辉煌成就的第一汽车制造厂早期建筑；以及展现长春精神文化风采的长春电影制片厂早期建筑。在调研的过程中通过对全国重点文物保护单位现状面貌的观察，对于利用情况的了解，对于群众意见态度的走访，调研组发现以下几点问题。

（1）古遗址类知名度低，古建筑类内涵不被了解，保护难以上行下效。

蕴含长春地区源远流长历史、深厚文化底蕴的古遗址类全国重点文物保护单位知名度低，“毫无看点”，有名无实呈搁置状态，发掘回填后这一段历史便与世隔绝。尤其是线性遗址，分布范围广，地点众多，道路没有经过修缮，遗址“隐居山林”很难探索其连续性、完整性，调研浅尝辄止。保护仅停留于政府层面发布的规定，民众支持欠缺，无法做到上行下效。古建筑类的农安辽塔，在当地很有名气。但是通过走访不难发现当地居民只是把它当作一个普通的广场，对它的价值内涵，也没有充分认识和足够重视，并没有意识到它的独特性、历史性。

（2）博物馆门票价格过高，参观受限。

历史性建筑结合博物馆的陈列展览，对于参观者来说是极具感染力与震撼力的，走进博物馆是接受爱国主义教育或者文化熏陶的有效途径。而长春地区已经建立博物馆的全国重点文物保护单位出现的问题是门票价格过高，在一定程度上缩小了参观者的范围，限制了观众的人群，削弱了人们参观的意愿，使得部分群众望而却步，从而影响了历史文化发扬传播的广度与宽度。

（3）过度重视实用性，忽视保护与内在价值。

已经投入功能性使用的全国重点文物保护单位在保护与利用方面存在过度重视实用性而忽视保护其价值的问题。为了更好地适应现在的运用，有些近现代史迹“退化”

为建筑，如伪满洲国外交部旧址现为铭医集团整形医院，在原有建筑外加盖玻璃房，在建筑上粘贴宣传板；还有些高高在上不能够对外开放，如侵华日军关东军以及关东宪兵队司令部旧址现为吉林省委和吉林省人民政府所用，这两处地点只可远观不可走近观览。这些国保单位在人们印象中更多的是现代化基础设施，而关于其蕴含的警示性作用、传达的爱国主义精神、发挥的历史使命都被一代一代的人遗忘，成为“行尸走肉”，失去了它的独特性、纪念性、教育性。

（4）标示碑形式化严重，文保单位缺少细节性、常态化的保护。

全国重点文物保护单位的标示碑是见证、说明其价值意义的重要依据，但在调研期间我们发现很多标示碑都被搁置于角落之中（图一八），有些被杂草所掩盖、有些被贴上小广告（图一九）、有些被涂抹刻划。同时，标示碑的背面都刻有此处文保单位的基础介绍，而好多标示碑都紧靠于墙体，人们基本无法看到背面的文字介绍。标示碑成了形式和“花瓶”，很少有人能驻足了解这宏大的建筑背后蕴藏着怎样的城市记忆。调研组认为原因有二，其一，政府层面对于文保单位的保护多是从大环境大建筑入手，大规模地修缮建筑本身，是即时性的保护，缺少常态化的关注与细节化的设计。其二，群众保护意识的欠缺，群众没有文保单位的概念，觉得国家文物与自己无关，缺少对文物的保护与敬畏崇尚的意识。

图一八　国保标志被搁置于角落
（调研组实地拍摄）

图一九　国保标志上被粘贴了小广告
（调研组实地拍摄）

（5）文保单位宣传教育不足，群众知之甚少。

通过调研我们发现没有建立博物馆的多数文物保护单位都是只见宏大的建筑，周围仅有标志碑却没有任何介绍性的文字。而除了老一辈长春人和少数专业人员，普通群众即使置身其中也无从知晓建筑背后那些记载城市记忆的渊源和历史。同时，除已建立博物馆的多数文物保护单位外，基本没有进行过与文化遗产相关的宣传和活动，对于建筑的修缮成了保护的唯一途径，摆放的标示碑成了唯一宣传教育的资源，使得建筑无法诉说自己承载的重大价值和意义。包括著名的农安辽塔，当地居民只是把它当作一个普通的广场，并没有意识到它的独特性、历史性。此外，辽塔旁边由农安县人民政府设立的国保单位石碑上的相关介绍并没有引起本地居民的重视，没达到应有的宣传效果。

那么这些传达长春深厚文化底蕴，宣扬爱国主义精神，唤起人们对于长春政治、经济、文化认同感的文保单位的价值如何体现？可见，文保单位自身的宣传力度不足，对于文物价值的挖掘、文化与精神的宣扬与传递产生的负面影响是值得注意的。

四、对于解决相关问题的建议

针对调研过程中所发现的保护与利用中存在的问题，我们提出以下几点对策建议与思考。

1. 常态化的保护是前提

无论是文物建筑还是文物遗址，对其保护是一切工作的前提与保障。通过此次调研伪满洲国司法部旧址以及伪满洲国国务院旧址在进行保护修缮工程来看，文物保护单位的上级主管部门已经有意识地对文保单位用“修旧如原貌”的专业要求和最少干预的原则进行保护了。而需要注意的是要将这种保护常态化，从政府上层到地方到民众都要参与其中，“文保”不是一个概念而是实实在在的行动，要从每天的点滴中对其进行合理的保护，不能“亡羊补牢”，更不能“心血来潮”。这就要求上级机关入法、定规，并建立合理的监督制度；下级各部门积极配合，定期对文保单位进行检查走访；对于群众而言应该建立适当的奖惩制度，互相监督，对于保护与破坏文物的行为分别进行不同程度的奖励与处罚。使得文保单位在一个完善、良性循环的系统中得到最好的保护。

2. 正确处理好保护与利用的关系是原则

文物保护单位是人类文明的产物，取之于民应用之于民，保护只是前提，合理的利用才是发挥文物价值的所在。那么保护与利用有机结合便是一切工作的原则，利用是保护的一种方式，利用的意义在于将其蕴含的精神、情怀融入人们生活的点滴之中。这就要求不能将其看作是建筑框架，而是“有血有肉”的整体，文保单位自身应该在不破坏文物的基础上合理开发利用优秀资源，将教育与实用性合理分配，既不能使文物尘封于城市的角落之中，也切忌过度开发破坏文物的完整性，掩埋文物的本质价值。

3. 合理调整门票价格，降低博物馆门槛是保障

已经建立博物馆的文保单位收取门票的目的是维持正常的运行与维修，而不应是以赢利为目的。就长春地区两处博物馆门票过高的问题调研组有两个建议。

（1）在保证正常运营的基础上适当降低门票价格或设置一些折扣及优惠政策。例如，设置家庭套票，两位家长带一个孩子可免成人票一张；形成会员制度办理年卡，年卡门票优惠等。这样既促进更多的群众能走进博物馆、重视了儿童的教育，也降低了参观成本，提升了参观者的数量，扩大了参观者的范围，也就相应地扩大了文保单位的社会效益。

（2）博物馆也可以尽量多地提供免费参观的机会。例如，博物馆可定期限定人数地免费开放一日；多举办一些可供公众参与的活动，可对利用现代软件帮助宣传、能够积极参与博物馆业务活动中来的参观者可给予适当的奖励。

4. 加大宣传力度，提高知名度挖掘内在价值是关键

作为文保单位的建筑和遗址可以“历时千古”，但是它们不会说话，不会将其蕴含的历史价值、精神内涵、警惕作用诉说给世人。这就需要宣传的力量，宣传力度直接影响文保单位的知名度，对于文物价值的有效发挥也起到重要的能动作用。通过本次调研，我们认为应从以下几点入手。

（1）对于古遗址这类的国保单位，多数位于村庄中，很少被外界知晓，也不被附近村民重视，而其所代表的源远流长、流传亘古的历史也同遗址一样深埋地下。对于古遗址的宣传工作应该由近至远地进行，以村为单位进行知识的普及，使当地群众产生文化的认同感与自豪感，将古遗址作为发扬当地精神文明的旗帜，不但提升了遗址的知名度，也提高了群众保护文物的意识。而对于非本地群众，在小范围内可组织各个村庄之间的互相参观，大范围内可以修缮路线，形成访古路线以供外界参观。

（2）对于没有建立博物馆的国保单位，人们往往只能见到建筑本身无从得知其历史渊源。那么这就需要加强宣传，将历史的真相、建筑的价值讲给群众。我们认为可以在建筑的进门处显著位置设置小型的展览窗口或介绍展板，对于文保单位做出一些知识性的介绍。这样可以使专门前来参观的人在面对眼前宏大的建筑时能感悟到历史的变迁，身临其境，触发爱国主义情怀与民族认同感；也可以使路过或是走进建筑办事的人在无意中接受文化熏陶。针对辽塔保护中存在的问题笔者认为可以从两方面进行改进。首先，可以在广场上播放一些关于辽塔、黄龙府、辽代历史的相关影片、纪录片，这样既可以为市民提供露天观影的休闲便利，又可以借此机会宣传辽塔的相关知识。其次，可以在辽塔附近设立解说牌，图文并茂对这座古迹进行介绍说明，通过色彩艳丽的图片和形象生动的文字引起市民的注意，进而由此了解辽塔的相关历史知识与文化内涵，丰富当地居民的精神文化世界，寓教于乐。

（3）在科技发达的今天也可以利用现代科学手段来加强宣传。例如，在已经投入功能性使用的文保单位内如吉大一院、三院及长春一汽内贴上二维码条，通过扫描可以观看与此文保单位相关的视频，也可以听到相关的音频介绍。人们可以在医院排队等号时，在工作闲暇之余利用手机来了解这座建筑的始末缘由，既方便快捷又简单有效。也可以在国保单位内设置电子显示屏适当播放介绍国保单位的视频，不但使枯燥的等待或工作变得丰富，也使知识传播润物细无声地融入生活中来。

（4）可以合理利用社会群体的力量进行宣传教育。比如学生群体，文物爱好者群体，在各个国保单位内定期组织文化遗产传播志愿者，对群众进行爱国主义教育，进行长春政治、经济、文化变化与成就的介绍讲解。而作为文博行业战线上的我们也是有义务并愿意发挥自己的价值为唤醒城市记忆出一份力。

（5）对于作为教学用途现为吉林大学所用的国保单位，应该利用得天独厚的机会，组织学生有序参观；还可以组建相关的社团，组织活动，成为国保单位宣传的有效力量。

（6）21世纪是媒体传入千家万户的时代，媒体的宣传、传播作用不可忽视，因此可以借助媒体采访、介绍或者是公益广告的形式扩大国保单位的影响力，展示其潜在的价值以及促使群众文物保护意识的提升。

5. 正确协调文保单位建设与群众利益的关系是动力

大多数情况下文保单位的建设完善将会造福于民，但是文保单位往往占地面积广，修缮工程大，不可避免会与民众利益发生冲突。例如，古遗址中的五家子遗址，曾经水泥厂要建设铁路需要穿过该遗址，政府出于对国保单位完整性的保护没有同意通铁路；同时该遗址占用了农民的生产用地并被禁止在遗址范围内建造房屋等设施。这在一定程度上影响了该村庄的经济发展与村民的日常生活，那么上级政府及文保机构应该对其进行适当的经济补偿，协调好与群众利益的关系，这将直接影响群众对文保单位的态度以及文保单位未来发展的群众基础。

五、结　　语

长春地区现有的9项19处全国重点文物保护单位，可分为古遗址、古建筑、近现代重要史迹及代表性建筑三类。其现有的保护模式，古遗址类国保单位，设有保护标志、保护范围，还设有警示性牌子等。古建筑类国保单位，仅作为地标性建筑，设有保护性围栏，四周建为公园。近现代重要史迹及代表性建筑的国保单位，其保护模式分为两大类，一类是用作功能性建筑，还可分为延续其原有使用方式和供应现代生活作为医疗、教学、机构办公场所等两种；另一类是保留建筑本身开辟为博物馆或陈列馆。

综上所述，长春地区全国重点文物保护单位的现状总体来说是比较良好的，国家和群众的保护意识都已经有所提高，保护修缮与开发利用工作也井然有序地进行，做到了依据古遗址、古建筑、近现代重要史迹及代表性建筑的不同特点，分别采取相应的保护利用模式，这对全国范围的国保单位的保护与利用具有积极的借鉴作用。

注　释

［1］ 励小捷就第七批全国重点文物保护单位的公布接受中国文物报专访. http://www.sach.gov.cn/art/2013/5/3/art_722_107823.html.

［2］ 中央政府门户网站. 国务院核定公布第七批全国重点文物保护单位［OL］.［2013-05-03］. http://www.gov.cn/.

［3］ 王义学，王卫民. 长春市双阳区五家子遗址发掘简报［J］. 北方文物，2011（4）：3-7.

［4］ 宋玉彬，傅佳欣. 吉林德惠市揽头窝堡遗址六号房址的发掘［J］. 考古，2003（8）：67-78.

［5］ 韩洋. 吉林省长城资源保护和利用专题调研报告［J］. 博物馆研究，2017（4）：93-96.

［6］ 吉林省文物志编委会. 农安县文物志［M］. 农安，1987：145-147.

［7］ 吉林省文物志编委会. 长春市文物志［M］. 长春，1987：58-60.

［8］ 本刊编辑部. 伪满洲国皇宫及日伪军政机构旧址入选第七批全国重点文物保护单位［J］. 溥仪研究，2013（2）：2-7.

［9］ 同［8］.

参考书目

白雪冰. 对文物保护单位管理工作的几点思考［J］. 文物世界，2005（1）：75-76.

杜欣芸，付璐. 基于工业遗产保护视角下的长春伪满建筑美学风格研究［J］. 艺术生活——福州大学厦门工艺美术学院学报，2016（3）：9-11.

姜虹. 谈长春新民大街历史街区特色及保护对策［J］. 山西建筑，2012（8）：3-4.

刘丽华. 我国东北地区近代工业遗产的基本特征及其文化解读——基于文物保护单位视角的分析［J］. 经济地理，2006，36（1）：200-207.

吕舟. 从第五批全国重点文物保护单位名单看中国文化遗产保护面临的新问题［J］. 建筑史论文集（辑刊），2002（2）：190-201.

宋宏宴. 长春市文化遗产保护利用的探讨［D］. 东北师范大学硕士学位论文，2009.

王冰河. 国保单位的保护与利用——以吉林阿什哈达摩崖石刻为例［D］. 吉林大学硕士学位论文，2010.

王春晖. 城市更新背景下的历史街区保护研究——以长春市新民大街为例［J］. 河南科技，2010（11）：80-81.

王秀兰. 吉林省重点文物保护单位概述［J］. 博物馆研究，2003（1）：74-79.

王运良. 文物保护单位概念及其应用初探［J］. 中国文物科学研究，2006（4）：34-35.

王运良. 文物保护单位再认识［J］. 中国文物科学研究，2008（1）：62-64.

赵继敏. 挖掘警示文化内涵彰显长春城市个性——加强长春市警示文化遗产保护和利用的几点思考［A］. 中国博物馆学会纪念馆专业委员会第三次年会暨城市建设与文化遗产保护论坛论文集［C］. 上海：上海社会科学院出版社，2010（5）：43-51.

Investigation and Research on the Current Situation of Protection and Utilization of National Cultural Relics Protection Units in Changchun Area

LYU Jun ZHANG Li-yue PENG Shuo-ting YUAN Han-lin LAI Ting-shan LI Xin-yu

Cultural relics protection unit is one of the important forms of cultural heritage, and is a management system for immovable cultural relics in China. At present, there are 9 cultural relics protection units in Changchun, which are distributed in 19 places. They can be divided into three categories: ancient sites, ancient buildings, important modern historical sites and representative buildings. In the summer of 2017, we set up a research group to investigate the protection and utilization of these national cultural relics protection units. Through visiting and sending questionnaires to nearby residents, we comprehend the current situation of protection and utilization, find out the existing problems, then analyze and summarize the relevant conclusions, put forward feasibility proposals which can solve the problems. Such as normalized protection. Correctly handle the relationship between protection and utilization, rationally adjust ticket prices, reduce the threshold of visits, increase publicity efforts, and excavate the intrinsic value. We should coordinate the relationship between the construction of cultural relics protection units and the interests of the masses so as to provide some reference for the effective protection and rational utilization of cultural relics protection units.

国家社科基金重大项目专栏

渤海佛教研究的信息资源与学术解读*

宋玉彬

（吉林大学考古学院，长春，130012）

自渤海史成为学术命题对象纳入研究视野以来，根据文献中留存的渤海人的佛教纪事、利用田野考古辨识的渤海时期的佛教遗存，学术界开展了不同视角、不同层面的渤海佛教研究，有关渤海人佛教信仰及其遗存特点的学术解读，已然成为解析渤海文化的重要组成部分。然而，现有的学术梳理尚不足以明晰佛教在渤海国得以传播的社会基础，现有的学术阐释尚不足以廓清渤海存国期间佛教物质文化遗存的阶段性特征、地域性特点。究其原因，客观上，缘于支撑学术研究的基础性数据严重匮乏；主观上，则在于缺少跨学科综合开展学术研究的治学理念。鉴于此，在无法奢求不断补充新的学术资源的现有治学条件下，为了夯实渤海佛教研究的学术基础，拓展渤海佛教研究的认知空间，需要在立足于现有学术资源的基础之上，及时更新研究理念、适时完善解读方式，通过积极的学术互动、倡导弥合分歧的话语主张。基于上述思考，形成了本文的命题研究。

一、渤海佛教的缘起

《册府元龟》载："开元二年十二月，靺鞨王子来朝，奏曰：'臣请就市交易，入寺礼拜'。许之。"[1]这是现存文献中可资查询的年代最早的渤海人礼佛信息。据此，学术界普遍认为，建国初期的渤海人已经崇奉佛教。不过，在进一步讨论渤海佛教缘起问题时，由于缺少可资引证的史料信息、缺乏可资断代的考古发现，从而导致了中韩

---

* 本文系国家社科基金2016年度重大课题项目"东北亚视野下的渤海遗存研究"（16ZDA149）的阶段性研究成果。

学术界的认知分歧。中国研究者主张渤海佛教缘起于靺鞨佛教，韩国学者强调渤海佛教继承于高句丽佛教。针对中韩学界的纷争，韩国学者宋基豪曾予以评述。已经发表的李东源的译文是：

（中国学者）若想使其主张符合逻辑，具有说服力，就必须找出与靺鞨佛教有关的记载或者发现相关的遗迹。但是既没有佛教在靺鞨广为流传，以至于足以将渤海佛教之源求诸靺鞨的记载，也没有发现为此提供依据的遗迹。归根到底，我们不能不把渤海佛教之源求之于高句丽佛教。更为重要的是，渤海的佛像、瓦当等几乎与高句丽时期的遗物相同，这是渤海佛教直接继承高句丽佛教的重要依据[2]。

为了评述宋基豪的主张，我请延边大学姜成山博士核对了上述译文。姜成山给出的答案是：

若想使该主张符合逻辑，至少要发现与靺鞨族有关的佛教信息或遗存。然而，既没有发现渤海佛教源于靺鞨族的记载，也没有发现为此提供依据的遗存。所以，渤海佛教的根源只能在高句丽寻找。更为重要的是，渤海的佛像或瓦当遗物如实地反映出高句丽的传统，这是渤海佛教直接继承高句丽佛教的重要依据。

对比两者，宋基豪评述中国主张部分的译文，虽用词有别，但意思相近。并且，笔者也认同宋基豪在当时治学条件下指出的问题。然而，在翻译宋基豪阐释自身主张部分的文字时，李、姜出现了分歧。即“渤海的佛像、瓦当等几乎与高句丽时期的遗物相同”与“渤海的佛像或瓦当遗物如实地反映出高句丽的传统”的表述方式，具有不同的概念界定或实质性内涵。简而言之，基于现有的学术资源，既无法证明高句丽、渤海相关遗物的“相同”属性，也不足以构建两者之间的“传统”关系。鉴于此，在渤海佛教缘起问题上，中韩学界各自所倡导的话语主张均因主客观因素的制约而存在不同程度的认知缺失。

新近公布的古城村1号寺庙址的考古发现[3]，为客观反思中韩学术界认知分歧、理性解读渤海佛教缘起，提供了全新的学术视角。该寺庙址地处图们江支流珲春河流域，根据史料线索，该流域曾经为高句丽“栅城”所辖[4]。不过，因缺少辨识标尺，长期以来，学术界始终未能确定“栅城”时期的具体遗存。根据瓦构建筑残存的体现前燕文化形制特点的瓦当标本，古城村1号寺庙址被推断为图们江流域年代最早的佛教遗存，其始建年代可以追溯至高句丽“栅城”时期[5]。

透过古城村1号寺庙址实物遗存的表象，我们得以重新思考佛教东渐高句丽的传播方式、具体路径。根据《三国史记·高句丽本纪六·小兽林王》纪事，通过官方途径，前秦僧侣将佛教传入高句丽核心地区[6]；古城村1号寺庙址的考古发现表明，通过民间途径，前燕僧侣将佛教传入高句丽边远地区——图们江流域[7]。根据学术界推定的古城村1号寺庙址的始建年代可知，渤海建国以前，图们江流域已经形成崇奉佛教的民间基础。鉴于此，全新的认知空间促使我们重新思考渤海佛教缘起的解读方式。

宏观审视佛教在东亚地区的推广传播，不难看出，高句丽、渤海存国期间崇奉的佛教，均源于汉传佛教的具体宗派，并没有衍生出新的佛教派别。因此，目前学术界普遍使用的"高句丽佛教""渤海佛教"名词，均是宽泛的称谓，并不具备佛教宗派的实质性概念内涵。既然不存在独立的高句丽佛教宗派或渤海佛教宗派，意味着中韩学术界各自所秉持的"渤海佛教继承靺鞨佛教""渤海佛教继承高句丽佛教"话语主张，其命题本身已经失去了继续存在的合理性。鉴于此，有关渤海佛教缘起的学术解读，可以表述为：渤海建国初期，其所占据的曾经隶属于高句丽的部分区域已经存在佛教信仰的民间基础，由于渤海建国集团信奉佛教，其境内的民间佛教信仰不仅得以延续，而且应该得到了进一步发展。

二、渤海统治集团礼佛地点与都城建置

长期以来，无论是开展渤海都城研究，还是进行渤海佛教考察，始终存在一个令研究者均感到困惑却又缺少解题思路的问题：在渤海上京城拥有足够城市空间的客观条件下，渤海人缘何将两座佛教寺院（学术界将其编号为8、9号佛寺）营建于郭城郊外？可以明确的是，这是一个既涉及渤海国都城建置，也与渤海人礼佛方式有关的问题。需要思考的是，学术解读如何选择适宜的学术切入点？

在梳理渤海佛教研究的基础性信息数据时，前引《册府元龟》著录的靺鞨王子"入寺礼拜"纪事，不仅引发了笔者关于渤海佛教缘起问题的学术思考，而且促使笔者产生了统筹开展渤海佛教、都城研究的课题构想。即通过靺鞨王子朝贡期间礼佛请求所蕴含的学术信息，进一步开展渤海统治集团礼佛地点与都城关系的拓展考察；结合渤海上京城8、9号佛寺的位置选择，尝试解读其始建年代与渤海上京城营建时序的对应关系。围绕上述构想，笔者综合开展了渤海统治集团礼佛地点与渤海都城建置相互关系问题的学术讨论。

通过整合史料文献信息，同时，结合田野考古发现，大体上，渤海都城经历了建国地——东牟山故址（待定）、第二都城——"天宝中王所都"的显州故址（西古城）、第三都城——"天宝末"都城（早期上京城）、第四都城——"贞元时"为都的东京故址（八连城）、第五都城——大华玙执政直至渤海灭亡的都城（晚期上京城）的历时性迁徙变化。历经20世纪、21世纪初大规模的考古调查与发掘，学术界基本廓清了西古城、八连城、渤海上京城的都城建置。由于仅在渤海上京城郭城内确认了城市

类型的佛教寺院，表明渤海以西古城、八连城为都之时，其统治集团均只能在都城之外的旷野类型的佛寺中进行礼佛活动。鉴于此，如能明晰“天宝末”上京城初次为都时渤海统治集团的礼佛地点，便可洞察渤海统治集团的礼佛方式是否存在历时性发展变化。

在整理渤海时期的瓦作构件类遗物时，文字瓦的统计数据表明，其在城市建筑中仅见于都城设施。除此之外，西古城、八连城周边的少数旷野类型佛寺建筑使用了文字瓦。显然，渤海存国期间，其都城与其他城市之间、旷野类型佛教寺院之间存在是否使用文字瓦之别。根据杏山窑址[8]、克拉斯基诺窑址[9]的考古发现，笔者撰文指出，渤海时期的瓦作产品并存两种不同模式的生产方式。一是独立选址、批量生产的专业作坊，如为渤海上京城提供瓦作产品的杏山窑址；二是营建瓦构建筑时，在其周边就近就地建窑烧瓦的一次性窑址（作坊），如克拉斯基诺窑址。两者之间的个性化差异，体现的应该是“官窑”“民窑”的性质之别。其中，文字瓦是“官窑”产品的重要标识[10]。因此，西古城、八连城周边使用文字瓦的佛教寺院，其社会地位高于未使用文字瓦的普通寺院，应该是渤海以显州、东京为都时其统治集团的礼佛场所。值得注意的是，通过发掘得以确认，位于渤海上京城郭城北郊的9号寺庙址，是一座使用文字瓦营建的佛教寺院[11]。结合上文所述，以文字瓦为学术切入点，笔者尝试解读了9号佛寺的始建年代及其与渤海上京城的关系。

关于渤海都城的城市建置，刘晓东、魏存成曾经撰文指出，“天宝末”为都之时的渤海上京城，仅营建了与西古城规模相当、布局相同的城市设施[12]。其三重城建置的城市设施，全面完工于渤海第十一代王大彝震时期[13]。由于未能提供足以证明西古城、渤海上京城存在年代学相对早晚关系的实证线索，上述主张受到了日本学者田村晃一的质疑[14]。

基于田野调查，牡丹江流域发现的旷野类型的渤海佛寺遗存地点，多见渤海晚期流行的“倒心形”花瓣瓦当标本。种种迹象表明，天宝末渤海迁都上京以前，佛教东渐尚没有波及牡丹江流域[15]。渤海初次迁都上京之时，即早期上京城只是按照显州都城模式，构筑了三重都城建置中的宫城设施。当时，为了满足渤海统治集团的礼佛需求，在早期上京城的北郊营建了8、9号佛寺。其中，出土文字瓦的9号佛寺应该是渤海统治集团的礼佛场所。关于此，可以补充说明的是，该寺庙址出土了釉陶的鸱尾、兽头、筒瓦、檐头筒瓦。釉陶建筑构件是辨识渤海都城故址的三大要素之一[16]，这一点有助于说明9号佛寺的“皇家寺院”性质。大华玙“复还上京”之后，随着三重城建置的晚期上京城竣工，渤海统治集团始得以在城内寺院中进行礼佛活动。基于此，渤海统治集团的礼佛地点经历了由旷野类型佛寺到城市类型佛寺的历时性变化。鉴于此，通过开展文字瓦视角下的渤海佛教遗存研究，不仅明确了渤海上京城8、9号佛寺选址郊外的解题思路，而且为中国学者所倡导的渤海上京城历时性营建学说补充了基础性数据[17]。

三、渤海佛教遗存的学术解读

目前，开展渤海佛教研究可资利用的物质文化遗存，一是佛塔类遗迹、遗物，二是佛教寺院类遗迹、遗物。佛塔包括1座历经后世修缮的地面建筑——灵光塔[18]，数座塔式墓基址——马滴达墓基址[19]、贞孝公主墓基址[20]、龙头山龙海墓区10号墓基址[21]等。作为砖构建筑，此类遗存除见有少量花纹砖外，可资利用的佛教信息相对有限。佛教寺院分为城市类型、旷野类型等两类遗存地点存在方式，出土遗物包括佛造像、建筑构件等两类标本。佛造像类遗物主要出自渤海上京城1号寺庙址[22]、八连城郊外寺庙址[23]、高产寺庙址[24]、红云寺庙址[25]、杏山寺庙址[26]、克拉斯基诺寺庙址[27]、科尔萨科沃寺庙址[28]等实施过考古发掘的遗存地点；建筑构件类遗物则散见于数十座佛寺遗存地点，获取的实物标本既基于考古发掘，也源于田野调查。如果说透过佛造像的表象可以解读佛教自身的文化内涵，佛寺建筑瓦作构件的装饰风格则更多地体现了地域性的世俗文化风貌。由于主客观原因[29]，依据现已公布的遗物标本还不足以系统地构建渤海佛造像的类型学演变序列，学术界只能宽泛地将其分为两大类：多数遗存地点出土的标本遵循了北朝晚期至隋时佛造像的形制特点，渤海上京城出土的标本则呈现出唐代佛造像的风格特征[30]。基于此，与汉传佛教核心地区依托石窟、造像开展佛教研究不同，有关渤海佛教物质文化遗存的学术解读，主要是围绕佛寺遗迹结构、瓦作构件所包容的地域性世俗文化因素而展开。鉴于此，在现有学术资源条件下，渤海佛教研究首先应该着眼于廓清具体遗存地点佛寺建筑的年代学信息，以便于通过梳理佛寺建筑格局及其装饰风格的历时性变化，尝试解读渤海时期佛教文化与世俗文化间的横向互动。

关于渤海佛寺遗存的年代学考察，需要综合考虑佛寺始建年代与佛造像制作年代两个方面的相关线索。具体而言，佛寺建筑与其所供奉的造像之间存在三种时间关系：一是佛造像的年代早于佛寺的始建年代；二是两者具有共时性时间属性；三是佛造像的年代晚于佛寺的始建年代。具体到渤海时期的佛教遗存，应该承认的是，依据现有学术资源与研究手段，尚难以充分获取各个遗存地点具体的基础性的年代学数据。

通过开展构图理念视角下的高句丽、渤海瓦当研究，笔者梳理了高句丽、渤海瓦当的历时性演变态势[31]。以图们江流域为例，作为渤海文化分布的核心区域，该流域瓦构建筑所使用的瓦当，其装饰风格大体经历了以下几个发展阶段。第一个阶段，图们江流域瓦构建筑肇始期所使用的瓦当，见于高句丽以国内城为都之时营建的古城村1号寺庙址。随着前燕僧侣进入图们江支流珲春河流域，佛寺瓦构建筑结束了该流域房屋建筑的“茅茨”时代。作为最早的瓦构建筑，古城村1号佛寺具体应用了彰显前燕文化形制特点及其工艺特征的“‘裂瓣纹’构图＋莲花纹样”的瓦当类型。第二个阶段，杨木林子寺庙址出土了高句丽迁都平壤以后出现的“‘四分法’构图＋忍冬纹”瓦当类型。即“四分法”替代“裂瓣纹”、忍冬纹替代莲花纹，成为图们江流域瓦当构图与纹样的新标识[32]。第三个阶段，渤海建国至天宝中期（渤海以显州为都之前）佛教寺院具体使用的瓦当类型。即旷野类型佛寺所见“‘四分法’构图+个性化纹样”瓦当类型。关于个性化纹样，意指各个遗存地点之间鲜有雷同的纹样。鉴于此，限于资料，目前还无法明晰此类佛寺遗存的始建年代是否可以追溯至高句丽时期[33]。第四个阶段，渤海第三代王大钦茂执政时期佛教寺院具体应用的“裂瓣纹”构图理念瓦当类型。作为“宪象”中原唐文化的具体表现，基于佛教东渐，南北朝以来东亚地区普遍采用的“裂瓣纹”构图理念瓦当类型成为此期瓦当的时尚。西古城、八连城的考古发现表明，此期渤海都城瓦构建筑主要使用“‘裂瓣纹’构图+‘倒心形’花瓣”瓦当类型[34]，同时，兼用另见于多处佛寺建筑遗存地点的“图们江流域地域性纹饰”瓦当类型[35]。种种迹象表明，西古城、八连城所见“图们江流域地域性纹饰”瓦当类型，源自于佛寺建筑同类瓦当的影响[36]。第五个阶段，多数旷野类型佛教寺院具体应用的“‘裂瓣纹’构图+‘倒心形’花瓣”瓦当类型，其时间节点可以界定在渤海第五代王大华玙“复还上京”之后。即自渤海定都上京伊始，“倒心形”花瓣逐渐成为图们江流域乃至渤海境内瓦构建筑普遍采用的瓦当纹样。

根据上述梳理，以瓦当构图理念为学术切入点，确立了渤海时期具体佛寺建筑年代学考察的辨识标准。出土“四分法”构图理念瓦当标本的遗存地点，其佛寺建筑的始建年代可以追溯至渤海建国初期乃至高句丽晚期（高句丽时期始建、渤海时期沿用）；出土“裂瓣纹”构图理念瓦当标本的遗存地点，其佛寺建筑的始建年代可以追溯至大钦茂执政时期；共出“四分法”构图理念瓦当标本、“裂瓣纹”构图理念瓦当标本以及“‘裂瓣纹’构图+‘倒心形’花瓣”瓦当标本的遗存地点，其佛寺建筑的使用年限多半已经延续到渤海存国的晚期阶段。上述梳理，可以作为开展渤海时期佛造像年代学考察的参考数据。

此外，“图们江流域地域性纹饰”瓦当类型对渤海都城瓦当的影响，则进一步表明渤海时期存在两种途径的佛教传播方式。一是官方途径，二是僧侣自主的民间途径。其中，后者对渤海文化发展产生了重要影响。基于民间传播途径而营建的旷野类型瓦构佛寺建筑，其就近就地烧制瓦作构件的建筑方式，不仅使更多的人掌握了瓦作产品的烧制技术、瓦构建筑的营建技术，而且为瓦构建筑突破等级限制、不断在民间推广应用奠定了社会基础[37]。

四、初步认识

根据现有信息资源，综合上文的学术梳理，初步形成以下学术认识。

（1）渤海佛教缘起的原因有二：一是与外界存在广泛接触的渤海建国集团信奉佛教；二是渤海建国的核心区域——图们江流域存在佛教信仰的民间基础。需要强调的是，高句丽、渤海存国期间均没有创立新的佛教宗派，其佛教信仰均从属于汉传佛教。两者之间，不存在渤海佛教继承高句丽佛教的性质界定。

（2）渤海统治集团的礼佛场所经历了从旷野类型佛教寺院到城市类型佛教寺院的历时性变化。这一发现，不仅有助于学术界廓清佛教在渤海国的两种传播方式——官方资助途径、民间捐资途径，而且促使学术界进一步讨论渤海上京城都城建置的历时性变化。

（3）渤海存国期间，佛教在民间的推广与传播，不仅引领了渤海瓦构建筑瓦当纹饰图案的历时性变化，而且使瓦构建筑散布于渤海国的京府州县。基于此，佛教不仅影响了渤海人的精神世界，而且对渤海物质文化发展形成了重要的推进作用。

注　释

[1]（宋）王钦若．册府元龟［M］．北京：中华书局，1982：11405．

[2]〔韩〕宋基豪．渤海佛教的发展过程及其特征［A］．伽山李智冠先生华甲纪念论丛·韩国佛教文化思想史［M］．单行本，1992；中译本（李东源译）．东北亚考古资料译文集·高句丽、渤海专号［C］．哈尔滨：北方文物杂志社，2001．

[3] 吉林大学边疆考古研究中心，等．吉林珲春古城村1号寺庙址遗物整理简报［J］．文物，2015（11）．

[4] 转引贾耽．古今郡国志［M］：“渤海国南海、鸭渌、扶余、栅城四府，并是高句丽故地也，自新罗井泉郡至栅城府，凡三十九驿。”〔高丽〕金富轼．三国史记·地理志四［A］．三国史记［M］．长春：吉林文史出版社，2003：452．

[5] 宋玉彬．试论佛教传入图们江流域的初始时间［J］．文物，2015（11）．

[6]《三国史记》：小兽林王“二年夏六月，秦王苻坚遣使及浮屠顺道送佛像、经文。王遣使回谢，以贡方物”。三国史记［M］．长春：吉林文史出版社，2003：221．

[7] 基于现有资料，笔者认为佛教东渐高句丽存在官方途径、民间途径，且传入的时间大体相当。理由有二。其一，官方途径见于纪事文献，但接受者所在区域内未发现传播者所使用的瓦当标本（前燕系瓦当）；其二，民间途径未留存文字信息，但接受者所在区域发现了传播者故土所使用的瓦当标本（前燕系瓦当）。

[8] 黑龙江省文物考古研究所．渤海砖瓦窑址发掘报告［J］．北方文物，1986（2）．

[9]〔俄〕B. И. 博尔金，等．克拉斯基诺城址四年“一体化”考察［J］．俄罗斯科学院远东分院院刊，2001（3）；中译本（宋玉彬译）．历史与考古信息·东北亚，2004（1）．

[10] 宋玉彬．文字瓦视角下的渤海佛教遗存研究［J］．待刊稿。

[11] 中国社会科学院考古研究所．六顶山与渤海镇——唐代渤海国的贵族墓地与都城遗址［M］．北京：中国大百科全书出版社，1997．

[12] 刘晓东，魏存成．渤海上京城营筑时序与形制渊源研究［A］．中国考古学会第六次年会论文

集［C］. 北京：文物出版社，1990.

［13］ 刘晓东. 渤海文化研究——以考古发现为视角［M］. 哈尔滨：黑龙江人民出版社，2006.

［14］〔日〕田村晃一. 关于渤海瓦当花纹的若干考察［J］. 青山史学（19），青山学院大学史学研究室，2001；中译本（李云铎译）. 历史与考古信息·东北亚，2003（1）.

［15］ 宋玉彬. 渤海瓦当研究［D］. 吉林大学博士学位论文，2011.

［16］ 宋玉彬，曲轶丽. 渤海国的五京制度与都城［J］. 东北史地，2008（6）.

［17］ 同［10］.

［18］ 吉林省文物志编委会. 长白朝鲜族自治县文物志［M］. 内部资料，1988.

［19］ 吉林省文物志编委会. 珲春县文物志［M］. 内部资料，1983.

［20］ 延边朝鲜族自治州博物馆. 渤海贞孝公主墓发掘清理简报［J］. 社会科学战线，1982（1）.

［21］ 吉林省文物考古研究所，等. 吉林和龙市龙海渤海王室墓葬发掘简报［J］. 考古，2009（6）.

［22］〔日〕东亚考古学会. 东京城——渤海国上京龙泉府址的发掘调查［M］. 东方考古学丛刊甲种第五典，1939.

［23］ a.〔日〕鸟山喜一，藤田亮策. 间岛省古迹调查报告［M］. 满洲帝国民生部，1942.
b.〔日〕斋藤优. 半拉城与它的史迹［M］. 半拉城址刊行会，1978.

［24］ 何明. 高产渤海寺庙址出土文物［J］. 东北师范大学学报，1983（4）.

［25］ 吉林省文物考古研究所. 吉林省汪清县红云渤海建筑址发掘［J］. 考古，1999（6）.

［26］〔俄〕Э. В. 沙弗库诺夫. 渤海国及其在滨海地区的文化遗存［M］. 列宁格勒，1968.

［27］〔韩〕高句丽研究财团. 俄罗斯联邦滨海地区克拉斯基诺城址渤海寺庙综合体考古考察报告［M］. 韩国，2005.

［28］〔韩〕文明大. 科尔萨科夫卡佛教寺院址的发掘［M］. 大陆研究所出版部，1994.

［29］ 客观原因，多数佛寺遗存地点仅出土了零星的佛造像标本；主观原因，佛造像标本丰富的佛寺遗存地点没有充分公布基础性数据。

［30］ 解峰. 图们江流域小型石佛造像的发现与研究［J］. 社会科学战线，2017（3）.

［31］ 同［10］.

［32］ 将杨木林子寺庙址界定为高句丽迁都平壤后的佛寺遗存，缘于其所出土的“四分法”构图的忍冬纹瓦当标本遵循了见于平壤地区的同类瓦当的形制特点；同时，需要指出的是，高句丽迁都平壤以后，仅有部分瓦当采用了东亚地区普遍流行的“裂瓣纹”构图理念，多数瓦当则依然遵循传承于秦汉时期的“四分法”构图理念。参见宋玉彬. 构图理念视角下的高句丽渤海瓦当研究［J］. 待刊.

［33］ 同［15］.

［34］ 种种迹象表明，“倒心形”花瓣的母题纹饰也产生于图们江流域的佛寺瓦当，参见宋玉彬. 渤海瓦当研究［D］. 吉林大学博士学位论文，2011.

［35］ 宋玉彬. 试论渤海瓦当的“图们江流域地域性纹饰”类型［A］. 新果集（二）：庆祝林沄先生八十岁论文集［C］. 北京：科学出版社，2018.

［36］ 同［35］.

［37］ 以笔者之见，佛教瓦构建筑是推动宋代民间瓦构建筑发展的重要因素之一。

Information Resources and Academic Interpretation of Bohai Buddhist Studies

SONG Yu-bin

Using the existing academic resources, this paper has carried out a new academic thinking on the interpretation of the origin of Buddhism in Bohai, the ritual Buddhist sites of the Bohai ruling group, and the Buddhist remains of Bohai. Based on the archaeological findings of the site of No.1 Temple in Gucheng Village, the origin of Gaogouli and Bohai Buddhism and its conceptual connotation have been discussed. Then, through the demonstration of the nature and the funding age of the Buddhist temple No.9 in Shangjing City, the writer sorted out the diachronic changes of the pilgrimage site of the Bohai ruling group and perfected the diachronic construction theory of Shangjing City. Finally, by taking Vatan as an academic entry point, this paper discusses the diachronic changes of the Buddhist temple architecture in the Bohai period and discusses the promotion of Buddhism spread to the development of Bohai culture.

关于渤海上京城北垣外侧8、9号寺庙址始建年代的补充说明*

刘晓东

（黑龙江省博物馆，哈尔滨，150001）

一、渤海上京城北垣外侧8、9号寺庙址始建年代问题的提出

渤海上京城从20世纪30年代开始，前后主要经历了四个阶段的大规模考古调查与发掘[1]，直至今天，考古工作仍在进行。毋庸讳言，这些调查与发掘不仅进一步廓清了上京城的形制、范围、布局，而且在相当程度上揭露了上京城多重建筑群体以及建筑个体的诸多翔实资料。值得注意的是，由于缺乏确凿的层位学方面的支撑，到目前为止，学术界对上京城的研讨与关注仍然更多的局限在平面布局以及相关建筑功能与性质方面。有关建筑的具体年代和遗存分期方面的研讨则显得十分薄弱，似乎这方面的研讨在某种意义上已经成为学界望而却步的禁区。我一直认为："现存上京城遗址的平面布局，只是上京城不断完善的最终形式，并不能直接反映上京城始建、扩建、最终完善的整个过程。"[2]如果仅就现存上京城遗址的平面布局来研究上京城内外相关建筑遗存，不做具体年代早晚分期方面的研讨，不做历时性与共时性方面的综合考量，就会导致遗存平面研讨上的时空错位，甚至张冠李戴，出现诸多的立论失当、失衡，乃至失误等问题。从而留有遗憾，甚至贻误学界。

本文的成因，源自于宋玉彬撰写的《文字瓦视角下的渤海佛教遗存研究》一文[3]，该文以文字瓦为视角，通过相关考古遗存的翔实考察，全新解读了渤海佛教的传播方式和途径。此文促使我思考的是，宋玉彬对渤海上京城北垣外侧的两座渤海时期寺庙址——8号和9号寺庙址年代问题的学术阐释。该文在没有考古学层位支撑的情况下，提出了其有关渤海上京城及其左近建筑遗存始建年代及早晚关系方面的学术主张。受之启发，谈一下我对8、9号寺庙址年代问题的具体意见。

过去，我在研讨渤海上京城三重城垣的建筑时序时也曾考虑过上京城北垣外侧的8、9号寺庙址的始建年代。既然三重城的始建年代都谈到了，而离郭城北垣这么近的

---

* 本文系国家社科基金2016年度重大课题项目"东北亚视野下的渤海遗存研究"（16ZDA149）的阶段性研究成果。

并且有坐标意义的这两座寺庙址怎么能视而不见呢？但思来想去始终是拿捏不准其始建年代，也就只好避而不谈了。

正像宋玉彬指出的那样："依托田野调查及清理发掘等考古学研究手段，在渤海上京城所在区域的城内、郊外，总计确认了9处佛寺遗存地点。其中，8、9号佛寺坐落在郭城北郊，1～7号佛寺散布在郭城之内。长期以来，始终令学术界感到困惑的是，在渤海上京城拥有足够城市空间的客观条件下，缘何将8、9号佛寺营建于郭城郊外？"[4]对此，宋玉彬提出了自己认识："8、9号寺庙址应该是大钦茂以渤海上京城为都之时营建的佛寺遗存。鉴于当时的渤海上京城仅营建有现今宫城规模的城市设施，则可以将8、9号寺庙址视为地处都城之外的旷野类型的佛寺遗存。根据牡丹江中下游地区渤海佛寺遗存的考古发现及学术认知推测，'天宝末'渤海迁都上京以前，佛教东渐可能还没有波及这一地区。据此，笔者进一步联想到，8、9号寺庙址的营建，显然，应该与满足渤海统治集团的'礼佛'需求有关。"[5]

对于宋玉彬的上述探讨，我完全认同。根据宋玉彬的观点，可以进一步得出以下两点认识。第一，8、9号寺庙址始建时上京城的城市设施只有现今宫城规模。按此，则8、9号寺庙址与现存上京城的郭城布局无对应关系。第二，8、9号寺庙址的始建年代应在大钦茂以上京城为都的时期。按此，则8、9号寺庙址始建的具体年代之上限应在天宝（742～756年）末大钦茂迁都上京之后，其下限当在贞元（784～805年）时大钦茂迁都东京之前。

如果上京城北垣外8、9号寺庙址的始建年代能够确立，则必然会从新的视角推进对渤海上京城营筑时序的研讨，进而有利于全方位展示上京城始建、扩建乃至最终完善的发展过程。但宋玉彬著文的角度主要是研讨渤海佛教遗存的传播方式和途径，尚未及进一步展开8、9号寺庙址始建年代的具体论证，亦未及提取8、9号寺庙址始建年代类比材料的个案依据。为了使宋玉彬上京城北垣外侧8、9号寺庙址始建年代的新说进一步充实，并希冀其新说能引起学界的进一步关注，从而推进上京城建筑遗存的分期研讨，笔者不揣冒昧，试为宋玉彬新说作如下补充性说明。

二、关于8、9号寺庙址与现存郭城布局无对应关系的说明

8、9号寺庙址位于上京城郭城北垣之外，且分居郭城正北门两侧（图一）。从现存上京城平面布局而言，8、9号寺庙址应与上京城正北门无关，而应直接与北垣正北门东、西的两个侧门有关。但实际情况是，8、9号寺庙址在对应郭城北垣的东、西两个侧门时，位置明显不对称。

郭城北垣东侧门向内对应的是居于城内中轴线大街东侧的第2号大街，郭城北垣西侧门向内对应的是居于城内中轴线大街西侧的第3号大街。2、3号大街是贯通上京城南北的最为主要的通道。如果考虑到上京城郭城整体布局的对应关系，则8、9号寺

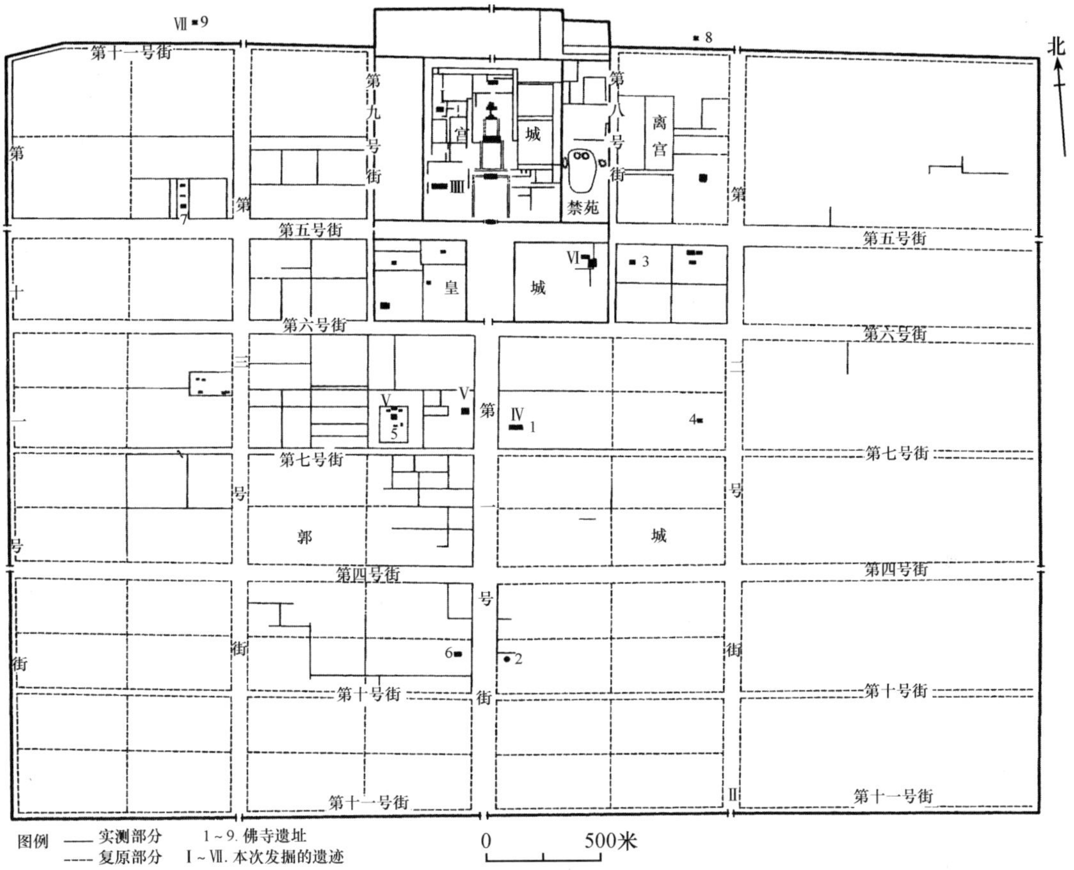

图一 上京城遗址平面图

庙址既然建在郭城正北门两侧，要么应分居于北垣东侧门和北垣西侧门之内的内向区域，要么应分居于北垣东侧门和北垣西侧门之外的外向区域内。

现实是8号寺庙址位于郭城正北门与东侧门之间的内向区域，9号寺庙址则不在郭城正北门与西侧门之间的内向区域，而在西侧门以西的外向区域。从这个角度看，8、9号寺庙应是在郭城营筑之前就已经存在的遗存。如果不考虑郭城城垣及其内部布局，即当时郭城本身就不存在，则8、9号寺庙对应的是现存的宫城城垣和皇城城垣，那就可以理解了。即8、9号寺庙址分居宫城城垣和皇城城垣的两侧，这种对应关系显然就是能够成立的。

另外，8、9号寺庙址距现存上京城郭城北垣过近，更显得与上京城郭城在设计布局以及功能体现方面的明显不协调。

8号寺庙址距上京城郭城北垣仅50米，9号寺庙址距上京城郭城北垣仅68米。寺庙址的正面、正门正对着面前高大的郭城城垣，这在配置上就显得极不合理。就其与城门距离而言，8、9号寺庙址分别距外郭城北垣的东侧门和西侧门也仅仅各约250米左右。唐代大程里为360步，小程里为300步。按大程里计算，250米应是半里稍强，按小程里计算250米应是半里尚弱。作为旷野寺庙，完全没有必要建在离城这么近的地方。因为这么近的距离，人们完全可以到城内的寺庙里去做礼佛活动。而大钦茂时期的上京城，并没有现存的郭城城垣及城区内部设施。当时的上京城仅为现存的宫城规模，格局与现存西古城遗址相当。西古城城区内部没有寺庙建筑，八连城城区内部也没有寺庙建筑。但西古城、八连城城区外部不远处均有相应的寺庙建筑。显然是出于当时渤海上层社会的需要而配备的礼佛设施。上京城宫城城区内部也没有寺庙建筑，正因为如此，8号寺庙址与9号寺庙址对于大钦茂时期的上京城而言，也就成了必备的也是配套的礼佛设施。

因此，从8、9号寺庙址始建时与现存上京城郭城的对应关系上看，应与郭城设施布局无关，而应与文王都上京时期的都城设施布局（现存宫城规模）密切相关。

三、与9号寺庙址年代相近的类比材料的举证

作为大钦茂时期上京城东西两侧配套的礼佛建筑，8号寺庙址与9号寺庙的营造年代应该大致是同一时期的。8号寺庙址未经发掘，具体情况尚不清楚。但9号寺庙址已经发掘，可以与已经发掘的相关渤海遗存作对比研究。

与上京城9号寺庙址年代相近的类比材料可举和龙龙海墓区M13、M14的墓上建筑。

其实在宋玉彬之前，李强研究员已经约略论及上京城北垣9号寺庙址的年代。李强研究员多年来一直在延边地区从事考古调查与发掘工作，对西古城、八连城等重要考古遗存的发掘、调查乃至研究均有重要贡献。近年李强研究员又主持了吉林和龙龙海渤海王室墓葬的发掘。2009年，李强在对2004～2005年和龙龙海墓区的14座墓葬的报道中，曾对M13、M14墓上建筑形式进行了简要介绍[6]。

M13、M14位于龙海墓区的Ⅷ号台地上，二者合一被李强称之为“同封异穴砖椁木棺墓”。这两座墓葬坐落在东西长21.5、南北宽17.5米的长方形台基上。“台基之上有规整的柱网，尽管有的础石已经移位，但础石下的磉墩及础坑尚存，为了解台基上的建筑格局提供了重要依据。柱网布局呈“回”字形，外圈柱础分布在台基边缘，计18块，东西两排各5块，南北两排各6块，其中四角础石为每个相连边所共有。内圈为东西向三排，计10块，南北两排各4块，中排2块。两座墓葬（M13、M14）修建在中排减柱处。……台基南侧和北部正中，各有一个边缘用青砖围砌的斜坡状踏道。”[7]（图二）从台基上的整体平面看，M13、M14的墓上建筑应是面阔5间、进深4间、中心间减柱、南北各有一门的殿堂建筑。

再看上京城北垣的9号寺庙址。9号寺庙址已于1964年发掘[8]。从发掘报告所揭露的情况看，9号寺庙址的地面建筑也是建在东西长、南北宽的长方形台基之上（图三）。更为有趣的是，台基上的9号寺庙址的平面布局竟然与龙海墓区M13、M14

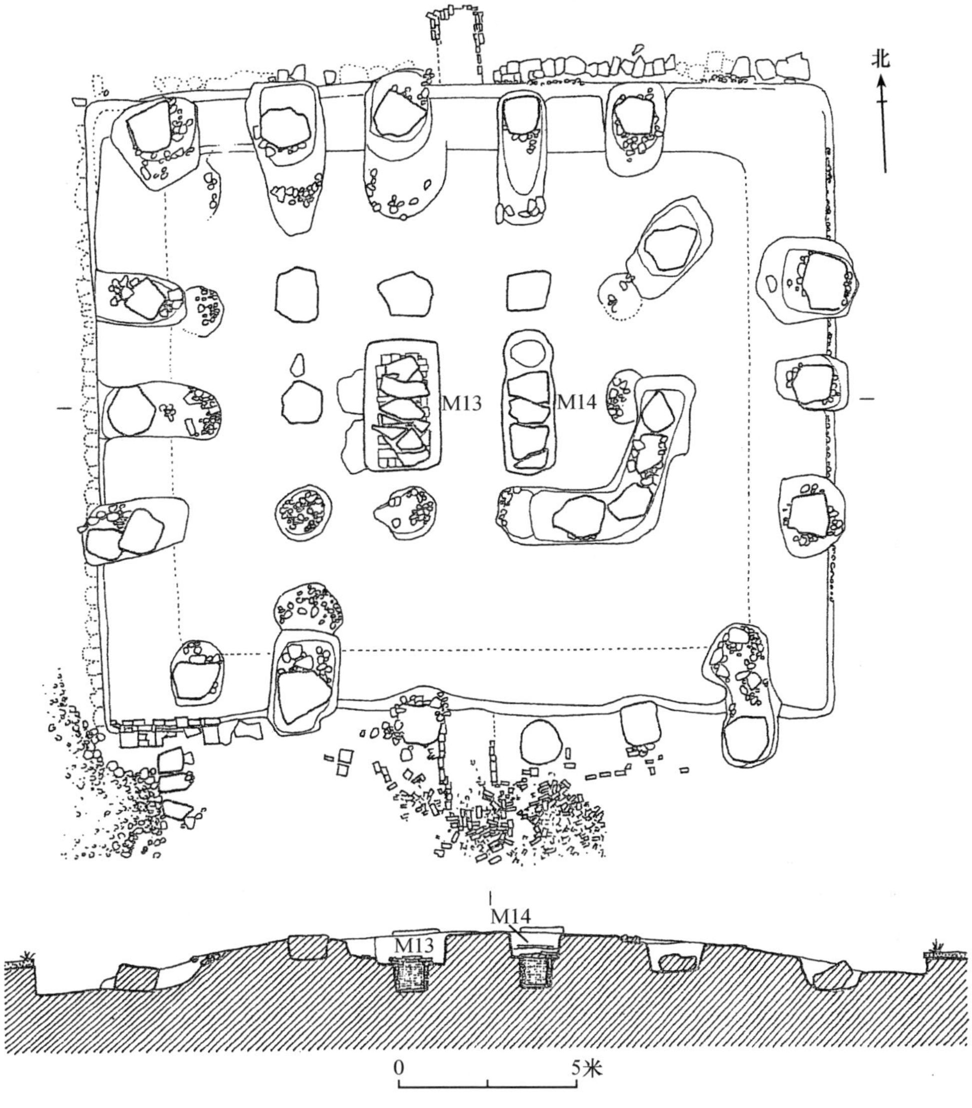

图二　和龙龙海M13、M14墓上建筑平、剖面图

的墓上建筑几乎完全相同。从柱网布局上看，二者都是面阔5间、进深4间，中心间皆减2柱，整个殿堂也都是南北正中各设一门。

最早注意到上京城北垣9号寺庙址的平面布局与龙海墓区M13、M14墓上建筑一致性的就是和龙龙海墓区发掘的主持者李强。李强在报道龙海墓区渤海王室墓葬发掘情况时就明确指出："M13、M14墓上建筑形式与渤海上京城9号寺庙如出一辙，这一方面说明两者修建的时代不会相去很远；另一方面说明墓主人身份极高。其墓上采取佛寺风格建筑形式的M13、M14墓主人生前可能崇尚佛教"[9]。这里，李强从类型学的角度已经把龙海墓区M13、M14与渤海上京城9号寺庙址的年代拉近了。

关于M13、M14的年代，可参考龙海墓区的年代。李强在其发表的简报"结语"

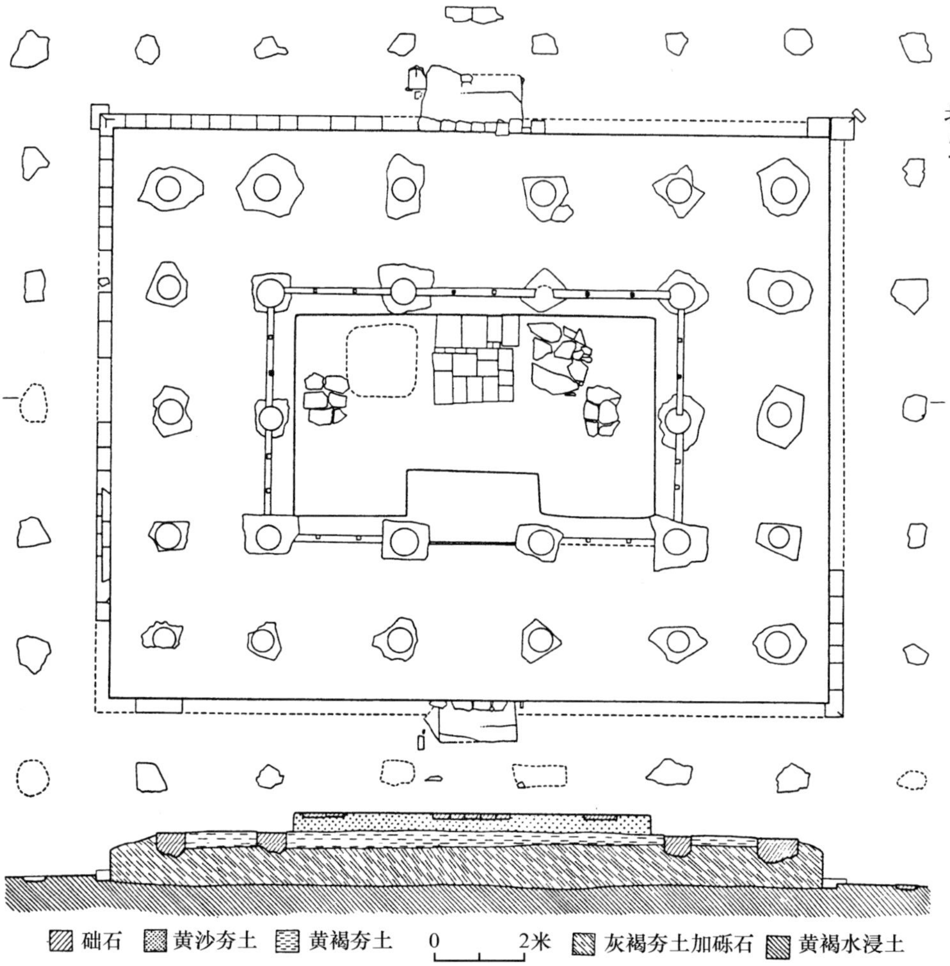

图三　上京城 9 号寺庙址平、剖面图

部分曾对龙海墓区的年代有两种表述。其一为“龙海墓区是渤海国公元 8 世纪后半叶至 9 世纪前半叶重要的王室陵寝”[10]；其二为“此次发掘的第三代文王孝懿皇后墓葬（M12）和第九代简王顺穆皇后墓葬（M3），以及 M13、M14 出土的金冠饰、金托玉带等，则进一步证明这里是公元 8 世纪中叶至 9 世纪初渤海诸多王室陵寝所在”[11]。这两种表述尽管稍有区别，但都落在我对渤海遗存分期中使用的“中期”的年代区段内（即大钦茂迁都上京之后至大彝震拟建宫阙之前）。而且该简报发表的陶器也进一步验证了李强对龙海墓区年代的判断[12]。

四、与 9 号寺庙址年代能形成早晚对比关系的材料的举证

与上京城 9 号寺庙址的年代可以形成早晚对比关系的材料可举上京城内的 1 号寺庙址。

上京城内的1号寺庙址位于上京城“东半城西起第一列北数第二坊中的西部，南临第7号街，西临朱雀大街”[13]。据1964年发掘揭露，其正殿可分为主殿及其两侧的两个室（图四）。值得注意的是，其主殿柱网布局也是面阔5间、进深4间，而且也是中心间减2柱。这种情况与9号寺庙址乃至龙海墓区M13、M14的墓上建筑完全相同。但就1号寺庙址整个正殿的布局而言，已经与9号寺庙址乃至龙海墓区M13、M14的墓上建筑有所区别了。其主要区别是，1号寺庙址的正殿已经不是单一殿堂布局了，而是由主殿两侧各带一室的复合式建筑了。尽管主殿柱网布局与9号寺庙址乃至龙海墓区M13、M14的墓上建筑完全相同，但门的设置已经有明显区别了。9号寺庙址乃至龙海墓区M13、M14的墓上建筑均为殿堂南北正中各设一门。而1号寺庙址的主殿是北面正中设一门，南面则分设两门。

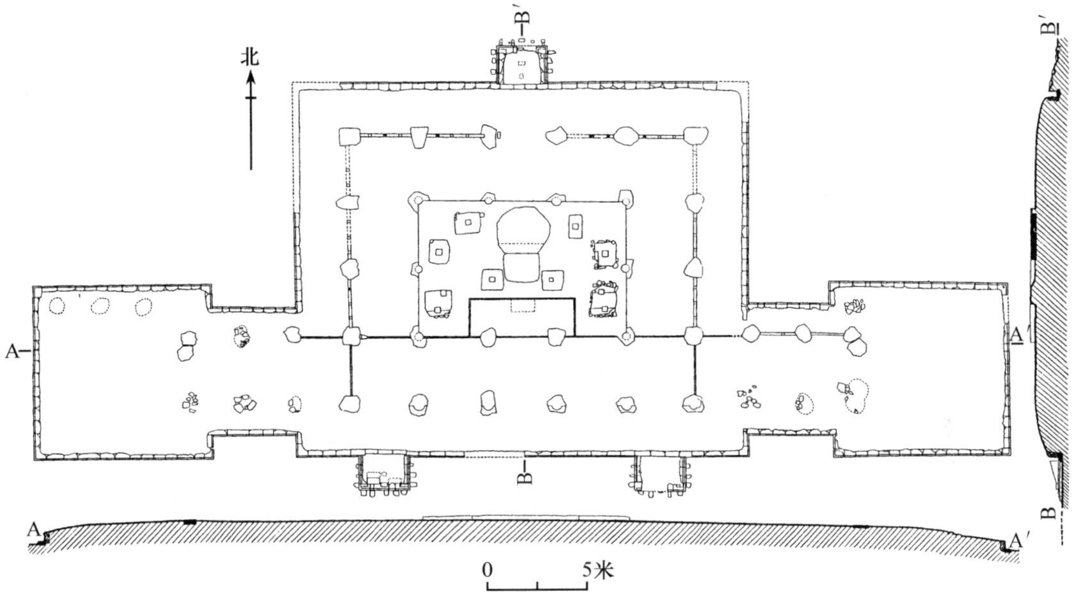

图四　上京城1号寺庙址平、剖面图

我认为，1号寺庙址正殿与9号寺庙址以及龙海墓区M13、M14的墓上建筑整体布局的不同，乃至1号寺庙址主殿与9号寺庙址以及龙海墓区M13、M14的墓上建筑设门方式的不同，反映的应是年代上的早晚关系。

1号寺庙址建于上京城郭城之内，应与上京城郭城的建筑设计及整体布局有关。8、9号寺庙址位于郭城北垣之外且临近北垣，应与郭城建筑及整体布局无关。

另外，从1号寺庙址正殿与9号寺庙址出土的建筑瓦件上，亦有分期线索可寻。最近，王子奇对北朝隋唐鸱尾的发展状况进行了系统性研究。他把中国古代建筑脊饰的发展大致划分为三大期，认为“自中晚唐以迄五代，则从第二期过渡为第三期，鸱尾逐步演化为鸱吻，兽面瓦则也逐步被更为立体的兽头所取代”[14]。王子奇在阐述中唐以后鸱尾已向鸱吻过渡时，就举证了渤海上京城1号寺庙址出土的鸱吻和9号寺庙址出土的鸱尾：“这一时期的例子还有渤海上京城东半城1号佛寺遗址出土的1件鸱吻，可分为上，下两部分。上部高87、宽39厘米，形态与前述上京城城北9号佛寺遗址出土者相似，唯独胴部有浮雕式的卷草纹样。下部底座长98、前端高64、后端高57.6厘米，其上可见残存局部的龙首形象，说明这也是一件鸱吻而非鸱尾。”[15]由此可见1号佛寺遗址出土的鸱吻，明显晚于9号寺庙址出土的鸱尾。

就渤海遗存分期而言，如果8、9号寺庙址的始建年代可以定在渤海遗存的中期，那么1号寺庙址的年代就应该定在渤海遗存的晚期。不仅如此，上京城郭城内的其他寺庙址的年代均应推到渤海晚期。正如宋玉彬在研讨上京城内寺院性质时指出的那样：“依据现已公布的学术信息，虽然尚不足以指认上京城郭城内所有寺院均具有‘官办’性质或背景，但可以肯定的是，其始建年代普遍偏晚。”[16]

五、8、9号寺庙址建于文王以上京为都时期的文献考量

渤海遗存的分期，我认为主要应该抓住两个节点：“一个是《新唐书·渤海传》的‘天宝末，钦茂徙上京’；一个是《辽史·地理志》的‘至彝震……拟建宫阙’。”[17]按此，把“天宝末，钦茂徙上京”前划归渤海早期，把“至彝震……拟建宫阙”划归渤海晚期，而二者之间就可以划归渤海中期。这样，渤海遗存三期说就可以在文献史料方面有所依凭。

如果说，现存上京城宫城建筑规模体现的应该是“天宝末，钦茂徙上京”时的格局，那么，现存郭城主体建筑及布局体现的就是“至彝震……拟建宫阙”后的格局。因此，从这个意义上把上京城北垣外的8、9号寺庙址的始建年代定在渤海中期，应该是没有问题的。

其实8、9号寺庙址的始建年代不仅可以推到渤海中期，而且还可以进一步推到中期偏早的阶段。正像宋玉彬指出的：“无论是建国初期，还是‘天宝中’以显州为都之时、‘贞元时’以‘东京’为都之际，渤海统治集团只能在都城之外的旷野类型的佛教寺院中进行“礼佛”活动。”[18]

渤海文王大钦茂以上京为都之时，城外周边应该有寺庙建筑，因为渤海统治集团无论是开国之君的大祚荣时期，还是第三代王大钦茂时期，都会有礼佛方面的行事。

如《册府元龟》卷971《朝贡》中记载：“开元元年（713年）十二月，靺鞨王子来朝，奏曰：‘臣请就市交易，入寺礼拜’，许之。”[19]金毓黻于《渤海国志长编》卷一《总略上》就已收录此条史料，并明确注明，这里的“靺鞨”，即指渤海[20]。故“靺鞨王子”即渤海王子。但金毓黻《渤海国志长编》卷十六《族属考》则把该条史料中的唐“开元元年”，误做渤海“高王元年”[21]，这就在一定程度上形成了学术认知方面的误判。这种情况，宋玉彬已经指出[22]。但值得欣慰的是金毓黻于《渤海国志长编》卷三《世纪》中，已经将《册府元龟》开元元年十二月的这条史料，正确地对接

在渤海高王大祚荣十六年（713 年）十二月的纪事中[23]。按此，大祚荣十六年时，其王子朝唐，能主动要求“入寺礼拜”，说明这一时期的礼佛行事，已经成为渤海上层社会生活中必不可少的内容。

另外，据《贞惠公主墓志》和《贞孝公主墓志》载录，渤海文王大钦茂生前有“大兴宝历孝感金轮圣法大王”的尊号[24]。“金轮圣法”乃佛教用语，金轮为转轮圣王所感得的七宝之一。唐朝初期就普遍崇奉佛教，大兴佛寺建设。武则天时更是无以复加。武则天本人就先后有“金轮圣神皇帝”“越古金轮圣神皇帝”“慈氏越古金轮圣神皇帝”“天册金轮大圣皇帝”等尊号[25]。渤海文王大钦茂“尊号加上‘金轮圣法’，说明大钦茂崇奉佛法，效法武则天”[26]。大钦茂本人推崇佛教，弘扬佛法，也影响到其家庭成员。大钦茂第四女贞孝公主墓墓上建塔，采取墓塔葬形式[27]，这本身就是笃信佛教的证明。

大钦茂于大兴三十七年（774 年）改元宝历，则“大兴宝历孝感金轮圣法大王”的尊号的拥有当在宝历元年之后。大钦茂第二女贞惠公主谢世于文王宝历四年（777 年），葬于文王宝历七年（780 年）。“大兴宝历孝感金轮圣法大王”的字样首见于文王宝历七年镌刻的《贞惠公主墓志》上，说明大钦茂于宝历七年之前就有这一尊号。而宝历元年至宝历七年（774 ~ 780 年）这一时间段恰好正处在“天宝末钦茂徙上京”之后和“贞元时东南徙东京”之前。这就足以说明大钦茂以上京为都时就拥有了“大兴宝历孝感金轮圣法大王”之尊号，也就足以说明大钦茂都上京城时期不可能没有颇具规模的礼佛行事。既然有颇具规模的礼佛行事，则寺庙建筑就是不可或缺的礼佛设施和场所。

六、结　　语

归纳本文，主要有以下四点认识。

第一，上京城郭城北垣外侧的 8、9 号寺庙址与现存郭城设施布局无对应关系，而应与文王都上京时期的都城设施布局（现存宫城规模）有对应关系。

第二，上京城郭城北垣外侧的 8、9 号寺庙址的始建年代应与和龙龙海墓区 M13、M14 墓上建筑的年代大致相同，即同为渤海中期。

第三，上京城郭城北垣外侧的 8、9 号寺庙址的始建年代可以与郭城内 1 号寺庙址形成早晚关系的对比，即前者应在渤海中期，后者应在渤海晚期。

第四，联系相关文献记载和考古材料来看，上京城郭城北垣外侧的 8、9 号寺庙址的始建年代可以推到文王大钦茂以上京为都时期。

由此可见，宋玉彬关于上京城北垣外 8、9 号寺庙址始建年代的新说是可信的，即把 8、9 号寺庙址始建年代推到大钦茂以上京为都时的观点是可以成立的。

注　释

[1] 李陈奇，赵虹光．渤海上京城考古的四个阶段［J］．北方文物，2004（2）．
[2] 刘晓东，魏存成．渤海上京城营筑时序与形制渊源研究［A］．中国考古学会第六次年会论文集［C］．北京：文物出版社，1990年．
[3] 宋玉彬．文字瓦视角下的渤海佛教遗存研究［A］．"釜山大学——吉林大学考古学科学术交流周"会议论文［C］．釜山，2018．
[4] 同［3］．
[5] 同［3］．
[6] 吉林省文物考古研究所，延边朝鲜族自治州文物管理委员会办公室．吉林和龙市龙海渤海王室墓葬发掘简报［J］．考古，2009（6）．
[7] 同［6］．
[8] 中国社会科学院考古研究所．六顶山与渤海镇［R］．北京：中国大百科全书出版社，1997．
[9] 同［6］．
[10] 同［6］．
[11] 同［6］．
[12] 刘晓东．渤海王陵及相关问题续论［J］．北方文物，2012（3）．
[13] 同［8］．
[14] 王子奇．北朝隋唐时期鸱尾发展中的几个问题［J］．北方文物，2019（1）．
[15] 同［14］．
[16] 同［3］．
[17] 刘晓东．渤海文字瓦分期的几点思考［J］．北方文物，2016（1）．
[18] 同［3］．
[19] 册府元龟［M］卷971．朝贡．北京：中华书局，1982．
[20] 金毓黻．渤海国志长编·渤海国志三种［M］．天津：天津古籍出版社，1992．
[21] 同［20］．
[22] 同［3］．
[23] 同［20］．
[24] a．阎万章．渤海"贞惠公主墓碑"研究［J］．考古学报，1956（2）．
b．延边朝鲜族自治州博物馆．渤海贞孝公主墓发掘清理简报［J］．社会科学战线，1982（1）．
[25] 新唐书·则天皇后、中宗本纪［M］．北京：中华书局，1975．
[26] 王承礼．唐代渤海"贞惠公主墓志"和"贞孝公主墓志"的比较研究［J］．社会科学战线，1982（1）．
[27] 延边朝鲜族自治州博物馆．渤海贞孝公主墓发掘清理简报［J］．社会科学战线，1982（1）．

Supplement of the Date of No.8 and No.9 Temple Site, Outside the North Wall, Shangjing Site, Bohai State

LIU Xiao-dong

In the first place, the paper discusses the relationship of layout in different periods between No.8 and No.9 temple site which outside the outer city of Shangjing site, Bohai State. Secondly, from the perspective of typology, investigate laterally the layout of No.8 and No.9 temple site and the buildings on M13 and M14 in Longhai tomb, Helong City, inspect lengthways the layout of No.1 temple site which insides the outer city of Shangjing site. It is believed that the construction dates of No.8 and No.9 temple sites should be basically the same as the construction dates of M13 and M14, both of which can be fixed in the middle period of Bohai. The date of No.1 temple can be dated to the late Bohai sea. According to relevant literature records and archaeological materials, the date of the construction of No.8 and No.9 temple sites can be further detailed to the period of Da Qin-mao is the capital of Shangjing site. Thus further confirmed Song Yu-bin's new viewpoint about the building age of No.8 and No.9 temple sites.

吉林省渤海遗存调查概述 *

梁会丽

（黑龙江大学历史文化旅游学院，哈尔滨，150080）

对渤海遗存的研究已有一百余年的历史。新中国成立以来，多次文物普查工作使学术界对吉林省渤海遗存的分布情况有了大致的了解。据第三次全国不可移动文物普查结果，吉林省境内已知的渤海遗址三百余处，主要分布于吉林省东南部的鸭绿江—图们江流域，牡丹江上游地区，中部松花江流域及其邻近地区。这些遗址有些已进行过规模不等的考古发掘，但大多数遗址仅做过地面踏查和简单注录，缺乏翔实的图文资料。从行政区划来看，位于延边朝鲜族自治州辖区内的渤海遗址就多达258处（表一），涉及城址、墓葬、寺庙址、居住址等，这些遗址大多沿河分布，主要集中于图们江流域的干流及其支流珲春河、嘎呀河、布尔哈通河等区域，以及牡丹江上游各支流。另有几十处渤海遗址分布于通化、白山、吉林、长春、四平等地区（表二），这些地区由于多未曾对渤海遗存开展过专门性考古工作，甚至对当地靺鞨—渤海遗存的文化面貌认识不清，使得这些遗址的时代与属性较多存疑。

表一　延边朝鲜族自治州渤海遗址存量

地点	数量/处
延吉市	40
图们市	15
敦化市	26
珲春市	48
龙井市	24
和龙市	33
汪清县	33
安图县	39
总计	258

表二　吉林省部分地区渤海遗址存量

地区	数量/处	涉及区县
白山地区	40	江源区、抚松县、靖宇县、长白县、临江市
通化地区	4	二道江区、柳河县、集安市
吉林地区	12	丰满区、龙潭区、蛟河市、桦甸市、舒兰市
长春地区	18	农安县、榆树市、德惠市
四平地区	2	梨树县
总计	76	

* 本文系国家社科基金2016年度重大课题项目“东北亚视野下的渤海遗存研究”（16ZDA149）的阶段性研究成果。

吉林省境内的渤海遗址除个别被现代城市所叠压外，绝大多数处于郊野之地，以现代农田居多，少量为荒地。现代农业耕作技术对遗址的毁灭性破坏是诸遗址普遍面临的问题。2015～2017年，吉林省开展了渤海遗存的全面调查工作。此次专题调查基于第三次全国文物普查工作所获信息，旨在对全省渤海时期遗址的存量、保存现状以及遗存性质等方面进行有针对性的了解和认识。此次工作以现今行政区划为单位逐个区域进行野外踏查，在整理调查资料过程中，以河流为单位进行分区研究，同时注意渤海时期府州设置及对外交通路线对遗址分布的影响。

（一）图们江流域

图们江发源于中朝边境长白山山脉主峰东麓，在中国境内干流全长510千米，为中朝边界界河。其干流左岸及支流处于中国境内，所属行政区域有延边朝鲜族自治州和龙市、龙井市、延吉市、图们市、珲春市、汪清县全境及安图县北部。流域面积两万两千余平方千米，主要支流有布尔哈通河、海兰江、嘎呀河和珲春河。

图们江流域是渤海遗存较为密集的区域之一，这里不仅有西古城、八连城等都城遗址，以及龙头山墓群[1]等王室墓葬，还有大量中小型的平原城、山城、寺庙址等官方建筑和相关遗迹，此外，还零星分布着数量众多的一般居住性遗址。通过近年的不可移动文物普查工作，在该流域内共发现包含渤海时期遗存的遗址221处，其中城址46处，城堡、关塞类遗址13处，墓葬40处，寺庙址19处，功能暂不明确的建筑址19处，一般遗址84处。

图们江流域渤海遗址以往所作调查发掘工作较多，对该地区渤海遗存基础信息的掌握程度亦较高，此次调查首先对目前已知的渤海遗址进行梳理和性质确认，再对个别时代存疑的遗址进行复查。以往的考古调查和发掘工作较多偏重于城址、贵族墓葬、寺庙建筑等，对处于中下阶层的普通百姓的生存状态，尚未曾通过考古学角度进行探究，而这方面的史料亦相对匮乏。此次我们以图们江流域的渤海遗存为切入点，在原有认知的基础上，着重考察和甄别平民居址的相关情况，了解渤海平民居住址的遗存特点、文化特征、构成、规模等信息。通过调查，对所谓平民居址的特征认识大致有如下几点。①遗址面积多在3万～10万平方米，大多分布于视野开阔的平原和地势相对平坦的山间河谷两侧台地之上，少数处于坡度较陡的山脚下。②遗址附近多见规模不等的城址。这些中小型城址目前虽然性质不明，但可确定是具有一定行政功能的官方机构所在地，其内往往无法容纳太多百姓，多数普通民众应当是定居于城外，这也是城址附近常常发现成片分布的一般性遗址的原因。③遗址内或附近常可见相对独立的建筑遗迹，以寺庙址居多。④遗址地表大多平坦，不见明显的遗迹现象，出土遗物以缸、罐、盘、碗、器盖等日用陶器为主，均轮制泥质灰陶，未见瓷器，少见或不见瓦片[2]。

该流域是渤海时期遗存数量最多、分布最为密集的区域，遗址呈小片区集中分布，形成一个个相对独立且自成体系的群落，各群落间虽看不出明显的分界，且相去不远，但大多呈现出功能齐全、遗址多样化的特点，也反映出渤海时期行政单元的功能规划已相当成熟。

对于渤海早期遗存的辨识亦是此次对图们江流域调查的重要学术目的之一。由于以往鲜少做过这方面的发掘，对渤海早期及“前渤海”时期的遗存面貌认识并不清晰。近年在对延吉磨盘村山城的发掘中，发现一批以红褐色绳纹、网格纹瓦、凤鸟纹瓦当为代表的遗存[3]。通过调查发现，该类瓦件在图们江流域有较广泛的分布，主要集中于图们江干流和海兰江、布尔哈通河等支流区域，东部支流珲春河亦有所发现。但在北部支流嘎呀河极为少见。典型器物为拍印绳纹、网格纹板瓦，素面且无瓦舌的筒瓦等，瓦胎相对较薄，夹砂量大，火候较低，板瓦平面多呈长方形，一端常常制作成弧角。这些遗物多见于山城和小型平原城址内，一般性遗址少见，且较少与我们熟知的渤海中晚期遗存共存，即便同处于一个遗址，遗物分布地点亦相对独立。

对于磨盘村山城这一类遗存的属性，发掘者认为与敦化六顶山墓葬[4]相同，为渤海早期的遗存，并据之进一步推测磨盘村山城为渤海早期王城所在，亦有学者根据出土瓦件的纹饰尤其极似高句丽文化的高边轮莲花纹瓦当，认为应为高句丽遗存。笔者认为，目前所见的诸如六顶山墓葬等出土的渤海早期瓦件，其纹饰风格及制作工艺本就传承自高句丽文化。图们江流域诸遗址中采集到的形制特征与之相同的瓦片，应与六顶山墓葬大致同时期。而另有相当数量的同类瓦件，制作工艺较之略显粗糙，这些瓦件大多为手制，形制不甚规整，常有薄厚不均的情况，板瓦上的纹饰以网格纹、篮纹为多，绳纹较少且线条偏于粗疏，部分网格纹饰拍印极为随意，常常出现纹饰重叠或方向不一致的现象，相较六顶山墓葬出土的同类器物，火候偏低，胎体亦偏薄，可见制瓦的技术水平有一定差距，当有时代早晚之差别。图们江流域渤海遗址中所见该类遗存，相当一部分应为渤海建国前的土著文化的代表，即受高句丽文化传入所影响的白山靺鞨遗存。

（二）牡丹江流域

牡丹江在吉林省境内为上游地区，均处于敦化市辖区内，发源于张广才岭山脉的牡丹岭的东南侧，西南—东北流向，几乎贯穿敦化市全境，经大山嘴子注入黑龙江省的镜泊湖。在吉林省境内干流全长 195.1 千米，流域面积约一万平方千米，有黄泥河、沙河、珠尔多河等主要支流。

该流域内发现包含渤海时期遗存的遗址共计 23 处，其中城址 7 处，城堡、关塞类遗址 3 处，墓葬 2 处，寺庙址 1 处，一般遗址 10 处。

对于牡丹江上游地区的调查，亦是着重于探寻渤海早期遗存的情况。史料记载渤海初建国于东牟山，多年来学者的不断考究虽未能对渤海早期王城的具体地点达成共识，但较多的学者认为东牟山应位于今敦化市[5]。六顶山渤海墓地建筑类遗存的发掘为学术界认识渤海早中期遗存树立了标杆。尤其出土遗物，为我们在地面踏查阶段的工作中识别地表采集遗物具有重要参照作用。这里出土的板瓦以青灰色绳纹、篮纹、网格纹为主，部分为红褐色，少见素面；筒瓦则多为素面，形制上主要有两类：一类为胎体较厚、无瓦舌的筒瓦；另一类为胎体较薄、带有粗大直节型瓦舌的筒瓦；瓦当为套接高边轮形式。陶器方面，夹砂陶器主要为重唇罐，陶色不均，以灰褐和红褐居多，泥质陶器则多为展沿，方唇或尖唇居多。

永胜遗址位于敦化市江南镇，处于牡丹江东岸台地之上，遗址范围较大，在20世纪80年代的调查中，地表可见五处明显的建筑址[6]，有学者认为是渤海早期都城所在[7]。2002年对该遗址内最大的一处建筑址进行了发掘，出土遗迹遗物均为金代[8]，一度令学术界对该遗址的时代是否为渤海时期产生怀疑。我们本次调查于遗址西部采集到较多包括绳纹瓦在内的渤海早期遗物，确定了该遗址的确包含渤海时期遗存，但因遗址地面遗迹保存状况较差，并未发现以往调查资料中所记载的城墙建筑迹象，遗址范围内其他几处高于地表的“建筑址”亦无充分证据证明其时代是否属渤海，因而永胜遗址的性质仍然存疑。

通过此次调查意外地发现，牡丹江上游地区渤海早期遗存并不如以往我们印象中丰富，在对“三普”确认的渤海遗址的再次复查中，仅在永胜遗址、鲶鱼港遗址、庙屯寺庙址等为数不多的几处遗址中采集到绳纹瓦、夹砂重唇陶器口沿等具有典型渤海早期特征的器物，其他遗址所见渤海遗存则多为单纯的泥质灰陶片或素面板瓦，时代特征偏晚。

（三）西流松花江上游地区

包括西流松花江上游源头处的支流——头道江、二道江及辉发河流域，所属行政区域有延边朝鲜族自治州安图县中南部、敦化市南端，白山地区抚松、靖宇两县，吉林地区磐石、桦甸两市，通化地区辉南、柳河两县，梅河口，以及辽源市东丰县等地。

该区域重峦叠嶂，河流众多，支脉密集，遗址多分布于山前谷地或河流二级台地上，城址较多，尤其堡垒性质的山城，常常与平地遗址共存，相去不远，互为呼应。在此区域发现包含渤海时期遗存的遗址共计33处，其中城址、城堡、关塞类遗址7处，墓葬6处，寺庙址1处，一般遗址19处。这一区域渤海遗址中有多处经过考古发掘，如安图东清墓葬[9]、白山永安遗址[10]、抚松新安遗址[11]、前甸子墓葬[12]和桦甸苏密城[13]等。经发掘的这些遗址性质多样，出土遗物也较为丰富，有大量陶器，亦有较多建筑类遗存，使我们对这一地区渤海时期遗物形态特征有较为清晰的认识，故而此处渤海遗址较易辨识，但对大量一般性遗址的性质、功能等认识还不足。

头道江沿岸及其支流所在区域遗址分布最为密集。该处为渤海西京鸭渌府所辖丰州地区，位于江沿岸的新安遗址曾被认为是丰州城故址所在[14]。通过考古发掘确认其并非城址，而更可能是一处扼守于水路要隘的军事要塞或驿站[15]。该遗址位于头道江北岸二级台地上，背山面水，其所对的河道两岸高地上各有一处渤海时期的小型城址，即靖宇榆树川城址和抚松东台子古城。榆树川城址位于头道江南岸的高山平地上，与新安遗址隔江相望，直线距离不足 500 米[16]。城址利用自然地势而建，平面形制不规则，大致呈西北—东南向长方形，东、西、北三面均沿悬崖绝壁边缘以土石混砌，南墙砌筑较为规整，中间开一座带瓮城的城门，城址周长一千四百余米，城内地势平坦，地表未见遗物。东台子古城位于新安遗址一侧东北，相距约 1 千米，处于一条高 50 米，南北走向的山梁南端，三面绝崖临水[17]。该城址依山体走势而建，未见城垣墙，平面呈不规则条状，内有三道大致平行的夯土墙，将城址分为三个相对独立的区域，地表见有大量泥质灰陶器残片。榆树川山城和东台子古城所处位置恰好处于河流的扼腕之处且居高临下，与新安遗址遥相呼应，形成严密的军事防御体系。

白山市江源区的永安遗址，位于头道江南部支流汤河右岸，通过发掘了解到其为一处延续时间较长的渤海时期聚落遗址，形成于渤海建国前，存续在整个渤海时期，亦是渤海通往唐朝的交通线“朝贡道”上的重要枢纽。

与头道江邻近的二道江地区，支流分布范围较广，地形稍显复杂，其与牡丹江上游地区及图们江上游支脉邻近，遗址分布规律及文化特征均较一致。该区域均匀分布中小规模的城址、城堡、墓地和一般居住性遗址，呈现出城址、平民居址、墓葬三位一体的相对独立的聚落群。例如，安图东清古城，为一处位于二道江东侧支流古洞河右岸的平地城址，城址平面呈长方形，面积 5250 平方米，城外西南为东清寺庙址，西北为面积达三万余平方米的东清遗址，沿河再向西北约 600 米处即为面积约 1250 平方米的东清古墓群。四处遗址均位于河流同一侧，距离较近，形成一处功能完善的聚落群。东清古墓群在 1990 ~ 1991 年发掘了 13 座墓葬，被确认为典型的渤海早期遗存。

辉发河地区是渤海与中原交往的主要道路——营州道的经行之地，营州道从浑河向东北逆行，经过柳河、梅河口、辉南等地，通过长岭府故址——桦甸苏密城进入渤海国腹地。苏密城处于辉发河南岸冲积而成的山间盆地之中，四周群山环抱，地势险要，此处亦扼守松花江水路和陆路交通要冲，具有重要的军事和行政功能。而此处发现的渤海时期小型城址及封土石室墓葬等遗迹也基本在营州道沿线分部。

（四）鸭绿江流域

包括吉林省境内鸭绿江长达 575 千米的干流及其支流浑江所在的区域，所属行政区域有白山市、临江市、长白朝鲜族自治县，以及通化市、通化县和集安市等。

该流域内发现的渤海时期遗存有城址、墓葬、佛塔，以及若干一般居住性遗址，此外，还有较多铜矿遗址、砖窑等手工业遗存。鸭绿江流域为渤海国西京鸭渌府所辖地域，亦是渤海朝贡道经行之地。鸭渌府府治即在今临江市，而发现大量渤海时期陶器和铁器的临江镇遗址极有可能是府治神州所在地[18]。

位于临江市六道沟镇的“宝山—六道沟”冶铜遗址，1998 ~ 2005 年曾做过多次调查和小规模发掘，确认为一处渤海时期到金代连续使用的集开矿、冶炼、运输的大型冶铜遗址[19]。在第三次全国文物普查中，于六道沟镇铜山村和曲柳树村又新发现渤海时期古矿洞及冶铜遗址 8 处[20]。从冶铜遗迹的规模和密集程度来看，此处应当为渤海时期的一处重要冶铜地点。渤海国铜产量较大且熟铜质量上乘，不仅供应本国所需，还有剩余以供出口[21]。《册府元龟·互市》载：“文宗开成元年六月，淄青节度使奏：渤海将到熟铜，请不禁断。”可知渤海与唐朝有熟铜贸易往来。安史之乱后，渤海与中原政权互通最主要的路线是朝贡道，至鸭绿江顺水路南下登州。而处于鸭绿江沿岸的六道沟以水路与朝贡道相通，运输铜料相较于《辽史》记载的“铜山郡”所在之地“上京府南，地多山限”[22]自然要便捷得多，我认为此处更有可能是渤海国向中原地区出口的熟铜的主产地。

近年由白山市文物管理委员会办公室组织开展的“两江”流域专题考古调查中，又在长白朝鲜族自治县十四道沟、干沟子、临江市四道沟利民等几处以往只发现有新石器——青铜时代遗存的遗址中采集到渤海时期遗物[23]。自此，该区域包含渤海时期遗存的遗址共发现 25 处，除上述遗址外，还包括临江桦皮甸子城址、临城城址和长白古城、集安国内城[24]等 4 处城址，通化铁厂镇一心村墓群，长白民主窑址，以及处于长白朝鲜族自治县和临江市辖区内的 6 处一般性遗址。

（五）西流松花江中下游地区

包括松花江干流及其支流饮马河一带，以及拉林河左岸地区。涉及行政区域有吉林市及其所辖的永吉县、舒兰市，长春市及其所辖的德惠、榆树、九台、农安等县。

该区域处于渤海国疆域的西北部，曾做过考古发掘从而明确存在渤海时期遗存的有舒兰黄鱼圈珠山遗址[25]、永吉查里巴墓地[26]、杨屯大海猛遗址[27]、榆树老河深上层墓葬[28]、蛟河七道河子遗址[29]、吉林市乌拉古城[30]、东团山平地城遗址[31]、龙潭山鹿场遗址[32]等。

通过这些已发掘的遗址和墓葬，可以了解到该区域的渤海遗存以重唇和肩部带有切压锯齿纹泥条附加纹饰带的红褐或黑褐色侈口深腹夹砂陶罐，即我们常说的“靺鞨罐”为代表性器物，墓葬多为石构及土坑墓，时代大多处于渤海早期，甚至更早的渤海建国前的粟末靺鞨时期。其中也可见少量时代稍晚的渤海遗存，如老河深墓地 M21 出土的敛口、鼓腹的横桥耳泥质陶罐，形制与西古城、渤海上京城出土的同类器相同，为渤海中晚期的典型器型。

据第三次全国文物普查结果显示，该流域内发现包含渤海时期遗存的遗址共计30处，其中城址8处，墓葬4处，一般遗址18处。这些遗址大多是因地表采集到靺鞨罐残片而被确定为渤海时期遗址或包含渤海时期遗存的遗址，却基本未见其他类型的靺鞨——渤海时期遗物。究其原因，大致有两种可能：一是该地区渤海建国前属粟末靺鞨领地，而靺鞨罐作为早期靺鞨人的传统器型，应用较广，渤海建国后政权东移，这一区域遂成为渤海国的边疆地区，故而，此处所见早期遗物偏多，晚期遗物鲜见；二是由于大家对这一地区渤海中晚期遗存面貌认识不足，在调查中未能将这一时段普遍流行使用的泥质灰陶器从大量辽金时期陶器中甄别出来。

对于这一区域的调查，除了要辨识渤海遗存基本面貌外，另一个目的即是探寻渤海国在吉林省境内的北界疆域。农安县北端的黄鱼圈乡和青山口乡，处于西流松花江干流南侧，沿岸遗址密布，其中有2座山城和9处一般性遗址中采集到靺鞨罐残件。这是吉林省目前所见出土有靺鞨——渤海时期遗存的遗址地理位置最北的。位于扶余市西北，处于西流松花江下游右岸的伯都古城，曾因出土过莲花纹瓦当而被认为“在唐代渤海时期就已有重要的建筑址与寺庙址”[33]，笔者认为，在伯都古城所见的莲花纹瓦当并非渤海时期，从其当心厚边缘薄、无边轮，以及连珠纹边饰等特征来看，应为辽代瓦当。也就是说，西流松花江下游以北的扶余市目前尚未发现明确为靺鞨——渤海文化的遗存。因此，大致可以判断，渤海遗存在此处以西流松花江干流为北界，这同样可以解释为何其南部支流伊通河、饮马河流域渤海遗存非常稀少，而沿江一线不到60千米的范围内却发现如此密集的渤海遗址以及山城，当是作边境防御之用。

（六）东辽河流域

对东辽河流域进行的调查，本着探寻渤海遗存分布范围西至的学术目的。

东辽河流域所在的吉林省四平地区，在以往的文物普查工作中，曾发现几处遗址疑似存在渤海时期遗存，但不能完全确定。此次调查对这一地区的此种疑似情况进行了复查。从地表采集遗物来看，有两处遗址发现了明确为渤海时期的建筑瓦件，分别是城楞子古城和四楞格子遗址。

城楞子古城位于梨树县东河镇王平房村城楞子屯，东辽河上游左岸二级台地上。城址分南、北二城，均为较规整的方形，北城较大，周长1300米左右，南城位于北城西南300米处，面积稍小，周长约700米。当地文物管理部门研究人员根据考古调查发现结合文献记载，提出其为渤海国扶余府的观点[34]。对于渤海国疆域最西端的扶余府府治所在，学术界虽观点不一，但大多认为在今农安县城一带，并推定为今农安古城遗址[35]。但这一观点目前尚未得到考古学的证据支持，因为在农安古城并未发现任何渤海时期遗物，在其周边也无渤海时期的遗址，这种情况不太符合府州城应有的状况。

对于城楞子古城，调查中采集到的渤海时期遗物均出土于南、北二城之间的地带，未经考古发掘明确遗物采集点与城址本体的层位关系，无法成为确认此城是否为渤海时期城址的直接证据，更难以从考古学角度证明其为渤海扶余府府治所在，但典型的栉齿连圈纹檐头板瓦和曲节形瓦舌筒瓦的出现，至少可以证明渤海遗址在东辽河流域的存在。

四楞格子遗址位于四平市与梨树县交界处的山丘南侧坡地上，亦处于东辽河上游地区。该遗址顺着山势由下至上有四层人工阶地，北高南低，面积约2.5平方千米，阶地较平，其上曾存在具有一定规模的建筑，目前地表尚可见形制规整的柱础石。从采集到的瓦件来看，具有渤海晚期及辽金两个时期的建筑遗存[36]。

另外，在处于西辽河下游左岸地区的双辽市红旗镇的桑树遗址，第二次全国文物普查中曾发现莲瓣纹瓦当、绳纹瓦以及带有一阴文“上”字的瓦片，被认为“具有渤海文化特征”[37]。若此信息被证实，该遗址将是目前所知的渤海遗存分布的最西端。此次调查未在该遗址采拾到具有渤海文化特征的遗物。对于“二普”采集到的桑树遗址的遗物，笔者仅见到部分照片，大多为辽代。“上”字瓦片的文字似为瓦件烧成后刻写上去的，且字的刻写方向为横向，这与渤海文字瓦的特征不符，当非渤海时期遗物，另有一件筒瓦瓦舌呈曲节形，这确为渤海文化特征，但仅此一件并不能说明该遗址存在渤海遗存，似乎更有可能是当地契丹人对渤海文化的吸纳所致。

综上所述，至少可以确定，渤海遗存在吉林省境内分布的西缘已到达东辽河上游地区。在这一区域发现的这两处遗址均为建筑遗存，虽无法定性，但从所见之檐头瓦件以往也仅见于渤海都城、府州城、寺庙、驿站等建筑址，可初步判断应属官方设施。即是如此，理论上其周边应当还存在尚未被发现的渤海时期生产生活类遗址。

吉林省作为国内渤海遗址的主要分布省份之一，亦是渤海考古学研究的重要区域。通过此次专题调查，在对吉林省渤海遗存的存量、保存现状以及遗存性质等方面有进一步了解的同时，亦有了一些新的学术收获和认识。

首先，搞清了渤海遗存在吉林省境内的分布范围。此处涉及的争议性问题是渤海国疆域的西界。对于这个问题，史学界较能达成共识的观点是认为其在全盛时期西北已至今吉林省农安、梨树，辽宁昌图一带，西南达到辽河东岸[38]。从考古学角度，我们通过地面踏查和对早期考古调查工作所获材料的搜集，以实物资料证明了渤海遗存在吉林省境内的分布最西端至少已进入四平地区的梨树县辖区内，即东辽河上游西岸地区。

对如何在考古调查中辨识渤海遗物有了一定的经验和认识。本次调查以图们江流域的渤海遗存为起始，原因有二：一是该地区为吉林省境内渤海遗存的核心区域，遗存分布密集且类型丰富，极具典型性；二是该区域以往所做的渤海遗址调查、发掘工作较多，对基础材料掌握较为全面和清晰。用已发掘的遗址中出土遗物，作为对未发掘过的遗址地表采集的同类残器的器型和年代的判断标尺，可较为准确地通过残碎陶器口沿、砖瓦残件判断其所在遗址是否为渤海时期，大致为什么性质的遗址等。对于一些渤海遗存数量较少、文化面貌认识不够清晰的区域，除了用典型器物进行比对外，还需充分考虑地区差异和外来文化因素影响造成的变化，在没有考古发掘材料作为佐证的情况下，用排除法分离出已知的其他时段考古学文化遗存，能帮助我们更好地锁定对象进行对比识别。

各地区渤海物质文化遗存会表现出一定的差异。其中，特征变化最明显的当属陶器。以代表性器物——靺鞨罐为例，第二松花江流域是靺鞨罐出土数量最多的区域，此处的靺鞨罐普遍流行在口沿下部及肩部带有切压锯齿纹泥条附加纹饰带，我们在这一区域的调查中也常常采集到这种器物的口沿，而在东部的图们江流域，包括牡丹江上游地区，则极少见到带有这种条带状堆纹的靺鞨罐，而代之以重唇素面的同类器。这种附加堆纹带在早期契丹的鼓腹筒形罐上也有所发现，并沿用到之后辽金时期的瓮、缸类泥质灰陶器之上。这是否可以说明，此种文化因素未能向东流传至渤海腹地，而是向西传播影响了契丹文化。也就是说，这种地域上的差异，更可能是遗存年代上存在早晚关系的反映。又如在鸭绿江流域及西流松花江上游地区的渤海遗址中采集到的带有水波纹、凹弦纹、垂帐纹的陶片，在其他地区鲜有发现，应当是对高句丽文化因素的传承而形成的地方特征。具有典型高句丽文化特征的绳纹和网格纹板瓦，亦是多见于吉林省东南部地区诸流域，在西流松花江中下游地区和东辽河流域则少见或不见。

注　释

［1］ a. 吉林省文物考古研究所．田野考古集粹——吉林省文物考古研究所成立二十五周年纪念［M］．北京：文物出版社，2008.

b. 吉林省文物考古研究所，等．吉林和龙市龙海渤海王室墓葬发掘简报［J］．考古，2009（6）.

［2］ 吉林省文物考古研究所．图们江流域渤海遗存调查报告［J］．地域文化研究，2017（1）.

［3］ 吉林省文物考古研究所，延边州文物保护中心．图们市磨盘村山城［A］．中国考古学年鉴（2016）［C］．北京：中国社会科学出版社，2017.

［4］ 吉林省文物考古研究所．六顶山渤海墓葬［R］．北京：文物出版社，2012.

［5］ 李健才．渤海初期都城考［J］．北方文物，2002（3）.

［6］ 吉林省文物志编委会．敦化市文物志［M］．1985.

［7］ 同［5］.

［8］ 吉林大学边疆考古研究中心，吉林省文物考古研究所．吉林敦化市永胜金代遗址一号建筑基址．考古，2007（2）.

［9］ 延边博物馆．东清渤海墓葬发掘报告［A］．渤海史研究（第3辑）［C］．延吉：延边大学出版社，1992.

［10］ 吉林省文物考古研究所．吉林浑江永安遗址发掘报告［J］．考古学报，1997（2）.

［11］ 吉林省文物考古研究所．吉林抚松新安遗址发掘报告［J］．考古学报，2013（3）.

［12］ 庞志国，柳岚．抚松县前甸子渤海古墓清理简报［J］．博物馆研究，1983（3）.

[13] 吉林省文物考古研究所，桦甸市文物管理所. 吉林省桦甸市苏密城外城南瓮城考古发掘简报［A］. 边疆考古研究（第19辑）［C］. 北京：科学出版社，2016.
[14] 张殿甲. 浑江地区渤海遗迹与遗物［J］. 博物馆研究，1988（1）.
[15] 梁会丽. 新安遗址渤海遗存性质新论［J］. 东北史地，2013（2）.
[16] 吉林省文物志编委会. 靖宇县文物志［M］. 1988.
[17] 吉林省文物志编委会. 抚松县文物志［M］. 1988.
[18] 吉林省文物志编委会. 浑江市文物志［M］. 1987.
[19] 同［1］.
[20] 吉林省文化厅. 吉林省不可移动文物名录［EB］. 2018. wht.jl.gov.cn.
[21] 魏国忠，朱国忱，郝庆云. 渤海国史（修订版）［M］. 哈尔滨：黑龙江人民出版社，2017.
[22]（元）脱脱. 辽史·地理志［M］. 北京：中华书局，2016.
[23] 据白山市“鸭绿江、浑江流域遗存调查”项目调查所获信息。
[24] 吉林省文物考古研究所. 国内城——2000-2003年集安国内城与民主遗址试掘报告［R］. 北京：文物出版社，2003.
[25] 吉林省文物工作队. 吉林舒兰黄鱼圈珠山遗址清理简报［J］. 考古，1985（4）.
[26] 吉林省文物考古研究所. 吉林永吉查里巴靺鞨墓地［J］. 文物，1995（9）.
[27] a. 吉林市博物馆. 吉林永吉杨屯大海猛遗址［A］. 考古学集刊（第5辑）［C］. 北京：中国社会科学出版社，1987.
b. 吉林省文物工作队，等. 吉林永吉杨屯遗址第三次发掘［A］. 考古学集刊（第7辑）［C］. 北京：科学出版社，1991.
[28] 吉林省文物考古研究所. 榆树老河深［R］. 北京：文物出版社，1987.
[29] a. 吉林市博物馆. 吉林省蛟河市七道河子村渤海建筑遗址清理简报［J］. 考古，1993（2）.
b. 彭善国. 蛟河七道河村渤海遗址属性辨析［J］. 东北史地，2010（3）.
[30] 2017年吉林省文物考古研究所发掘该城址，资料尚未发表。
[31] 2015～2018年吉林省文物考古研究所发掘该遗址，资料尚未发表。20世纪80年代吉林市博物馆在调查中曾采集到渤海板瓦、筒瓦和靺鞨罐口沿，详见董学增. 吉林东团山原始、汉、高句丽、渤海诸文化遗存调查简报［J］. 博物馆研究，1982（1）.
[32] 吉林省文物考古研究所，等. 吉林市龙潭山鹿场遗址发掘简报［J］. 北方文物，2014（1）.
[33] 吉林省文物志编委会. 扶余县文物志［M］. 1984.
[34] 聂卓慧. 吉林省梨树县城楞子城址的调查与思考［J］. 草原文物，2018（2）.
[35] 吉林省文物志编委会. 农安县文物志［M］. 1987.
[36] 据四平市文物管理委员会办公室野外调查资料。
[37] 吉林省文物志编委会. 双辽县文物志［M］.
[38] a. 刘晓东，郝庆云. 渤海国历史文化研究［M］. 哈尔滨：黑龙江人民出版社，2017.
b. 郑永振，李东辉，尹铉哲. 渤海史论［M］. 长春：吉林文史出版社，2011.

Survey of Bohai Remains in Jilin Province

LIANG Hui-li

There are more than 300 Bohai Sites in Jilin province, which mainly distributed Yalu River-Tumen River basin in the southeast of jilin province, Mudan River upstream area, the Songhua River basin in the middle of jilin province and its adjacent areas. From 2015 to 2017, Jilin province carried out a comprehensive survey of Bohai Remains. Through this special investigation, we not only have a further understanding of the Bohai relics in terms of their stock, status and nature, but also have some new academic gains and knowledge.

科克沙罗夫卡1号城址的考古发现与研究*

金智铉　宋玉彬

（吉林大学考古学院，长春，130012）

渤海国遗存主要分布于中国东北、俄罗斯滨海边疆区及朝鲜半岛北部地区。自20世纪90年代伊始，韩国学术机构获得与俄罗斯学术界联合开展俄罗斯境内渤海遗存田野调查、考古发掘的便利条件，双方陆续对渤海城址、寺庙址、墓葬开展了诸多全方位的合作研究。科克沙罗夫卡1号（КОКШАРОВКА-1）城址是俄韩联合发掘、共同研究的渤海遗存之一[1]，基于考古报告公布的文、图信息，本文重点介绍该城址揭露遗迹、出土遗物的基础性数据，同时简要说明韩国学术界对该城址的学术阐述。

一

科克沙罗夫卡1号城址位于俄罗斯滨海边疆区丘古耶夫卡地区科克沙罗夫卡村东北3千米处，地处乌苏里江以东2千米处的洪泛平原之上，乌苏里江支流科克沙罗夫卡江流经城址东部（图一）。按照地质学分类标准，城址位于锡霍特山脉的山岳–溪谷区域。

该遗址的发现、研究，肇始于1888年Ф. Ф. 布谢的田野调查。20世纪初，Л. А. 克罗帕特金对布谢的田野考察报告进行了信息补充[2]。根据他们绘制的城址平面图可知，科克沙罗夫卡1号城址的北垣、西垣辟有城门。20世纪50年代，А. П. 奥克拉德尼科夫、Э. В. 沙弗库诺夫对该遗址进行了田野考古调查，采集到若干地表遗物[3]。其中，大部分标本被俄罗斯科学院西伯利亚分院考古学与民族学研究所博物馆收藏。1983年，通过探沟解剖，О. С. 加拉科季奥诺夫获取了该城址的地层堆积信息。同时，他还绘制了新的城址平面图[4]。2003年，А. Л. 舒姆科娃绘制了更为详细的平面图，并再次采集到地表遗物[5]。此外，В. А. 达达尔尼科夫、В. И. 季亚科夫、В. И. 博尔金等人也曾对该城址进行过多次考古调查，从不同视角阐释了该城址的重要性[6]。2006年，韩俄学者联合对该城址进行了调查、试掘[7]。基于此次合作，2008～2014年，隶属于韩国文化财厅的国立文化财研究所与俄罗斯科学院远东地区历史·考古·民族研究所共同对科克沙罗夫卡1号城址进行了长达七年的调查与发掘工作。

---

* 本文系国家社科基金2016年度重大课题项目“东北亚视野下的渤海遗存研究”（16ZDA149）的阶段性研究成果。

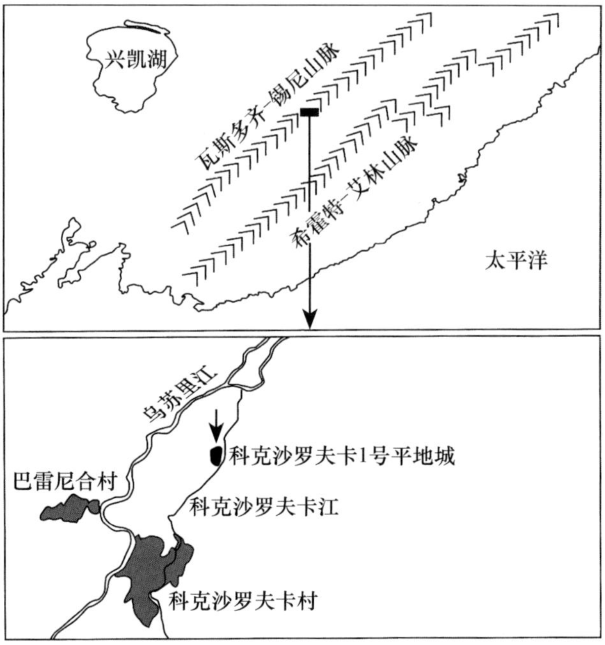

图一　科克沙罗夫卡 1 号城址位置示意图

二

城址平面呈不规则梯形，东墙长 650、西墙长 340、南墙长 250、北墙长 405、周长 1645 米，面积约 16 万平方米。城墙土构，基部宽 10 ~ 14、顶部残宽约 0.5、残高 4 ~ 6 米。城设 2 门，分别位于城垣北墙、西墙的中部，均构筑瓮城设施。其中，北墙门址残宽约 3 米。目前南垣城墙所见豁口，则是后世居民为便于行走而辟。西墙、南墙、北墙外缘所挖城壕，现已沦为沼泽；东墙外缘未构城壕，系借用科克沙罗夫卡江河流作为天然屏障，宽 10、深 1 米。

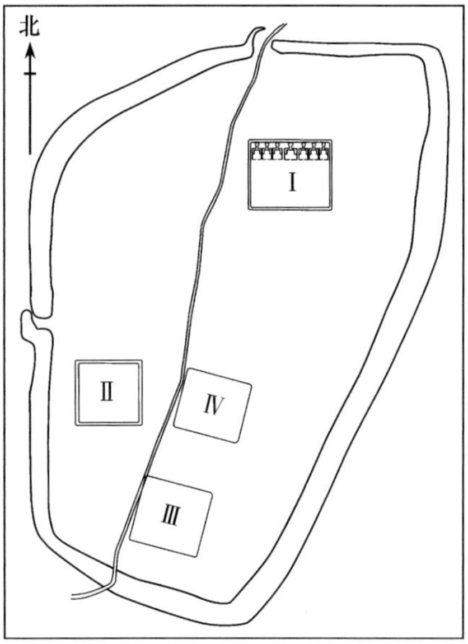

图二　科克沙罗夫卡 1 号城址平面示意图

城址所在区域，地势南高北低。通过开展地球物理学勘探，探明城内存在 4 处大型建筑基址，发掘报告分别将其编号为Ⅰ ~ Ⅳ号基址（图二）。俄韩学者的联合考古发掘工作，主要围绕位于城址北部的Ⅰ号建筑基址而展开。经发掘确认，这是一处院落式大型基址。

Ⅰ号建筑基址平面呈横向长方形轮廓，其石构院落围墙多已坍塌，仅残存基础部分。东西向院墙长 92、南北向院墙宽 70、周长约 320 米。围墙基宽介于 2 ~ 5、最大残高约 0.4 米，残存 4 ~ 5 层垒砌石块。为探明院落围墙的构筑方法，对其北垣墙体进行了解剖，确认其系使用大型砾石及多种山石垒砌而成，石块缝隙间固以黏土。另外，在解剖区域内，沿墙体内侧清理出一排柱洞，推测其为加固石墙而置。2011 年，在院落东北角处发现一处门址，门址底部铺砌 20 余石块，铺石的范围面阔长 2.7、进深宽 1.4 ~ 2 米。

2008 ~ 2011 年，在Ⅰ号建筑基址北部的院落东墙、西墙之间，清理出 7 座东西向横向排列的连排式房址。7 座房址均营建了取暖设施火炕，由西至东，发掘报告依次将其编号为 1 ~ 7 号房址（图三，1）。此外，在院落的南半部区域，通过开展地球物理学勘探，探明 5 处略呈品字形分布的建筑基址，考古报告将其分别编号为 8 ~ 12 房址（图三，2）。需要指出的是，根据勘探数据，8 ~ 12 房址均没有营建取暖设施。

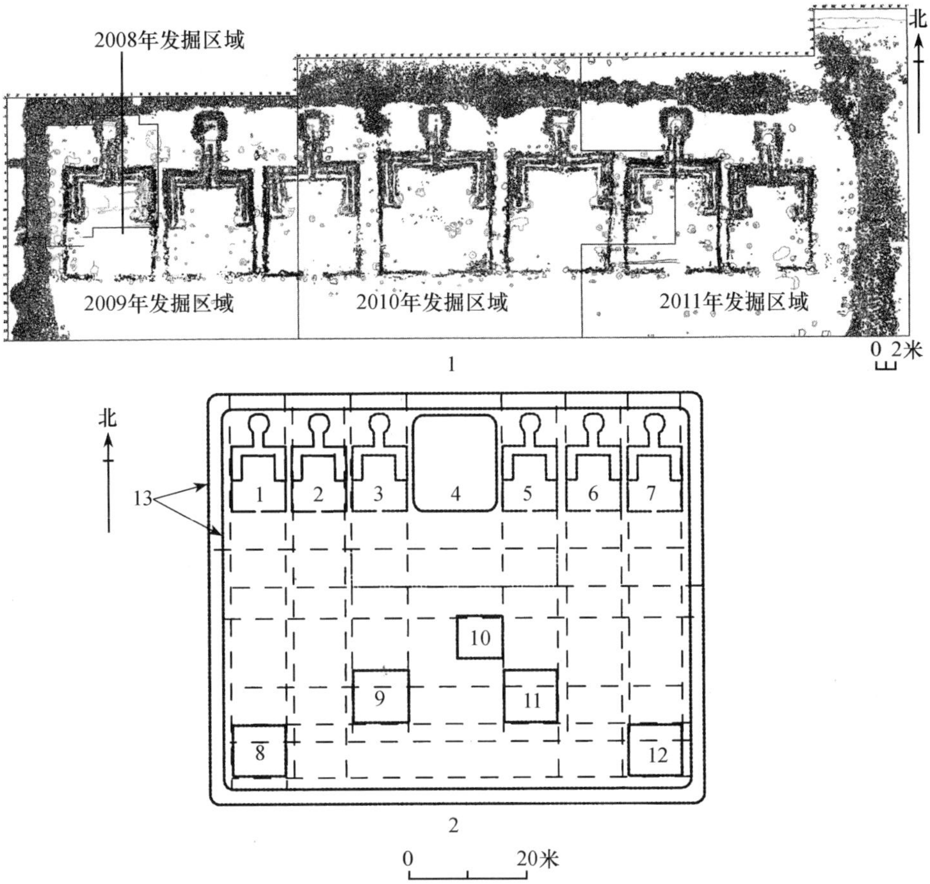

图三　科克沙罗夫卡 1 号城址Ⅰ号基址平面图（引自报告）

1. 连排式房址平面图　2. 1 号基址院落布局示意图

1-1. 2008 年发掘的第 1 号房址　2-2 ~ 2-7. 2009 ~ 2011 年发掘的第 2 ~ 7 号房址

2-8 ~ 2-12. 不带火炕的建筑　2-13. 基址的石构围墙

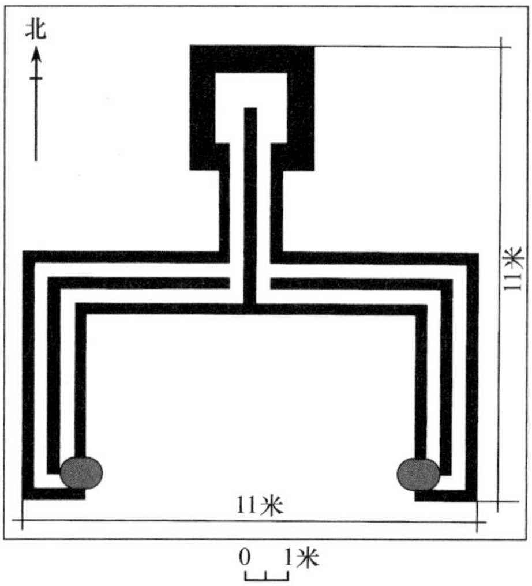

图四　房址火炕结构示意图（引自报告）

位于Ⅰ号基址北部的7座房址，其石块构筑的外缘墙体均呈纵向长方形轮廓，南缘墙体呈东西向一线排列。门址均辟于房址南缘墙体的中部，房址北半部构筑有倒“U”字形结构的取暖设施——火炕，烟囱建于房址北缘中部的外侧。

7座房址所见倒“U”字形结构火炕，其南端东西两侧各构筑有1个圆形或椭圆形灶址。每一灶址各自连接2条先南北、后东西走向的折尺形烟道，两组东西走向的烟道在房址北部分别汇总后，沿南北向烟道隔墙融入位于房址北缘中部外侧的烟囱（图四）。

大体上，火炕长14～19.5、宽1.3～2米，面积23～34平方米。火炕均以圆形小砾石砌筑烟道隔墙，并涂抹黏土加固。烟道内部被灰烬和烟炱覆盖，表明火炕曾长期使用。烟道的上部，覆以不规则形的花岗岩板石或砂岩质的扁平板石。灶址底部呈半椭圆形下凹，其内充满木炭、灰烬、火烧动物骨骼、陶片、烧土等。烟囱位于房址北缘中部的外侧，烟囱与房址北缘墙体之间以两条烟道相接，两者间距约为3米。

下面，具体介绍根据报告所公布的7座房址的基础性信息数据。

1号房址　位于Ⅰ号基址院落的西北角，西距院落西墙1.3～1.6米，烟囱北缘距院落北墙4.5～5.5米。房址南北向长约12.2、东西向宽约9.7米，面积约95.8平方米。以河卵石砌筑的房屋外缘墙体，残高约0.15米。在墙体基址之上，清理出20块等距排列的花岗岩质柱础石。如果重复计算每面墙体四角处的柱础石，则每面墙壁各置间距约为2.5米的6根立柱。即整体上，1号房屋呈面阔5、进深5间结构。位于房屋南缘墙体中央的门址，因破坏严重而难以确认其具体宽度。火炕长17、宽1.6米，面积约28平方米。位于火炕南端东、西两侧的2个灶址，均呈圆形，直径0.8～1.5、深0.22～0.25米。每一灶址各自所连接的2条折尺形烟道，西侧炕体保存较好，东侧炕体则受损严重。烟道隔墙厚0.2～0.4、烟道宽0.2～0.5、残高0.2米。与烟囱相接处的部分烟道，其上面残存有花岗岩或砂岩质盖板石，厚5～8厘米。位于房址北缘中部外侧的石构烟囱，其基址近方形，东西向边长3.5、南北向边长3.2米，墙体宽0.9～1.2、残高0.19～0.34米。通过2条长2.5～2.6米的烟道与房址相连。房址室内、室外的烟道，其宽度大体相当。

2号房址　西距1号房址0.8米，其南北向长约11.8、东西向宽10～10.3米，面积约95.4平方米。位于房址南缘中部的门址，受损严重、宽度不明。房址外缘墙体使用圆形砾石、散石构筑，东壁、北壁保存较完整，西壁仅残存部分石构墙体，西南角和南壁受到严重破坏。西壁残存 5 块柱础石，间距 2.3 ~ 2.5 米；东壁残存 5 块柱础石，间距 2 ~ 2.4 米；北壁的 6 块柱础石，间距 1.8 ~ 2 米；北壁中部的第 3、第 4 块础石之间，构筑有与屋外烟囱相通的烟道。火炕长 17、宽 1.5 ~ 1.8、残高 0.15 ~ 0.2 米，面积约 28 平方米。东、西 2 个灶址，圆形，直径 0.8 ~ 1.0、深 0.4 ~ 0.5 米。灶底平面呈椭圆形，内有木炭、烧灰、火烧动物骨骼及黏土壁体残块。烟道上部残存少量片岩、砂岩或花岗岩盖板石。烟墙厚 0.35 ~ 0.5、残高 0.12 ~ 0.26 米。烟囱平面近方形，利用散石和粗大的河卵石建造，边长 3.4 ~ 3.5 米。

3 号房址　西距 2 号房址 0.7 ~ 1 米。其南北向长约 12.4、东西向宽约 11 米，面积约 115 平方米。房址南缘墙体中部辟有门址，宽约 2 米。房址外缘墙体使用砾石砌筑，石块之间固以黏土、沙土。火炕长 17.2、宽 1.5 ~ 1.8、残高 0.15 ~ 0.2 米，面积 34 平方米。东、西 2 个灶址，平面呈半圆形。东侧灶址直径 1、深 0.45 米，西侧灶址直径 0.9、深 0.14 米。其各自连接的 2 条烟道，内含 3 层堆积，上层为红色黏土，中间为火烧的沙质黏土及烧土块，下层为黏土层。东侧炕体保存较好，西侧炕体与灶址连接处受到破坏。烟道宽 0.2 ~ 0.45 米，火炕的侧壁以直径约 10 厘米的圆形砾石堆筑，其上涂以黏土与沙土。火炕北部尚保存有花岗岩或砂岩质烟道盖板石，厚 5 ~ 8 厘米。烟囱位于房址北缘中部外侧 2 米处，其基础由大砾石、板石构成。在清理烟囱基址时，出土了一些黏土壁体残块，其表面留存有木材、织物痕迹，推测当时以木材加固烟囱。烟囱长 3.4、宽 3.2、墙体宽 0.6 ~ 0.9 米。在烟囱基址中部，发现一处柱洞，深 10 ~ 12、直径 26 厘米。该房址的烟囱与其他房址有所不同，其四角均置一块础石。烟囱中部有一条南向延伸、散石筑成的细长形石列，用以支撑盖板石。筑成石列的散石之间以黏土增加黏合力，石列外部发现火烧黏土层。

4 号房址　西距 3 号房址 1.5 ~ 2 米。该房址居于 7 座房址中间位置、规模最大，推测其为 I 号基址的最主要建筑。其南北向长 13.4、东西向宽 12 米，面积 139 平方米（图五）。房址南缘中部辟门，宽 2 ~ 2.1 米。门址处铺设扁平的板石，石列长 1.8、宽 0.2 ~ 0.25 米。房址的西缘、东缘和北缘墙体以圆形河卵石、自然石块砌筑基础，保存较完整。房址内部发现黏土质墙面残块，其内面涂抹白色物质、留有较细的圆木痕迹。该房址外缘墙体所见柱础石，西壁 6、东壁 7 块。火炕长 19.5、宽 1.4 ~ 1.6、深 0.15 ~ 0.2 米。火炕南端东西两侧各有 1 处灶址，平面呈椭圆形，直径 0.7 ~ 0.9、深 0.3 ~ 0.4 米。与其相连的 2 条烟道，宽 0.18 ~ 0.4 米。覆盖烟道的盖板石，大部分已遗失。烟囱位于房址北缘中部的外侧，两者相距 1.5 米处。烟囱平面近方形，以大型石块、河卵石砌筑，长 3.35、宽 3.25 米。烟囱内部有一柱洞，直径约 0.22 米。

5 号房址　西距 4 号房址 1.2 ~ 1.3 米。其南北向长约 13、东西向宽约 11.5 米，面积 131.3 平方米。房址南缘中部辟门，宽 2.5 米。房址的外缘墙体，东、西壁原本构筑 6 块础石，现均留存 5 块。石砌墙壁的基础部分，剖面为梯形，石块之间以黏土、沙土黏合。火炕长 18.4、宽 1.5 ~ 1.8、残高 0.15 ~ 0.2 米，面积 33 平方米。火炕南端东

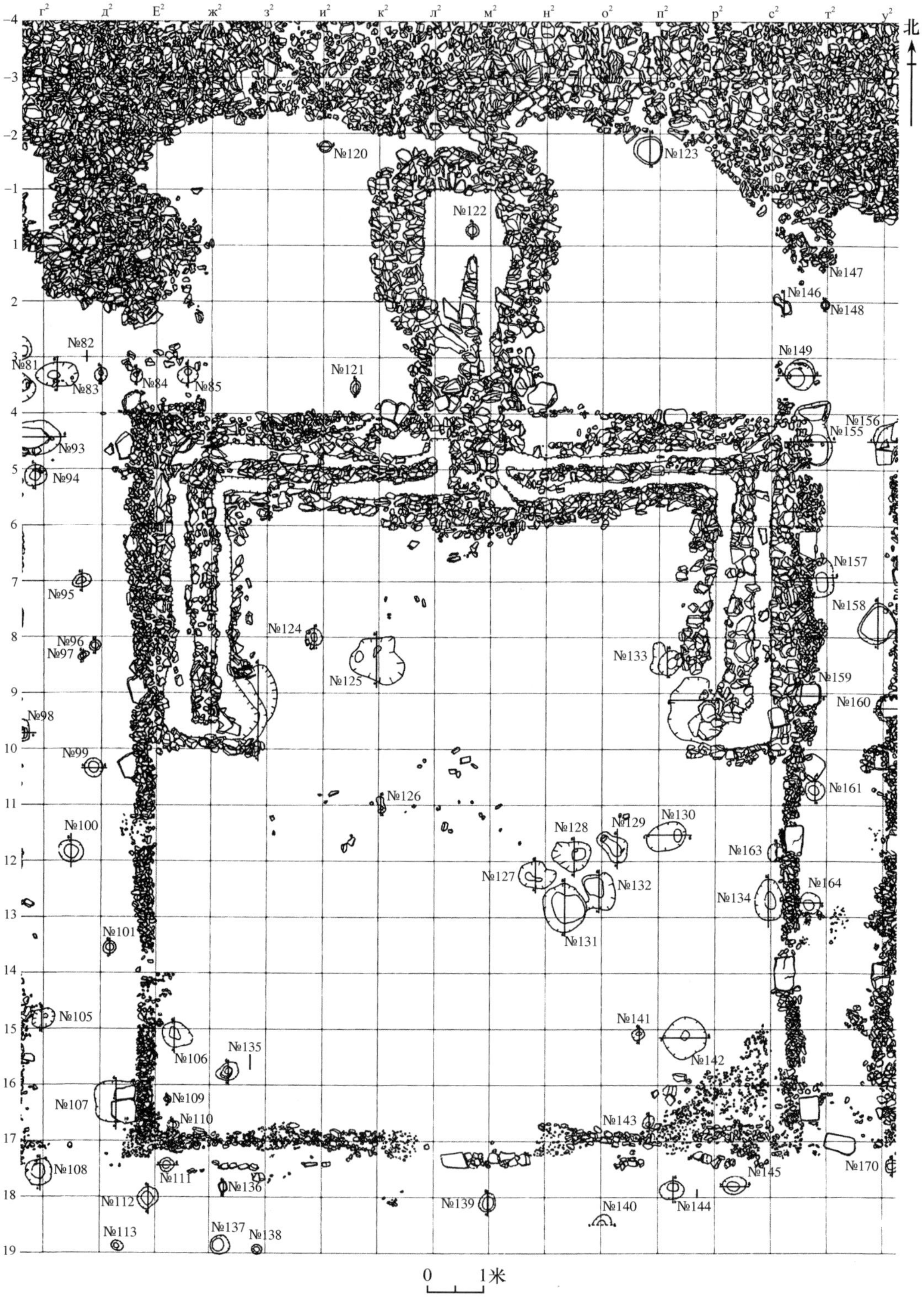

图五　4号房址平面图（引自报告）

西两侧各有1个灶址，平面呈圆形，其内部均发现有烧土及其他遗物。东侧灶址直径0.82、深0.28、西侧直径1.25、深0.43米。西侧炕体保存较好，东侧炕体南端收到严重破坏，烟道宽0.2～0.5米。火炕北部遗留花岗岩或砂岩质的烟道盖板石，厚5～8厘米。烟囱位于房址北缘中部的外侧，两者相距2.2米。其平面呈方形，由大型河卵石、石块构成，长3.3、宽3.2、墙体宽0.55～0.98米。烟囱基址内部，清理出一个长1.5、宽1.3、深0.16米的长方形凹坑，凹坑的北壁砌以小型砾石。凹坑底部有一柱洞，柱洞直径约0.16米。

6号房址　西距5号房址0.6～1.2米。其南北向长约12.7、东西向宽约10.4米，面积110.4平方米。房址南缘墙体中部辟有门址，宽2.1米。房址的东西外垣墙体原本构筑有6块础石，西壁残存5块。石砌墙壁基础，石块之间以黏土、沙土黏合。火炕长17、宽1.5～1.7、残高0.1～0.2米，面积30平方米。火炕南端东西两侧各有1个灶址，东侧灶址平面呈圆形，直径0.82、深0.2米，西侧灶址平面呈长方形，边长1.1、深0.26米。烟道宽0.25～0.4米，其盖板石大部遗失。烟囱位于房址北缘中部的外侧，两者相距2.1米。其平面呈方形，以砾石、山石筑成，长3.7、宽3.5米，墙体宽0.85～1.1、残高0.25米。烟囱内部有一凹坑，深0.11～0.14米。

7号房址　位于Ⅰ号基址院落的东北角，西距6号房址0.5～0.9米，东距院落东墙15米。其南北向长约11.5、东西向宽约9.4米，面积87平方米。房址南缘墙体中部辟有门址，宽2米。房址西缘墙体残存5块础石（原报告记述6块础石，经笔者重新确认，应为5块），东壁发现7块础石（原报告记述8块础石，经笔者重新确认，应为7块）。墙体基础以石块砌筑，石块之间以黏土、沙土黏合。火炕长14、宽1.3～1.8、残高0.15～0.2米，面积23平方米。火炕南端东西两侧各有1个灶址，东侧灶址平面呈圆形，内部发现烧土，直径0.89、深0.39米，西侧灶址平面呈圆形，保存较好，直径0.56、深0.26～0.3米。需要指出的是，在7座房址中，仅该房址保存灶址的门楣石、灶口石。其东侧火炕的烟道已经部分缺失，烟道宽0.2～0.3米。烟囱位于房址北缘中部的外侧，两者相距1.5米。其平面近方形，但北部受损严重。长3.2、宽3、墙体宽0.4～0.85、残高0.2米。

三

在发掘过程中，Ⅰ号基址出土陶器、釉陶器、瓷器、石器、金属器（铁器、青铜器）等遗物标本221件。其中，完整、可复原陶器169件；瓷器标本均为残片，主要见于2、4、7号房址，仅4号房址出土了1件可复原器形的瓷器标本。

陶器

罐　根据质地不同，可分为九型。

A型　灰褐色夹砂或泥质陶，扁球形腹身。主要见于1、6号房址，出自3、4号房址之间的标本，残高 13.3、口径 11.4、底径 10.8、壁厚 0.6 厘米（图六，1）。

B 型　黄褐色泥质陶，球形腹身，口径与最大腹径基本相同。器内腹壁有指压纹修整痕迹。主要见于 1、4、5、6 号房址，出自 6 号房址的标本，器高 15、口径 16.6、底径 11、壁厚 0.6 ~ 0.9 厘米（图六，2）。

C 型　浅红褐色夹砂陶，扁球形腹身，口径与最大腹径基本相同。主要见于 1、3 号房址，出自 3 号房址的标本，器高 4.4、口径 10.8、底径 6.6、壁厚 0.3 ~ 0.9 厘米（图六，3）。

D 型　黑褐色夹砂陶，腹部为球形，口径比最大腹径小。器表和口沿内壁经磨光处理。主要见于 1 号房址，出自该房址的标本，器高 7、口径 8.8、底径 6.4、壁厚 0.5 ~ 0.8 厘米（图六，4）。

E 型　浅红褐色泥质陶，扁球形腹身，口径小于最大腹径。主要见于 5 号房址，出自该房址的标本，器高 25.8、口径 12.4、底径 11.8、壁厚 0.6 ~ 0.8 厘米（图六，5）。

F 型　黄褐色泥质陶，球形腹身，口径与最大腹径基本一致，与 B 型罐相比器形较大。器表有横向磨光处理痕迹，其口沿内壁、器底有指压纹修整痕迹。主要见于 1 号房址，出自该房址的标本，器高 26.6、口径 23、底径 15.6、壁厚 0.7 厘米（图六，6）。

G 型　红褐色泥质陶，敛口，球形腹身。器表经磨光处理、光泽明显，器身内壁有修整痕迹。3 件标本均出自 1 号房址，其中，1 件个体，器高 15.8、口径 8.1、底径 9.5、壁厚 0.7 厘米（图六，7）。

H 型　黄褐色夹砂陶，扁球形腹身，腹部附有横向对称的扁带状耳，口径与最大腹径接近。器表可见带状的磨光处理痕迹。主要见于 1、5 号房址，出自 1 号房址的标本，器高 13.7、口径 19.7、底径 11.4、壁厚 0.6 ~ 0.8，器耳长 1.4 厘米（图六，8）。

I 型　浅灰褐色泥质陶，球形腹身，腹部附有对称的横桥状耳。器底内壁有指压纹修整痕迹。主要见于 2、7 号房址，出自 2 号房址的标本，器高 15.8、口径 17.8、底径 11.3、壁厚 0.6 ~ 1.1、器耳长 1.8 厘米（图六，9）。

壶　根据口部不同，可分为二型。

A 型　浅红褐色泥质陶，侈口，长颈。口部至腹身内壁留有指压纹痕迹。此型器物总计出土了 17 件个体标本，其中 15 件出土于 3、4 号房址之间。出自 3、4 号房址之间的标本，残高 57.8、口径 21、底径 21.6、壁厚 1.0 ~ 1.2 厘米（图六，10）。

B 型　浅红褐色泥质陶，盘口，长颈，器身内壁留存有较多指压纹。此型器物仅见于 3 号房址，器高 29.7、（推测）口径 10.7、（推测）底径 11.8、壁厚 0.5 ~ 0.8 厘米（图六，11）。

甑　浅红褐色泥质陶，侈口，最大腹径位于器身上部，腹部附有对称的横桥状耳。主要见于 6、7 号房址，出自 3、4 号房址之间的标本，器高 32.8、口径 43、底径 31.4、壁厚 0.7 ~ 1.3 厘米（图六，12）。

瓮　浅红褐色泥质陶，侈口，最大腹径位于器身上部，器身内外壁均经磨光处理，但腹身内壁留存有指压纹痕迹。完整器出自 7 号房址，器高 64、口径 33、底径 25、壁

图六 Ⅰ号建筑基址出土陶器、瓷器

1. A型罐 2. B型罐 3. C型罐 4. D型罐 5. E型罐 6. F型罐 7. G型罐 8. H型罐 9. I型罐 10. A型壶 11. B型壶 12. 甑 13. 瓮 14. A型器座 15. 青瓷瓜形注子 16. B型器座

厚0.6～1.3厘米（图六，13）。

器座　依据质地不同，可分为二型。

A型　浅红褐色夹砂陶。腹部留存横向磨光处理痕迹。此型器物出自3、4号房址之间，器高51.7、（推测）口径20.6、底径33、壁厚0.8～1.4厘米（图六，14）。

B型　浅红褐色泥质陶，此型器物出自3、4号房址之间，残高60.7、底径37.8、壁厚0.7～1.7厘米（图六，16）。

瓷器

青瓷瓜形注子　青瓷，直口，最大腹径再器物的中下部，瓜棱形腹部，平底。除了口沿和腹部联结部，大部分流失。出自4号房址，器高10.3、口径6.6、底径6.8、器厚0.4～1.0、把手厚度0.6厘米（图六，15）。

四

第一，关于科克沙罗夫卡1号城址出土的遗物，俄韩学者得出以下学术认知。

（1）Ⅰ号建筑基址出土的陶器，有别于其他渤海遗存，未发现靺鞨系陶器。基于此，宋基豪认为，被称之为“首领”的地方土著势力并没有参与城址营建[8]。

（2）Ⅰ号建筑基址出土的器座颇为引人注目，类似的遗物曾见于克拉斯基诺城址，属于滨海边疆区独特的文化因素。

（3）除1号房址的烟道里出土了几块瓦片，Ⅰ号建筑基址未发现瓦作建筑构件。表明7座房址可能均为木质屋顶。

（4）4号房址出土了1件越窑产青瓷瓜形注子，Е. И. 格尔曼认为，该器物出现在科克沙罗夫卡城址，缘于文化或贸易交流。同时，该器物也是推断城址年代的实证线索之一。

第二，关于科克沙罗夫卡1号城址的性质，俄韩学术界形成以下学术判断。

（1）关于Ⅰ号基址的性质，根据其在城址中所处的地理位置，结合其自身建筑格局、出土遗物方面的信息数据，发掘者认为，存在统治阶层住所、行政设施、礼仪建筑、军营等四种可能。基于7座房址的布局、规模，韩国学者宋基豪认为，该建筑基址遵循了同堂同室昭穆制的形式，其为宗庙的可能性最大[9]。尹亨准则认为，由于有火炕设施，具有炊事功能，不适宜将Ⅰ号基址解读为严肃的礼仪空间[10]。

（2）作为滨海边疆区境内最北端的渤海城址，该城址连同马里亚诺夫卡城址、奥克拉因卡城址，是被称之为海东盛国的渤海国扩张领土的直接证据。

（3）基于城址所处的地理位置及其遗存特点，推测该城址可能为渤海国安边府治所故址。

注　释

[1] 대한민국 문화재청 국립문화재연구소·러시아과학원 극동지부 역사학고고학민속학연구소. *연해주 콕샤로프카-1 평지성 I* [M]. ГОРОДИЩЕ КОКШАРОВКА-1 В ПРИМОРЬЕ: ИТОГИ РАСКОПОК РОССИЙСКО-КОРЕЙСКОЙ ЭКСПЕДИЦИИ В 2008–2011, ГОДАХ, 2012.

[2] Буссе, Ф. Ф., Крапоткин, Л. А. Остатки Древностей в Амурском крае [J]. *Записки Общества изучения Амурскогокрая*, 1908 (12): 1–66.

[3] Окладников, А. П. *Археологические исследования на Дальнем Востоке в1953* г [Z]. Архив ИА РАН. Р-1, No. 830.

[4] Галактионов, О. С. *Отчет об археологиуческой разведке в Приморском крае в 1983* г [Z]. Архив ИА РАН. Р-1, No.10177.

[5] Шумкова, А. Л. *Отчет о разведочных археологических работах в Ольгинском и Чугуевском районах Приморского края в 2003* г [Z]. Архив ИИАЭ ДВО РАН. Ф.1, оп.2, д. 545.

[6] 同 [1].

[7] 同 [1].

[8] 宋基豪. 渤海建筑史研究动向与科克沙罗夫卡1号城址建筑的性质 [J]. 建筑历史研究，2012（21–1）.

[9] 同 [8]：128.

[10] 尹亨准. 滨海边疆区科克沙罗夫卡遗迹发掘的成果 [A]. 韩国史里的渤海历史与其位相 [C]. 东北亚历史财团·汉城百济博物馆，2014：49–69.

Archaeological Discovery and Research of the Koksharovka Site

KIM Ji-hyun　SONG Yu-bin

A Joint Excavation Team of National Research Institute of Cultural Heritage, Cultural Heritage Administration in Korea, and Institute of History, Archaeology and Ethnography of the Peoples of the Far East of the Russian Academy of Science conducted excavations of the Koksharovka Site in eight times from 2008 to 2011.

The site is located in the area where is 3km away from Koksharovka village northeastwardly and 2km away from the Ussuri River. The wall is 1.6km long and 4-6m high with the north and south gates which are protected by the curved walls.

The excavations were carried out in the north of center of fortress. Stone fence, which is

92m long in an E-W axis and 70m long in a N-S axis, encircles the building lots filled by sandy clay layers for protecting the inner building structures. The foundation of north gate, which is 3m wide, was identified on the northeast corner of stone fence.

Excavation of the building feature cluster in northern part revealed seven largescale building features with partial subfloor heating system, and features for production, such as cooking, storing goods and manufacturing goods, which are estimated to the auxiliary facilities for building features. The dimension and inner facilities and administrative offices of An-byeon province were located.

基于新材料的学术思考*

——田村晃一开展的渤海都城、墓葬研究

姜成山　马　龙

（延边大学人文社会科学学院，延吉，133002）

19世纪末20世纪初，由于特殊的时代背景，日本学界主导了我国境内渤海遗存的田野考古工作。其中，日本东亚考古学会出版的《东京城》[1]堪称肇始期渤海考古的标识性成果[2]。基于此期学术积淀而形成的学术传承，日本学界的渤海史、渤海考古研究持续至今。自20世纪90年代伊始，田村晃一成为日本学界渤海考古研究的领军人物。本文旨在介绍田村晃一根据我国渤海考古新发现所开展的都城、墓葬研究，借此拓展我国学界渤海考古研究的学术视野。

一

20世纪80年代，通过整理三上次男的遗稿《高句丽与渤海》[3]，同时，以日本北方欧亚学会介入俄罗斯境内渤海遗存调查为契机[4]，田村晃一开启了其渤海考古学研究的学术之旅。此前，田村晃一曾经从事过鄂霍次克海沿岸遗存、朝鲜半岛史前遗存以及乐浪遗存、高句丽遗存的考古学研究，上述经历使其得以开阔的学术视野审视渤海文化，这也是田村晃一成为日本渤海考古学术带头人的原因所在。

2005年，在其主编的《东亚的都城与渤海》一书的“序文”中[5]，田村晃一讲述了其开展渤海文化研究试图解决的学术问题：

> 渤海族群的基本构成，建国都城东牟山的所在，第二都城显州治于何处，五京制度确立的时间，如何解读渤海上京城威严的城市建置，何为渤海文化的实质性内涵，渤海生计方式是狩猎采集？还是游牧？亦是农耕为本？等等。

根据上述课题方向，田村晃一确立了自己的治学理念：

* 本文系国家社科基金2016年度重大课题项目“东北亚视野下的渤海遗存研究”（16ZDA149）的阶段性研究成果。

在文献史料中，上述问题均无从寻求答案。鉴于此，相关问题的学术解读只能寄希望于认真梳理考古调查数据，以便于获取正确的答案。

1995年，在新潟大学召开的“环日本海历史文化研讨会”上，田村晃一发表了第一篇渤海考古学论文[6]。通过论证渤海都城建置，基于评述三上次男、李殿福开展的渤海瓦当研究，田村晃一对渤海国、渤海考古的学术定位是：渤海国是深受唐文化影响的东夷多族群国家，渤海考古学是东夷考古学的组成部分。其后，通过四篇渤海瓦当专题论文[7]，田村晃一讨论了渤海都城的营建时序问题。在第1篇论文中，基于中国发表的渤海莲纹瓦当标本，提出了7瓣“倒心形”花瓣莲纹瓦当早于6瓣“倒心形”花瓣莲纹瓦当的学术主张[8]。在第2篇论文中，根据东亚考古学会[9]、中国社会科学院考古研究所[10]公布的渤海上京城出土的瓦当标本，探讨了各型瓦当所依附的建筑址的构筑时间问题[11]。在第3[12]、4篇[13]论文中，通过整理东京大学收藏的日本东亚学会发掘渤海上京城出土的瓦当，细化、完善了其所构建的渤海瓦当类型学序列。基于上述系列研究，田村晃一的核心主张是，西古城的始建年代晚于渤海上京城，其为文献记载的渤海中京显德府故址，与“天宝中王所都”的显州无关。

田村晃一以瓦当为学术切入点开展的渤海都城营建时序研究，突破了以往基于历史地理学、城市建置考证而进行的渤海都城研究的视野、视角、方法局限，其学术见解受到国际学界的普遍关注[14]。

田村晃一所开展的渤海墓葬研究，重点关注渤海王室、贵族墓葬的族属问题。2005年，田村晃一首次阐述了其有关渤海墓葬研究的学术主张[15]。2011年，通过《贞惠公主墓和贞孝公主墓之所指》一文，田村晃一指出，应该借助考古学材料解决渤海统治阶层的族属问题，倡导“无文字之处，墓葬叙述历史”[16]。

首先，田村晃一评述了学术界已经开展的渤海墓葬研究：

以往所开展的渤海墓葬研究，缺少对王室、贵族等统治阶层的讨论。这不仅是由于可资利用的资料较少，更在于没有触及问题的本质，没有把王陵、贵族墓的族群性放诸渤海史中加以思考。本文重点探求墓葬所反映的族属信息，借此寻找解决渤海统治阶层族属问题的线索。

通过该文，田村晃一对中国学术界开展的贞孝公主墓志研究提出了批评，认为相关研究仅仅专注于唐文化因素影响的解读。同时，直言难以苟同韩国学者宋基豪倡导的“渤海的墓葬等级越高，高句丽因素就越显著”的学术主张。

其次，关于墓葬的族属，田村晃一认为：

在《东京城》报告书中，东亚考古学会的学者虽然没有正面讨论族群性问题，但其有关三陵屯石室墓与勿吉风俗相关的论点，则是讨论渤海统治阶层墓葬族属问题的发端。

田村晃一认为："三陵屯石室墓上础石与勿吉、靺鞨的风俗有关。"朝鲜学者朱荣宪将六顶山墓地部分封土墓上的础石和瓦与高句丽积石墓上的瓦联系起来，用以证明高句丽、渤海的继承关系。对此，田村晃一指出：

> 高句丽积石墓出土的瓦，即使可以理解为墓葬封土上建有房屋，并修葺瓦件，但此类高句丽遗存多发现于集安，且以3～4世纪的墓葬居多。5世纪高句丽迁都平壤后，此类墓逐渐减少，到了高句丽末期，该风俗已被废弃。

至于六顶山墓地出土的乳钉纹、十字纹瓦当，他认为：

> 该瓦当足以证明高句丽文化对渤海影响至深，然而，因为瓦当纹饰具有高句丽风格，就说"冢上作屋"的行为具有高句丽传统，其论调难以成立。

田村晃一注意到，除了高句丽墓葬，"藻井结构墓室"仅见于山东沂南画像石墓[17]。在他看来："抹角叠涩藻井是高句丽人的族徽。"

最后，根据贞惠、贞孝公主墓志，同时，结合贞孝公主墓所见棺床扩建迹象，田村形成以下认识：

> 两位公主的墓葬，原本是为了埋葬其各自的丈夫而建。两座墓葬结构上的差异，与其说是构筑时间不同，不如说是其各自丈夫族属有别。笔者主张，埋入筑有抹角叠涩藻井墓葬的贞惠公主丈夫，应是高句丽族[18]。

二

《西古城》[19]《渤海上京城》[20]《六顶山渤海墓葬》[21]出版后，根据全新的考古发现，围绕渤海都城、墓葬问题，田村晃一进行了全新的学术思考[22]。

（一）田村晃一关于渤海都城的新认知

根据《西古城》《渤海上京城》公布的新资料，同时，针对宋玉彬《渤海都城故址研究》[23]所阐述的学术主张，2013年通过《近期关于渤海都城研究的动向与课题》一文，田村晃一完成了其学术生涯中有关渤海都城问题的最后思考[24]。

1. 对《西古城》的评述

田村晃一认同该报告书提出的西古城既不见早于渤海时期的文化堆积、东丹国以后也没有继续加以利用的学术主张。基于该主张，他表示，可以否定鸟山喜一关于该城址叠压着更早时期遗存的主观性判断。

对于《西古城》作为学术推想而提出的——西古城城址既是“天宝中王所都的显州”故址、也是中京显德府治所故址的学术认知，田村晃一认为，学术推想的表述方式表明，报告编写者对其学术主张缺少学术自信。同时，他进一步指出：

为了确认报告书作者所说的学术推想，就必须证明西古城始建于天宝以前或天宝初期的大钦茂时代，但通读报告并无与此相关的具体、直接证据。营建西古城，应该与762年第三代王大钦茂加封渤海国王有关，与五京制度无关。

2. 对《渤海上京城》的评述

对于《渤海上京城》公布的基础性信息，田村晃一提出了以下问题。

首先，问题围绕3号宫殿址而展开：

> 最值得关注的是3号宫殿的重建问题。该台基曾遭受扰沟破坏，利用该扰沟解剖了台基，结果发现台基可分为上下两层，上层台基大于下层台基。报告据此认为3号宫殿存在重建过程，这是我所无法理解的问题。

至于3号宫殿址的营建过程，田村晃一对《渤海上京城》前后不一的表述方式感到困惑：“在报告的3号宫殿章节中，没有明确指出重建的时间”，但在报告结语中说“与迁都东京有关”。此外，令他不解的是：

> 上京遗址发掘报告提出了一个让人意想不到的迁都理由——迁都是为了重建3号宫殿。然而，存在的问题是，有没有3号宫殿再建时间的直接证据？至少报告中没有提及。迁都，如此重要的事情应该不会如此简单吧。难道仅仅因为重建宫殿便会迁都吗，为何不迁往已经存在的中京呢？

其次，在渤海上京城中央大街是否存在排水设施问题上，他的疑问是：

> 对外城中央大街的调查，与中朝调查团的考察结果一样，中央大街宽110米。不过，据报告，此次调查没有发现道路两侧的排水设施。另外，路面中部高两边低以便于排水。但是存在两侧没有排水设施的道路吗？作为上京城最主要的道路，中央大街的两侧建有一些寺院，如果没有侧沟的话，

如此幅宽的道路实属罕见。并且，东京城（指上京城）宫城的横向道路，则存在排水设施。

最后，在渤海上京城出土瓦当年代学考察问题上，田村晃一指出：

上京城出土的瓦当，其典型纹样图案是倒心形莲瓣，主要分为7瓣、6瓣、5瓣莲纹。此外，还存在少量的宝相纹、对向花纹以及瓣数更多的纹样。我曾对莲纹瓦当进行过类型学分析，认为7瓣、6瓣莲纹瓦当中莲肉较厚的纹样最早，同样是6瓣莲纹，莲肉呈钮状且间饰以十字纹的纹样较晚。然而，《渤海上京城》报告的结语认为，7瓣莲纹是最晚阶段纹样。其理由是，7瓣莲纹未见于西古城、八连城。我认为7瓣莲纹较早的原因，也是基于另外两城未曾发现，思考方式完全不同。甚至，《渤海上京城》的结语最后指出，迄今为止发现的上京城遗迹、遗物形成于794年再次迁都上京城之后。我只能认为，这种看法是对类型学的无视或者说是完全没有理解类型学。

3. 对《渤海都城故址研究》的质疑

首先，田村晃一认同该文对文献中有关渤海都城信息的学术解读，赞同作者关于渤海都城、渤海五京在城市建置方面存在差异的学术主张，同意作者所界定的辨识渤海都城的三个标准。

其次，针对该文所开展的渤海都城研究，提出了以下学术质疑。

（1）如何界定西古城的始建年代。

作为显州而存在的西古城需要一个证明这种猜测的前提，即西古城的始建年代不仅应早于上京城故址，而且必须是在天宝之前或是天宝初年。

（2）如何解读六顶山、西古城出土瓦当的差异性问题。

我认同六顶山、西古城出土的瓦存在差异，并且这种差异属于时间上的早晚关系，但仅仅依此并不能明确西古城的始建年代。六顶山墓地第一墓区墓葬的年代下限、渤海早期遗存的年代下限均尚未确定。我们最应该开展的是渤海上京城与宋玉彬所认为的显州故址西古城出土遗物的类比研究。在本文中，我已介绍渤海都城出土的莲纹瓦当的型式学研究结果。东京城（渤海上京城）出土的莲纹瓦当中，最古老的7瓣莲纹瓦当未见于西古城，而我所判定的其后阶段的瓦当则存在于西古城。基于此，得出了西古城晚于东京城的结论。然而，以单纯的类型学研究不被中国学者认同为由，宋玉彬未予采纳。借助其他方法，确定了他的上京城、西古城的相对年代。

（3）如何开展西古城、渤海上京城瓦当的比较研究。

宋玉彬认为：在遗物方面，两城（上京城和西古城）差别明显。首先是瓦当的纹饰，他列举了很多不同点。我也认同这些不同点，但问题在于，如何理解这些不同点。宋说西古城的瓦当纹样相对简单，东京城的瓦当纹样趋于烦琐。我认为，这种想法只是看到了表面现象。我所进行的类型学研究得出的结论是，东京城瓦当的莲纹，其最初阶段形制非常规范，（其后）逐渐有所变化，后期已经似是而非。日本瓦当纹样的最初阶段都是非常工整，其后也经历了逐渐变化的过程。高句丽的兽面纹瓦当也是如此。因此，认为东京城莲纹瓦当纹样趋于烦琐的评价并不妥当。

（4）如何开展渤海鸱尾的年代学考察。

关于鸱尾。西古城1号宫殿出土的鸱尾，其鳍身部位的半球体纹样的外缘没有环绕连珠纹。宋玉彬认为该鸱尾造型简单更具原始性，东京城（渤海上京城）具有连珠纹装饰的鸱尾则趋于复杂。认为装饰简单的东西比较原始、装饰复杂的相对较晚，这是中国学者经常使用的方法，由此得出西古城较早、东京城较晚。的确存在这样的情况，多钮细文镜就是具体例证。但无论是内行花文镜还是方格规矩四神镜，均是从工整慢慢趋向于混乱。在鸱尾的早晚问题上，我与宋玉彬的看法相反。

最后，田村晃一阐释了自己有关渤海瓦当、西古城性质以及渤海都城问题的学术主张。

（1）关于渤海莲纹瓦当缘起。

737年，大钦茂继其父位成为渤海郡王，都城位于显州，不是中京显德府。其即位第二年就派遣使臣答谢册封，并求取唐礼、三国志等。同时，依据全新的理念营建了新的都城——龙泉府。新都城未遵循其父时都城的简陋格局，而是仿效长安城，采用蕴含中国文化传统的格局加以构建，属于全新的都城模式。另外，大钦茂笃信佛教，（龙泉府）装饰宫殿房檐的瓦当采用与佛教有关的莲花纹样，甚至精心设计出渤海独有的倒心形双瓣莲花纹饰。

（2）关于渤海上京城的建置。

最初的宫殿规划，大概营建了2、3、4、5号等四座宫殿。其中，2号宫殿是中心宫殿，作为处理日常内政外交事务的场所。另外，节庆、祭祀等大典之时，百官与使节会在2号宫殿前接受王的接见、宣读贺词。其后不久，便在2号宫殿前着手营建了更加庄严的1号宫殿。1号宫殿用于接待外国使节，作为小中华向外邦展示本国的威仪。1号、2号宫殿是负责国家内政外交的场所，3～5号宫殿是王室的内廷。在这些宫殿周围建有挟城或隔墙，城门、官衙等设施，内城中多数建筑的全面建成，大概需要10年以上的时间。迁都龙泉府是在大钦茂即位18年之后的事情，即使如此，内城也没有完全竣工。当然，外城、道路以及各个寺院均是相继建成，但外郭城城垣没有完工，可以证明这种情况的是，外郭城城门址出土的早期形制的莲花瓦当数量很少。

（3）关于西古城的始建年代。

迁都龙泉府6年后也就是762年，大钦茂晋封为渤海国王。大概是在这一时期，内城建设竣工。我认为大钦茂以晋封为契机，在西古城新建副都也就是离宫，并取名显德府。

龙泉府内城建设一结束便实施西古城建设，该城完工于775～780年，即迁都上京20年之后。

（4）关于西古城的性质。

西古城的性质，我认为是应王族一时需要而营建的副都、离宫。其中，一个重要的目的就是作为祭祀王族墓葬的场所，因此才用了显德府这个称谓。据此，可以进一步推断，上京、中京的称呼也开始出现，但这与包含东西南北方位的五京有所不同。

（二）田村关于渤海墓葬的新认知

通过研读2012年出版的《六顶山渤海墓葬》报告书[25]，2014年，田村晃一发表了《渤海的王陵、贵族墓葬论（二）——〈六顶山渤海墓葬〉读后》[26]一文，进一步完善了其对渤海王陵、贵族墓葬的学术思考。

该文分为8个部分。第一部分，简要回顾了2011年发表的《贞惠公主墓和贞孝公主墓之所指》一文的主要观点；第二至第七部分，介绍了六顶山新报告书公布的——六顶山墓地发掘简史；墓葬形制分类；与王陵和贵族墓有关的墓葬；石台遗构；出土遗物；结论等内容。第八部分，是其对报告书开展的墓葬年代学考察的评述。下文重点介绍田村晃一对《六顶山渤海墓葬》报告书提出的质疑及其自身的学术主张。

1. 关于ⅠM3 墓葬形制的界定

《六顶山渤海墓葬》将ⅠM3 界定为“土坑墓”，对此，田村晃一的解读是：

首先，修筑东西、南北边长各 11～12、高 1 米左右的平整土台（这里需要注意的是，该墓地其他封土包石墓的边长均在 4～5 米以下，相比之下，ⅠM3 的规格明显偏大）。为了防止土台流失，在土台周缘用大小不一的石块构筑包壁。其西、南侧较低的坡面处，构筑了 5～6 层石壁，较高的北、东侧垫有 2～3 层石壁。此外，北侧立有 16 块条石。南侧石墙中间塌毁严重。应是早年发掘所致。土台上部原为平面，故可推断南侧石墙高 1.5～2 米。报告书将土台内部填土称为封土，周围石墙称为包石。以笔者之见，称之为台基更为适宜。

该台基南侧设有进深约 1.5 米的石块铺设的遗构，应是类似祭坛的设施。墓葬台基的中部，在深 1.5～1.8 米处存在四个埋葬主体。这些埋葬主体中，中坑与东坑可能是夫妻同时入葬。西坑可能先于前二者入葬，过去清理发现的 4～6 具人骨可能是后来附葬。

该台基之上营建有瓦构建筑。从残留的础石判断，该建筑由内室与回廊构成，内室平面为边长 4.8 米左右的方形，内室周围似绕有宽 2.5 米左右的回廊。此外，根据础石坐落在白灰地面之上的迹象判断，应是首先构筑白灰地面，其后，置础、立柱、葺瓦。清理时，另见涂以白灰的墙面残块，其中包括涂有红、黑彩的白灰块。据此可知，该建筑绘有简单的壁画。该建筑屋顶葺瓦，尤以西侧散布面积较大，可知建筑倒塌方向为西侧。

结合上述认知，田村晃一对该墓的形制界定是：

除了ⅠM3，在渤海王陵、贵族墓中未曾见过同类墓葬，推测该墓是年代偏晚的河南屯古墓、龙海 13～14 号墓等王陵、贵族墓葬的雏形。

2. 关于ⅠM2（贞惠公主墓）的始建年代

结合 2011 年发表的论文，田村晃一对ⅠM2 的始建年代做出如下判断：

本文需要进一步指出的是，将贞惠公主入葬的780年作为ⅠM2的始建年代，这是一个明确的错误。但如何界定该墓的始建年代，显然是一个比较困难的问题。根据墓志记述的贞惠公主因幼子夭折、丈夫早逝而独守空闺，并于40岁去世的信息，该墓始建年代应该比贞惠公主去世的777年早10～15年，应该是765年左右。

3. 关于六顶山墓地石室墓的演变、六顶山墓地的年代学考察

《六顶山渤海墓葬》报告书认为，大体上，渤海的石室墓存在由地上式形制向半地下式直至地下式形制演变的倾向，其在界定ⅠM2、ⅠM8、ⅠM9同属半地上式形制的同时，断定ⅠM8、ⅠM9要比ⅠM2时期上较晚，认为其建造为8世纪末或9世纪初。

田村晃一不仅不认同上述主张，对六顶山墓地的年代下限也提出了不同见解：

笔者认为，将ⅠM2与ⅠM8、ⅠM9同等对待存在问题。即，ⅠM2与高句丽系墓葬有关，ⅠM8、ⅠM9则属于石墙石室墓系列的墓葬。如此想来，ⅠM8、ⅠM9与ⅠM7年代相当。总之，笔者想说的是，六顶山墓地第一墓区南半部墓葬的年代下限，应该控制在775～800年。

关于六顶山墓地的始建年代，田村晃一认为：

六顶山墓地的始建年代，可以追溯至以敦化盆地为根据地建立震国的668年。甚至，认为更早一些也未尝不可。考虑到乞乞仲象因素，存在该墓地第二墓区墓葬比第一墓区南半部墓葬更早营建的可能性。将始建年代界定为7世纪末的想法，应该没有大问题。简而言之，可以将六顶山墓地的年代界定在7世纪末至8世纪下半期之间，时间跨度为60～70年。

三

渤海文化研究属于国际性学术课题，这一课题属性需要我们拥有国际化的学术视野，按照国际标准开展学术研究，构建国际学术界认可的话语体系。本文向我国学术界介绍田村晃一开展渤海都城、墓葬研究的学术思考，要旨有二：

第一，田村晃一对我国渤海遗存考古报告提出的质疑，有助于我们完善基础性信息的表述。

第二，田村晃一围绕渤海都城、墓葬问题所开展的学术思考、所倡导的学术主张，本着“仁者见仁、智者见智”的治学原则，理应为我国学术界所洞察、掌握。

注　释

［1］〔日〕東亞考古学会. 東京城——渤海國上京龍泉府の発掘調査［M］. 東方考古学叢刊甲種第五冊，1939.

［2］王培新，卢成敢. 渤海上京城考古研究学术史回顾［J］. 社会科学战线，2017（2）.

［3］〔日〕田村晃一. 東アジアの都城と渤海［M］. 財団法人東洋文庫，2005：188.

［4］〔日〕田村晃一. 序文. クラスキノ—ロシア・クラスキノ村における一古城跡の発掘調査［M］. 2011.

［5］同［4］.

［6］〔日〕田村晃一. 北東アジア考古学における渤海の位置づけ［J］. 環日本海論叢，1995（8）.

［7］a.〔日〕田村晃一. 关于渤海瓦当花纹的若干考察［J］. 青山史学第19号，2001. 李云铎译. 历史与考古信息·东北亚，2003（1）.

b.〔日〕田村晃一. 关于渤海瓦当的再考察［J］. 早稻田大学大学院文学研究科纪要第47辑第四分册，2002. 何恭倨译. 历史与考古信息·东北亚，2003（2）.

c.〔日〕田村晃一. 关于渤海上京龙泉府址——东京城出土的瓦当［J］. 渤海都城的考古学研究，平成14、15年度科学研究经费补助金［基础研究（C）］. 郝海波译. 历史与考古信息·东北亚，2007（1）.

d.〔日〕田村晃一. 上京龙泉府出土莲花纹瓦当的研究［J］. 东亚的都城与渤海，2005. 唐森译. 东北亚考古资料译文集（7），北方文物杂志社，2007.

［8］同［7］a.

［9］同［1］.

［10］中国社会科学院考古研究所. 六顶山与渤海镇——唐代渤海国的贵族墓地与都城遗址［M］. 北京：中国大百科全书出版社，1997.

［11］同［7］b.

［12］同［7］c.

［13］同［7］d.

［14］a. 宋玉彬. 渤海上京瓦当的类型学考察［J］. 东北史地，2011（5）.

b. 宋玉彬. 渤海都城故址研究［J］. 考古，2009（6）.

c.〔韩〕白种伍. 渤海瓦研究的推移和几点断想［J］. 高句丽渤海研究52，高句丽渤海学会，2015.

d.〔韩〕李雨燮. 渤海瓦的种类与特征［J］. 高句丽渤海研究54，高句丽渤海学会，2016.

e.〔韩〕崔晋镐. 渤海瓦当的特征和性质研究［D］. 檀国大学校硕士学位论文，2011.

［15］〔日〕田村晃一.「海東の盛国」渤海の文化［J］. 東洋学報，2005，87（2）.

［16］〔日〕田村晃一. 貞恵公主墓と貞孝公主墓の意味するもの［渤海の王陵・貴族墓とその被葬

者（その1）][J]. 青山考古，2011（27）. 以下引文均引自此文。
[17] 南京博物院，等. 沂南古画像石墓发掘报告[M]. 文化部文物管理局，1956.
[18] 同[13].
[19] 吉林省文物考古研究所，等. 西古城——2000 ~ 2005年度渤海国中京显德府故址田野考古报告[M]. 北京：文物出版社，2007.
[20] 黑龙江省文物考古研究所. 渤海上京城——1998 ~ 2007年度考古发掘调查报告[M]. 北京：文物出版社，2009.
[21] 吉林省文物考古研究所，等. 六顶山渤海墓葬——2004 ~ 2009年清理发掘报告[M]. 北京：文物出版社，2012.
[22] a.〔日〕田村晃一. 近時における渤海都城研究の動向と課題[J]. 青山考古，2013（29）.
b.〔日〕田村晃一. 渤海王陵·貴族墓論（その2）—『六頂山渤海墓葬』を読んで[J]. 青山史学，2014（32）.
[23] 同[14]b.
[24] 本文参考了2013年由东北师范大学石岩岩硕士研究生、吉林大学李洪阳硕士研究生翻译，吉林大学边疆考古研究中心王培新教授的校译稿《近期关于渤海都城研究的动向与课题》（待刊稿）。同时，笔者对部分语句进行了调整、修改。
[25] 同[21].
[26] 同[22]b，以下引文均引自此文。

Academic Thinking Based on New Materials: Research on the Capital City and Tomb of Bohai Carried Out By Kouiti Tamura

JIANG Cheng-shan MA Long

The purpose of this paper is to introduce the research on capital and tomb carried out by Kouiti Tamura according to the new archaeological findings in Bohai in China, so as to expand the academic horizon of Bohai archaeological research in China. With two tenets: the questions raised by Kouiti Tamura regarding the basic information published in the archaeological report of Bohai relics in China need our reflection and improvement; his academic thinking and advocacy on the Bohai capital and tomb, based on the academic principle of "the benevolent see benevolence and the wise see wisdom", should be understood and mastered by China's academic circle.

征稿启事

《边疆考古研究》是由教育部人文社会科学重点研究基地吉林大学边疆考古研究中心主办的学术刊物，自2002年创办以来，至今已连续出版24辑，在国内外学术界形成了一定影响，并连续两次入选CSSCI（中文社会科学引文索引）来源集刊。

为及时刊发田野考古新材料，反映考古研究新成果，自2012年起，《边疆考古研究》由原来每年一辑增加为每年两辑，在侧重边疆考古的同时，欢迎其他各个方面的考古发现与研究稿件。拟设置的栏目包括：①考古新发现；②研究与探索；③考古新视野；④考古与科技；⑤书评；等等。

稿件具体要求：①论文不超过12000字，考古发掘报告字数可适度增加；②来稿请附中、英文摘要（300字左右）、关键词（3～6个）及作者简介；③统一采用尾注，注释格式请参考近期出版的《边疆考古研究》；④译文需取得原作者的授权，以免发生版权纠纷。

本刊实行双向匿名审稿制度。审稿周期一般为3个月。3个月内未收到刊用意见，作者可自行处理来稿。本刊不收取任何版面费，一经刊用，即奉样刊5册及抽印本10份。

本刊仅接受电子投稿。投稿邮箱为pengsg@jlu.edu.cn或524544323@qq.com（用于邮件超过20M者）。请勿委托他人转投稿件。

联系人：彭善国

编辑部地址：长春市前进大街2699号　吉林大学边疆考古研究中心（前卫校区匡亚明楼）

邮编：130012

1. H 地点西侧的冲沟

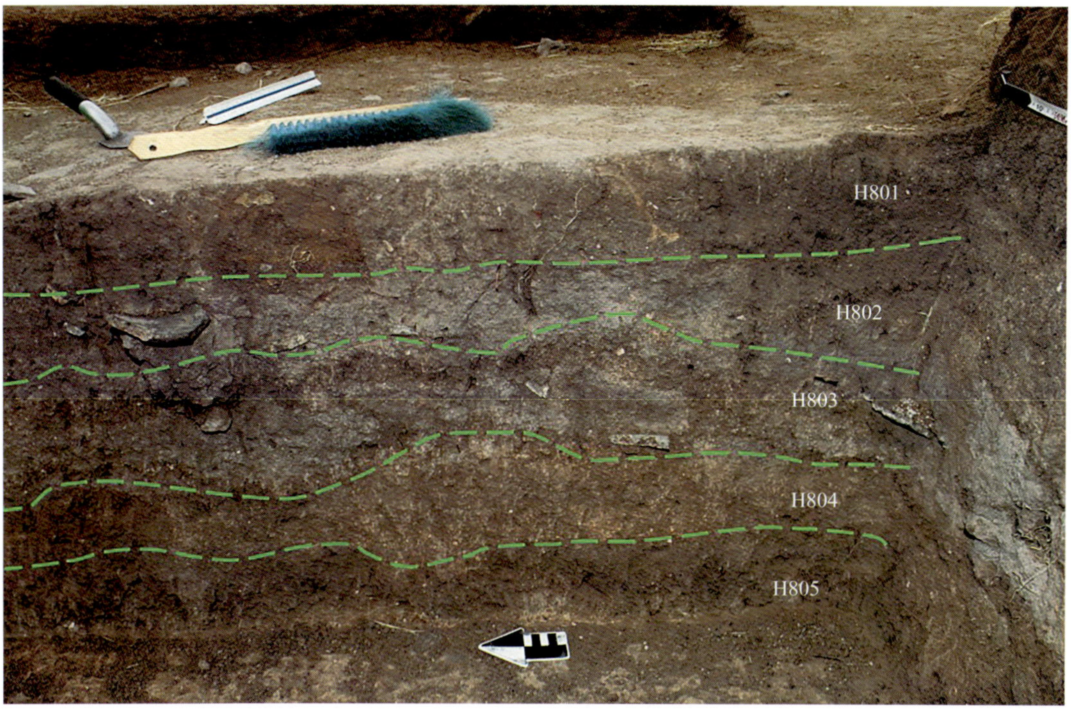

2. H 地点东部剖面

图版二

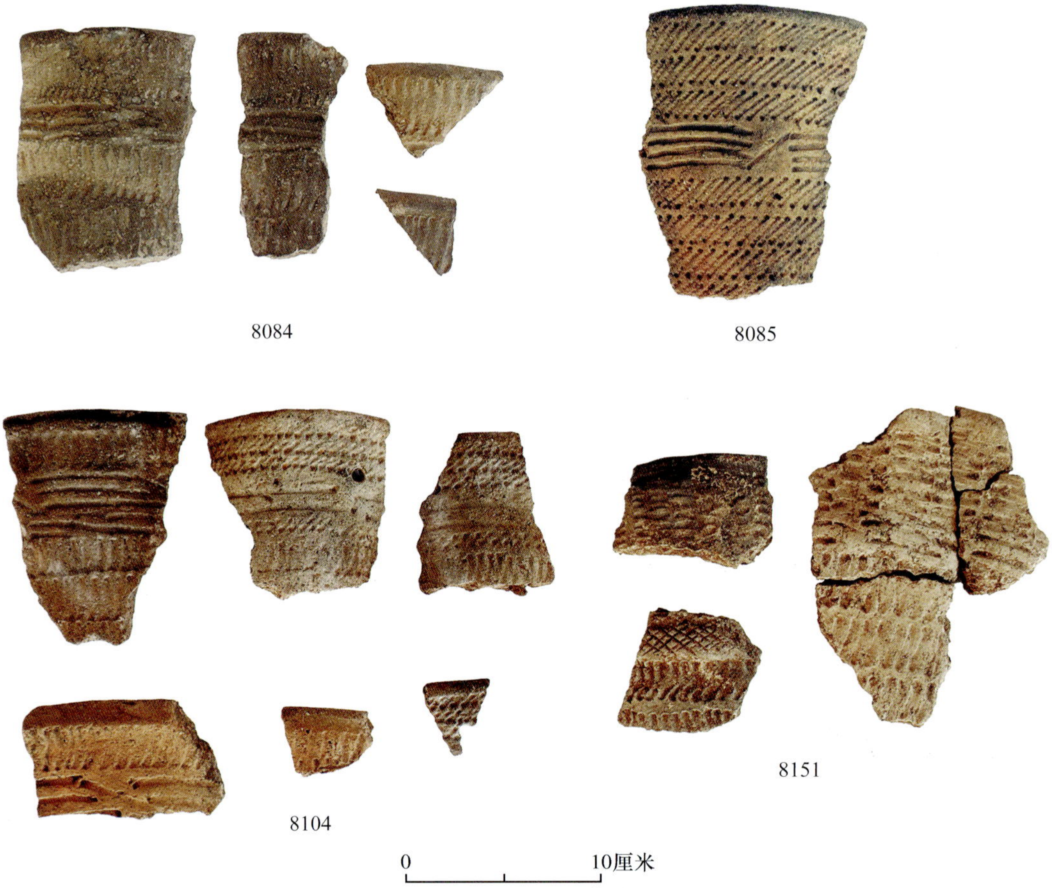

1. H 地点发现的陶片

2. 房址居住面

辽宁省阜蒙县塔尺营子遗址

图版三

1. 柱子洞

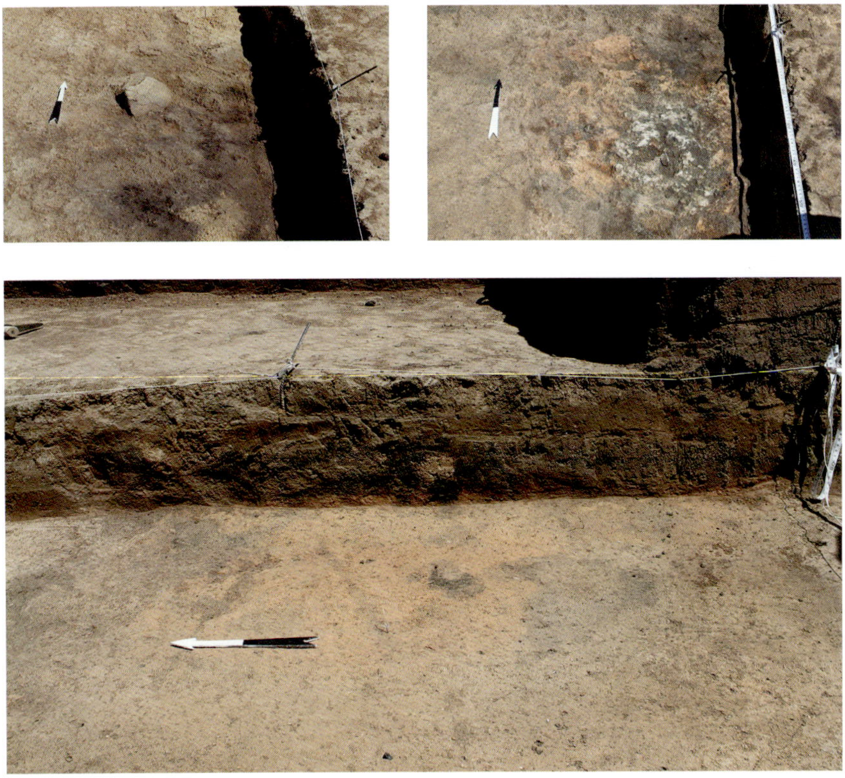

2. 位于不同高度上的灶

辽宁省阜蒙县塔尺营子遗址

图版四

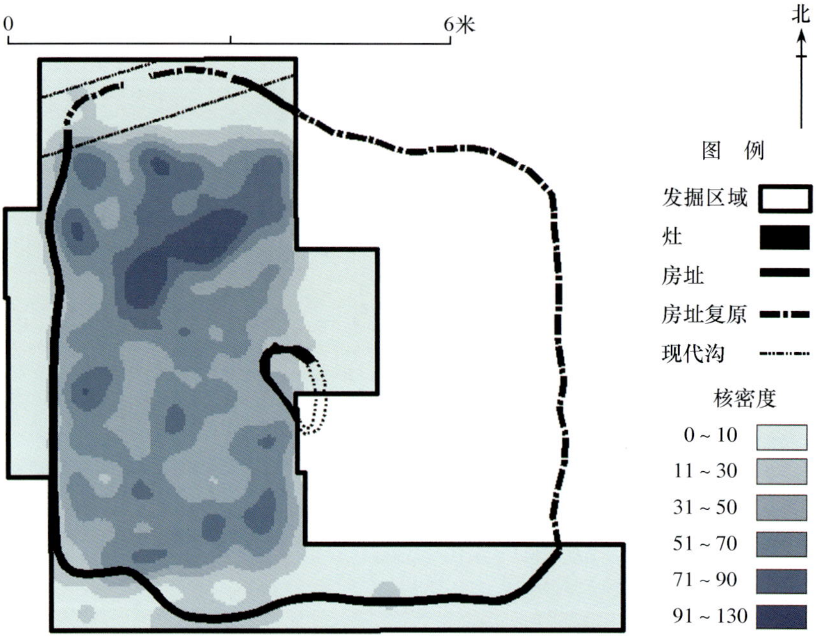

1. 房址居住面上陶片分布的核密度图

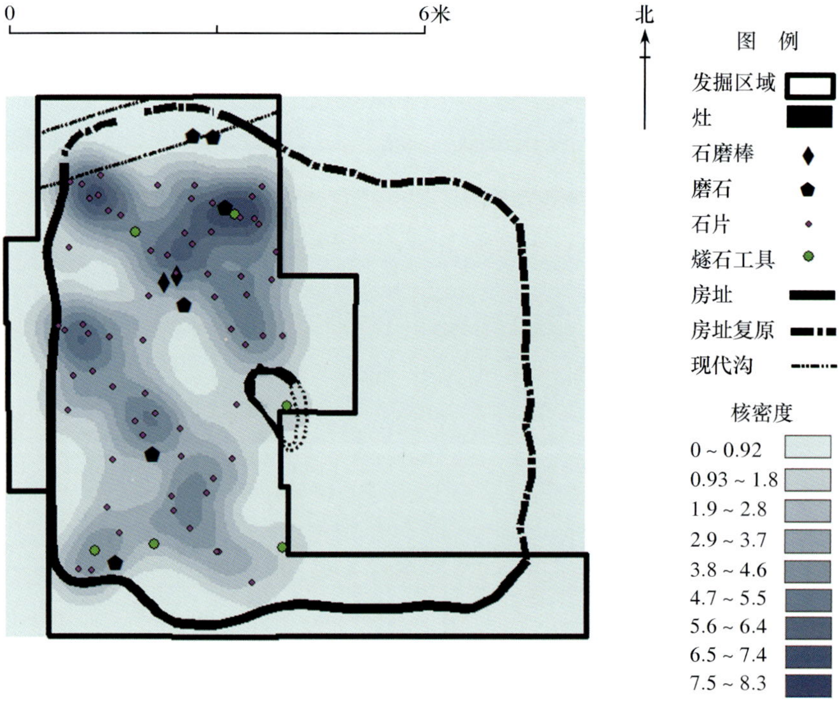

2. 房址居住面上石制品分布的核密度图

图版五

1. 居住面上石磨盘（器物编号 9222）周围的遗物分布状况

2. 放置在大型石磨盘下面的磨制石斧（器物编号 9223）

图版六

1. 在居住面以下发现的 5 件磨制石斧（器物编号 9221：1～5）

2. 房址南侧居住面以下的遗物出土状态

3. 石雕像（器物编号 9295）

1. 在穿孔石器下面的 2 个石球放置在一个被打破的大型陶器（器物编号 9299）上

2. 发掘区西南角的居住面